Introduksjon til

Mikroøkonomi

Robert S. Pindyck

Massachusetts Institute of Technology

Daniel L. Rubinfeld

University of California, Berkeley

Terje Synnestvedt

BI Norwegian Business School, Oslo

PEARSON

Harlow, England • London • New York • Boston • San Francisco • Toronto • Sydney • Auckland • Singapore • Hong Kong
Tokyo • Seoul • Taipei • New Delhi • Cape Town • São Paulo • Mexico City • Madrid • Amsterdam • Munich • Paris • Milan

Pearson Education Limited
Edinburgh Gate
Harlow
Essex CM20 2JE
England

and Associated Companies throughout the world

Visit us on the World Wide Web at:
www.pearson.com/uk

Authorised translation from the English language edition entitled *Microeconomics*, 7th Edition by Robert Pindyck and Daniel Rubinfeld, published by Pearson Education, Inc. publishing as Prentice Hall, copyright © 2009 Pearson Education Inc.

First Norwegian language edition published 2013

ISBN: 978-0-273-73891-6 (print)
978-0-273-73892-3 (PDF)
978-0-273-78255-1 (eText)

British Library Cataloguing-in-Publication Data
A catalogue record for the print edition is available from the British Library

10 9 8 7 6 5 4 3 2 1
16 15 14 13 12

Print edition typeset in 10/12 pt Palatino by 35

Dedikasjon

Til våre døtre

Maya, Talia og Shira

Sarah og Rachel

Charlotte

KORT INNHOLD

Innhold vii
Eksempler xi
Forord xiii
Forlaget takker xv
Om forfatterne xvii

DEL I INTRODUKSJON: MARKEDER OG PRISER 1
1 Innledning 3
2 Tilbud, etterspørsel og marked 15

DEL II PRODUSENTER, KONSUMENTER OG FRIKONKURRANSEMARKEDET 43
3 Konsumentteori 45
4 Individets og markedets etterspørsel 77
5 Produksjonsteori 105
6 Kostnader 123
7 Profittmaksimering og frikonkurransemarkedet 155
8 Frikonkurranse og markedinngrep 181

DEL III MARKEDSSTRUKTUR OG KONKURRANSESTRATEGI 203
9 Markedsmakt: monopol og monopsoni 205
10 Prising med markedsmakt 229
11 Monopolistisk konkurranse og oligopol 251
12 Spillteori og konkurransestrategi 277
13 Faktormarkeder 299

DEL IV 319
14 Generell likevekt, effektivitet og markedssvikt 321

Ordliste 359
Index 369

INNHOLD

Eksempler xi
Forord xiii
Forlaget takker xv
Om forfatterne xvii

DEL I INTRODUKSJON: MARKEDER OG PRISER 1

1 Innledning 3

1.1 Mikroøkonomiens nedslagsfelt 4
1.2 Hva er et marked? 8
1.3 Reelle og nominelle priser 11
1.4 Hvorfor studere mikroøkonomi? 11
Oppsummering 13
Spørsmål 13
Øvelser 14

2 Tilbud, etterspørsel og marked 15

2.1 Tilbud og etterspørsel 16
2.2 Markedsmekanismen 18
2.3 Endringer i markedslikevekten 21
2.4 Tilbuds- og etterspørselselastisiteter 26
2.5 Kortsiktige kontra langsiktige elastisiteter 30
2.6 Å forstå og forutsi effektene av endrede markedsbetingelser 35
Oppsummering 40
Spørsmål 40
Øvelser 41

DEL II PRODUSENTER, KONSUMENTER OG FRIKONKURRANSEMARKEDET 43

3 Konsumentteori 45

3.1 Konsumentenes preferanser 47
3.2 Budsjettbetingelsen 58
3.3 Konsumentens valg 61
3.4 Nytte, grensenytte og konsumentenes valg 66
3.5 Levekostnadsindekser 68
Oppsummering 71
Spørsmål 71
Øvelser 72
Appendiks: Avslørte preferanser 74

4 Individets og markedets etterspørsel 77
4.1 Individets etterspørsel 78
4.2 Inntekts- og substitusjonseffekter 83
4.3 Markedets etterspørsel 86
4.4 Konsumentoverskudd 89
4.5 Nettverkseksternaliteter 91
Oppsummering 95
Spørsmål 95
Øvelser 96
Appendiks: Etterspørselsteori – en matematisk tilnærming 98

5 Produksjonsteori 107
5.1 Produksjonsteknologi 108
5.2 Produksjon med en variabel innsatsfaktor 110
5.3 Produksjon med to variable innsatsfaktorer 115
5.4 Skalautbytte 121
Oppsummering 123
Spørsmål 123
Øvelser 123

6 Kostnader 125
6.1 Hvilke kostnader er relevante? 126
6.2 Kostnader på kort sikt 131
6.3 Kostnader i det lange løp 135
6.4 Langsiktige kontra kortsiktige kostnadskurver 142
6.5 Produksjon av to produkter – breddefordeler 146
6.6 Endringer i kostnader over tid – læringskurven 148
Oppsummering 149
Spørsmål 150
Øvelser 151
Appendiks: Produksjons- og kostnadeteori – en matematisk tilnærming 152

7 Profittmaksimering og frikonkurransemarkedet 155
7.1 Frikonkurransemarkeder 158
7.2 Profittmaksimering 159
7.3 Grenseinntekter, grensekostnader og profittmaksimering 160
7.4 Valg av produksjonsnivå på kort sikt 163
7.5 Frikonkurrentens kortsiktige tilbudskurve 166
7.6 Markedets kortsiktige tilbudskurve 169
7.7 Valg av produksjonsnivå på lang sikt 173
7.8 Markedets langsiktige tilbudskurve 177
Oppsummering 180
Spørsmål 181
Øvelser 181

8 Frikonkurranse og markedingrep 183
8.1 Evaluering av gevinster og tap knyttet til offentlige inngrep – konsument- og produsentoverskudd 184
8.2 Frikonkurransemarkedets effektivitets egenskaper 187
8.3 Minstepriser 188
8.4 Prisstøtte og produksjonskvoter 190

8.5 Importkvoter og toll 193
8.6 Effektene av avgifter og subsidier 195
Oppsummering 199
Spørsmål 199
Øvelser 200

DEL III MARKEDSSTRUKTUR OG KONKURRANSESTRATEGI 203

9 Markedsmakt: monopol og monopsoni 205
9.1 Monopol 206
9.2 Markedsmakt 214
9.3 Kilder til markedsmakt 217
9.4 De samfunnsøkonomiske kostnadene ved markedsmakt 218
9.5 Monopsoni 220
9.6 Begrensning av markedsmakt: konkurranseloven 225
Oppsummering 225
Spørsmål 226
Øvelser 226

10 Prising med markedsmakt 229
10.1 Overføring av konsumentoverskudd 230
10.2 Prisdiskriminering 231
10.3 Intertemporal prisdiskriminering og peak-load pricing 236
10.4 Todelte tariffer 239
10.5 Bundling 242
10.6 Markedsføring 245
Oppsummering 247
Spørsmål 247
Øvelser 248

11 Monopolistisk konkurranse og oligopol 251
11.1 Monopolistisk konkurranse 251
11.2 Oligopol 255
11.3 Priskonkurranse 262
11.4 Konkurranse kontra samarbeid: fangenes dilemma 264
11.5 Implikasjoner av fangenes dilemma for oligopolisters prissetting 266
11.6 Kartell 269
Oppsummering 272
Spørsmål 273
Øvelser 273

12 Spillteori og konkurransestrategi 277
12.1 Spill og strategiske beslutninger 278
12.2 Dominante strategier 279
12.3 Nash-likevekten – igjen 280
12.4 Gjentatte spill 284
12.5 Sekvensielle spill 287
12.6 Trusler, forpliktelser og troverdighet 289
12.7 Avskrekkingsstrategier 292
Oppsummering 294
Spørsmål 295
Øvelser 295

13 Faktormarkeder 299
13.1 Frikonkurranse i faktormarkedet 300
13.2 Frikonkurranselikevekt i faktormarkedet 309
13.3 Faktormarkeder med monopsonimakt 311
13.4 Faktormarkeder med monopolmakt 314
Oppsummering 316
Spørsmål 317
Øvelser 317

DEL IV 319

14 Generell likevekt, effektivitet og markedssvikt 321
Del 1 Generell likevekt og effektivitet 321
14.1 Generell likevekt 321
14.2 Bytteeffektivitet 323
14.3 Produksjonseffektivitet 325
14.4 Effektivitet og rettferdighet 330
14.5 Frikonkurranselikevektens effektivitetsegenskaper – en oversikt 330
Del 2 Markedssvikt 332
14.6 Markedsmakt 332
14.7 Ufullkommen informasjon 332
14.8 Eksternaliteter 341
14.9 Kollektive goder 352
Oppsummering 355
Spørsmål 356
Øvelser 356

Ordliste 359
Index 369

EKSEMPLER

1.1 Markedet for reseptbelagte medisiner 10
2.1 Langsiktig utvikling i prisene på naturressurser 23
2.2 Effektene av terrorangrepet i New York på tilbud av og etterspørsel etter kontorlokaler i New York City 25
2.3 Været i Brasil og prisen på kaffe i New York 33
2.4 Rystelser i verdens oljemarked 37
3.1 Design av nye biler (I) 54
3.2 Kan penger kjøpe lykke? 57
3.3 Design av nye biler (II) 63
3.4 Utdanningsfond 65
3.5 Grensenytte og tilfredshet 67
3.6 Avslørte preferanser for rekreasjon 76
4.1 Nettverkseksternaliteter og etterspørselen etter datamaskiner 94
5.1 En produktfunksjon for hvete 120
6.1 Ugjendrivelige, faste, og variable kostnader: Datamaskiner, programvare og pizza 129
6.2 Kortsiktige kostnader ved aluminiumsmelting 134
7.1 Noen kostnadsvurderinger for ledere 165
7.2 Den kortsiktige produksjonen av petroleums produkter 168
7.3 Kortsiktig tilbud av kobber 170
9.1 Astra-Mercks prising av Prilosec 212
10.1 Hvordan prise en bestselger? 239
10.2 Meny kontra à la Carte: Restaurantens prisingsproblem 243
14.1 Effektivitetslønn ved Ford Motor Company 340

FORORD

For studenter som bryr seg om hvordan verden fungerer, er mikroøkonomi et av de mest relevante og interessante fag de kan studere. En god forståelse av mikroøkonomi er avgjørende for ledelsesmessige beslutninger og for utforming og forståelse av økonomisk politikk.

Denne boken er en norsk tilpasning av den 7. utgaven av boken Microeconomics som er skrevet av Robert S. Pindyck og Daniel L. Rubinfeld. Robert S. Pindyck er professor ved Sloan School of Management, Massachusetts Institute of Technology, og Daniel L. Rubinfeld er professor ved University of California, Berkeley. For de som ønsker å lese mer om forfatterne, kan man gå inn på deres hjemmesider: http://web.mit.edu/rpindyck/www/ og www.law.berkeley.edu/faculty/rubinfeldd/.

Den amerikanske versjonen av boken har utviklet seg gjennom en rekke revisjoner og fremstår som velstrukturert og velskrevet. Den har en pedagogisk språkføring, en rekke relevante eksempler og et solid utvalg oppgaver bak hvert kapittel. Boken har et bredt tematisk nedslagsfelt og et nivå som er godt tilpasset innføringskurs i mikroøkonomi ved norske universiteter og høyskoler. Forfatterne har også lagt vekt på å fange opp de nyere trender innen fagområdet, som blant annet fokus på strategiske interaksjoner mellom bedrifter og anvendelse av spillteori, konsekvensene av asymmetrisk informasjon, prisstrategier for bedrifter med markedsmakt og utformingen av politikk for en effektiv håndtering av eksternaliteter som miljøforurensning.

I denne norske tilpasningen har det vært lagt vekt på å beholde de gode elementene fra den amerikanske versjonen og samtidig gjøre boken noe mindre omfattende. Bokens omfang er redusert ved å ta ut kapittel 5 "Uncertainty and Consumer Behavior" og kapittel 15 "Investment, Time, and Capital Markets". Videre er de tre siste kapitlene; "Information, Market Failure, and the Role of Government", komprimert og slått sammen til ett kapittel. I tillegg er det tatt ut en del eksempler, og noen eksempler er komprimert ved å ta ut informasjon og detaljer som ikke er nødvendige for å forstå budskapet i eksemplene. I selve hovedteksten gjennom boken legges det også vekt på å ha en noe mer komprimert språkføring enn det vi finner i den amerikanske versjonen.

Hovedteksten er lagt opp slik at det ikke kreves inngående matematikkunnskaper for å forstå de ulike emnene. De mer matematisk orienterte fremstillingene er lagt inn som vedlegg slik at det ikke bryter opp hovedteksten. Når det gjelder behandlingen av de ulike emnene, er det ikke gjort vesentlige forandringer i forhold til den amerikanske versjonen av boken. Det er imidlertid føyet til noen ekstra talleksempler.

Boken følges også av et omfattende tilleggsmateriale på nettstedet MyEconLab. Her finner du flere godsaker som skaper variasjon i læreprosessen og bidrar til å styrke din forståelse av faget:

- En introduksjonsvideo til hvert kapittel
- Online tilgang til boken
- Et bredt utvalg flervalgsoppgaver
- Et bredt utvalg arbeidsoppgaver
- Løsninger på alle kontrollspørsmål og arbeidsoppgaver i boken
- En rekke case som gir deg en praktisk vinkling til faget

Avslutningsvis vil jeg rette en stor takk til Førsteamanuensis Erik Grønn ved Handelshøyskolen BI og Førsteamanuensis Mette Wik ved Universitetet for Miljø og Biovitenskap for verdifulle kommentarer både hva gjelder språk og innhold. De har lest gjennom manus med et kunnskapsrikt og kritisk blikk og har kommet med viktige innspill til forbedringer.

Terje Synnestvedt

FORLAGET TAKKER

Forlaget ønsker å takke de følgende for tillatelse til å bruke deres fotografier:

Side 10: Jupiterimages / Brand X / Alamy; 23: Imagestate Media / John Foxx Collection; 37: PhotoDisc; 54: Corbis / © David Freers / Transtock; 76: Photolibrary.com / Nice One Productions / Corbis; 94: Pearson Education Ltd / Naki Kouyioumtzis; 120: PhotoDisc / Photolink / Rim Light; 168 Imagestate Media: John Foxx Collection; 212: Photoresearchers / www.visualphotos.com / Leonard Lessin; 239: Corbis / © Nicky Loh / Reuters; 340: Corbis / © Bettmann / Corbis.

Omslagsbilde: Press Association Images

I noen tilfeller har vi ikke vært i stand til å finne rettighetsinnehaveren. Vi setter stor pris på informasjon som vil gjøre det mulig for oss å finne disse.

OM FORFATTERNE

Robert S. Pindyck er Bank of Tokyo-Mitsubishi Ltd. Professor of Economics and Finance ved Sloan School of Management ved Massachusetts Institute of Technology (M.I.T.).

Daniel L. Rubinfeld er Robert L. Bridges Professor of Law og Professor of Economics ved University of California, Berkely, og Visiting Professor of Law ved New York University (NYU). Begge har doktorgrad fra M.I.T., Pindyck fra 1971, og Rubinfeld fra 1972.

Professor Pindycks forskning og forfatterskap dekker mange emner innenfor mikroøkonomien. Han har blant annet skrevet om hvordan usikkerhet påvirker bedriftenes beslutninger, om markedsstrukturer, om hvilke faktorer som bestemmer markedsmakt, om finansmarkeder, og om hvilke kriterier som legges til grunn for investeringsavgjørelser.

Professor Rubinfeld, som var sjefsøkonom i USAs Departement of Justice i 1997 og 1998, er forfatter av flere artikler om konkurranselovgivning, konkurransepolitikk, juss og økonomi, juss og statistikk, og offentlig økonomi.

Terje Synnestvedt er Cand Oecon fra Universitetet i Oslo og er Førstelektor i Samfunnsøkonomi ved Handelshøyskolen BI. Synnestvedt har omfattende undervisningserfaring innen samfunnsøkonomiske fag og har blant annet skrevet kortere innføringsbøker i makroøkonomi og mikroøkonomi. Han har også deltatt i forskningsprosjekter og skrevet artikler innen miljøøkonomi og miljøledelse.

DEL • I

Introduksjon: markeder og priser

KAPITLER

1
Innledning
3

2
Tilbud, etterspørsel og marked
15

Del 1 gir en oversikt over hva mikroøkonomi dreier seg om og introduserer noen grunnleggende begreper og problemstillinger, samtidig som vi prøver å vise hvordan mikroøkonomi anvendes for å løse disse problemene. Her forklares også hva som menes med et marked, hvordan vi avgrenser et marked, og hvordan markedspriser fastsettes.

Kapittel 2 tar for seg et av de viktigste verktøyene vi har i mikroøkonomi: tilbuds- etterspørselsanalyser. Her forklarer vi hvordan et frikonkurransemarked fungerer og hvordan tilbud og etterspørsel i fellesskap bestemmer priser og omsatt kvantum av ulike varer og tjenester. Vi viser også hvordan tilbuds- etterspørselsanalyser kan benyttes for å analysere effekten av endrede markedsbetingelser.

Innledning

1

Samfunnsøkonomifaget er delt inn i to hovedgrener: mikroøkonomi og makroøkonomi. **Mikroøkonomi** fokuserer på atferden til individuelle økonomiske enheter. Disse enhetene omfatter konsumenter, arbeidstakere, investorer, grunneiere og bedrifter – altså enhver person eller virksomhet som har betydning for økonomiens virkemåte. Mikroøkonomi forklarer hvordan og hvorfor disse enhetene foretar økonomiske beslutninger. Eksempelvis forklares hvordan konsumentene fatter sine kjøpsbeslutninger og hvordan deres valg påvirkes av endrede priser og endrede inntekter. Det forklares også hvordan bedriftene bestemmer seg for hvor mange arbeidere som skal ansettes og hvordan arbeidere bestemmer seg for hvor de skal jobbe og hvor mye de skal jobbe.

Et annet sentralt tema som tas opp innenfor fagområdet er hvordan økonomiske enheter i fellesskap danner større enheter – markeder og bransjer. Mikroøkonomifaget hjelper oss for eksempel å forstå hvorfor den amerikanske bilindustrien utviklet seg slik den gjorde og å forstå interaksjonen mellom produsenter og konsumenter i dette markedet. Faget forklarer hvordan bilpriser bestemmes, hvor mye bilprodusentene investerer i nye produksjonsanlegg og hvor mange biler som produseres hvert år. Ved å studere atferden til, og interaksjonen mellom, individuelle bedrifter og forbrukere, får vi forklart hvordan bransjer og markeder fungerer og utvikler seg, hvordan de skiller seg fra hverandre, og hvordan de påvirkes av myndighetenes politikk og internasjonale økonomiske forhold.

Makroøkonomi på sin side dreier seg om økonomiske samlestørrelser, slik som nivå og vekst i hele landets produksjon, rentenivået, sysselsetting, arbeidsledighet, eksport, import og inflasjon. Skillelinjene mellom makroøkonomi og mikroøkonomi har imidlertid blitt stadig mindre skarpe de siste årene. Årsaken til dette er at makroøkonomisk teori også omfatter analyser av markeder, for eksempel aggregerte markeder for varer og tjenester, arbeidskraft og obligasjoner. For å forstå hvordan disse aggregerte markedene fungerer, må vi først forstå atferden til bedrifter, konsumenter, arbeidere og investorer, som utgjør disse markedene. Derfor har man innenfor makrofaget blitt mer opptatt av det mikroøkonomiske fundamentet for aggregerte økonomiske fenomener, og mange områder innen makroøkonomi er egentlig en forlengelse av mikroøkonomisk analyse.

KAPITTELOVERSIKT

1.1 Mikroøkonomiens nedslagsfelt 4

1.2 Hva er et marked? 8

1.3 Reelle og nominelle priser 11

1.4 Hvorfor studere mikroøkonomi? 11

mikroøkonomi
er den del av økonomifaget som omhandler atferden til individuelle økonomiske enheter – konsumenter, bedrifter, arbeidstakere og investorer, samt markedene som disse enhetene utgjør

makroøkonomi
er den del av økonomifaget som omhandler aggregerte økonomiske variabler, slik som nivå og vekst i et lands samlede produksjon, rentenivå, arbeidsledighet og inflasjon

1.1 MIKROØKONOMIENS NEDSLAGSFELT

Strofen "You can't always get what you want" fra en av Rolling Stones sanger er som tatt ut av en lærebok i økonomi. At det for folk flest (selv for Mick Jagger) er grenser for hva du kan få eller gjøre er en enkel kjensgjerning i livet som man lærte tidlig i barndommen.

Mye av mikroøkonomifaget dreier seg nettopp om *begrensinger* – som begrensninger basert på inntekt og priser – for hvor mye du og jeg kan kjøpe av ulike varer og tjenester, bedriftenes begrensede økonomiske spillerom, den begrensede teknologiske kompetanse som bedriftene har til rådighet i produksjonsprosessen og det begrensede antall timer i en uke en arbeidstaker kan benytte til arbeid eller fritid. Men mikroøkonomi handler også om å *gjøre det beste ut av det innenfor disse rammebetingelsene*. Mer presist fokuseres det på *allokering av knappe ressurser*. Det forklares for eksempel hvordan forbrukerne best kan fordele sine inntekter på ulike varer og tjenester. Det forklares hvordan arbeiderne best mulig kan fordele sin tid på henholdsvis arbeidstid og fritid, eller på én jobb i stedet for en annen. Vi får også innsikt i hvordan bedrifter bør anvende sine knappe økonomiske ressurser på henholdsvis arbeidskraft og maskiner, og hvor mye den bør produsere av ett produkt kontra et annet.

I planøkonomier, som Cuba, Nord Korea eller det tidligere Sovjetunionen, foretas slike beslutninger hovedsakelig av myndighetene. Bedriftene får beskjed om hva og hvor mye de skal produsere, hvordan det skal produseres: Arbeidstakere har liten fleksibilitet i valg av jobber, hvor mye de skal jobbe, eller hvor de skal bo. Videre står husholdningene overfor et svært begrenset utvalg av produkter de kan velge mellom. Følgelig har mange av begrepene og tilnærmingsmåtene innenfor mikroøkonomi begrenset relevans i disse landene.

Avveininger – og valg

I moderne markedsøkonomier har forbrukere, arbeidstakere og bedrifter mye mer fleksibilitet og *valgfrihet* når det gjelder allokeringen av knappe ressurser. Ideen om å gjøre *optimale valg* er som nevnt et sentralt tema innen mikroøkonomifaget – og noe du vil bli bedre kjent med utover i boken. La oss se litt nærmere på dette.

Konsumenter

Vi som forbrukere har begrenset inntekt til rådighet og denne brukes på en rekke varer og tjenester, eller spares for fremtiden. *Konsumentteorien* beskriver hvordan forbrukere innretter seg best mulig.

Arbeidstakere

Arbeidstakere står også overfor beskrankninger og må foreta avveininger mellom ulike alternativer. Først må en avgjøre om og når man skal tre inn i arbeidsstyrken. I og med at typen jobb – med tilhørende lønnsskala – som er tilgjengelig for en arbeider delvis avhenger av utdanning og opparbeidet kompetanse, må man foreta en avveining mellom å gå tidlig ut i arbeidslivet (og umiddelbart begynne å tjene penger) eller ta utdanning (med håp om høyere lønn i fremtiden). For det andre står arbeiderne overfor avveininger med hensyn til valg av yrke. Noen vil for eksempel velge å jobbe i offentlig sektor hvor jobbsikkerheten er høy, men hvor lønnen ligger lavere enn i privat sektor. Andre foretrekker jobb i privat sektor hvor imidlertid jobbsikkerheten er mindre enn i offentlig sektor. Videre må man i noen tilfeller bestemme hvor mange timer i uken man ønsker å jobbe, og dermed foreta en avveining mellom arbeidstid og fritid.

Bedrifter

Bedriftene står også overfor beskrankninger i forhold til hva slags produkter de kan produsere, og de ressursene som er tilgjengelige for å produsere dem. General

Motors, for eksempel, er veldig god til å produsere biler og lastebiler, men kan ikke produsere fly, datamaskiner eller legemidler. Selskapet har også begrensede økonomiske ressurser og begrenset produksjonskapasitet i sine fabrikker. Gitt disse beskrankningene må GM bestemme hvor mange av hver type kjøretøy de skal produsere. Hvis de ønsker å produsere et større antall biler og lastebiler neste år eller året etter, må de avgjøre om de vil ansette flere arbeidere, bygge nye fabrikker, eller gjøre begge deler. *Teorien om bedriftenes tilpasning* beskriver hvordan disse avveiningene best kan gjøres.

Alternativkostnader – Alt har sin pris

alternativkostnad
Det en ressurs er verdt i sin beste alternative anvendelse

Alternativkostnad er kanskje det mest fundamentale begrep i mikroøkonomisk teori og henger tett sammen med knapphetsbegrepet. Livets gang består i å velge mellom ulike alternativer. *Hver gang vi gjør et valg velger vi også bort noe* – det er noen alternativer som vi går glipp av. Det beste av disse alternativene vi velger bort representerer alternativkostnaden.

Vi bruker begrepet kostnad selv om det ikke alltid er like opplagt at vi kan identifisere kostnaden i kroner og øre. Spørsmålet "Hva koster en times tur i skogen?" kan kanskje for mange virke noe snodig. Mange vil vel svare at det ikke koster noe. Det gjør det imidlertid. Tid er et knapt gode som begrenser hvilke aktiviteter man kan utføre uansett om man er fattig eller rik. Så ved å bruke en time på tur i skogen går jeg glipp av noen andre aktiviteter – som å se på TV, lese en bok, jobbe osv. Disse aktivitetene har også en verdi for meg og i økonomisk terminologi representerer det en kostnad å gå glipp av slike aktiviteter. Nå kunne jeg ikke brukt denne timen til å se på TV, lese og jobbe samtidig, men ett av disse alternativene vil jeg vurdere som *det beste alternativet* til å gå i skogen. *Det er verdien av denne aktiviteten som representerer alternativkostnaden.*

Hva koster det produsenten av DVD-spillere å gi disse gratis til de ansatte? Noen vil kanskje foreslå det det kostet å produsere DVD-spilleren. Det er imidlertid ikke riktig. Hva kunne man gjort med DVD-spillerne alternativt til å gi dem bort? Jo, selge dem. Det produsenten går glipp av ved å gi dem bort er salgsprisen. Det er dette som er alternativkostnaden.

Anta at du vinner 10 millioner i lotto og vurderer å starte egen butikk. Du må investere 10 millioner i bygninger og utstyr og du vurderer å jobbe i bedriften selv. Alternativt til å investere kunne du plassert pengene i rentebærende fordringer. Videre kunne du i stedet for å jobbe i egen bedrift fått en jobb i staten og tjent 400 000 kroner i året. Begge disse elementene skal inngå i de samlede kostnader. Det ene er altså alternativkostnaden til kapital, og det andre er alternativkostnaden til egen arbeidsinnsats.

La oss ta den mer generelle definisjonen av alternativkostnad:

Alternativkostnad = Hva en ressurs er verdt i sin beste alternative anvendelse

Hvorfor jeg faktisk tar en tur i skogen er fordi jeg vurderer dette som det beste alternativet å bruke akkurat den timen på. Sagt på en annen måte: *Nytten av å gå en tur i skogen overstiger alternativkostnaden.*

Ugjendrivelige kostnader (sunk costs) – ikke alle kostnader er like relevante

I en ferieby i Uroland har en hotell-utbygger kommet et stykke på vei i utbyggingen av et nytt hotell. Selskapet har så langt brukt 30 millioner kr, og det vil koste 70 millioner til for å få det ferdig. Da prosjektet ble satt i gang ble nåverdien av fremtidige inntekter anslått til 300 millioner mens kostnadene ble anslått til 100 millioner, dvs. en positiv nåverdi på 200 millioner. På grunn av et statskupp i landet med påfølgende uroligheter har turismen sviktet totalt og selskapet anslår fremtidige inntekter til 50 millioner. Hva bør man her gjøre? La det stå uferdig! Kostnaden ved ferdigstillelse er 20 millioner høyere enn anslått inntekt. Det at man allerede har brukt 30 millioner er uinteressant. Disse 30 millionene er det vi betegner som ugjendrivelige kostnader (sunk costs, eller brente penger). Denne type kostnader er *ikke* av betydning for økonomiske beslutninger når man først har pådratt seg dem – gjort er gjort.

Priser og Markeder

Et viktig tema innenfor mikroøkonomi er prisenes rolle. Alle de avveininger som er beskrevet ovenfor er basert på de prisene som forbrukere, arbeidere og bedrifter står overfor. For eksempel vil en forbrukers valg mellom storfekjøtt og kylling delvis være basert på hans eller hennes preferanser for hvert av godene og delvis på prisene på de to produktene. Likeledes foretar arbeidere et valg mellom arbeidstid og fritid delvis basert på den "pris" de kan få for sitt arbeid – dvs. lønn. Og bedrifter bestemmer om de skal ansette flere arbeidere eller kjøpe flere maskiner, delvis basert på lønnssatser og brukerpriser på kapitalutstyr (maskiner).

Mikroøkonomi beskriver hvordan prisene bestemmes. I en sentralstyrt økonomi blir prisene bestemt av myndighetene. I en markedsøkonomi blir prisene fastlagt gjennom interaksjonen mellom konsumenter, arbeidstakere og bedrifter. Dette skjer i *markeder* – møteplasser der kjøpere og selgere sammen bestemmer prisen på et gode. I bilmarkedet for eksempel, vil bilprisene påvirkes av konkurransen mellom Ford, BMW, Toyota og andre produsenter, og av etterspørselen. Markedenes sentrale rolle i det økonomiske liv er et hovedtema innen mikroøkonomi og noe som skal studeres grundig i denne boken.

Teorier og modeller

Som i enhver vitenskap er økonomi opptatt av *forklaringer* på observerte fenomener. Hvorfor har for eksempel bedrifter en tendens til å ansette eller si opp arbeidere når råvareprisene endres? Hvor mange arbeidstakere vil trolig bli ansatt eller oppsagt i en bedrift eller en bransje hvis prisen på råvarer øker med for eksempel 10 prosent?

I økonomi, som i andre vitenskaper, er forklaringer og prediksjoner basert på teorier. Teorier er utviklet for å forklare observerte fenomener i form av et sett med grunnleggende regler og forutsetninger. *Teorien om bedrifters tilpasning* begynner for eksempel med en enkel forutsetning – bedrifter forsøker å maksimere sitt overskudd. Teorien bruker denne antagelsen for å forklare hvordan bedrifter velger antall ansatte, hvor mye kapitalutstyr og råvarer de skal bruke og hvor mye de skal produsere. Teorien forklarer også hvordan disse valgene avhenger av prisene på innsatsfaktorene, for eksempel arbeidskraft, kapital og råvarer, og *prisene* på de produktene bedriftene produserer.

Økonomiske teorier danner grunnlaget for å lage prediksjoner. Teorien om bedriftenes tilpasning forteller oss derfor om en bedrifts produksjon vil øke eller synke som følge av en økning i lønnssatsene eller en nedgang i prisen på råvarer. Ved bruk av statistiske og økonometriske metoder kan teorier brukes til å konstruere modeller som kan benyttes til å utlede kvantitative prediksjoner. En modell er en matematisk representasjon, basert på økonomisk teori, av en bedrift, et marked eller en annen enhet. Vi kan for eksempel utvikle en modell av en bestemt bedrift og benytte den til å forutsi *hvor mye* bedriftens produksjon endres som følge av for eksempel en nedgang i råvareprisene på 10 %.

Statistikk og økonometri kan også benyttes for å måle *nøyaktigheten* i våre spådommer. Anta for eksempel at vi anslår at en nedgang i råvareprisene på 10 % vil føre til at produksjonen øker med 5 %. Er vi sikre på at økningen i produksjonen vil være nøyaktig 5 %, eller kan det være et sted mellom 3 og 7 %? Det å kvantifisere nøyaktigheten i en prediksjon kan være like viktig som selve prediksjonen.

Ingen teori, enten i økonomi, fysikk eller andre vitenskaper, er helt korrekt. Nytten og gyldigheten av en teori avhenger av om den lykkes i å forklare og forutsi de fenomener som den er ment å forklare og forutsi. Teorier testes derfor kontinuerlig opp mot observasjoner. Som et resultat av denne testingen blir teoriene ofte endret eller raffinert, og noen ganger også forkastet. Prosessen med utprøving og raffinering av teoriene står sentralt i utviklingen av økonomi som en vitenskap.

Når man skal vurdere en teori, er det viktig å huske på at den alltid er ufullkommen. Dette gjelder i alle grener av vitenskapen. I fysikk, for eksempel, gir Boyle's lov en sammenheng mellom volum, trykk og temperatur i en gass. Loven er basert på antagelsen om at det enkelte molekyl i en gass oppfører seg som om de var små, elastiske biljardkuler. Fysikere i dag vet at gassmolekyler faktisk ikke alltid oppfører seg som biljardkuler, noe som er grunnen til Boyle's lov bryter sammen ved ekstreme verdier på trykk og temperatur. Under de fleste forhold gjør den imidlertid en utmerket jobb med å forutsi hvordan temperaturen i en gass vil endre seg når trykk og volum endres, og det er derfor et viktig verktøy for ingeniører og vitenskapsmenn.

Situasjonen er mye den samme innenfor økonomi. I og med at bedrifter ikke alltid maksimerer sin profitt, har teorien om bedriftenes tilpasning bare hatt begrenset suksess i å forklare visse aspekter av bedriftenes atferd, som for eksempel timingen av investeringer i kapitalutstyr. Likevel forklarer teorien et bredt spekter av fenomener vedrørende atferd, vekst og utvikling av bedrifter og bransjer, og har dermed blitt et viktig redskap for ledere og for de som utformer den økonomiske politikk.

Deskriptiv kontra normativ analyse

Mikroøkonomi er opptatt av både *deskriptive* og *normative* spørsmål. Deskriptive spørsmål dreier seg om *hvordan ting er,* mens normative spørsmål dreier seg om *hvordan ting bør være.* Anta at myndighetene reduserer bilavgiftene. Hva vil skje med prisen på biler? Hvilken innvirkning vil denne endringen ha på norske forbrukere? Hvilke vridninger i sammensetningen av bilparken vil vi kunne få? Vil flere velge å kjøre bil fremfor å bruke kollektivtransport? I tilfelle, hvor mye vil bilbruken øke? Dette er eksempler på deskriptive spørsmål, spørsmål som gir opphav til **deskriptive analyser** – utsagn som beskriver relasjoner av årsak og virkning.

deskriptiv analyse
Analyse som beskriver relasjoner mellom årsak og virkning

Deskriptiv analyse står sentralt innenfor mikroøkonomifaget. Som vi forklarte ovenfor, er teorier utviklet for å forklare fenomener, de testes mot observasjoner, og brukes til å konstruere modeller som genererer prediksjoner. Anvendelse av økonomisk teori for å gi prediksjoner er viktig både for bedriftsledere og for myndighetenes politikk. Anta at myndighetene vurderer å øke avgiften på øl. Endringen vil påvirke ølprisen, forbrukernes valg mellom øl og vin, hvor mye folk drikker osv. For å planlegge fornuftig må ølprodusenter, distributører og eiere av restauranter og barer prøve å anslå effektene av endringen. Myndighetene trenger også kvantitative anslag på effektene. De ønsker å anslå hvor mye etterspørselen etter øl synker, effekter på overskudd og sysselsetting i bryggerinæringen, hvor mye skatteinntektene øker pr. år osv.

Noen ganger ønsker vi imidlertid å gå utover det å gi forklaringer og prediksjoner og heller stille spørsmål som "Hva er best?" Dette innebærer en **normativ analyse**, som også er viktig for både bedriftsledere og myndigheter. Anta at myndighetene vurderer å øke bilavgiftene. Hvis formålet er å øke statens skatteinntekter og få bilbruken ned, kunne dette også vært gjort på andre måter, for eksempel ved en økning i bensinavgiften. Hva bør myndighetene velge? Dette er et typisk normativt spørsmål.

normativ analyse
Analyse som går inn på spørsmål om hvordan ting bør være

Normativ analyse er ikke bare opptatt av alternative politiske virkemidler, men også utformingen av konkrete politiske virkemidler. Anta at det er bestemt at det skal innføres en bensinavgift. Etter at vi har tatt hensyn til både fordeler og ulemper ved en bensinavgift, stiller vi så spørsmålet om hva som er den optimale avgiftssats.

Normative analyser er ofte supplert med verdivurderinger. Ulike virkemidler vil gjerne ha ulike inntektsfordelingseffekter – for eksempel i form av at de med lave inntekter rammes hardere enn de med høye inntekter. På dette punktet må det gjøres en verdivurdering. Når verdivurderinger er involvert, kan ikke mikroøkonomisk teori fortelle oss hva som er den beste politikken. Den kan imidlertid klargjøre avveiningene og dermed bidra til å belyse problemstillingene og gjøre debatten mer fokusert.

1.2 HVA ER ET MARKED?

Vi kan splitte individuelle økonomiske enheter inn i to hovedgrupper i henhold til hvilke funksjoner de har: *kjøpere og selgere* – eller *etterspørrere og tilbydere* om man vil. Etterspørrere omfatter deg og meg som kjøper varer og tjenester, og bedrifter som kjøper arbeidskraft, kapital og råvarer som de benytter for å produsere varer og tjenester. Tilbyderne omfatter bedrifter som selger sine varer og tjenester, arbeidere som selger sin arbeidskraft og eiere av naturressurser som leier ut eiendom eller selger råvarer til bedriftene. Folk flest og de fleste bedrifter opptrer altså både som etterspørrere og tilbydere, men vi skal se at det er hensiktsmessig å tenke på dem som kun etterspørrere når de kjøper noe og som tilbydere når de selger noe.

markedet
En samling av kjøpere og selgere som gjennom deres faktiske eller potensielle interaksjon bestemmer prisen på et produkt eller et sett med produkter

Tilbydere og etterspørrere danner i fellesskap *markeder*. Et **marked** *er samlingen av kjøpere og selgere som gjennom deres faktiske eller potensielle interaksjon bestemmer pris, kvantum og kvalitet på et produkt eller et sett med produkter*. I for eksempel markedet for *PC-er* består kjøperne av bedrifter, husholdninger og studenter, mens selgerne er Hewlett-Packard, Lenovo, Dell, Apple og en rekke andre bedrifter. Merk deg at et marked omfatter mer enn en *bransje. En bransje er en samling av bedrifter som selger samme eller nært beslektede produkter*. I praksis utgjør en bransje tilbudssiden av markedet.

markedsavgrensning
Fastlegging av hvilke kjøpere, selgere, og hvilke produkter som skal inkluderes i et bestemt marked

Økonomer er ofte opptatt av **avgrensingen av et marked** – ved å definere hvilke tilbydere og etterspørrere som skal inkluderes i et bestemt marked. Når man definerer et marked, kan *potensielle* interaksjoner mellom kjøpere og selgere være like viktige som de interaksjonene som finner sted der og da. Et eksempel på dette er markedet for gull. Det er lite sannsynlig at en person fra Oslo som ønsker å kjøpe gull, reiser til Zürich for å gjøre det. De fleste kjøpere av gull i Oslo vil handle med selgere i Oslo. Men fordi transportutgiftene for gull er liten i forhold til verdien av det, *kan* kjøperne av gull fra Oslo kjøpe gull i Zürich dersom prisene der er betydelig lavere.

arbitrasje
Det å kjøpe til en lav pris på ett sted og selge til en høyere pris et annet sted

Betydelige forskjeller i prisen på en vare skaper et potensiale for **arbitrasje**: kjøpe til lav pris på ett sted og selge til en høyere pris et annet sted. Muligheten for arbitrasje hindrer at prisene på gull i Oslo og i Zürich kan avvike for mye og danner dermed et verdensmarked for gull.

Markeder står i sentrum av den økonomisk aktivitet, og mange av de mest interessante spørsmålene innen økonomi dreier seg om hvordan markeder fungerer. Hvorfor er det for eksempel slik at det i noen markeder kun er et lite antall bedrifter som konkurrerer med hverandre, mens det i andre markeder er svært mange bedrifter som konkurrerer? Kommer forbrukerne nødvendigvis bedre ut av det hvis det er mange bedrifter som konkurrerer? I så fall, bør da myndighetene gripe inn i markeder med få bedrifter? Hvorfor har priser i enkelte markeder steget eller falt raskt, mens prisene i andre markeder knapt har endret seg i det hele tatt? Og hvilke markeder byr på de beste mulighetene for en gründer som har tenkt å starte opp en virksomhet?

Grad av konkurranse i et marked

frikonkurranse
Et marked med mange kjøpere og selgere der ingen enkelt kjøper eller selger har innvirkning på markedsprisen

I denne boken skal vi studere markeder med både mye og lite konkurranse. Et **frikonkurransemarked** er et marked med svært mange kjøpere og selgere slik at ingen enkelt kjøper eller selger har innvirkning på markedsprisen. Valutamarkedet og de internasjonale råvaremarkeder ligger tett opp til det som karakteriseres som perfekt konkurranse.

For eksempel består verdensmarkedet for kobber av et par dusin store produsenter. Dette antallet er stort nok for at prisen ikke påvirkes særlig av at én av produsentene legger ned. Det samme gjelder for mange andre råvaremarkeder, slik som for kull, jern, tinn eller trelast.

Andre markeder som består av et lite antall produsenter, kan imidlertid også bli behandlet som frikonkurransemarkeder når de analyseres. For eksempel består det amerikanske luftmarkedet av flere dusin flyselskaper, men de fleste rutene betjenes av kun et fåtall selskaper. Likevel, i og med at konkurransen blant disse selskapene ofte er tøff, kan markedet for flytransport for noen formål behandles som et frikonkurransemarked. På den annen side kan vi ha markeder med mange tilbydere, men hvor *konkurransen allikevel er svak*, og hvor den enkelte produsent kan påvirke prisen på produktet. Et eksempel på dette er verdensmarkedet for olje. Siden tidlig på 1970-tallet har dette markedet vært dominert av OPEC-kartellet. (Et kartell er en gruppe produsenter som koordinerer sine produksjons- og prisbeslutninger.)

Markedspris

markedspris
Den gjeldende pris i et frikonkurransemarked

Markeder muliggjør transaksjoner mellom kjøpere og selgere, og i disse markedene selges produkter til spesifikke priser. I et frikonkurransemarked vil det være kun én pris – **markedsprisen** – som gjelder. Eksempler på dette er prisen på gull i Oslo og prisen på euro. Disse prisene er enkle å identifisere og man finner løpende oppdaterte priser på internett.

I markeder med svakere grad av konkurranse kan ulike tilbydere operere med forskjellige priser på relativt like produkter. Dette kan forekomme fordi noen bedrifter prøver å tiltrekke seg konkurrentenes kunder eller fordi kundene har merkelojalitet, slik at noen bedrifter kan ta høyere priser enn andre. For eksempel kan to vaskemiddelmerker bli solgt i samme butikk til forskjellige priser. Eller to butikker i samme by kan selge samme type vaskemiddel til ulike priser. (Når vi i tilfeller som dette snakker om markedspris, mener vi da gjennomsnittspris på tvers av merker og butikker.)

Markedspriser varierer over tid, og for mange varer kan svingningene være raske. Dette gjelder særlig for produkter som omsettes i markeder med høy grad av konkurranse. Et eksempel her er aksjemarkedet der det vanligvis er et stort antall kjøpere og selgere av aksjene i et gitt selskap. Som du sikkert har observert, varierer prisen på en aksje fra minutt til minutt og kan stige eller falle betydelig i løpet av en enkelt dag. Likeledes kan prisene på råvarer som hvete, soyabønner, kaffe, olje, gull, sølv og trelast stige eller falle dramatisk i løpet en dag eller en uke.

Markedsavgrensing – omfanget av et marked

omfanget av et marked
Grensene for et marked, både hva gjelder produkter og geografisk område

Som nevnt ovenfor så består en *markedsavgrening* av å identifisere hvilke kjøpere og selgere som skal inkluderes i et gitt marked. Men før vi kan gjøre dette, må vi først fastlegge **markedets omfang** – dets *grenser*, både med hensyn til *hvilke produkter* som skal inkluderes og hvilket *geografisk område* vi ser på.

Når vi for eksempel refererer til markedet for bensin, må vi være klare på dets geografiske grenser. Mener vi markedet i Oslo, Bergen eller hele Norge? Vi må også være klare på hvilke produkter som vi snakker om. Skal lavoktan og høyoktan bensin inngå i det samme markedet? Hva med bensin og diesel?

For noen varer gir det bare mening å snakke om et marked innenfor snevre geografiske grenser. Boliger er et godt eksempel. De fleste som arbeider i Oslo vil lete etter boliger innenfor pendleavstand. De vil neppe lete etter boliger 20 eller 30 mil utenfor Oslo, selv om disse boligene kan være mye billigere. Og boliger (sammen med tomten de står på) kan ikke så lett flyttes nærmere Oslo. Dermed er boligmarkedet i Oslo atskilt fra for eksempel boligmarkedet i Kristiansand, Bergen og Harstad. Det samme gjelder detaljhandel i bensinmarkedet, dette er dog mindre geografisk avgrenset enn boligmarkedet. Bensinmarkedene er regionale på grunn av kostnadene ved å transportere bensin over lange avstander. På den annen side, som vi nevnte tidligere, kjøpes og selges gull i et verdensmarked; mulighet for arbitrasje hindrer at prisen kan være vesentlig forskjellig fra et sted til et annet.

Vi må også tenke nøye gjennom produktporteføljen som skal inkluderes i et marked. Det er for eksempel et marked for (SLR/speilrefleks) digitalkameraer, og mange merker konkurrerer i dette markedet. Men hva med enklere kompakte digitalkameraer? Bør de betraktes som en del av det samme markedet? Sannsynligvis ikke, fordi de vanligvis brukes til ulike formål og dermed ikke konkurrerer med SLR-kameraer. Drivstoff er et annet eksempel. Lav- og høyoktan bensin kan betraktes som en del av det samme markedet, fordi de fleste bilister kan bruke begge. Diesel er imidlertid ikke en del av dette markedet fordi biler som bruker vanlig bensin ikke kan bruke diesel, og omvendt.

Markedsavgrensning er viktig av to grunner:

- En bedrift må forstå hvem som er faktiske og potensielle konkurrenter for de ulike produktene som de selger eller kan selge i fremtiden. Bedriften må også kjenne til produktgrensene og de geografiske grenser for markedet for å kunne fastsette pris, fastlegge markedsføringsbudsjetter, og foreta investeringsbeslutninger.
- Markedsavgrensning kan være viktig for offentlige beslutninger. Bør myndighetene tillate en fusjon eller oppkjøp av selskaper som produserer lignende produkter, eller bør de forby det? Svaret avhenger av effektene av fusjonen eller oppkjøpet på fremtidig konkurranse og priser. Ofte kan dette vurderes bare ved å definere et marked.

Eksempel 1.1

Markedet for reseptbelagte medisiner

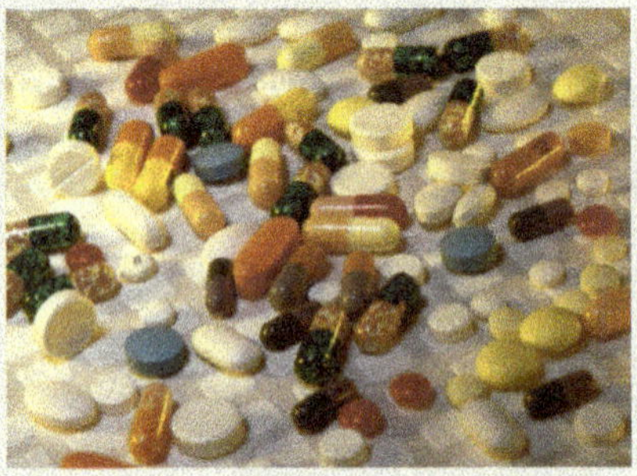

Utviklingen av et nytt legemiddel i et farmasøytisk selskap er et kostbart prosjekt. Det begynner med store utgifter til forskning og utvikling, og krever deretter ulike stadier med laboratorie- og klinisk testing, og hvis det nye legemidlet endelig blir godkjent, gjenstår markedsføring, produksjon og salg. Bedriften står da overfor det sentrale spørsmålet om hvilken pris som skal settes på det nye legemidlet. Prissetting avhenger av preferanser og medisinske behov hos kundegruppen som legemidlet retter seg mot, dets egenskaper samt antallet og karakteristika på *konkurrerende* legemidler. Prising av et nytt legemiddel krever derfor en god forståelse av det markedet det skal selges i.

Innenfor den farmasøytiske industri er det i noen tilfeller lett å avgrense et marked mens det i andre tilfeller kan være verre. Markeder er vanligvis definert i form av terapeutiske grupper av legemidler. Et eksempel på et klart definert marked er markedet for kolesterolnedsettende medisiner. Det er flere varianter på markedet, herunder Lipitor, Pravachol og Zocor. Disse medisinene har noe ulike bivirkninger, men kan ses på som nære substitutter. Når da for eksempel produsenten av Lipitor skal fastsette prisen, må de ta hensyn til egenskapene og prisene på de andre medikamentene. Likeledes vet et legemiddelfirma som vurderer om det skal investere i å utvikle et nytt kolesterolnedsettende medikament at den må konkurrere med andre eksisterende legemidler. Selskapet kan bruke informasjonen fra eksisterende medikamenter for å beregne forventet lønnsomhet ved investeringen – og dermed avgjøre om investeringen skal foretas eller ikke.

Men noen ganger er markedsgrensene mer tvetydige. Det finnes for eksempel mange typer smertestillende medisiner, og noen fungerer bedre enn andre for visse typer smerte (for eksempel hodepine, leddgikt, muskelverk, osv.). Bivirkningene er også forskjellige. Selv om noen typer smertestillende medikamenter brukes oftere for visse symptomer eller tilstander enn andre, er det betydelige grad av substitusjon. En tannpine kan for eksempel behandles med de fleste typer smertestillende medisiner. Disse substitusjonsmulighetene gjør det vanskelig å definere markedet for smertestillende medikamenter.

1.3 REELLE OG NOMINELLE PRISER

Ofte ønsker vi å sammenligne prisen på et produkt i dag med hva den var tidligere eller hva den trolig vil være i fremtiden. For å gjøre en slik sammenligning meningsfylt, må vi måle prisene i forhold til *det generelle prisnivået*. I absolutte termer er prisen på sukker mange ganger høyere i dag enn den var for 50 år siden. I forhold til det generelle prisnivået er prisen imidlertid lavere. Derfor må vi korrigere for inflasjon når vi sammenligner priser over tid. Dette betyr måling av priser i reelle fremfor i *nominelle* termer.

nominell pris
Absolutt pris på et gode

reell pris
Prisen på et gode i forhold til det generelle prisnivået

konsumprisindeks (KPI)
Et vektet (der vektene er ulike) gjennomsnitt av prisene på et utvalg konsumvarer og tjenester

produsentprisindeks (PPI)
Et mål på det faktiske prisnivået i produsentleddet

Den **nominelle prisen** på et gode (også betegnet som den løpende prisen) er den absolutte prisen. For eksempel var den nominelle prisen på en kroneis 1 kr i 1970, 4 kr i 1980, 8 kr i 1990, 15 kr i 2000 og 20 kr i 2010. Den **reelle prisen** på et gode (også betegnet som faste priser) er prisen på et gode sett i forhold til det generelle prisnivået.

For forbruksvarer måles det generelle prisnivået som regel ved en **konsumprisindeks (KPI)**. KPI beregnes av Statistisk Sentralbyrå ved kartlegging av utsalgspriser og indeksen publiseres månedlig. Indeksen måler kostnadene for et stort utvalg konsumvarer og tjenester kjøpt av "den representative forbruker" over tid. Inflasjonen i løpet av en periode måles ved den prosentvise endringen i KPI fra et tidspunkt til et annet.

Noen ganger er vi interessert i prisene på råvarer og andre innsatsfaktorer kjøpt av bedrifter, samt ferdige produkter som selges engros til butikkene. I dette tilfellet benyttes ofte en såkalt **produsentprisindeks (PPI)**. Denne statistikken skal måle den faktiske prisutviklingen i produsentleddet. Endringer i PPI er et mål på kostnadsutviklingen og gir generelt indikasjoner på fremtidige endringer i KPI. Statistisk Sentralbyrå publiserer PPI månedlig.

Hvilken prisindeks bør så benyttes når man skal konvertere nominelle priser til reelle priser? Det avhenger av type produkter man ser på. Hvis det er varer eller tjenester som normalt kjøpes av forbrukerne, benyttes KPI. Dersom det er produkter som normalt kjøpes av bedrifter, brukes PPI.

La oss se nærmere på utviklingen i den reelle prisen på en kroneis. I tabellen nedenfor har vi i tillegg til prisen på kroneis også vist utviklingen i konsumprisindeksen i den samme perioden. Indeksen er satt til 100 i 1998.

TABELL 1.1

	1970	1980	1990	2000	2010
KPI	17,4	37,7	81,9	104,1	127,1
Pris på kroneis	1 kr	4 kr	8 kr	15 kr	20 kr

Vi beregner så 2010 prisen pr. is uttrykt i 1970-kroner:

$$(17{,}4/127{,}1) \cdot 20 \text{ kr} = 2{,}74 \text{ kr}$$

Sammenlignet med prisen i 1970 ser vi da at kroneisen reelt sett var betydelig dyrere i 2010 (2,74 ganger så høy). For øvelsens skyld kan du finne ut av hvordan den reelle prisen utviklet seg fra 1980 til 1990.

I denne boken vil vi primært fokusere på reelle snarere enn nominelle priser i og med at forbrukernes valg baseres på sammenligning av priser. Disse relative prisene kan lettest vurderes dersom det er et felles grunnlag for sammenligning. Ved å benytte relative priser oppnår man dette. Følgelig, selv om vi ofte oppgir prisene i kroner tenker vi på den reelle kjøpekraften av disse kronene.

1.4 HVORFOR STUDERE MIKROØKONOMI?

Vi tror at du etter å ha lest denne boken ikke vil være i tvil om viktigheten av og det brede anvendelsesområdet for det mikroøkonomiske fagområdet. Et av våre hovedmål er å vise deg hvordan du bruker mikroøkonomiske prinsipper i faktiske beslutningsprosesser. Likevel, litt ekstra motivasjon på et tidlig stadium skader ikke. Her er et eksempel som ikke bare illustrerer anvendelsen av mikroøkonomi i praksis, men som også gir en smakebit på noe av det vi skal fokusere på videre utover i denne boken.

Bedriftsøkonomiske beslutninger: Fords SUV-modeller

I 1991 introduserte Ford modellen Explorer, som ble den bestselgende SUV-en i USA. I 1997 introduserte de Expedition, en større og romsligere SUV. Denne bilen var også en stor suksess og bidro vesentlig til Fords inntjening. I 2002 hadde Ford 6 SUV-modeller og produserte mer enn et halvt dusin andre gjennom sine datterselskaper. I perioden 2005 til 2007 førte høyere bensinpriser og økende bekymring for global oppvarming til en nedgang i salget av SUV-er. Ford responderte på dette ved å utvikle nye og mindre biler. Men Ford endret også sine SUV-modeller slik at de ble lettere og mer drivstoffvennlige.

Utformingen og den effektive produksjonen av Fords nye SUV-er demonstrerte ikke bare imponerende ingeniørarbeid, men var også meget lønnsom. Først måtte ledelsen i Ford tenke nøye gjennom hvordan publikum ville reagere på de nye modellenes design og ytelse. Hvor stor ville etterspørselen være i utgangspunktet, og hvor raskt ville den øke? Hvordan ville etterspørselen avhenge av prisene Ford satte på sine modeller?

Forståelse for forbrukernes preferanser og avveininger, og det å kunne predikere etterspørselen og dens prisfølsomhet, er avgjørende for Ford og alle andre bilprodusenter. (Vi diskuterer forbrukernes preferanser og etterspørsel i kapitlene 3 og 4.)

Videre måtte Ford også vurdere kostnadene ved produksjon av disse bilene. Hvor høye ville produksjonskostnadene være? Hvordan ville kostnadene avhenge av antall biler som ble produsert hvert år? Hvordan ville prisene på stål og andre råvarer påvirke kostnadene? Hvor mye og hvor raskt ville kostnadene synke som følge av at ledere og arbeidere opparbeider erfaring med produksjonsprosessen? Hvor mange av disse bilene skulle Ford produsere hvert år for å maksimere overskuddet? (Vi diskuterer produksjon og kostnader i kapitlene 5 og 6 og valg av profittmaksimerende produksjonsnivå i kapittel 7.)

Ford måtte også utforme en prisstrategi og vurdere hvordan konkurrentene ville reagere på denne. Skulle Ford for eksempel ta en lav pris for basisversjonen av Explorer og en høy pris for ekstrautstyr som for eksempel skinnseter og takluke? Eller ville det være mer lønnsomt å la dette inngå som standardutstyr og heller ta en høyere pris for hele pakken? Uansett hvilken strategi Ford valgte – hvordan ville konkurrentene reagere? Ville DaimlerChrysler prøve å underby Ford ved å senke prisen på sin Jeep Grand Cherokee? Ville Ford kunne forhindre DaimlerChrysler og GM å senke prisene ved å true med å kutte egne priser hvis de andre gjorde det? (Vi diskuterer prising i kapitlene 9 og 10 og konkurransestrategi i kapitlene 11 og 12.)

I og med at Fords produksjon av SUV-er fordret store investeringer i nytt kapitalutstyr måtte Ford vurdere både risiko og mulige utfall av sine beslutninger. Noe av denne risikoen skyldtes usikkerhet om fremtidig bensinpris (høyere bensinpriser ville redusere etterspørselen etter tunge kjøretøyer). Noe skyldtes usikkerhet knyttet til fagforeningsmakt og arbeidernes lønnsutvikling. Hva ville skje hvis oljeprisen ble doblet eller tredoblet, eller hvis den amerikanske regjeringen innførte en betydelig bensinavgift? Hvordan skulle Ford ta hensyn til disse risikoelementene i sine investeringsbeslutninger? (Råvaremarkedene og effekter av avgifter er omtalt i. Arbeidsmarkeder og fagforeningsmakt er omtalt i kapittel 13.)

Ford måtte også tenke på organisatoriske utfordringer. Ford er en integrert bedrift der separate avdelinger produserer motorer og deler, og deretter monterer ferdige biler. Hvordan skulle ledere av ulike avdelinger avlønnes? Hvilke internpriser skulle benyttes? Burde alle delene leveres fra de andre avdelingene, eller burde noen kjøpes fra andre bedrifter?

Videre måtte Ford vurdere sitt forhold til myndighetene og effektene av offentlige reguleringer. For eksempel måtte alle Fords biler oppfylle utslippsstandarder, og produksjonsprosessen måtte være i samsvar med helse- og sikkerhetsforskrifter. Hvordan ville disse forskriftene og standardene kunne endres over tid? Hvordan ville de påvirke inntekter og kostnader? (Vi diskuterer myndighetenes rolle i å begrense forurensning og fremme helse og sikkerhet i kapittel 14.)

OPPSUMMERING

1. Mikroøkonomi dreier seg om beslutninger tatt av individuelle økonomiske enheter, som konsumenter, arbeidere, investorer, grunneiere og bedrifter. Faget dreier seg også om interaksjonen mellom konsumenter og bedrifter som i fellesskap danner markeder, bransjer og sektorer.
2. Mikroøkonomi baserer seg i stor grad på bruk av teori, som (ved hjelp av forenklinger) kan bidra til å forklare økonomiske enheters atferd, samt forutsi fremtidig atferd. Teoriene fremstilles ved grafiske og matematiske modeller, hvor disse kan bidra i prosessen med å forklare og predikere.
3. Mikroøkonomi er opptatt av deskriptive spørsmål knyttet til forståelsen av, og forutsigelser om, ulike økonomiske fenomener. Fagområdet er imidlertid også viktig for normative analyser, hvor vi spør om hvilke valg som er best enten for bedriften eller for samfunnet som helhet. Normative analyser må ofte kombineres med individuelle verdivurderinger fordi spørsmål om likhet og rettferdighet, så vel som økonomisk effektivitet, kan være involvert.
4. Et marked er en møteplass mellom kjøpere og selgere hvor interaksjonen mellom disse resulterer i spesifikke priser og omsetningsvolumer. Mikroøkonomi omfatter både studiet av perfekte frikonkurransemarkeder, hvor ingen enkelt kjøper eller selger har noen innflytelse på prisen, og andre markedsformer, hvor individuelle enheter kan påvirke prisen.
5. Markedsprisen er et resultat av interaksjonen mellom kjøpere og selgere. I et frikonkurransemarkedet råder det kun én pris. I et marked hvor det ikke er perfekt konkurranse, vil ulike selgere kunne operere med forskjellige priser. I dette tilfellet vil markedsprisen referere til gjennomsnittsprisen.
6. Når vi diskuterer et marked må vi være klare på dets omfang, både hva gjelder geografiske grenser og hvilket utvalg av produkter som skal inkluderes. Noen markeder (for eksempel boligmarkeder) er i stor grad lokalt avgrenset, mens andre (for eksempel gullmarkedet) er globale.
7. For å ta hensyn til inflasjonen benytter vi reelle priser (faste priser), i stedet for den nominelle verdien (løpende priser). For å beregne reelle priser brukes en aggregert prisindeks, som konsumprisindeksen, for å korrigere for inflasjonen.

SPØRSMÅL

1. Det blir ofte sagt at en god teori er en teori som kan bli forkastet av en empirisk, dataorientert analyse. Forklar hvorfor en teori som ikke kan testets empirisk, ikke er en god teori.
2. Hvilke av de følgende to påstander involverer henholdsvis deskriptiv og normativ økonomisk analyse? Hva er forskjellen mellom de to analyseformene?
   a. Bensinrasjonering er et dårlig politisk tiltak fordi det forstyrrer markedets virkemåte.
   b. Bensinrasjonering er et tiltak som fører til at det er flere som kommer dårligere ut av det enn de som kommer bedre ut av det.
3. Anta at prisen på bensin var 1 krone høyere i Bergen enn i Oslo. Tror du det ville være mulighet for arbitrasje (dvs. kjøpe bensin i Oslo og deretter selge den i Bergen med fortjeneste)? Hvorfor eller hvorfor ikke?
4. Anta at euroen styrker seg mot kronen, det vil si at vi må betale flere kroner for et gitt antall euro. Forklar hvorfor denne økningen fører til at den reelle prisen på klær produsert i eurosonen blir høyere for norske konsumenter samtidig som den reelle prisen på norskproduserte klær synker for euroborgere.
5. Anta at minuttprisen på en utenlandssamtale var 1,25 kr i 2005 og at den var 1 kr i 2009. Fra 2005 til 2009 steg konsumprisindeksen med 8 %. Hva skjedde med den reelle prisen på telefontjenesten?

ØVELSER

1. Avgjør om hvert av følgende utsagn er sant eller usant, og forklar hvorfor:
   a. Hurtigmatkjeder som McDonald's og Burger King finner vi over hele landet. Derfor er markedet for hurtigmat et nasjonalt marked.
   b. Generelt kjøper folk klær i byen der de bor. Derfor er det et klesmarked i Trondheim som er atskilt fra klesmarkedet i Oslo.
   c. Noen konsumenter har sterke preferanser for Cola, mens noen foretrekker Pepsi. Derfor er markedene for Cola og Pepsi atskilte.
2. Anta at vi har følgende tall for utviklingen i sukkerprisen og konsumprisindeksen fra 1970 til 2010. Konsumprisindeksen er skalert til 100 i 1998.

	1970	1990	2010
KPI	17,9	83,7	125,7
Pris pr. kg. sukker	1,5 kr	12,5 kr	25 kr

   a. Har den reelle prisen på sukker gått opp eller ned fra 1970 til 2010?
   b. Hva var den prosentvise endringen i den reelle prisen fra 1970 til 2010?

Tilbud, etterspørsel og marked

2

En av de beste innfallsvinklene for å forstå relevansen av økonomisk teori er å begynne med noen grunnleggende betraktninger rundt tilbud og etterspørsel. *Tilbuds-etterspørselsanalyse* er et grunnleggende og slagkraftig verktøy som kan anvendes på en lang rekke interessante og viktige problemstillinger. For å nevne noen:

- **Forstå og forutsi hvordan endringer i verdensøkonomien påvirker markedspriser og produksjon**
- **Evaluere effektene av offentlige inngrep som prisreguleringer, minstelønninger, pristilskudd og produksjonsinsentiver**
- **Vurdere hvordan skatter, subsidier, toll og importkvoter påvirker konsumenter og produsenter**

Vi begynner med en gjennomgang av hvordan tilbuds- og etterspørselskurver benyttes for å beskrive *markedsmekanismen*. Uten offentlige inngrep (for eksempel gjennom prisreguleringer eller andre reguleringer) vil markedspris og omsetning av et gode vanligvis bli bestemt i likevekt mellom tilbud og etterspørsel. Hvilken pris og hvilket kvantum vi ender opp med, vil være avhengig av konkrete karakteristika ved henholdsvis tilbuds- og etterspørselssiden. Endringer i pris og kvantum over tid avhenger av hvordan tilbud og etterspørsel påvirkes av andre økonomiske variabler, som for eksempel samlet økonomisk aktivitet og lønnskostnader, som i seg selv også endres over tid.

Vi vil derfor gå nærmere inn på kjennetegnene ved tilbud og etterspørsel, og vise hvordan disse kan variere fra ett marked til et annet. Deretter kan vi begynne å anvende tilbuds- og etterspørselskurver for å få forståelse en rekke fenomener, som for eksempel hvorfor prisene på noen råvarer har falt jevnt over en lang periode, mens prisene på andre har vært gjenstand for sterke svingninger, hvorfor det oppstår knapphet i enkelte markeder, og hvorfor annonseringen av planer for fremtidig økonomisk politikk eller prognoser om fremtidige økonomiske forhold kan påvirke markeder lenge før politikken eller de økonomiske forholdene realiseres.

I tillegg til å ha en *kvalitativt* forståelse av hvordan pris og kvantum bestemmes, og hvordan de kan variere over tid, er det også viktig å lære seg hvordan dette kan analyseres *kvantitativt*. Vi skal se hvordan enkle beregninger kan benyttes til å analysere og forutsi utviklingen i et marked. Vi vil også vise hvordan markeder reagerer både på nasjonale og internasjonale makroøkonomiske svingninger og på effektene av offentlige inngrep i det økonomiske liv. Vi vil prøve å bidra til forståelse av sentrale mekanismer enkle eksempler og anbefaler deg også å arbeide med oppgavene ved slutten av kapitlet.

KAPITTELOVERSIKT

2.1 Tilbud og etterspørsel 16

2.2 Markedsmekanismen 18

2.3 Endringer i markedslikevekten 21

2.4 Tilbuds- og etterspørselselastisiteter 26

2.5 Kortsiktige kontra langsiktige elastisiteter 30

2.6 Å forstå og forutsi effektene av endrede markedsbetingelser 35

2.1 TILBUD OG ETTERSPØRSEL

Den grunnleggende markedsmodellen er selve arbeidshesten innen mikroøkonomi. Den hjelper oss å forstå hvorfor og hvordan prisene endres, og hva som skjer når myndighetene griper inn i et marked. Markedsmodellen kombinerer to viktige begreper: *tilbudskurven* og *etterspørselskurven*. Det er viktig å forstå nettopp hva disse kurvene representerer.

Tilbudskurven

tilbudskurven Sammenhengen mellom pris og samlet tilbud av et gode

Tilbudskurven viser mengden av et gode som tilbyderne er villige til å selge til en gitt pris, gitt at alle andre variable som kan påvirke tilbudt kvantum holdes konstant. Kurven merket S i figur 2.1 illustrerer dette (en underliggende forutsetning her er at vi ser på et frikonkurransemarked – noe vi kommer nærmere inn på i kapittel 7). Den vertikale aksen viser pris på et gode, P, målt i kroner pr. enhet. Dette er prisen som selgerne får pr. enhet for et gitt kvantum som tilbys (det som tilbys for salg er det som produseres). Den horisontale aksen viser det samlede tilbud, Q, målt i antall enheter pr. periode.

Vi kan også uttrykke sammenhengen mellom pris og tilbudt kvantum ved hjelp av en funksjon:

$$Q_S = Q_S(P)$$

Eller vi kan illustrere den grafisk, slik vi har gjort i figur 2.1.

Merk at tilbudskurven i figur 2.1 har en positiv helning. Med andre ord, *jo høyere prisen er, jo mer er bedriftene villige til å produsere*. En høyere pris kan for eksempel føre til at eksisterende bedrifter øker produksjonen ved å ansette flere arbeidere, eller ved å la de som jobbet der i utgangspunktet jobbe overtid (noe som generelt innebærer økte kostnader pr. arbeidstime for bedriften). Videre kan de utvide produksjonen på lang sikt ved å utvide sine produksjonsanlegg. En høyere pris kan også lokke nye bedrifter til markedet. Disse nykommerne vil generelt ha høyere produksjonskostnader på grunn av mindre erfaring i dette markedet og ville derfor ikke etablert seg hvis markedsprisen hadde vært lavere.

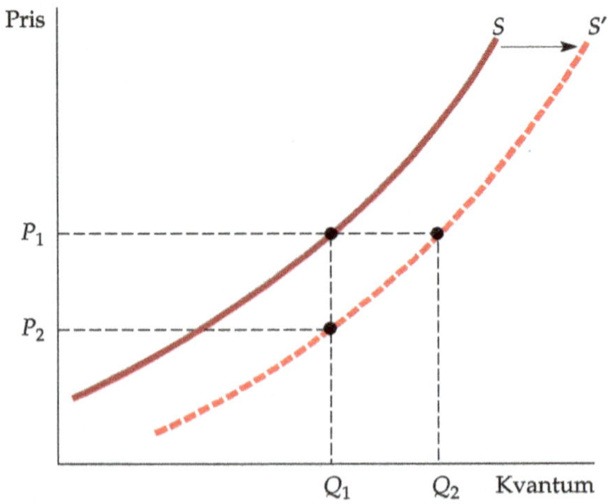

FIGUR 2.1 Tilbudskurven

Tilbudskurven, merket S i figuren, viser hvordan tilbudt kvantum endres når prisen på godet endres. Tilbudskurven er stigende: Jo høyere prisen er, jo mer er bedrifter er i stand til, og villige til, å produsere og selge. Hvis produksjonskostnadene faller, kan bedriftene produsere samme mengde til en lavere pris, eller et større kvantum til samme pris. Tilbudskurven skifter da til høyre (fra S til S').

Andre *variabler* som påvirker tilbudet

Hvor mye som tilbys av et gode avhenger også av andre variabler enn prisen på godet. Produksjonskostnader, herunder lønninger, renter og råvarekostnader vil også påvirke hvor mye bedriftene ønsker å produsere ved ulike nivåer på produktprisen. Tilbudskurven, merket S i figur 2.1, gjelder for gitte verdier på disse andre variabler. En endring i verdien på én eller flere av disse variable vil føre til et skift i tilbudskurven. La oss se hvordan dette fungerer.

Tilbudskurven S i figur 2.1 sier at hvis prisen er P_1 vil tilbudt kvantum være Q_1. La oss så anta at prisen på råvarer *faller*. Hvordan vil dette påvirke tilbudskurven?

Lavere råvarekostnader – ja, lavere kostnader på en hvilken som helst innsatsfaktor – gjør produksjonen mer lønnsom og oppmuntrer eksisterende bedrifter til å øke produksjonen og gjør det mulig for nye bedrifter å komme inn på markedet. Hvis markedsprisen samtidig holder seg uendret, vil vi da forvente at tilbudt kvantum øker. Figur 2.1 *illustrerer* dette som en økning fra Q_1 til Q_2. Når produksjonskostnadene *reduseres, øker* produksjonen for ethvert nivå på markedsprisen. *Tilbudskurven skifter dermed til høyre,* som vist i figuren ved et skift fra S til S'.

En annen måte å se på effekten av lavere råvarekostnader er å tenke seg at produsert kvantum holdes fast på Q_1, og så spørre om hvilken pris bedriftene ville kreve for å produsere dette kvantumet. I og med at kostnadene nå er lavere, ville de akseptere en lavere pris, P_2. Dette vil gjelde for et hvert produksjonsnivå. Igjen ser vi i figur 2.1 at tilbudskurven må skifte til høyre.

Vi har sett at sammenhengen mellom pris og tilbudt kvantum er representert ved en ***bevegelse langs tilbudskurven***. Endringer i andre variable enn pris som påvirker tilbudet representeres på sin side ved *et skift i tilbudskurven*.

For å skille mellom disse to grafiske bevegelsene benytter ofte økonomer uttrykket *endring i tilbud* for å referere til skift i tilbudskurven, mens uttrykket *endring i tilbudt kvantum* forbeholdes bevegelser langs tilbudskurven.

Etterspørselskurven

etterspørselskurven Sammenhengen mellom pris og samlet etterspørsel etter et gode

Etterspørselskurven viser hvor mye av et gode forbrukerne ønsker å kjøpe ved ulike prisnivåer. Vi kan uttrykke denne sammenhengen ved en ligning:

$$Q_D = Q_D(P)$$

Vi kan illustrere sammenhengen grafisk, som i figur 2.2. Merk at etterspørselskurven, merket D, har ***negativ helning***: Forbrukerne er vanligvis villige til å kjøpe mer av et gode jo lavere prisen er. For eksempel kan en lavere pris føre til at de som allerede kjøper godet kjøper mer av det. Videre kan det føre til at konsumenter som tidligere ikke hadde råd til å kjøpe det nå får anledning til å kjøpe.

Hvor mye konsumentene er villige til å kjøpe av et gode, vil selvfølgelig også avhenge av andre forhold enn prisen på godet. *Inntekt* er spesielt viktig. Med høyere inntekter kan forbrukerne bruke mer penger på et hvilket som helst gode og noen forbrukere vil bruke mer på de fleste varer.

Skift i etterspørselskurven

La oss se hva som skjer med etterspørselskurven hvis inntektsnivået øker. Som du kan se av figur 2.2; Hvis markedsprisen holdes konstant på P_1, vil vi kanskje forvente å se en økning i etterspurt kvantum, si fra Q_1 til Q_2, som følge av økte inntekter. Hvis denne økningen vil skje uansett nivå på markedsprisen, vil resultatet bli at *etterspørselskurven skifter til høyre*. I figuren er dette vist som et skift fra D to D'. Alternativt kan vi spørre hvilken pris forbrukerne er villige til å betale for en gitt mengde Q_1. Med høyere inntekter bør de være villige til å betale en høyere pris – si P_2 i stedet for P_1 i figur 2.2. Igjen vil *etterspørselskurven skifte til høyre*. Som i tilfellet med tilbudet, vil vi bruke uttrykket *endring i etterspørselen* for å referere til skift i etterspørselskurven, og forbeholder uttrykket *endring i etterspurt kvantum* til å gjelde bevegelser langs etterspørselskurven.

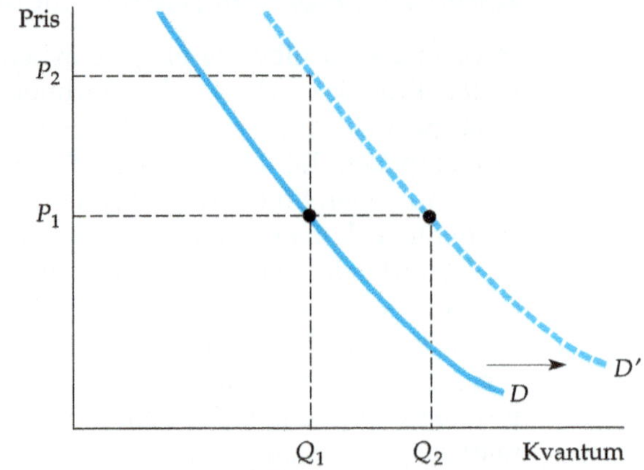

FIGUR 2.2 Etterspørselskurven

Etterspørselskurven, merket D, viser hvordan etterspørselen etter et gode avhenger av prisen på det. Etterspørselskurven er fallende; gitt alt annet likt, vil forbrukerne kjøpe mer av et gode når prisen går ned. Etterspørselen avhenger også av andre variabler, som inntekt, været, og prisene på andre varer. For de fleste produkter vil etterspørselen øke når inntekten øker. Et høyere inntektsnivå fører da til at etterspørselskurven skifter mot høyre (fra D til D').

Substitutter og komplementære goder

substitutter
To goder der en økning i prisen på det ene fører til økt etterspørsel etter det andre

komplementære goder
To goder der en økning i prisen på det ene fører til en lavere etterspørsel etter det andre

Endringer i prisene på andre varer vil også påvirke etterspørselen. Varer betegnes som **substitutter** når en økning i prisen på ett produkt fører til en økning i etterspørselen etter et annet produkt. For eksempel er kobber og aluminium substitutter. I og med at man i industriproduksjon ofte kan erstatte det ene med det andre, vil *etterspørselen etter kobber øke dersom prisen på aluminium går opp*. Likeledes er okse og kylling substitutter fordi de fleste forbrukere er tilbøyelige til å vri etterspørselen fra det ene produktet til det andre når prisene endres.

Produkter er **komplementære** når en økning i prisen på det ene fører til en reduksjon i etterspørselen etter det andre. For eksempel er bil og bensin komplementære goder. I og med at de benyttes sammen vil en nedgang i prisen på bensin øke etterspørselen etter biler. Likeledes er datamaskiner og programvare komplementære goder. Prisen på maskinene har falt dramatisk det siste tiåret, noe som har ført til økning i etterspørselen etter både maskiner og programvare.

I figur 2.2 forklarte vi skiftet i etterspørselskurven til høyre ved at inntektene økte. Imidlertid kan dette skiftet også være et resultat av enten en økning i prisen på et substitutt eller en nedgang i prisen på et komplementært gode. Det kan også stamme fra endringer i andre variable – som vær og vind. For eksempel vil etterspørselkurvene for ski og snowboard skifte til høyre når det kommer mye snø.

2.2 MARKEDSMEKANISMEN

Det neste steget er å føye tilbuds- og etterspørselskurven sammen. Dette har vi gjort i figur 2.3. Den vertikale aksen viser prisen på godet, P, igjen målt i kroner pr. enhet. Dette er nå prisen selgerne får for et gitt tilbudt kvantum, og prisen som kjøperne er villige til å betale for et gitt kvantum. Den horisontale aksen viser samlet tilbud og samlet etterspørsel, Q, målt i antall enheter pr. periode.

likevektspris (eller **markedsklarerende pris**)
Den pris som gir likhet mellom tilbudt og etterspurt kvantum

markedsmekanismen
Tendensen til at prisen i et fritt uregulert marked endres inntil tilbud er lik etterspørsel

Likevekt

Der de to kurvene skjærer hverandre, har vi **likevekts-**, eller **markedsklarerende**, pris og kvantum. Til denne prisen (P_0 i figur 2.3), er tilbud og etterspurt kvantum det samme (Q_0). **Markedsmekanismen** refererer seg til at i et fritt fungerende marked

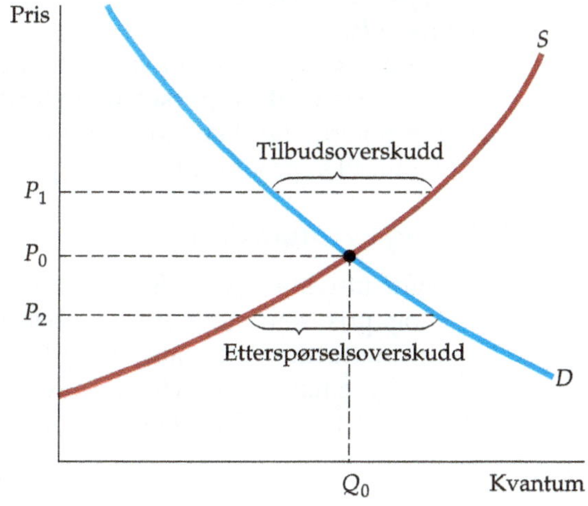

FIGUR 2.3 Tilbud og etterspørsel

Markedet klareres ved en pris P_0 og et kvantum Q_0. Ved en høyere pris, P_1, oppstår det et tilbudsoverskudd og prisene vil synke. For en lavere pris, P_2, oppstår det et etterspørselsoverskudd og prisen bys oppover.

vil prisen ha en tendens til å justere seg slik at markedet *klareres* – det vil si inntil tilbud er lik etterspørsel. I dette punktet vil det, fordi det ikke eksisterer verken tilbuds- eller etterspørselsoverskudd, ikke lenger være noen krefter som gir ytterligere endring i prisen. Tilbud og etterspørsel behøver imidlertid ikke alltid være likt og det kan ta lang tid før markedet klareres etter en endring i markedsforholdene. Tendensen er imidlertid at markedene klareres.

La oss se på et enkelt talleksempel der vi benytter lineære etterspørsels- og tilbudskurver. Anta at sammenhengen mellom pris og tilbudt kvantum er gitt ved følgende funksjon:

$$Q_S = -10 + 2P$$

Etterspørselen er gitt ved:

$$Q_D = 50 - P$$

Likevekt har vi der tilbud er lik etterspørsel:

$$Q_S = Q_D$$

Vi setter så tilbuds- og etterspørselsfunksjonen inn i likevektsbetingelsen:

$$-10 + 2P = 50 - P$$

$$3P = 60$$

$$P = 20$$

Likevektsprisen er altså 20 kr. For å finne likevektskvantum setter vi likevektsprisen inn i enten tilbudsfunksjonen eller etterspørselsfunksjonen. Vi kan for ordens skyld her sette inn i begge slik at vi er sikre på at vi får det samme:

$$Q_S = -10 + 2 \cdot 20 = 30$$

$$Q_D = 50 - 20 = 30$$

Det vil altså bli omsatt 30 enheter i dette markedet.

tilbudsoverskudd
En situasjon der tilbudet er høyere enn etterspørselen

For å forstå hvorfor markeder har en tendens til å nå likevekt antar vi nå at prisen i utgangspunktet ligger over det markedsklarerende nivå – si P_1 i figur 2.3. Produsentene vil prøve å produsere og selge mer enn det forbrukere er villige til å kjøpe. Det vil oppstå et **tilbudsoverskudd** – en situasjon der tilbudet er større enn etterspørselen. Dette vil føre til at prisen presses nedover inntil ny likevekt etableres til prisen P_0.

etterspørselsoverskudd En situasjon der etterspørselen overstiger tilbudet

Det motsatte ville skje hvis prisen i utgangspunktet var lavere enn P_0 – si P_2. Det vil da oppstå et **etterspørselsoverskudd** – dvs. at etterspørselen overstiger tilbudet og forbrukerne får ikke kjøpt så mye som de ønsker. Prisene presses oppover, noe som fører til at produsentene øker produksjonen og vi beveger oss mot likevekt i P_0.

Pris og kvantumsform

Ovenfor uttrykte vi tilbuds- og etterspørselsfunksjonen med kvantum på venstre side og pris som høyresidevariabel. Vi sier da at vi uttrykker funksjonene på **kvantumsform**. Dette faller naturlig da årsaksretningen går fra pris til kvantum: Tilbud og etterspørsel avhenger av pris. I tilfellet med lineære funksjoner kan vi skrive funksjonene på generell form som:

(E) $$Q = a - bP$$

(T) $$Q = c + dP$$

Det kan imidlertid være hensiktsmessig å uttrykke sammenhengene med pris på venstre side og kvantum på høyre side – spesielt når vi skal benytte grafiske illustrasjoner. Vi sier da at vi har funksjonene på **prisform**. Tar vi utgangspunkt i ligningen ovenfor får vi følgende:

(E) $$P = a/b - (1/b)Q$$

(T) $$P = -c/d + (1/d)Q$$

La oss se på et talleksempel:

(E) $$Q = 100 - 2P$$

(T) $$Q = -20 + P$$

I etterspørselsfunksjonen flytter vi Q over på høyre side og skifter fortegn og flytter $2P$ over på venstre side og skifter fortegn. Vi dividerer så med 2 på begge sider av likhetstegnet og får:

(E) $$P = 50 - 0{,}5Q$$

I tilbudsfunksjonen flytter vi Q over til høyre og P over til venstre, skifter fortegn, multipliserer på begge sider av likhetstegnet med – 1 og får:

(T) $$P = 20 + Q$$

Fordelen med å uttrykke funksjonene på denne måten er at vi får enkle tolkninger av tallene i en figur med P langs den vertikale aksen og Q langs den horisontale: Konstantleddet representerer skjæringspunktet med den vertikale aksen, og tallet foran Q er kurvens helning. I talleksempelet ovenfor vil altså etterspørselskurven starte i 50 og ha en helning på – 0,5 og tilbudskurven starter i 20 og har et stigningstall lik 1.

Når kan vi benytte markedsmodellen?

Når vi benytter tilbuds- og etterspørselkurver, antar vi at det for enhver gitt pris vil bli produsert og solgt en gitt mengde. Denne forutsetningen er bare rimelig hvis det er en *viss grad av konkurranse* i markedet. Hvis konkurransen er sterk, vil både selgere og kjøpere ha *liten markedsmakt* – dvs. at hver og en av de har liten, eller ingen, evne til å påvirke markedsprisen.

Anta i stedet at tilbudet ble kontrollert av én enkelt produsent – en monopolist. I dette tilfellet vil sammenhengen mellom pris og tilbudt kvantum være annerledes. Hvorfor? Fordi monopolisten må ta hensyn til at en endring i tilbudt kvantum vil påvirke markedsprisen – monopolisten står overfor en synkende etterspørselskurve. (Dette blir nærmere forklart i kapittel 9.) Når vi arbeider med tilbuds- og etterspørselskurver, antar vi derfor implisitt at vi refererer til et marked med sterk konkurranse.

2.3 ENDRINGER I MARKEDSLIKEVEKTEN

Vi har sett hvordan tilbuds- og etterspørselskurven skifter som følge av endringer i variabler som lønnssatser, kapitalkostnader, og inntekt. Vi har også sett hvordan markedsmekanismen fører til likevekt der tilbud er lik etterspørsel. Nå skal vi se nærmere på hvordan likevekten endres når vi får såkalte skift i tilbuds- og etterspørselskurven.

La oss begynne med et skift i tilbudskurven. I figur 2.4 har tilbudskurven skiftet fra *S* til *S'* (som den gjorde i figur 2.1), for eksempel som følge av en nedgang i prisen på råvarer. Følgelig vil markedsprisen synke (fra P_1 til P_3), og samlet produksjonskvantum øker (fra Q_1 til Q_3). Dette er hva vi ville forvente: Lavere kostnader fører til lavere priser og økt salg. (Gradvis reduksjon i kostnader som følge av teknologiske fremskritt og bedre ledelse er viktige drivkrefter bak økonomisk vekst.)

Figur 2.5 viser hva som skjer når etterspørselskurven skifter utover, for eksempel som følge en økning i inntektsnivået. Likevektspris og kvantum vil da endres. Som

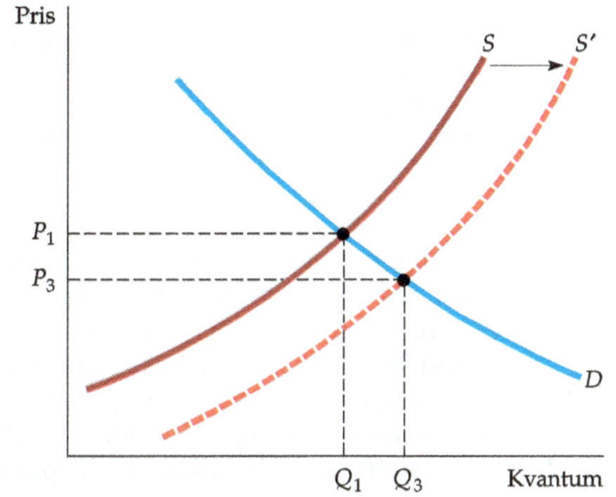

FIGUR 2.4 Ny likevekt etter et skift i tilbudskurven

Når tilbudskurven skifter til høyre, synker markedsprisen og omsetningen øker.

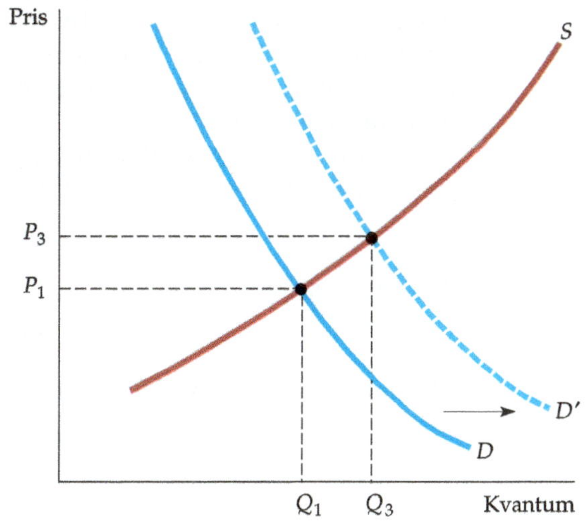

FIGUR 2.5 Ny likevekt etter et skift i etterspørselskurven

Når etterspørselskurven skifter til høyre, stiger markedsprisen og omsetningen øker.

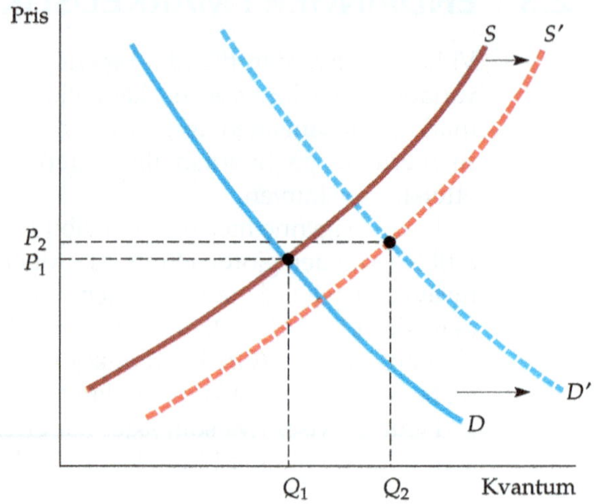

FIGUR 2.6 Ny likevekt når både tilbuds- og etterspørselskurven skifter

Tilbuds-og etterspørselskurver skifter over tid ettersom markedsforholdene endres. I dette eksemplet, fører et skift utover for både tilbuds- og etterspørselsfunksjonen til en litt høyere pris og en betydelig høyere omsetning. Generelt vil imidlertid endringer i pris og kvantum avhenge av hvor mye hver av kurvene skifter og kurvenes helning.

vist i figur 2.5, vil vi da forvente at forbrukerne vanligvis vil betale en høyere pris, P_3, og at bedriftene produserer et større kvantum, Q_3, som følge av inntektsøkningen.

I de fleste markeder vil både etterspørsels- og tilbudskurven skifte over tid. Forbrukernes disponible inntekter øker etter hvert som økonomien vokser (eller synker i økonomiske nedgangstider). Etterspørselen etter enkelte varer skifter med årstidene (for eksempel drivstoff, badedrakter og paraplyer), med endringer i prisene på relaterte varer (en økning i oljeprisen øker etterspørselen etter naturgass), eller bare ved en endring i smak. Tilsvarende vil lønnssatser, kapitalkostnader og prisene på råvarer også endres over tid, og dette vil føre til skift i tilbudskurven.

Tilbuds- og etterspørselkurver kan benyttes for å kartlegge effektene av disse endringene. I figur 2.6 har vi illustrert et skift til høyre i både tilbuds- og etterspørselkurven, noe som fører til en litt høyere pris (fra P_1 til P_2) og et større kvantum (fra Q_1 til Q_2). Generelt vil endringen i pris og kvantum være avhengig av hvor mye tilbuds- og etterspørselskurven skifter, samt kurvenes helning. For å kunne si noe om størrelsen og retningen på effektene av slike endringer må vi kunne tallfeste hvordan tilbud og etterspørsel påvirkes av pris og andre variable. Vi skal se nærmere på dette i neste avsnitt.

La oss nå se på et konkret talleksempel hvor vi får frem effektene på pris og kvantum av et skift i etterspørselskurven. Anta at etterspørselen etter kobber er gitt ved:

$$Q = 18 - 3P$$

Tilbudet er gitt ved:

$$Q = -6 + 9P$$

Vi beregner likevekten ved å sette tilbud lik etterspørsel:

$$-6 + 9P = 18 - 3P$$

$$12P = 24$$

$$P = 2$$

Vi setter så likevektsprisen inn i enten tilbuds- eller etterspørselsfunksjonen og får $Q = 12$.

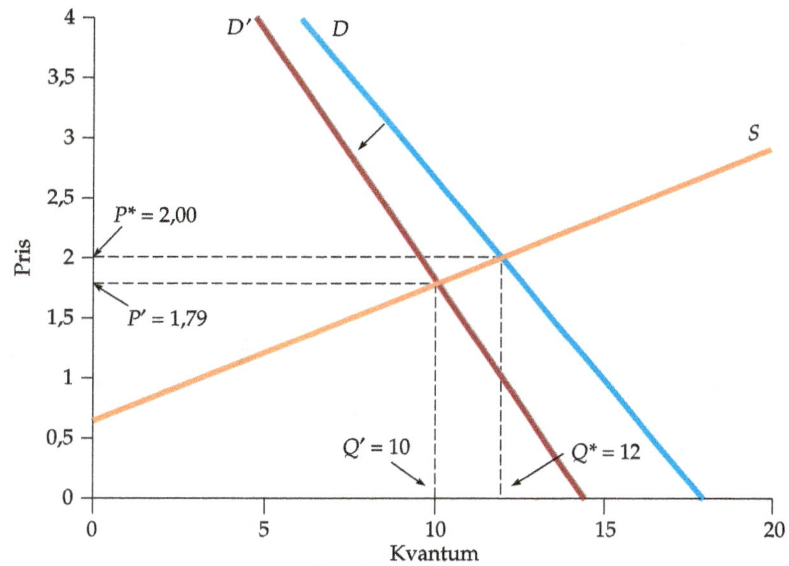

FIGUR 2.7 Tilbud av og etterspørsel etter kobber

Skiftet i etterspørselskurven reflekterer en nedgang i etterspørselen på 20 %, noe som fører til at prisen synker med 10,5 %.

Anta så at etterspørselen etter kobber synker med 20 %. Hvordan vil dette påvirke likevektspris og kvantum? Den nye etterspørselsfunksjonen får vi ved å multiplisere den opprinnelige med 0,8:

$$Q = 0{,}8(18 - 3P) = 14{,}4 - 2{,}4P$$

Finner så ny likevekt:

$$-6 + 9P = 14{,}4 - 2{,}4P$$
$$11{,}4P = 20{,}4$$
$$P = 1{,}79$$

Dette gir et likevektskvantum på 10,11. Ovenfor har vi illustrert effektene grafisk (figur 2.7).

Eksempel 2.1

Langsiktig utvikling i prisene på naturressurser

Mange er bekymret for jordens naturressurser. Et tema i miljødebatten er om våre energi- og mineralressurser vil bli tømt ut i nærmeste framtid, noe som ville føre til betydelige prisøkninger og sette en stopper for den økonomiske veksten. En analyse av tilbud og etterspørsel kan gi oss noe perspektiv på dette.

Jorden har faktisk bare en gitt mengde av mineraler som for eksempel kobber, jern, kull og olje. I løpet av det siste århundret har imidlertid prisene på disse og de fleste andre naturressurser falt eller holdt seg omtrent konstant i forhold til det generelle prisnivået. Figur 2.8 viser prisen på kobber i reelle termer (korrigert for inflasjon), sammen med samlet forbruk i perioden 1880–2007. (Begge er vist som en indeks, med 1880 = 1.) Til tross for kortsiktige prisvariasjoner er det ingen

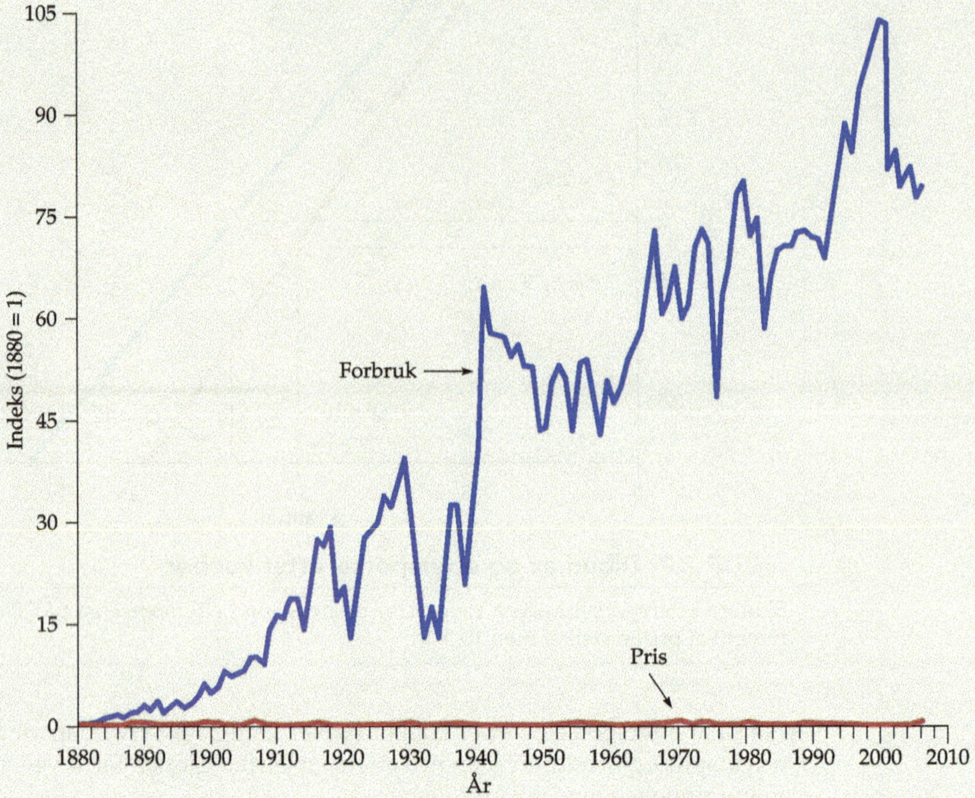

FIGUR 2.8 Forbruk og prisen på kobber

Selv om årlig forbruk av kobber har økt om lag med hundregangeren, har den reelle (inflasjonsjusterte) pris ikke forandret seg mye.

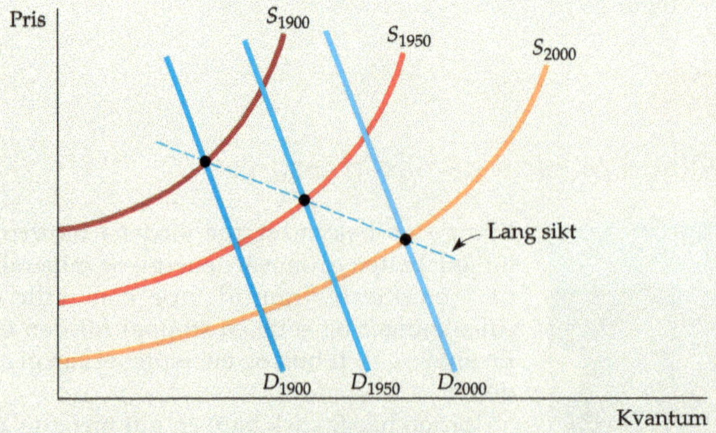

FIGUR 2.9 Langsiktige bevegelser i tilbud og etterspørsel etter mineraler

Selv om etterspørselen etter de fleste ressursene har økt dramatisk det siste århundret, har prisene falt eller steget svakt i reelle (inflasjonsjusterte) termer i og med at kostnadsreduksjoner har skiftet tilbudskurven til høyre like dramatisk.

vesentlig langsiktig økningen i prisen, selv om det årlige forbruket nå er om lag 100 ganger større enn i 1880. Lignende mønstre finner vi også for andre mineraler, som jern, olje og kull.

Som vi ser av figur 2.9 økte etterspørselen etter disse ressursene i takt med veksten i verdensøkonomien. Men samtidig som etterspørselen økte falt produksjonskostnadene. Nedgangen i kostnadene skyldtes i første runde oppdagelsen av nye og større forekomster som var billigere å drifte, og deretter på grunn av den teknologiske utvikling og stordriftsfordeler i gruvedrift og foredling. Følgelig skiftet tilbudskurven til høyre over tid. På lang sikt falt derfor prisen i og med at tilbudet økte mer enn etterspørselen, som vist i figur 2.9.

Det er ikke dermed sagt at prisene på kobber, jern og kull vil synke eller forbli konstant for all tid. Tross alt er disse ressursene *endelige*. Men hvis prisene begynner å stige vil forbruket trolig vris, i hvert fall delvis, i retning av substitutter. Kobber er for eksempel i en rekke anvendelser blitt erstattet av aluminium og, nå i senere tid, av fiberoptikk i elektronisk utstyr.

Eksempel 2.2

Effektene av terrorangrepet i New York på tilbud av og etterspørsel etter kontorlokaler i New York City

Terrorangrepet på World Trade Center (WTC) 11. september 2001 ødela eller skadet kraftig hele 21 bygninger, noe som utgjorde ca. 3 millioner kvadratmeter av Manhattans kontorlokaler – nesten 10 prosent av hele byens kontorlokaler. Like før angrepet var det ca 8 % ledige kontorlokaler og gjennomsnittlig leiepris var ca. 562 dollar pr. kvadratmeter. Gitt den enorme uventede reduksjon i mengden av kontorlokaler skulle vi forvente en økning i leieprisen og en nedgang i antall leide kontorer. Da det tar tid å bygge nye kontorbygg og restaurere de som ble ødelagt, skulle vi også anta at antall ledige kontorer gikk ned.

Overraskende nok *økte* imidlertid omfanget av ledig kontorkapasitet i Manhatten fra 8,0 prosent i august 2001 til 9,3 prosent i november 2001. Videre *falt* gjennomsnittlig leiepris fra 562 dollar til 543 dollar pr. kvadratmeter. I senter av Manhattan, der WTC lå, var endringene enda mer dramatiske. Den ledige kontorkapasiteten steg fra 7,5 prosent til 10,6 prosent, og gjennomsnittlig leiepris falt nesten 8 prosent. Hva skjedde? Leieprisene falt fordi etterspørselen etter kontorlokaler falt.

Figur 2.10 beskriver markedet for kontorlokaler i senter av Manhattan. Tilbuds- og etterspørselskurvene før 9/11 vises som S_{Aug} og D_{Aug}. Likevektsprisen var 485 dollar pr. kvadratmeter og likevektskvantum var 7,1 millioner kvadratmeter. Reduksjonen i tilbudet fra august til november er angitt ved at tilbudskurven skifter til venstre (fra S_{Aug} til S'_{Nov}), noe som skulle tilsi en høyere likevektspris, P', og et lavere likevektskvantum, Q'. Det var dette de fleste prognosemakere spådde for månedene etter 11. september.

Mange prognosemakere forutså imidlertid ikke den betydelige nedgangen i etterspørsel etter kontorlokaler som falt sammen med nedgangen i tilbudet. For det første valgte mange bedrifter, både de som hadde mistet kontorlokaler og andre, å ikke lokalisere seg i sentrum av hensyn til de ansattes velferd (pga. WTC-ruinene, forurensning, fremkommelighet for funksjonshemmede med mer). Bedriftene som mistet sine lokaler ble også tvunget til å revurdere sine behov for kontorareal og endte opp med å leie bare litt i overkant av 50 % av sine opprinnelige kontorarealer på Manhattan. Andre forlot Manhattan men forble i New York City, atter andre flyttet til New Jersey. Videre gikk amerikansk økonomi inn i en nedgangfase mot slutten av 2001 (forsterket av hendelsene den 11. september), noe som ga ytterligere nedgang i etterspørselen etter kontorlokaler. Den samlede nedgang i etterspørselen (illustrert ved skiftet fra D_{Aug} til D_{Nov}) førte da faktisk til at gjennomsnittlig leiepris på kontorlokaler i sentrum av Manhattan gikk ned snarere enn å øke i månedene etter 11. september.

Det er dokumentert at markedet for kontorlokaler i andre større amerikanske byer opplevde lignende økning av ledige lokaler etter 11. september. I Chicago for eksempel økte antall ledige

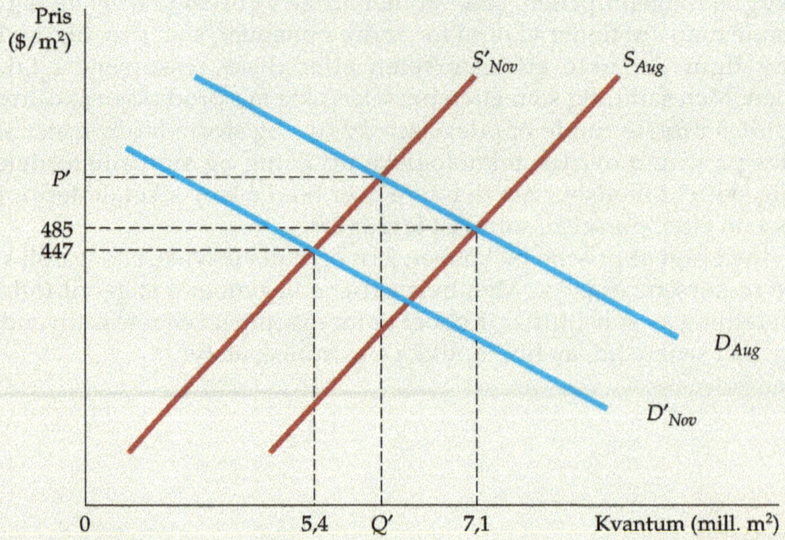

FIGUR 2.10 Tilbud og etterspørsel etter kontorlokaler i New York City

Etter 11. september skiftet tilbudskurven til venstre, men det gjorde også etterspørselskurven og i dette tilfellet falt gjennomsnittlig leiepris.

lokaler i sentrum og økning var markant for eiendommer i eller i nærheten av bygninger som anses som attraktive terrormål.

Det kommersielle eiendomsmarkedet i Manhatten kom sterkt tilbake etter 2001. I 2007 var det 5,8 % ledige kontorarealer i Manhattan, det laveste tallet siden 11. september 2001, og gjennomsnittlige leiepris var over 790 dollar pr. kvadratmeter.

2.4 TILBUDS- OG ETTERSPØRSELSELASTISITETER

Vi har sett at etterspørselen etter et gode ikke bare avhenger av prisen på godet, men også av forbrukernes inntekt og prisene på andre varer. Likeledes avhenger tilbudet både av pris og andre variable som påvirker produksjonskostnadene. Hvis for eksempel prisen på kaffe øker, vil etterspørselen synke og tilbudet øke. Ofte er vi imidlertid interessert i å vite *hvor mye* tilbudet eller etterspørselen synker eller øker. Hvor følsom er etterspørselen etter kaffe overfor prisendringer? Hvor mye vil etterspørselen synke dersom prisen øker med 10 %? Hvor mye vil etterspørselen endres dersom inntekten stiger med 5 %? Vi benytter *elastisiteter* for å svare på spørsmål som dette.

elastisitet
Prosentvis endring i en variabel som følge av at en annen variabel øker med 1 %

etterspørselens priselastisitet
Prosentvis endring i etterspørselen etter et gode som følge av at prisen på godet øker med 1 %

En **elastisitet** måler følsomheten i en variabel overfor endringer i en annen variabel. Nærmere bestemt er det et tall som forteller oss *hvor stor prosentvis endring vi får i én variabel hvis vi får en økning på 1 prosent i en annen variabel.* For eksempel vil *etterspørselens priselastisitet* fortelle oss hvor følsom etterspørselen er overfor prisendringer. Konkret: *Hvor mange prosent vil etterspørselen synke når prisen øker med 1 prosent.*

Etterspørselens priselastisitet

La oss se på dette i mer detalj. Lar vi Q og P betegne henholdsvis kvantum og pris kan vi skrive **etterspørselens priselastisitet**, E_P, som:

$$E_p = (\%\Delta Q)/(\%\Delta P)$$

der $\%\Delta Q$ ganske enkelt betyr "prosentvis endring i Q" og $\%\Delta P$ betyr "prosentvis endring i P". (Symbolet Δ er den greske bokstaven delta og betyr *endring*). Så ΔX betyr "endringen i variabelen X", si fra ett år til det neste.) *Den prosentvise endringen i en variabel er bare den absolutte endringen i variabelen delt på det opprinnelige nivået på variabelen.* (Hvis konsumprisindeksen var 200 ved begynnelsen av året, og økte til 204 innen utgangen av året ville den prosentvise endringen – eller årlige inflasjonstakten – være 4/200 = 0,02, eller 2 prosent.) Dermed kan vi også skrive etterspørselens priselastisitet som følger:

$$E_p = (\Delta Q/Q)/(\Delta P/P) = (P/Q)\cdot(\Delta Q/\Delta P) \qquad \textbf{(2.1)}$$

Mer generelt kan vi uttrykke etterspørselens priselastisitet på følgende måte:

$$E_p = \partial Q/\partial P\cdot(P/Q)$$

Der $\partial Q/\partial P$ representerer den partiellderiverte av etterspørselen med hensyn på prisen – som altså sier hvor mye etterspørselen endres når prisen øker marginalt, og alle andre variable som påvirker etterspørselen holdes konstant.

Etterspørselens priselastisitet er vanligvis negativ. Når prisen på et gode øker synker vanligvis etterspørselen. Dermed vil $\Delta Q/\Delta P$ og dermed E_p være negative. Noen ganger refererer vil til størrelsen på priselastisiteten – dens *absoluttverdi*. For eksempel, hvis $E_p = -2$, sier vi at priselastisiteten er 2.

Når absoluttverdien av priselastisiteten er større enn 1, sier vi at etterspørselen er *priselastisk* fordi den prosentvise nedgangen i kvantum er større enn den prosentvise økningen i pris. Hvis absoluttverdien er mindre enn 1, er etterspørselen *prisuelastisk*. Generelt avhenger priselastisiteten i etterspørselen etter et gode av tilgjengeligheten av andre goder som kan erstatte det. Hvis det finnes nære substitutter vil en prisøkning på et gode føre til at forbrukerne kjøper mindre av dette godet og mer av substituttene. Etterspørselen vil da være svært priselastisk. Når det ikke finnes nære substitutter, vil etterspørselen ha en tendens til å være prisuelastisk.

Lineære etterspørselskurver

Ligning (2.1) sier at etterspørselens priselastisitet er gitt ved endringen i kvantum som følge av en endring i pris ($\Delta Q/\Delta P$) multiplisert med forholdet mellom pris og kvantum (P/Q). Men når vi flytter oss nedover etterspørselskurven kan $\Delta Q/\Delta P$ endres, og P og Q vil alltid endre seg. Derfor må etterspørselens priselastisitet måles *i et bestemt punkt på etterspørselskurven*, og den vil generelt endre seg når vi beveger oss langs kurven.

Dette fenomenet ser vi lettest ved å se på en **lineær etterspørselskurve**, dvs. en etterspørselskurve på formen:

lineær etterspørselskurve
En etterspørselskurve som er gitt ved en rett linje

$$Q = a - bP \qquad (\text{eller } P = a/b - (1/b)Q)$$

Ta for eksempel følgende etterspørselsfunksjon:

$$Q = 8 - 2P$$

Her er $\Delta Q/\Delta P$ konstant og lik 2 (en ΔP på 1 gir en ΔQ på – 2, eller på godt norsk: Hvis prisen øker med én krone, vil etterspørselen synke med 2 enheter). For denne funksjonen vil imidlertid ikke elastisiteten være konstant. Fra figur 2.11 ser vi at forholdstallet P/Q synker når vi beveger oss nedover langs kurven; elastisiteten avtar derfor i størrelsesorden. Når vi er nær kurvens skjæring med den vertikale aksen er Q veldig liten, så $E_p = 2\ (P/Q)$ er stor i absoluttverdi. Når $P = 2$ og $Q = 4$ er $E_p = 1$. I skjæringspunktet med den horisontale aksen er $P = 0$ og følgelig er $E_p = 0$.

uendelig elastisk etterspørsel
Tilfellet der etterspørselen er "uendelig" stor når prisen er P^* eller lavere. For en høyere pris er etterspørselen lik 0

perfekt uelastisk etterspørsel
Forbrukerne vil kjøpe en gitt mengde av et gode uavhengig av prisen

I figur 2.12 har vi illustrert to spesialtilfeller. Figur 2.12(a) viser en etterspørselskurve som er **uendelig elastisk**: Når prisen er P^* eller lavere, vil etterspørselen være "uendelig" stor. Hvis prisen er høyere enn P^*, er etterspørselen lik 0. Etterspørselskurven i figur 2.12(b) reflekterer på sin side en helt **uelastisk etterspørsel**: Forbrukere vil kjøpe et gitt kvantum, Q^*, uansett pris.

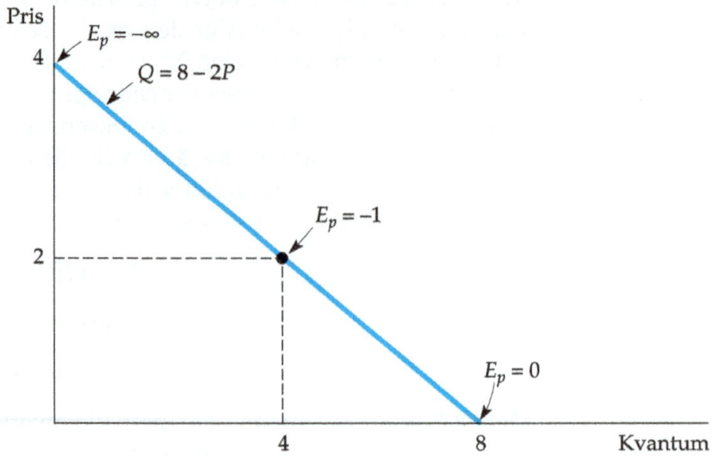

FIGUR 2.11 Lineær etterspørselskurve

Etterspørselens priselastisitet avhenger ikke bare av helningen på etterspørselskurven, men også av pris og kvantum. Elastisiteten vil derfor variere langs kurven ettersom pris og kvantum endres. En lineær etterspørselskurve vil ha konstant helning. På den øverste delen av kurven vil elastisiteten være stor i tallverdi fordi prisen er høy og kvantum er lavt. Elastisiteten blir mindre når vi beveger oss nedover langs kurven.

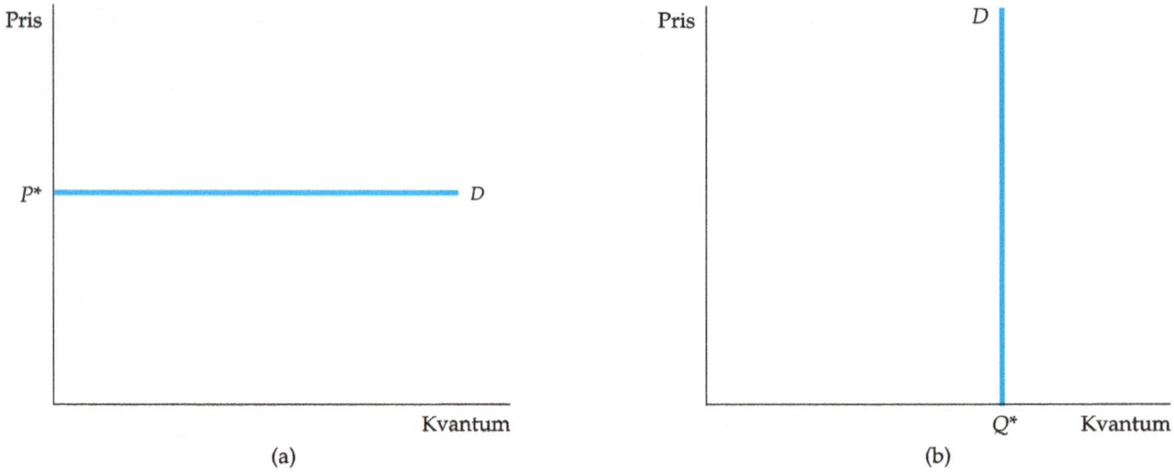

FIGUR 2.12 (a) Uendelig elastisk etterspørsel (b) Helt elastisk etterspørsel

(a) Når etterspørselskurven er horisontal, vil $\Delta Q/\Delta P$ være uendelig stor. I og med at en liten endring i pris fører til en enorm endring i etterspørselen, er etterspørselselastisiteten uendelig stor. **(b)** Når etterspørselskurven er vertikal vil $\Delta Q/\Delta P$ være lik null. I og med at etterspørselen er den samme uansett hva prisen er, vil etterspørselens priselastisitet være lik 0.

Andre etterspørselselastisiteter

Vi er også interessert i etterspørselselastisiteter med hensyn til andre *variabler* enn prisen på godet. For eksempel vil etterspørselen etter de fleste varer vanligvis øke når det samlede inntekstnivået øker. **Etterspørselens inntektselastisitet** er den prosentvise endringen i etterspørselen, Q, som følger av en 1-prosent økning i inntekten, I:

etterspørselens inntektselastisitet
Prosentvis endring i etterspørsel som følge av at inntekten øker med 1 %

$$E_I = (\Delta Q/Q)/(\Delta I/I) = (I/Q)\cdot(\Delta Q/\Delta I) \quad \textbf{(2.2)}$$

Som for priselastisiteten uttrykker vi inntektselastisiteten mer generelt ved:

$$E_I = \partial Q/\partial I \cdot (I/Q)$$

Der $\partial Q/\partial O$ representerer den partiellderiverte av etterspørselen med hensyn på inntekten – som altså sier hvor mye etterspørselen endres når inntekten øker marginalt, og alle andre variable som påvirker etterspørselen holdes konstant.

Etterspørselen etter enkelte varer er også påvirket av prisene på andre varer. I og med at smør og margarin lett kan erstatte hverandre, vil etterspørselen etter det ene avhenge av prisen på det andre. En **krysspriselastisitet** sier hvor mange prosent etterspørselen etter det ene gode endres når prisen på det andre godet øker med en prosent. Så elastisiteten i etterspørselen etter smør med hensyn på prisen på margarin kan skrives som:

krysspriselastisitet
Prosentvis endring i etterspørselen etter et gode som følge av at prisen på et annet gode øker med 1 %

$$E_{1,2} = (\Delta Q_1/Q_1)/(\Delta P_2/P_2) = (P_2/Q_1)\cdot(\Delta Q_1/\Delta P_2) \quad \textbf{(2.3)}$$

der Q_1 er etterspørselen etter smør og P_2 er prisen på margarin.

Igjen kan vi uttrykke elastisiteten ved hjelp av den deriverte:

$$E_{1,2} = \partial Q_1/\partial P_2\cdot(P_2/Q_1)$$

Der $\partial Q_1/\partial P_2$ representerer den partiellderiverte av etterspørselen etter vare 1 med hensyn på prisen på vare 2.

I dette eksemplet vil krysspriselastisiteten være positiv fordi varene er *substitutter*: I og med at de er konkurrerende produkter vil en økning i prisen på margarin, som gjør smør relativt billigere, føre til en økning i etterspørselen etter smør. (Siden etterspørselskurven for smør skifter til høyre vil prisen på smør stige.) Men dette er ikke alltid tilfelle. Noen varer er *komplementære*: Da disse har en tendens til å bli brukt sammen, vil en økning i prisen på det ene godet gjerne presse ned forbruket av det andre. Ta bensin og motorolje. Hvis prisen på bensin går opp vil etterspørselen etter bensin synke – bilistene vil kjøre mindre. Og fordi folk kjører mindre, faller etterspørselen etter motorolje også. (Hele etterspørselskurven for motorolje skifter til venstre.) Dermed er krysspriselastisiteten for motorolje med hensyn til bensin negativ.

Tilbudselastisiteter

Tilbudselastisiteter er definert på en tilsvarende måte som etterspørselselastisitetene. **Tilbudets priselastisitet** er den prosentvise endringen i tilbudt kvantum som følger av at prisen øker med i prosent. Denne elastisiteten er vanligvis positiv fordi en høyere pris gir produsenter et insentiv til å øke produksjonen.

tilbudets priselastisitet
Prosentvis endring i tilbudt kvantum som følge av at prisen øker med 1 %

Vi kan også beregne tilbudselastisiteter med hensyn på variabler som renter, lønninger og priser på råvarer og andre innsatsvarer som brukes til å produsere den aktuelle varen. For de fleste industrivarer vil for eksempel tilbudselastistetene med hensyn til råvarepriser være negative. En økning i prisen på råvarer betyr høyere kostnader for bedriften; alt annet likt vil da tilbudt kvantum synke.

Punktelastisiteter kontra intervallelastisiteter

Så langt har vi sett på elastisiteter i et bestemt punkt på etterspørsels- eller tilbudskurven. Disse kalles punktelastisiteter. For eksempel er **punktelastisiteten i etterspørselen** gitt ved priselastisiteten i et bestemt punkt på etterspørselskurven og er definert ved ligning (2.1). Som vi viste i figur 2.10, i tilfellet med en lineær etterspørselskurve, vil punktelastisiteten variere, avhengig av hvor på etterspørselskurven vi er.

punktelastisitet
Priselastisitet i et bestemt punkt på etterspørselskurven

I noen tilfeller ønsker vi å beregne priselastisitet over et intervall på etterspørsels- eller tilbudskurven snarere enn i ett konkret punkt. Tenk deg for eksempel at vi vurderer å øke prisen på et produkt fra 8,00 kr til 10,00 kr og at vi forventer at etterspørselen vil falle fra 6 til 4 enheter. Hvordan skal vi beregne priselastisiteten i dette tilfellet? Er prisøkningen 25 prosent (en økning på 2 kr delt på den opprinnelige prisen på 8 kr), eller er den 20 prosent (en økning på 2 kr delt på den nye prisen på 10 kr)? Er den prosentvise nedgangen i etterspørselen 33 1/3 prosent (2/6) eller 50 prosent (2/4)?

Det er ingen riktige svar på disse spørsmålene. Vi kan beregne priselastisiteten ved å benytte opprinnelig pris og kvantum. I så fall får vi $E_p = (-33{,}33\ \% \ /\ 25\ \%) = -1{,}33$. Eller vi kan bruke ny pris og nytt kvantum. Da ville vi få $E_p = (-50\ \% \ /\ 20\ \%) = -2{,}5$. Forskjellen mellom disse to elastisitetene er stor og ingen synes å være å foretrekke fremfor den andre.

Intervallelastisitet

Intervallelastisitet Priselastisitet beregnet over et prisintervall

Vi kan løse dette problemet ved å benytte **intervallelastisiteten i etterspørselen**: *elastisiteten beregnet over et prisintervall.* I stedet for å velge enten den initiale eller den endelige prisen bruker vi gjennomsnittet av de to prisene, $\bar{P}$. For etterspurt mengde benytter vi gjennomsnittet av de to mengdene, $\bar{Q}$. Intervallelastisiteten er da gitt ved:

$$E_p = (\bar{P}/\bar{Q})\cdot(\Delta Q/\Delta P) \qquad \textbf{(2.4)}$$

I vårt eksempel er gjennomsnittsprisen 9 kr, og gjennomsnittlig antall enheter er 5. Dermed blir intervallelastisiteten:

$$E_p = (-2/2\ \text{kr})/(9\ \text{kr}/5) = -1{,}8$$

Intervallelastisitet vil alltid ligge et sted (men ikke nødvendigvis halvveis) mellom punktelastisiteten for laveste og høyeste pris.

Selv om intervallelastisiteten i etterspørselen noen ganger er til nytte, refererer økonomer generelt til punktelastisiteten nå man benytter ordet "elastisitet". Gjennom resten av denne boken vil vi gjøre det samme, med mindre noe annet er angitt.

2.5 KORTSIKTIGE KONTRA LANGSIKTIGE ELASTISITETER

I analyser av etterspørsel og tilbud må vi skille mellom kort og lang sikt. Med andre ord, hvis vi spør hvor mye etterspørselen eller tilbudet endres som følge av en endring i pris, må vi være klar på *hvor lang tid det skal gå før vi måler endringer i etterspørsel eller tilbud.* Hvis vi kun tillater at det skal gå *kort tid* – si ett år eller mindre – så snakker vi om kort sikt. Når vi refererer til *lang sikt* tillater vi tilstrekkelig tid til at forbrukere eller produsenter *fullt ut* kan tilpasse seg til prisendringen. Generelt vil kortsiktige tilbuds- og etterspørselselastisiteter se ganske annerledes ut enn de langsiktige.

Etterspørsel

For mange varer er etterspørselen mye mer priselastisk på lang sikt enn på kort sikt. For det første tar det tid for folk å endre sine forbruksvaner. Selv om prisen på kaffe stiger kraftig vil etterspørselen bare gradvis reduseres etter hvert som folk begynner å drikke mindre. I tillegg kan etterspørselen etter et gode være knyttet til beholdningen av et annet gode der denne beholdningen endres sakte. For eksempel er etterspørselen etter bensin mye mer elastisk på lang sikt enn på kort sikt. En kraftig prisøkning på bensin reduserer etterspørselen på kort sikt ved at bilistene kjører mindre. Med det har sin største effekt for etterspørselen ved å få forbrukere til å kjøpe mindre og mer drivstoffeffektive biler. Men fordi beholdningen av biler endres sakte, vil etterspørselen etter bensin også falle sakte. Figur 2.13(a) viser kortsiktige og langsikte etterspørselskurver etter varer som dette.

Etterspørselen etter varige konsumgoder og kapitalutstyr

På den annen side kan det for enkelte varer faktisk være motsatt – etterspørselen er mer elastisk på kort sikt enn på lang sikt. I og med at disse varene (biler, kjøleskap, TV eller kapitalutstyret kjøpt av bedrifter) er holdbare, er den totale beholdningen av hvert gode som eies av forbrukerne store i forhold til den årlige produksjonen.

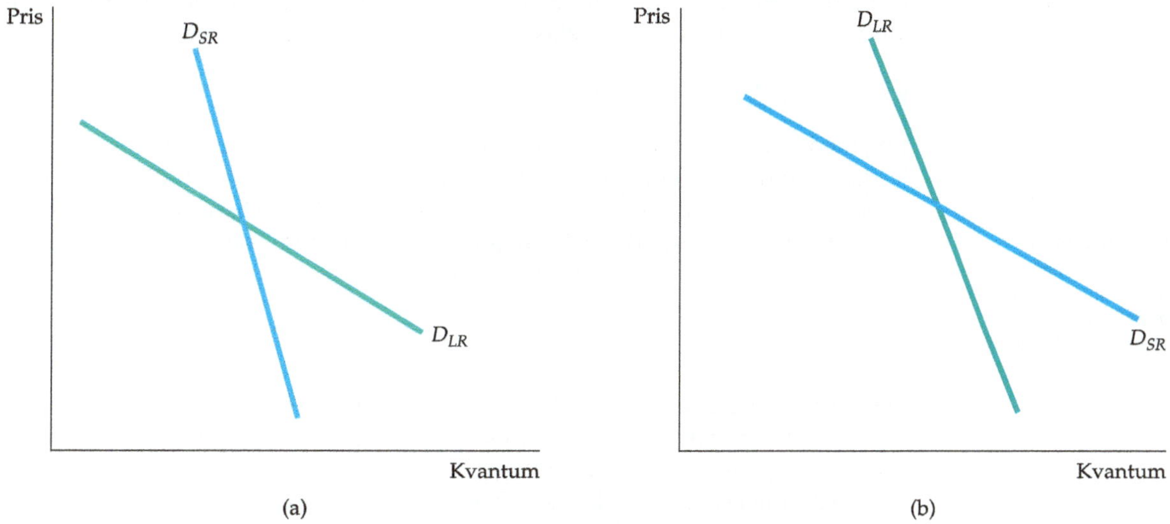

FIGUR 2.13 (a) Bensin: Kortsiktige og langsiktige etterspørselskurver
(b) Biler: Kortsiktige og langsiktige etterspørselskurver

(a) På kort sikt vil en økning i prisen ha liten effekt på etterspørselen etter bensin. Bilistene vil kanskje kjøre noe mindre men de vil ikke bytte bil og legge om kjørerutinene helt over natten. På lengre sikt, hvor man har fått mer tid til å endre sine vaner og kanskje kjøpt en mer drivstoffvennlig bil, vil effekten av prisøkningen bli større. Etterspørselen er derfor mer elastisk i det lange løp enn på kort sikt. **(b)** Det motsatte er tilfellet for etterspørselen etter biler. Hvis prisen øker vil mange kanskje utsette kjøp av ny bil og etterspørselen kan falle kraftig i det korte løp. På lengre sikt vil imidlertid gamle biler slites ut og må skiftes og etterspørselen vil ta seg opp. Etterspørselen er derfor mindre elastisk på lang sikt enn på kort sikt.

Følgelig kan en liten endring i den ønskede beholdningen resultere i en stor prosentvis endring i etterspørselen.

La oss tenke oss at prisen på kjøleskap går opp 10 % og dette medfører at forbrukerne ønsker å redusere den totale beholdningen av kjøleskap med 5 %. I første omgang vil dette føre til at kjøp av nye kjøleskap faller mye mer enn 5 %. Men etter hvert, i og med at kjøleskapene slites ut og må byttes, vil etterspørselen øke igjen. I det lange løp vil den totale beholdningen av kjøleskap være om lag 5 % mindre enn før prisøkning. I dette tilfellet vil den langsiktige priselastisiteten for etterspørselen etter kjøleskap være –0,05/0,1 = –0,5, mens den kortsiktige elastisiteten vil være mye større. Figur 2.13(b) viser kortsiktige og langsiktige etterspørselskurver etter varer som dette.

Inntektselastisiteter

Inntektselastisiteter er også forskjellige på kort og lang sikt. For de fleste varer og tjenester – mat, drikkevarer, drivstoff, underholdning osv. – er inntektselastisiteten i etterspørselen større på lang sikt enn på kort sikt. Tenk deg utviklingen i etterspørselen etter bensin i en fase med sterk økonomisk vekst der samlet inntekt øker med 10 %. Etter hvert vil folk øke bensinforbruket fordi de får råd til å kjøre mer og får råd til større biler. Men denne endringen i forbruket tar tid, og på kort sikt øker ikke etterspørselen mye. Følgelig vil den langsiktige elastisiteten være større enn den kortsiktige.

For et varig gode er det motsatt. Igjen, la oss ta biler. Dersom samlede inntekter øker med 10 %, vil den totale beholdningen av biler som forbrukerne ønsker å ha stige – si med 5 %. Men denne endringen betyr en mye større økning i kjøp av biler på kort sikt. (Hvis beholdningen av biler er 1 million vil en økning på 5 % tilsvare 50 000 biler, noe som kan utgjøre ca. 60 til 70 % av normal etterspørsel et enkelt år.) Etter hvert vil forbrukerne oppnå ønsket beholdning av biler og nye biler blir hovedsakelig bare kjøpt for erstatte gamle biler. (Disse nyanskaffelsene vil dog være større enn før fordi en større beholdning av biler betyr at flere biler må skiftes ut hvert år.) På kort sikt vil altså etterspørselens inntektselastisitet være mye større enn den langsiktige.

Konjunkturfølsomme bransjer

sykliske bransjer
Bransjer der salget har en tendens til å følge fluktuasjonene i bruttonasjonalprodukt

I og med at etterspørselen etter varige konsumgoder svinger så kraftig som følge av kortsikte inntektsendringer, vil de bransjene som produserer disse varene være ganske utsatte for endrede makroøkonomiske forhold. Disse bransjene blir derfor ofte betegnet som **sykliske bransjer** – salgsmønsteret har en tendens til å følge bevegelsen i bruttonasjonalproduktet (BNP).

Tilbud

Tilbudselastisiteter er også forskjellige på kort og lang sikt. For de fleste produkter er tilbudet på lang sikt mye mer priselastisk enn på kort sikt. Bedriftene står overfor *kapasitetsbegrensinger* på kort sikt og det tar tid å utvide produksjonskapasiteten. Det er ikke dermed sagt at produksjon ikke øker på kort sikt dersom produktprisen øker. Selv på kort sikt kan bedrifter øke produksjonen ved å bruke eksisterende anlegg flere timer pr. uke, betale arbeiderne for å jobbe overtid, og ansette noen nye arbeidere umiddelbart. Men bedriftene vil være i stand til å øke produksjonen mye mer hvis de har tid på seg til å utvide sine anlegg og til å ansette flere på permanent basis.

For noen varer og tjenester er tilbudet helt uelastisk på kort sikt. Utleieboliger i de fleste byer er her et eksempel. På helt kort sikt er det bare et gitt antall utleieenheter i markedet. Dermed vil en økning i etterspørselen kun føre til at leieprisene øker. På lengre sikt, og uten husleieregulering, vil høyere husleier gi et insentiv til å renovere eksisterende bygninger og bygge nye. Følgelig vil tilbudet øke.

For de fleste varer derimot, kan bedrifter finne måter å øke produksjonen på også på kort sikt – hvis prisinsentivene er sterke nok. Men på grunn av at ulike beskrankninger gjør det kostbart å øke produksjonen raskt kan det fordres store prisøkninger for å lokke fram små kortsiktige økninger i tilbudet. Vi diskuterer disse karakteristikkene av tilbudet nærmere i kapittel 7.

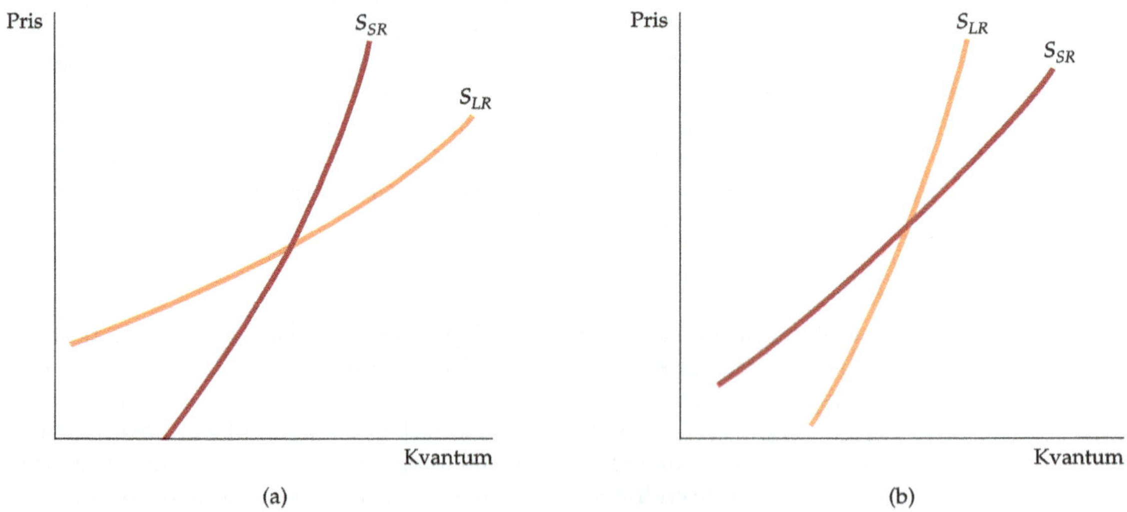

FIGUR 2.14 Kobber: Kortsiktige og langsiktige tilbudskurver

Som for de fleste varer er tilbudet av primærkobber, som vist i figur **(a)**, mer elastisk på lang sikt enn på kort sikt. Hvis prisen øker vil bedriftene gjerne produsere mer, men der har begrenset kapasitet på kort sikt. På lengre sikt kan de imidlertid utvide kapasiteten og produsere mer. Figur **(b)** viser tilbudskurver for sekundærkobber. Hvis prisen øker, styrkes insentivene for å gjenvinne skrapkobber. I utgangspunktet vil derfor sekundærtilbudet (dvs. tilbud av skrapkobber) kunne øke kraftig. På sikt vil imidlertid tilgangen på skrapkobber synke og sekundærtilbudet synker. Sekundærtilbudet er derfor mindre elastisk på lang sikt enn på kort sikt.

TABELL 2.1 Tilbudet av kobber

Priselastisitet i	Kort sikt	Lang sikt
Primærtilbud	0,20	1,60
Sekundærtilbud	0,43	0,31
Samlet tilbud	0,25	1,50

Tilbudet av varige goder

For noen varer er tilbudet mer elastisk på kort sikt enn på lang sikt. Dette er varige goder som kan resirkuleres dersom prisen går opp. Et eksempel her er sekundærtilbudet av metaller: tilbudet som stammer fra skrapmetall, som ofte smeltes og re fabrikeres. Når prisen på kobber går opp, styrker det insentivet til å resirkulere skrapkobber slik at tilbudet av brukt kobber øker kraftig på kort sikt. Etter hvert vil imidlertid tilgangen på skrapkobber av god kvalitet synke, noe som gjør smelting, rensing og refabrikering mer kostbart. Dermed vil den langsiktige priselastisitet for tilbudet av brukt kobber være mindre på kort enn på lang sikt.

Figurene 2.16(a) og 2.16(b) viser kortsiktige og langsiktige tilbudskurver for primær- (produksjon fra gruvedrift og smelting av malm) og sekundærproduksjon av kobber. Tabell 2.1 viser anslag på elastisitetene for hver komponent i tilbudet, og for samlet tilbud, basert på et vektet gjennomsnitt av komponentenes elastisiteter. I og med at sekundærtilbudet bare er rundt 20 % av samlet tilbud, blir priselastisiteten for det samlede tilbudet større på lang sikt enn på kort sikt.

Eksempel 2.3

Været i Brasil og prisen på kaffe i New York

Tørke eller frost fører noen ganger til ødeleggelse av eller skade på mange av Brasils kaffetrær. I og med at Brasil desidert er verdens største kaffeprodusent fører dette til en nedgang i tilbudet av kaffe og en rask økning i prisen.

I juli 1975 ødela en frost det meste av Brasils kaffeavling i 1976 og 1977. (Husk at det er vinter i Brasil når det er sommer på den nordlige halvkule.) Som vist i figur 2.17 gikk prisen på en halvkilo kaffe i New York opp fra 68 cent i 1975 til 1,23 dollar i 1976 og 2,70 dollar i 1977. Prisen falt så, men hoppet deretter opp igjen i 1986, etter syv måneders tørke i 1985, noe som ødela mye av Brasils avling. I juni 1994 startet det med iskaldt vær etterfulgt av en tørke, noe som ødela nesten halvparten av Brasils avling. Følgelig var prisen på kaffe i 1994–1995 om lag det dobbelte av 1993-nivået. I 2002 falt imidlertid prisen til sitt laveste nivå på 30 år. (Forskere spår at i løpet av de neste 50 årene kan global oppvarming eliminere så mye som 60 prosent av Brasils kaffeproduserende områder, noe som vil føre til en stor nedgang i kaffeproduksjon og en økning i prisene. Skulle det skje, vil vi diskutere den i 20. utgave av denne boken.)

Det viktige punktet i figur 2.15 er at prisøkningen etter frost eller tørke vanligvis er kortvarig. Innen et år begynner prisen å falle, innen tre–fire år vender den tilbake til sitt tidligere nivå. I 1978, for eksempel, falt prisen på kaffe i New York til 1,48 dollar pr. halvkilo og i 1983 hadde den falt, i reelle (inflasjonsjusterte) termer, tilnærmet til det samme nivået som før frosten i 1975. I 1987 falt prisen på kaffe under prisnivået før tørken i 1984 og fortsatte å synke frem til frostperioden i 1994.

Kaffeprisene oppfører seg på denne måten fordi både etterspørsel og tilbud (spesielt tilbud) er mye mer elastisk på lang sikt enn på kort sikt. Figur 2.16 illustrerer dette faktum. Legg merke til i del (a) i figuren at på svært kort sikt (innen én eller to måneder etter en frosten), er tilbudet helt uelastisk: Det er ganske enkelt et gitt antall kaffebønner, hvorav noen har blitt skadet av frosten. Etterspørselen er også relativt uelastisk. Som følge av frosten skifter tilbudskurven til venstre, og prisen øker kraftig, fra P_0 til P_1.

På mellomlang sikt – si ett år etter frostperioden – er både tilbud og etterspørsel mer elastisk. Tilbudet fordi eksisterende trær kan høstes mer intensivt (med noe nedgang i kvalitet), og

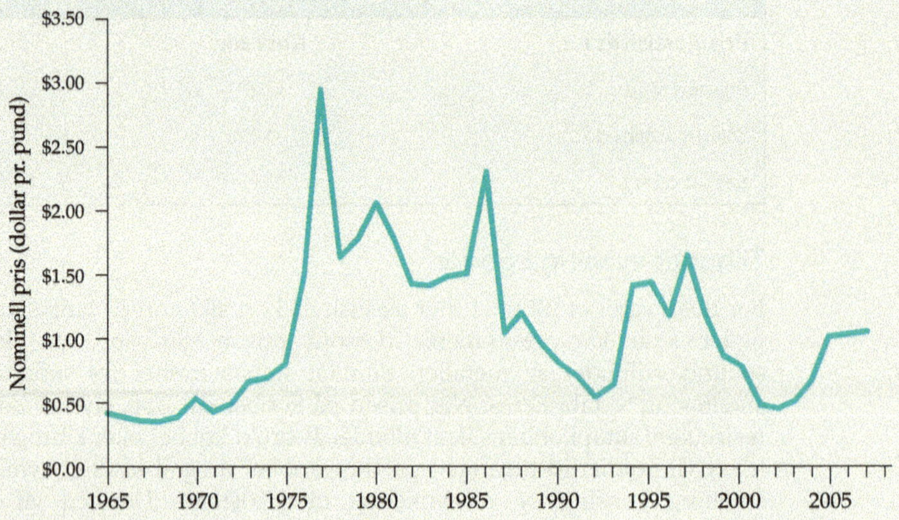

FIGUR 2.15 Prisen på brasilianske kaffe

Når tørke eller frost skader Brasils kaffetrær, kan prisen på kaffe skyte i været. Vanligvis vil prisen falle igjen etter noen år når tilbud og etterspørsel har tilpasset seg.

etterspørselen fordi forbrukerne har hatt tid til å endre sine kjøpevaner. Som del (b) viser, selv om den mellomlangsiktige tilbudskurven også skifter til venstre, har prisen falt fra P_1 til P_2. Tilbudt kvantum har også økt noe i forhold til på kort sikt, fra Q_1 til Q_2. I det lange løp, som vist i del (c), vender prisen tilbake til sitt normale nivå fordi kaffedyrkerne har hatt tid til å bytte ut de frostskadde trærne. Den langsiktige tilbudskurven reflekterer da ganske enkelt det det koster å produsere kaffe, inkludert arealkostnader, kostnader ved planting og pleiing av trær, og av en konkurransedyktig avkastning.

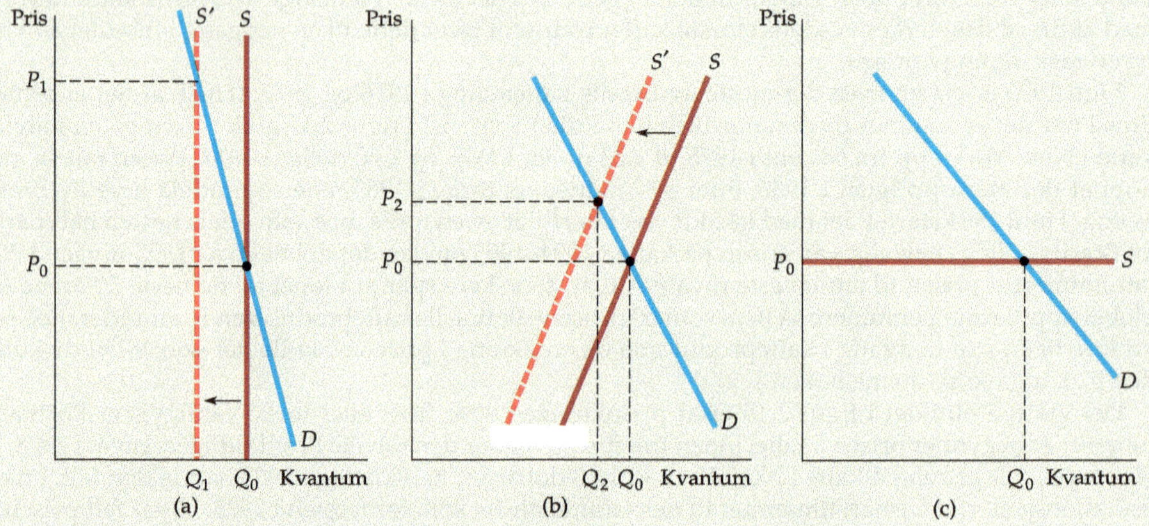

FIGUR 2.16 Tilbud av, og etterspørsel etter, kaffe

(a) Frost eller tørke i Brasil fører til at tilbudskurven skifter til venstre. På kort sikt er tilbudet helt uelastisk, bare et gitt antall kaffebønner kan høstes. Etterspørselen er også relativt uelastisk; forbrukerne endrer sine vaner langsomt. Følgelig vil den umiddelbare effekten av en frost være en kraftig økning i prisen, fra P_0 til P_1. **(b)** På mellomlang sikt er både tilbudet og etterspørselen mer elastisk og prisen vil dermed falle noe tilbake, til P_2. **(c)** I det lange løp er tilbudet svært elastisk. I og med at nye kaffetrær har hatt tid til å modnes, vil effekten av frosten være borte. Prisen er tilbake i P_0.

2.6 Å FORSTÅ OG FORUTSI EFFEKTENE AV ENDREDE MARKEDSBETINGELSER

Så langt har vår diskusjon om tilbud og etterspørsel i stor grad vært kvalitativ. For å benytte tilbuds- og etterspørselskurver til å analysere og forutsi effektene av endrede markedsvilkår må disse tallfestes. Hvis vi for eksempel ønsker å studere hvordan en reduksjon i tilbudet av brasiliansk kaffe på 50 % vil påvirke verdensmarkedsprisen på kaffe, må vi estimere faktiske tilbuds- og etterspørselskurver og deretter beregne endringene i disse kurvene og den tilhørende prisendring.

I denne delen skal vi se hvordan vi kan gjøre enkle beregninger med lineære tilbuds- og etterspørselsfunksjoner. Selv om lineære funksjoner er tilnærminger til mer komplekse funksjoner, bruker vi lineære funksjoner fordi de er lettere å jobbe med.

Først må vi lære oss å tilpasse lineære etterspørsels- og tilbudskurver til markedsdata. Anta at vi har to sett med data for et bestemt marked: Det første settet består av den pris og det kvantumet som generelt gjelder i markedet (det vil si prisen og kvantum som gjelder i "gjennomsnitt", når markedet er i likevekt, eller når markedsforholdene er "normale"). Vi kaller disse tallene *likevektspris* og *likevektskvantum* og betegner dem ved P^* og Q^*. Det andre settet består av priselastisiteter for etterspørselen og tilbudet (i eller nær likevekt), som vi som før betegnet som E_S og E_D.

Disse tallene kan komme fra en statistisk undersøkelse gjort av noen andre, de kan være tall som vi rett og slett synes er rimelig, eller de kan være tall som vi ønsker å prøve ut på en "hva om" – basis. Vårt mål er å *finne den tilbuds- og etterspørselkurven som passer (dvs. er konsistente med) disse dataene.* Vi kan da beregne hvordan en endring i en variabel som BNP, prisen på et godt, eller produksjonskostnader fører til skift i tilbuds- og etterspørselskurven og derigjennom påvirker pris og kvantum.

La oss begynne med de lineære kurvene vist i figur 2.17. Vi kan uttrykke disse kurvene algebraisk som følger:

$$Q = a - bP \qquad \text{Etterspørsel} \qquad \textbf{(2.5a)}$$

$$Q = c + dP \qquad \text{Tilbud} \qquad \textbf{(2.5b)}$$

Vår problemstilling er å velge tall for konstantene *a*, *b*, *c* og *d*. Dette gjøres i en to-stegs prosedyre:

- ***Steg 1:*** Husk at enhver priselastisitet (både for tilbuds- og etterspørselssiden) kan skrives som:

$$Ep = (P/Q)\cdot(\Delta Q/\Delta P)$$

der $\Delta Q/\Delta P$ er endringen i etterspurt eller tilbudt kvantum som følger av en liten endring i pris. For lineære kurver er $\Delta Q/\Delta P$ konstant. Fra ligningene (2.5a) og (2.5b), ser vi at $\Delta Q/\Delta P = d$ for tilbudet og $\Delta Q/\Delta P = -b$ for etterspørselen. La oss nå sette disse verdiene for $\Delta Q/\Delta P$ inn i formelen for elastisiteten:

$$E_D = -b(P^*/Q^*) \qquad \textbf{(2.6a)}$$

$$E_S = d(P^*/Q^*) \qquad \textbf{(2.6b)}$$

der P^* og Q^* er likevektspris og kvantum som vi har data for og som vi ønsker å tilpasse kurvene til. I og med at vi har tall for E_S, E_D, P^*, og Q^*, kan vi sette disse tallene inn i ligningene (2.6a) og (2.6b) og løse med hensyn på *b* og *d*.

- ***Steg 2:*** Siden vi nå kjenner *b* og *d*, kan vi benytte disse tallene, samt P^* og Q^*, i ligningene (2.5a) og (2.5b) og finne verdiene på *a* og *c*. Vi kan for eksempel omskrive ligning (2.5a) til:

$$a = Q^* + bP^*$$

og deretter benytte verdiene for *b*, Q^* og P^* for å beregne verdien på *a*.

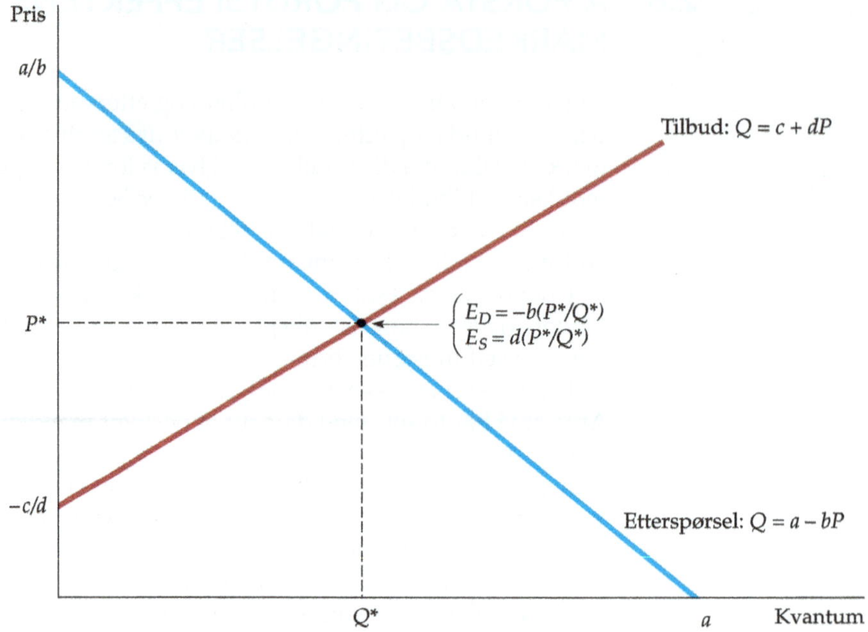

FIGUR 2.17 Tilpasning av lineære tilbuds- og etterspørselskurver til data

Gitt data for

La oss bruke denne prosedyren på et konkret eksempel: langsiktig tilbud og etterspørsel i verdensmarkedet for kobber. De relevante tallene for dette markedet er som følger:

Kvantum $Q^* = 12$ millioner tonn pr. år (MMT/år)
Pris $P^* = 2$ dollar pr. pund
Elastisitet i tilbudet $E_S = 1{,}5$
Elastisitet i etterspørselen $E_D = -0{,}5$.

(Prisen på kobber har i løpet av de siste tiårene variert mellom 0,60 dollar og mer enn 3,50 dollar, men 2 dollar er en rimelig gjennomsnittspris for 2005–2007.)

Vi begynner med tilbudsfunksjonen (2.5b) og bruker vår to-stegs prosedyre for å beregne verdiene på c og d. Den langsiktige priselastisiteten er 1,5, $P^* = 2$ dollar, og $Q^* = 12$.

- ***Steg 1:*** Sett disse tallene inn i likning (2.6b) for å finne d:

$$1{,}5 = d(2/12) = d/6$$

Vi får da at $d = 1{,}5 \cdot 6 = 9$

- ***Steg 2:*** Benytt tallet for d, sammen med tallene for P^* og Q^*, i likning (2.5b) for å finne c:

$$12 = c + 9 \cdot 2 = c + 18$$

$$\text{slik at } c = 12 - 18 = -6.$$

Vi kjenner nå c og d og får følgende tilbudsfunksjon:

(T) $$Q = -6 + 9P$$

Vi kan nå benytte den samme fremgangsmåten for etterspørselsfunksjonen (2.5a). Et anslag for den langsiktige elastisiteten i etterspørselen er –0,5. Benytt dette tallet sammen med verdiene for P^* og Q^*, i likning (2.6a) for å finne b:

$$-0{,}5 = -b(2/12) = -b/6$$

Får da at $b = 0{,}5 \cdot 6 = 3$. Setter så denne verdien, sammen med verdiene for P^* og Q^*, inn i ligning (2.5a) for å beregne a:

$$12 = a - 3 \cdot 2 = a - 6$$

slik at $a = 12 + 6 = 18$. Etterspørselsfunksjonen blir dermed:

(E) $$Q = 18 - 3P$$

For å sjekke at vi ikke har gjort noen feil, setter vi tilbud lik etterspørsel for å beregne likevektsprisen:

$$-6 + 9P = 18 - 3P$$

eller $P = 24/12 = 2$, som er likevektsprisen som vi begynte med.

Foreløpig har vi bare spesifisert pris som forklaringsvariabel bak tilbud og etterspørsel. Generelt vil det også være andre ***variabler*** som påvirker tilbud og etterspørsel. Etterspørselen for eksempel avhenger generelt også av inntekten.

Vi kan da formulere etterspørselsfunksjonen på følgende måte:

$$Q = a - bP + fI \qquad \textbf{(2.7)}$$

hvor I er en indikator for samlet inntekt eller BNP. Vi kan for eksempel sette $I = 1$ i et basisår, og hvor påfølgende endringer reflekterer prosentvis økning eller reduksjon i samlet inntekt.

I vårt eksempel fra kobbermarkedet vil det være rimelig å anslå en langsiktig inntektselastisitet i etterspørselen på 1,3. For den lineære etterspørselskurven (2.7) kan vi da beregne f ved hjelp av formelen for inntektselastisiteten: $E = (I/Q)\cdot(\Delta Q/\Delta I)$. Vi benytter basisverdien for I som er 1 og får:

$$1{,}3 = (1/12)f$$

Dermed blir $f = 1{,}3 \cdot 12 = 15{,}6$. Videre setter vi inn verdiene $b = 3$, $f = 15{,}6$, $P^* = 2$, og $Q^* = 12$ i likning (2.7) og får at a må være lik 2,4.

Eksempel 2.4

Rystelser i verdens oljemarked

Siden tidlig på 1970-tallet har verdens oljemarked vært utsatt for store svingninger blant annet på grunn av OPEC (Organisasjonen av oljeeksporterende land) og politisk uro i Persiabukta. I 1974, etter en kollektivt begrensning av produksjon, presset OPEC oljeprisen godt over det prisen hadde vært hvis markedet hadde fungert som et frikonkurransemarked. OPEC kunne gjøre dette fordi kartellet sto for en stor andel av verdens oljeproduksjon. I løpet av 1979–1980 skjøt oljeprisen opp igjen som følge av revolusjonen i Iran og utbruddet av krigen mellom Iran og Irak – noe som reduserte oljeproduksjonen i disse to landene kraftig.

I løpet av 1980-tallet falt oljeprisen på grunn av lavere etterspørsel og fordi produksjonen av olje fra land utenfor OPEC økte. Prisen holdt seg relativt stabil i perioden 1988 til 2001, bortsett fra et midlertidig hopp i 1990 på grunn av den irakiske invasjonen av Kuwait. Prisen økte igjen i 2002–2003 som følge av streik i Venezuela og krigen mot Irak våren 2003. Prisen fortsatte å øke i løpet av 2005–2007 som følge av stigende oljeetterspørsel i Asia og nedgang i OPECs oljeproduksjon. Figur 2.18 viser verdensmarkedsprisen for olje i perioden 1970–2007, både nominelt og reelt.

Den persiske golf er et av de mindre stabile områdene i verden, noe som har ført til bekymring for nye reduksjoner i tilgangen på olje med påfølgende prisøkning. Hva ville skje med oljeprisen, både på kort og lengre sikt, hvis en krig eller revolusjon i Persiabukta forårsaket en kraftig nedskjæring i oljeproduksjonen? La oss se hvordan enkle tilbuds- og etterspørselskurver kan brukes til å forutsi utfallet av en slik hendelse.

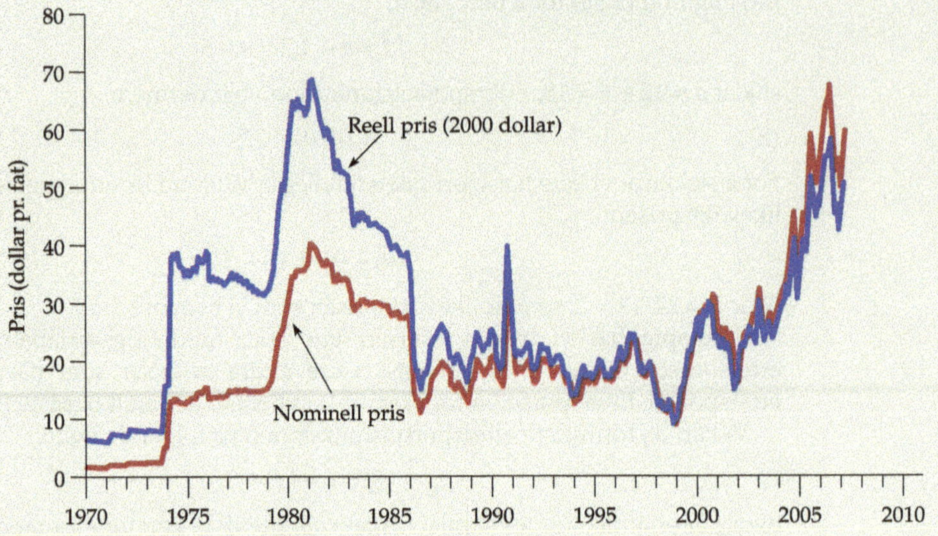

FIGUR 2.18 Prisen på råolje

OPEC-kartellet og politiske hendelser førte til at oljeprisen i perioder steg kraftig. Senere falt prisen tilbake ettersom tilbud og etterspørsel tilpasset seg.

Da dette eksemplet gjelder perioden 2005–2007 er alle tall målt i 2005 dollar. Her er noen grovkalibrede tall:

- 2005–7 verdensmarkedspris = $ 50 pr. fat
- Verdens samlede etterspørsel og samlet tilbud = 34 milliarder fat pr. år (bb/år)
- OPEC produksjon = 14 bb/år
- Produksjon utenfor OPEC = 20 bb/år

Tabellen nedenfor gir anslag på priselastisiteten i tilbud og etterspørsel:

	Kort sikt	Lang sikt
Verdens etterspørsel:	–0,05	–0,40
Produksjon utenfor OPEC:	0,10	0,40

Disse tallene innebærer følgende for etterspørsel og tilbud utenfor OPEC på kort sikt:

Kortsiktig etterspørsel: $D = 35{,}5 - 0{,}03P$

Kortsiktig tilbud utenfor OPEC: $S_C = 18{,}0 + 0{,}04P$

Produksjon innenfor OPEC var 14 milliarder fat pr. år. Legger vi til produksjonen utenfor OPEC, får vi følgende kortsiktige tilbudsfunksjon:

Samlet kortsiktig tilbud: $S_T = 32 + 0{,}04P$

Du bør kontrollere at etterspørselen er lik samlet tilbud når prisen er 50 dollar pr. fat.

Videre er de langsiktige etterspørsels- og tilbudsfunksjonen som følger:

Langsiktig etterspørsel: $D = 47{,}5 - 0{,}27P$

Langsiktig tilbud utenfor OPEC: $S_C = 12 + 0{,}16P$

Samlet langsiktig tilbud: $S_T = 26 + 0{,}16P$

Igjen, sjekk at etterspørsel er lik tilbud når prisen er 50 dollar fatet.

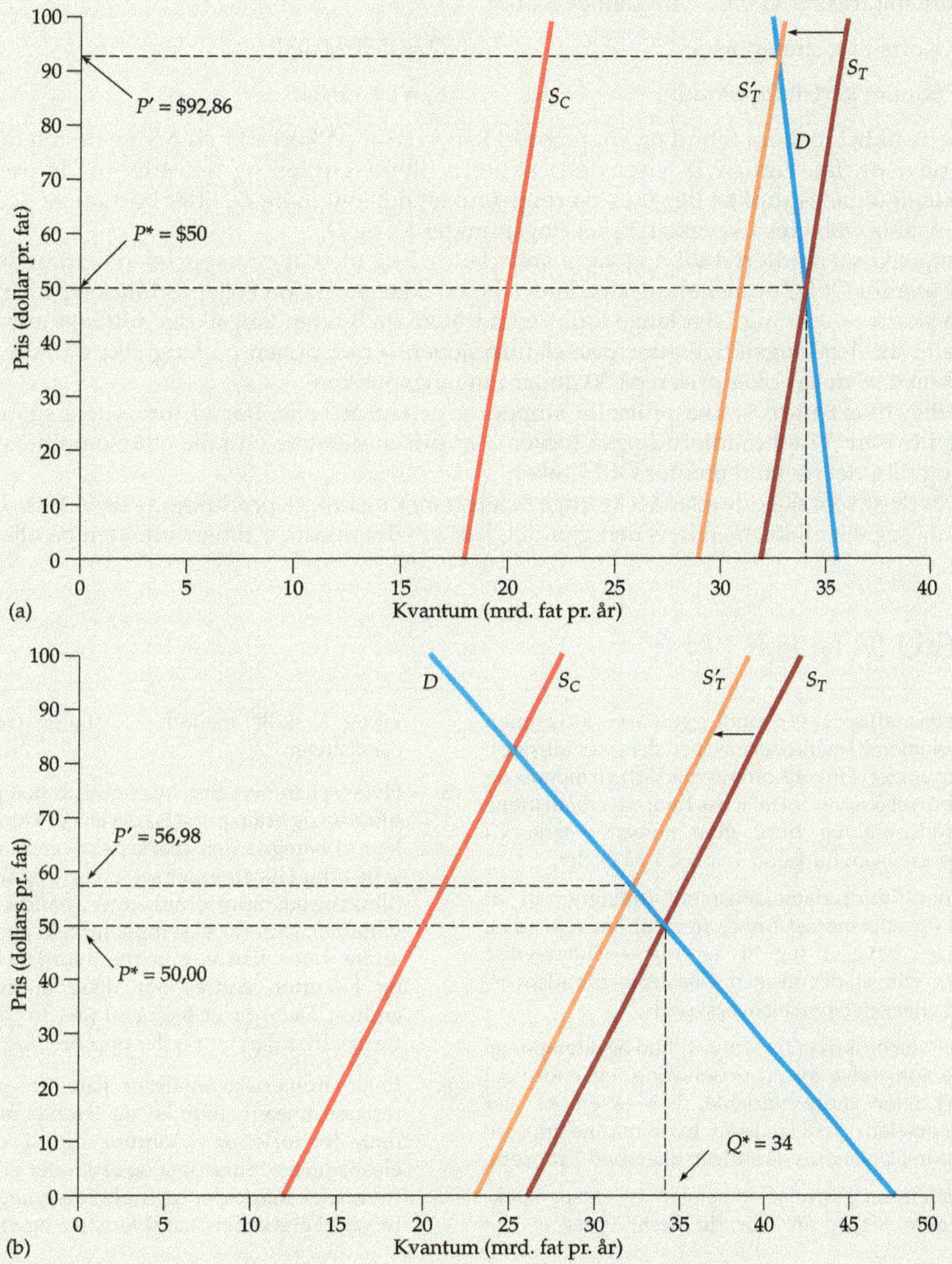

FIGUR 2.19 Effekten av et produksjonskutt i Saudi Arabia

Det samlede tilbudet er summen av tilbudet utenfor OPEC og OPECs tilbud på 14 bb/år. Figur **(a)** viser kortsiktige tilbuds- og etterspørselskurver. Dersom Saudi-Arabia stopper å produsere, vil tilbudskurven skifte til venstre med 3 bb/år. På kort sikt vil prisen øke kraftig. Figur **(b)** viser de langsiktige kurvene. I og med at etterspørselen og tilbudet fra andre land enn OPEC-landene er mye mer elastiske på lang sikt vil effekten på prisen bli vesentlig mindre.

Saudi-Arabia er en av verdens største oljeprodusenter, og står for om lag 3 milliarder fat pr. år, noe som er nesten 10 % av verdens samlede produksjon. Hva ville skje med oljeprisen hvis Saudi-Arabia sluttet å produsere olje på grunn av krig eller politiske omveltninger? Vi kan benytte våre tilbuds- og etterspørselsfunksjoner for å finne ut dette.

På kort sikt trekker vi bare 3 fra samlet tilbud:

Kortsiktig etterspørsel: $D = 35{,}5 - 0{,}03P$

Samlet kortsiktig tilbud: $S_T = 29 + 0{,}04P$

Ved å sette likhet mellom tilbud og etterspørsel kan vi se at på kort sikt vil prisen nesten dobbles til 92,86 dollar pr. fat. Figur 2.18 viser dette skiftet i tilbudskurven og den tilhørende prisøkning. Likevekten i utgangspunktet ligger i skjæringspunktet mellom S_T og D. Etter bortfall av produksjon i Saudi-Arabia etableres likevekten i skjæringspunktet S'_T og D.

På lang sikt vil imidlertid vil ting være annerledes. I og med at etterspørselen og tilbudet av olje fra land utenfor OPEC er mer elastisk på lang sikt, vil ikke reduksjon i oljeproduksjon på 3 milliarder fat gi så skarp prisøkning i det lange løp. Ved å trekke fra 3 i den langsiktige tilbudsfunksjonen og sette dette lik den langsiktige etterspørselsfunksjonen ser vi prisen på lang sikt vil falle til 56,98 dollar, kun 6,98 dollar over prisen på 50 dollar i utgangspunktet.

Følgelig, hvis Saudi-Arabia plutselig stopper å produsere olje, bør vi forvente å se om lag en dobling i prisen. Vi vil imidlertid også forvente at prisen deretter vil falle ettersom etterspørselen synker og tilbudet fra land utenfor OPEC øker.

Det var dette som skjedde etter det kraftige fallet i iransk og irakisk produksjon i 1979–1980. Historien kan gjenta seg eller ikke, men hvis den gjør det, kan vi i det minste estimere effekten på oljeprisen.

OPPSUMMERING

1. Markedsanalyser er et grunnleggende verktøy innen mikroøkonomi. I markeder med betydelig konkurranse (i ytterpunktet et frikonkurransemarked) vil tilbuds- og etterspørselskurver fortelle oss hvor mye bedriftene vil produsere, og hvor mye konsumentene vil etterspørre, som funksjon av prisen på godet.
2. Begrepet "markedsmekanismen" refererer til at tilbud og etterspørsel finner frem til likevekt (dvs. at prisen beveger seg til det markedsklarerende nivået), slik at det verken eksisterer tilbudsoverskudd eller etterspørselsoverskudd.
3. Elastisiteter beskriver hvor mye tilbud og etterspørsel endres som følge av en prisendring, en endring i inntekt eller andre variable. For eksempel sier etterspørselens priselastisitet hvor mange prosent etterspørselen endres når prisen øker med 1 prosent.
4. Elastisitetenes størrelse avhenger av tidsperspektivet man legger an. For de fleste varer er det viktig å skille mellom kortsiktige og langsiktige elastisiteter.
5. Hvis vi kan beregne, i det minste noe grovkalibret, tilbuds- og etterspørselskurver i et konkret marked, kan vi beregne den markedsklarende prisen ved å sette tilbud lik etterspørsel. Hvis vi også vet hvordan tilbud og etterspørsel avhenger av andre økonomiske variabler, som for eksempel inntekt eller prisene på andre varer, kan vi beregne hvordan likevektspris og kvantum endres når disse andre variablene endres. Dette er et hjelpemiddel for å forklare og forutsi hvordan markeder oppfører seg.
6. Enkle numeriske analyser kan ofte gjøres ved å tilpasse lineære tilbuds- og etterspørselskurver til data for pris og kvantum og til estimater på elastisitetene. Slike data og estimater er tilgjengelige for mange markeder og enkle beregninger kan gi oss innsikt i markeders karakteristika og virkemåte.

SPØRSMÅL

1. Anta at uvanlig varmt vær fører til at etterspørselskurven for iskrem skifter til høyre. Hvorfor vil prisen på iskrem bevege seg mot et nytt likevektsnivå?
2. Bruk tilbuds- og etterspørselskurver for å illustrere hvordan hver av de følgende hendelser vil påvirke prisen på, og omsetningen av, smør:
   a) en økning i prisen av margarin
   b) en økning i prisen på melk
   c) en nedgang i det gjennomsnittlige inntektsnivået
3. Hvis en prisøkning på cornflakes på 3 % fører til en nedgang i etterspørselen på 6 %, hva er elastisiteten i etterspørselen?
4. Forklar forskjellen mellom et skift i tilbudskurven og en bevegelse langs tilbudskurven.
5. Forklar hvorfor langsiktige priselastisiteter i tilbudet ofte er større enn de kortsiktige.
6. Hvorfor er langsiktige etterspørselselastisiteter forskjellige fra de kortsiktige? Betrakt to goder:

tørkepapir og TV. Hvilket av disse er et varig konsumgode? Tror du at priselastisiteten i etterspørselen etter tørkepapir er størst på kort eller lang sikt? Hvorfor? Hva med priselastisiteten i etterspørselen etter TV-er?

7. Er følgende utsagn sant eller usant? Begrunn svaret.
   a. Elastisiteten i etterspørselen er det samme som helningen på etterspørselskurven.
   b. Krysspriselastisiteten vil alltid være positiv.
   c. Tilgangen på leiligheter er mer uelastisk på kort sikt enn på lang sikt.

8. Anta at myndighetene regulerer prisene på biff og kylling og setter prisene under deres likevektsnivåer. Forklar hvorfor det vil oppstå knapphet på disse varene og hvilke faktorer som vil avgjøre størrelsen på knappheten. Hva vil skje med prisen på svinekjøtt? Forklar kort.

9. Anta at myndighetene innfører en husleieregulering for å redusere studentenes levekostnader. Anta at den gjennomsnittlige årlige markedsbestemte leie for en to-roms leilighet er 7000 kr pr. måned og at leieprisene var ventet å øke til 9000 kr i løpet av et år. Myndighetene regulerer så leien til 7000 pr. mnd.
   a. Illustrer grafisk hva som vil skje med leieprisen etter innføringen av reguleringen.
   b. Tror du denne reguleringen vil komme alle studenter til gode? Hvorfor eller hvorfor ikke?

10. I en diskusjon rundt studieavgiften hevder en høyskoleansatt at etterspørselen etter studieplasser er helt prisuelastisk. Hun hevder at dette kan begrunnes ved at selv om høyskolen har doblet studieavgiften (i reelle termer) de siste 15 årene, har verken antallet eller kvaliteten på studenter som søker gått ned. Vil du godta dette argumentet? Forklar kort.

11. Anta at etterspørselskurven etter et produkt er gitt ved:

$$Q = 10 - 2P + P_S$$

der P er prisen på produktet og P_S er prisen på et substitutt. Prisen på substituttet er 2 kr.
   a. Anta at $P = 1$ kr. Hva er etterspørselens priselastisitet? Hva er krysspriselastisiteten?
   b. Anta at prisen på godet, P, øker til 2 kroner. Hva blir priselastisiteten nå? Hva blir krysspriselastisiteten?

12. Anta at etterspørselen etter naturgass er perfekt uelastisk. Hva ville effekten bli, om noen, av en prisregulering på gass?

ØVELSER

1. Etterspørselen etter et produkt er gitt ved $Q = 300 - 2P + 4I$, hvor I er gjennomsnittsinntekt målt i tusen kroner. Tilbudskurven er gitt ved $Q = 3P - 50$.
   a. Anta at $I = 25$. Finn markedsklarerende pris og kvantum for produktet.
   b. Anta $I = 50$. Finn markedsklarerende pris og kvantum for produktet.
   c. Illustrer svaret ditt grafisk.

2. Betrakt et frikonkurransemarked hvor etterspørsel og tilbud ved ulike nivåer på prisen er gitt ved:

Pris	Etterspørsel	Tilbud
60	22	14
80	20	16
100	18	18
120	16	20

   a. Beregn etterspørselens priselastisitet når prisen er 80 kr, og når prisen er 100 kr.
   b. Beregn tilbudets priselastisitet når prisen er 80 kr, og når prisen er 100 kr.
   c. Hva er likevektspris og likevektskvantum?
   d. Anta at regjeringen fastsetter en maksimalpris på 80 kroner. Vil det da oppstå knapphet i dette markedet, og i så fall, hvor stor blir den?

3. Mye av etterspørselen etter amerikanske jordbruksprodukter kommer fra andre land. I 1998 var samlet etterspørsel etter hvete $Q = 3244 - 283P$. Av dette var samlet innenlandsk etterspørsel $Q_D = 1700 - 170P$, og innenlandsk tilbud var $Q_S = 1944 + 207P$. Anta så at eksportetterspørselen etter hvete faller med 40 %.
   a. Amerikanske bønder er bekymret for dette fallet i eksportetterspørselen. Hva skjer med den uregulerte markedsprisen på hvete i USA? Har bøndene noen særlig grunn til å bekymre seg?
   b. Anta nå at myndighetene vil kjøpe nok hvete for å øke prisen til 3,5 dollar pr. enhet. Med nedgangen i eksportetterspørselen, hvor mye hvete må myndighetene kjøpe? Hvor mye vil dette koste myndighetene?

4. Anta at etterspørselen etter leieboliger i en by er gitt ved $Q_D = 19 - 0{,}8P$ der Q er kvantum målt i 1000 leiligheter og P er gjennomsnittlig månedsleie målt i 1000 kroner. Tilbudet av utleieenheter er gitt ved: $Q_S = 7 + 0{,}7P$.

Hva blir den uregulerte utleieprisen? Hva blir endringen i byens befolkning dersom det innføres en maksimumsleie på 5000 kr pr. måned og alle de som ikke kan finne en leilighet forlater byen?

5. I eksempel 2.4 analyserte vi verdensmarkedet for olje. Ta utgangspunkt i dataene i dette eksemplet og

   a. vis at kortsiktig etterspørsel og tilbud utenfor OPEC faktisk er gitt ved:

   $D = 35{,}5 - 0{,}03P$

   $S_C = 18 + 0{,}04P$

   b. vis at langsiktig etterspørsel og tilbud utenfor OPEC faktisk gitt ved:

   $D = 47{,}5 - 0{,}27P$

   $S_C = 12 + 0{,}16P$

   c. I eksemplet undersøkte vi effekten på prisen av en produksjonsstopp i Saudi-Arabia. Anta at i stedet for en nedgang i tilbudet, at OPEC øker produksjonen med 2 milliarder fat pr. år, fordi saudiaraberne åpner noen nye store oljefelt. Beregn effekten av denne økningen i produksjon på tilbudet av olje både på kort og lang sikt.

DEL • II

Produsenter, konsumenter og frikonkurranse-markedet

Del 2 gir deg en innføring i den teoretiske kjernen innen mikroøkonomi. Kapitler 3 og 4 forklarer prinsippene som ligger til grunn for forbrukernes etterspørsel. Vi ser nærmere på hvordan forbrukerne foretar kjøpsbeslutninger, hvordan deres preferanser og budsjettbegrensninger avgjør etterspørselen etter ulike varer, og hvorfor etterspørselen etter ulike varer har ulike strukturer.

Kapitler 5 og 6 presenterer sentrale elementer i studiet av bedriftenes atferd. Vi ser her hvordan bedrifter kombinerer innsatsfaktorer, som kapital, arbeidskraft og råvarer på en måte som minimerer produksjonskostnadene – for gitte produksjonsnivåer. Videre studerer vi hvordan bedriftens kostnader avhenger av produksjonsnivå og produksjonserfaring. I kapittel 7 viser vi så hvordan bedriften fastlegger det profittmaksimerende nivå på produksjonen. Videre vises det her hvordan summen av individuelle produksjonsbeslutninger bestemmer tilbudskurven i et frikonkurransemarked. I kapittel 8 føyer vi tilbuds- og etterspørselssiden sammen og ser nærmere på frikonkurransemarkedet.

KAPITLER

3 Konsumentteori 45

4 Individets og markedets etterspørsel 77

5 Produksjonsteori 105

6 Kostnader 123

7 Profittmaksimering og frikonkurransemarkedet 155

8 Frikonkurranse og markedsinngrep 181

Konsumentteori

3

Når en bedrift skal lansere en ny produktvariant på markedet, er det noen grunnleggende spørsmål som må avklares før man begynner markedsføringen av produktet: *Hvor høyt kan prisen settes?* Prisbeslutningen vil være helt avgjørende for hvor mye bedriften vil tjene på dette produktet. Det er ikke nok å bare vite at forbrukerne vil betale mer for den nye varianten enn for tidligere. Man må ha en formening om *hvor mye mer* de er villige til å betale. For å nærme seg svaret på dette må bedriften gjennomføre en grundig analyse av forbrukernes preferanser.

Behovet for å kartlegge forbrukernes preferanser finner man også igjen i politiske beslutningsprosesser. Tenk deg at myndighetene har som mål å øke melkeinntaket hos barn og vurderer om de skal dele ut gratis melk til barnefamilier med lav inntekt, eller gi dem kontantstøtte. Det første tiltaket kan nok være ganske treffsikkert, gitt at barn stort sett liker melk. Treffsikkerheten med kontantstøtte er noe mer uklar. Her er det mor og far som står for innkjøpene og det kan tenkes at de benytter kontantstøtten til helt andre ting enn melk, som for eksempel en ekstra runde på bar hver måned.

Begge disse problemstillingene – en bedriftsøkonomisk og en politisk – fordrer en forståelse av konsumentens tilpasning: prinsippene for hvordan konsumentene fordeler sine inntekter på kjøp av ulike varer og tjenester.

KAPITTELOVERSIKT

3.1	Konsumentenes preferanser	47
3.2	Budsjettbetingelsen	58
3.3	Konsumentens valg	61
3.4	Nytte, grensenytte og konsumentenes valg	66
3.5	Levekostnadsindekser	68
	APPENDIKS: Avslørte preferanser	74

Konsumentteori

Hvordan kan en person med begrenset inntekt bestemme seg for hvilke varer og tjenester hun skal kjøpe? Dette er en grunnleggende problemstilling innen mikroøkonomi – som vi ser nærmere på i dette og det neste kapitlet. Vi skal se hvordan konsumentene fordeler sine inntekter på ulike goder, og forklare hvordan disse beslutningene danner etterspørselen etter ulike varer og tjenester. Innsikt i konsumentenes valg vil hjelpe oss å forstå hvordan endringer i inntekt og pris påvirker etterspørselen etter varer og tjenester og hvorfor etterspørselen etter noen produkter er mer følsomme overfor endringer i priser og inntekt enn andre.

For å bygge opp forståelse om konsumentenes atferd kan det være nyttig å ta dette i tre steg:

1. **Konsumentenes preferanser**: Det første steget er å finne en praktisk måte for å beskrive folks preferanser for ulike goder. Vi skal se hvordan en konsuments preferanser for ulike varer kan beskrives både grafisk og matematisk.
2. **Budsjettskranker:** Konsumentene vil selvfølgelig også ta hensyn til prisene i sine kjøpsbeslutninger. I steg 2 tar vi derfor hensyn til det faktum at forbrukerne har begrenset inntekt, noe som legger

konsumentteori
Beskrivelse av hvordan konsumentene anvender inntekten på ulike varer og tjenester for å maksimere sin nytte

beskrankninger på hvor mye man kan kjøpe. Hva gjør konsumenten i en slik situasjon? Svaret på dette finner vi ved å kombinere konsumentens preferanser og budsjettbetingelsen – i steg 3.

3. **Konsumentenes valg:** Med utgangspunkt i preferanser og begrensede inntekter velger konsumentene å kjøpe de kombinasjoner av varer som maksimerer deres nytte. Disse kombinasjonene vil være avhengig av prisene på ulike varer. Å ha innsikt i konsumentenes valg hjelper oss derfor til å forstå etterspørselssiden i markedet – det vil si, hvordan kvantumet som konsumentene velger å kjøpe av et gode avhenger av godets pris.

Disse tre stegene utgjør grunnlaget i konsumentteorien, og vi vil gå grundig gjennom dem i de tre første avsnittene av dette kapitlet. Deretter går vi gjennom en rekke andre interessante aspekter av konsumentenes atferd. Vi skal for eksempel se hvordan man kan kartlegge konsumentenes preferanser ut fra faktiske observasjoner av deres atferd. Hvis en forbruker velger et gode fremfor et annet gode til samme pris, kan vi slutte av dette at hun har sterkere preferanser for det første godet. Lignende type konklusjoner kan trekkes fra de faktiske beslutningene som forbrukerne gjør når det skjer prisendringer på ulike varer og tjenester.

Nytte og grensenytte

I den videre fremstilling vil nyttebegrepet stå sentral. Økonomer bruker uttrykket nytte som et mål på graden av tilfredsstillelse eller glede en konsument oppnår fra konsum av varer og tjenester. Vi skiller mellom *total nytte og grensenytte*. Total nytte er den samlede nytte man får av å konsumere et gitt antall enheter av et gode, for eksempel 4 epler, mens **grensenytte** er den nytteøkningen man får ved å konsumere én enhet til av et gode.

grensenytte
Den nytteøkning man oppnår ved å konsumere én enhet til av et gode

synkende grensenytte
Jo mer man har konsumert av et gode, jo mindre blir nytteøkning av å konsumere én enhet til

Det er rimelig å anta at grensenytten av et gode er synkende, dvs. at det første eple gir en nytteøkning på 10 nytteenheter, det andre 8, det tredje 5 osv. Så, jo mer man allerede har konsumert av et gode, jo mindre blir nytteøkningen av å konsumere enda en enhet.

Hvordan opptrer konsumentene?

Før vi fortsetter, må vi være klare på våre antakelser om konsumentenes atferd, og om disse forutsetninger er realistiske. Det er vanskelig å argumentere mot at forbrukerne har preferanser for ulike varer og tjenester og at de står overfor økonomiske beskrankninger som legger begrensninger på hva de kan kjøpe. Men vi kan stille spørsmål om konsumentene velger de kombinasjoner av varer og tjenester som faktisk maksimerer deres nytte. Er forbrukerne så rasjonelle og velinformerte som økonomer ofte vil ha det til?

Vi vet at forbrukerne ikke alltid gjør rasjonelle valg. Noen ganger kjøper de på impuls, overser eller tar ikke fullt ut hensyn til deres budsjettbegrensninger (og pådrar seg kanskje mer gjeld enn det som er sunt). Noen ganger er konsumentene usikre på sine preferanser, eller er påvirket av hva venner og naboer kjøper, eller påvirket av hvilket humør man er i. Og selv om forbrukerne oppfører seg rasjonelt, er det ikke alltid mulig å fullt ut ta hensyn til hele mangfoldet av priser og valgmuligheter man står overfor.

Økonomer har i den senere tid utviklet modeller innen konsumentteorien som inneholder mer realistiske forutsetninger om rasjonalitet og beslutningsprosesser. Dette området av forskning, som kalles atferdsøkonomi, har trukket tungt på funn innen psykologi og beslektede fagområder. Vi skal ikke gå nærmere inn på dette her, men bare å gjøre det klart at vår grunnleggende modell av konsumentenes tilpasning nødvendigvis baserer seg på noen forenklende forutsetninger. Men vi ønsker også å understreke at denne modellen har vært vellykket i å forklare mye av det vi faktisk observerer av forbrukernes valg og hva som kjennetegner forbrukernes etterspørsel. Følgelig står denne modellen sentralt innen økonomifaget og i relaterte fagfelt som finans og markedsføring.

3.1 KONSUMENTENES PREFERANSER

Hvordan kan vi, gitt både det store antall varer og tjenester som vi har tilgang på og mangfoldet av personlig smak, beskrive forbrukernes preferanser på en konsistent måte? La oss begynne med å tenke på hvordan en forbruker kan sammenligne forskjellige varekombinasjoner. Vil én kombinasjon av varer bli foretrukket fremfor en annen, eller vil forbrukeren være likegyldig mellom de to kombinasjonene?

Godekombinasjoner

En godekombinasjon er en sammensetning av spesifikke mengder av ulike goder, for eksempel 2 kg poteter og 4 liter melk. Hvordan velger konsumentene sammensetningen av ulike goder? Hvordan bestemmer de seg for eksempel for hvor mye mat og klær de skal kjøpe i løpet av en måned? Vi skal legge til grunn at forbrukerne velger de godekombinasjoner som maksimerer deres nytte.

Tabell 3.1 viser ulike godekombinasjoner bestående av ulike mengder mat og klær kjøpt på månedsbasis. Antall matvarer kan måles på en rekke måter: ved totalt antall kartonger eller pakker av hvert gode (for eksempel melk, frokostblanding, osv.), eller etter antall kilo eller gram. Tilsvarende kan klær måles ved antall plagg, som antall plagg av hver type, eller som samlet vekt eller volum. Her gjør vi det enkelt og definerer innholdet i en enkelt godekombinasjon som det totale antall enheter av hvert gode. Godekombinasjon A består for eksempel av 20 enheter mat og 30 enheter klær, B består av 10 enheter mat og 50 enheter klær og så videre.

Enhver teori tar, som før nevnt, utgangspunkt i et sett med forutsetninger. Grunnleggende konsumentteori tar utgangpunkt i visse forutsetninger om konsumentenes preferanser – preferansene skal være konsistente og gi mening. Dette skal vi presisere nærmere i neste avsnitt.

Noen grunnleggende forutsetninger om preferanser

Teorien om konsumentenes atferd begynner med tre grunnleggende antagelser om folks preferanser for én godekombinasjon kontra en annen. Vi tror at disse forutsetningene holder for de fleste mennesker i de fleste situasjoner.

1. **Fullstendighet:** Preferanser antas å være fullstendige. Det vil si at konsumenten kan sammenligne og rangere alle mulige godekombinasjoner. Det vil da være slik at i tilfellet med to godekombinasjoner, *A* og *B*, vil konsumentene enten foretrekke *A* fremfor *B*, eller *B* fremfor *A* eller være indifferente mellom *A* og *B*. Med *indifferens* menes at konsumenten er like fornøyd med *A* som med *B*. Merk at disse preferansene *ikke tar hensyn til kostnadene*. En konsument kan foretrekke biff fremfor hamburgere, men kjøper hamburgere fordi det er billigere.

TABELL 3.1 Alternative godekombinasjoner

Godekombinasjon	Enheter mat	Enheter klær
A	20	30
B	10	50
C	40	20
D	30	40
E	10	20
F	10	40

2. **Transitivitet:** Preferansene er transitive. Transitivitet betyr at dersom en konsument foretrekker *A* fremfor *B* og *B* fremfor *C*, vil konsumenten også velge *A* fremfor *C*. Hvis Kjell for eksempel foretrekker en Porsche fremfor en Mercedes og en Mercedes fremfor en BMW, vil Kjell også fortrekke en Porsche fremfor en BMW. Transitivitet anses normalt som nødvendig for at konsumentenes preferanser skal være konsistente.
3. **Mer er bedre enn mindre:** Varene antas å være goder – ikke onder. Følgelig vil forbrukerne alltid foretrekke mer av noe fremfor mindre. I tillegg når ikke konsumentene noe metningspunkt. Mer er alltid bedre, selv om det bare er litt bedre. Denne forutsetningen benyttes av pedagogiske grunner fordi den forenkler den grafiske fremstillingen. Selvfølgelig kan enkelte ting, slik som luftforurensning og støy, være uønsket, og forbrukerne vil alltid foretrekke mindre. Vi ignorerer disse "ondene" i vår innledende drøfting av forbrukernes valg fordi de fleste forbrukere ikke ville velge å kjøpe onder. Vi vil imidlertid drøfte dem senere i kapitlet.

Disse tre forutsetningene danner grunnlaget for konsumentteorien. De forklarer ikke konsumentenes preferanser, men de innfører en grad av rasjonalitet og rimelighet i de. Med utgangspunkt i disse forutsetningene går vi nå mer detaljert inn på konsumentenes atferd.

Indifferenskurver

indifferenskurve
En kurve som binder sammen godekombinasjoner som gir konsumenten det samme nyttenivået

Vi kan illustrere konsumentenes preferanser grafisk ved bruk av indifferenskurver. En **indifferenskurve** representerer alle godekombinasjoner som gir konsumenten den samme nytte. Personen er derfor indifferent mellom alle godekombinasjoner som er angitt av indifferenskurven.

Gitt våre tre antagelser om preferanser, vet vi at en konsument alltid kan angi en preferanse for – én godekombinasjon fremfor en annen – eller om hun er indifferent mellom de to. Vi kan deretter bruke denne informasjonen til å rangere alle mulige godekombinasjoner. For å illustrere dette prinsippet grafisk ser vi på tilfellet der vi bare har 2 goder: mat (M) og klær (K).

For å illustrere konsumentens indifferenskurver er det hensiktsmessig å først kartlegge konsumentens preferanser. Figur 3.1 viser de samme godekombinasjonene som vi hadde i tabell 3.1. Den horisontale aksen måler antall enheter mat kjøpt i løpet av en uke, og den vertikale aksen måler antall enheter klær. Godekombinasjon *A*, med 20 enheter mat og 30 enheter klær, foretrekkes fremfor *E* fordi *A* inneholder mer mat *og* mer klær (husk vår tredje antakelse om at mer er bedre enn mindre). Tilsvarende vil *D*, som inneholder enda mer mat og enda mer klær, foretrekkes fremfor *A*. Vi kan faktisk enkelt sammenligne alle godekombinasjoner i de to skraverte områdene (som for eksempel *D* og *E*) med *A* fordi de enten inneholder mer eller mindre av både mat og klær. Vær imidlertid oppmerksom på at *B* inneholder mer klær, men mindre mat enn *A*. På samme måte inneholder *C* mer mat, men mindre klær enn *A*. Sammenligninger av godekombinasjon *A* med *B*, *C* og *F* er derfor ikke mulig uten mer informasjon om konsumentens rangering.

Denne informasjon er gitt i figur 3.2, som viser en indifferenskurve, merket U_1, som går gjennom punktene *A*, *B* og *C*. Denne kurven indikerer at konsumenten er indifferent mellom disse tre godekombinasjonene. Den forteller oss at ved å bevege seg fra *A* til *B* får konsumenten det verken bedre eller dårligere ved å gi fra seg 10 enheter mat i bytte mot 20 enheter klær. Likeledes er konsumenten indifferent mellom punktene *A* og *C*: Han eller hun vil gi opp 10 enheter klær for å få ytterligere 20 enheter mat. På den annen side foretrekker konsumenten *A* fremfor *F* som ligger nedenfor U_1.

Merk at indifferenskurven i figur 3.2 er synkende. For å forstå hvorfor dette er tilfellet, anta i stedet at den heller oppover fra *A* til *D*. Dette vil bryte forutsetningen om at mer er bedre enn mindre. I og med at godekombinasjonen *D* inneholder både mer mat og klær enn *A*, må *D* være å foretrekke og kan derfor ikke ligge på samme

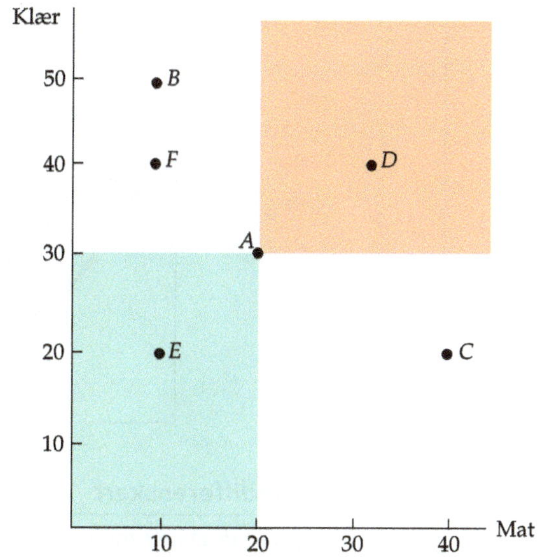

FIGUR 3.1 Beskrivelse av individuelle preferanser

I og med at mer av et gode er bedre enn mindre, kan vi sammenligne godekombinasjoner i de skraverte områdene. Kombinasjon A foretrekkes klart fremfor *E*, mens *D* foretrekkes klart fremfor A. Men A kan ikke sammenlignes med *B*, *C* eller *F* uten ytterligere informasjon.

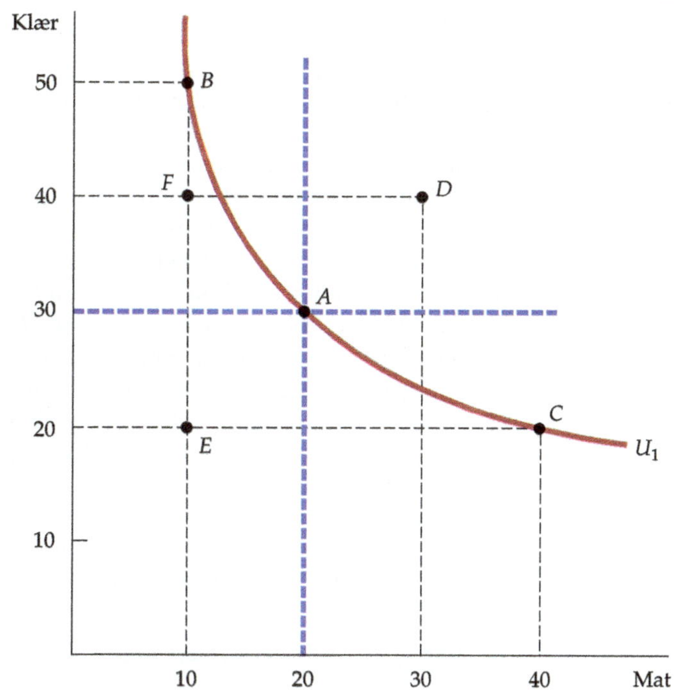

FIGUR 3.2 En indifferenskurve

Indifferenskurven U_1 som går gjennom godekombinasjon *A* viser alle godekombinasjoner som gir konsumenten samme nyttenivå som det godekombinasjonen *A* gjør, og disse inkluderer godekombinasjonene *B* og *C*. Vår konsument foretrekker kombinasjon *D*, som ligger ovenfor U_1, fremfor *A*, men foretrekker *A* fremfor *F* eller *E*, som ligger nedenfor U_1.

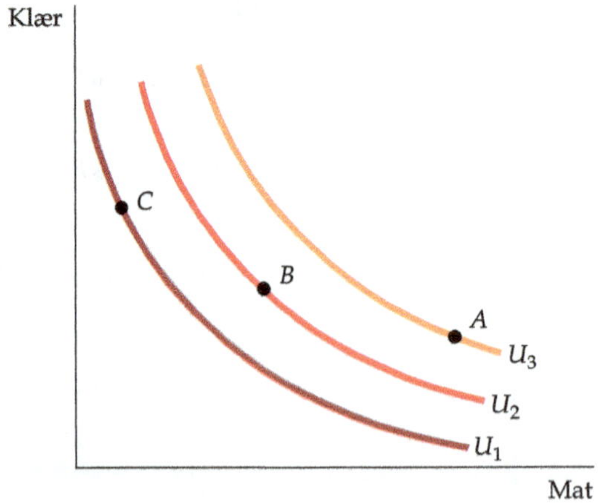

FIGUR 3.3 Indifferenskart

Et indifferenskart er et sett med indifferenskurver som beskriver en persons preferanser. Enhver godekombinasjon på indifferenskurven U_3, som for eksempel *A*, er å foretrekke fremfor kombinasjoner på kurven U_2 (for eksempel *B*), som igjen er å foretrekke fremfor enhver kombinasjon på U_1, som *C*.

indifferenskurve som *A*. Faktisk vil enhver godekombinasjon som ligger *over og til høyre* for indifferenskurven U_1 foretrekkes fremfor godekombinasjoner som ligger på U_1.

Indifferenskart

indifferenskart
Et sett med indifferenskurver, der hver kurve viser godekombinasjoner som konsumenten er indifferent mellom

For å beskrive en persons preferanser for *alle* kombinasjoner av mat og klær kan vi tegne et sett av indifferenskurver, noe som betegnes som et **indifferenskart**. Hver indifferenskurve i kartet viser godekombinasjoner som konsumenten er indifferent overfor. Figur 3.3 viser tre indifferenskurver som en del av et indifferenskart (hele kartet inneholder uendelig mange indifferenskurver). Indifferenskurven U_3 gir det høyeste og U_1 det laveste nyttenivået.

Indifferenskurver kan ikke krysse hverandre. For å se hvorfor antar vi det motsatte, og ser hvordan grafen vi får bryter med våre antagelser om konsumentens atferd. Figur 3.4 viser to indifferenskurver U_1 og U_2, som skjærer hverandre i *A*. Siden *A* og *B* begge ligger på indifferenskurven U_1 må konsumenten være indifferent mellom disse to godekombinasjonene. I og med at både *A* og *C* ligger på indifferenskurven U_2 er konsumenten også indifferent mellom disse godekombinasjonene. Følgelig, ved hjelp av forutsetningen om transitivitet (Hvis *A* er bedre enn *B* og *B* er bedre enn *C*, vil *A* være bedre enn *C*), er forbrukeren også indifferent mellom *B* og *C*. Men denne konklusjonen kan ikke være sann: Godekombinasjon *B* må foretrekkes fremfor *C* fordi den inneholder mer av både mat og klær. Dermed er kryssende indifferenskurver i strid vår antagelse om at mer er å foretrekke fremfor mindre.

Indifferenskurvens form

Husk at indifferenskurver er fallende. I vårt eksempel med mat og klær, var det slik at når mengden mat økte langs en indifferenskurve, så sank mengden av klær. Det faktum at indifferenskurver heller nedover, følger direkte av vår antagelse om at mer av et gode er bedre enn mindre. Hvis en indifferenskurve skrår oppover, ville en konsument være indifferent mellom to godekombinasjoner selv om en av de hadde mer av både mat og klær.

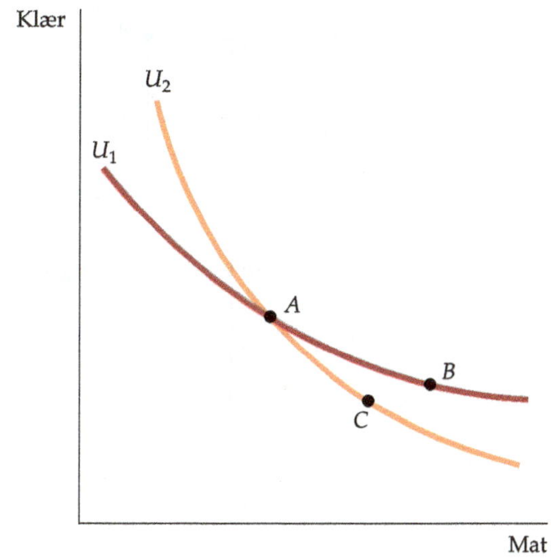

FIGUR 3.4 Indifferenskurver kan ikke krysse hverandre

Hvis indifferenskurvene U_1 og U_2 krysser hverandre brytes en av forutsetningene i konsumentteorien. Ifølge dette diagrammet, skal konsumenten være likegyldig mellom godekombinasjonene *A*, *B* og *C*. Likevel bør *B* foretrekkes fremfor *C*, fordi *B* har mer av både varer.

Formen på en indifferenskurve illustrerer konsumentens personlige bytteforhold – hvor mye hun er villig til å gi fra seg av det ene godet i bytte mot én enhet til av et annet gode. Se for eksempel på indifferenskurven i figur 3.5. Tar vi utgangspunkt i godekombinasjon *A* og beveger oss til *B*, ser vi at konsumenten er villig til å gi ofre 6 enheter klær for å få én ekstra enhet mat. Beveger vi oss fra *B* til *C*, er hun bare villig til å gi avkall på 4 enheter klær for å få en ekstra enhet mat; beveger vi oss fra *C* til *D* vil hun bare oppgi 2 enheter klær i bytte mot en enhet mat. Jo mer klær og mindre mat en person har i utgangspunktet, jo mer klær vil hun gi opp for å skaffe seg mer mat. Tilsvarende, jo mer mat hun har i utgangspunktet, jo mindre klær vil hun gi fra seg i bytte mot mer mat.

Den marginale substitusjonsrate

den marginale substitusjonsrate (MRS) Den maksimale mengden av et gode en forbruker er villig til å gi opp for å få én ekstra enhet av et annet gode

For å kvantifisere mengden av et gode en konsument er villig til å gi fra seg i bytte mot én enhet til av et annet gode, benytter vi den **marginale substitusjonsrate (MRS)**. Den marginale substitusjonsrate mellom mat og klær er det maksimale antall enheter klær en person er villig til å gi opp i bytte mot én ekstra enhet mat. La oss anta at MRS = 3. Det betyr da at personen vil gi opp 3 enheter klær for å få én ekstra enhet mat. Hvis MRS = $^1/_2$ er personen bare villig til å gi opp en halv enhet klær. *Den marginale substitusjonsrate måler altså den verdien en person tillegger én ekstra enhet av et gode uttrykt i mengden av det andre godet.*

Ta en kikk på figur 3.5 igjen. Vær oppmerksom på at klær måles på den vertikale aksen og mat på den horisontale aksen. Når vi beskriver MRS, må vi være klare på hvilket gode vi gir opp og hvilket vi får mer av. For å være konsekvent gjennom hele boken, vil vi definere MRS som *det antall enheter av godet på den vertikale aksen man er villig til å gi fra seg for å få én enhet mer av godet på den horisontale aksen.* I figur 3.5 refererer derfor MRS til hvor mye klær konsumenten er villig til å gi opp i bytte mot en ekstra enhet mat. Hvis vi lar ΔK betegne endringen i klær og ΔM endring i mat kan MRS skrives som $-\Delta K/\Delta M$. *Vi føyer til et minustegn slik at den marginale substitusjonsrate blir et positivt tall* (husk at ΔK alltid er negativ, vi gir fra oss klær for å få mer mat).

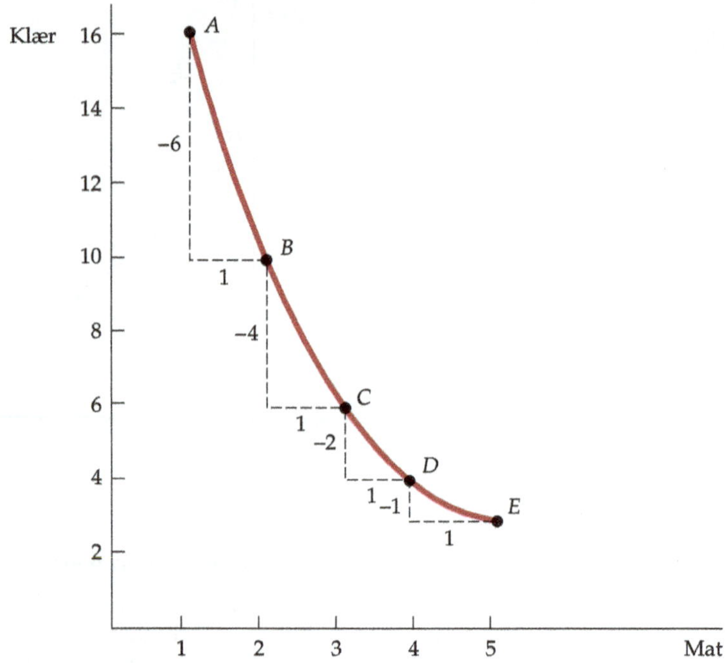

FIGUR 3.5 Den marginale substitusjonsrate

Indifferenskurvens helning uttrykker konsumentens marginale substitusjonsrate (MRS) mellom to goder. I denne figuren synker MRS mellom klær (*K*) og mat (*M*) fra 6 (mellom *A* og *B*), til 4 (mellom *B* og *C*), til 2 (mellom *C* og *D*) og til 1 (mellom *D* og *E*). Når MRS synker langs en indifferenskurve, er kurven konveks.

Den marginale substitusjonsrate er dermed lik helningen til indifferenskurven i et gitt punkt. I Figur 3.5 er for eksempel MRS mellom punktene *A* og *B* lik 6: Konsumenten er villig til å gi opp 6 enheter klær for å få én ekstra enhet mat. Mellom punktene *B* og *C* er MRS lik 4.

Konveksitet

Legg også merke til i figur 3.5 at *MRS synker når vi flytter oss nedover langs indifferenskurven*. Dette er ingen tilfeldighet. Nedgangen i MRS gjenspeiler et viktig kjennetegn ved konsumentenes preferanser. For å forstå dette vil vi føye til en ekstra forutsetning om konsumentenes preferanser.

4. **Avtagende marginal substitusjonsrate**: Indifferenskurvene er vanligvis *konvekse*, eller krummede innover. Begrepet konveks betyr at indifferenskurven blir mindre bratt når vi flytter oss nedover langs kurven. *Med andre ord er en indifferenskurve konveks hvis MRS avtar langs kurven.* Indifferenskurven i figur 3.5 er konveks. Når vi starter i punkt *A* og beveger oss til *B* er $MRS = -\Delta K/\Delta M = -(-6)/1 = 6$. Men når vi begynner i *B* og flytter oss fra *B* til *C*, faller MRS til 4. Hvis vi begynner i *C* og flytter oss til *D*, er MRS lik 2. Starter vi i *D* og flytter til *E*, får vi en MRS på 1. Etter hvert som konsumet av mat øker synker tallverdien på indifferenskurvens helning. Dermed synker også MRS.

Er det rimelig å anta at indifferenskurvene er konvekse? Ja! Når vi beveger oss nedover langs indifferenskurven i figur 3.5, øker konsumet av mat. Konsumentens nytteøkning av mer mat vil da avta. Dermed vil hun gi opp mindre og mindre klær for å få mer mat.

En annen måte å beskrive dette på er å si at konsumentene generelt foretrekker en balansert godekombinasjon fremfor godekombinasjoner med veldig mye av ett

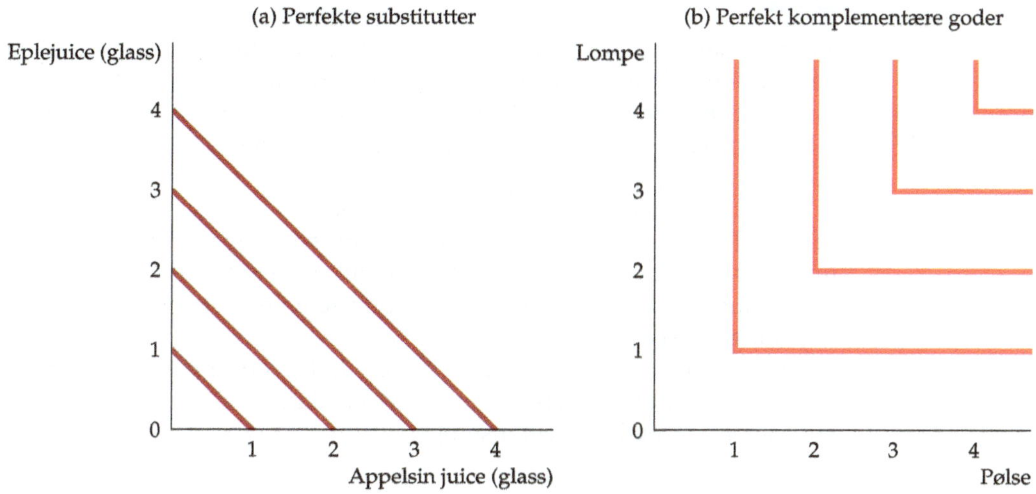

FIGUR 3.6 Perfekte substitutter og perfekt komplementære goder

I diagram **(a)** vurderer Petter appelsin juice og eplejuice som perfekte substitutter: Han er alltid indifferent mellom et glass av det ene og et glass av det andre. I diagram **(b)** vurderer Kari pølse og lompe som perfekt komplementære goder: Ytterligere en pølse gir henne ingen ekstra nytte med mindre hun får en lompe til.

gode og veldig lite av et annet. Fra figur 3.5 ser vi at en relativt balansert godekombinasjon, *C*, som inneholder 3 enheter mat og 6 enheter klær gir like høy nytte som kombinasjon *A*, som er skjevere sammensatt. Det følger da at en balansert godekombinasjon som inneholder for eksempel 6 enheter mat og 8 enheter klær, vil gi et høyere nyttenivå enn A.

Perfekte substitutter og perfekte komplementære goder

I avsnitt 2.1 forklarer vi at to goder er substitutter når en økning i prisen på det ene fører til en økning i etterspørselen etter det andre.

perfekte substitutter To goder der den marginale substitusjonsrate mellom godene er konstant

perfekte komplementære goder To goder hvor MRS er null eller uendelig stor og indifferenskurvene er rettvinklede

I avsnitt 2.1 definerer vi goder som komplementære når en økning i prisen på det ene fører til en nedgang i etterspørselen etter det andre.

Fasongen på en indifferenskurve beskriver konsumentens vilje til å bytte et gode mot et annet. Ulike fasonger på indifferenskurven gjenspeiler ulike bytteforhold. Dette ser vi klart ved å se på de to noe ekstreme tilfellene som er illustrert i figur 3.6.

Figur 3.6 (a) viser Petters preferanser for eplejuice og appelsinjuice. For Petter er disse to produktene perfekte substitutter fordi han er helt indifferent mellom et glass av det ene eller det andre. I dette tilfellet er MRS mellom eplejuice og appelsinjuice lik 1: Petter er alltid villig til å bytte ett glass av det ene mot ett glass av det andre. Generelt sier vi at to varer er **perfekte substitutter** når den *marginale substitusjonsraten mellom to goder er konstant.* Indifferenskurvene som beskriver et konstant bytteforhold mellom to goder, vil være rette linjer. Helningen på indifferenskurver for perfekte substitutter behøver nødvendigvis ikke være lik –1. Tenk deg for eksempel at Rune mener at en 16-megabyte minnebrikke tilsvarer to 8-megabyte chips fordi begge kombinasjoner har samme minnekapasitet. I dette tilfellet vil helningen på Runes indifferenskurve bli –2 (når vi har antall 8-megabyte chips på den vertikale aksen).

Figur 3.6(b) illustrerer Karis preferanser for pølser og lomper. Kari har ikke glede av en pølse hvis hun ikke har en lompe rundt den. Hun har heller ingen glede av en lompe uten at det er en pølse inni. For Kari er da de to godene perfekt komplementære. I dette tilfellet er MRS mellom lompe og pølse lik 0 når hun har flere pølser enn lomper. Kari vil ikke gi fra seg noen lomper for å få én pølse til. Tilsvarende er MRS uendelig stor når hun har flere lomper enn pølser fordi hun er villig til å ofre alle lompene unntatt én mer enn det antall pølser hun har for å få én pølse til. *To goder er perfekt komplementære når indifferenskurvene er rettvinklede.*

Onder

onder
Noe vi foretrekker mindre av fremfor mer

Så langt har alle våre eksempler involvert produkter som er "goder", dvs. tilfeller der vi foretrekker mer av et produkt fremfor mindre. Men noen ting er imidlertid **onder**: Vi foretrekker mindre fremfor mer. Luftforurensning og asbest i boligisolasjon er onder. Hvordan får vi tatt hensyn til onder i analysen av konsumentens preferanser?

Svaret er enkelt: Vi omdefinerer produktet slik at produktet blir et gode i stedet for et onde. I stedet for en preferanse for luftforurensning vil vi diskutere preferanser for ren luft, som vi kan måle ved graden av reduksjon i luftforurensning. På samme måte, i stedet for å snakke om asbest som et onde, refererer vi til et korresponderende gode – fjerning av asbest.

Med denne enkle tilpasningen vil alle de fire grunnleggende forutsetninger for konsumentteorien fortsatt holde, og vi er klare til å gå videre til en analyse av konsumentens budsjettbegrensninger.

Eksempel 3.1

Design av nye biler (I)

Tenk deg at du jobbet som produktutvikler for Ford. Hva ville du legge vekt på i utviklingen av nye modeller? Antall hestekrefter, drivstoff-forbruk, akselerasjon eller innvendig plass? For å avgjøre dette skulle du gjerne vite hvordan folk verdsetter de ulike egenskapene ved en bil. Jo bedre egenskapene, er jo mer vil folk betale for bilen. Men på den annen side vil også produksjonskostnadene være høyere jo bedre egenskaper den skal ha.

Svaret på spørsmålet om hvilke egenskaper du bør legge vekt på, avhenger da delvis av produksjonskostnadene og delvis av konsumentenes preferanser. For å finne ut hvor mye folk er villige til å betale for de ulike attributtene, vil økonomer og markedsføringseksperter se på de prisene som folk faktisk betaler for et bredt spekter av modeller med ulike kvaliteter. Hvis for eksempel den eneste forskjellen mellom to biler er innvendig plass, og hvis prisen på bilen med 0,5 kubikkmeter ekstra er 20 000 kr høyere enn den minste bilen så verdsettes innvendig plass til 40 000 kr pr. kubikkmeter (denne verdsettingen av ytterligere plass er neppe konstant – den avhenger nok av hvor store bilene er i utgangspunktet). Ved å studere omsetningen av en rekke ulike bilmodeller kan man anslå verdsettingen av de ulike attributtene, hensyn tatt til at verdsettingen av en egenskap er avtagende: Betalingsvilligheten for 10 ekstra hestekrefter er lavere jo fler hestekrefter bilen har i utgangspunktet. En måte å innhente slik informasjon på er å foreta spørreundersøkelser hvor folk spørres om deres betalingsvillighet for ulike aspekter ved en bil. En annen metode er å foreta statistiske analyser av tidligere omsetning av et bredt spekter av biler.

I en statistisk analyse ble det studert et bredt spekter av Ford-modeller med ulike egenskaper. Figur 3.7 viser to sett av indifferenskurver hentet fra en analyse av kjøpere av Ford der to egenskaper varieres: innvendig størrelse (målt i kubikkmeter) og akselerasjon (målt i hestekrefter). Figur 3.7(a) beskriver preferansene til eiere av Ford Mustang coupé. Da disse kjøperne har en tendens til å legge større vekt på akselerasjon enn innvendig størrelse, vil Mustang-eiere ha en høy marginal substitusjonsrate mellom størrelse og akselerasjon. De er med andre ord villige til å ofre ganske mye størrelse for å få bedre akselerasjon. Sammenlign disse preferansene med de som kjøper Ford Explorer, vist i figur 3.7(b). De har en lavere MRS og vil følgelig ofre mye når det gjelder akselerasjon for å få en bil som er romsligere innvendig.

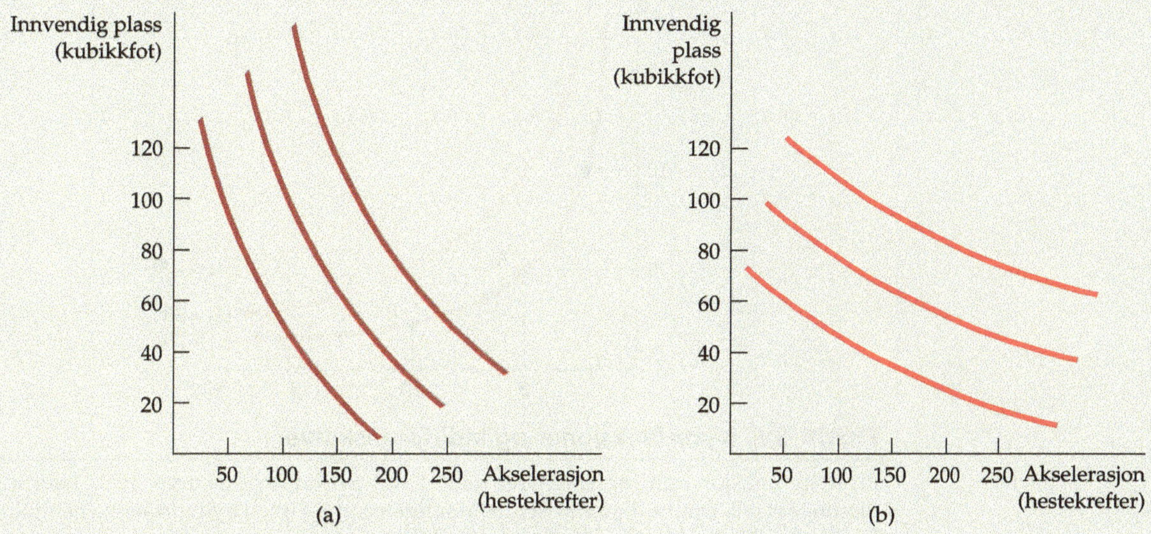

FIGUR 3.7 Preferanser for egenskaper ved biler

Preferanser for ulike attributter ved en bil kan beskrives ved indifferenskurver. Hver kurve viser kombinasjoner av akselerasjon og innvendig størrelse som gir samme nytte. Eiere av Ford Mustang **(a)** er villig til å ofre betydelig innvendig plass for ytterligere akselerasjon. Det motsatte gjelder for eiere av Ford Explorer **(b)**.

Nyttefunksjoner

Så langt har vi ikke tillagt de ulike godekombinasjonene noen konkret nytteverdi – vi har kun rangert dem opp mot hverandre – og som vi skal se – hviler konsumentteorien bare på forutsetningen om at konsumentene kan rangere ulike godekombinasjoner opp mot hverandre. Likevel er det ofte nyttig å tilordne konkrete tallverdier for nytten knyttet til de ulike godekombinasjonene. Hver indifferenskurve assosieres da med en bestemt verdi på nytten.

nyttefunksjon
En funksjon som gir en gitt godekombinasjon en konkret nytteverdi

En **nyttefunksjon** er en formel som tilordner nyttenivåer til ulike godekombinasjoner der nytten er høyere jo høyere funksjonsverdien er. Tenk deg for eksempel at Eriks nyttefunksjonen for mat (M) og klær (K) er gitt ved $U(M, K) = M + 2K$. Hvis vi da har 8 enheter mat og 3 enheter klær gir det en nytte på $8 + 2{\cdot}3 = 14$. Erik er derfor likegyldig mellom dette og en kombinasjon av 6 enheter mat og 4 enheter klær [$6 + 2{\cdot}4 = 14$]. På den annen side foretrekkes begge disse fremfor en kombinasjon av 4 enheter mat og 4 enheter klær. Hvorfor? Fordi i det siste tilfellet er nytten lavere: $4 + 4{\cdot}2 = 12$.

La oss se litt nærmere på følgende nyttefunksjon: $U(M, K) = MK$. Figur 3.8 viser indifferenskurvene knyttet til denne funksjonen. Grafene ble konstruert ved først å velge en konkret godekombinasjon, si $M = 5$ og $K = 5$ i punkt A. Dette gir et nyttenivå U_1 lik 25. Så ble indifferenskurven tegnet ved å finne alle godekombinasjoner som gir $MK = 25$, (for eksempel $M = 10$, $K = 2{,}5$ i punkt B, $M = 2{,}5$, $K = 10$ i punkt C). Den andre indifferenskurven, U_2, inneholder alle kombinasjoner som gir $MK = 50$ og den tredje, U_3, alle kombinasjoner som gir $MK = 100$. De tre tilfellene kan også formuleres som $K = 25/M$, $K = 50/M$ og $K = 100/M$.

Det er viktig å merke seg at tallene knyttet til indifferenskurvene, bare er til for å lette fremstillingen. Anta at nyttefunksjonen ble endret til $U(M, K) = 4MK$. Godekombinasjonen som tidligere ga et nyttenivå på 25, si $M = 5$ og $K = 5$, vil nå gi en nytte på 100. Den nye indifferenskurven vil imidlertid se ut som før. Den eneste forskjellen er at den nå er markert med 100 i stedet for 25. For de andre indifferenskurvene gjelder det samme, vi multipliserer med 4. Det er viktig å understreke at

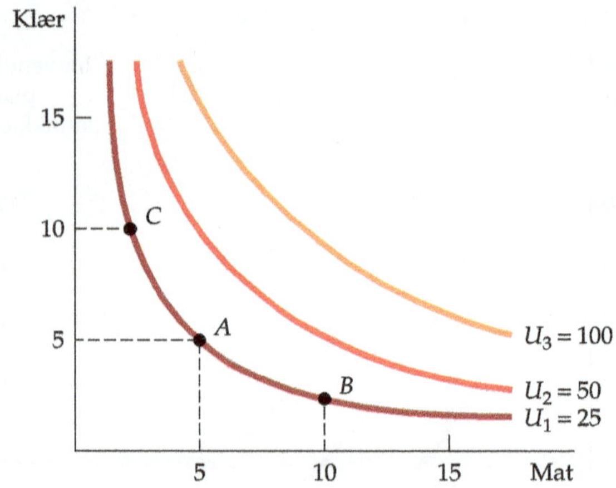

FIGUR 3.8 Nyttefunksjoner og indifferenskurver

En nyttefunksjon kan representeres ved et sett av indifferenskurver hvor hver kurve tilordnes et tall. Denne figuren viser tre indifferenskurver (med nyttenivåer på henholdsvis 25, 50, og 100), knyttet til nyttefunksjonen MK.

nyttefunksjonen bare er et hjelpemiddel for å rangere ulike godekombinasjoner. Differansen i nytte mellom to godekombinasjoner forteller oss faktisk ingenting. Det at U_3 gir et nyttenivå på 100 og U_2 gir et nyttenivå på 50 betyr ikke at godekombinasjoner på U_3 gir dobbelt så mye nytte som de på U_2. Dette er fordi vi ikke har noe objektivt mål på en persons nytte eller velferdsnivå som følger av en gitt godekombinasjon. Så uansett om vi benytter indifferenskurver eller nyttenivåer, vet vi bare at U_3 er bedre enn U_2 og at U_2 er bedre enn U_1. Vi vet imidlertid ikke *hvor mye* bedre.

Ordinal kontra kardinal nytte

De tre indifferenskurvene i Figur 3.3 (side 50) gir en rangering av ulike godekombinasjoner uten at vi kan si hvor stor forskjell det er mellom de ulike nyttenivåene. En nyttefunksjon som gir en rangering av nyttenivåene kalles for en **ordinal nyttefunksjon**. Denne funksjonen rangerer ulike godekombinasjoner fra de som gir lavest til de som gir høyest nytte. Vi vet for eksempel at enhver godekombinasjon på U_3, slik som *A*, foretrekkes fremfor noen på U_2, som for eksempel *B*. Men hvor mye *A* foretrekkes fremfor *B* kommer ikke frem av et indifferenskart eller en ordinal nyttefunksjon.

ordinal nyttefunksjon
En nyttefunksjon som genererer en rangering av godekombinasjoner fra de minst til de mest foretrukne

Når vi arbeider med ordinale nyttefunksjoner, må vi passe på å ikke gå i en felle. Anta at Olas ordinale nyttefunksjon gir denne læreboken et nyttenivå på 5 mens Trines nyttefunksjon gir et nyttenivå på 10. Vil Trine ha mer glede av å få et eksemplar av boken enn Ola? Vi vet ikke. Ettersom disse tallverdiene er vilkårlige er det umulig å foreta sammenligninger mellom personer.

Da økonomer begynte å studere nytte og nyttefunksjoner, hadde de tro på at individuelle preferanser kunne kvantifiseres eller måles i nytteenheter som ga en rangering som tillot sammenligninger mellom personer. Ved hjelp av en slik tilnærming kunne vi sagt at Trine får dobbelt så mye nytte av boken som Ola. Hvis tallverdiene tilordnet godekombinasjonene hadde denne mening vil vi si at tallene ga en *kardinal rangering* av ulike alternativer. En nyttefunksjon som beskriver hvor mye bedre en godekombinasjon er i forhold til en annen, kalles en **kardinal nyttefunksjon**. I motsetning til ordinale nyttefunksjoner gir kardinale nyttefunksjoner tallmessige verdier til ulike godekombinasjoner som ikke vilkårlig dobles eller tredobles uten at det endrer forskjellene i verdiene på ulike varekombinasjoner.

kardinal nyttefunksjon
En nyttefunksjon som beskriver hvor mye bedre en godkombinasjon er i forhold til en annen

Dessverre kan vi ikke si om en person får dobbelt så høy nytte av en godekombinasjon i forhold til en annen. Vi vet heller ikke om en person får dobbelt så høy nytte som en annen fra å konsumere den samme godekombinasjonen. (Kan du si om du får dobbelt så stor nytteøkning av å konsumere én ting kontra en annen?) Heldigvis er denne begrensningen uvesentlig. I og med at vårt mål er å forstå konsumentenes atferd trenger vi bare å vite hvordan konsumentene rangerer ulike godekombinasjoner. Derfor vil vi bare jobbe med ordinale nyttefunksjoner. Denne tilnærmingen er tilstrekkelig for å forstå både hvordan individuelle konsumbeslutninger fattes, og hva denne kunnskapen innebærer om egenskapene til konsumentenes etterspørsel.

Eksempel 3.2

Kan penger kjøpe lykke?

Økonomer bruker, som nevnt innledningsvis, uttrykket nytte som et mål på graden av tilfredsstillelse eller glede en konsument oppnår fra konsum av varer og tjenester. I og med at høyere inntekter gjør det mulig å konsumere mer varer og tjenester, vil vi tro at nytten øker med inntekten. Men gir høyere inntekter og forbruk virkelig større lykke? Forskning som har sammenlignet ulike mål på lykke tyder på at svaret er ja.

I en studie ble en ordinal skala for lykke avledet fra svaret på følgende spørsmål. "Hvor tilfreds er du med livet ditt i dag, alt tatt i betraktning?" Svarene gikk fra en skala fra 0 (helt misfornøyd) til 10 (helt fornøyd). Det ble funnet å være en meget sterk sammenheng mellom inntekt og grad av tilfredshet. Når inntekten økte med én prosent, økte skåren i gjennomsnitt med ett halvt poeng. Når man da vet at det er en positiv sammenheng mellom inntekt og nytte, eller tilfredshet, er det rimelig å tillegge godekombinasjoner som konsumentene kan kjøpe en nytteverdi.

La oss gå ett skritt videre. Kan man sammenlikne graden av tilfredshet på *tvers* av land så vel som *innenfor* et land? Igjen tyder resultater på at svaret er ja. I en studie av individer i 67 land ble det stilt følgende spørsmål: "Alt i alt, hvor fornøyd er du med livet ditt som helhet i disse dager?" Svarene ble angitt på en tipunkts skala, der 1 representerte de mest misfornøyde og 10 de mest fornøyde. Inntekt ble målt ved det enkelte lands bruttonasjonalprodukt pr. innbygger uttrykt i amerikanske

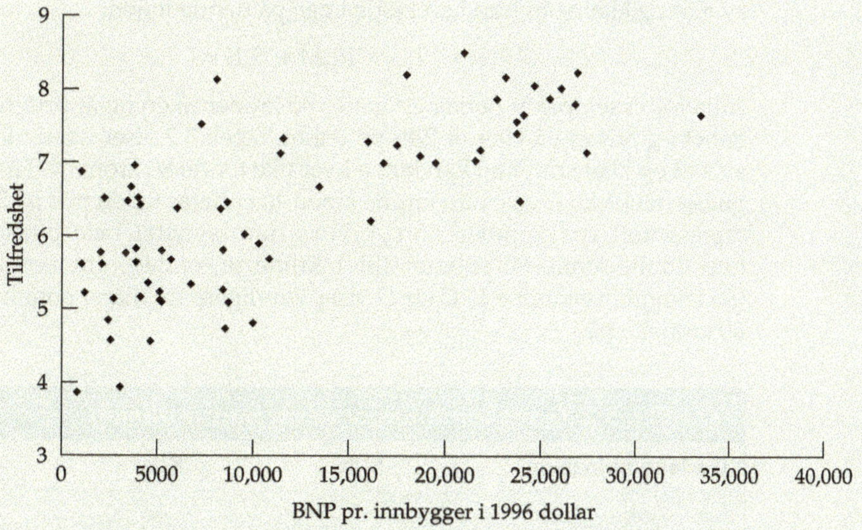

FIGUR 3.9 Inntekt og lykke

En sammenligning på tvers av land viser at personer som lever i land med høyere BNP pr. innbygger i gjennomsnitt er mer tilfreds enn de som bor i land med lavere BNP pr. innbygger.

dollar. Resultatene er vist i figur 3.9 der hvert datapunkt representerer et land. Vi ser at når vi beveger oss fra fattige land med inntekt under 5000 dollar pr. innbygger til land med inntekt opp mot 10 000 dollar pr. innbygger, øker graden av tilfredshet betydelig. Når vi kommer over 10 000 dollar, øker indeksen i en lavere takt.

Sammenligninger mellom land er vanskelig fordi det sannsynligvis er mange andre faktorer enn inntekt som forklarer grad av tilfredshet (for eksempel helse, klima, politisk klima, menneskerettigheter osv.). Videre er det mulig at forholdet mellom inntekt og tilfredshet går begge veier: Selv om høyere inntekt genererer mer tilfredshet, gir større tilfredsstillelse større motivasjon for enkeltpersoner til å arbeide hardt og generere høyere inntekter. Interessant nok, selv når studier tar hensyn til andre faktorer er det fortsatt en positiv sammenhengen mellom inntekt og tilfredshet.

3.2 BUDSJETTBETINGELSEN

budsjettbeskrankninger
Beskrankninger som konsumenten står overfor som følge av begrenset inntekt

budsjettlinjen
Alle kombinasjoner av goder der samlede utgifter er lik inntekten

Så langt har vi kun fokusert på det første elementet i konsumentteorien – konsumentenes preferanser. Vi har sett hvordan indifferenskurver (eller nyttefunksjoner) kan benyttes til å beskrive hvordan konsumentene verdsetter ulike godekombinasjoner. Nå retter vi oppmerksomheten mot det andre elementet i konsumentteorien: de budsjettmessige beskrankninger som konsumentene står overfor som følge av deres begrensede inntekter.

Budsjettlinjen

La oss se hvordan budsjettbetingelsen begrenser konsumentens handlingsrom ved å se på en person med en gitt inntekt, I, som kan brukes på mat og klær. Som før er M mengden mat og K mengden klær. Prisen pr. enhet av godene er gitt ved P_M og P_K. Vi får da at $P_M M$ (dvs. pris multiplisert med kvantum) er det beløpet som brukes på mat og $P_K K$ er det som brukes på klær.

Budsjettlinjen viser alle kombinasjoner av M og K der samlede utgifter er lik inntekten. Da vi bare ser på to goder (og antar at personen allerede har tatt sparebeslutningen) vil personen benytte hele inntekten på mat og klær. Følgelig vil alle kombinasjoner av mat og klær som hun kan kjøpe ligge på denne linjen:

$$P_M M + P_K K = I \qquad \textbf{(3.1)}$$

Anta for eksempel at personen tjener 80 kroner uken og at prisen på mat er 1 kr pr. enhet og prisen på klær er 2 kr pr. enhet. Tabell 3.2 viser noen ulike kombinasjoner av mat og klær som hun kan kjøpe hver uke for de 80 kronene. Hvis hun bruker hele budsjettet på klær ville hun kunne kjøpe 40 enheter (til en pris på 2 kroner pr. enhet), representert ved kombinasjon *A*. Hvis hun benytter hele budsjettet på mat ville hun kunne kjøpe 80 enheter (til 1 krone pr. enhet), gitt ved kombinasjonen *E*. Godekombinasjonene *B*, *C* og *D* viser ytterligere tre måter som hun kan benytte de 80 kronene på.

TABELL 3.2 Godekombinasjoner og budsjettlinjen

Godekombinasjon	Mat	Klær	Totale utgifter
A	0	40	80
B	20	30	80
C	40	20	80
D	60	10	80
E	80	0	80

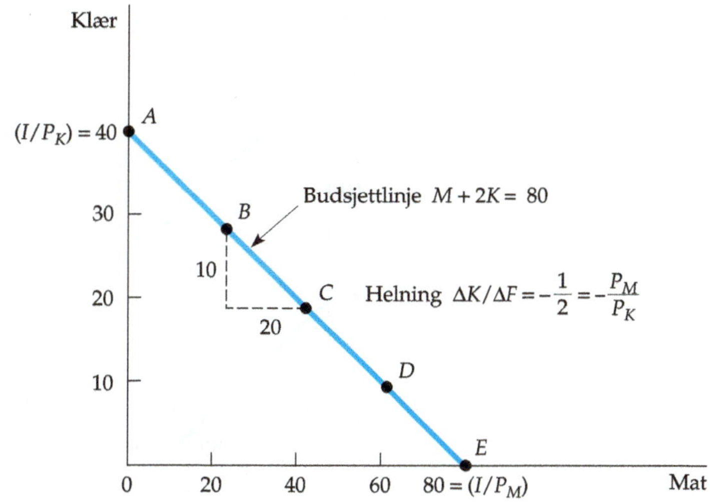

FIGUR 3.10 Budsjettlinjen

Et budsjettlinje viser de kombinasjoner av varer som kan kjøpes for en gitt inntekt og gitte priser. Linjen AE (som går gjennom punktene *B*, *C* og *D*) representerer budsjettlinjen når inntekten er lik 80 kr og prisen på mat og klær er henholdsvis 1 kr og 2 kr pr. enhet. Helningen på budsjettlinjen er gitt ved forholdet mellom prisene = –1/2.

Figur 3.10 viser budsjettlinjen knyttet til godekombinasjonene i tabell 3.2. I og med at bytteforholdet mellom mat og klær er konstant vil budsjettlinjen være en rett linje fra punkt *A* til punkt *E*. I dette tilfellet er budsjettlinjen gitt av ligningen $M + 2K = 80$.

Etter hvert som man beveger seg nedover budsjettlinjen, brukes det mindre penger på klær og mer på mat. Det er lett å se at antall enheter klær som må oppgis hvis hun skal kjøpe en ekstra enhet mat er gitt av forholdet mellom prisen på mat og prisen på klær (1/2). I og med at klær koster 2 krone pr. enhet og mat kun 1 krone pr. enhet må hun oppgi en halv enhet klær for å kunne kjøpe en enhet mat. I figur 3.10 uttrykker stigningstallet for linjen, $\Delta K/\Delta M = -1/2$, den relative prisen mellom mat og klær – eller *alternativkostnaden* av mat uttrykt i klær.

Ved hjelp av ligning (3.1) kan vi se hvor mye av *K* som må oppgis for å kunne konsumere mer av *M*. Vi deler begge sider av ligningen med P_M og løser deretter med hensyn på *K*:

$$K = (I/P_K) - (P_M/P_K)M \qquad \textbf{(3.2)}$$

Ligning (3.2) er ligningen for en rett linje; skjæringspunktet med den vertikale aksen er gitt ved I/P_K og kurvens helning er $-(P_M/P_K)$.

Helningen på budsjettlinjen er altså gitt ved prisforholdet mellom de to godene. Skjæringspunktet med den vertikale aksen representerer det maksimale antall enheter klær som kan kjøpes for inntekten. Skjæringspunktet med den horisontale aksen sier hvor mye mat hun maksimalt kan kjøpe.

Effektene av endringer i inntekt og priser

Vi har sett at budsjettlinjen avhenger av både inntekt og priser på godene, P_M og P_K. Men selvfølgelig vil priser og inntekt ofte endres. Vi skal nå se hvordan slike endringer påvirker budsjettlinjen.

Inntektsendringer

Hva skjer med budsjettlinjen når inntekten endres? Fra likningen for den rette linjen (3.2) kan vi se at en endring i inntekt endrer skjæringspunktet med den vertikale

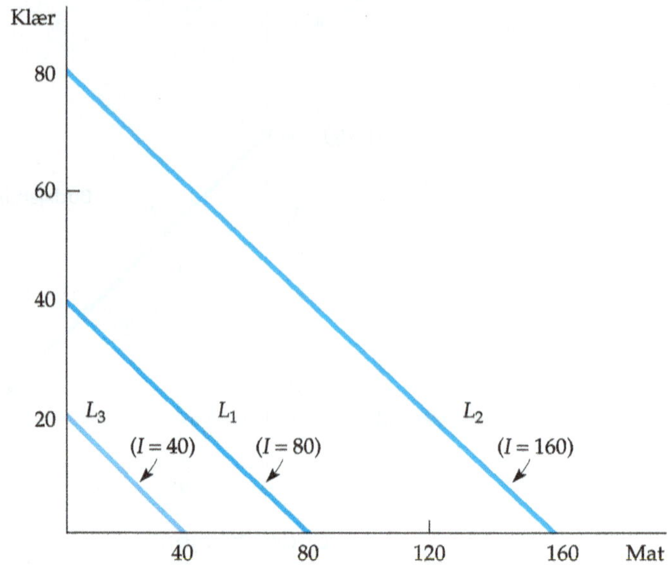

FIGUR 3.11 Effekten av endret inntekt på budsjettlinjen

En endring i inntekt (ved uendrede priser) fører til at budsjettlinjen skifter parallelt med opprinnelige linjen (L_1). Når inntekten øker fra 80 til 160 skifter budsjettlinjen utover til L_2. Dersom inntekten faller til 40, skifter linjen innover til L_3.

aksen mens helningen ikke endres (fordi vareprisene er uforandret). Figur 3.11 viser at hvis inntekten dobles (fra 80 kr til 160 kr) skifter budsjettlinjen utover, fra L_1 til L_2. Vær imidlertid oppmerksom på at L_2 og L_1 er parallelle. Hvis hun ønsker kan vår konsument nå kjøpe dobbelt så mye klær og dobbelt så mye mat som før. Tilsvarende, hvis hennes inntekt halveres (fra 80 kr til 40 kr) skifter budsjettlinjen innover, fra L_1 til L_3.

Prisendringer

Hva skjer med budsjettlinjen dersom prisen på ett gode endres mens prisen på det andre godet holdes konstant? Vi kan bruke ligningen $K = (I/P_K) - (P_M/P_K)F$ for å beskrive virkningene av en endring i prisen på mat. Anta at prisen på mat halveres, fra 1 kr til 0,50 kroner. I så fall forblir budsjettlinjens skjæring med den vertikale aksen uendret, mens helningen endres fra $-P_M/P_K = -1/2$ til $-0{,}50/2 = -1/4$. I figur 3.12 får vi den nye budsjettlinjen L_2 ved å dreie den opprinnelige budsjettlinjen L_1 utover. Denne dreiningen gir mening fordi en person som bruker alle pengene på klær vil være upåvirket av prisendring. Men de som forbruker store mengder mat vil definitivt merke en økning i sin kjøpekraft. På grunn av halveringen av prisen på mat kan man nå maksimalt kjøpe dobbelt så mye mat som før.

På den annen side, når prisen på mat dobles fra 1 til 2 kroner, roterer budsjettlinjen innover til L_3 fordi kjøpekraften reduseres. Igjen, en person som bruker alle pengene på klær vil være upåvirket av prisøkningen på mat.

Hva skjer hvis prisene på både mat og klær endres prosentvis like mye – altså slik at den relative prisen (P_M/P_K) ikke endres? I og med at budsjettlinjens helning er lik prisforholdet mellom de to godene, vil dermed helningen være uforandret. Imidlertid vil skjæringspunktene med aksene endres slik at kurven parallellforskyves. Hvis for eksempel begge prisene halveres, vil begge skjæringspunktene med aksene fordobles.

Vi ser her at en proporsjonal endring i prisene fungerer som en tilsvarende endring i inntekt. *En halvering av alle priser er det samme som at inntekten dobles.* Følgelig er det ikke bare inntekt som påvirker vår kjøpekraft, men også prisene på de varene vi handler – kanskje ingen stor overraskelse.

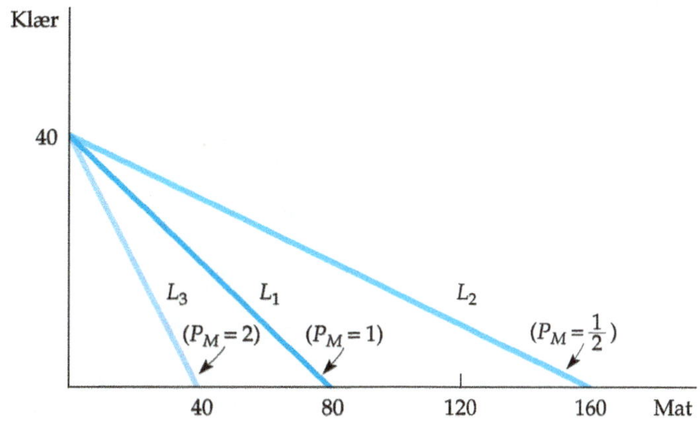

FIGUR 3.12 Effekten av endrede priser på budsjettlinjen

En endring i prisen på et gode (gitt uendret inntekt) fører til at budsjettlinjen endrer helning. Når prisen på mat synker fra 1 kr til 0,5 kr, roterer budsjettlinjen utover fra L_1 til L_2. Når prisen øker fra 1 til 2 kr roterer linjen innover fra L_1 til L_3.

Hva skjer så hvis alt dobles – både priser og inntekt? I og med at begge prisene dobles, vil prisforholdet forbli det samme og budsjettlinjens helning er uendret. I og med at inntekten også har doblet seg, vil det maksimale antall enheter man kan kjøpe av mat og klær være uendret. Skjæringspunktene med aksene vil dermed heller ikke endres. Følgelig har vi altså *ingen endring i budsjettlinjen*, og konsumentens kjøpekraft er den samme som før.

3.3 KONSUMENTENS VALG

Ved hjelp av det vi nå vet om preferanser og budsjettbeskrankninger kan vi nå si noe om hvordan konsumentene bestemmer seg for hvor mye de skal kjøpe av ulike goder. Vi antar at dette valget gjøres på en rasjonell måte, dvs. *de velger den godekombinasjon som maksimerer nytten, gitt den budsjettbeskrankning de står overfor.*

Den nyttemaksimerende godekombinasjonen må tilfredsstille to betingelser:

1. **Den må ligge på budsjettlinjen.** Merk for det første at hvis godekombinasjon ligger til venstre og under budsjettlinjen, så vil det være igjen noe av inntekten – disse pengene kunne vært benyttet til å øke nytten. Konsumentene kan selvfølgelig også spare noe av inntekten for fremtidig forbruk. I så fall vil ikke valget bare stå mellom mat og klær men mellom konsum av mat og klær nå og konsum av mat og klær i fremtiden. Her vil vi imidlertid gjøre det enkelt og anta at all inntekt brukes her og nå. Merk deg også at enhver godekombinasjon til høyre og over budsjettlinjen ikke er oppnåelig med denne inntekten. Dermed er det eneste rasjonelle og oppnåelige valget en godekombinasjon på budsjettlinjen.
2. **Den må gi konsumenten den mest foretrukne kombinasjon av varer og tjenester.**

Disse to betingelsene reduserer problemet med å finne den nyttemaksimerende godekombinasjon til å finne det rette punktet på budsjettlinjen.

La oss se hvordan problemet løses grafisk. I figur 3.13 har vi tre indifferenskurver som beskriver en konsuments preferanser for mat og klær. Husk at av de tre kurvene, er det den ytterste, U_3, som gi høyest nytte, U_2 gir nest høyest og kombinasjonene på U_1 gir minst nytte.

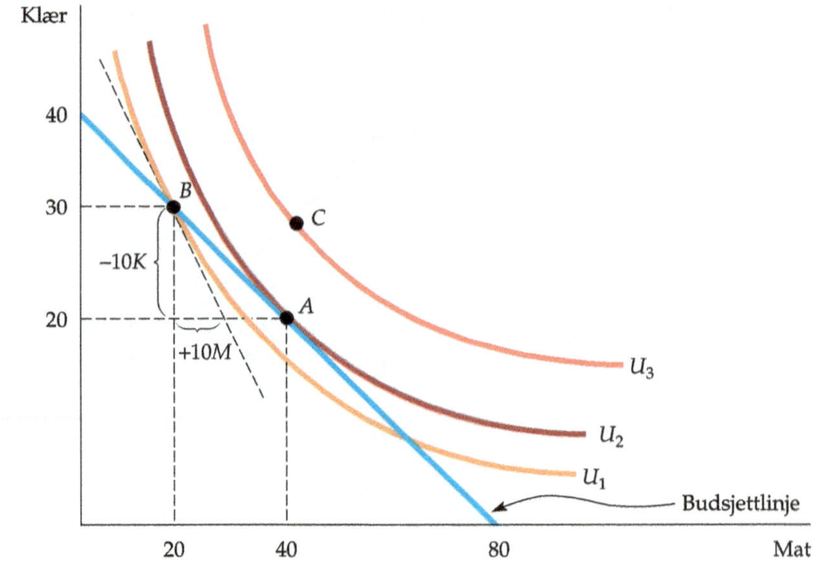

FIGUR 3.13 Nyttemaksimering

En forbruker maksimerer nytten ved å velge godekombinasjon *A*. I dette punktet vil budsjettlinjen tangere indifferenskurven U_2 og man kan ikke oppnå et høyere nyttenivå (for eksempel gitt ved godekombinasjon *C*). I maksimeringspunktet *A* er MRS mellom de to varene lik prisforholdet. I punkt *B* hvor MRS [−(−10/10) = 1] er større enn prisforholdet (1/2) vil imidlertid ikke nytten maksimeres.

Merk deg at punkt *B* på indifferenskurve U_1 ikke er det foretrukne valget, fordi en omfordeling av inntekt i retning av mer penger brukt på mat og mindre på klær vil gi økt nytte. Ved å for eksempel bevege seg til punkt *A* bruker man like mye penger som før men nytten har økt. Vær også oppmerksom på at godekombinasjoner til høyre og over indifferenskurve U_2 gir høyere nytte, men disse er imidlertid ikke oppnåelige med gjeldende inntekt. Følgelig vil godekombinasjon *A* maksimere konsumentens nytte.

Vi ser fra dette at den nyttemaksimerende godekombinasjon må ligge på den indifferenskurven som tangerer budsjettlinjen. Punkt *A* er et slikt tangeringspunkt. *I A er helningen på budsjettlinjen nøyaktig lik helningen på indifferenskurven.* I og med at MRS angir helningen til indifferenskurven, vil den godekombinasjonen som maksimerer nytten, gitt budsjettbetingelsen, være i punktet der:

$$\text{MRS} = P_M/P_K \tag{3.3}$$

Dette er et viktig resultat: *Nytten maksimeres når den marginale substitusjonsrate er lik prisforholdet mellom godene.*

Hvis MRS er mindre eller større enn prisforholdet, har ikke konsumenten maksimert sin nytte. Sammenlign for eksempel punkt *B* i figur 3.13 med punkt *A*. I punkt *B* kjøper konsumenten 20 enheter mat og 30 enheter klær. Prisforholdet er lik 1/2 fordi mat koster 1 krone og klær koster 2 kroner. MRS er imidlertid større enn 1/2, den er ca. 1. Følgelig kan konsumenten bytte én enhet mat mot én enhet klær uten at nytten endres. I og med at mat er billigere enn klær, bør konsumenten da kjøpe mer mat og mindre klær. Hvis konsumenten her for eksempel kjøper én enhet klær mindre kan hun kjøpe 2 enheter mat til – selv om hun bare hadde trengt én enhet til for å opprettholde det samme nyttenivået.

Denne omfordeling av budsjettet fortsetter helt til vi når punkt *A* der MRS = prisforholdet = 1/2. I dette punktet vil hun være villig til å bytte 2 enheter mat mot én enhet klær. Da vil nytten være maksimert.

Det at den marginale substitusjonsrate skal være lik prisforholdet, er et besnærende resultat. Se for deg konsumenter som akkurat har kjøpt forskjellige mengder mat og klær. Hvis begge har maksimert nytten, kan du si hva deres marginale substitusjonsrater er ved å se på prisene på de varene de har kjøpt. Du kan imidlertid ikke si noe om hvor mye av de ulike varene de har kjøpt. Dette bestemmes av deres individuelle preferanser. Hvis de to konsumentene har forskjellig smak, vil de konsumere ulike mengder av mat og klær selv om deres MRS er like.

Eksempel 3.3

Design av nye biler (II)

Vår analyse av konsumentens valg setter oss i stand til å se hvordan ulike forbrukergruppers preferanser for biler kan påvirke deres kjøpsbeslutninger. Vi følger opp Eksempel 3.1 (side 54) og ser på to grupper av forbrukere som planlegger å kjøpe nye biler. Anta at hver person har et samlet bilbudsjett på 400 000 kr og har besluttet å allokere 200 000 kr til innvendig størrelse og akselerasjon, og 200 000 til alle andre egenskaper ved bilen. Hver gruppe har imidlertid ulike preferanser for størrelse og akselerasjon.

Figur 3.14 viser budsjettbetingelsen som individene i hver gruppe står overfor. De i den første gruppen, som er typisk for de som foretrekker Ford Mustang med preferanser tilsvarende de vi hadde i Figur 3.7 (side 55), foretrekker akselerasjon fremfor størrelse. Ved å finne tangeringspunktet mellom den typiske forbrukers indifferenskurve og budsjettbetingelsen, ser vi at forbrukerne i denne gruppen ønsker å kjøpe en bil der akselerasjon er verdt 140 000 kr og størrelsen er verdt 60 000 kr. Personer i den andre gruppen, som er typisk for tilhengere av Ford Explorer, foretrekker biler der akselerasjon er verdt 50 000 kr og størrelsen er verdt 150 000 kr.

Eksemplet vårt her er forenklet i og med at vi bare ser på to egenskaper ved en bil. I praksis vil en bilprodusent benytte statistiske analyser for å finne ut hvordan ulike kjøpergrupper verdsetter et bredt spekter av egenskaper. Kombinert med informasjon om hvordan disse egenskapene vil påvirke produksjonskostnadene kan selskapet utforme en produksjons- og markedsføringsplan.

I forbindelse med vårt eksempel kan et potensielt lønnsomt alternativ være å appellere til begge grupper av forbrukere ved å lage en modell med litt mindre vekt på akselerasjon enn det som foretrekkes av de i Figur 3.14(a). En annen mulighet er å lage et relativt stort antall biler som vektlegger størrelse og et mindre antall som vektlegger akselerasjon.

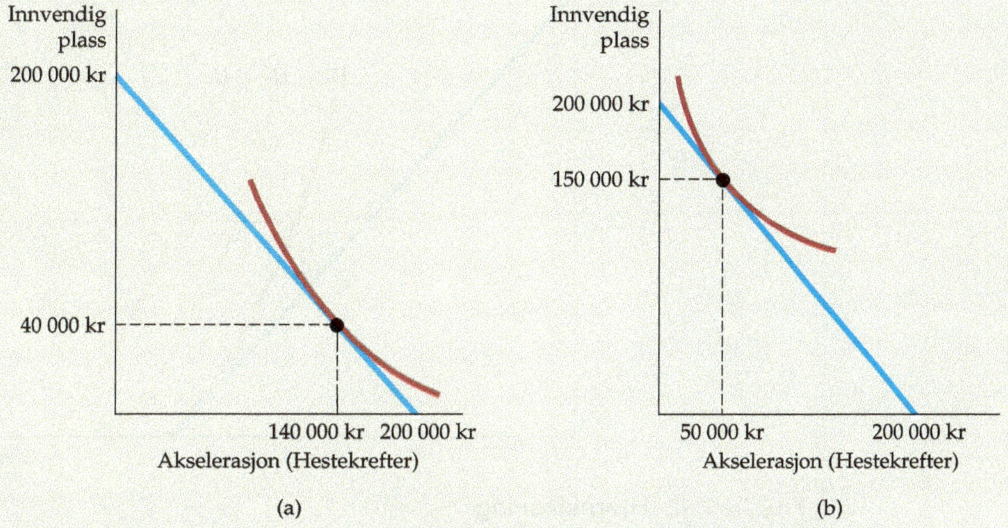

FIGUR 3.14 Konsumentens valg av en bils egenskaper

Konsumentene i **(a)** er villig til å bytte mye innvendig plass mot raskere akselerasjon. Gitt en budsjettbeskrankning, vil de velge en bil som legger vekt på akselerasjon. Det motsatte er tilfelle for konsumentene i **(b)**.

Kunnskap om preferansene til hver gruppe (dvs. de faktiske indifferenskurvene), sammen med informasjon om antall bilister i hver, ville hjelpe bedriften i foreta fornuftige beslutninger. I en undersøkelse av et stort antall amerikanske bilkjøpere gjennomførte faktisk General Motors en studie som ligner på den vi har beskrevet her. Noen av resultatene var som ventet. For eksempel hadde husholdninger med barn en tendens til å foretrekke funksjonalitet fremfor stil og hadde dermed en tendens til å kjøpe minibusser i stedet for sedaner og sportsbiler. Husholdninger som bodde utenbys hadde på sin side en tendens til å kjøpe pickuper og firehjulstrekkere. Mer interessant var den sterke korrelasjonen mellom alder og preferanser med hensyn til bilens attributter. Eldre bilister hadde en tendens til å foretrekke større og tyngre biler med flere sikkerhetsfunksjoner og mer ekstrautstyr (for eksempel elektriske vinduer og servostyring). Videre hadde yngre bilister sterkere preferanser for hestekrefter og mer stilige biler.

Hjørneløsninger

I situasjonene vi har sett på så langt har vi fått såkalte *indre løsninger* – konsumentene kjøper noe av begge goder. Dette behøver imidlertid ikke alltid være tilfellet. Noen mennesker bruker for eksempel ikke penger på reiser og teaterbesøk. Ved hjelp av indifferenskurver kan vi analysere hvilke forhold som må ligge til grunn for at en konsument velger å ikke kjøpe noe av et gode.

I figur 3.15 har vi en mann som står overfor budsjettlinjen *AB* som velger å bare kjøpe iskrem (*IS*) og ingen frozen yoghurt (*FY*). Dette er et eksempel på en **hjørneløsning**. Når et av godene ikke konsumeres lander godekombinasjonen i hjørnet av budsjettlinjen. I punkt *B*, som maksimerer nytten, er *MRS* mellom is og frozen yoghurt ***større enn helningen på budsjettlinjen***. Denne ulikheten sier at dersom forbrukeren hadde hatt noe frozen yoghurt å gi fra seg, ville han gledelig ha byttet dette mot mer iskrem. I dette punktet konsumerer han imidlertid bare is og ikke frozen yoghurt, og det er umulig å ha negative mengder frozen yoghurt.

hjørneløsning
en situasjon der den marginale substitusjonsrate i en godekombinasjon ikke er lik budsjettlinjens helning

I en hjørneløsning er ikke nødvendigvis konsumentens marginale substitusjonsrate lik prisforholdet. I motsetning til tilstanden karakterisert ved ligning (3.3), er den

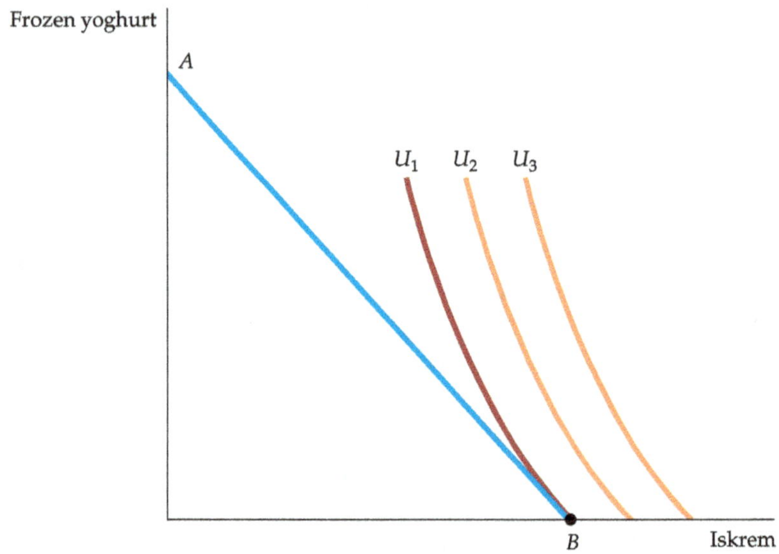

FIGUR 3.15 Hjørneløsning

Når konsumentens marginale substitusjonsrate ikke er lik prisforholdet for et hvert nivå på konsumet vil vi ha en hjørneløsning. Konsumenten maksimerer da sin nytte ved å kun konsumere ett av godene. Gitt budsjettlinjen *AB*, vil konsumenten maksimere sin nytte i punkt B på indifferenskurven U_1, hvor MRS er større enn forholdet mellom prisen på iskrem til prisen på frozen yoghurt.

nødvendige betingelsen for nyttemaksimering i valget mellom is og frozen yoghurt i en hjørneløsning gitt ved følgende ulikhet.

$$MRS \geq P_{IS}/P_{FY} \quad \textbf{(3.4)}$$

Denne ulikheten vil selvfølgelig bli snudd dersom hjørneløsningen var i punkt *A* i stedet for *B*.

En viktig lærdom her er at spådommer om hvor mye av et produkt konsumentene vil kjøpe når de økonomiske rammebetingelse endres, vil avhenge av konsumentenes preferanser for dette og relaterte produkter og av helningen på forbrukerens budsjettlinje. Hvis den marginale substitusjonsrate mellom iskrem og frozen yoghurt er vesentlig større enn den relative prisen, som i figur 3.15, vil en liten nedgang i prisen på frozen yoghurt ikke endre forbrukerens valg, han vil fortsatt velge å bare kjøpe is. Men hvis prisen på frozen yoghurt faller langt nok ned kan forbrukeren brått velge å kjøpe mye frozen yoghurt.

Eksempel 3.4

Utdanningsfond

Siris foreldre har spart opp en del penger med tanke på finansiering av hennes høyere utdanning. Når hun blir 18 år, kan hun få alle pengene under forutsetning av at hun bare bruker dem på utdanning. Pengene er en kjærkommen gave, men kanskje ikke like attraktive som de ville vært hvis det ikke hadde vært noen betingelser for hva de skulle brukes til. I figur 3.16 får vi illustrert hvorfor. Langs den horisontale aksen har vi antall kroner brukt på utdanning pr. år, og langs den vertikale har vi antall kroner brukt på andre goder.

Budsjettlinjen som Siri står overfor før hun får tildelt pengene er gitt ved linjen *PQ*. Pengene hun får til utdanning flytter budsjettlinjen utover – så lenge hele beløpet, som er gitt ved avstanden *PB*,

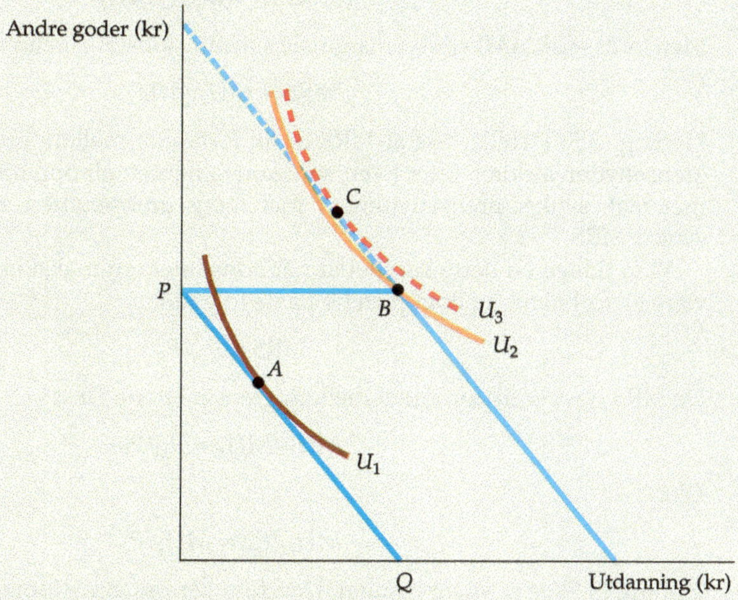

FIGUR 3.16 Et utdanningsfond

Når studenten får penger som skal benyttes til utdanning beveger studenten seg fra *A* til *B*, en hjørneløsning. Hvis pengene på den annen side også kunne benyttes til andre goder ville studenten komme bedre ut av det ved å velge *C*.

blir brukt på utdanning. Ved å ta imot pengene og ta høyere utdanning øker Siris nytte ved å bevege seg fra *A* på indifferenskurve U_1 til *B* på indifferenskurve U_2.

Merk at *B* representerer en hjørneløsning fordi Siris marginale substitusjonsrate mellom utdanning og andre goder er lavere enn den relative prisen på godene. Siri ville foretrekke å bruke en del av de ekstra pengene på andre goder, ikke bare på utdanning. Hvis det ikke var knyttet noen betingelser til det å få tilgang på pengene, ville hun tilpasset seg i punkt *C* på indifferenskurve U_3. Her ville hun bruke mindre penger på utdanning (for eksempel treårig i stedet for fireårig utdanning) og heller bruke mer penger på aktiviteter som hun liker bedre enn å gå på skole.

Mottakeren vil altså vanligvis foretrekke at det ikke ligger noen restriksjoner på bruken av de pengene man får. Betingende fond er imidlertid populære, men da gjerne fordi de gir foreldrene mulighet til å kontrollere barnas pengebruk på måter som de tror er til barnas beste på lang sikt.

3.4 NYTTE, GRENSENYTTE OG KONSUMENTENES VALG

I avsnitt 3.3 viste vi grafisk hvordan konsumenten maksimerer sin nytte, gitt en **budsjettbeskrankning**. Nyttemaksimerende godekombinasjon fant vi der indifferenskurven tangerte budsjettlinjen. La oss nå ved å anvende grensenyttebegrepet få ytterligere innsikt i konsumentens tilpasning.

Ta utgangspunkt i figur 3.8 (side 56). Vi beveger oss litt nedover langs indifferenskurven. Økningen i matkonsumet, ΔM, gir en grensenytte på MU_M pr. enhet og en samlet nytteøkning på $MU_M \Delta M$. Samtidig gir nedgangen i konsumet av klær en nedgang i nytte med MU_K pr. enhet og en samlet nyttenedgang på $MU_K \Delta K$.

I og med at alle punkter på en indifferenskurve gir det samme nyttenivået må nedgangen i nytte pga. lavere konsum av klær akkurat oppveies av nytteøkningen som følger av økt matkonsum. Formelt har vi da at:

$$0 = MU_M(\Delta M) + MU_K(\Delta K)$$

Nå kan vi rokkere om på ligningen slik at vi får:

$$-(\Delta K/\Delta M) = MU_M/MU_K$$

Men fordi $-(\Delta K/\Delta M)$ er den marginale substitusjonsrate mellom *K* og *M* følger det at:

$$\text{MRS} = MU_M/MU_K \qquad \textbf{(3.5)}$$

Ligning (3.5) forteller oss at MRS er lik forholdet mellom grensenytten av mat og grensenytten av klær. Etter hvert som konsumenten gir opp mer og mer klær for å få mer mat, synker grensenytten av mat mens grensenytten av klær øker. Følgelig synker MRS.

Vi så tidligere i dette kapitlet at når konsumenten maksimerer sin nytte, vil MRS være lik forholdet mellom prisene på de to godene:

$$\text{MRS} = P_M/P_K \qquad \textbf{(3.6)}$$

Da MRS også er lik forholdet mellom grensenyttene får vi:

$$MU_M/MU_K = P_M/P_K$$

eller

$$MU_M/P_M = MU_K/P_K \qquad \textbf{(3.7)}$$

Ligning (3.7) er et viktig resultat. Den forteller oss at nyttemaksimering oppnås når *grensenytten pr. krone brukt på mat er lik grensenytten av en krone brukt på klær.* La oss overbevise oss om at dette må gjelde. Anta at en person får høyere nytteøkning av en krone brukt på mat enn en krone brukt på klær. Ved å flytte noe av budsjettet fra klær til mat vil nytteøkningen ved mer mat overstige nyttetapet av mindre klær. Total nytte vil da øke. Ved denne type overflytting vil imidlertid grensenytten av mat synke og grensenytten av klær øke. Grensenytten av en krone brukt på mat vil da bevege seg mot grensenytten av en krone brukt på klær. Denne type overflytting skal altså skje inntil de to er like – da er nytten maksimert.

La oss konkretisere med noen tall. Anta at en enhet mat koster 10 kr, og en enhet klær koster 20 kr. En person har satt sammen sitt konsum slik at grensenytten av mat er 30 og grensenytten av klær er 40. Vi har da følgende:

$$MU_M/P_M = 30/10 = 3$$

$$MU_K/P_K = 40/20 = 2$$

Nytteøkningen av siste krone brukt på mat er 3, mens nytteøkningen av siste krone brukt på klær er 2. Denne personen har dermed ikke tilpasset seg slik at nytten maksimeres. Ved å flytte én krone fra kjøp av klær til kjøp av mat vil nytten øke med 1 (−2 + 3).

Eksempel 3.5

Grensenytte og tilfredshet

I eksempel 3.2 (side 57), så vi at penger (dvs. en høyere inntekt) kan kjøpe lykke, i hvert fall til en viss grad. Men hva sier forskning på konsumenters tilfredshet om forholdet mellom tilfredshet og henholdsvis nytte og grensenytte? La oss gå tilbake til figur 3.9 (side 57) i eksempel 3.2. Dataene tyder på at høyere inntekt pr. innbygger gir høyere tilfredshet. Økningen i nytte ser imidlertid ut til å avta etter hvert som inntektene øker. Hvis man er villig til å akseptere at nytteindeksen i undersøkelsen er en kardinal indeks, vil resultatene være konsistente med avtagende grensenytte av inntekt.

Resultatene fra USA er kvalitativt svært like resultatene for de 67 landene som utgjør dataene bak figur 3.9. Figur 3.17 beregner gjennomsnittlig nivå på tilfredshet for ni separate inntektsgrupper i

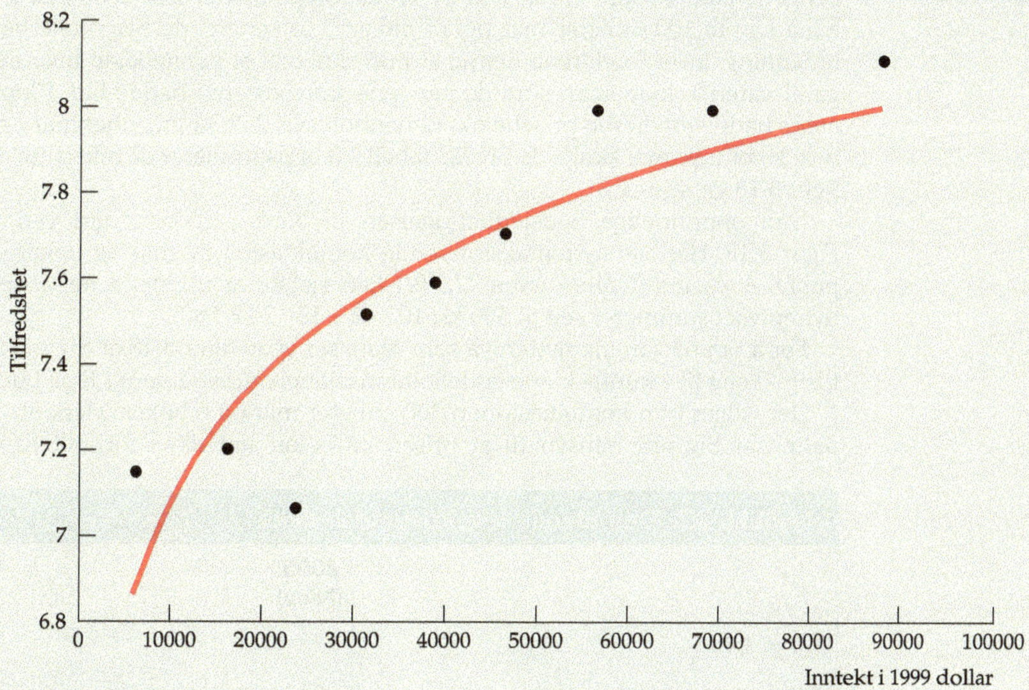

FIGUR 3.17 Grensenytte og lykke

En sammenligning av gjennomsnittlig nivå på tilfredshet på tvers av inntektsgrupper i USA viser at tilfredshet øker med inntekt, men i en avtagende takt.

befolkningen, de laveste har en gjennomsnittlig inntekt på 6250 dollar, den neste en gjennomsnittlig inntekt på 16 250 dollar, og så videre, helt til den høyeste gruppen hvor gjennomsnittlig inntekt er 87 500 dollar. Den heltrukne kurven er den som passer best til dataene. Nok en gang ser vi at tilfredshet øker med inntekt men i en avtagende takt.

Et spørsmål reiser seg når vi sammenligner resultatene av slike studier over tid. Inntekter i USA, Storbritannia, Belgia og Japan har alle steget betydelig de siste 20 årene. Gjennomsnittlig lykke, har imidlertid holdt seg relativt uendret. (Danmark, Tyskland og Italia viste noe økt tilfredshet.) En troverdig tolkning er at lykke er et relativt, ikke et absolutt, mål på velferd. Når landets inntekter øker over tid vil befolkningen justere opp sine forventninger, med andre ord: de sikter mot høyere inntekter. I den grad tilfredshet er knyttet til hvorvidt disse ambisjonene oppfylles behøver ikke lykken nødvendigvis øke etter hvert som inntekten øker over tid.

3.5 LEVEKOSTNADSINDEKSER

levekostnadsindeks Et forholdstall mellom gjeldende kostnader for et utvalg varer og tjenester og kostnadene for de sammen godene i et basisår

I en rekke land benyttes utviklingen i konsumprisindeksen (KPI), som er et vektet gjennomsnitt av prisene på et utvalg konsumvarer og tjenester, som utgangspunkt i blant annet lønnsforhandlinger og justeringer av pensjoner og andre trygder. Et nærliggende spørsmål er da hvorvidt utviklingen i konsumprisindeksen faktisk reflekterer utvikingen i levekostnader. Svaret på dette spørsmålet ligger i teorien for konsumentenes atferd, og i denne seksjonen skal vi se nærmere på det teoretiske grunnlaget for prisindekser slike som KPI.

Den ideelle levekostnadsindeks

La oss se på to søstre, Nina og Siv, som har identiske preferanser. Da Nina startet på høyskole i 2005, fikk hun 500 kroner hver måned av sine foreldre. Nina kunne bruke pengene på mat, som kostet 2 kr pr. enhet, og på bøker, som kostet 20 kr pr. stykk. Nina kjøpte 100 enheter mat og 15 bøker. 5 år senere, da Siv skulle begynne sin utdanning, lovet foreldrene henne at hun skulle få et pengebeløp hver måned som ga tilsvarende kjøpekraft som de pengene storesøsteren hadde fått. I løpet av de 5 årene hadde imidlertid prisene økt til henholdsvis 2,20 kr pr. enhet mat og 100 kr pr. bok. Hvor mye mer skulle da Siv få? Tabell 3.3 oppsummerer de relevante dataene og figur 3.18 gir svaret.

Den opprinnelige budsjettbetingelsen til Nina i 2005 er gitt ved linjen l_1 i Figur 3.18. Hennes nyttemaksimerende kombinasjon av mat og bøker er gitt ved punkt A på indifferenskurven U_1. (Vi kan sjekke at utgiftene for å oppnå dette nyttenivået summerer seg til 500 kr: $100 \cdot 2 + 15 \cdot 20 = 500$).

For å oppnå samme nyttenivå som Nina ser vi av figur 3.18 at Siv må få et beløp tilstrekkelig til å kunne kjøpe godekombinasjonen gitt ved punkt B på budsjettlinjen l_2. Der velger hun kombinasjonen 300 enheter mat og 6 bøker. Merk at ved å gjøre dette har Siv tatt hensyn til at prisen på bøker har økt i forhold til matprisen.

TABELL 3.3 Den ideelle levekostnadsindeks

	2005 (Nina)	2010 (Siv)
Pris pr. bok	20 kr	100 kr
Antall bøker	15	6
Pris på mat	2 kr	2,20 kr
Antall enheter mat	100	300
Utgifter	500 kr	1260 kr

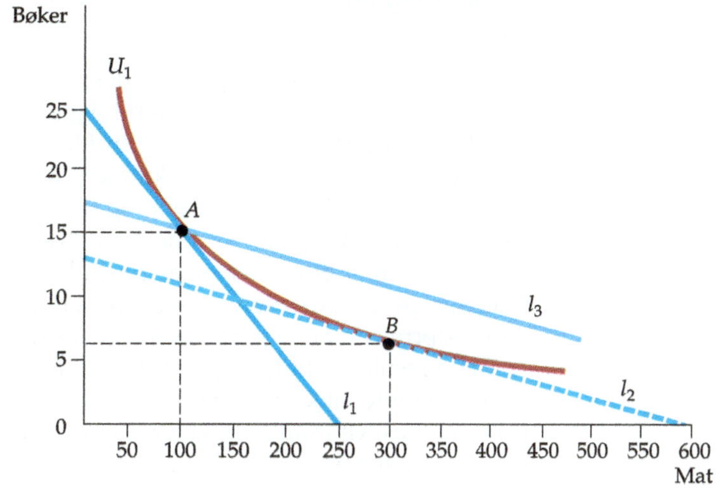

FIGUR 3.18 Levekostnadsindekser

En prisindeks, som representerer kostnadene ved å kjøpe godekombinasjon *A* til gjeldende priser, i forhold til kostnadene ved å kjøpe den samme godekombinasjonen til basisårets priser, vil ligge høyere enn den ideelle levekostnadsindeksen.

Prisøkningen på mat har vært 25 % mens prisen på bøker har økt med 50 %. Hun kjøper derfor færre bøker og mer mat enn det Nina gjorde.

Sivs kostnader for å oppnå samme nyttenivå som Nina gitt ved:

$$300 \text{ enheter mat} \cdot 2{,}20 \text{ kr/enhet} + 6 \text{ bøker} \cdot 100 \text{ kr/enhet} = 1260 \text{ kr}$$

Den ideelle levekostnadsjustering for Siv er da 760 kroner (1260 – 500). Den ideelle levekostnadsindeksen er da gitt ved:

$$1260 \text{ kr}/500 \text{ kr} = 2{,}52$$

Indeksen vår trenger et basisår. Hvis vi setter indeksverdien i 2005 lik 100 vil indeksen i 2010 være lik 252, dvs. en økning på 152 %.

ideell levekostnadsindeks
Utgiftene for å oppnå et gitt nyttenivå til dagens priser i forhold til utgiftene for å oppnå det samme nyttenivået til basisårets priser

Denne **ideelle levekostnadsindeksen** representerer utgiftene for å oppnå et gitt nyttenivå til dagens (2010) priser i forhold til utgiftene for å oppnå det samme nyttenivået i basisåret til basisårets (2005) priser.

Laspeyres indeks

Dessverre fordrer en slik ideell levekostnadsindeks store mengder informasjon. Vi må kjenne de individuelle preferanser (som varierer fra person til person), samt priser på, og utgifter til, ulike produkter. Prisindekser som benyttes i praksis er derfor *basert på konsumentenes kjøp, ikke deres preferanser*. En prisindeks som benytter *en gitt godekombinasjon fra et basisår* kalles **Laspeyres prisindeks**. Laspeyres prisindeks er et forholdstall mellom det basisårets godekombinasjon koster i beregningsåret og det den kostet i basisåret.

Laspeyres prisindeks
er et forholdstall mellom det basisårets godekombinasjon koster i beregningsåret og det den kostet i basisåret

Laspeyres prisindeks ble illustrert i figur 3.18. Å beregne en Laspeyres levekostnadsindeks for Siv er en enkel sak. Kjøp av 100 enheter mat og 15 bøker, det samme som søsteren kjøpte i 2005, ville i 2010 koste 1720 kroner. Disse pengene ville altså gi Siv muligheten for å tilpasse seg i punkt *A* på budsjettlinjen l_3 (eller en hvilken som helst annen kombinasjon på denne linjen). Linjen l_3 fremkom ved å skyve linjen l_2 utover inntil den krysser punkt *A*. For å kompensere Siv for de økte levekostnadene må vi øke budsjettet hennes med 1220 kr. Med 100 som basis i 2005 er Laspeyres indeks da:

$$100 \cdot 1720 \text{ kr}/500 \text{ kr} = 344$$

Sammenligning av den ideelle levekostnadsindeksen og Laspeyres indeks

I vårt eksempel ligger Laspeyre-indeksen høyere enn den ideelle levekostnadsindeksen. Vil Laspeyre-indeksen alltid ligge over den ideelle indeksen? Svaret er ja, noe du kan se av figur 3.18. Anta at Siv fikk et beløp som gav opphav til budsjettlinjen I_3 i løpet av basisåret 2005. Hun kunne valgt kombinasjonen A, men hun kan oppnå høyere nytte ved kjøp av mer mat og færre bøker (ved å flytte seg til høyre på linje I_3). I og med at A og B gir samme nyttenivå følger det at Siv kommer bedre ut av det ved en justering etter Laspeyres prisindeks enn ved en ideell justering. Laspeyre-indeksen overkompenserer Siv for høyere levekostnader, og Laspeyre-indeksen er derfor større enn den ideelle levekostnadsindeksen.

Dette resultatet holder generelt. Hvorfor? Fordi Laspeyres prisindeks forutsetter at konsumenten ikke endrer sitt forbruksmønster når prisene endres. Når de relative priser endres, vil imidlertid konsumentene vri forbruket i retning av de goder som har blitt relativt billigere og bort fra de som har blitt relativt dyrere.

Paasches indeks

Paasches indeks
Et forholdstall mellom prisen på en godekombinasjon valgt i beregningsåret, målt i beregningsårets priser, og prisen på den samme godekombinasjonen målt i basisårets priser

En annen mye brukt levekostnadsindeks er **Paasches indeks**. I motsetning til Laspeyres indeks, som fokuserer på utgiftene ved å kjøpe basisårets godekombinasjon, fokuserer Paasches indeks på *utgiftene ved å kjøpe beregningsårets godekombinasjon*. Det vil si at godekombinasjonen endres fortløpende mens prisene stammer fra beregningsåret og et basisår. Indeksen er da et *forholdstall mellom dagens pris på en godekombinasjon valgt nå og det denne godekombinasjonen ville kostet i basisåret*.

Sammenligning av Laspeyres og Paasches indekser

indeks med faste vekter
Levekostnadsindeks der mengdene av de forskjellige godene holdes konstant

Det kan være nyttig å sammenligne Laspeyres og Paasches prisindekser. Både Laspeyres (LI) og Paasches (PI) indeks har ***faste vekter***: Mengdene av de ulike varer og tjenester i hver indeks holdes konstant. For Laspeyreindeksen holder man seg til basisårets godekombinasjon, mens Paasches indeks tar utgangspunkt beregningsårets godekombinasjon. Anta at vi har to varer, mat (M) og klær (K). La oss benytte følgende forkortelser:

P_{Mt} og P_{Kt} er gjeldende prisnivå

P_{Mb} og P_{Kb} er basisårets priser

M_t og K_t er beregningsårets mengder

M_b og K_b er basisårets mengder

Vi kan da skrive de to indeksene som:

$$\text{LI} = (P_{Mt}M_b + P_{Kt}K_b)/(P_{Mb}M_b + P_{Kb}K_b)$$

$$\text{PI} = (P_{Mt}M_t + P_{Kt}K_t)/(P_{Mb}M_t + P_{Kb}K_t)$$

Mens Laspeyres indeks vil overdrive de reelle levekostnader, vil Paasches indeks underkompensere fordi den forutsetter at konsumentene ville kjøpe gjeldende års godekombinasjon også i basisåret. I virkeligheten, stilt overfor basisårets priser, ville konsumentene ha vært i stand til å oppnå samme nyttenivå til en lavere kostnad ved å velge en annen godekombinasjon. Paasches indeks er forholdet mellom kostnadene ved å kjøpe dagens godekombinasjon dividert med kostnadene ved å kjøpe denne kombinasjonen til basisårets priser. Her overvurderes da kostnadene i basisåret (nevneren blir altså for stor i forhold til hva som er reelt og brøken som helhet blir dermed mindre) og fører til at Paasches indeks undervurderer den reelle endring i levekostnader.

OPPSUMMERING

1. Konsumentteorien hviler på forutsetningen om at folk oppfører seg rasjonelt og kjøper den kombinasjonen av varer og tjenester som maksimerer deres nytte.

2. Konsumentteorien består av to byggeklosser: studiet av konsumentenes preferanser og analyse av budsjettlinjen som begrenser forbrukernes valgmuligheter.

3. Konsumentene foretar valg ved å sammenligne ulike godekombinasjoner. Preferanser antas å være komplette (forbrukerne kan sammenligne alle mulige godekombinasjoner) og transitive (hvis man synes at godekombinasjon *A* er bedre enn *B*, og at *B* er bedre enn *C*, så foretrekker man også *A* fremfor *C*). I tillegg antar vi at mer av et gode er bedre enn mindre av det.

4. Indifferenskurver, som representerer alle kombinasjoner av varer og tjenester som gir samme nyttenivå, er synkende og kan ikke krysse hverandre.

5. Forbrukernes preferanser kan bli fullstendig beskrevet ved et sett indifferenskurver, også betegnet som et indifferenskart. Et indifferenskart gir en ordinal rangering av alle valg som konsumenten kan foreta.

6. Den marginale substitusjonsrate (MRS) mellom *M* og *K* er den maksimale mengden av *K* som en person er villig til å gi opp for å få en ekstra enhet av *M*. MRS synker vanligvis når vi beveger oss nedover langs en indifferenskurve. Når MRS er synkende, vil indifferenskurvene være konvekse.

7. Budsjettlinjen representerer alle kombinasjoner av goder hvor konsumenten bruker opp hele sin inntekt. Budsjettlinjen skifter utover når inntekten øker. Når prisen på godet på den horisontale aksen endres mens inntekten og prisen på det andre godet ikke endres, vil budsjettlinjen endre helning mens skjæringspunktet med den vertikale aksen ikke endres.

8. Konsumenten maksimerer nytten, gitt den budsjettbeskrankningen man står overfor. Når nytten maksimeres ved å konsumere noe av begge godene, vil den marginale substitusjonsrate være lik forholdet mellom prisene på de to godene.

9. Nyttemaksimering inntreffer noen ganger i en hjørneløsning der ett av godene ikke konsumeres. I slike tilfeller trenger ikke den marginale substitusjonsrate å være lik forholdet mellom prisene.

10. Konsumentteorien kan bli fremstilt ved to ulike tilnærminger. Tilnærmingen med indifferenskurver baseres på en ordinal skala, dvs. at man rangerer ulike alternativer. Tilnærmingen med nyttefunksjoner tilordner konkrete tall til ulike godekombinasjoner. Jo høyere tallet er, jo høyere er nytten.

11. I tilfeller med valg under usikkerhet og i tilfeller der man skal sammenligne ulike personer kan nyttefunksjonenes kardinale egenskaper være viktige. Vanligvis gir nyttefunksjonen synkende grensenytte: Jo mer man i utgangspunktet konsumerer av et gode jo mindre nytteøkning får man ved å konsumere én enhet til av det samme godet.

12. En ideell levekostnadsindeks måler kostnaden ved å kjøpe, til gjeldende priser, en godekombinasjon som genererer samme nyttenivå som godekombinasjonen konsumert til basisårets priser. Laspeyres prisindeks representerer imidlertid kostnaden ved å kjøpe *godekombinasjon valgt i basisåret* målt i beregningsårets priser, i forhold til kostnadene ved å kjøpe den samme godekombinasjonen til basisårets priser. Denne prisindeksen overvurderer endringen i reelle levekostnader. I motsetning til dette er Paasches prisindeks konstruert ved å dele kostnadene ved å kjøpe en godekombinasjon valgt i inneværende år, til dagens priser, med det ville koste å kjøpe denne godekombinasjonen i basisåret. Denne indeksen undervurderer den reelle endring i levekostnader.

SPØRSMÅL

1. Hva er de fire grunnleggende antagelser om individuelle preferanser? Forklar betydningen av hver antagelse.

2. Kan et sett av indifferenskurver helle oppover? Hvis ja, hva ville dette fortelle deg om de to varene?

3. Forklar hvorfor to indifferenskurver ikke kan krysse hverandre.

4. Jon er alltid villig til å bytte en boks cola mot en boks Sprite, eller omvendt.

   a. Hva kan du si om Jons marginale substitusjonsrate?

   b. Tegn et sett av indifferenskurver for Jon.

   c. Tegn to budsjettlinjer med ulik helning og illustrer den nyttemaksimerende godekombinasjon. Hvilken konklusjon kan du trekke?

5. Hva skjer med den marginale substitusjonsrate når du beveger deg langs en konveks indifferenskurve? En lineær indifferenskurve?

6. Forklar hvorfor MRS mellom to goder må være lik forholdet mellom prisene på varene for at konsumenten skal oppnå maksimal nytte.

7. Beskriv indifferenskurvene forbundet med to varer som er perfekte substitutter. Hva hvis de er perfekt komplementære?

8. Hva er forskjellen mellom ordinal nytte og kardinal nytte? Forklar hvorfor forutsetning av kardinal nytte ikke er nødvendig for å rangere konsumentenes valg.

9. Ved sammenslåingen med Vest-Tyskland ga øst-tyske konsumenter uttrykk for preferanser for Mercedes-Benz fremfor Volkswagen. Men da de konverterte sine sparepenger til tyske mark (datidens valutaenhet i Tyskland), strømmet de til Volkswagenforhandlere. Hvordan kan du forklare dette tilsynelatende paradokset?

10. Tegn en budsjettlinje og deretter en indifferenskurve for å illustrere nyttemaksimerende kombinasjon av to goder. Bruk diagrammet til å svare på følgende spørsmål.
    a. Anta at et av produktene er rasjonert. Forklar hvorfor konsumenten trolig kommer dårligere ut i denne situasjonen.
    b. Anta at prisen på ett av produktene reguleres til et nivå under den opprinnelige prisen. Et resultat av dette er at konsumenten ikke er i stand til å kjøpe så mye som hun ønsker. Kan du si noe om hvorvidt hun kommer bedre eller dårligere ut av det?

11. Basert på sine preferanser, er Martin villig til å bytte fire kinobilletter mot en billett til en fotballkamp. Bør Martin foreta byttet hvis en kinobillett koster 70 kr og en billett til en fotballkamp koster 350 kr? Hvorfor eller hvorfor ikke?

12. Beskriv prinsippet om at grensenytten av siste krone brukt på hver vare skal være like. Forklar hvorfor dette prinsippet ikke nødvendigvis gjelder hvis grensenytten av én av varene eller begge varer er stigende.

13. Forklar hvorfor Paasches prisindeks generelt undervurderer endringer i reelle levekostnader.

ØVELSER

1. I dette kapitlet analyserte vi ikke endringer i konsumentenes preferanser. I noen situasjoner vil imidlertid preferansene kunne endre seg når man konsumerer ulike goder. Diskuter hvorfor og hvordan preferanser kan endre seg over tid ved konsum av følgende to produkter:
    a. sigaretter
    b. middag for første gang på en restaurant med spesiell mat.

2. Tegn indifferenskurver som representerer følgende personers preferanser for hamburgere og brus. Indiker personenes preferanseretning
    a. Jon har konvekse indifferenskurver og misliker både hamburgere og brus.
    b. Janne elsker hamburgere men misliker brus. Hvis hun blir servert brus, vil hun skylle det ned i vasken i stedet for drikke det.
    c. Bjarne elsker hamburgere og misliker brus. Hvis han blir servert brus, vil han drikke det for å være høflig.
    d. Mona elsker hamburgere og brus, men insisterer på å drikke nøyaktig én brus når hun spiser to hamburgere.
    e. Per liker hamburgere, men verken liker eller misliker brus.
    f. Maren får alltid dobbelt så mye nytte av en ekstra hamburger som det hun gjør fra en ekstra brus.

3. Hvis Janne er villig til å bytte 4 kinobilletter mot en billett til en fotballkamp, så liker hun fotballkamper bedre enn kinofilmer. Sant eller usant? Forklar.

4. Anta at Bodil og Eva bruker sine inntekter på to varer, mat (M) og klær (K). Bodils preferanser er gitt ved nyttefunksjonen $U(M,K) = 10MK$, mens Evas preferanser er representert ved nyttefunksjonen $U(M,K) = 0{,}20M^2K^2$.
    a. Vi måler mengden mat langs den horisontale aksen og klær langs den vertikale. Identifiser punktene som gir Bodil det samme nyttenivået som godekombinasjonen (10, 5). Gjør det samme for Eva i et eget diagram.
    b. Identifiser de godekombinasjonene som gir det samme nyttenivået som godemengdene (15, 8) i de samme diagrammene.
    c. Tror du at Bodil og Eva har like eller ulike preferanser? Forklar.

5. Erik og Anders har besluttet å bruke 20 000 kr hver på fotballkamper og konserter. Begge liker å gå på både fotballkamper og konserter og vil derfor velge å konsumere positive mengder av begge godene. De har imidlertid svært forskjellige preferanser for disse to former for underholdning. Erik har sterkere preferanser for fotballkamper enn det Anders har.
    a. Tegn et sett av indifferenskurver for Erik og et for Anders.
    b. Bruk begrepet marginal substitusjonsrate for å forklare hvorfor de to settene med kurver er forskjellige fra hverandre.

6. Anta at prisen på en DVD (D) er 200 kr og prisen på en CD (C) er 100 kroner. Petter har et budsjett på 1000 kr som han skal benytte på de to produktene. Anta at han allerede har kjøpt en DVD og en CD. I tillegg er det 3 DVD-er og 5 CD-er som han veldig gjerne vil kjøpe.

a. Tegn Petters budsjettlinje, gitt de ovennevnte priser og inntekt, med CD-er langs den horisontale aksen.

b. Hensyn tatt til hva han allerede har kjøpt og hva han fortsatt ønsker å kjøpe, identifiser de tre ulike kombinasjoner av CD-er og DVD-er som han kan velge. Vi antar her at han bare kan kjøpe hele enheter.

7. Anne har en jobb som krever at hun reiser tre av fire uker. Hun har et årlig reisebudsjett og kan reise enten med tog eller fly. Flyselskapet som hun vanligvis benytter, har et bonusprogram som reduserer billettprisene hennes i henhold til antall mil hun har fløyet i løpet av et gitt år. Når hun kommer opp i 5 000 mil, vil flyselskapet redusere billettprisen med 25 % for resten av året. Når hun kommer 10 000 mil, vil flyselskapet redusere prisen med 50 % for resten av året. Tegn Annes budsjettlinje, med antall mil med tog langs den vertikale aksen og antall mil med fly langs den horisontale aksen.

8. Dorthe kjøper vanligvis en brus når hun går på kino. Der har hun valget mellom tre størrelser: 0,4 liter som koster 15 kr, 0,6 liter som koster 20 kr og 0,8 liter som koster 22,5 kroner. Beskriv budsjettbetingelsen som Dorthe står overfor når hun bestemmer seg for hvilken størrelse hun skal velge. (Hun kan kostnadsfritt kvitte seg med brusrester.)

9. Anton kjøper fem nye lærebøker, som koster 520 kr pr. stykk, i løpet av sitt første år på skolen. Brukte bøker koster kun 325 kr pr. stykk. Når bokhandelen annonserer at prisen på nye bøker vil øke med 10 % og prisen på brukte bøker vil øke med 5 %, så tilbyr Antons far seg å bidra med 260 kr ekstra.

a. Hva skjer med Antons budsjettlinje? Illustrer endringen og la nye bøker være på den vertikale aksen.

b. Kommer Anton bedre eller dårligere ut av det etter prisendringen? Forklar.

10. Konsumentene i Georgia betaler dobbelt så mye for avokadoer som for fersken. I California koster imidlertid avokado og fersken det samme. Dersom konsumentene i begge stater maksimerer sin nytte, vil da den marginale substitusjonsrate mellom fersken og avokadoer være den samme for konsumentene i begge stater? Hvis ikke, hvor vil den være høyest?

11. Bjørn fordeler sitt lunsjbudsjett på to goder, pizza og burritos.

a. Illustrer Bjørns optimale godekombinasjon i et diagram med pizza langs den horisontale aksen.

b. Anta nå at det legges en avgift på pizza, noe som fører til at prisen øker med 20 %. Illustrer Bjørns nye optimale godesammensetning.

c. Anta i stedet at det innføres rasjonering av pizza og at antallet Bjørn får tilgang på er mindre enn det han ønsker. Illustrer Bjørns nye optimale godekombinasjon.

12. Ingrid ønsker å kjøpe seg en ny bil og har et budsjett på 300 000 kroner. Hun har nettopp funnet et blad som gir hver bil poeng for henholdsvis design og drivstofforbruk. Poengskalaen går fra 1 til 10 der 10 er det beste. Mens hun ser på listen oppdager Ingrid at i gjennomsnitt så øker prisen med 60 000 kr for hvert poeng som går på design og med 30 000 kr for hvert poeng som går på drivstofforbruk.

a. Illustrer ulike kombinasjoner av design (D) og drivstofforbruk (F) som Ingrid kan velge mellom, gitt hennes budsjett på 300 000 kroner. Plasser skalaen for drivstofforbruk langs den horisontale aksen.

b. Anta at Ingrids preferanser er slik at hun alltid får tre ganger så mye tilfredsstillelse av et ekstra poeng på design som på drivstofforbruk. Hva slags bil vil Ingrid velge?

c. Anta at Ingrids marginale substitusjonsrate er lik $D/(4F)$. Hvilken poengscore langs de to dimensjonene vil hun gjerne at bilen hennes skal ha?

d. Anta at Ingrids marginale substitusjonsrate er lik $(3D)/F$. Hvilken verdi av hver indeks ville hun gjerne ha på bilen sin?

13. Kaia har en inntekt på 20 000 kr pr. måned som hun fordeler på to goder:

a. Anta at kjøtt koster 100 kr pr. kg og at poteter koster 20 kr pr. kg. Illustrer budsjettbetingelsen i et diagram.

b. Anta videre at hennes nyttefunksjon er gitt ved ligningen $U(K,P) = 4K + P$. Hvilken kombinasjon av kjøtt og poteter skal hun kjøpe for å maksimere sin nytte? (Hint: Kjøtt og poteter er her perfekte substitutter.)

c. Butikken som Kaia pleier å handle i kjører så en kampanje. Hvis hun kjøper 20 kg poteter (til 20 kr pr. kg), får hun de neste 10 kiloene gratis. Dette tilbudet gjelder bare de første 20 kiloene hun kjøper. Alle poteter utover de første 20 kiloene (unntatt for bonus- potetene) koster fremdeles 20 kr pr. kg. Illustrer hennes nye budsjettbetingelse i et diagram.

d. Et utbrudd av potetråte øker prisen på poteter til 40 kr pr. kg og butikken avslutter kampanjen. Hvordan ser budsjettlinjen ut nå? Hvilke kombinasjoner av kjøtt og poteter vil nå maksimere hennes nytte?

14. Jenny har glede av ferieturer både innenlands (H) og utenlands (B) og hennes nyttefunksjon er gitt ved $U(H,B) = 10HB$. Der H og B er antall reisedøgn henholdsvis innenlands og utenlands. Prisen pr. reisedøgn innenlands og utenlands er henholdsvis 1000 kr og 2000 kr. Jennys årlige reisebudsjett er 40 000 kroner.

a. Illustrer indifferenskurven som er forbundet med en nytte på 1600 og en indifferenskurve forbundet med en nytte på 2000.

b. Tegn inn Jennys budsjettlinje i det samme diagrammet

c. Har Jenny råd til noen av godekombinasjonene som gir henne en nytte på 1600? Hva med en nytte på 1200?

d. Finn Jennys nyttemaksimerende valg av reisedager henholdsvis innenlands og utenlands.

16. Julian har nytte av både mat (M) og klær (K), og hans nyttefunksjon er gitt ved $U(M,K) = MK$. Prisen på mat er 20 kr pr. enhet og prisen på klær er 100 kr pr. enhet. Julian har en inntekt på 5000 kr i uken.

a. Hva er Julians marginale substitusjonsrate mellom mat og klær når han har maksimert nytten? Forklar.

b. Anta i stedet at Julian har valgt en konsumsammensetning med mer mat og mindre klær enn det som er optimalt. Vil den marginale substitusjonsraten være større eller mindre enn den du fant i oppgave a? Forklar.

17. Nytten som Marit får av å konsumere mat og klær, M og K, er gitt ved $U(M,K) = MK$. Anta at Marit i år 2000 hadde en inntekt på 120 000 kr og at prisene på matvarer og klær var 40 kr pr. enhet for begge varene. I 2010 har imidlertid prisene steget til 80 kr pr. enhet mat og 100 kr pr. enhet klær. La 100 representere verdien på levekostnadsindeksen i 1990. Beregn den ideelle levekostnadsindeksen og Laspeyres levekostnadsindeks for Marit i 2000. (Hint: Med hennes preferanser vil hun bruke like mye penger på mat og klær.)

APPENDIKS

Avslørte preferanser

I avsnitt 3.1 så vi hvordan et individs preferanser kunne bli presentert ved et sett av indifferenskurver. Deretter, i avsnitt 3.3, så vi hvordan preferanser sammen med budsjettbeskrankningene fastlegger valgene man gjør. Kan denne prosessen reverseres? Kan vi identifisere konsumentens preferanser hvis vi vet hvilke valg som er foretatt?

Vi kan det hvis vi har opplysninger om et tilstrekkelig antall valg som er foretatt når priser og inntektsnivå har variert. Grunnideen her er enkel. Hvis en konsument velger én godekombinasjon fremfor en annen og hvis den valgte godekombinasjonen er dyrere enn den andre, da må konsumenten foretrekke den valgte godekombinasjonen.

Anta at en person som står overfor budsjettbetingelsen gitt ved linjen l_1 i figur 3.17, velger godekombinasjon A. La oss sammenligne A med B og C. I og med at

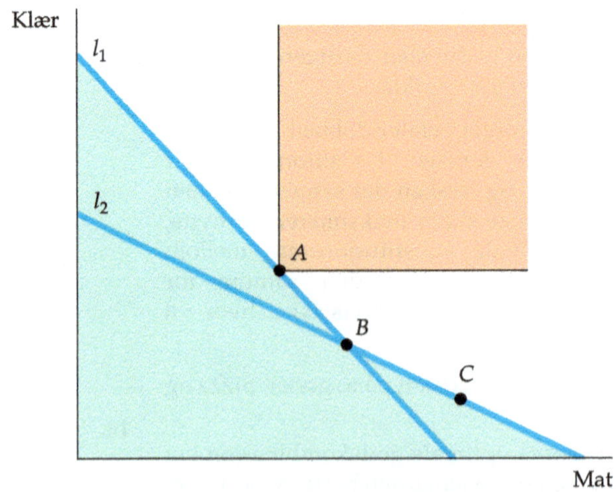

FIGUR 3.19 Avslørte preferanser: To budsjettlinjer

Hvis en person, stilt overfor budsjettlinjen l_1, velger A fremfor B, avsløres det at A er å fortrekke fremfor B. Tilsvarende, hvis en person som står overfor budsjettlinjen l_2 velger kombinasjonen B viser dette at B foretrekkes fremfor C. Mens A foretrekkes fremfor alle godekombinasjoner i det grønne området, vil alle godekombinasjoner i det rosa feltet foretrekkes fremfor A.

personen kunne kjøpt *B* (og alle kombinasjoner under linjen l_1) men ikke gjorde det, sier vi at *A* foretrekkes fremfor *B*.

Det kan ved første øyekast se ut som at vi ikke kan foreta en direkte sammenligning mellom *A* og *C* fordi *C* ikke ligger på l_1. Anta imidlertid at den relative prisen på mat og klær endres, slik at den nye budsjettlinjen er l_2 og at personen så velger godekombinasjon *B*. I og med at *C* ligger på budsjettlinjen l_2 og ikke ble valgt, fortrekkes *B* fremfor *C* (og alle kombinasjoner nedenfor linjen l_2). Siden *A* foretrekkes fremfor *B* og *B* foretrekkes fremfor *C*, konkluderer vi med at *A* foretrekkes fremfor *C*. Merk deg videre av figur 3.19 at *A* foretrekkes fremfor alle godekombinasjoner som vises i det grønne området. I og med at mat og klær er "goder" og ikke "onder" vil alle kombinasjoner i det rosa området i rektangelet ovenfor og til høyre for *A* foretrekkes fremfor *A*. Dermed må indifferenskurven som går gjennom *A* ligge i området som ikke er skravert.

Gitt mer informasjon om valg når priser og inntekt varierer kan vi få en mer presis angivelse av indifferenskurvens fasong. Se på figur 3.20. Anta at personen nå står overfor budsjettbetingelsen l_3 (som ble valgt til å gå gjennom *A*), og velger *D*. I og med at *D* ble valgt selv om *A* er like dyr (den ligger på samme budsjettlinje), blir *D* foretrukket fremfor *A*, noe som også gjelder alle punkter i rektangelet ovenfor og til høyre for *D*. Anta så at personen står overfor budsjettlinjen l_4 (som går gjennom *A*), og velger *E*. Siden *E* ble valgt og ikke *A*, foretrekkes *E* fremfor *A*, noe som også gjelder alle kombinasjoner over og til høyre for *E*.

Vi kan gå videre ved å benytte antagelsen om at indifferenskurvene er konvekse. I så fall, fordi *D* foretrekkes fremfor *A*, må kombinasjoner over og til høyre for linjen *AD* i figur 3.20 foretrekkes fremfor *A*. Hvis ikke ville indifferenskurven som går gjennom *A* måtte passere gjennom et punkt over og til høyre for *AD* og så falle under linjen i punkt *D*. Indifferenskurven ville da ikke være konveks. Tilsvarende vil alle punkter på eller over *AE* være bedre enn *A*. Derfor må indifferenskurven ligge innenfor området som ikke er skravert.

Denne tilnærmingen er verdifull som en metode for å sjekke om individuelle valg er i samsvar med konsumentteoriens forutsetninger. Som vi skal se på i eksempel 3.5, kan en analyse av avslørte preferanser hjelpe oss å forstå konsekvensene av valgene som forbrukere må gjøre under spesielle omstendigheter.

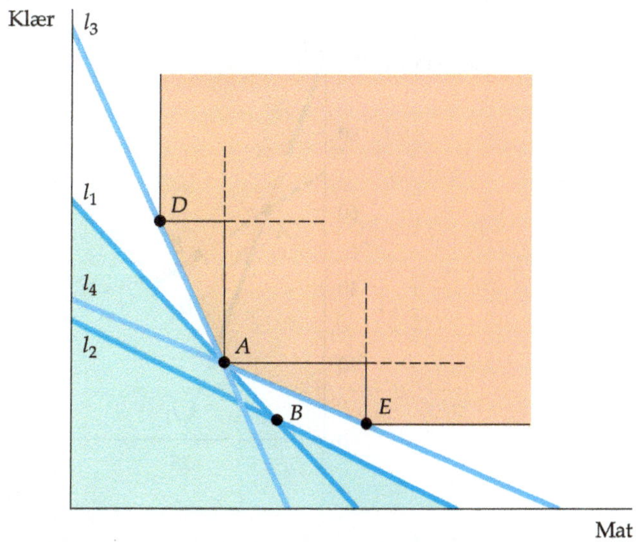

FIGUR 3.20 Avslørte preferanser: 4 budsjettlinjer

Stilt overfor budsjettlinjen l_3 velger konsumenten *D*, som da viser seg å være bedre enn *A* (fordi *A* kunne vært valgt). Tilsvarende, stilt overfor linjen l_4, velges *E*, som da også viser seg å være bedre enn *A*. Mens *A* er å foretrekke fremfor alle godekombinasjoner i det grønne området, vil alle kombinasjoner i det rosa feltet foretrekkes fremfor *A*.

Eksempel 3.6

Avslørte preferanser for rekreasjon

Et treningssenter har operert med en timepris for å benytte anlegget. Nå bestemmer klubben seg for å endre sin prispolitikk ved å kreve en årlig medlemsavgift og en lavere timesats. Fører denne endringen til at brukerne kommer bedre eller dårligere ut av det i forhold til den gamle ordningen? Svaret på dette avhenger av folks preferanser.

Anta at Lena har 1000 kr pr. uke som hun kan benytte til fritidsaktiviteter, herunder trening, kinobesøk, restaurantmåltider osv. Når helsestudioet tok 30 kroner pr. treningstime, trente Lena 10 timer i uken. Treningssenteret legger imidlertid om prisingen slik at man må betale en fast avgift på 200 kr pr. uke og i tillegg 10 kr for hver treningstime.

Er denne endringen fordelaktig for Lena? En analyse av avslørte preferanser gir svaret. I figur 3.21 angir linjen l_1 budsjettbetingelsen som Lena opprinnelig sto overfor. I dette tilfellet maksimerte hun nytten ved å velge godekombinasjon *A*, med 10 timer med trening og 700 kr til andre fritidsaktiviteter. Under den nye ordningen, som skifter budsjettbetingelsen til l_2, kan hun fremdeles tilpasse seg i *A*. Men fordi U_1 åpenbart ikke tangerer l_2, vil Lena komme bedre ut av det ved å velge en annen godekombinasjon, som for eksempel *B*, med 25 timer trening og 550 kr til andre fritidsaktiviteter. I og med at hun ville velge *B* når hun kan fortsatt kunne valgt *A*, foretrekker hun *B* fremfor *A*. Det nye prissystemet fører derfor til at Lena får økt nytte. (Merk at *B* også foretrekkes fremfor *C*, som representerer muligheten til ikke å bruke treningssenter i det hele tatt.)

Vi kunne også spørre om dette nye prissystemet – også kalt en todelt tariff – vil øke treningssenterets inntekter. Hvis alle medlemmene er som Lena, som etter omleggingen bruker mer penger på trening, så er svaret ja. Generelt avhenger imidlertid svaret av to forhold; preferansene til alle medlemmene og kostnadene ved å drifte anlegget. Vi kommer mer detaljert tilbake til todelte tariffer i kapittel 10, hvor vi studerer hvordan bedrifter med markedsmakt setter prisene.

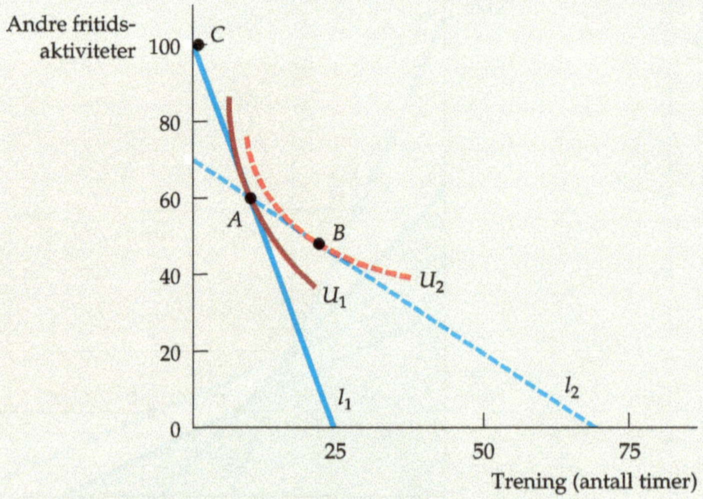

FIGUR 3.21 Avslørte preferanser for fritidsaktiviteter

Stilt overfor budsjettlinjen l_1, velger en person i punkt *A* å benytte et helsestudio i 10 timer pr. uke. Når prisingen endres, står hun overfor en ny budsjettlinje, l_2. Hun kommer dermed bedre ut av det fordi kombinasjonen *A* fortsatt kan kjøpes, noe også *B*, som ligger på en indifferenskurve lenger ut i diagrammet, kan.

Individets og markedets etterspørsel

4

KAPITTELOVERSIKT

4.1 Individets etterspørsel 78

4.2 Inntekts- og substitusjonseffekter 83

4.3 Markedets etterspørsel 86

4.4 Konsumentoverskudd 89

4.5 Nettverkseksternaliteter 91

APPENDIKS: Etterspørselsteori – en matematisk tilnærming 98

Kapittel 3 la grunnlaget for teorien om konsumentenes etterspørsel. Vi diskuterte konsumentenes preferanser og så hvordan konsumentene valgte den godekombinasjon som maksimerte nytten, hensyn tatt til budsjettbetingelsen. Herfra er det kort vei til å analysere etterspørselsiden og vise hvordan etterspørselen etter et gode avhenger av prisen på dette godet, prisene på andre goder, og inntekt.

Vår analyse av etterspørselen splittes opp i fem steg:

1. Vi begynner med å utlede etterspørselskurven for den enkelte konsument. I og med at vi vet hvordan endringer i pris og inntekt påvirker en persons budsjettlinje, kan vi finne ut hvordan disse endringene påvirker konsumentens valg. Vi vil benytte denne informasjonen til å se hvordan etterspurt kvantum responderer på prisendringer når vi beveger oss langs en persons etterspørselskurve. Vi skal også se hvordan etterspørselskurven skifter som følge av endringer i personens inntekt.
2. Med dette som utgangspunkt skal vi gå mer detaljert inn på effektene av en prisendring. Når prisen på et gode øker, vil etterspørselens endres på grunn av to effekter. For det første vil konsumentene etterspørre mindre av godet fordi det har blitt relativt dyrere i forhold til andre goder. For det andre vil prisøkning føre til at konsumentene får redusert kjøpekraft. Denne reduksjonen fungerer på samme måte som en nedgang i inntekten og vil vanligvis føre til lavere etterspørsel. Ved å analysere disse to effektene får vi en bedre forståelse av karakteristiske trekk ved etterspørselen.
3. Etter dette skal vi se hvordan individuelle etterspørselskurver kan summeres opp til markedets etterspørselskurve. Vi vil også studere kjennetegn ved markedsetterspørselen og se hvorfor etterspørselen etter visse type varer er svært forskjellig fra etterspørselen etter andre.
4. Vi går videre og viser hvordan markedets etterspørselskurver kan benyttes for å måle gevinstene folk oppnår når de konsumerer goder – hensyn tatt til den prisen de betaler. Denne informasjonen vil være spesielt viktig senere, når vi skal se nærmere på effektene av offentlige inngrep i et marked.
5. Deretter ser vi på effektene av såkalte *nettverkseksternaliteter*, dvs. hva som skjer når en persons etterspørsel etter et gode også avhenger av hvor mye *andre* etterspør av det samme godet. Disse effektene spiller en sentral rolle i etterspørselen etter teknologiske produkter, som for eksempel maskinvare og programvare og telekommunikasjonssystemer.

4.1 INDIVIDETS ETTERSPØRSEL

I avsnitt 3.3 forklarte vi at konsumenten velger en godekombinasjon som ligger der indifferenskurven tangerer budsjettlinjen.

I denne delen viser vi hvordan en persons etterspørselskurve utledes fra de konsumvalgene personen gjør når hun står overfor en budsjettbetingelse. For å illustrere dette grafisk begrenser vi oss til to goder, mat og klær, og vi forutsetter nyttemaksimering som beskrevet i avsinitt 3.3 (side 61).

Prisendringer

Vi starter med å undersøke hvordan konsumet av mat og klær endres når prisen på mat endres. Figur 4.1 viser den konsumsammensetningen en konsument velger når en gitt inntekt fordeles på de to varene.

I utgangspunktet er prisen på mat 1 kr, prisen på klær er 2 kr og konsumentens inntekt er 20 kroner. Nyttemaksimerende godesammensetning er i punkt *B* i figur 4.1(a). Her kjøper konsumenten 12 enheter mat og 4 enheter klær, og oppnår dermed et nyttenivå U_2.

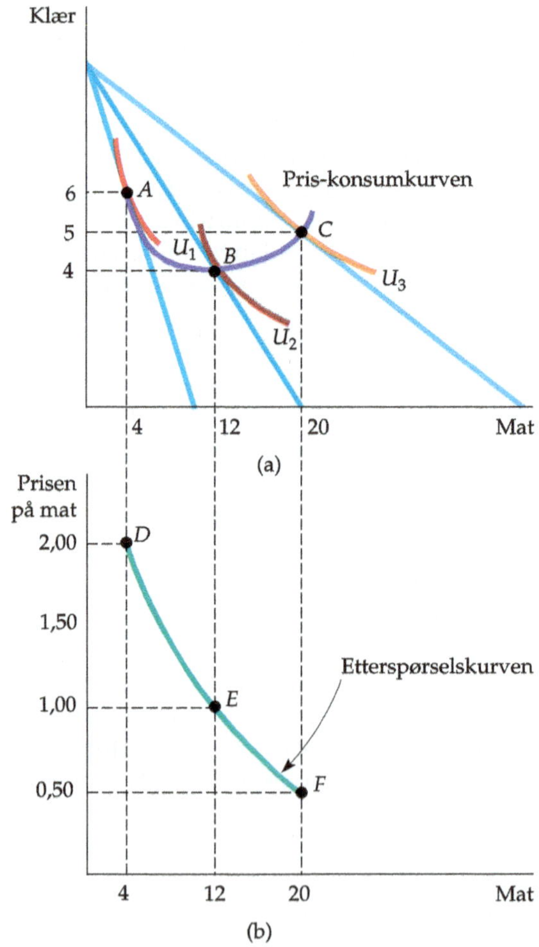

FIGUR 4.1 Effekten av prisendringer

En reduksjon i prisen på mat, gitt at inntekten og prisen på klær holdes fast, fører til at konsumenten velger en annen godekombinasjon. I figur **(a)** vil godekombinasjonene som maksimerer nytten for ulike priser på mat (punkt *A*, 2 kr; *B*, 1 kr; *C*, 0,50 kr) generere pris-konsum-kurven. Figur **(b)** viser etterspørselskurven, som relaterer prisen på mat til etterspørselen etter mat. (Punktene *D*, *E* og *F* svarer til punktene *A*, *B* og *C*.)

Ta så en kikk på figur 4.1(b) som viser sammenhengen mellom prisen på mat og etterspørselen. Den horisontale aksen måler mengden av mat, som i figur 4.1(a), men den vertikale aksen måler nå prisen på mat. Punkt E i figur 4.1(b) svarer til punkt B i figur 4.1(a). I E kjøper konsumenten 12 enheter mat.

Anta så at prisen på mat øker til 2 kr. Som vi så i kapittel 3, vil budsjettlinjen i figur 4.1(a) rotere innover om det vertikale skjæringspunktet og bli dobbelt så bratt som før. Konsumenten maksimerer nå nytten i A, som ligger på en lavere indifferenskurve, U_1. (I og med at prisen på matvarer har steget har konsumentens kjøpekraft, og dermed oppnåelig nyttenivå, falt.) I A konsumeres 4 enheter mat og 6 enheter klær. I figur 4.1(b) gir dette opphav til punkt D som viser at etterspørselen etter mat er 4 enheter når prisen er 2 kr pr. enhet.

I avsnitt 3.2 forklarte vi hvordan budsjettlinjen skifter som følge av en prisendring.

Hva vil så skje hvis prisen på mat *synker* til 0,5 kr? I og med at budsjettlinjen nå roterer utover kan konsumenten nå oppnå et høyere nyttenivå, gitt ved indifferenskurve U_3 i figur 4.1(a), ved å velge godekombinasjonen C, med 20 enheter mat og 5 enheter klær. Punkt F i figur 4.1(b) viser at når prisen er 0,5 kr er etterspørselen 20 enheter mat.

Den individuelle etterspørselskurven

pris-konsumkurven
Viser nyttemaksimerende kombinasjoner av to goder for ulike priser på ett av godene

Slik kan vi fortsette å inkludere alle mulige endringer i prisen på mat. I figur 4.1(a) viser **pris-konsumkurven** de nyttemaksimerende kombinasjoner av mat og klær knyttet til alle mulige priser på mat. Merk deg at etter hvert som prisen på mat synker, øker den oppnåelige nytten og konsumenten kjøper mer mat. Dette mønsteret, at etterspørselen øker når prisen synker, holder nesten alltid. Men hva skjer med etterspørselen etter klær når prisen på mat synker? Som figur 4.1(a) viser, kan konsumet av klær enten øke eller synke. Konsumet av både mat *og* klær kan øke i og med at prisnedgangen på matvarer gir konsumenten mulighet for å kjøpe mer av begge goder.

den individuelle etterspørselskurven
En kurve som viser hvor mye et individ etterspør av et gode for ulike nivåer på prisen på det samme godet

En **individuell etterspørselskurve** viser hvor mye en person vil etterspørre av et gode for ulike nivåer på prisen på det samme godet. I figur 4.1(b) viser den individuelle etterspørselskurven hvor mye mat konsumenten etterspør for ulike prisnivåer på mat. Denne etterspørselskurven har to viktige egenskaper:

1. **Nyttenivået som kan oppnås, endres når vi beveger oss langs kurven.** Jo lavere produktprisen er, jo høyere blir nyttenivået. Av figur 4.1(a) ser vi at man kommer opp på en indifferenskurve som ligger lenger ut i diagrammet når prisen synker. Igjen, dette reflekterer ganske enkelt det faktum at konsumentens kjøpekraft øker når prisene faller.
2. **I ethvert punkt på etterspørselskurven maksimerer konsumenten sin nytte ved å tilfredsstille betingelsen om at den marginale substitusjonsrate (MRS) mellom mat og klær skal være lik prisforholdet mellom mat og klær.** Når prisen på mat synker, vil prisforholdet og MRS også synke. I figur 4.1(b), faller prisforholdet fra 1 (2 kr/2kr) i D til 1/2 (1 kr/2 kr) i E, til 1/4 (0,50 kr/2 kr) i F. I og med at konsumenten maksimerer sin nytte, vil den marginale substitusjonsraten synke når vi beveger oss nedover langs etterspørselskurven. Dette fenomenet virker intuitivt fornuftig fordi det forteller oss at den relative verdien av mat synker etter hvert som konsumenten kjøper mer av det.

I avsnitt 3.1 definerte vi den marginale substitusjonsrate som et mål på den maksimale mengden av ett gode som konsumenten er villig til å gi opp for å få én enhet til av et annet gode.

Det at MRS varierer langs den individuelle etterspørselskurven, forteller oss noe om hvordan forbrukerne verdsetter konsum av en vare eller tjeneste. Anta at vi skulle spørre en person hvor mye hun ville være villig til å betale for en ekstra enhet mat når hun er i utgangspunktet konsumerer 4 enheter. Punkt D på etterspørselskurven i figur 4.1(b) gir svaret: 2 kroner. Hvorfor? Som vi påpekte ovenfor, i og med at den marginale substitusjonsrate mellom mat og klær er 1 i punkt *D*, vil en ekstra enhet mat være like mye verdt som en ekstra enhet klær. Men en enhet klær koster 2 kr, som derfor er verdien (eller marginal gevinst) av å konsumere en ekstra enhet mat. Når vi beveger oss nedover etterspørselskurven i figur 4.1(b) vil derfor MRS synke. Tilsvarende vil den verdien som konsumenten tillegger en ekstra enhet mat synke fra 2 kr, til 1 kr og til 0,50 kroner.

Inntektsendringer

Vi har nå sett hva som skjer med etterspørselen etter mat og klær når prisen på mat endres. La oss nå se hva som skjer når inntekten endres.

Effektene av en inntektsendring kan analyseres på samme måte som en prisendring. Figur 4.2(a) viser den godekombinasjon konsumenten velger, gitt en viss inntekt, når prisen på mat er 1 kr og prisen på klær er 2 kroner. Inntektsendringer vises

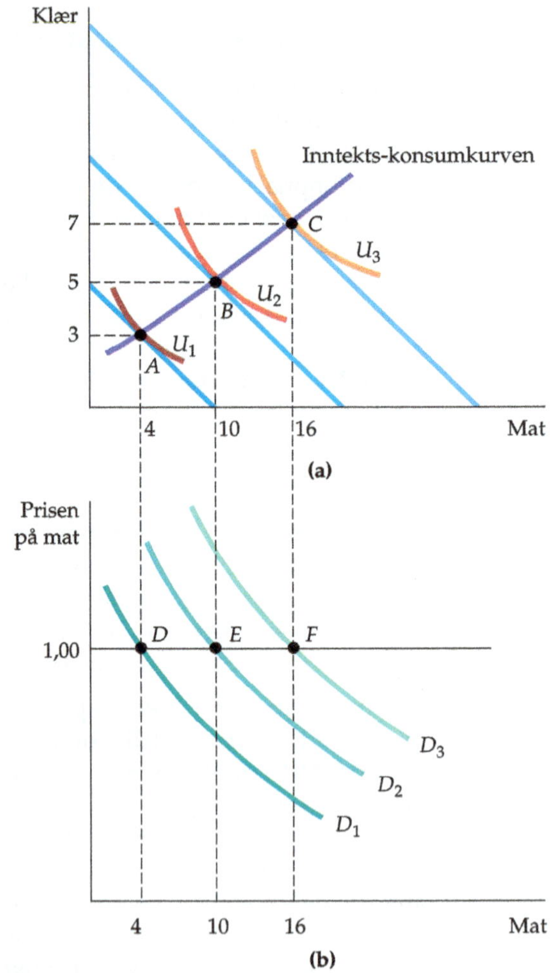

FIGUR 4.2 Effekten av at inntekten endres

En økning i inntekten, gitt at godeprisene ikke endres, fører til at konsumenten endrer sin konsumsammensetning. I figur **(a)** vil godekombinasjonene som maksimerer nytten for ulike inntekstnivåer (punkt *A*, 10 kr; *B*, 20 kr; *C*, 30 kr) generere inntekts-konsumkurven. Skiftene til høyre i etterspørselskurven som følger av inntekstøkningen er vist i figur **(b)**. (Punktene *D*, *E* og *F* svarer til punktene *A*, *B* og C.)

som skift i budsjettlinjen i figur 4.2(a). I utgangspunktet er inntekten 10 kroner. Nyttemaksimerende konsumsammensetning er da i punkt *A*, hvor hun kjøper 4 enheter mat og 3 enheter klær.

Dette valget av 4 enheter mat er også vist i figur 4.2(b) som punkt *D* på etterspørselskurven D_1. Etterspørselskurven D_1 er kurven som ville fremkomme hvis vi holdt inntekt konstant på 10 kr, *men varierte prisen på mat*. I og med at vi holder prisen på mat konstant, vil vi bare observere ett punkt, *D*, på denne etterspørselskurven.

Hva skjer dersom inntekten hennes øker til 20 kr? Budsjettlinjen skifter da parallelt utover, noe som gir mulighet for å oppnå nyttenivået U_2. Hennes optimale valg er nå B, hvor hun kjøper 10 enheter mat og 5 enheter klær. I figur 4.2(b) er konsumet av mat vist i punkt *E* på etterspørselskurven D_2. D_2 er etterspørselskurven som ville fremkomme hvis vi holdt inntekten fast på 20 kr, men varierte prisen på mat. Til slutt, merk deg at dersom inntekten hennes øker til 30 kr, velger hun C, med 16 enheter mat (og 7 enheter klær), representert ved punkt *F* i figur 4.2(b).

inntekts-konsumkurven
Viser de nyttemaksimerende kombinasjoner av to goder for ulike nivåer på inntekten

Ved å variere inntekten på denne måten får vi frem **inntekts-konsumkurven** som vist i figur 4.2(a). Denne kurven viser de nyttemaksimerende kombinasjoner av mat og klær for ulike nivåer på inntekten. Inntekts-konsumkurven i figur 4.2 heller oppover i og med at forbruket av både mat og klær øker når inntekten øker. Tidligere så vi at en endring i prisen på et gode *tilsvarer en bevegelse langs etterspørselskurven*. Her er situasjonen annerledes. I og med at hver etterspørselskurve er utledet for et bestemt inntektsnivå, må enhver endring i inntekt føre til et *skift* i etterspørselskurven. Dermed vil *A* på inntekts-konsumkurven i figur 4.2(a) tilsvare *D* på etterspørselskurven D_1 i figur 4.2(b), *B* tilsvarer *E* på en annen etterspørselskurve D_2. En stigende inntekts-konsumkurve innebærer at en økning i inntekt fører til et skift til høyre i etterspørselskurven – i dette tilfellet fra D_1 til D_2 til D_3.

Normale kontra mindreverdige goder

I avsnitt 2.4 forklarer vi at etterspørselens inntektselastisitet er den prosentvise endringen i etterspørsel som følger av en inntektsøkning på 1 %.

Når inntekts-konsumkurven har en positiv helning, vil etterspørselen stige når inntekten øker. Følgelig er etterspørselens inntektselastisitet positiv. Jo større skiftet til høyre er, jo større er inntektselastisiteten. *Når inntektselastisiteten er positiv, så sier vi at godet er et normalt gode*: Økt inntekt gir økt etterspørsel.

I noen tilfeller vil imidlertid etterspørselen synke når inntekten øker. *Inntektselastisiteten vil da være negativ. I så fall betegner vi godet som et mindreverdig gode.* For noen vil for eksempel hamburgere være et mindreverdig gode. Hvis inntekten deres øker kutter de ned på hamburgere og kjøper mer biff.

Figur 4.3 viser inntekts-konsumkurven for et mindreverdig gode. For relativt lave nivåer på inntekten er både hamburger og biff normale goder. Når inntekten øker vil imidlertid inntekts-konsumkurven bøye bakover (fra punkt *B* til C). Dette skjer fordi hamburger har blitt et mindreverdig gode – etterspørselen synker når inntekten øker.

Engelkurver

Engelkurven
Viser sammenhengen mellom etterspørselen etter et gode og konsumentens inntekt

Inntekts-konsumkurver kan benyttes til å konstruere **Engelkurver** som viser sammenhengen mellom konsumentens inntekt og konsumet av et gode. Figur 4.4 viser hvordan slike kurver er konstruert for to forskjellige varer. Figur 4.4(a), som viser en stigende Engelkurve, er avledet direkte fra figur 4.2(a). I begge figurer øker konsumet av mat fra 4 til 10 til 16 enheter når inntekten øker fra 1000 kr til 2000 kr og så til 3000 kroner. Husk at i figur 4.2(a) målte vi antall enheter klær konsumert pr. måned langs den vertikale aksen og antall enheter mat langs den horisontale. Endringer i inntekt ble da reflektert som skift i budsjettlinjen. I figur 4.4(a) og (b) har vi plottet dataene på nytt, men nå med inntekt langs den vertikale aksen og henholdsvis mat og hamburgere på den horisontale.

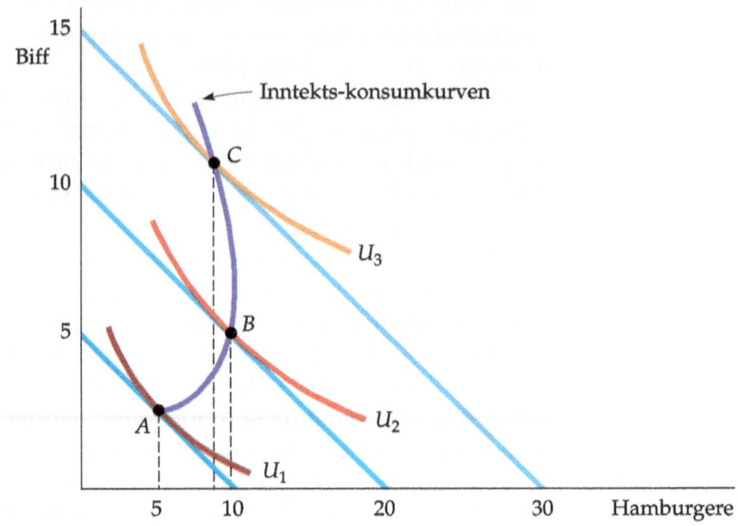

FIGUR 4.3 Et mindreverdig gode

En økning i en persons inntekt kan føre til man konsumerer mindre av det ene godet. Her vil hamburgere, som er et normalt gode mellom *A* og *B*, bli et mindreverdig gode når inntekts-konsumkurven bøyer bakover mellom *B* og *C*.

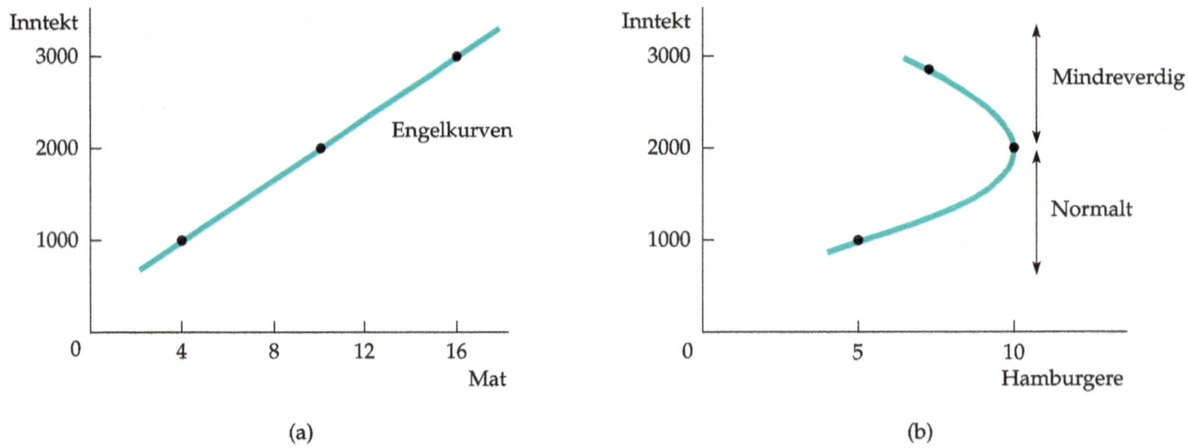

FIGUR 4.4 Engelkurver

Engelkurver viser sammenhengen mellom etterspørsel og inntekt. I figur (a) er mat et normalt gode og Engelkurven er stigende. I figur (b) derimot er hamburgere et normalt gode for inntekter lavere enn 2000 kr pr. måned og et mindreverdig gode for inntekter større enn 2000 kr pr. måned.

Den stigende Engelkurven i figur 4.4(a) – som den stigende inntekts-konsumkurven i figur 4.2(a) – gjelder for alle normale goder. Legg merke til at en Engelkurve for klær ville hatt en lignende form (konsumet av klær øker fra 3 til 5 til 7 enheter når inntekten øker).

Figur 4.4(b), som er avledet fra figur 4.3, viser Engelkurven for hamburgere. Vi ser at konsumet av hamburgere øker fra 5 til 10 stykker når inntekten øker fra 1000 kr. til 2000 kroner. Når inntekten øker ytterligere fra 2000 kr til 3000 kr, synker konsumet til 8 stykker. Den delen av Engelkurven som heller nedover viser inntektsintervallet der hamburgere er et mindreverdig gode.

Engelkurvene vi har sett på så langt har dreid seg om individuelle konsumenter. Vi kan imidlertid også utlede Engelkurver for grupper av konsumenter. Denne informasjonen er spesielt nyttig hvis vi ønsker å se hvordan forbruket varierer mellom ulike inntektsgrupper.

Substitutter og komplementære goder

Etterspørselskurvene som vi viste i kapittel 2 viste sammenhengen mellom pris og etterspørsel for en vare, gitt at preferanser, inntekter, og prisene på alle andre varer holdes konstant. For mange varer vil etterspørselen være knyttet til konsum av, og dermed prisene på, andre varer. Ski og staver, pølse og lompe, datamaskiner og programvare er eksempler på varer som benyttes sammen. Andre varer, som for eksempel cola og pepsi, kinobilletter og videoleie, har en tendens til å kunne erstatte hverandre.

I avsnitt 2.1 definerte vi goder som *substitutter* når en økning i prisen på det ene godet førte til en økning i etterspørselen etter det andre. Hvis prisen på en kinobillett øker, vil vi forvente at folk leier flere videoer. Tilsvarende er to goder *komplementære* dersom en økning i prisen på det ene godet fører til en reduksjon i etterspørselen etter det andre. Dersom prisen på bensin går opp, vil vi forvente at forbruket av motorolje går ned. To varer er *uavhengige* dersom en endring i prisen på det ene godet ikke har noen effekt på etterspørselen etter det andre.

For å se om to varer er substitutter eller komplementære, kan vi se på pris-konsumkurven. Se på figur 4.1 igjen. Legg merke til at på den synkende delen av pris-konsumkurven vil mat og klær være substitutter: Lavere pris på mat fører til redusert konsum av klær. Tilsvarende er mat og klær komplementære på den stigende delen av kurven: Lavere pris på mat fører til høyere konsum av klær.

Det faktum at varer kan være både substitutter eller komplementære goder, antyder at når man studerer effektene av prisendringer i ett marked, kan det også være viktig å se på konsekvensene i relaterte markeder. (Sammenhengen mellom markeder er nærmere omtalt i kapittel 14.) Å avgjøre om to goder er komplementære, substitutter, eller uavhengige goder er til syvende og sist et empirisk spørsmål. Vi må identifisere i hvilken retning etterspørselskurven for et gode skifter når prisen på et annet gode endres. Dette er vanskeligere enn det høres ut til fordi mange andre ting kan skje samtidig som at prisen endres. I appendikset bakerst i kapitlet ser vi på metoder for å skille mellom de ulike mulige forklaringer på en endring i etterspørselen etter det andre godet. Men først vil det være nyttig å foreta en grunnleggende teoretisk gjennomgang av hvordan en endring i prisen på et gode kan påvirke etterspørselen.

4.2 INNTEKTS- OG SUBSTITUSJONSEFFEKTER

En nedgang i prisen på et gode har to effekter:

1. **Konsumentene har en tendens til å kjøpe mer av det godet som har blitt billigere og mindre av det som har blitt relativt dyrere.** Dette betegnes som *substitusjonseffekten*.
2. **I og med at én av varene har blitt billigere, har konsumentene nå fått økt kjøpekraft**. De kommer bedre ut av det fordi de kan kjøpe den samme mengden av godet som før for mindre penger, og dermed ha penger til overs for andre kjøp. Endringen i etterspørselen som følge av denne endringen i reell kjøpekraft kalles *inntektseffekten*.

Normalt vil disse to effektene opptre samtidig, men for analytiske formål vil det være nyttig å skille mellom dem. I figur 4.5 har vi illustrert effektene. I utgangspunktet er budsjettlinjen gitt ved *RS*. Konsumenten maksimerer sin nytte ved å velge godekombinasjon *A* og får da et nyttenivå U_1.

La oss nå se hva som skjer hvis prisen på mat synker, slik at budsjettlinjen roterer utover til linjen *RT*. Konsumenten velger nå godekombinasjon *B* på indifferenskurven U_2. I og med at *B* ble valgt selv om *A* også var oppnåelig, vet vi (fra vår diskusjon av avslørte preferanser i kapittel 3) at *B* foretrekkes fremfor *A*. Reduksjonen i prisen på mat gir følgelig konsumenten høyere nytte i og med at kjøpekraften har økt. Den samlede endringen i konsumet av mat som stammer fra prisnedgangen er gitt ved linjestykket M_1M_2. I utgangspunktet kjøpte konsumenten OM_1 enheter mat, men etter prisendringen har matkonsumet økt til OM_2. Linjestykket M_1M_2 representerer derfor økningen i kjøp av mat.

Substitusjonseffekten

substitusjonseffekten Endring i konsum av et gode knyttet til en endring i pris, gitt at nyttenivået holdes konstant

Prisnedgangen gir opphav til både en substitusjonseffekt og en inntektseffekt. **Substitusjonseffekten** *er endringen i konsumet av mat som følger av at mat har blitt relativt billigere, gitt at vi holder nyttenivået konstant* – altså at vi er på den opprinnelige indifferenskurven. Denne vridningen i konsum, som følger av at mat har blitt relativt billigere i forhold til klær, er uttrykt ved en bevegelse langs indifferenskurven. I figur 4.5 får vi frem substitusjonseffekten ved å tegne en tenkt budsjettlinje – en hjelpelinje – som er parallell med den nye budsjettlinjen RT (som reflekterer en lavere relativ pris på mat), men som tangerer den opprinnelige indifferenskurven U_1 (vi holder nyttenivået konstant). Gitt denne budsjettlinjen velger konsumenten godekombinasjon C og konsumerer OE enheter mat. Linjestykket M_1E representerer dermed substitusjonseffekten.

Figur 4.5 viser at når prisen på mat synker vil substitusjonseffekten alltid føre til en økning i konsumet av mat. Forklaringen på dette ligger i den fjerde forutsetningen om konsumentenes preferanser som vi så på i avsnitt 3.1, at indifferenskurver er konvekse. Med konvekse indifferenskurver vil dermed godekombinasjonen som maksimerer nytten på den nye, tenkte budsjettlinjen som er parallell med RT ligge under og til høyre for det opprinnelige tangeringspunktet A.

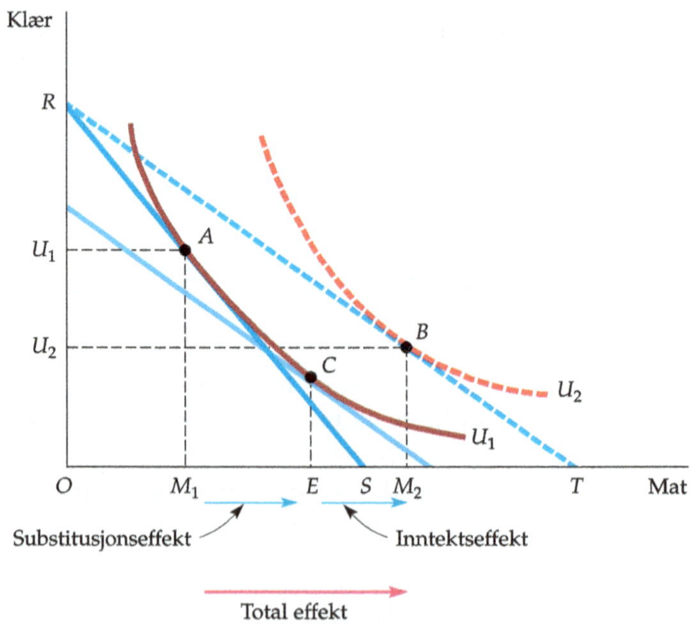

FIGUR 4.5 Inntekts- og substitusjonseffekten: Normalt gode

En reduksjon i prisen på mat vil både ha en inntektseffekt og en substitusjonseffekt. Konsumenten er i utgangspunktet i A, på budsjettlinjen RS. Når prisen på mat faller, øker konsumet med M_1M_2 da konsumenten beveger seg til B. Substitusjonseffekten M_1E (forbundet med overgangen fra A til C) stammer fra endringen i de relative prisene på mat og klær, gitt at nyttenivået holdes konstant. Inntektseffekten EM_2 (forbundet med overgangen fra C til B) holder relative priser konstant, men øker kjøpekraften. Mat er her et normalt gode fordi inntektseffekten EM_2 er positiv.

Inntektseffekten

inntektseffekt
Endring i konsumet av et gode som følge av en økning i kjøpekraft, gitt konstante relative priser

La oss så se på **inntektseffekten**; *endring i konsumet av mat som stammer fra økt kjøpekraft, gitt at relative priser holdes konstant*. I figur 4.5 får vi frem inntektseffekten ved å bevege oss fra den tenkte budsjettlinjen som går gjennom punktet *C* til den parallelle budsjettlinjen, *RT*, som går gjennom *B*. Konsumenten velger godekombinasjon *B* på indifferenskurven U_2 (i og med at lavere matpris har økt nyttenivået hennes). Økningen i matkonsumet fra *OE* til OM_2 oppsummerer inntektseffekten. Dette reflekterer at mat er et normalt gode (konsumentene kjøper mer av det når inntektene øker). Effekten gir en bevegelse fra en indifferenskurve til en annen og uttrykker dermed endringen i konsumentenes kjøpekraft.

Vi har sett i figur 4.5 at den totale effekten av en prisendring teoretisk sett er gitt ved summen av substitusjonseffekten og inntektseffekten:

$$\text{Totaleffekt } (M_1M_2) = \text{Substitusjonseffekten } (M_1E) + \text{Inntektseffekt } (EM_2)$$

Husk at retningen på substitusjonseffekten alltid er den samme: En nedgang i prisen på et gode fører til at konsumet av godet øker. Inntektseffekten kan imidlertid gå i begge retninger, avhengig av om godet er normalt eller mindreverdig.

Et gode er *mindreverdig* når inntektseffekten er negativ: Når inntekten øker, synker konsumet. Figur 4.6 viser inntekts- og substitusjonseffekten for et mindreverdig gode. Den negative inntektseffekten er gitt ved linjestykket EM_2. Selv om godet er mindreverdig er det sjelden at inntektseffekten virker sterkere enn substitusjonseffekten. Følgelig, når prisen på et mindreverdig gode synker vil nesten alltid konsumet av det øke.

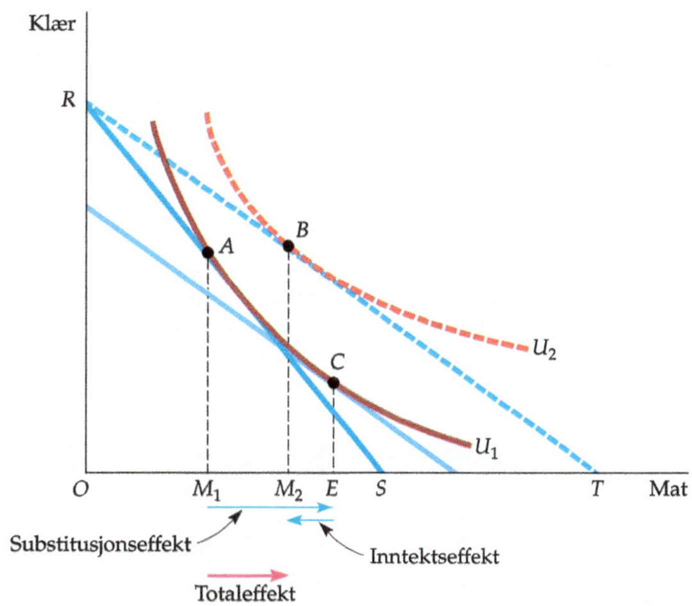

FIGUR 4.6 Inntekts- og substitusjoneffekter: Mindreverdig gode

Konsumenten er i utgangspunktet i *A* på budsjettlinjen *RS*. Med en nedgang i prisen på mat, flytter konsumenten tilpasningen til *B*. Endringen i etterspørsel etter mat kan splittes i en substitusjonseffekt, M_1E (forbundet med overgangen fra *A* til *C*), og en inntektseffekt, EM_2 (forbundet med overgangen fra *C* til *B*). I dette tilfellet er mat et mindreverdig gode fordi inntektseffekten er negativ. Men fordi substitusjonseffekten er sterkere enn inntektseffekten vil nedgangen i prisen på mat føre til en økning i etterspørselen etter mat.

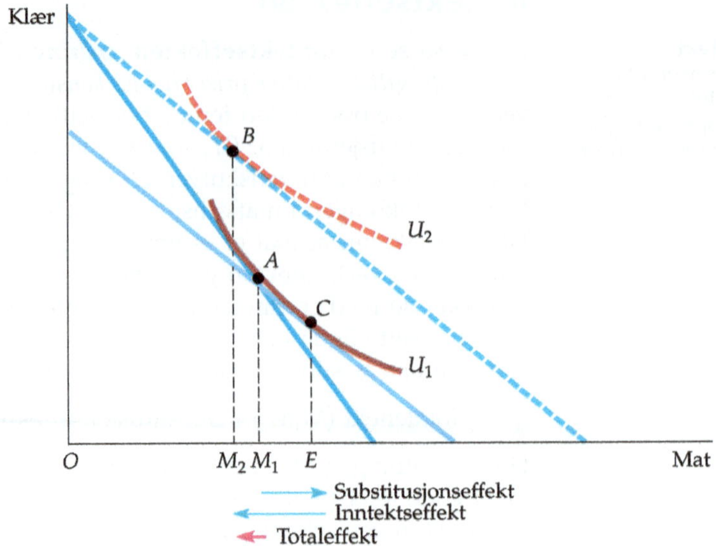

FIGUR 4.7 Stigende etterspørselskurve: Giffen-tilfellet

Når mat er et mindreverdig gode og inntektseffekten er stor nok til å dominere substitusjonseffekten, vil etterspørselskurven bli stigende. Forbrukeren er i utgangspunktet på punkt *A*, men etter at prisen på mat faller, flyttes tilpasningen til *B* og det etterspørres mindre mat. I og med at inntektseffekten EM_2 er større enn substitusjonseffekten M_1E, fører nedgangen i prisen på mat til lavere etterspørsel etter mat.

Et spesialtilfelle: Giffen-goder

Giffen-gode
Et gode med stigende etterspørselskurve fordi den negative inntektseffekten er sterkere enn substitusjonseffekten

Teoretisk sett kan inntektseffekten være stor nok til å gi en stigende etterspørselskurve. Et slikt gode kaller vi et **Giffen-gode**. I figur 4.7 har vi vist inntekts- og substitusjonseffekten for et slikt gode. I utgangspunktet har konsumenten tilpasset seg i punkt *A*, hvor det konsumeres relativt lite klær og mye mat. Anta så at matprisen synker. Nedgangen i matprisen frigjør så mye inntekt at konsumenten ønsker å kjøpe mer klær og mindre mat, som illustrert i punkt *B*. Konsumenten har høyere nytte i *B* enn i *A* selv om det konsumeres mindre mat.

Giffen-goder har liten praktisk interesse fordi det krever en stor negativ inntektseffekt. *Inntektseffekten er imidlertid vanligvis liten: Hvert enkelt gode utgjør vanligvis bare en liten del av konsumentens samlede budsjett.* Sterke inntektseffekter er oftere forbundet med normale enn med mindreverdige goder (for eksempel totale utgifter til mat eller bolig).

4.3 MARKEDETS ETTERSPØRSEL

marginal betalingsvillighet
Det man er villig å betale for en enhet til av et gode.

markedets etterspørselskurve
En kurve som viser sammenhengen mellom prisen på et gode og markedets samlede etterspørsel

Så langt har vi diskutert etterspørselskurven for en enkelt konsument. Kurven uttrykker den **marginale betalingsvillighet**, det en person er villig til å betale for ytterligere en enhet av et gode. Nå beveger vi oss videre til **markedets etterspørselskurve**. Vi husker fra kapittel 2 at markedets etterspørselskurve viser hvor stor den samlede etterspørselen er for ulike nivåer på prisen. I dette avsnittet skal vi se hvordan markedets etterspørselskurve kan utledes ved å summere de individuelle etterspørselskurvene for alle konsumenter i et bestemt marked.

Fra individ til marked

For å gjøre det enkelt, la oss anta at vi bare har tre konsumenter (*A*, *B*, og *C*) i markedet for kaffe. Tabell 4.1 viser ulike punkter på hver av personenes etterspørselskurve.

TABELL 4.1 Utledning av markedets etterspørsel

1 Pris (kr)	2 Person A (enheter)	3 Person B (enheter)	4 Person C (enheter)	5 Markedet (enheter)
1	6	10	16	32
2	4	8	13	25
3	2	6	10	18
4	0	4	7	11
5	0	2	4	6

Markedets etterspørsel, i kolonne (5), finnes ved å summere kolonnene (2), (3), og (4). Når prisen for eksempel er 3 vil den samlede etterspørselen være 2 + 6 + 10 = 18 enheter.

Figur 4.8 viser de samme tre forbrukernes etterspørselskurver for kaffe (merket D_A, D_B, og D_C). I figuren fremkommer markedets etterspørselskurve ved ***horisontal summering*** av de individuelle etterspørselskurvene. Hvis for eksempel prisen er 4 kr, vil markedets etterspørsel (11 enheter) være summen av etterspørselen fra *A* (ingen enheter), *B* (4 enheter), og *C* (7 enheter). I og med at de individuelle etterspørselskurvene er synkende, vil også markedets etterspørselskurve være synkende. Men selv om hver av de enkelte etterspørselskurvene er rette linjer, behøver ikke markedets etterspørselskurve være det. I figur 4.8, for eksempel, har markedets etterspørselskurve en knekk fordi en av konsumentene ikke kjøper noe til priser som de andre finner akseptable (priser lik eller over 4 kr).

Legg merke til to momenter som følger av denne utledningen:

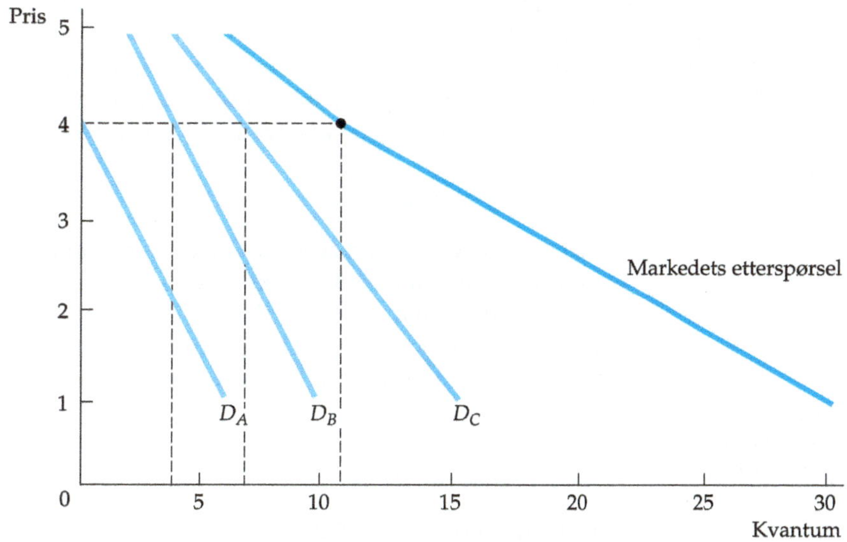

FIGUR 4.8 Summering for å komme frem til markedets etterspørselskurve

Markedets etterspørselskurve fremkommer ved å summere de individuelle etterspørselskurvene D_A, D_B og D_C. For et hvert nivå på prisen er markedets etterspørsel etter kaffe lik summen av det hver enkelt konsument etterspør. Til en pris på for eksempel 4 er markedets etterspørsel (11 enheter) summen av etterspørselen fra *A* (ingen enheter), *B* (4 enheter) og *C* (7 enheter).

1. ***Markedets etterspørselskurve vil skifte mot høyre når flere etterspørrere kommer inn i markedet.***
2. ***Faktorer som påvirker etterspørselen til mange konsumenter vil også påvirke markedets etterspørsel.*** Anta for eksempel at de fleste konsumentene får økt inntekt og følgelig øker sin etterspørsel etter kaffe. I og med at de individuelle etterspørselskurvene skifter utover, vil også markedets etterspørselskurve skifte utover.

Summering av individuelle etterspørselskurver er ikke bare en teoretisk øvelse. Det blir også viktig i praksis da markedets etterspørsel er bygget opp fra etterspørselen til ulike demografiske grupper eller fra forbrukere i ulike geografiske områder. Vi kan for eksempel få informasjon om private husholdningers etterspørsel etter PC-er ved å samle uavhengig innhentet informasjon om etterspørselen fra følgende grupper:

- Husholdninger med barn
- Husholdninger uten barn
- Enslige

Etterspørselselastisitet

I avsnitt 2.4 viser vi hvordan priselastisiteten beskriver etterspørselens følsomhet overfor prisendringer.

I avsnitt 2.4 (side 26) definerte vi etterspørselens priselastisitet som den prosentvise endring i etterspørselen som følge av en økning i prisen på 1 %.

$$E_P = [\Delta Q/Q] \,/\, [\Delta P/P] = [P/Q] \cdot [\Delta Q/\Delta P] \quad \textbf{(4.1)}$$

(I og med at Δ betyr endring vil $\Delta Q/Q$ være den prosentvise endringen i Q.)

Uelastisk etterspørsel

I avsnitt 2.4 nevnte vi at størrelsen på en elastisitet refererer til dens absoluttverdi. En elastisitet på –0,5 er derfor mindre enn en elastisitet på –1,0.

Når etterspørselen er uelastisk (det vil si at E_P har en absoluttverdi mindre enn 1) er etterspørselen relativt lite følsom overfor prisendringer. Følgelig vil de totale utgifter til kjøp av produktet øke når prisen øker. Anta for eksempel at en familie bruker 1 000 liter bensin i året når prisen er 10 kr pr. liter. Anta videre at familiens priselastisitet i etterspørselen etter bensin er –0,5. Dersom prisen på bensin øker til 11 kr (10 % økning), synker forbruket av bensin til 950 liter (5 % nedgang). Totale utgifter til bensin vil da øke fra 10 000 kr til 10 450 kr.

Elastisk etterspørsel

Når etterspørselen er elastisk (E_P er større enn 1 i absoluttverdi) vil de samlede utgifter synke når prisen øker. Anta at en familie kjøper 100 kg kyllingfilet i løpet av et år når prisen er 100 kr pr. kg og at priselastisiteten er –1,5. Dersom prisen på kylling øker til 110 kr (10 % økning), synker familiens forbruk til 85 kg pr. år (15 % reduksjon). Totale utgifter på kylling vil da synke fra 10 000 kr til 9 350 kr.

isoelastisk etterspørselskurve
Etterspørselskurve med konstant priselastisitet

Isoelastisk etterspørsel

I avsnitt 2.4 viser vi at når etterspørselskurven er lineær, blir etterspørselen mer elastisk ettersom prisen på produktet øker.

Når etterspørselens priselastisitet er konstant langs etterspørselskurven sier vi at kurven er isoelastisk (iso betyr lik). Figur 4.9 viser en **isoelastisk etterspørselskurve**. Legg merke til hvordan denne etterspørselskurven krummer innover. Dette står i kontrast til det vi så på i avsnitt 2.4. Der så vi på hva som skjedde med priselastisiteten når vi beveget oss nedover langs en *lineær etterspørselskurve*. Selv om helningen på den lineære kurven er konstant er ikke priselastisiteten konstant. Den er null når prisen er null, og den beveger seg mot uendelig når prisen blir så høy at etterspørselen beveger seg mot 0.

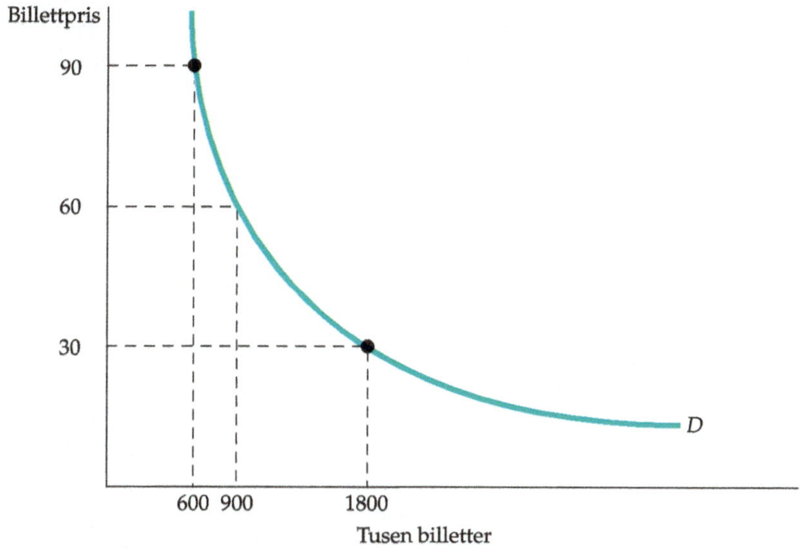

FIGUR 4.9 Etterspørselskurve med elastisitet lik –1.

Når etterspørselens priselastisitet er lik –1,0 for et hvert prisnivå vil de totale utgiftene være konstant langs etterspørselskurven *D*.

TABELL 4.2 Priselastisitet og konsumutgifter

Etterspørsel	Hvis prisen øker, vil samlede utgifter	Hvis prisen synker, vil samlede utgifter
Uelastisk	øke	reduseres
Nøytralelastisk	ikke endres	ikke endres
Elastisk	reduseres	øke

Et spesialtilfelle av en isoelastisk etterspørselskurve er en etterspørselskurve der priselastisiteten alltid er lik –1 (altså nøytralelastisk), slik tilfellet er for kurven i figur 4.9. I dette tilfellet vil ikke utgiftene til produktet endres når prisen endres. Anta for eksempel at de totale utgiftene til filmpremierer på kino er 54 millioner kr, uavhengig av hvor mye en billett koster. For alle punkter langs etterspørselskurven vil pris multiplisert med antall billetter være 54 millioner. Hvis prisen er 30 kr, blir det kjøpt 1,8 mill. billetter. Hvis prisen øker til 90 kr, synker salget til 600 000 billetter, som vist i figur 4.9.

konsumentoverskudd
Forskjellen mellom hva en konsument maksimalt er villig til å betale for et gode og det som faktisk betales

Tabell 4.2 oppsummerer forholdet mellom elastisitet og utgifter. Det kan være nyttig å gå gjennom denne tabellen fra selgernes perspektiv (selgerens inntekter er kjøpernes utgifter). Når etterspørselen er uelastisk vil en prisøkning gi en relativt liten nedgang i etterspørselen. Selgernes samlede inntekter vil da øke. Når etterspørselen er elastisk vil imidlertid en prisøkning føre til en relativt stor nedgang i etterspørselen og samlede inntekter synker.

4.4 KONSUMENTOVERSKUDD

Folk kjøper varer fordi kjøpet gir dem økt nytte. **Konsumentoverskuddet** måler hvor mye bedre individene, samlet sett, kommer ut av det når de kan kjøpe varer i markedet. I og med at konsumentene verdsetter et bestemt gode forskjellig, vil det de maksimalt er villig til å betale for det også være forskjellig. For den enkelte konsument er *konsumentoverskuddet gitt ved differensen mellom hva hun maksimalt er villig til å betale for produktet og hva hun faktisk må betale.* Anta for eksempel at en student ville vært villig til å betale 200 kr for en billett til en rockekonsert. Billetten koster imidlertid bare 140 kr. Differensen på 60 kr vil da representere hennes konsumentoverskudd ved å kjøpe billetten. Når vi summerer alle konsumentoverskuddene til kjøperne av et gode får vi et mål på det *samlede* konsumentoverskuddet.

Konsumentoverskudd og etterspørsel

Konsumentoverskuddet kan enkelt beregnes dersom vi kjenner etterspørselskurven. La oss se på den individuelle etterspørselskurven etter konsertbilletter, illustrert i figur 4.10, for å se sammenhengen mellom etterspørsel og konsumentoverskudd. (Selv om følgende drøfting er knyttet til denne spesifikke individuelle etterspørselskurven, gjelder tilsvarende resonnement også for markedets etterspørselskurve.) Å tegne etterspørselskurven som en trapp i stedet for en rett linje viser oss hvordan vi kan måle gevinsten som konsumenten oppnår fra å kjøpe forskjellige antall billetter.

Når studenten vår bestemmer seg for hvor mange billetter hun skal kjøpe, tenker hun som følger: Den første billetten koster 140 kr, men er for meg verdt 200 kroner. Denne verdsettingen på 200 kr finner vi fra etterspørselskurven som viser hvor mye hun maksimalt er villig til å betale for én billett til. Det er derfor verdt å kjøpe den første billetten fordi det genererer et konsumentoverskudd på 60 kr. Hun vil også kjøpe den andre billetten fordi den gir et konsumentoverskudd på 50 kr (190 kr – 140 kr). Den tredje billetten gir et overskudd på 40 kr, den fjerde gir 30 kr, den femte gir 20 kr, og den sjette gir bare 10 kr i konsumentoverskudd. Studenten vår er likegyldig med hensyn til om hun skal kjøpe den syvende billetten eller ikke (den gir et konsumentoverskudd på 0 fordi hennes marginale betalingsvillighet akkurat er lik prisen på billetten). I figur 4.10 er konsumentoverskuddet funnet ved å legge sammen overskuddene fra hver kjøpte enhet. Vi får da et konsumentoverskudd lik:

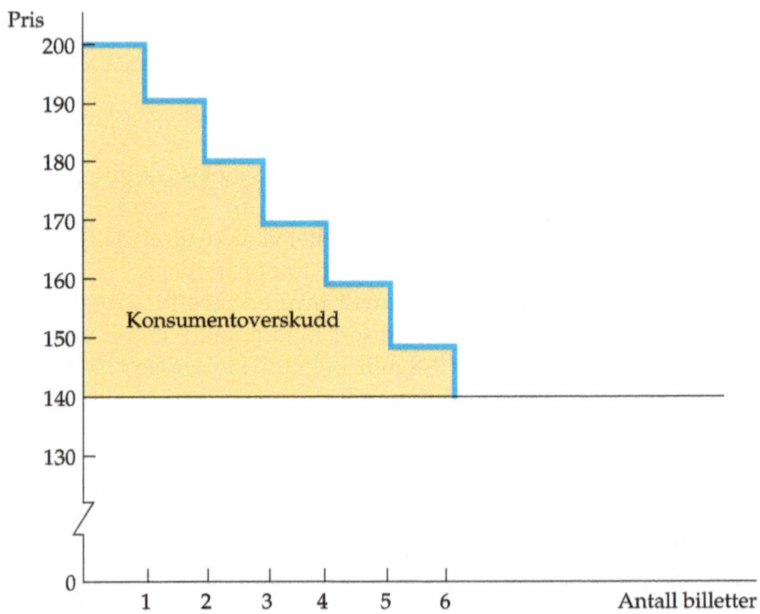

FIGUR 4.10 Konsumentoverskudd

Konsumentoverskuddet er den totale gevinst, målt ved samlet betalingsvillighet, av å konsumere et gode, fratrukket den samlede kostnaden ved å kjøpe det. Her er konsumentoverskuddet knyttet til seks konsertbilletter (som koster 140 kr pr billett) gitt ved det gule arealet.

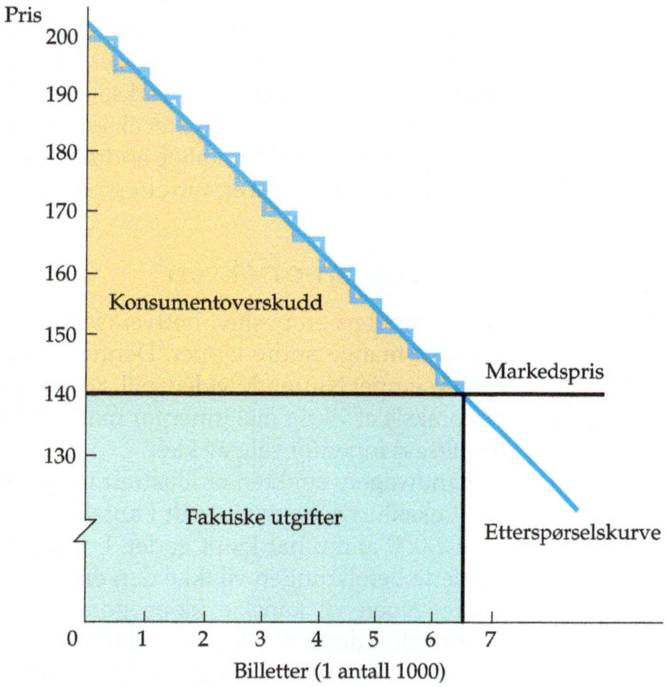

FIGUR 4.11 Konsumentoverskuddet generalisert

For markedet som helhet er konsumentoverskuddet gitt ved arealet under etterspørselskurven og over linjen som representerer prisen for et gode. Her er konsumentoverskuddet gitt ved den gule trekanten og er lik (200 kr – 140 kr) · 6500/2 = 195 000 kr.

$$60 \text{ kr} + 50 \text{ kr} + 40 \text{ kr} + 30 \text{ kr} + 20 \text{ kr} + 10 \text{ kr} = 210 \text{ kr}$$

For å beregne det samlede konsumentoverskuddet i et marked finner vi arealet som ligger mellom etterspørselskurven og prislinjen. For våre konsertbilletter er dette prinsippet illustrert i figur 4.11 hvor vi har illustrert markedets etterspørselskurve som en rett linje. Merk at de faktiske utgiftene til billetter er 6 500 · 140 kr = 910 000 kroner. Konsumentoverskuddet, vist som den gule trekanten, er

$$0{,}5(200 \text{ kr} - 140 \text{ kr}) \cdot 6\,500 = 195\,000 \text{ kr}$$

Dette beløpet er den samlede verdien for konsumentene fratrukket det de betalte for billettene.

Markedets etterspørselskurver er generelt ikke lineære, men vi kan alltid beregne konsumentoverskuddet ved arealet under etterspørselskurven og over prislinjen.

Konsumentoverskuddet har viktige anvendelser i økonomifaget som vi kommer tilbake til senere i boken. Når vi summerer over alle individer får vi et mål på den samlede gevinsten konsumentene oppnår ved å kjøpe et gode. Kombinerer vi konsumentoverskuddet med den samlede fortjeneste som produsentene oppnår, kan vi vurdere både kostnader og gevinster ved alternative markedsstrukturer og ved offentlige inngrep som endrer atferden til konsumentene og bedriftene i disse markedene.

4.5 NETTVERKSEKSTERNALITETER

Så langt har vi antatt at folks etterspørsel etter et gode er uavhengig av hverandre. Med andre ord har vi antatt at Arnes etterspørsel etter kaffe avhenger av hans smak, hans inntekt og prisen på kaffe, og kanskje også prisen på te, men ikke av Prebens og Marthes etterspørsel etter kaffe. Denne forutsetningen har satt oss i stand til å utlede markedets etterspørselskurve ved å summere de individuelle etterspørselskurvene.

For noen varer vil imidlertid en persons etterspørsel også avhenge av etterspørselen fra andre personer. Spesielt kan en persons etterspørsel påvirkes av *hvor mange* andre personer som har kjøpt godet. Hvis dette er tilfellet, betegner vi det som en **nettverkseksternalitet**. Nettverkseksternaliteter kan være positive eller negative. En positiv nettverkseksternalitet eksisterer dersom etterspørselen fra en representativ konsument øker med antallet andre som etterspør godet. Dersom etterspørselen synker jo flere andre det er som etterspør godet, har vi en negativ nettverkseksternalitet.

nettverkseksternalitet Tilfeller der hvert individs etterspørsel avhenger av hvor mange andre det er som etterspør godet

Bandwagon-effekten

bandwagon-effekt Positive nettverkseksternaliteter der en person ønsker å ha et gode delvis fordi andre har det

Et eksempel på en positivt nettverkseksternalitet er **bandwagon effekten** – å kjøpe det som mange andre kjøper. Denne effekten finner vi gjerne igjen for barneleker (for eksempel Nintendo videospill, Barbie dukker osv.). Det å utnytte denne effekten er i praksis et viktig mål innenfor markedsføring av leker. Ofte er det også nøkkelen til suksess innenfor salg av klær.

Bandwagon-effekten er illustrert i figur 4.12 der den horisontale aksen viser salg av et eksklusivt produkt, målt i antall tusen enheter pr. måned. Anta at folk tror at bare 2 000 andre har kjøpt godet. I og med at dette antallet er lite i forhold til den samlede befolkningen vil ikke den enkelte føle noe kjøpepress for å holde tritt med andre. Noen vil kanskje kjøpe godet, avhengig av prisen, men da bare for sin egenverdi. I dette tilfellet er etterspørselen gitt ved kurven D_2. (Denne hypotetiske etterspørselskurven antar at det ikke eksisterer noen eksternaliteter.)

Anta i stedet at folk tror at det er 4 000 andre som har kjøpt godet. Nå opplever de godet som mer attraktivt og vil kjøpe mer. Etterspørselskurven er D_4, som ligger til høyre for D_2. Tilsvarende, hvis folk tror at 6 000 andre har kjøpt godet, vil etterspørselskurven være D_6, og så videre.

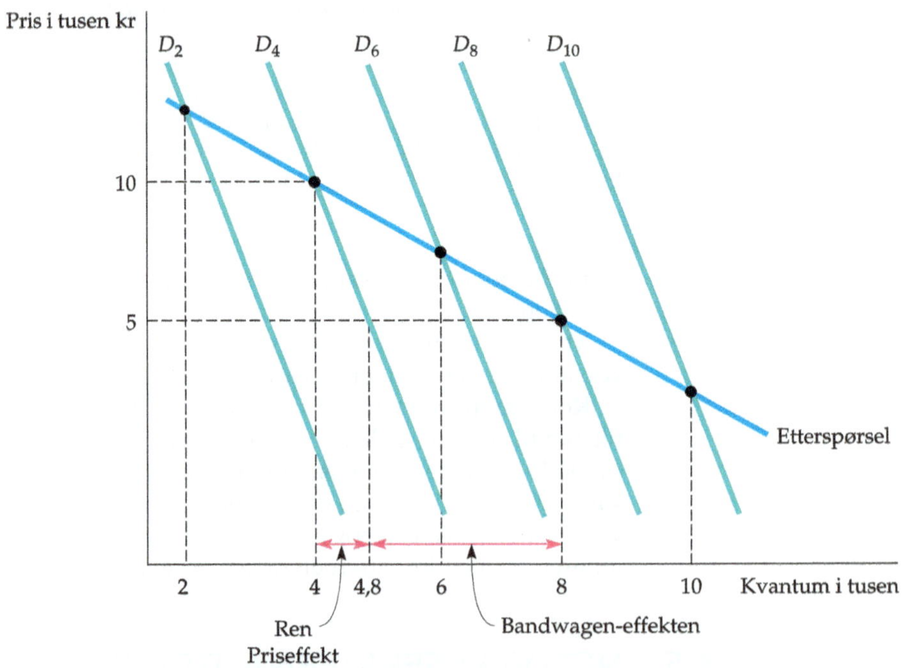

FIGUR 4.12 Positive nettverkseksternaliteter: Bandwagon-effekten

Bandwagon-effekten er en positiv nettverkseksternalitet hvor etterspørselen etter et gode fra en person er høyere jo høyere etterspørselen fra andre personer er. Her vil etterspørselskurven skifte fra D_4 til D_8 når prisen synker fra 10 000 kr til 5 000 kr på grunn av bandwagon-effekten.

Til syvende og sist vil konsumentene få en god formening om hvor mange mennesker som faktisk har kjøpt godet. Dette antallet vil selvfølgelig avhenge av prisen. I figur 4.12 ser vi at hvis prisen var 10 000 kr, ville 4 000 personer kjøpe godet. Dermed ville den relevante etterspørselskurven være D_4. Hvis prisen var 5 000 kr, ville 8 000 kjøpe det, og den relevante etterspørselskurven ville være D_8. Markedets etterspørselskurve finnes dermed ved å binde sammen punktene på kurvene D_2, D_4, D_6, D_8, og D_{10} som tilsvarer henholdsvis 2 000, 4 000, 6 000, 8 000 og 10 000 enheter.

Sammenlignet med kurvene D_2, D_4 osv. er markedets etterspørselskurve relativt elastisk. For å se hvorfor bandwagon-effekten fører til en mer elastisk etterspørselskurve, kan vi se på effekten av en prisnedgang fra 10 000 til 5 000 kr når etterspørselskurven er gitt ved D_4. Hvis det ikke var noen bandwagon-effekt, ville etterspørselen bare øke fra 4 000 til 4 800. Men hvis flere personer kjøper godet og det blir mer trendy, vil bandwagon-effekten øke etterspørselen ytterligere – til 8 000. Dermed vil bandwagon-effekten føre til at etterspørselen responderer sterkere på prisendringer – altså gjør etterspørselen mer elastisk. Som vi skal se senere har dette resultatet viktige implikasjoner for produsentenes prisstrategier.

Selv om bandwagon-effekten er knyttet til moter og trender, kan positive nettverkseksternaliteter også oppstå av andre grunner. Jo flere det er som har et bestemt gode, jo større vil egenverdien av godet være for hver enkelt eier. Hvis for eksempel jeg er den eneste personen som har en CD-spiller, vil det ikke være særlig lønnsomt å produsere CD-er. Uten CD-er vil CD-spilleren åpenbart være av liten verdi for meg. Men jo flere det er som har CD-spillere, jo flere CD-er vil bli produsert og jo større blir verdien av spilleren for meg. Det samme gjelder for PC-er: Jo flere det er som har dem, jo mer programvare vil bli utviklet og jo større blir nytten av å eie dem.

Snob-effekten

snob-effekt
Negative nettverkseksternaliteter der en person ønsker å eie et eksklusivt eller unikt gode

Nettverkseksternaliteter er noen ganger negative. La oss se på den såkalte **snob-effekten**. Denne dreier seg om ønske om å eie goder som er eksklusive eller unike. Etterspørselen etter et slikt gode er større jo færre andre det er som har godet. Eksempler på slike goder er sjeldne kunstverk, spesialdesignede sportsbiler, skreddersydde klær osv. Gleden man får av et maleri eller en sportsbil, er delvis knyttet til prestisje, status, og eksklusivitet som følge av det faktum at få andre personer eier noe lignende.

Figur 4.13 illustrerer snob-effekten. D_2 er etterspørselskurven som ville gjelde dersom du og jeg trodde at bare 200 personer hadde dette godet. Hvis vi derimot tror at 400 mennesker har det, fremstår det som mindre eksklusivt, og snob-verdien reduseres. Etterspørselen vil derfor være lavere, uttrykt ved etterspørselskurven D_4. Tilsvarende, hvis vi tror at det er 600 andre som har det samme godet, vil etterspørselen være enda mindre, gitt ved D_6. Etter hvert får vi en formening om hvor mange som egentlig har godet. Markedets etterspørselskurve er dermed gitt ved å trekke en linje som går gjennom punktene D_2, D_4, D_6 osv., som da korresponderer med en etterspørsel på hhv. 200, 400, 600 osv.

Snob-effekten gjør etterspørselen mindre elastisk. Anta at prisen i utgangspunktet var 300 000 og at 200 personer kjøpte godet. Hva skjer hvis prisen synker til 150 000 kr? Hvis det ikke var noe snob-effekt, ville etterspørselen øke til 1400 (langs kurven D_2). I og med at det er en snob-effekt knyttet til godet, vil verdien den enkelte tillegger godet synke jo flere det er som har godet. Snob-effekten demper økningen i etterspørselen med 800 enheter: Netto økning i etterspørsel er da kun 400 enheter. For mange produkter er målet for markedsføring og reklame å skape en snob-effekt (for eksempel Rolex klokker). Målet er å gjøre etterspørselen mindre elastisk slik at prisen kan økes.

Negative nettverkseksternaliteter kan også oppstå av andre årsaker. Nytten jeg får av å kjøpe heiskort til et skianlegg, en inngangsbillett til en fornøyelsespark eller en svømmehall, er høyere jo færre andre det er som har kjøpt billett.

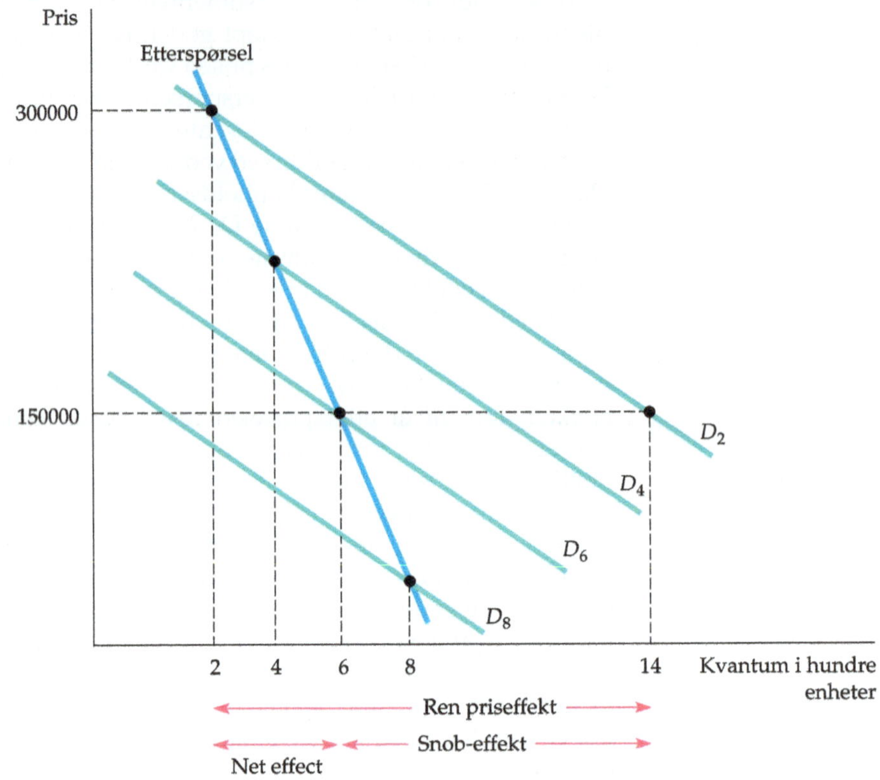

FIGUR 4.13 Negative nettverkseksternaliteter: snob-effekten

Snob-effekten er en negativ nettverkseksternalitet der etterspørselen fra en person er lavere jo høyere etterspørselen fra andre personer er. Når prisen her faller fra 300 000 kr til 150 000 kr og flere folk kjøper godet, vil snob-effekten føre til at etterspørselskurven skifter til venstre fra D_2 til D_6.

Eksempel 4.1

Nettverkseksternaliteter og etterspørselen etter datamaskiner

Gjennom 1950- og 1960-årene var det en sterk vekst i etterspørselen etter stormaskiner. I USA, fra 1954 til 1965, økte de årlige inntektene fra leasing av stormaskiner hele 78 prosent pr. år, mens prisene falt med 20 prosent pr. år. Selv om prisene falt og kvaliteten på maskinene økte kraftig, må etterspørselselastisiteten ha vært ganske stor for å kunne forklare den sterke veksten i inntjening. IBM og andre produsenter ville vite hva som foregikk.

En økonometrisk studie utført av Gregory Chow bidro til å gi noen svar. Chow fant at etterspørselen etter datamaskiner følger en "metningskurve" – en dynamisk prosess hvor etterspørselen i starten er liten og vokser sakte. Etter hvert vil imidlertid etterspørselen vokse raskt inntil nesten alle potensielle etterspørrere har kjøpt en maskin – markedet er da mettet. Denne raske veksten skjer på grunn av en positiv nettverkseksternalitet: Ettersom flere og flere bedrifter får egne datamaskiner, blir det utviklet bedre programvare, og etter hvert som flere blir opplært til å bruke datamaskiner, vil verdien av å ha en datamaskin øke. Denne prosessen fører at etterspørselen øker ytterligere, noe som gir ennå mer utvikling av programvare osv.

Denne nettverkseksternaliteten var en viktig del av etterspørselen etter stormaskiner. Chow fant at den kunne stå for nesten halvparten av den raske veksten i databruk mellom 1954 og 1965. Nedgangen i den reelle (inflasjonsjusterte) prisen (han fant en priselastisitet for etterspørselen etter datamaskiner på –1,44) og økningen i effekt og kvalitet sto for den andre halvparten. Andre studier har vist at denne prosessen fortsatte gjennom det påfølgende tiår. Den samme type nettverkseksternalitet ga også en sterk vekst i etterspørselen etter PC-er.

Det er liten diskusjon om betydningen av nettverkseksternaliteter som forklaring på suksessen for Microsofts Windows PC-operativsystem, som i 2008 ble brukt i omtrent 90 % av PC-ene i hele verden. Minst like viktig var den fenomenale suksessen til Microsoft Office Suite PC-programmer (som inkluderer Word og Excel). I 2008 hadde Microsoft Office godt over 90 % av markedet.

Nettverkseksternaliteter er selvfølgelig ikke bare begrenset til datamaskiner. Tenk på den eksplosive veksten i bruken av internett, og særlig e-post. I og med at e-post bare kan overføres til en annen e-postbruker, vil verdien av å bruke e-post avhenge sterkt av hvor mange andre som bruker det. Det samme gjelder chatting på nettet.

OPPSUMMERING

1. Individuelle etterspørselskurver for et gode kan utledes fra informasjon om individenes preferanser for alle varer og tjenester og fra budsjettbetingelsen.
2. Engelkurver, som viser sammenhengen mellom konsum og inntekt, er nyttige for å illustrere hvordan konsumentenes utgifter varierer med inntekten.
3. To varer er substitutter når en økning i prisen på det ene godet fører til en økning i etterspørselen etter det andre. På den annen side er to goder komplementære dersom en økning i prisen på ett av godene fører til en reduksjon i etterspørselen etter det andre.
4. Effekten av en prisendring på etterspørselen kan splittes i to undereffekter: en substitusjonseffekt, hvor nyttenivået holdes konstant mens relativ pris endres, og en inntektseffekt, der relativ pris holdes konstant mens nyttenivået endres. I og med at inntektseffekten kan være positiv eller negativ, kan en prisendring ha små eller store effekter på etterspørselen. I det sjeldne tilfellet der vi har et såkalt Giffen-gode, vil etterspørselen bevege seg i samme retning som prisen, og dermed gi en stigende etterspørselskurve.
5. Markedets etterspørselskurve fremkommer ved horisontal summering av de individuelle etterspørselskurvene. Denne kurven kan benyttes til å beregne hvor høyt folk verdsetter konsumet av bestemte varer og tjenester.
6. Etterspørselen er priseuelastisk når en økning i prisen på 1 % fører til en nedgang i etterspørselen som er mindre enn 1 %. Konsumentenes utgifter til varen vil da øke. Etterspørselen er priselastisk når en økning i prisen på 1 % fører til en nedgang i etterspørselen på mer enn 1 %. Konsumentenes utgifter til varen vil da gå ned. Etterspørselen er nøytralelastisk når en økning i prisen på 1 % fører til en nedgang i etterspørselen på 1 %. Konsumentenes utgifter til varen er da uendret.
7. Beregning av konsumentoverskuddet er nyttig for å fastlegge gevinstene som konsumentene oppnår ved å konsumere et produkt. Konsumentoverskuddet er differansen mellom det en person maksimalt er villig til å betale for et produkt og hva hun faktisk betaler.
8. Et nettverkseksternalitet oppstår når en persons etterspørsel påvirkes direkte av hvor mange andre det er som kjøper godet. Vi har en positiv nettverkseksternalitet, bandwagon-effekten, når en persons etterspørsel øker jo flere andre det er som har godet. Man ønsker her å følge trenden. Motsatt har vi en negativ nettverkseksternalitet, snobeffekten, når en persons etterspørsel øker jo færre andre det er som har godet.

SPØRSMÅL

1. Forklar forskjellen mellom følgende:
   a. en pris-konsumkurve og etterspørselskurven
   b. en individuell etterspørselskurve og markedets etterspørselskurve
   c. en Engelkurve og en etterspørselskurve
   d. en inntektseffekt og en substitusjonseffekt
2. Anta at en person benytter hele inntekten på to goder, mat og klær. Kan begge varene være mindreverdige? Forklar.
3. Forklar om følgende utsagn er riktige eller gale:

a. Den marginale substitusjonsrate avtar etter hvert som individet beveger seg nedover langs etterspørselskurven.

b. Nyttenivået øker etter hvert som et individ beveger seg nedover langs etterspørselskurven.

c. Engel-kurver er alltid stigende.

4. Billetter til en rockekonsert selges for 200 kr. Men til den prisen er etterspørselen betydelig større enn antall billetter som selges. Er den marginale verdien av en ekstra billett større enn, mindre enn eller lik 200 kr? Hvordan kan du bestemme denne verdien?

5. Hvilken av følgende kombinasjoner av varer er eksempler på hhv. komplementære goder og substitutter? Kan de være begge deler i visse situasjoner? Forklar.

a. et matematikkurs og et økonomikurs på en høyskole

b. tennisballer og tennisracket

c. biff og hummer

d. en flytur og en togtur til samme mål

e. egg og bacon

6. Anta at en forbruker bruker en gitt andel av inntekten pr. måned på følgende par av varer:

a. tortilla-chips og salsa

b. tortilla-chips og potetgull

c. kinobilletter og gourmetkaffe

d. reiser med buss og reiser med T-banen

Forklar hva som skjer med etterspørselen etter begge goder når prisen på det ene godet går opp. Hvilke godekombinasjoner vil mest sannsynlig være komplementære og hvilke vil være substitutter?

7. Hvilke av følgende hendelser vil føre til en bevegelse nedover langs etterspørselskurven for norskproduserte klær, og hvilke vil føre til et skift i etterspørselskurven?

a. innføring av importrestriksjoner på utenlandske klær

b. en generell inntektsøkning

c. lavere produksjonskostnader som fører til lavere priser

8. For hvilke av følgende varer vil en prisøkning sannsynligvis føre til en betydelig inntekts- (så vel som en substitusjons-) effekt?

a. salt

b. bolig

c. teaterbilletter

d. mat

11. Hvilket av følgende produkter i hvert par er mest priselastisk?

a. Etterspørselen etter et bestemt merke tannkrem eller etterspørselen etter tannkrem generelt

b. Etterspørselen etter bensin på kort sikt, eller etterspørselen etter bensin i det lange løp

12. Forklar forskjellen mellom en positiv og en negativ nettverkseksternalitet og gi noen eksempler.

ØVELSER

1. Ole bruker et fast beløp hver måned på sine to lidenskaper: å samle på vin og bøker. Gitt informasjonen nedenfor, illustrerer både priskonsumkurven knyttet til endringer i prisen på vin og etterspørselskurven for vin.

Pris pr. vinflaske	Pris pr. bok	Antall vinflasker	Antall bøker	Beløp
100 kr	100 kr	7	8	1500 kr
120 kr	100 kr	5	9	1500 kr
150 kr	100 kr	4	9	1500 kr
200 kr	100 kr	2	11	1500 kr

2. Hanne konsumerer to goder, klær og mat. Gitt informasjonen nedenfor, illustrerer både inntektskonsumkurven og Engelkurven for klær og mat.

Pris pr. enhet klær	Pris pr. enhet mat	Enheter klær	Enheter mat	Inntekt
100 kr	20 kr	6	20	1000 kr
100 kr	20 kr	8	35	1500 kr
100 kr	20 kr	11	45	2000 kr
100 kr	20 kr	15	5	2500 kr

3. Janne får alltid dobbelt så høy nytte av en ekstra kinobillett som hun gjør fra en ekstra billett til en fotballkamp, uavhengig av hvor mange billetter av hver type hun har. Tegn Jannes inntektskonsumkurve og hennes Engelkurve for kinobilletter.

4. Anta at appelsinjuice og eplejuice er perfekte substitutter.

a. Tegn opp pris-konsumkurven (for ulike priser på appelsinjuice) og inntekts-konsumkurver.

b. Venstre sko og høyre sko er perfekt komplementære goder. Tegn opp pris-konsumkurver og inntekts-konsumkurver.

5. Hver uke velger Bjarne, Marie og Ida de kombinasjoner av to goder, x_1 og x_2, som maksimerer deres nytte. Hver av de bruker hele ukeinntekten på disse godene.

a. Tenk deg at du får følgende informasjon om de valgene som Bjarne gjør over en tre-ukers periode:

	x_1	x_2	P_1	P_2	I
Uke 1	10	20	2	1	40
Uke 2	7	19	3	1	40
Uke 3	8	31	3	1	55

Fikk Bjarne høyere eller lavere nytte fra uke 1 til 2? Hvordan gikk det fra uke 1 til 3? Forklar ved hjelp av en grafisk fremstilling.

b. La oss så se på de valgene som Marie tok:

	x_1	x_2	P_1	P_2	I
Uke 1	10	20	2	1	40
Uke 2	6	14	2	2	40
Uke 3	20	10	2	2	60

Økte Maries nytte mellom uke 1 og 3? Betrakter Marie begge varene som normale? Forklar.

* c. La oss til slutt se på informasjonen om Jannes valg:

	x_1	x_2	P_1	P_2	I
Uke 1	12	24	2	1	48
Uke 2	16	32	1	1	48
Uke 3	12	24	1	1	36

Tegn et diagram med budsjettlinjer og indifferenskurver som illustrerer Jannes tre valgte godekombinasjoner. Hva kan du si om Jannes preferanser i dette tilfellet? Identifiser inntekts og substitusjonseffektene som følger av en endring i prisen på gode x_1.

6. Birgers og Bodils nytte avhenger av hvor mye fritid de har (F) og hvor mye andre goder (G) de konsumerer. De fordeler døgnets 24 timer på arbeidstid og fritid slik at deres nytte maksimeres. De timene de ikke jobber er fritid. Prisen på et konsumgode er 1 kr, og prisen på fritid er lik timelønnen. Vi har følgende informasjon om de valgene som de to gjør:

Prisen på G	Prisen på F	Birger F (timer)	Bodil F (timer)	Birger G (kr)	Bodil G (kr)
1	8	16	14	64	80
1	9	15	14	81	90
1	10	14	15	100	90
1	11	14	16	110	88

Illustrerer Birger og Bodils etterspørselskurve etter fritid i et diagram med pris på den vertikale aksen og fritid på den horisontale aksen. Gitt at de begge maksimerer sin nytte, hvordan kan du forklare forskjellen i deres etterspørselskurver etter fritid?

7. Direktøren for et teater i en universitetsby vurderer å endre prisingen på billetter. Han har hyret et konsulentfirma for å estimere etterspørselen etter billetter. Konsulentfirmaet har klassifisert folk som går på teater i to grupper, og har kommet opp med to etterspørselsfunksjoner. Etterspørselen fra folk generelt (Q_G) og etterspørselen fra studenter (Q_S):

$$Q_G = 500 - 5P$$
$$Q_S = 200 - 4P$$

a. Tegn inn de to etterspørselskurvene i et diagram med P langs den vertikale aksen og Q langs den horisontale. Finn hver av gruppenes etterspørsel når billettprisen er 35 kr.

b. Finn etterspørselens priselastisitet for hver av gruppene når prisen er 35 kr.

c. Maksimerer direktøren billettinntektene ved å ta 35 kr for hver billett? Forklar.

d. Hvilken pris skulle hun tatt fra hver av gruppene hvis målet var å maksimere inntektene fra billettsalget?

8. Julie har bestemt seg for å bruke nøyaktig 5000 kr på lærebøker hvert år, selv om hun vet at prisene trolig vil øke med 5 til 10 prosent pr. år, og at hun vil få en betydelig pengegave fra sine besteforeldre neste år. Hva er priselastisiteten i Julies etterspørsel etter lærebøker? Hva er inntektselastisiteten?

9. ACME Corporation anslår at til gjeldende pris har etterspørselen etter deres databrikker en priselastisitet på –2 på kort sikt, mens priselastisiteten for diskettstasjoner er –1.

a. Hva vil skje med salget og salgsinntektene dersom selskapet bestemmer seg for å øke prisen på begge produkter med 10 %?

b. Kan du, på bakgrunn av den oppgitte informasjonen, si noe om hvilket produkt som genererer høyest inntekt? Hvis ja, hvorfor? Hvis ikke, hvilke tilleggsopplysninger trenger du?

10. Nedenfor har vi noen observasjoner av Ulfs atferd i ulike situasjoner. Avgjør hvorvidt inntektselastisiteten er positiv eller negativ for hvert av godene (altså om godet er normalt eller mindreverdig). Hvis du ikke kan bestemme inntektselastisiteten, hvilke ytterligere opplysninger trenger du?
    a. Ulf benytter hele sin inntekt på bøker og kaffe. Mens han rotet i en bunke med brukte paperbackbøker i en bokhandel fant han 200 kr. Han kjøper umiddelbart en ny innbundet diktsamling.
    b. Ulf mister en 50-lapp som han skulle bruke på en dobbel espresso. Han bestemmer seg for å selge sin nye bok til en venn, med prisavslag, og bruke pengene på kaffe.
    c. Anta at prisen på både bøker og kaffe øker med 25 %. Som følge av dette reduserer Ulf sitt kjøp av bøker og kaffe med like mange prosent.
    d. Ulf dropper ut av kunstskolen og tar en MBA i stedet. Han slutter å lese bøker og drikke kaffe. Nå leser han Dagens Næringsliv og drikker mineralvann.
11. Anta at etterspørselen etter mat har en inntektselastisitet på 0,5 og at priselastisiteten er –1. Anta videre at Frida bruker 100 000 kr i året på mat, prisen på mat er 20 kr pr. enhet og hennes inntekt er 250 000 kr.
    a. Hva vil skje med hennes konsum av mat hvis momsen på mat økes slik at den nye prisen blir 25 kr pr enhet. (Hint: I og med at det er en relativt stor prisendring kan du anta at det er snakk om gjennomsnittlig priselastisitet over et intervall snarere enn en punktelastisitet.)
    b. Anta at Frida får en skattelette på 25 000 kr for å lette belastningen av merverdiavgiften. Hvor mye mat vil hun konsumere nå?
    c. Kommer hun bedre eller dårligere ut av det når hun får en skattelette som tilsvarer det momsbeløpet hun betaler? Illustrer grafisk og forklar.
12. Du driver en liten bedrift og ønsker å forutsi hva som vil skje med etterspørselen etter ditt produkt hvis du øker prisen. Selv om du ikke nøyaktig kjenner etterspørselskurven for produktet ditt, vet du at i det første året hadde produktet en pris på 450 kr og du solgte 1200 enheter, og at i det andre året hvor prisen var 300 kr solgte du 1800 enheter.
    a. Hvis du planlegger å øke prisen med 10 prosent, hva ville være et rimelig anslag på hva som vil skje med etterspørselen – uttrykt i prosenter?
    b. Vil salgsinntektene gå opp eller ned hvis du øker prisen med 10 prosent?
13. Tenk deg at du er ansvarlig for en bomstasjon ved en bro som koster så godt som ingenting å drifte. Betalingsvilligheten, P, for å kjøre over broen er gitt ved $P = 15 - 0{,}5Q$, der Q er antall bro krysninger.
    a. Tegn etterspørselskurven for kryssinger av broen.
    b. Hvor mange mennesker ville benytte broen hvis det ikke var noen bomavgift?
    c. Hvor mye vil konsumentoverskuddet reduseres ved en bompengeavgift på 5 kr?
    d. Bomselskapet vurderer å øke avgiften til 7 kroner. Hvor mange vil da i tilfellet benytte broen? Vil avgiftsinntektene gå opp eller ned? Hva sier svaret deg om etterspørselens priselastisitet?
    e. Hvor mye reduseres konsumentoverskuddet hvis avgiften øker fra 5 til 7 kr?
14. Vera har besluttet å oppgradere operativsystemet på sin nye PC. Hun hører at det nye Linux-operativsystemet er teknologisk overlegent Windows og vesentlig lavere i pris. Men når hun spør vennene sine, viser det seg at de alle bruker PC med Windows. De er enige om at Linux er mer tiltalende, men legger til at de ser relativt få eksemplarer av Linux for salg i lokale butikker. Vera velger Windows. Kan du forklare hennes beslutning?
15. Anta at du er konsulent for et landbrukskooperativ som vurderer om medlemmene skal halvere sin produksjon av hvete neste år. Kooperativet ønsker ditt råd om hvorvidt dette vil øke medlemmenes inntekter. Hvete (H) og bygg (B) konkurrerer om jordbruksareal i området og du anslår at etterspørselen etter hvete er gitt ved følgende funksjon:

    $H = 3{,}5 - P_H + 0{,}25P_B + 0{,}5I$, der P_H er prisen på hvete, P_B prisen på bygg og I er inntekt. Er du for eller i mot planen om produksjonskutt? Er det noen annen informasjon som ville hjelpe deg å gi et endelig svar?

APPENDIKS

Etterspørselsteori – en matematisk tilnærming

I dette tillegget skal vi se nærmere på den matematiske håndteringen av etterspørselsteorien. Vårt mål er å gi en kort oversikt over etterspørselteorien for de studenter som har litt kjennskap til bruk av matematisk analyse. Vi starter med en forklaring av optimering under bibetingelser for deretter å vise anvendelser av dette.

Nyttemaksimering

Teorien om konsumentenes atferd er basert på antagelsen om at konsumentene maksimerer sin nytte gitt at man har et begrenset budsjett. I kapittel 3 så vi at vi kunne definere nyttefunksjoner som tilordner nyttenivåer til ulike godekombinasjoner. Videre definerte vi grensenytten som den nytteøkning man oppnår når man øker konsumet av et gode med én enhet. Ved bruk av matematikk kan vi beregne endringen i nytte som følger av marginale (svært små) endringer i konsumet.

Anta for eksempel at Arnes nyttefunksjon er gitt ved: $U(X, Y) = \log X + \log Y$, der X er mat og Y er klær. Grensenytten av mat, MU_X, er her gitt ved den partiellderiverte av nyttefunksjonen med hensyn på X:

$$\partial U(X, Y)/\partial X = \partial(\log X + \log Y)/\partial X = 1/X$$

I den følgende analysen antar vi, som i kapittel 3, at nyttenivået er en stigende funksjon av mengden goder som konsumeres mens grensenytten er synkende. I tilfellet med to goder, X og Y, kan konsumentens optimeringsproblem skrives som:

$$\text{Maksimer } U(X, Y) \qquad \textbf{(A4.1)}$$

Gitt at hele inntekten blir brukt på de to varene:

$$P_X X + P_Y Y = I \qquad \textbf{(A4.2)}$$

Her er $U(\,)$ nyttefunksjonen, X og Y er mengdene av de to godene, P_X og P_Y er de respektive priser og I er inntekt.

For å finne konsumentens etterspørsel etter de to godene velger vi de verdiene av X og Y som maksimerer (A4.1) gitt at (A4.2) er tilfredstilt. Når vi kjenner den spesifikke nyttefunksjonen, kan vi løse optimeringsproblemet og finne konsumentens etterspørsel etter X og Y direkte. Selv om vi bare skriver nyttefunksjonen på generell form, $U(X, Y)$, kan teknikkene imidlertid benyttes til å beskrive hvilke forutsetninger som må holde for at konsumenten faktisk maksimerer nytten. Vi skal se på to ulike måter å løse optimeringsproblemet på.

1. En liten snarvei

Vi har tidligere argumentert for at konsumenten skal velge den godekombinasjon som gir likhet mellom prisforholdet mellom godene og den marginale substitusjonsrate. Videre har konsumenten et gitt beløp til rådighet, slik at tilpasningen skal skje på én spesifikk budsjettlinje. Løsningen på optimeringsproblemet er da gitt ved følgende to likninger:

$$\text{MRS}_{XY} = P_X/P_Y$$
$$P_X X + P_Y Y = I$$

La oss se på et konkret eksempel. Anta at nyttefunksjonen er gitt ved:

$$U(X, Y) = 4X^{0,6}Y^{0,4}$$

Prisen på X er 5 kroner pr. enhet, og prisen på Y er 10 kroner pr. enhet. Konsumenten har i alt 100 kroner som skal benyttes på de to godene. Budsjettbetingelsen blir da:

$$100 = 5X + 10Y$$

Vi finner først den marginale substitusjonsrate som altså er forholdet mellom grensenyttene:

$$\text{MRS}_{XY} = U'_X/U'_Y$$

Vi finner de partiellderiverte:

$$\text{MRS} = 0{,}6 \cdot 4X^{-0,4}Y^{0,4}/0{,}4 \cdot 4X^{0,6}Y^{-0,6} = 3Y/2X$$

Løsningen på nyttemaksimeringsproblemet er dermed gitt ved følgende to likninger:

$$3Y/2X = 5/10$$
$$5X + 10Y = 100$$

Fra den første ligningen får vi at $X = 3Y$. Vi setter så dette inn i budsjettbetingelsen og får

$5 \cdot 3Y + 10Y = 100$ som gir oss $Y = 4$. Fra den første ligningen får vi da at $X = 12$.

2 Lagranges metode

Lagrangemultiplikatoren

Lagranges metode er en teknikk som kan brukes til å maksimere eller minimere en funksjon under én eller flere bibetingelser. I og med at vi også skal anvende denne metoden senere, innenfor produksjons og kostnadsteorien, skal vi ta løsningsprosedyren knyttet til maksimering av ligningen (A4.1) under bibetingelsen (A4.2) steg for steg slik at du blir fortrolig med teknikken.

Steg 1. Formulering av problemet. Vi starter med å formulere Lagrangefunksjonen. Denne består av en funksjonen som skal maksimeres eller minimeres (i vårt tilfelle her maksimeres), pluss en variabel λ (Lagrangemultiplikatoren) som multipliseres med bibetingelsen (her konsumentens budsjettbetingelse). Vi kommer straks tilbake til tolkningen av λ. Lagrangefunksjonen er da gitt ved:

$$\Phi = U(X, Y) - \lambda(P_X X + P_Y Y - I) \qquad \textbf{(A4.3)}$$

Merk deg at vi har skrevet budsjettbetingelsen som:

$$P_X X + P_Y Y - I = 0$$

Altså at summen av leddene skal være lik 0. Vi setter deretter denne summen inn i Lagrangefunksjonen.

Steg 2. Derivering av Lagrangefunksjonen. Hvis vi velger verdier av X og Y som tilfredsstiller bibetingelsen, så blir det andre leddet i ligning (A4.3) lik null. Maksimering av Lagrangefunksjonen er derfor ekvivalent med å maksimere $U(X, Y)$. Ved å derivere Lagrangefunksjonen med hensyn på X, Y og λ og sette disse partiellderiverte lik 0 vil vi få de nødvendige betingelsene for et maksimum. Vi får:

$$\partial\Phi/\partial X = MU_X(X, Y) - \lambda P_X = 0$$
$$\partial\Phi/\partial Y = MU_Y(X, Y) - \lambda P_Y = 0 \qquad \textbf{(A4.4)}$$
$$\partial\Phi/\partial\lambda = I - P_X X + P_Y Y = 0$$

Her er som før MU forkortelsen for grensenytte: Med andre ord, $MU_X(X,Y) = \partial U(X, Y)/\partial X$, som altså er den nytteøkning som følger av en marginal økning i konsumet av X.

Steg 3. Løsning av ligningssystemet. De tre ligningene i (A4.4) kan alternativt skrives som:

$$MU_X(X, Y) = \lambda P_X$$
$$MU_Y(X, Y) = \lambda P_Y$$
$$P_X X + P_Y Y = I$$

Nå kan vi løse disse tre ligningene for de tre ukjente, X, Y og λ. De verdiene vi får for X og Y er de som løser konsumentenes optimeringsproblem – de er de nyttemaksimerende mengdene.

Prinsippet om lik grensenytte av siste krone

Den tredje ligningen ovenfor er konsumentens budsjettbetingelsen slik vi formulerte den i utgangspunktet. De to første ligningene forteller oss at hvert av godene vil bli konsumert opp til det nivå der grensenytten er lik λ multiplisert med godeprisen. For å se implikasjonen av dette kombinerer vi de to første ligningene og får prinsippet om at *grensenytten av siste krone brukt på X skal være lik grensenytten av siste krone brukt på Y*:

$$\lambda = MU_X(X, Y)/P_X = MU_Y(X, Y)/P_Y \quad \textbf{(A4.5)}$$

Hvis dette ikke er oppfylt, vil nytten kunne øke ved at man konsumerer mer av det ene godet og mindre av det andre.

For å beskrive konsumentens tilpasning mer detaljert kan vi omskrive ligning (A4.5):

$$MU_X(X, Y)/MU_Y(X, Y) = P_X/P_Y \quad \textbf{(A4.6)}$$

Med andre ord, forholdet mellom grensenyttene skal være lik forholdet mellom prisene.

Den marginal substitusjonsrate (MRS)

Vi kan benytte ligning (A4.6) for å se koblingen mellom nyttefunksjoner og indifferenskurver. Hvis U* er et gitt nyttenivå, vil indifferenskurven som korresponderer til dette nivået gitt ved:

$$U(X, Y) = U^*$$

Når vi foretar små økninger i X og små reduksjoner i Y skal nytten være uendret – gitt at vi er på samme indifferenskurve. Vi har da:

$$MU_X(X, Y)dX + MU_Y(X, Y)dY = dU^* = 0 \quad \textbf{(A4.7)}$$

Litt omrokkering gir oss:

$$-dY/dX = MU_X(X, Y)/MU_Y(X, Y) = MRS_{XY} \quad \textbf{(A4.8)}$$

der MRS_{XY} representerer den enkeltes marginale substitusjonsrate. Da venstresiden av ligning (A4.8) representerer helningen på indifferenskurven, følger det at i tangeringspunktet vil den enkeltes marginale substitusjonsrate, som er lik forholdet mellom grensenyttene, være lik forholdet mellom prisene på de to godene, fra (A4.6)[3].

Når de individuelle indifferenskurvene er konvekse, vil tangeringspunktet med budsjettlinjen løse konsumentens optimaliseringsproblem. Dette prinsippet ble illustrert i figur 3.13 (side 62) i kapittel 3.

Grensenytten av inntekt

Uansett formen på nyttefunksjonen representerer Lagrangemultiplikatoren den nytteøkning som følger av en marginal økning i budsjettet – nytteøkningen ved å få én krone til. Vi får frem dette ved å differensiere nyttefunksjonen med hensyn på inntekt:

$$dU/dI = MU_X(X, Y)(dX/dI) + MU_Y(X,Y)(dY/dI) \quad \textbf{(A4.9)}$$

I og med at enhver økning i inntekt må fordeles mellom de to godene følger det at:

$$dI = P_X dX + P_Y dY \quad \textbf{(A4.10)}$$

Vi setter (A4.5) inn i (A4.9) og får:

$$dU/dI = \lambda P_X(dX/dI) + \lambda P_Y(dY/dI) = \lambda(P_X dX + P_Y dY)/dI \quad \textbf{(A4.11)}$$

og setter (A4.10) inn i (A4.11):

$$dU/dI = \lambda(P_X dX + P_Y dY)/(P_X dX + P_Y dY) = \lambda \quad \textbf{(A4.12)}$$

Dermed sier Lagrangemultiplikatoren hvor mye nytten øker når inntekten øker med én krone.

Eksempel

Cobb-Douglas nyttefunksjon
nyttefunksjonen $U(X, Y) = X^aY^{1-a}$, der X og Y er to goder, og a er en konstant

En mye benyttet nyttefunksjon er **Cobb-Douglas nyttefunksjonen**. Denne kan uttrykkes på to måter:

$$U(X, Y) = a \cdot \log(X) + (1 - a) \cdot \log(Y)$$

og

$$U(X, Y) = X^aY^{1-a}$$

I etterspørselsteorien er disse to funksjonsformene like fordi de begge gir samme etterspørselsfunksjoner for X og Y. Vi vil her utlede etterspørselsfunksjonene fra den første formen og overlater den andre til deg som en øvelse.

For å finne etterspørselsfunksjonene for X og Y, gitt den vanlige budsjettbetingelsen, formulerer vi først Lagrangefunksjonen:

$$\Phi = a \cdot \log(X) + (1 - a) \cdot \log(Y) - \lambda(P_XX + P_YY - I)$$

Vi deriverer så med hensyn på henholdsvis X, Y og λ og setter de deriverte lik 0:

$$\partial\Phi/\partial X = a/X - \lambda P_X = 0$$

$$\partial\Phi/\partial Y = (1 - a)/Y - \lambda P_Y = 0$$

$$\partial\Phi/\partial\lambda = P_XX + P_YY - I = 0$$

De to første betingelsene innebærer at:

$$P_XX = a/\lambda \qquad \textbf{(A4.13)}$$

$$P_YY = (1 - a)/\lambda \qquad \textbf{(A4.14)}$$

Ved å kombinere disse uttrykkene med den siste betingelsen (budsjettbetingelsen) får vi:

$$a/\lambda + (1 - a)/\lambda - I = 0$$

eller $\lambda = 1/I$. Nå kan vi sette dette i ligning (A4.13) og (A4.14) og finner da etterspørselsfunksjonene for X og Y:

$$X = (a/P_X)I$$

$$Y = [(1 - a)/P_Y]I$$

I dette eksempelet avhenger etterspørselen etter hvert av godene bare av egen pris og av inntekten, ikke av prisen på de andre godene. Dermed vil kryss priselastisitetene være lik 0.

I avsnitt 2.4 forklarer vi at krysspriselastisiteten sier hvor mange prosent etterspørselen etter et gode endres når prisen på et annet gode øker med 1 %.

Vi kan også bruke dette eksemplet til å se nærmere på betydningen av Lagrangemultiplikatoren. La oss gi parametrene i eksemplet ovenfor konkrete tallverdier. La $a = 0{,}5$, $P_X = 1$, $P_Y = 2$, og $I = 100$. I dette tilfellet vil den nyttemaksimerende godekombinasjonen være $X = 50$ og $Y = 25$. Merk også at $\lambda = 1/100$. Lagrangemultiplikatoren forteller oss at hvis inntekten øker med 1 krone, vil nytten øke med 1/100. Denne konklusjonen er relativt lett å sjekke. Med en inntekt på 101 vil den nyttemaksimerende godekombinasjonen være $X = 50{,}5$ og $Y = 25{,}25$. Litt regning forteller oss at det opprinnelige nyttenivået er 3,565, og at det nye nivået er 3,575. Det vil altså si at inntektsøkningen på 1 krone har økt nytten med 0,01.

Dualitet

Det er to ulike innfallsvinkler til konsumentens optimeringsproblem. Det optimale valget av X og Y kan analyseres som problemet med å velge den indifferenskurven som ligger lengst ut i diagrammet – den maksimale verdien av $U(\,)$ – som tangerer budsjettlinjen. Vi kan også analysere det som problemet med å velge den budsjettlinjen

dualitet
Alternativ innfallsvinkel til nyttemaksimeringsproblemet: I stedet for å velge den høyeste indifferenskurve, gitt budsjettbetingelsen, velger konsumenten den laveste budsjettlinjen som tangerer en gitt indifferenskurve

som ligger lengst inn i diagrammet – minimering av utgiftene – som tangerer en gitt indifferenskurve. Vi bruker begrepet **dualitet** for å referere til disse to innfallsvinklene. La oss se på følgende duale optimeringsproblem; problemet med å minimere utgiftene gitt at man skal ha et visst nivå på nytten.

$$\text{Minimer } (P_X X + P_Y Y)$$

gitt betingelsen:

$$U(X, Y) = U^*$$

Lagrangefunksjonen er da gitt ved:

$$\Phi = P_X X + P_Y Y - \mu[U(X, Y) - U^*] \qquad \textbf{(A4.15)}$$

hvor μ er Lagrangemultiplikatoren. Vi deriverer med hensyn på henholdsvis X, Y, og μ og setter de partiellderiverte lik 0 og finner de nødvendige betingelsene for utgiftsminimering:

$$P_X - \mu \text{MU}_X(X, Y) = 0$$

$$P_Y - \mu \text{MU}_Y(X, Y) = 0$$

og

$$U(X, Y) = U^*$$

Ved å løse de to første ligningene og ha ligning (A4.5) i minnet ser vi at:

$$\mu = [P_X/\text{MU}_X(X, Y)] = [P_Y/\text{MU}_Y(X, Y)] = 1/\lambda$$

I og med at:

$$\text{MU}_X(X, Y)/\text{MU}_Y(X, Y) = \text{MRS}_{XY} = P_X/P_Y$$

må det kostnadsminimerende valg av X og Y skje i det punkt der budsjettlinjen tangerer indifferenskurven som genererer nyttenivået U^*. I og med at dette er det samme punktet som maksimerte nytten i vårt opprinnelige problem, gir det duale utgiftsminimeringsproblemet de samme etterspørselsfunksjonene som er vi fant ved å løse nyttemaksimeringsproblemet.

La oss igjen se på vårt eksempel med Cobb-Douglas-funksjonen. Algebraen er noe enklere å følge hvis vi bruker Cobb-Douglas nyttefunksjonen på formen $U(X, Y) = X^a Y^{1-a}$. I dette tilfellet er Lagrangefunksjonen gitt ved:

$$\Phi = P_X X + P_Y Y - \mu(X^a Y^{1-a} - U^*) \qquad \textbf{(A4.16)}$$

Vi deriverer med hensyn på X, Y, og μ og setter de deriverte lik 0:

$$P_X = \mu a U^*/X$$

$$P_Y = \mu(1 - a)U^*/Y$$

Vi multipliserer den første ligningen med X og den andre med Y, summerer dem og får:

$$P_X X + P_Y Y = \mu U^*$$

Vi lar I være det kostnadsminimerende nivået på utgiftene. Det følger da at $\mu = I/U^*$. Vi setter dette inn i likningen ovenfor og får:

$$X = aI/P_X \quad \text{og} \quad Y = (1 - a)I/P_X$$

som er de samme etterspørselsfunksjonene vi fant tidligere.

Inntekts- og substitusjonseffekter

Etterspørselsfunksjonen forteller oss hvordan konsumentens nyttemaksimerende godesammensetning påvirkes av endringer i både inntekt og prisene på de to godene.

Det er imidlertid viktig å skille andelen av en prisendring som fremkommer ved en *bevegelse langs indifferenskurven* fra den andelen som stammer fra en *bevegelse fra* én *indifferenskurve til en annen* (og dermed en endring i kjøpekraft). For å klargjøre dette skillet ser vi på hva som skjer med etterspørselen etter gode X når prisen på X endres. Som vi forklarte i avsnitt 4.2, kan endringen i etterspørselen splittes i en substitusjonseffekt (endringen i etterspørselen når nytten holdes konstant) og en inntektseffekt (endringen i etterspørsel når inntekten endres gitt at den relative prisen på godet X er uendret). Vi betegner endringen i X som følger av en enhets endring prisen, gitt at nytten er uendret, som:

I avsnitt 4.2 er effekten av en prisendring delt inn i en inntektseffekt og en substitusjonseffekt.

$$\partial X/\partial P_{X|U=U^*}$$

Den samlede endring i etterspørselen etter X som følger av en endring på prisen på X med én enhet er da gitt ved:

$$dX/dP_X = \partial X/\partial P_{X|U=U^*} + (\partial X/\partial I)(\partial I/\partial P_X) \quad \textbf{(A4.17)}$$

Det første leddet på høyre side av ligning (A4.17) er substitusjonseffekten (fordi nytten holdes konstant). Det andre leddet er inntektseffekten (fordi inntekten øker).

Fra konsumentens budsjettbetingelse, $I = P_X X + P_Y Y$, vet vi at:

$$\partial I/\partial P_X = X \quad \textbf{(A4.18)}$$

Anta nå at konsumenten har beholdninger av både X og Y. I så fall forteller ligning (A4.18) oss at når prisen på gode X øker med 1 kr, vil beløpet som konsumenten kan få ved å selge godet øke med X kroner. I konsumentteorien antar vi imidlertid at konsumentene ikke har noen initialbeholdninger av godene. Følgelig forteller likning (A4.18) oss hvor mye ekstra inntekt konsumenten ville trenge for å oppnå samme nyttenivå etter prisendring som det hun hadde før. Av denne grunn er det vanlig å ha negativt fortegn foran inntektseffekten (som reflekterer et tap av kjøpekraft) snarere enn positivt. Likning (A4.17) fremkommer da som følger:

Slutsky-ligningen
En ligning som dekomponerer effekten av en prisendring i en substitusjons- og en inntektseffekt

$$dX/dP_X = \partial X/\partial P_{X|U=U^*} - X(\partial X/\partial I) \quad \textbf{(A4.19)}$$

På denne nye formen, også kalt **Slutsky-ligningen**, representerer det første leddet *substitusjonseffekten:* endringen i etterspørselen etter X gitt at nytten holdes konstant. Det andre leddet er *inntektseffekten:* endringen i kjøpekraft som følger av en prisendring multiplisert med endringen i etterspørselen som følger av endret kjøpekraft.

Hicksiansk substitusjonseffekt
Alternativ til Slutsky-ligningens dekomponering av effektene av en prisendring uten henvisning til indifferenskurver

En alternativ måte å dekomponere en prisendring i substitusjons- og inntekts-effekter, som vanligvis tilskrives John Hicks, benytter seg ikke av indifferenskurver. I figur A4.1 velger konsumenten i utgangspunktet godekombinasjon A på budsjettlinjen RS. Anta at vi etter at prisen på mat faller (og budsjettlinjen skifter til RT), tar bort en del av inntekten slik at konsumenten verken kommer bedre eller dårligere ut av det enn før. For å illustrere dette trekker vi en budsjettlinje parallell til RT. Dersom budsjettlinjen gikk gjennom punkt A, ville konsumentene være minst like fornøyd som hun var før prisendringen: Hun har fortsatt muligheten til å kjøpe godekombinasjonen A hvis hun ønsker. Ifølge den **Hicksianske substitusjonseffekten** vil derfor budsjettlinjen som gjør at hun kommer like godt ut av det være en linje som $R'T'$, som er parallell til RT og som skjærer RS i et punkt B nedenfor og til høyre for punktet A. Avslørte preferanser forteller oss at den nye godekombinasjonen skal ligge på linjestykket BT'. Hvorfor? Fordi alle godekombinasjoner på linjestykket $R'B$ kunne ha vært valgt, men ble det ikke når den opprinnelige budsjettlinjen var RS. (Husk at konsumenten foretrakk A fremfor alle andre oppnåelige godekombinasjoner). Merk deg nå at alle punkter på linjestykket BT' innebærer mer konsum av mat enn i punkt A. Det følger at etterspørselen etter mat øker når prisen på mat faller og nytten holdes konstant. Denne negative substitusjonseffekten gjelder for alle prisendringer og er ikke avhengig av forutsetningen om konveksitet i indifferenskurvene som vi la til grunn i avsnitt 3.1 (side 47).

I appendikset i kapittel 3 forklarer vi hvordan informasjon om konsumentenes preferanser avsløres gjennom de valg som konsumenten gjør.

I avsnitt 3.1 forklarer vi at en indifferenskurve er konveks dersom den marginale substitusjonsrate avtar når vi beveger oss nedover langs kurven.

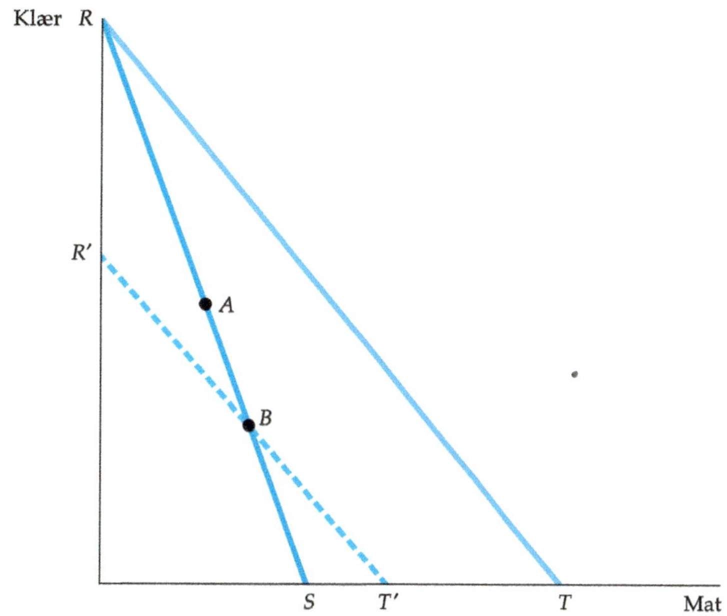

FIGUR A4.1 Hicksiansk substitusjonseffekt

I utgangspunktet velger personen godekombinasjon *A*. En reduksjon i prisen på mat skifter budsjettlinjen fra *RS* til *RT*. Hvis inntekten reduseres med et beløp som gjør at hun ikke kommer verken bedre eller dårligere ut enn i *A* må to betingelser være oppfylt: Den nye godekombinasjonen som velges må ligge på linjestykket *BT'* på budsjettlinjen *RT* (som skjærer *RS* til høyre for *A*), og mengden av mat som konsumeres må være større enn i *A*.

ØVELSER

1. Hvilke av de følgende nyttefunksjoner er forenlige med konvekse indifferenskurver?
   a. $U(X, Y) = 2X + 5Y$
   b. $U(X, Y) = (XY)^{0,5}$
   c. $U(X, Y) = \text{Min}(X, Y)$, der Min er den minste av de to verdiene av X og Y.
2. Vis at de to nyttefunksjonene nedenfor genererer identiske etterspørselsfunksjoner for gode X og Y:
   a. $U(X, Y) = \log(X) + \log(Y)$
   b. $U(X, Y) = (XY)^{0,5}$
3. Anta at en nyttefunksjon er gitt ved $\text{Min}(X, Y)$, som i oppgave 1(c). Hva blir Slutsky-ligningen som dekomponerer endring i etterspørselen etter X som følge av en prisendring på gode X? Hva er inntektseffekten? Hva er substitusjonseffekten?
4. Siv har følgende nyttefunksjon:

$$U(X, Y) = X^{0,5} + Y^{0,5}$$

der X er hennes konsum av sjokolade som koster 10 kr pr. stykk, og Y er hennes konsum av espresso som koster 30 kr pr. stykk.

   a. Utled Sivs etterspørsel etter sjokolade og espresso.
   b. Anta at hennes inntekt $I = 1\,000$ kr. Hvor mange sjokolader og hvor mange espresso vil hun kjøpe?
   c. Hva er grensenytten av inntekten?

5. Marius har følgende nyttefunksjon:

$$U(X, Y) = 20X + 80Y - X^2 - 2Y^2$$

der X er antall CD-er, som koster 100 kr pr. stykk og Y er antall DVD-er som koster 150 kr pr. stykk. Han planlegger å bruke 4 500 kr til sammen på CD-er og DVD-er. Hvor mye vil han kjøpe av hver av de, gitt at Marius ønsker å maksimere sin nytte?

Produksjonsteori

5

KAPITTELOVERSIKT

5.1	Produksjonsteknologi	108
5.2	Produksjon med én variabel innsatsfaktor	110
5.3	Produksjon med to variable innsatsfaktorer	115
5.4	Skalautbytte	121

I de tre foregående kapitlene fokuserte vi på *etterspørselssiden* i et typisk produktmarked – konsumentenes preferanser og atferd. Vi skal nå se nærmere på ***tilbudssiden*** og undersøke produsentenes atferd. Vi skal se hvordan bedrifter kan produsere på en kostnadseffektiv måte og hvordan deres produksjonskostnader endres når prisene på innsatsfaktorer eller produksjonsnivået endres. Vi vil også se at det er sterke likheter mellom bedriftenes optimering og konsumentenes optimering. Med andre ord vil det å forstå konsumentenes atferd hjelpe oss å forstå produsentenes atferd.

I dette og neste kapittel skal du bli bedre kjent med hvordan bedriftene tilpasser seg for å minimere kostnadene for ulike nivåer på produksjonen, for deretter å finne ut hvordan bedriftens kostnader er koblet til produksjonsnivået. Den kunnskapen vi opparbeider om produksjon og kostnader, vil hjelpe oss å forstå hva som kjennetegner markedets tilbud. Den vil også vise seg å være nyttig for å håndtere problemstillinger som bedrifter kontinuerlig står overfor. Tenk for eksempel på de spørsmål som reiser seg for en bilprodusent. Hvor mye kapitalutstyr i form av samlebånd osv., og hvor mye arbeidskraft skal benyttes? Hva hvis produksjonen skal økes? Skal det da ansettes flere, skal det bygges et nytt produksjonsanlegg – eller begge deler? Og hvor stor bør i tilfellet økning være? Hvis det skal produseres ulike modeller, bør dette skje i samme anlegg eller i ulike produksjonsanlegg? Hva kan bedriften forvente om produksjonskostnadene i det kommende år? Hvor høy blir lønnsveksten, og vil kapitalkostnadene endres? Hvordan vil kostnadene pr. produsert bil påvirkes av at produksjonen går opp eller ned? Disse spørsmålene gjelder ikke bare for private bedrifter, men også for andre produsenter av varer og tjenester, slik som myndighetene og ideelle organisasjoner.

Bedriftens produksjonsbeslutning

I kapittel 3 og 4 studerte vi konsumentenes atferd ved å dele den opp i tre steg. Først forklarte vi hvordan vi beskriver konsumentenes preferanser. Deretter så vi på budsjettbetingelsen som du og jeg står overfor. Avslutningsvis så vi hvordan konsumenten valgte den godekombinasjonen som maksimerte nytten, gitt den budsjettbeskrankning hun sto overfor. På tilsvarende måte kan vi si at det er tre stadier knyttet til bedriftens produksjonsbeslutning:

1. **Produksjonsteknologi:** Vi trenger en metode for å beskrive hvordan *innsatsfaktorer* (som arbeidskraft, kapital og råvarer) kan omgjøres til *ferdige produkter* (for eksempel biler og TV-er). Konsumentene kunne oppnå samme nyttenivå ved kjøp av ulike godekombinasjoner. På samme måte kan produsentene produsere et gitt kvantum ved ulike kombinasjoner av innsatsfaktorene. En TV-produsent kan for eksempel produsere 10 000 TV-apparater pr. måned ved hjelp av mye arbeidskraft (for eksempel arbeidere som monterer TV-ene for

hånd) og svært lite kapitalutstyr, eller ved å bygge en svært automatisert, kapitalintensiv, fabrikk hvor behovet for arbeidskraft er mindre.

2. **Kostnadsbeskrankninger:** Bedriftene må ta hensyn til *prisene* på arbeidskraft, kapital og andre innsatsfaktorer. Vi antar uten videre at bedriftene ønsker å produsere det de produserer billigst mulig. Da er det viktig å vite hvilke priser de står overfor i faktormarkedene. Spesielt vil det være interessant om de kan påvirke disse prisene.
3. **Valg av innsatsfaktorer:** Gitt produksjonsteknologi og prisene på arbeidskraft, kapital og andre innsatsfaktorer, vil bedriften velge *hvor mye av hver innsatsfaktor* som skal benyttes i produksjon. Tilsvarende som en forbruker tar hensyn til prisene på ulike varer når hun bestemmer seg for hvor mye hun skal kjøpe av hvert av godene, må bedriften ta hensyn til prisene på de ulike innsatsfaktorene når den bestemmer seg for hvor mye av hver av de den skal benytte. Hvis vår TV-produsent opererer i et land med lave lønninger, kan den velge å produsere TV-er ved bruk av mye arbeidskraft og lite kapitalutstyr.

Disse tre punktene er byggesteinene i teorien om bedriftens tilpasning, og vi skal diskutere dem i detalj i dette og neste kapittel. Vi vil også se nærmere på andre viktige aspekter ved bedrifters atferd. Hvis vi for eksempel antar at bedriften alltid velger den kostnadsminimerende faktorkombinasjonen skal vil se hvordan de totale kostnader varierer med produksjonens størrelse og hvordan dette, sammen med etterspørselssiden, gir bedriften grunnlag for å velge det nivå på produksjonen som maksimerer overskuddet.

Vi begynner dette kapitlet med å vise hvordan bedriftens produksjonsteknologi kan uttrykkes ved en *produktfunksjon,* som på en kompakt måte viser hvordan innsatsfaktorer omgjøres til produkter. Deretter benytter vi produktfunksjonen for å vise hvordan bedriftens produksjon endres når bare én av innsatsfaktormengdene (arbeidskraft) endres, mens de andre innsatsfaktormengdene holdes konstant. Deretter ser vi på det mer generelle tilfellet der bedriften kan variere bruken av alle innsatsfaktorer, og viser hvordan bedriften velger kostnadseffektive faktorkombinasjoner for ulike produksjonsnivåer. Vi vil være spesielt opptatt av omfanget av bedriftens produksjon. Er det for eksempel noen teknologiske fordeler som gjør bedriften mer produktiv når man skalerer opp produksjonen?

5.1 PRODUKSJONSTEKNOLOGI

innsatsfaktorer
Input i produksjonsprosessen (for eksempel arbeidskraft, kapitalutstyr og råvarer)

I produksjonsprosessen omgjøres *innsatsfaktorer* til ferdige *produkter* eller halvfabrikata som igjen benyttes i andre bedrifter. **Innsatsfaktorer** omfatter alt som bedriften må benytte i produksjonsprosessen. I et bakeri, for eksempel, vil innsatsfaktorer bestå av arbeidskraft, råvarer, som mel og sukker, og kapitalutstyr som ovner, miksere og annet utstyr som trengs for å produsere brød, kaker og annet bakverk.

Noe grovkalibret kan vi splitte innsatsfaktorene inn i tre grupper: *arbeidskraft, råvarer og halvfabrikata* samt *realkapital.* Disse kan så splittes opp i mer detaljerte undergrupper: Arbeidskraften kan for eksempel deles inn i faglærte (som snekkere, murere og økonomer) og ufaglærte (som jordbærplukkere og avisbud). Råvarer og halvfabrikata omfatter tømmer, olje, vann, Leca-blokker, plast og mye mer. Realkapitalen består av landareal, bygninger, maskiner, transportmidler og annet utstyr, samt lagerbeholdninger.

Produktfunksjonen

Generelt vil en bedrift kunne produsere et gitt kvantum på ulike måter – sagt på en annen måte: ved hjelp av ulike faktorkombinasjoner. Denne sammenhengen mellom

produktfunksjon
En funksjon som viser maksimalt produksjonskvantum for alle spesifiserte kombinasjoner av innsatsfaktorer

innsatsfaktorbruk og produksjon kan beskrives ved en *produktfunksjon*. En **produktfunksjon** viser den maksimale produksjonsmengde, q, en bedrift kan produsere ved hjelp av spesifikke faktorkombinasjoner. Selv om bedriftene i praksis benytter en rekke innsatsfaktorer, vil vi forenkle vår analyse ved å fokusere på bare to, arbeidskraft, L, og kapital, K. Vi kan da skrive produktfunksjonen som:

$$q = F(K, L) \tag{5.1}$$

Ligningen kan for eksempel beskrive det antall PC-er som kan produseres i løpet av et år i en fabrikk på 1 000 m^2 og 100 arbeidere, eller avlingen en bonde kan oppnå ved bruk av et gitt antall maskiner og et gitt antall arbeidere.

Innsatsfaktorer og produksjon er såkalte *strømningsvariabler* – variabler som vi måler over en tidsperiode. PC-produsenten vil for eksempel benytte en viss mengde arbeidskraft *hvert år* for å produsere et visst antall datamaskiner over det året. For å forenkle så dropper vi ofte referansen til tidsperiode og snakker bare om mengder av arbeidskraft, kapital og produksjon. Dersom ikke annet er angitt, så snakker vi om mengden av arbeidskraft og kapital som brukes i hver tidsperiode, og den tilhørende produksjon i løpet av perioden.

Produktfunksjonen i ligning (5.1) antyder at produksjon av et gode kan skje ved ulike kombinasjoner av de to innsatsfaktorene. Benyttes det mer arbeidskraft, kan man kutte ned på kapitalbruken, og omvendt. Vin kan for eksempel produseres på en arbeidsintensiv måte ved hjelp av mange arbeidere, eller på en kapitalintensiv måte ved hjelp av mye maskiner og få arbeidere.

Ligning (5.1) gjelder for en *gitt teknologi* – dvs. for et gitt kunnskapsnivå om ulike metoder for å omgjøre innsatsfaktorer til produkter. Etter hvert som teknologien blir mer avansert og produktfunksjonen endres, kan bedriften oppnå høyere produksjon med en gitt kombinasjon av innsatsfaktorer. Eksempelvis vil nye og raskere samlebånd føre til at PC-produsentene kan produsere flere PC-er i løpet av et år.

Produktfunksjoner beskriver hva som er *teknisk oppnåelig* når bedriften driver *effektivt*, det vil si når bedriften benytter enhver faktorkombinasjon så effektivt som mulig. Forutsetningen om at produksjonen alltid er teknisk effektiv trenger ikke alltid holde, men det er rimelig å forvente at bedrifter som ønsker å tjene penger ikke sløser med ressursene.

Kort og lang sikt

I mange tilfeller tar det tid for en bedrift å endre bruken av innsatsfaktorer. En ny fabrikk må planlegges og bygges, og maskiner og annet kapitalutstyr må bestilles, leveres og installeres. Det kan fort ta 2–3 år før anlegget er klart for produksjon. Hvis vi så ser på produksjonsbeslutninger innenfor rammen av noen måneder frem i tid, vil det for de fleste være svært begrensede muligheter for å erstatte arbeidskraft med mer kapitalutstyr.

kort sikt
Tidsrommet der bruken av én eller flere innsatsfaktorer ikke kan endres

faste innsatsfaktorer
Innsatsfaktormengder som ikke kan endres

lang sikt
Den tiden som skal til for å gjøre alle innsatsfaktormengder variable

Innenfor produksjons- og kostnadsteorien kan det være nyttig å skille mellom kort og lang sikt. Med **kort sikt** mener vi et tidsrom der én eller flere innsatsfaktormengder ikke kan endres. Slike innsatsfaktorer kalles **faste innsatsfaktorer**. **Lang sikt** er den er den tiden som trengs for å gjøre alle innsatsfaktorer variable.

Kort og lang sikt i vår forstand refererer seg ikke til et spesifikt antall måneder eller år, men vil være knyttet til den spesifikke produksjonsprosessen vi ser på. For noen bedrifter, for eksempel en bilprodusent, kan det ta flere år å utvide produksjonskapasiteten. Kort sikt vil da strekke seg flere år frem i tid. For en som driver en pølsekiosk, og som i utgangspunktet har 1 pølsekoker, tar det derimot ikke mange dager før man kan doble produksjonskapasiteten ved å kjøpe en pølsekoker til. Kort sikt vil her, i hvert fall når det er snakk om utvidelser av produksjon som ikke fordrer ny og større kiosk – eller flere kiosker, bare omfatte den tiden det tar å skaffe seg en ny pølsekoker. I slike tilfeller kan det være relativt uinteressant å skille mellom kort og lang sikt.

Før vi ser på det generelle tilfellet der bedriften kan endre alle faktormengdene, skal vi begynne med å se på situasjonen der bedriften bare kan variere en av innsatsfaktorene. Vi trenger ikke å linke disse to tilfellene til henholdsvis lang og kort sikt. I mange bedrifter benytter man en rekke variable innsatsfaktorer, hvis mengder altså kan endres på kort sikt.

5.2 PRODUKSJON MED ÉN VARIABEL INNSATSFAKTOR

Anta at kapitalmengden er gitt og at arbeidskraft er den eneste variable innsatsfaktor. Bedriften kan da bare øke produksjonen ved å øke bruken av arbeidskraft. Tenk deg at du er daglig leder i en klesfabrikk. Selv om du har et gitt produksjonsanlegg kan du ansette flere for å sy og operere maskinparken. Du må bestemme deg for hvor mange du skal ha i arbeid og hvor mye som skal produseres. For å kunne foreta fornuftige beslutninger må du da vite hvordan produksjonens størrelse, q, påvirkes av antall ansatte.

I tabell 5.1 får du denne informasjonen. De tre første kolonnene viser hvor mye som kan produseres i løpet av en måned med ulike mengder av arbeidskraft, gitt at kapitalmengden er 10 enheter. Den første kolonnen viser hvor mye arbeidskraft som benyttes, den andre viser den gitte kapitalmengden og den tredje viser total produksjon. Når arbeidsinnsatsen er null, er produksjonen også null. Produksjonen øker etter hvert som vi øker antall ansatte opp til 7. Øker vi fra 7 til 8 ansatte, skjer det ikke noe med produksjonen, og ansettes det ennå flere går produksjonen faktisk ned. Dette stammer fra at produksjonsanlegget har en gitt størrelse med et visst antall maskiner, og for mange ansatte vil føre til at det blir ventetid ved maskinene og at de ansatte er i veien for hverandre.

Gjennomsnittsproduktivitet og grenseproduktivitet

gjennomsnittsproduktivitet
Produksjon pr. innsatsfaktorenhet

Arbeidskraftens bidrag til produksjonen kan beskrives både på *gjennomsnittlig* og *marginal* basis. Den fjerde kolonnen i tabell 5.1 viser **gjennomsnittsproduktiviteten** av arbeidskraft (AP_L), som er produksjonen pr. arbeidskraftenhet. Gjennomsnitts-produktiviteten er beregnet ved å dividere samlet produksjon, q, med antall

TABELL 5.1 Produksjon med én variabel innsatsfaktor

Mengde arbeidskraft (L)	Kapital-mengde (K)	Total produksjon (q)	Gjennomsnitts-produktivitet (q/L)	Grense-produktivitet ($\Delta q/\Delta L$)
0	10	0	—	—
1	10	10	10	10
2	10	30	15	20
3	10	60	20	30
4	10	80	20	20
5	10	95	19	15
6	10	108	18	13
7	10	112	16	4
8	10	112	14	0
9	10	108	12	–4
10	10	100	10	–8

arbeidskraftenheter (i vårt tilfelle ovenfor antall månedsverk). I eksemplet ovenfor stiger først gjennomsnittsproduktiviteten for så å begynne å synke når antall månedsverk overstiger 4.

grenseproduktivitet Den produksjonsøkning som følger av at man øker bruken av en innsatsfaktor med én enhet

Den femte kolonnen i tabell 5.1 viser **grenseproduktiviteten** av arbeidskraft (MP_L). Dette er den *produksjonsøkning* vi får når vi øker arbeidsinnsatsen med 1 enhet. Eksempelvis øker produksjonen fra 30 til 60 enheter når arbeidsinnsatsen øker fra 2 til 3. Grenseproduktiviteten av arbeidskraft kan skrives som $\Delta q/\Delta L$ – med andre ord den endringen i produksjonen, Δq, som følger av en gitt økning i arbeidsinnsatsen, ΔL.

Arbeidskraftens grenseproduktivitet vil være avhengig av hvor mye kapital man har til rådighet. Hvis kapitalmengden økte fra 10 til 20 ville arbeidskraftens grenseproduktivitet sannsynligvis øke. Hvorfor? Fordi ekstra arbeidere vil være mer produktive hvis de har mer kapital til rådighet. Som for gjennomsnittsproduktiviteten, er grenseproduktiviteten først stigende for så å falle (etter den 3. arbeidskraftenhet).

La oss oppsummere:

Arbeidskraftens gjennomsnittsproduktivitet = Produksjon/arbeidsinnsats = q/L
Arbeidskraftens grenseproduktivitet = Endring i produksjon/endring i arbeidsinnsats = $\Delta q/\Delta L$

En grafisk tilnærming

I figur 5.1 har vi plottet inn informasjonen fra tabell 5.1. (Vi har bundet sammen alle punktene med heltrukne linjer). Figur 5.1(a) viser at produksjonen øker med antall månedsverk opp til en maksimal produksjon på 112 enheter, for deretter å synke. Den synkende delen av kurven, som viser total produksjon, er stiplet for å markere at ikke er økonomisk rasjonelt å ha flere enn 8 ansatte – det er definitivt ikke lønnsomt å ansette flere for å produsere *mindre*.

Figur 5.1(b) viser kurvene for gjennomsnittsproduktivitet og grenseproduktivitet. (Benevning på den vertikale aksen er endret fra produksjon pr. måned til produksjonen pr. arbeider pr. måned.) Merk deg at grenseproduktiviteten er positiv så lenge produksjonen øker, men blir negativ når produksjonen synker.

Det er ingen tilfeldighet at kurven for grenseproduktivitet skjærer den horisontale aksen i det punktet der produksjonen når sitt maksimum. Dette skjer fordi en ekstra arbeider fører til at produksjonen synker – arbeiderens grenseproduktivitet er da negativ.

Det er en tett kobling mellom kurvene for gjennomsnittsproduktivitet og grenseproduktivitet. *Når grenseproduktiviteten er større enn gjennomsnittsproduktiviteten, vil gjennomsnittsproduktiviteten øke.* Dette er tilfellet for arbeidskraftinnsats opp til 4 i figur 5.1(b). Intuisjonen er at dersom produksjonsøkningen fra ytterligere en arbeider er større enn gjennomsnittsproduktiviteten for de eksisterende arbeiderne, vil dette trekke gjennomsnittsproduktiviteten oppover. I tabell 5.1 ser vi at to arbeidere produserer 30 enheter, altså en gjennomsnittsproduktivitet på 15 enheter pr. arbeider. Ansettes det en til, øker produksjonen med 30 enheter (til 60), noe som hever gjennomsnittsproduktiviteten fra 15 til 20 enheter.

Tilsvarende, når *grenseproduktiviteten er lavere enn gjennomsnittsproduktiviteten, vil gjennomsnittsproduktiviteten synke.* Dette er tilfellet når antall arbeidere overstiger 4. I tabell 5.1 ser vi at 6 arbeidere produserer 108 enheter, altså 18 enheter i gjennomsnitt. Grenseproduktiviteten for den syvende arbeideren er bare 4 enheter (mindre enn gjennomsnittsproduktiviteten), og reduserer dermed gjennomsnittsproduktiviteten til 16 enheter når innsatsen øker fra 6 til 7.

Vi har da sett at grenseproduktiviteten ligger over gjennomsnittsproduktiviteten når gjennomsnittsproduktiviteten øker og ligger under når gjennomsnittsproduktiviteten synker. Følgelig må grenseproduktiviteten være lik gjennomsnittsproduktiviteten når gjennomsnittsproduktiviteten når sitt maksimum. Dette skjer i punkt *E* i figur 5.1(b).

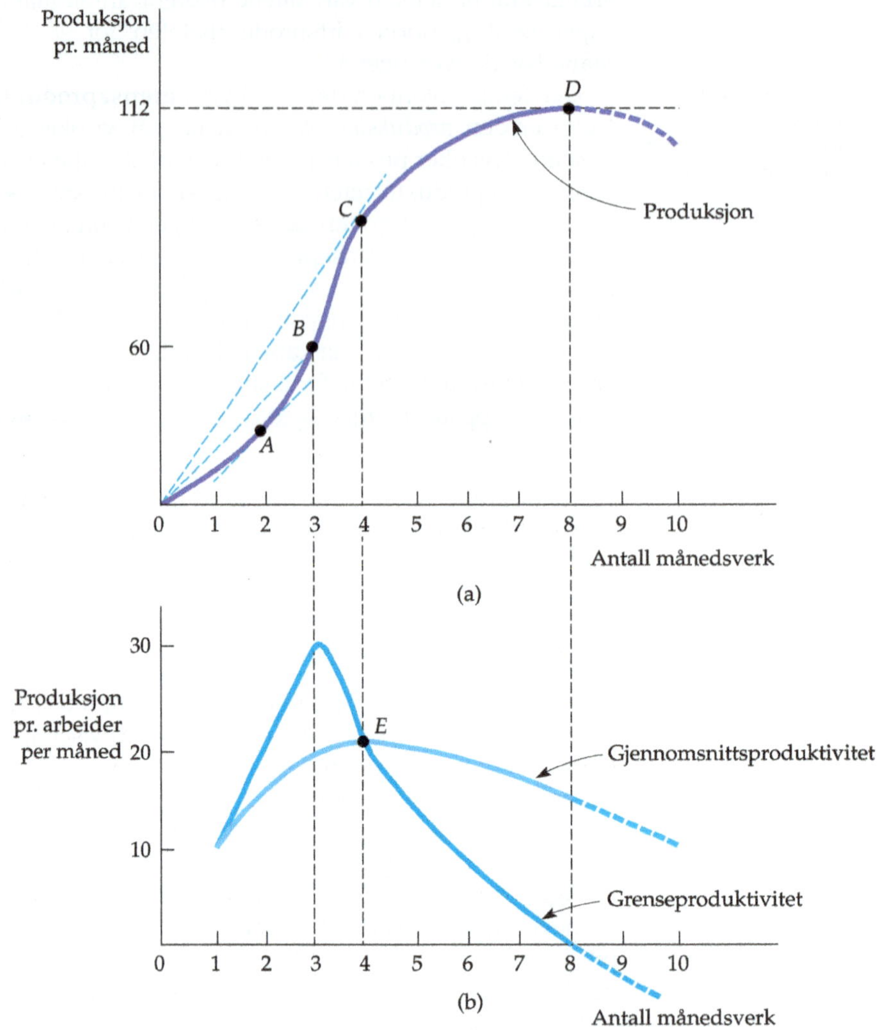

FIGUR 5.1 Produksjon med én variabel innsatsfaktor

Kurven i figur **(a)** viser sammenhengen mellom arbeidsinnsats og samlet produksjon. Kurvene for gjennomsnittsproduktivitet og grenseproduktivitet i **(b)** kan utledes (ved hjelp av dataene i tabell 5.1) fra produktfunksjonen i (a). I punkt *A* i (a) er grenseproduktiviteten lik 20 fordi tangenthelningen i dette punktet er lik 20. I punkt *B* i **(a)** er gjennomsnittsproduktiviteten lik 20, noe som tilsvarer helningen på linjen fra origo til *B*. Arbeidskraftens gjennomsnittsproduktivitet i punkt *C* i **(a)** er gitt ved helningen på linjen *0C*. Til venstre for punktet *E* i **(b)** ligger grenseproduktiviteten over gjennomsnittsproduktiviteten og gjennomsnittsproduktiviteten vil da øke. Til høyre for *E* er grenseproduktiviteten lavere enn gjennomsnittsproduktiviteten og gjennomsnittsproduktiviteten vil da synke. Følgelig representerer *E* punktet der den gjennomsnittsproduktiviteten og grenseproduktiviteten er like og gjennomsnittsproduktiviteten har nådd sitt maksimum.

Hvordan passer så dette forløpet på grenseproduktiviteten med virkelighetens verden? Tenk deg en fabrikk som produserer kjøleskap. Færre enn 10 arbeidstakere kan være for lite til å betjene produksjonsprosessen i det hele tatt. 10–15 arbeidere kan være i stand til å produsere, men kanskje ikke veldig effektivt. Ved å øke antall arbeidere vil man kunne dra nytte av arbeidsdelingsgevinster slik at grenseproduktiviteten av disse arbeidere vil kunne være høy. Etter hvert som man øker antall arbeidere, vil man imidlertid før eller siden ha hentet ut hele potensialet for spesialiseringsgevinster. Ytterligere arbeidere vil da bidra med lavere og lavere grenseproduktivitet etter hvert som de begynner å fly i veien for hverandre.

Kurven for arbeidskraftens gjennomsnittsproduktivitet

Den grafiske sammenhengen mellom kurvene for grenseproduktivitet og gjennomsnittsproduktivitet er vist i figur 5.1(a). Arbeidskraftens gjennomsnittproduktivitet er samlet produksjon delt på antall arbeidere. I punkt *B* for eksempel, er gjennomsnittproduktiviteten lik 3 (60 enheter delt på 20 arbeidere). Dette forholdet mellom produksjon og arbeidsinnsats er lik helningen på en kurve som vi trekker fra origo og gjennom punkt *B* i figur 5.1(a). *Generelt er gjennomsnittsproduktiviteten gitt ved helningen på en kurve som går fra origo og til det korresponderende punkt på kurven som viser samlet produksjon.*

Kurven for grenseproduktiviteten av arbeidskraft

La oss så se hvordan grenseproduktiviteten av arbeidskraft utvikler seg når vi beveger oss langs kurven for samlet produksjon. I punkt *A* er grenseproduktiviteten lik 20 fordi tangenthelningen til produksjonskurven har en helning på 20 i dette punktet. *Generelt er grenseproduktiviteten i et punkt gitt ved tangenthelningen til produksjonskurven i dette punktet.* Av figur 5.1(b) ser vi at grenseproduktiviteten av arbeidskraft først øker for så å nå toppen ved 3 arbeidere. Deretter faller grenseproduktiviteten når vi beveger oss til *C* og *D*. I *D*, der produksjonen er maksimert, vil stigningstallet til tangenten være lik 0, noe grenseproduktiviteten da også vil være. Utover dette punktet blir grenseproduktiviteten negativ.

Forholdet mellom gjennomsnittsproduktivitet og grenseproduktivitet

Legg merke til den grafiske sammenhengen mellom gjennomsnittsproduktivitet og grenseproduktivitet i figur 5.1(a). I punkt *B* er grenseproduktiviteten større enn gjennomsnittsproduktiviteten (linjen 0*B*), og følgelig vil gjennomsnittsproduktiviteten øke når vi beveger oss fra *B* til *C*. I punkt *C* er gjennomsnittsproduktiviteten lik grenseproduktiviteten. Gjennomsnittsproduktiviteten er gitt ved helningen på linjen som går fra origo, 0*C*, mens grenseproduktiviteten er gitt ved tangenthelningen til produksjonskurven i punkt *C*. Avslutningsvis, når vi beveger oss fra *C* til *D* vil grenseproduktiviteten falle under gjennomsnittsproduktiviteten; du kan sjekke at tangenthelningen til produksjonskurven er mindre enn helningen til linjen fra origo for et hvilket som helst punkt mellom *C* og *D*.

Loven om avtagende utbytte

loven om avtagende utbytte
Når man øker bruken av en innsatsfaktor og holder andre faktormengder konstant, vil grenseproduktiviteten før eller siden avta

En synkende grenseproduktivitet av arbeidskraft (og andre innsatsfaktorer) gjelder for de fleste produksjonsprosesser. Dette fenomenet betegnes som **loven om avtagende utbytte**. Hvis bedriften i utgangspunktet har få arbeidere (og en gitt kapitalmengde), vil en ekstra arbeider kunne bidra til en solid økning i produksjonen fordi hver enkelt arbeider i større grad får muligheten til å spesialisere seg. Før eller siden vil imidlertid loven om avtagende utbytte slå inn. Det blir for mange arbeidere i forhold til det gitte kapitalutstyret, og grenseproduktiviteten vil falle.

Vi må ikke forveksle loven om avtagende utbytte med mulige endringer i *kvaliteten* på arbeidskraften etter hvert som man øker arbeidsstokken (det vil for eksempel kunne være en tendens til at de best kvalifiserte arbeiderne ansattes først og de minst kvalifiserte sist). I vår analyse av produksjonen legger vi til grunn at alle arbeider har samme kvalitet og avtagende utbytte stammer fra begrensninger i bruken av andre faste innsatsfaktorer (som maskiner og bygninger), *ikke* fra redusert kvalitet på arbeidskraften. Vi må heller ikke forveksle avtagende utbytte med *negativt* utbytte. Loven om avtagende utbytte refererer seg til *synkende* grenseproduktivitet, ikke nødvendigvis en negativ.

Loven om avtagende utbytte gjelder for en gitt produksjonsteknologi. Over tid kan imidlertid oppfinnelser og andre teknologiske forbedringer føre til at

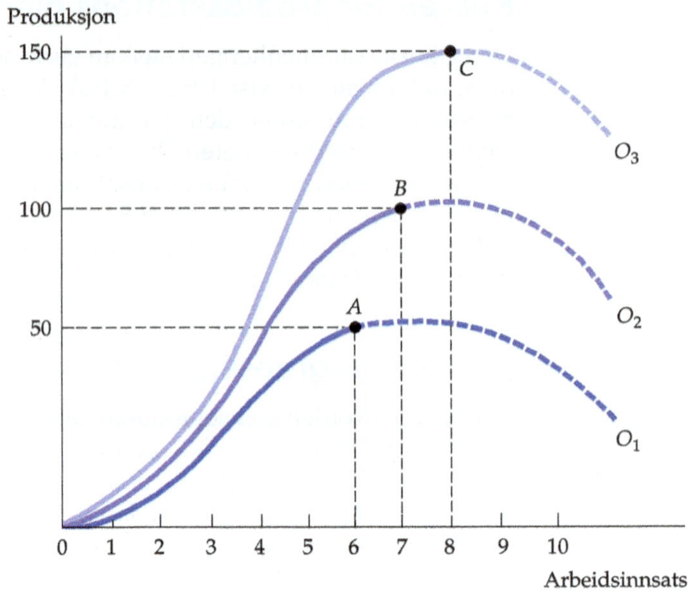

FIGUR 5.2 Effekten av teknologiske forbedringer

Arbeidsproduktiviteten (produksjon pr. enhet arbeidskraft) kan øke, selv om produktfunksjonen er karakterisert av avtagende utbytte, hvis det skjer forbedringer i teknologien. Når vi over tid beveger oss fra punkt A på kurven O_1 til B på kurven O_2 og videre til C på kurven O_3, vil arbeidskraftens produktivitet øke.

produksjonskurven i figur 5.1(a) skifter oppover, noe som altså reflekterer at det kan produseres mer uten at man øker innsatsfaktorbruken. Figur 5.2 illustrerer dette. Produksjonskurven er i utgangspunktet gitt ved O_1, men bedre teknologi fører til at kurven skifter til O_2, og deretter til O_3.

Arbeidsproduktivitet

arbeidsproduktivitet Gjennomsnittsproduksjon pr. arbeider innen en bedrift, en hel næring eller økonomien som helhet

Selv om dette er en lærebok i mikroøkonomi, danner mange av de begrepene vi utvikler her grunnlaget for makroøkonomisk analyse. Makroøkonomer er spesielt opptatt av **arbeidsproduktiviteten** – arbeidernes gjennomsnittsproduktivitet innen en hel sektor eller for økonomien som helhet.

I og med at gjennomsnittsproduktiviteten er et mål på produksjon pr. arbeidskraftenhet, er den relativt enkel å beregne (vi trenger kun informasjon om samlet produksjon og samlet arbeidsinnsats). Mål på arbeidsproduktiviteten er nyttig for sammenligning av ulike næringer og ikke minst for sammenligninger over tid – utviklingen i arbeidsproduktivitet er det som bestemmer utviklingen i befolkningens materielle *levestandard* over tid.

Produktivitet og levestandard

Det er en enkel kobling mellom arbeidsproduktivitet og levestandard. I et bestemt år tilsvarer den samlede verdien av de varer og tjenester som produseres i en økonomi utbetalingene til alle innsatsfaktorer, herunder lønn, leie av kapitalutstyr samt bedriftenes overskudd. Det er konsumentene som mottar disse avlønningene i form av arbeidsinntekt, dividende, renter osv. Følgelig kan konsumentene, samlet sett, i det lange løp øke forbruket ved å øke den samlede produksjon.

kapitalbeholdning
Samlet realkapitalmengde tilgjengelig for produksjon av varer og tjenester

teknologisk endring
Utvikling av ny teknologi slik at innsatsfaktorene kan benyttes mer effektivt

Analyse av de faktorer som påvirker produktivitetsveksten er et sentralt område innen økonomisk teori. Vi vet at en av de viktigste kildene til vekst i arbeidsproduktiviteten er vekst i **beholdningen av realkapital**. Tilgang på mer maskiner gjør at hver arbeidstaker produserer mer pr. time. En annen viktig kilde til vekst i arbeidsproduktiviteten er **teknologiske endringer** som gjør at arbeidskraften (og andre innsatsfaktorer) kan brukes mer effektivt og at man kan produsere nye produkter med bedre kvalitet.

5.3 PRODUKSJON MED TO VARIABLE INNSATSFAKTORER

Vi skal nå se på situasjonen med to variable innsatsfaktorer. Dette kan tolkes som situasjonen på lang sikt hvor både kapitalmengden og arbeidskraftsmengden er variable. Bedriften kan nå velge mellom ulike kombinasjoner av arbeidskraft og kapital for å produsere et gitt kvantum, og vi skal se hvordan dette kan illustreres både grafisk og matematisk.

Isokvanter

Mat kan produseres med ulike kombinasjoner av arbeidskraft og kapital. I tabell 5.2 har vi vist hvor mye vi kan produsere ved hjelp av ulike faktorkombinasjoner.

Tallene viser den maksimale mengden mat, for eksempel pr. år, som kan produseres ved bruk av ulike faktorkombinasjoner. Eksempelvis vil 4 enheter arbeidskraft og 2 enheter kapital gi 85 enheter mat.

isokvant
En kurve som binder sammen ulike faktorkombinasjoner som gir samme produksjonsnivå

Informasjonen i tabell 5.2 kan også presenteres grafisk ved hjelp av isokvanter. En **isokvant** er en *kurve som viser alle mulige kombinasjoner av innsatsfaktorer som gir samme produksjonsnivå*. Figur 5.3 viser tre isokvanter som er basert på dataene i tabell 5.2.

Isokvanten q_1 viser for eksempel alle kombinasjoner av arbeid og kapital som til sammen gir en produksjon på 55 enheter. Punktene *A* og *D* korresponderer med tabell 5.2. Punkt *A* viser at 55 enheter kan produseres ved hjelp av 1 enhet arbeidskraft og 3 enheter kapital. Punkt *D* viser at det samme produksjonsnivået også kan produseres hvis vi benytter 3 enheter arbeidskraft og 1 kapitalenhet. Isokvanten q_2 viser alle faktorkombinasjoner som gir 75 enhet og korresponderer med 4 ulike faktorkombinasjoner i tabellen. Isokvanten q_2 ligger over og til høyre for q_1 i og med at et høyere produksjonsnivå krever mer arbeidskraft og kapital. Isokvanten q_3 viser de faktorkombinasjoner som gir en produksjon på 90 enheter. Punkt *C* viser for eksempel at denne produksjonen kan oppnås ved å benytte 3 enheter arbeidskraft og 3 enheter kapital.

isokvantkart
Et diagram med en rekke isokvanter som viser hvordan forskjellige produktmengder kan produseres, ved en gitt produktfunksjon

Isokvantkart

Et **isokvantkart** er et diagram som viser en rekke isokvanter. Figur 5.3 viser tre av mange isokvanter som utgjør et isokvantkart. Hver isokvant tilsvarer et gitt produksjonsnivå, og produksjonsnivået øker når vi beveger oss utover i diagrammet.

TABELL 5.2 Produksjon med to variable innsatsfaktorer

	Arbeidskraft				
Kapital	**1**	**2**	**3**	**4**	**5**
1	20	40	55	65	75
2	40	60	75	85	90
3	55	75	90	100	105
4	65	85	100	110	115
5	75	90	105	115	120

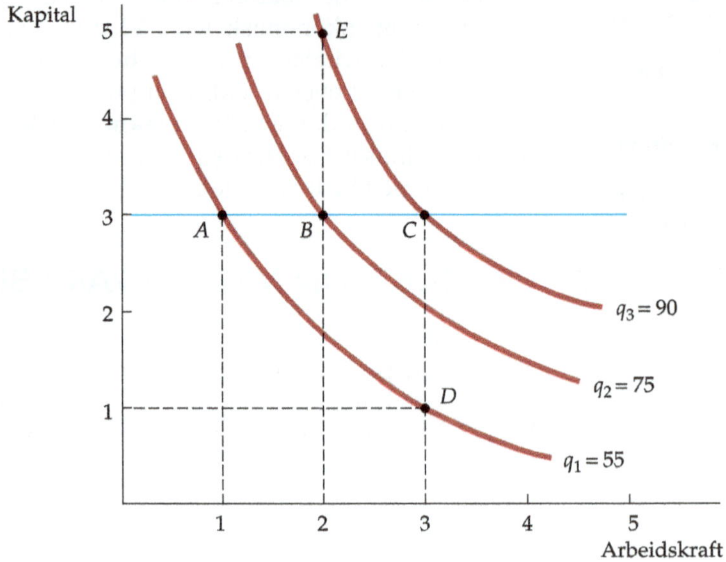

FIGUR 5.3 Produksjon med to variable innsatsfaktorer

En isokvant viser ulike faktorkombinasjoner som kan produsere et gitt kvantum. Et sett med isokvanter, eller et isokvantkart, beskriver bedriftens produktfunksjon. Produksjonen øker når vi flytter oss fra isokvant q_1 (der det produseres 55 enheter pr. år, for eksempel i *A* og *D*), til isokvant q_2 (der det produseres 75 enheter pr. år, som i punkt *B*) og videre til isokvant q_3 (90 enheter pr. år).

Faktorfleksibilitet

Isokvanter viser den fleksibiliteten som bedriftene har når de skal ta sine produksjonsbeslutninger: De kan vanligvis erstatte den ene faktoren med den andre uten at produksjonen endres. Det er viktig for ledere å forstå innholdet i denne fleksibiliteten. Hvis for eksempel hurtigmatrestauranter opplever knapphet på ung, billig arbeidskraft, kan de gjøre driften mindre arbeidskrevende ved selvbetjente salatbarer, mer effektive maskiner osv. Som vi skal se i kapittel 6 og 7 kan ledere, ved å ta hensyn til denne fleksibiliteten, velge faktorkombinasjoner som minimerer kostnadene og maksimerer profitten.

Avtagende grenseproduktiviteter

Selv om både arbeidskraft og kapital er variable på lang sikt, er det allikevel nyttig å kjenne til hva som skjer med produksjonen når en av innsatsfaktorene øker mens den andre holdes konstant. Dette ser vi av tabell 5.2 som gjenspeiler synkende grenseproduktivitet av både arbeidskraft og kapital. Ta for eksempel utgangspunkt i at det benyttes 3 kapitalenheter. Hvis vi øker antall arbeidere fra 1 til 2, vil produksjonen øke med 20 enheter. Går vi fra 2 til 3 arbeidere, øker produksjonen bare med 15 enheter osv. Dermed er det avtagende grenseproduktivitet av arbeidskraft. Tilsvarende gjelder for kapitalutstyret. Dette ser du ved å ta utgangspunkt i et gitt antall arbeidere og så øke kapitalmengden.

Substitusjon mellom innsatsfaktorer

Når to innsatsfaktorer er variable kan bedriften vurdere å bruke mindre av den ene og mer av den andre. Isokvantens helning sier hvor mye man kan redusere bruken av den ene faktoren hvis man benytter en enhet mer av den andre, gitt at produksjonen

den marginale tekniske substitusjonsrate (MRTS)
Sier hvor mye man kan redusere bruken av den ene innsatsfaktoren hvis man benytter én enhet mer av den andre, gitt at produksjonen skal holdes konstant

I avsnitt 3.1 forklarer vi at den marginale substitusjonsrate forteller hvor mye konsumenten maksimalt vil oppgi av ett gode i bytte mot én enhet til av et annet gode.

skal holdes konstant. Helningen på isokvanten i et gitt punkt betegnes som **den marginale tekniske substitusjonsrate (MRTS)**. *Den marginale tekniske substitusjonsrate mellom arbeidskraft og kapital* sier hvor mye man kan redusere bruken av kapital hvis vi øker bruken av arbeidskraft med en enhet, gitt at produksjonsnivået skal være det samme som før. Tolkningen her er helt analog med tolkningen av den marginale substitusjonsrate (MRS) i konsumentteorien.

I figur 5.4 er MRTS (i absoluttverdi) lik 2 når bruken av arbeidskraft øker fra 1 enhet til 2, og produksjonen skal være 75. MRTS synker imidlertid til 1 når antall arbeidere øker fra 2 til 3, for deretter å synke videre til 2/3 og til 1/3. (Som vi ser vil grenseproduktiviteten av arbeidskraft synke og grenseproduktiviteten av kapital øke etter hvert som vi benytter mer arbeidskraft og mindre kapital.)

Avtagende MRTS

Vi antar at *MRTS er avtagende*, dvs. at den synker etter hvert som vi beveger oss nedover langs isokvanten. Den matematiske implikasjonen er, som for indifferenskurver, at isokvantene er *konvekse* – de krummer innover mot origo. Dette er tilfellet for de fleste produksjonsprosesser. Etter hvert som det benyttes mer og mer arbeidskraft i stedet for kapital vil arbeidsproduktiviteten synke. Tilsvarende, hvis man benytter mer og mer kapital i stedet for arbeidskraft, vil kapitalens produktivitet synke.

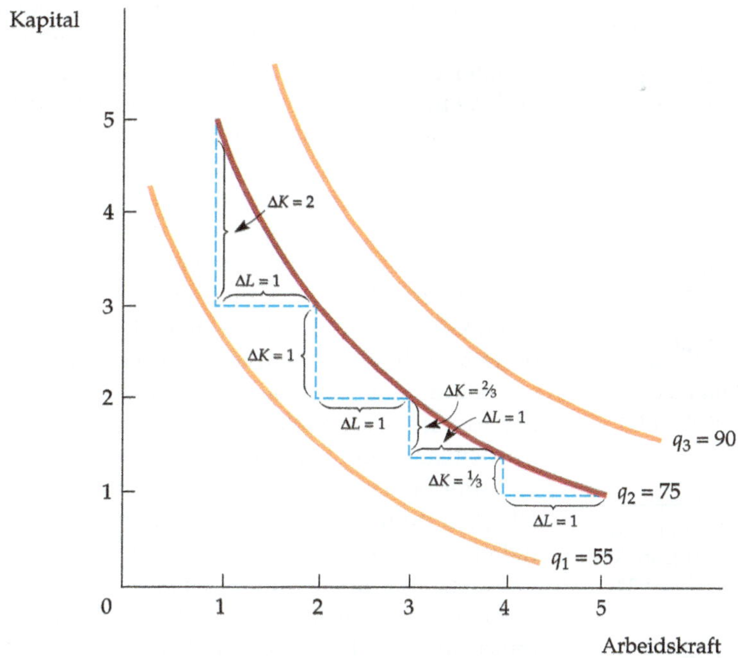

FIGUR 5.4 Den marginale tekniske substitusjonsrate

Som indifferenskurver, har isokvanter negativ helning og er konvekse. Isokvantens helning uttrykker den marginale tekniske substitusjonsrate – som sier hvor mye kapitalmengden kan reduseres hvis vi benytter en arbeidskraftsenhet til, gitt at produksjonen skal holdes uforandret. På isokvanten q_2 synker MRTS fra 2 til 1, til 2/3 og videre til 1/3.

I avsnitt 3.1 forklarer vi at en indifferenskurve er konveks dersom den marginale substitusjonsbrøk avtar når vi beveger oss nedover langs kurven.

Den marginale tekniske substitusjonsrate er bygget opp av grenseproduktivitetene til arbeidskraft (MP_L) og kapital (MP_K). Anta at vi øker mengden av arbeidskraft og reduserer bruken av kapital slik at produksjonen ikke endres. Produksjonsøkningen som kommer fra økt bruk av arbeidskraft, er lik den ekstra produksjonen vi får fra hver arbeidskraftsenhet (MP_L) multiplisert med økningen i antall arbeidskraftsenheter:

$$\text{Produksjonsøkning fra økt bruk av arbeidskraft} = MP_L \cdot \Delta L$$

Tilsvarende er nedgangen i produksjonen som følge av redusert bruk av kapital lik reduksjonen i produksjon som følger av at man benytter en kapitalenhet mindre (MP_K) multiplisert med nedgangen i antall kapitalenheter.

$$\text{Produksjonsnedgang fra redusert bruk av kapital} = MP_K \cdot \Delta K$$

I og med at produksjonen skal være uforandret når vi beveger oss langs en isokvant, må summen av disse endringene bli lik 0:

$$MP_L \cdot \Delta L + MP_K \cdot \Delta K = 0 \qquad \textbf{(5.2)}$$

Litt omrokkering gir oss:

$$MP_L / MP_K = -\Delta K / \Delta L = MRTS \qquad \textbf{(5.3)}$$

Ligning (5.2) forteller oss at den *marginale tekniske substitusjonsrate er lik forholdet mellom innsatsfaktorenes grenseproduktiviteter*. Denne formelen vil vi ha nytte av når vi skal se på bedriftens valg av kostnadsminimerende faktorkombinasjon i kapittel 6.

Produktfunksjoner – to spesialtilfeller

I avsnitt 3.1, forklarer vi at to varer er perfekte substitutter dersom den marginale substitusjonsrate er konstant.

Vi skal her se på et par spesialtilfeller av produktfunksjoner. I det første tilfellet, vist i figur 5.5, er innsatsfaktorene *perfekte substitutter*. Her er MRTS konstant i alle punkter på isokvanten. Følgelig kan et gitt produksjonsnivå, si q_3, produseres ved bruk av mye kapital (i *A*), ved bruk av mye arbeidskraft (i *C*), eller med en balansert kombinasjon av begge (i *B*). For eksempel kan musikkinstrumenter lages ved nesten bare bruk av maskiner – eller ved bruk av nesten bare arbeidskraft.

komplementære innsatsfaktorer
Innsatsfaktorene må benyttes i et gitt forhold til hverandre. Dette gir en produktfunksjon med L-formede isokvanter

Figur 5.6 illustrerer det motsatte ytterpunktet, en produktfunksjon med et *fast forhold mellom innsatsfaktormengdene*, også kalt en *Leontief produktfunksjon*. I dette tilfellet er det ikke mulig å erstatte den ene faktoren med den andre. Hvert nivå på produksjonen krever en bestemt kombinasjon av arbeidskraft og kapital: Produksjonen kan ikke økes uten at man øker bruken av de to innsatsfaktorene i et bestemt forhold til hverandre – **innsatsfaktorene er da komplementære**. Følgelig vil isokvantene være L-formede, akkurat som indifferenskurvene er L-formede når to varer er perfekt komplementære. Anta for eksempel at en produsent av frokostblandinger kommer med et nytt produkt, Nøtte Havre Knas, der ingrediensene er nøtter og havre. Den hemmelige formelen for frokostblandingen krever nøyaktig ett gram nøtter for hvert fjerde gram havre. Dersom selskapet får tilgang på flere nøtter, men ikke mer havre, ville ikke produksjonen øke i og med at de to innsatsfaktorene må brukes i et fast forhold til hverandre.

I avsnitt 3.1 forklarer vi at to varer er perfekt komplementære når indifferenskurvene er rettvinklede.

I figur 5.6 representerer punktene *A*, *B*, og *C* teknisk effektive kombinasjoner av innsatsfaktorer. Et kvantum q_1 kan produseres ved kombinasjonen L_1 og K_1, som i *A*.

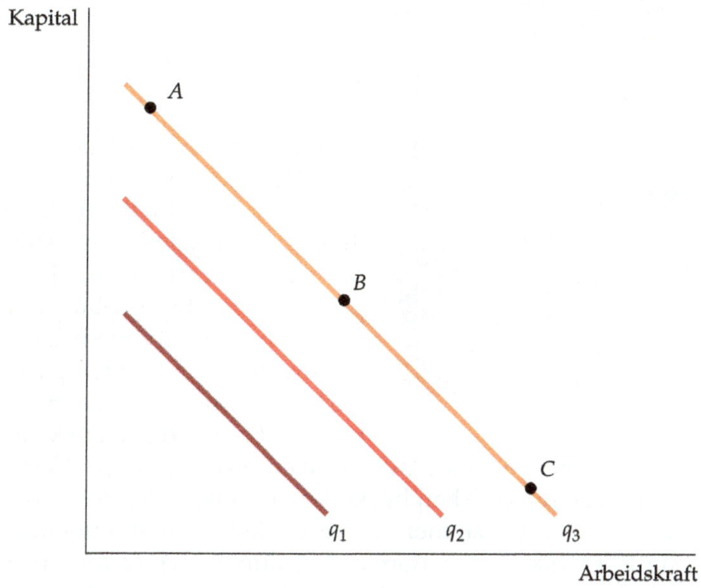

FIGUR 5.5 Perfekt substitusjon

Når isokvantene er rette linjer vil MRTS være konstant. Kapital og arbeidskraft kan erstatte hverandre i et fast forhold uavhengig av hvor mye av de to faktorene som benyttes i utgangspunktet. Punktene *A*, *B* og *C* representerer tre ulike faktorkombinasjoner som genererer samme produksjon q_3.

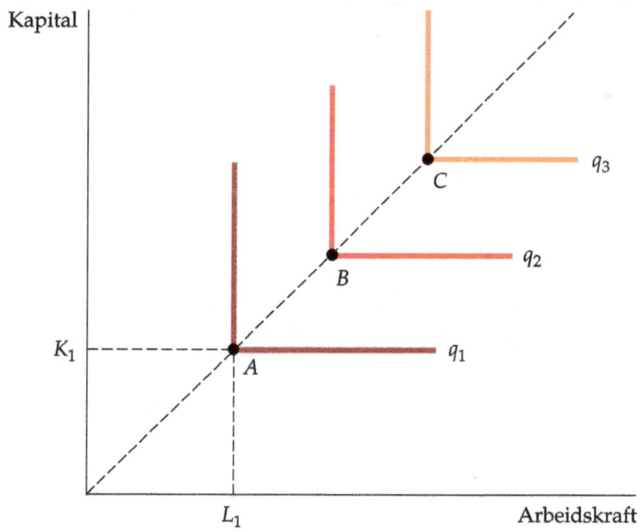

FIGUR 5.6 Komplementære innsatsfaktorer

Når isokvantene er L-formede må innsatsfaktorene benyttes i et gitt forhold til hverandre (som i punkt *A* på isokvant q_1, punkt *B* på isokvant q_2, og punkt *C* på isokvant q_3). Å kun øke bruken av en av faktorene vil ikke gi økt produksjon.

Hvis kapitalmengden holdes fast på K_1 og vi øker mengden av arbeidskraft, vil ikke dette gi økt produksjon. På den horisontale delen av isokvanten er derfor grenseproduktiviteten av arbeidskraft lik null. Tilsvarende er grenseproduktiviteten av kapital lik null langs den vertikale delen av isokvanten. Vi kan bare få økt produksjonen ved å øke begge faktormengdene fra *A* til *B*.

Eksempel 5.1

En produktfunksjon for hvete

Jordbruksprodukter kan generelt produseres ved hjelp av ulike metoder. Råvarer som dyrkes på store gårder produseres vanligvis ved bruk av kapitalintensiv teknologi, noe som innebærer betydelige investeringer i kapital, og relativt lite bruk av arbeidskraft. Men, disse produktene kunne også vært produsert med svært lite kapital og mye arbeidskraft – som det gjøres i mindre utviklede land. En måte å beskrive produksjonen av jordbruksprodukter på er å benytte isokvanter. Følgende beskrivelse stammer fra en produktfunksjon for hvete som har blitt estimert ved statistiske metoder.

Figur 5.7 viser en isokvant tilsvarende en produksjon på 13 800 skjepper hvete pr. år (en skjeppe tilsvarer 17.4 liter). Bonden kan bruke denne isokvanten for å avgjøre om det er lønnsomt å ansette mer arbeidskraft eller bruke mer maskiner. Anta at man i utgangspunktet befinner seg i *A*, med 500 timeverk og 100 maskintimer. Bonden bestemmer seg så for å prøve bruke kun 90 maskintimer. For å produsere like mye pr. år finner han ut at han må bruke 260 timeverk mer.

Denne endringen i innsatsfaktorbruken gir informasjon om isokvanten. Når han sammenligner punktene *A* (hvor $L = 500$ og $K = 100$) og *B* (hvor $L = 760$ og $K = 90$) i figur 5.8, som begge er på samme isokvant, finner han ut at den marginale tekniske substitusjonsrate er lik 0,04 i gjennomsnitt ($-\Delta K/\Delta L = -(-10)/260 = 0{,}04$).

I og med at MRTS er vesentlig mindre enn 1 i verdi, vet bonden at hvis timelønnen er den samme som kostnaden ved en maskintime, bør han bruke mer kapital. (På hans nåværende produksjonsnivå trenger han 260 enheter arbeidskraft for å erstatte 10 enheter kapital.). Han vet også at han bør legge om til en mer kapitalintensiv produksjonsprosess, med mindre arbeidskraften er mye rimeligere kapital.

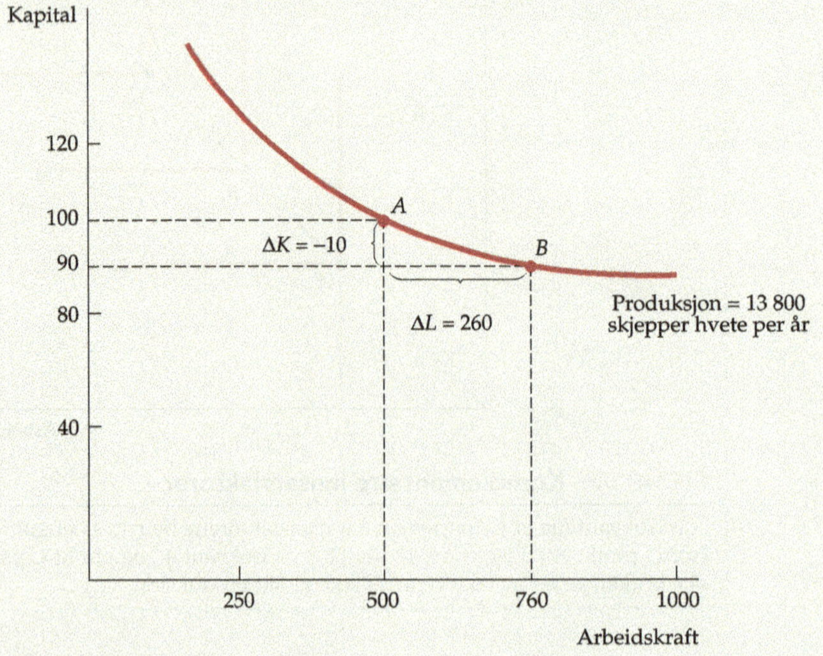

FIGUR 5.7 Produksjon av hvete

En hveteproduksjon på 13 800 skjepper pr. år kan produseres ved ulike kombinasjoner av arbeid og kapital. I punkt *A* er produksjonen kapitalintensiv mens den er arbeidsintensiv i punkt *B*. Den marginale tekniske substitusjonsrate mellom *A* og *B* er 10 / 260 = 0,04.

Beslutningen om hvor mange arbeidere og hvor mye kapital som skal benyttes, kan vi ikke ta stilling til før vi har sett nærmere på produksjonskostnadene, noe vi skal gjøre i neste kapittel. Eksemplet illustrerer uansett at isokvanter og den marginale tekniske substitusjonsrate er en viktig del av beslutningsgrunnlaget. Det antyder også hvorfor jordbruksproduksjonen i utviklede land, der arbeidskraften er relativt dyr, opererer i områder hvor MRTS er relativt høy (med høy kapitalintensitet), mens utviklingsland, hvor arbeidskraften er billig, opererer med en lavere MRTS.

5.4 SKALAUTBYTTE

Vi har så langt diskutert i hvilken grad ulike innsatsfaktorer kan erstatte hverandre – gitt at produksjonen skal holdes konstant. Et annet sentralt spørsmål er hvordan produksjonen endres når *alle innsatsfaktorene endres proporsjonalt.* Hvis det trengs én bonde, én høstingsmaskin og ett mål jord for å produsere 1000 liter hvete, hva vil skje med produksjonen hvis vi har to bønder, to maskiner og to mål jord? Produksjonen vil ganske sikkert øke, men vil den dobles, mer enn dobbles, eller mindre? Det er dette produktfunksjonens skalaegenskaper gir svar på? **Skalautbytte** sier hvor mye produksjonen øker når alle innsatsfaktormengder øker proporsjonalt. Vi vil se nærmere på tre ulike tilfeller: *tiltagende, konstant og avtagende skalautbytte.*

skalautbytte
Den prosentvise økning i produksjon som følger av at alle innsatsfaktorer øker prosentvis like mye

Tiltagende skalautbytte

tiltagende skalautbytte
En situasjon der produksjonen øker prosentvis mer enn økningen i faktormengdene

Hvis produksjonen øker prosentvis mer enn økningen i faktorbruken, har vi **tiltagende skalautbytte** (eksempelvis vil da en dobling av faktormengdene gi mer enn en dobling av produksjonen). Dette kan oppstå fordi større produksjonsskala gir ledere og arbeidere mulighet til å spesialisere seg, og dermed bli mer effektive. Det kan også stamme fra at man tar i bruk mer avansert, storskala produksjonsanlegg og utstyr. Automatisert produksjon av biler er et typisk eksempel på dette.

Mulighetene for tiltagende skalautbytte er viktig informasjon sett fra et reguleringsperspektiv. Hvis det er tiltagende skalautbytte så det er mer gunstig å ha ett stort selskap (som produserer relativt billig) enn å ha mange små bedrifter (med relativt høye kostnader). Men i og med at den store bedriften får mye markedsmakt, kan det være behov for å regulere bedriften. Eksempelvis er tiltagende skalautbytte innen kraftforsyning en årsak til at vi har store, og regulerte, kraftselskaper.

Konstant skalautbytte

konstant skalautbytte
En situasjon der produksjonen øker prosentvis like mye som økningen i faktormengdene

Hvis produksjonen øker prosentvis like mye som faktormengdene, har vi **konstant skalautbytte.** Eksempelvis vil et stort reisebyrå yte samme service pr. kunde, og ha det samme forholdet mellom kapital (kontorlokaler) og arbeidskraft (reisekonsulenter) som et lite reisebyrå som betjener færre kunder.

Avtagende skalautbytte

avtagende skalautbytte
En situasjon der produksjonen øker prosentvis mindre enn økningen i faktormengdene

Avslutningsvis, hvis produksjonen øker prosentvis mindre enn økningen i faktormengdene, vil vi ha **avtagende skalautbytte.** Dette kan være tilfellet i store bedrifter hvor organisatoriske problemer kan føre til redusert produktivitet av både arbeidskraft og kapital. Kommunikasjonslinjene mellom arbeidere og ledere kan bli dårligere, arbeidsplassen blir mer upersonlig, det kan bli vanskeligere for ledere å observere arbeidernes innsats osv. Tilfellet med avtagende skalautbytte kan trolig derfor knyttes til problemer med å opprettholde effektive kommunikasjonslinjer og koordineringsproblemer.

En grafisk illustrasjon

Skalautbytte behøver ikke nødvendigvis være det samme for alle mulige produksjonsnivåer. En bedrift kan for eksempel ha tiltagende skalautbytte for lave produksjonsnivåer for så å bevege seg over på nivåer der skalautbytte er konstant, for så å bli avtagende for høyere produksjonsnivåer.

I figur 5.8 har vi illustrert to ulike situasjoner. Linjen $0A$ i hvert av diagrammene beskriver en produksjonsprosess der arbeidskraft og kapital benyttes for å produsere ulike produksjonsnivåer og hvor det benyttes 2,5 timeverk pr. maskintime. I figur 5.8(a) er bedriftens produktfunksjon karakterisert ved konstant skalautbytte. Når det benyttes 5 timeverk og 2 maskintimer, produseres det 10 enheter. Når begge faktormengdene dobles, så dobles produksjonen, og når vi benytter 3 ganger så mye av begge faktorer, blir produksjonen 3 ganger så stor.

I figur 5.8(b) har vi tilfellet med tiltagende skalautbytte. Nå vil isokvantene ligge tettere og tettere jo lenger ut i diagrammet vi kommer. Følgelig kreves det mindre enn en dobling av faktormengdene for å doble produksjonen. Det motsatte ville være tilfelle dersom produktfunksjonen var karakterisert ved avtagende skalautbytte (ikke vist her). Med avtagende skalautbytte vil isokvantene ligge lenger og lenger fra hverandre jo lenger ut i diagrammet vi kommer.

Skalautbytte varierer betydelig på tvers av virksomheter og bransjer. Alt annet likt, jo høyere skalautbytte er, jo større vil bedriftene i en bransje sannsynligvis være. Det er også mer sannsynlig at industribedrifter har tiltagende skalautbytte enn at tjenestebedrifter har det. Tjenester er mer arbeidskrevende og kan vanligvis ytes like godt i små bedrifter som i store.

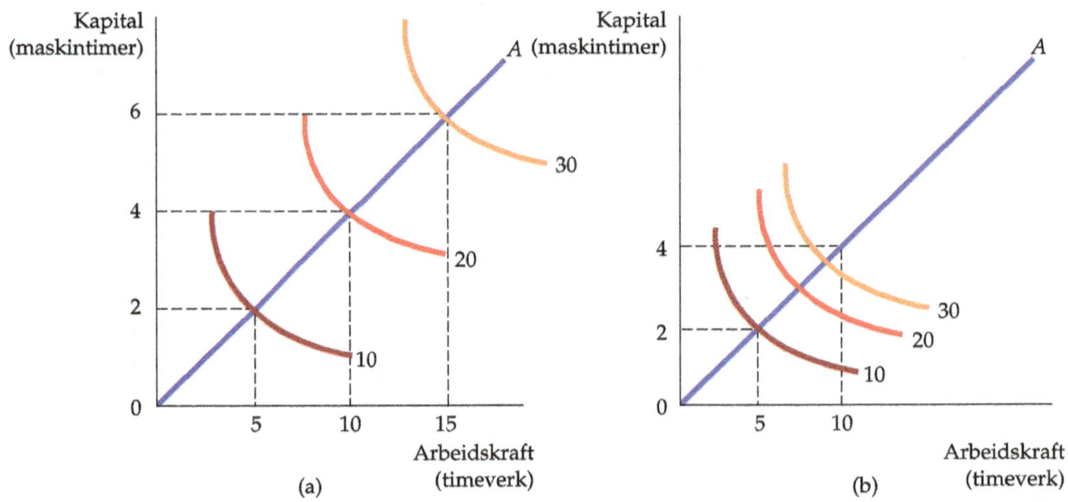

FIGUR 5.8 Skalautbytte

Når en bedrifts produksjonsprosess er karakterisert ved konstant skalautbytte, som vist ved en bevegelse langs linjen $0A$ i del **(a)**, er det lik avstand mellom isokvantene i og med at produksjonen øker proporsjonalt med innsatsfaktorbruken. Når det er tiltagende skalautbytte, som vist i **(b)**, vil isokvantene ligge tettere jo lenger ut i diagrammet vi går.

OPPSUMMERING

1. En *produktfunksjon* beskriver den maksimale produksjonen som en bedrift kan produsere for hver spesifikke kombinasjon av innsatsfaktorer.
2. På kort sikt er én eller flere innsatsfaktorer faste. I det lange løp er alle innsatsfaktorer (potensielt) variable.
3. Når en eller flere innsatsfaktorer er faste vil, i følge *loven om avtagende utbytte*, grenseproduktiviteten av en variabel innsatsfaktor før eller siden begynne å synke når man øker mengden av den.
4. En *isokvant* er en kurve som viser alle kombinasjoner av innsatsfaktorer som gir samme produksjonsnivå. Bedriftens produktfunksjon kan representeres ved en sett av isokvanter som representerer ulike produksjonsnivåer.
5. Isokvantene har negativ helning i og med at alle innsatsfaktorer har positiv grenseproduktivitet. Helningen til en isokvant kan beskrives ved den marginale tekniske substitusjonrate i ethvert punkt på isokvanten. *Den marginale tekniske substitusjonsrate* mellom arbeidskraft og kapital (MRTS) sier hvor mye kapitalmengden kan reduseres når man øker arbeidskraftmengden med én enhet, forutsatt at produksjonen skal være uforandret.
6. Levestandarden i et land er nært knyttet til nivået på arbeidskraftens produktivitet. I fattige land er generelt arbeidsproduktiviteten lav, noe som blant annet skyldes manglende investeringer i realkapital.
7. Mulighetene for substitusjon mellom innsatsfaktorer i produksjonen spenner fra en produktfunksjon der innsatsfaktorene er *perfekte substitutter*, til en der innsatsfaktorene må brukes i et *fast forhold til hverandre* (teknisk komplementaritet).
8. I langsiktige analyser fokuserer vi blant annet på bedriftens valg av produksjonsskala/produksjonsanleggets størrelse. *Konstant skalaavkastning* innebærer at en dobling av alle innsatsfaktorer fører til en dobling av produksjonen. *Tiltagende skalaavkastning* vil si at produksjonen mer enn dobles når alle innsatsfaktormengder dobles, mens *avtagende skalaavkastning* betyr at vi får mindre enn en dobling av produksjonen.

SPØRSMÅL

1. Hva menes med en produktfunksjon? Hvordan skiller en langsiktig produktfunksjon seg fra en kortsiktig produktfunksjon?
2. Hvorfor vil sannsynligvis grenseproduktiviteten av arbeidskraft først være stigende?
3. Hvorfor vil grenseproduktiviteten av arbeidskraft før eller siden begynne å synke?
4. Tenk deg at du driver en bedrift og at du vurderer å ansette en person til. Er du mest opptatt av gjennomsnittsproduktiviteten eller grenseproduktiviteten av ytterligere en ansatt? Hvis du observerer at gjennomsnittsproduktiviteten akkurat er i ferd med å bli synkende, bør du da ansette flere? Hva betyr denne situasjonen for grenseproduktiviteten av ytterligere en ansatt.
5. Hva er forskjellen mellom en produktfunksjon og en isokvant?
6. Hva menes med den marginale tekniske substitusjonsrate? Anta at MRTS = 4. Hva betyr det?
7. Isokvanter kan krumme mot origo, være lineære eller L-formede. Hva forteller hver av disse fasongene deg om produktfunksjonen? Hva forteller hver av disse fasongene deg om MRTS?
8. Kan en isokvant være stigende? Forklar.
9. Forklar hvorfor den marginale tekniske substitusjonsrate sannsynligvis vil avta ettersom mer og mer arbeidskraft erstattes av kapital.
10. Er det mulig å ha avtagende utbytte for en av innsatsfaktorene samtidig som at skalaavkastningen er konstant?
11. Kan en bedrift ha en produktfunksjon som gir både tiltagende, konstant og synkende skalautbytte?

ØVELSER

1. Menyen på Monas kaffebar består av ulike kaffevarianter, kaker og smørbrød. Vi definerer grenseproduktiviteten av arbeidskraft som det antall kunder ytterligere én ansatt kan betjene innenfor et gitt tidsrom. Mona har én ansatt, men vurderer å ansette en eller to til. Forklar hvorfor grenseproduktiviteten av den andre og tredje arbeideren kan være høyere enn for den første. Hvorfor er det grunn til å anta at grenseproduktiviteten av ytterligere ansatte etter hvert vil avta?

2. Vi ser på en produsent av stoler som har et gitt produksjonsanlegg. Produsenten har observert følgende sammenheng mellom antall arbeidere og produksjonsnivå:

Antall arbeidere	Antall stoler
1	10
2	18
3	24
4	28
5	30
6	28
7	25

a. Beregn arbeidskraftens grenseproduktivitet og gjennomsnittsproduktivitet.

b. Er produktfunksjonen karakterisert ved avtagende utbytte av arbeidskraft?

c. Forklar intuitivt hva som kan føre til at arbeidskraftens grenseproduktivitet blir negativ.

3. Fyll inn de tomme feltene i tabellen nedenfor.

Antall arbeidere	Total produksjon	Grense-produktivitet	Gjennomsnitts-produktivitetet
0	0	—	—
1	225		
2			300
3		300	
4	1140		
5		225	
6			225

4. Illustrer isokvantene for de tre eksemplene nedenfor. Hva kan du si om den marginale tekniske substitusjonsrate i hvert av tilfellene?

a. En bedrift kan enten ha bare heltidsansatte, eller en kombinasjon av heltids- og deltidsansatte. For hver heltidsansatt man kutter, må det ansettes et økende antall deltidsansatte for at produksjonen skal kunne opprettholdes.

b. I en bedrift kan man erstatte to enheter arbeidskraft med en kapitalenhet uten at produksjonen endres. Dette gjelder for alle nivåer på bruk av arbeidskraft og kapital.

c. I en bedrift kreves det to heltidsansatte for å drifte hver enkelt maskin.

5. En bedrift har en produksjonsprosess hvor innsatsfaktorene er perfekte substitutter på lang sikt. Kan du si hvorvidt den marginale tekniske substitusjonsrate er stor eller liten, eller trenger du mer informasjon for å si noe om dette?

6. I produksjon av databrikker er arbeidskraftens grenseproduktiviteten 50 brikker pr. time. Den marginale tekniske substitusjonsrate mellom timeverk og maskintimer er 1/4. Hva er da grenseproduktiviteten av kapital?

7. Gir følgende funksjoner økende, konstant eller avtagende skalaavkastning? Hvordan påvirkes grenseproduktiviteten av en innsatsfaktor av at man øker bruken av denne faktoren?

a. $q = 3L + 2K$

b. $q = (2L + 2K)^{0,5}$

c. $q = 3LK^2$

d. $q = L^{0,5}K^{0,5}$

e. $q = 4L^{0,5} + 4K$

8. En PC-produsent har følgende produktfunksjon:

$$q = 10K^{0,5}L^{0,5}$$

der q_1 er antall datamaskiner produsert pr. dag, K er maskintid i timer og L er arbeidskraft målt i timeverk.

En konkurrerende produsent har følgende produktfunksjon:

$$q = 10K^{0,6}L^{0,4}$$

a. Hvis begge selskapene bruker samme mengde kapital og arbeidskraft, hvem vil da ha høyest produksjon?

b. Anta at kapitalbruken er begrenset til 9 maskintimer, mens tilgangen på arbeidskraft er ubegrenset. Hvilket av selskapene vil da ha høyest grenseproduktivitet av arbeidskraft? Forklar.

9. I Eksempel 5.1 er produksjonen av hvete gitt ved følgende produktfunksjon: $q = 100(K^{0,8}L^{0,2})$

a. Vis, med utgangspunkt i 4 kapitalenheter og 49 arbeidskraftsenheter, at grenseproduktiviteten av både kapital og arbeidskraft er synkende.

b. Gir denne produktfunksjonen økende, konstant eller avtagende skalautbytte?

Kostnader

6

I forrige kapittel studerte vi bedriftens produksjonsteknologi – hvordan innsatsfaktorer omgjøres til produkter. Vi skal nå se hvordan produksjonsteknologien, sammen med prisene på innsatsfaktorene, bestemmer bedriftens produksjonskostnader.

Gitt bedriftens produksjonsteknologi må ledelsen avgjøre *hvordan* produksjonen skal foregå. Som vi så, kan en gitt produksjonsmengde fremkomme ved ulike faktorkombinasjoner. Man kan for eksempel produsere en gitt mengde ved bruk av mye arbeidskraft og lite kapitalutstyr, lite arbeidskraft og mye kapitalutstyr, eller ved en annen kombinasjon av de to. I dette kapitlet skal vi se hvordan man velger den *optimale* – dvs. den kostnadsminimerende faktorkombinasjon. Vi vil også vise hvordan bedriftens kostnader avhenger av hvor mye som produseres og hvordan disse kostnadene kan endre seg over tid.

Vi starter med å definere noen sentrale kostnadsbegreper og forklarer skillet mellom det kostnadsbegrepet som samfunnsøkonomer benytter, som er opptatt av bedriftens "økonomiske" kostnader, og kostnadsbegrepet som benyttes av regnskapsførere, som fokuserer på bedriftens resultatregnskap.

Deretter ser vi nærmere på hvordan karakteristiske trekk ved bedriftens teknologi påvirker kostnadene, både på kort sikt, når bedriften har begrensede muligheter for å endre for eksempel kapitalbeholdningen, og på lang sikt, når bedriften kan endre mengden av alle innsatsfaktorer.

Så viser vi hvordan begrepet skalautbytte kan generaliseres til både å omfatte endringer i faktorsammensetning og endringer i produksjonen av mange forskjellige produkter. Vi viser også hvordan kostnadene i noen tilfeller kan synke over tid etter hvert som ledelsen og arbeiderne opparbeider erfaring og gjør produksjonsprosessen mer effektiv.

KAPITTELOVERSIKT

6.1 Hvilke kostnader er relevante? 126

6.2 Kostnader på kort sikt 131

6.3 Kostnader i det lange løp 135

6.4 Langsiktige kontra kortsiktige kostnadskurver 142

6.5 Produksjon av to produkter – breddefordeler 146

6.6 Endringer i kostnader over tid – læringskurven 148

APPENDIKS Produksjons-og kostnadsteori – en matematisk tilnærming 152

6.1 HVILKE KOSTNADER ER RELEVANTE?

Før vi kan analysere hvordan bedrifter minimerer kostnadene, må vi klargjøre hva vi mener med kostnader, og hvordan de skal måles. Hvilke poster skal inngå som en del av bedriftens kostnader? Kostnadene omfatter åpenbart lønninger til ansatte og leie av kontorlokaler. Men hva hvis bedriften selv eier bygningen og dermed slipper å betale leie? Hvordan skal vi behandle utgiftene til utstyr, og forskning og utvikling, som bedriften hadde for to eller tre år siden? Vi skal besvare denne type spørsmål i sammenheng med de økonomiske beslutninger som bedriftsledere gjør.

Økonomiske kontra regnskapsmessige kostnader

Økonomer tenker på kostnader noe annerledes enn det regnskapsførere gjør. Regnskapsførere er vanligvis opptatt av å holde orden på eiendeler og forpliktelser og rapportering av tidligere resultater for eksternt bruk, som i årsrapporter. Regnskapsførere har primært et tilbakeskuende syn på bedriftens økonomi og drift. Følgelig vil **regnskapsmessige kostnader** kunne omfatte elementer som en økonom ikke ville inkludere, og utelate elementer som økonomer vanligvis tar med.

regnskapsmessige kostnader
Faktiske utgifter pluss avskrivninger på kapitalutstyret

Økonomer, og forhåpentligvis bedriftsledere, er opptatt av allokeringen av knappe ressurser. Følgelig er de opptatt av hvordan bedriften eventuelt kan omallokere sine ressurser for å redusere kostnader og øke lønnsomheten. Økonomer er derfor opptatt av **økonomiske kostnader**, som er kostnader knyttet til anvendelse av ressurser i produksjonsprosessen. Med ordet "økonomiske" menes her at vi skal skille mellom de kostnader bedriften kan kontrollere, og de bedriften ikke kan kontrollere. Her spiller begrepet *alternativkostnad* en viktig rolle.

økonomiske kostnader
Kostnader knyttet til anvendelsen av ulike ressurser i produksjonsprosessen, herunder alternativkostnader

Alternativkostnader

Som nevnt i kapittel 1, er **alternativkostnader** kostnader som stammer fra hva bedriften går glipp av ved ikke å benytte ressursene i sine beste alternative anvendelser. Ta for eksempel en bedrift som eier sine egne kontorlokaler og dermed ikke betaler noe husleie. Betyr dette at kostnadene for kontorlokalene er lik null? Mens bedriftens regnskapsfører kan si ja, vil en økonom definitivt si nei. Bedriften kunne jo ha fått leieinntekter hvis de hadde leiet ut lokalene til en annen bedrift. De tapte leieinntektene er alternativkostnaden av å benytte lokalene selv og er en del av de økonomiske kostnadene for virksomheten.

alternativkostnad
Kostnader knyttet til at bedriftens ressurser ikke benyttes i sin beste alternative anvendelse

La oss se hvordan alternativkostnader kan føre til at de økonomiske kostnadene kan avvike fra de regnskapsmessige kostnadene i forbindelse med lønn og avskrivninger. Anta at en butikkeier, som selv jobber i butikken, velger å ikke ta ut lønn. Selv om det ikke har skjedd noen pengetransaksjon (og derfor ikke er ført noen regnskapsmessig kostnad), er det likevel en økonomisk kostnad som stammer fra at eieren går glipp av den lønn hun kunne fått ved å jobbe et annet sted.

Regnskapsførere og økonomer vil også ofte behandle avskrivninger forskjellig. Ved estimering av lønnsomhet er økonomer og ledere opptatt av kapitalkostnaden for anlegg og maskiner. Denne kostnaden omfatter ikke bare utgiftene til kjøp og drift av maskiner, men også kostnadene forbundet med slitasje. Ved vurdering av tidligere resultater benytter regnskapsførere skatteregler som gjelder for brede grupper av eiendeler for å beregne tillatte avskrivninger. Disse avskrivningene behøver ikke nødvendigvis å reflektere den faktiske verdiforringelse på utstyret, noe som sannsynligvis vil variere fra eiendel til eiendel.

Ugjendrivelige kostnader (sunk costs)

ugjendrivelige kostnader
Kostnader som har påløpt, og som kan ikke gjenvinnes

I kapittel 1 ga vi et eksempel på en type kostnader som ikke var relevante for økonomiske beslutninger – såkalte **ugjendrivelige kostnader**; kostnader som har påløpt og som ikke kan gjenvinnes.

I og med at ugjendrivelige kostnader ikke kan gjenvinnes, skal de ikke påvirke bedriftens beslutninger. Ta for eksempel innkjøp av spesialutstyr for et produksjonsanlegg. Anta at utstyret bare kan benyttes til å gjøre det det opprinnelig var designet for, og kan ikke benyttes i andre aktiviteter – og har heller ingen markedsverdi/skrapverdi. Utgiftene til dette utstyret er en ugjendrivelig kostnad. *I og med at det ikke har noen alternative anvendelser, er alternativkostnaden lik null.* Disse kostnadene skal derfor ikke inngå som en del av bedriftens økonomiske kostnader. Beslutningen om å kjøpe dette utstyret kan ha vært god eller dårlig. Det spiller ingen rolle. Det er "brente penger", og skal ikke påvirke beslutninger her og nå.

Hva hvis utstyret kunne benyttes i andre deler av bedriften, selges eller leies ut til andre bedrifter? I så fall ville bruken innebære en økonomisk kostnad – alternativkostnaden ved å bruke det heller enn å selge eller leie det ut til en annen bedrift.

Hva så med en *potensielt* ugjendrivelig kostnad. Anta for eksempel at bedriften ennå ikke har kjøpt utstyret, men vurderer å gjøre det. En potensiell ugjendrivelig kostnad er en *investering*. Her må bedriften avgjøre om investeringene i utstyret er *økonomisk lønnsomt* – dvs. om den vil føre til en inntektsstrøm stor nok til å rettferdiggjøre kostnadene.

Faste og variable kostnader

totale kostnader (TC eller C) Totale økonomiske kostnader, som består av faste og variable kostnader

faste kostnader (FC) Kostnader som er uavhengige av produksjonsmengden

variable kostnader (VC) Kostnader som varierer med produksjonens størrelse

Noen kostnader varierer med produksjonen, mens andre forblir uendret uansett hvor lite eller mye som produseres. Dette skillet blir viktig når vi i neste kapittel analyserer bedriftens valg av profittmaksimerende produksjon. Vi vil derfor splitte **totale kostnader (TC eller C)** – de totale økonomiske produksjonskostnader – i to komponenter:

- **Faste kostnader (FC)**: Kostnader som er uavhengige av produksjonsmengden.
- **Variable kostnader (VC)**: Kostnader som varierer med produksjonens størrelse.

Faste kostnader omfatter vanligvis slike kostnader som kapitalkostnader knyttet til produksjonsanlegget, forsikring, elektrisitet, vakthold og kanskje et minimum antall ansatte i administrasjonen. Disse forblir de samme uansett hvor mye bedriften produserer. Variable kostnader, som inkluderer lønnsutgifter og utgifter til råvarer og halvfabrikata, øker etter hvert som produksjonen øker.

Faste kostnader varierer ikke med nivået på produksjonen, de påløper selv om det ikke produseres noe i de hele tatt.

Nedleggelse

Nedleggelse betyr ikke nødvendigvis at man går ut av bransjen. Anta at et klesfirma, som eier flere fabrikker, opplever fallende etterspørsel og derfor ønsker å redusere produksjonen og kostnadene så mye som mulig i en av fabrikkene. Ved å redusere produksjonen i denne fabrikken til null, kan selskapet eliminere kostnadene for råvarer og mye av arbeidskraften, men det vil fortsatt påløpe faste kostnader, som lønninger til ledelsen, sikkerhetsvakter samt utgifter til løpende vedlikehold. Den eneste måten å fjerne disse faste kostnadene på ville være å lukke dørene, slå av strømmen, og selge eller skrape maskinutstyret (det kan dog fortsatt være igjen noen faste kostnader som for eksempel renteutgifter). Selskapet vil imidlertid fortsatt være i bransjen og drifte de andre fabrikkene. Det kan tenkes at de kan gjenåpne fabrikken som ble stengt, selv om dette kan bli kostbart på grunn av kjøp av nye maskiner eller opprusting av de gamle.

Faste eller variable kostnader?

Hvordan vet vi hvilke kostnader som er faste og hvilke som er variable? Svaret avhenger av hvilken tidshorisont vi legger til grunn. På svært kort sikt – si noen få måneder – er de fleste kostnadene faste. På så kort sikt er bedriften gjerne forpliktet til å gjøre opp for underleveranser og det er ikke så lett å kvitte seg med arbeidskraft.

På lang sikt – si et par tre år – vil imidlertid mange kostnader være variable. I løpet av denne perioden kan bedriften, dersom den ønsker å redusere produksjonen, redusere bemanningen, kjøpe mindre råvarer og kanskje selge noe av maskinparken. På veldig lang sikt – si ti år – vil, i de fleste tilfeller, alle kostnader være variable. Maskiner og eiendom kan selges og eventuelle leiekontrakter kan sies opp.

Faste kontra ugjendrivelige kostnader

Det er ikke uvanlig å forveksle faste kostnader med ugjendrivelige kostnader. Som vi nettopp har forklart er faste kostnader, kostnader bedriften har uavhengig av produksjonsnivå. Faste kostnader kan reduseres/fjernes hvis bedriften legger ned et anlegg eller legger ned hele virksomheten.

Ugjendrivelige kostnader, derimot, er kostnader som har påløpt og som *ikke kan gjenvinnes*. Et eksempel er FoU-kostnadene et farmasøytisk firma har hatt for utvikling og testing av et nytt legemiddel. Uansett om legemiddelet blir en suksess eller en fiasko, kan ikke disse kostnadene gjendrives. Et annet eksempel er kostnadene knyttet til produksjonsanlegget for produksjon av data brikker. I og med at anlegget er for spesialisert til å bli brukt i andre produksjonsprosesser vil de fleste, om ikke alle, kostnadene være ugjendrivelige. (Det kan tenkes at noe av utstyret har en skrapverdi).

Anta, på den annen side, at en bedrift hadde avtale om å gjøre årlige innbetalinger til en pensjonsordning for de ansatte så lenge bedriften var i drift, uavhengig av produksjon eller lønnsomhet. En del av disse utbetalingene kan bare opphøre dersom bedriften legger ned. (Skal man kvitte seg med alle, må man slås konkurs). I dette tilfellet skal utbetalingene ses på som faste kostnader.

Hvorfor skille mellom faste og ugjendrivelige kostnader? Fordi faste kostnader påvirker bedriftens beslutninger om hva den skal gjøre i fremtiden, noe ugjendrivelige kostnader ikke gjør. Faste kostnader som er høye i forhold til salgsinntektene, og som ikke kan reduseres, kan føre til at bedriften legges ned – å kvitte seg med de faste kostnadene og ikke tjene penger er bedre enn å pådra seg løpende tap. Å pådra seg en høy ugjendrivelig kostnad kan senere vise seg å være en dårlig avgjørelse (for eksempel en mislykket utviklingen av et nytt produkt), men pengene er svidd av og kan ikke gjenvinnes ved nedleggelse av bedriften.

Amortisering av ugjendrivelige kostnader

amortisering
Fordeling av en engangskostnad over flere år

I praksis er det mange bedrifter som ikke alltid skiller mellom ugjendrivelige og faste kostnader. Eksempelvis kan en bedrift som har brukt 600 millioner på et produksjonsanlegg for databrikker (en ugjendrivelig kostnad) **amortisere** kostnadene over seks år, og behandle det som en fast kostnad på 100 millioner pr. år. Dette er greit så lenge bedriftens ledelse er klar over at en avvikling av bedriften ikke vil fjerne disse kostnadene. Faktisk kan denne måten å spre kostnadene ut på, og dermed behandle dem som faste kostnader, være hensiktsmessig for å vurdere foretakets langsiktige lønnsomhet.

Amortisering av store investeringer og det å behandle dem som løpende faste kostnader kan også forenkle den økonomiske analysen av bedriften. Som vi skal se vil for eksempel behandling av investeringer i realkapital på denne måten kunne gjøre det lettere å forstå avveiningen som bedriften står overfor når det gjelder bruk av henholdsvis arbeidskraft og kapitalutstyr.

Eksempel 6.1

Ugjendrivelige, faste, og variable kostnader: Datamaskiner, programvare og pizza

Etter hvert som du går gjennom denne boken, vil du se at bedriftens pris- og produksjonsbeslutninger – og lønnsomhet – i stor grad avhenger av bedriftens kostnadsstruktur. Det er derfor viktig at ledere kjenner kostnadsstrukturen og ikke minst kan identifisere hva som er faste, variable og ugjendrivelige kostnader. De relative størrelser for disse ulike kostnadskomponentene kan variere betydelig mellom næringer. Noen nærliggende eksempler er produksjon av PC-er, (hvor de fleste kostnadene er variable), produksjon av programvare (hvor de fleste kostnadene er ugjendrivelige), og pizzarestauranter (hvor de fleste kostnader er faste). La oss se på hver av disse.

Selskaper som Dell, Gateway, Hewlett-Packard, og IBM produserer millioner av PC-er hvert år. I og med at datamaskinene er svært like, er konkurransen intens, og lønnsomheten er kritisk avhengig av evnen til å holde kostnadene nede. De fleste av disse kostnadene er variable, de øker med antall datamaskiner som produseres hvert år. Det viktigste er prisen på komponentene: mikroprosessoren som gjør mye av de faktiske beregningene, minnebrikker, harddisker og andre lagringsenheter, video og lydkort, osv. Typisk er de fleste av disse komponentene kjøpt fra eksterne leverandører i kvanta som avhenger av antall datamaskiner som skal produseres.

En annen viktig variabel kostnad er lønninger til ansatte: Arbeidere er nødvendig for å sette sammen datamaskinene og deretter pakke og sende dem. De ugjendrivelige kostnadene er ikke nødvendigvis vesentlige i og med at fabrikkene koster lite i forhold til verdien av selskapets årlige produksjon. Det samme gjelder de faste kostnadene som lønn til toppledelsen, sikkerhetsvakter og elektrisitet. Så når Dell og Hewlett-Packard prøver å finne veier for å redusere kostnadene, fokuserer de i stor grad på å få bedre priser på komponentene eller redusere behovet for arbeidskraft, som begge er måter å redusere variable kostnader på.

Hva med programvaren som benyttes til disse maskinene? Microsoft produserer operativsystemet Windows, samt en rekke programmer som Word, Excel og PowerPoint. Men mange andre bedrifter, noen store og noen små, produserer også programvare for PC-er. For disse bedriftene vil produksjonskostnadene være ganske forskjellige fra maskinvareprodusentens. I produksjon av programvare er de fleste kostnader ugjendrivelige. Vanligvis vil en programvareprodusent bruke store summer på å utvikle et nytt program. Disse utgiftene kan ikke gjendrives.

Når programmet er ferdig, prøver selskapene å dekke inn kostnadene (og tjene noen penger i tillegg) ved å selge så mange eksemplarer av programmet som mulig. De variable kostnadene ved å produsere kopier av programmet er svært små – de består hovedsakelig av kopiering av programmet til CD-er og deretter pakking og forsendelse av produktet. Likeledes er de faste kostnadene små. I og med at de fleste kostnadene er ugjendrivelige, vil det å etablere seg i programvarebransjen kunne innebære en betydelig risiko. Inntil utviklingsmidlene er brukt opp, og produktet har blitt lagt ut for salg, vil produsenten ha liten formening om hvor mye man får solgt og hvorvidt man vil tjene penger.

La oss avslutningsvis se på en pizzarestaurant. Her vil kostnadene hovedsakelig være faste. De ugjendrivelige kostnadene er ganske lave i og med at pizzaovner, stoler, bord og bestikk kan selges dersom pizzarestauranten legges ned. De variable kostnadene er også ganske lave – dette er hovedsakelig utgifter til ingredienser som mel, tomatsaus, ost, skinke, pepperoni osv., samt lønninger til et par servitører. Mesteparten av kostnadene er faste – alternativkostnaden av eierens tid, lokalleie, og utstyr. På grunn av de høye faste kostnadene har de fleste pizzarestauranter gjerne en lav fortjeneste.

Grensekostnad og gjennomsnittskostnad

For å fullføre vår diskusjon av kostnader skal vi nå se nærmere på skillet mellom grensekostnad og gjennomsnittskostnad. For å forklare denne forskjellen benytter vi en tallfestet kostnadsfunksjon (forholdet mellom produksjon og kostnader) som kjennetegner kostnadsituasjonen for mange bedrifter. Eksemplet er vist i tabell 6.1. Etter at vi har forklart begrepene grensekostnad og gjennomsnittskostnad, skal vi se nærmere på vi hvordan kortsiktige kostnadsanalyser avviker fra langsiktige.

Grensekostnad (MC)

grensekostnad (MC) Den økning i kostnader som følger av at det produseres én enhet til

Grensekostnaden er den kostnadsøkning som følger av at man øker produksjonen med en enhet. I og med at de faste kostnadene ikke endres når produksjonen endres vil grensekostnaden være lik den økning vi får i variable kostnader, og dermed totale kostnader, når det produseres én enhet til. Vi kan derfor skrive grensekostnaden som:

$$MC = \Delta VC/\Delta q = \Delta TC/\Delta q$$

Uttrykt mer generelt ved derivasjonsnotasjon har vi:

$$MC = dVC/dq = dTC/dq$$

I tabell 6.1 er grensekostnaden beregnet fra enten variable kostnader (kolonne 2) eller de totale kostnader (kolonne 3). Eksempelvis er grensekostnaden ved å øke produksjonen fra 2 til 3 enheter lik 20 kr i og med at de variable kostnadene øker fra 78 til 98 kroner. (Totale produksjonskostnader øker også med 20 kr, fra 128 til 148

TABELL 6.1 Bedriftens kostnader

Produksjonsnivå pr. år	Faste kostnader	Variable kostnader	Totale kostnader	Grensekostnader	Gjennomsnittlige faste kostnader	Gjennomsnittlige variable kostnader	Gjennomsnittlige totale kostnader
Enheter	Kr	Kr	Kr	Kr pr. enhet	Kr pr. enhet	Kr pr. enhet	Kroner pr. enhet
	(FC)	(VC)	(TC)	(MC)	(AFC)	(AVC)	(ATC)
	(1)	(2)	(3)	(4)	(5)	(6)	(7)
0	50	0	50	–	–	–	–
1	50	50	100	50	50	50	100
2	50	78	128	28	25	39	64
3	50	98	148	20	16.7	32.7	49.3
4	50	112	162	14	12.5	28	40.5
5	50	130	180	18	10	26	36
6	50	150	200	20	8.3	25	33.3
7	50	175	225	25	7.1	25	32.1
8	50	204	254	29	6.3	25.5	31.8
9	50	242	292	38	5.6	26.9	32.4
10	50	300	350	58	5	30	35
11	50	385	435	85	4.5	35	39.5

kroner. Forskjellen mellom totale og variable kostnader er altså kun de faste kostnadene.)

Gjennomsnittlige totale kostnader (ATC)

gjennomsnittlige totale kostnader
Bedriftens totale kostnader dividert med antall produserte enheter

gjennomsnittlige faste kostnader (AFC)
Faste kostnader delt på antall produserte enheter

gjennomsnittlige variable kostnader (AVC)
Variable kostnader delt på antall produserte enheter

Gjennomsnittlige totale kostnader, og gjennomsnittlige økonomiske kostnader, AC, benyttes om hverandre og er bedriftens samlede kostnader dividert med produksjonens størrelse – altså kostnader pr. produsert enhet, TC/q. Så, gjennomsnittlige totale kostnader ved en produksjon på 5 enheter er 36 kr (180/5).

ATC består av to komponenter. **Gjennomsnittlige faste kostnader (AFC)** er de faste kostnadene (kolonne 1 i tabell 6.1) delt på antall produserte enheter, FC/q. Eksempelvis er gjennomsnittlige faste kostnader ved å produsere 4 enheter lik 12,5 kr (50/4). I og med at de faste kostnadene er konstante, vil gjennomsnittlige faste kostnader synke når produksjonen øker. **Gjennomsnittlige variable kostnader (AVC)** er variable kostnader delt på antall produserte enheter, VC/q. Gjennomsnittlige variable kostnader ved å produsere 5 enheter er 26 kr (130/5).

Vi har nå presentert de ulike typer kostnader som er relevante for produksjonsbeslutninger i bedrifter som opererer i ulike typer markeder. Vi skal nå se nærmere på forskjellen mellom kortsiktige og langsiktige kostnader. Dette er spesielt viktig med hensyn til de faste kostnadene. Kostnader som er faste på svært kort sikt, for eksempel lønn til ansatte under tidsbestemte kontrakter, vil ikke nødvendigvis være faste i det lange løp. Tilsvarende vil faste kostnader knyttet til produksjonsanlegget bli variable hvis tidshorisonten er lang nok til at bedriften kan kjøpe nytt utstyr og bygge nye fabrikker.

6.2 KOSTNADER PÅ KORT SIKT

I dette avsnittet retter vi oppmerksomheten mot kortsiktige kostnader. I avsnitt 6.3 vil vi se på langsiktige kostnader.

Hva bestemmer kostnadene på kort sikt?

Tallene i tabell 6.1 viser hvordan variable og totale kostnader øker med produksjonen på kort sikt. Hvor mye kostnadene øker, avhenger av typen produksjonsprosess, og spesielt av i hvilken grad produksjon innebærer avtagende utbytte for de variable innsatsfaktorene. Vi husker fra kapittel 5 at avtagende utbytte av arbeidskraft bestod i at grenseproduktiviteten av arbeidskraft er synkende. Hvis arbeidskraft er den eneste innsatsfaktor, hva skjer når vi øker bedriftens produksjon? For å produsere mer må bedriften hyre inn mer arbeidskraft. Så hvis grenseproduktiviteten av arbeidskraft avtar når mengden arbeidskraft økes (på grunn av avtagende utbytte), blir kostnadene gradvis høyere når produksjonen økes. Følgelig vil variable og totale kostnader øke etter hvert som produksjonen økes.

I avsnitt 5.2 forklarer vi at avtagende utbytte oppstår når økt innsatsfaktorbruk gir avtagende økning i produksjon.

La oss se på forholdet mellom produksjon og kostnader i mer detalj ved å fokusere på kostnadene for en bedrift som kan ansette så mye arbeidskraft den ønsker til en gitt lønnssats w. Husk at grensekostnaden MC er endringen i variable kostnader som følger av at produksjonen øker med én enhet (dvs. $\Delta VC/\Delta q$). Endringen i variable kostnader er kostnaden pr. enhet arbeidskraft, w, multiplisert med den økningen i arbeidskraft som må til for å produsere én enhet til, ΔL. I og med at $\Delta VC = w\Delta L$, følger det at:

$$MC = \Delta VC/\Delta q = w\Delta L/\Delta q$$

Fra kapittel 5 hadde vi at grenseproduktiviteten av arbeidskraft, MP_L, er den produksjonsendring som følger av at vi øker arbeidsinnsatsen med én enhet, eller $\Delta q/\Delta L$. Følgelig trenger man $\Delta L/\Delta q = 1/MP_L$ enheter mer arbeidskraft for å øke produksjonen med én enhet. Vi får da:

$$MC = w/MP_L \tag{6.1}$$

Grenseproduktiviteten av arbeidskraft er omtalt i avsnitt 5.2.

Ligning (6.1) sier at når det bare er én variabel innsatsfaktor, vil grensekostnaden være lik innsatsfaktorprisen delt på innsatsfaktorens grenseproduktivitet. Anta for eksempel at grenseproduktiviteten av arbeidskraft er 3 og at lønnen er 300 kr pr. time. I så fall vil ett timeverk øke produksjonen med 3 enheter og følgelig vil en produksjonsøkning på én enhet kreve 1/3 timeverk, noe som koster 100 kroner. Hvis grenseproduktiviteten av arbeidskraft er lav, vil det kreve mye ekstra arbeidskraft for å produsere mer, noe som gir en høy grensekostnad, og motsatt hvis grenseproduktiviteten er høy. Mer generelt har vi at *grensekostnaden er lavere jo høyere grenseproduktiviteten er.*

Avtagende utbytte, som betyr synkende grenseproduktivitet av arbeidskraft, innebærer da at grensekostnaden vil være stigende når produksjonen øker. Dette kan sees av tallene for grensekostnader i tabell 6.1. For volumer fra 0 til 4 er grensekostnaden synkende, for volumer fra 4 til 11 er imidlertid grensekostnaden stigende, noe som reflekterer avtagende utbytte.

Kostnadskurver

Figur 6.1 illustrerer hvordan ulike kostnadsstørrelser utvikler seg når produksjonen øker. Den øverste delen av figuren viser totalkostnadene og dens to komponenter, variable kostnader og faste kostnader. Den nederste delen viser grensekostnaden og gjennomsnittlige kostnader. Disse kostnadskurvene, som er basert på informasjonen i tabell 6.1, gir ulike typer informasjon.

Av figur 6.1(a) ser vi at de faste kostnadene, FC, ikke varierer med produksjonens størrelse – de fremkommer som en horisontal linje på 50 kroner. Variable kostnader, VC, er null når produksjonen er null, for deretter å øke kontinuerlig ettersom produksjonen øker. Totalkostnadskurven, TC, bestemmes ved vertikalt summering av kurven for faste kostnader og kurven for variable kostnader. I og med at de faste kostnadene er konstante, er den vertikale avstanden mellom de to kurvene alltid 50 kroner.

Figur 6.1(b) viser de tilhørende kurvene for grensekostnader og gjennomsnittskostnader. I og med at de faste kostnadene er 50 kr, vil kurven for gjennomsnittlige faste kostnader starte i 50 kr, der produksjonen er lik 1, og beveger seg mot 0 etter hvert som produksjonen øker. Forløpet til de andre kurvene er bestemt av forholdet mellom grensekostnadskurven og gjennomsnittskostnadskurven. Når grensekostnadene ligger under gjennomsnittskostnadene, synker gjennomsnittskostnadskurven. Når grensekostnadene ligger over gjennomsnittskostnadene, vil gjennomsnittskostnadskurven stige. Når gjennomsnittskostnadene når sitt minimum, vil grensekostnaden være lik gjennomsnittskostnaden.

Forholdet mellom grensekostnad og gjennomsnittskostnad

Forholdet mellom grensekostnader og gjennomsnittskostnader reflekterer forholdet mellom grenseproduktivitet og gjennomsnittsproduktivitet som vi så i kapittel 5. Hvis det for eksempel produseres 5 enheter viser tabell 6.1 at grensekostnaden, 18 kr, er lavere enn gjennomsnittlige variable kostnader, 26 kroner. Følgelig vil gjennomsnittskostnaden synke når produksjonen øker. Men når grensekostnaden er 29 kr, og altså høyere enn gjennomsnittlige variable kostnader (25,5 kr), vil gjennomsnittet øke når produksjonen øker.

ATC-kurven viser gjennomsnittlige totale produksjonskostnader. I og med at gjennomsnittlige totale kostnader er summen av gjennomsnittlige variable kostnader, og gjennomsnittlige faste kostnader og AFC-kurven er synkende, vil den vertikale avstanden mellom ATC og AVC bli mindre og mindre etter hvert som produksjonen øker. AVC-kurven når sitt minimum for et lavere produksjonsnivå enn ATC-kurven. Dette følger av at ATC-kurven ligger over AVC-kurven og at grensekostnadskurven er stigende.

En annen innfallsvinkel for å se sammenhengen mellom totalkostnadskurvene og kurvene for grensekostnader og gjennomsnittskostnader er å se på linjen som går fra origo til punkt *A* i figur 6.1(a). Stigningstallet til linjen er lik gjennomsnittlige variable kostnader (en kostnad på 175 kr delt på en produksjon på 7 gir en kostnad på 25 kr pr. enhet). I og med at VC-kurvens helning i et gitt punkt er lik grensekostnaden, vil tangenten til VC-kurven i punkt *A* være grensekostnaden ut fra en produksjon på 7 enheter. I *A* vil grensekostnaden være lik gjennomsnittskostnaden fordi gjennomsnittlige variable kostnader minimeres for dette produksjonsnivået.

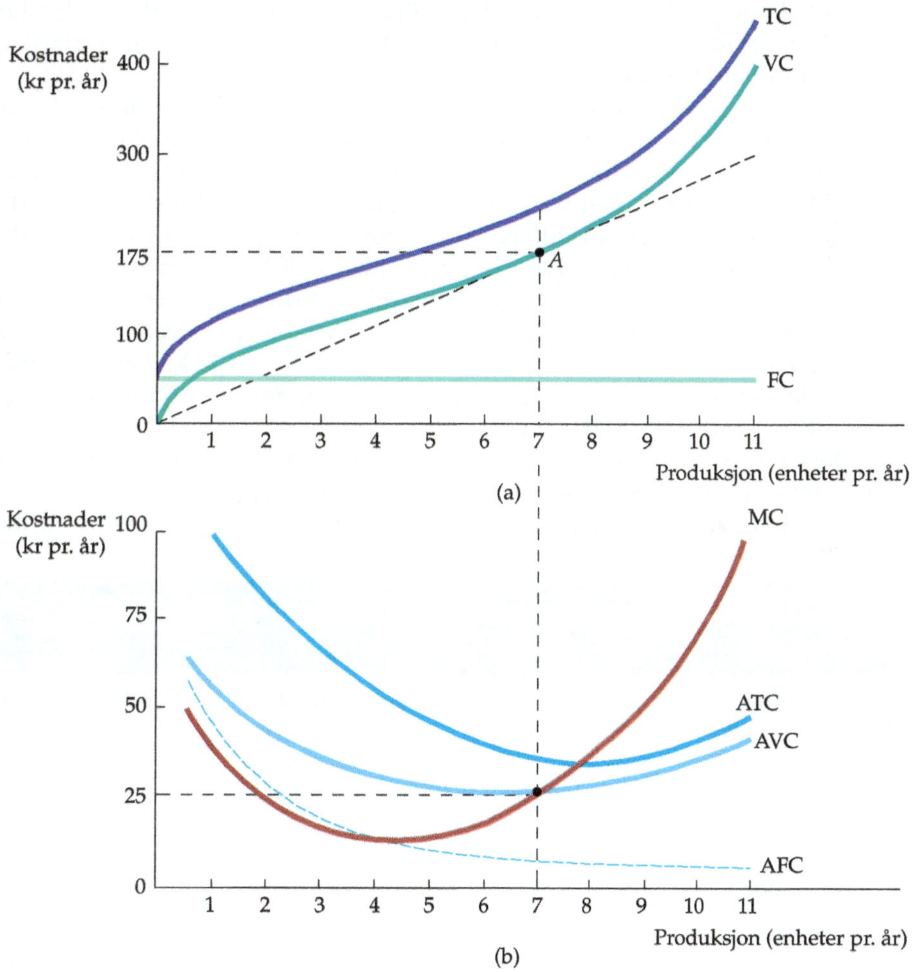

FIGUR 6.1 Kostnadskurver

I **(a)** er totale kostnader, TC, gitt ved vertikal summering av faste, FC, og variable kostnader, VC. I **(b)** er gjennomsnittlige totalkostnader, ATC, gitt ved summen av gjennomsnittlige variable kostnader, AVC, og gjennomsnittlig faste kostnader AFC. Grensekostnaden MC skjærer kurven for gjennomsnittlige variable kostnader og kurven for gjennomsnittlige totale kostnader i deres minimum.

Eksempel 6.2

Kortsiktige kostnader ved aluminiumsmelting

Aluminium er et lettmetall som benyttes i en lang rekke produkter, inkludert fly, biler, emballasje og byggevarer. Produksjonen av aluminium begynner med utvinning av bauksitt i land som Australia, Brasil, Guinea, Jamaica og Surinam. Bauxitt er et malm som inneholder en relativt høy konsentrasjon av aluminiumoksid, som skilles ut fra bauxitten gjennom en kjemisk raffineringsprosess. Aluminiumoksidet konverteres deretter til aluminium gjennom en smelteprosess. Det er denne smelteprosessen som er den mest kostbare fasen i aluminiumsproduksjonen, som vi vil fokusere på her.

Alle de store aluminiumsprodusenter har smelteverk. Et smelteverk kan typisk ha to produksjonslinjer, som hver produserer ca. 300–400 tonn aluminium pr. dag. Vi skal se nærmere på de kortsiktige produksjonskostnadene, altså kostnadene innenfor en tidshorisont hvor produsenten ikke kan utvide produksjonsanlegget. (Det tar omtrent fire år å planlegge, bygge og utstyre et aluminiumssmelteverk.)

Selv om kostnadene ved et smelteverk er betydelige, antar vi at anlegget ikke kan selges – kostnadene er derfor ugjendrivelige. Vi vil også se bort fra faste kostnader, som i stor grad er administrasjonskostnader, da disse er relativt små. Dermed kan vi utelukkende fokusere på kortsikte variable kostnader. Tabell 6.2 viser gjennomsnittlige produksjonskostnader (pr. tonn) for et typisk aluminiumsverk. Kostnadstallene gjelder for et anlegg som kjører to skift for å produsere 600 tonn aluminium pr. dag. Hvis prisene var høye nok, ville bedriften kunne velge å kjøre tre skift ved bruk av overtidsarbeid. For dette tredje skiftet ville imidlertid lønns-og vedlikeholdskostnader trolig øke med rundt 50 prosent på grunn av behovet for å betale høyere lønn for overtid. I tabell 6.2 har vi splittet kostnadskomponentene i to kategorier. Den første kategorien omfatter kostnader som ville forbli de samme for alle produksjonsnivåer. Den andre omfatter kostnader som ville øke dersom produksjonen oversteg 600 tonn pr. dag.

Merk deg at de største kostnadskomponentene for smelting er bruk av elektrisitet og kostnadene for aluminiumoksid. Sammen representerer de om lag 60 prosent av de totale produksjonskostnadene. I og med at bruken av elektrisitet, aluminiumoksid og andre råvarer brukes i et direkte forhold til

TABELL 6.2 Produksjonskostnader for aluminiumsmelting (dollar pr. tonn) (basert på en produksjon på 600 tonn pr. dag)

Konstante kostnader pr. tonn for alle produksjonsnivåer	**Produksjon ≤ 600 tonn/dag**	**Produksjon > 600 tonn/dag**
Elektrisitet	316	316
Aluminium	369	369
Andre råvarer	125	125
Anleggsstrøm og drivstoff	10	10
Delsum	820	820
Kostnadsøkning pr. tonn når produksjonen overstiger 600 tonn pr. dag		
Arbeidskraft	150	225
Vedlikehold	120	180
Transport	50	75
Delsum	320	480
Totale kostnader pr. tonn	**1140**	**1300**

mengden av aluminium som produseres, representerer disse konstante kostnader pr. tonn som produseres. Kostnadene knyttet til arbeidskraft, vedlikehold og transport er også proporsjonale med nivået på produksjonen, men bare når anlegget opererer to skift pr. dag. Hvis produksjonen skal økes utover 600 tonn pr. dag, vil et tredje skift være nødvendig og vil resultere i en 50-prosent økning i kostnadene for arbeidskraft, vedlikehold og transport pr. tonn.

Kurvene for kortsiktige grensekostnader og gjennomsnittskostnader er vist i figur 6.2. For en produksjon q opp til 600 tonn pr. dag er totale variable kostnader (i dollar) lik $1140q$, så grensekostnadene og gjennomsnittlige variable kostnader er konstant lik 1140 dollar pr. tonn. Hvis vi øker produksjon utover 600 tonn pr. dag vil kostnadene for arbeidskraft, vedlikehold og transport øke fra 320 dollar til 480 dollar pr. tonn, noe som fører til at grensekostnaden øker fra 1140 til 1300 dollar. pr. tonn.

Hva skjer med gjennomsnittlige variable kostnader når produksjonen er større enn 600 tonn pr. dag? Når $q > 600$, er totale variable kostnader gitt ved:

$$TVC = 1140 \cdot 600 + 1300(q - 600) = 1300q - 96\,000$$

Gjennomsnittlige variable kostnader er derfor:

$$AVC = 1300 - 96\,000/q$$

Som figur 6.2 viser, når produksjonen når 900 tonn pr. dag, som er det som maksimalt kan produseres, vil grensekostnadene og gjennomsnittskostnadene gå mot uendelig.

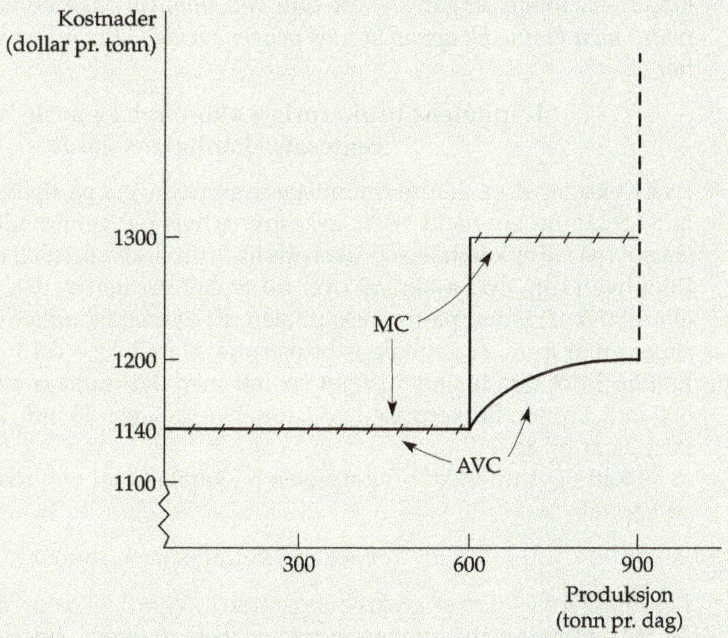

FIGUR 6.2 Kortsiktige variable kostnader ved aluminiumsmelting

Kortsikte gjennomsnittlige variable kostnader ved smelting er konstante for produksjonsnivåer opp til bruk av to skift. Ved å øke arbeidsinnsatsen til tre skift øker grensekostnaden og gjennomsnittlige variable kostnader inntil man når kapasitetsgrensen.

6.3 KOSTNADER I DET LANGE LØP

En bedrift har langt større fleksibilitet i det lange løp. Produksjonskapasiteten kan utvides ved at det bygges nye anlegg, arbeidsstokken kan endres, produktene kan endres og man kan introdusere nye produkter. I dette avsnittet viser vi hvordan en bedrift kan velge den kombinasjon av innsatsfaktorer som minimerer kostnadene for et gitt produksjonsnivå. Vi vil også se nærmere på forholdet mellom produksjonsnivå og langsiktige kostnader. Vi begynner med å se på kostnadene knyttet til bruk av kapitalutstyr, og viser så hvordan disse kostnadene, sammen med arbeidskraftkostnadene, påvirker produksjonsbeslutningene.

brukerpris på kapital
Årlige kostnader ved å eie og bruke en kapitalenhet, lik økonomiske avskrivninger pluss tapte renteinntekter

Brukerprisen på kapital

Noen bedrifter vil leie maskiner, bygninger og annet kapitalutstyr som brukes i produksjonsprosessen, mens andre velger å kjøpe driftsmidlene. I vår analyse vil det imidlertid være hensiktsmessig å behandle kapital som om den var leid selv om den var kjøpt. En illustrasjon vil bidra til å forklare hvordan og hvorfor vi gjør dette. La oss anta at SAS vurderer å kjøpe et nytt fly som koster 900 mill. kroner. *Selv om SAS må ut med et stort beløp her og nå kan* kjøpesummen *amortiseres* over flyets levetid. Dette gjør at SAS kan sammenligne sine inntekter og kostnader på *årlig basis*. Hvis vi antar at levetiden på et fly er 30 år, er den amortiserte kostnaden 30 mill. kr pr. år. De 30 millionene kan ses på som den årlige *økonomiske avskrivning* av flyet.

Så langt har vi ignorert det faktum at hvis flyet ikke kjøpes, vil SAS kunne få renteinntekter på de 900 millionene. Disse tapte renteinntektene representer en *alternativkostnad* som det må tas hensyn til. Følgelig vil kapitalens brukerkostnad – de årlige kostnader ved å eie og bruke flyet, i stedet for å selge det eller aldri kjøpe det i første omgang – være gitt ved *summen av de økonomiske avskrivninger og renter man kunne ha oppnådd hvis pengene hadde blitt investert andre steder*. Formelt har vi:

Kapitalens brukerpris = økonomiske avskrivninger + rentesats · kapitalens verdi

I vårt eksempel er den økonomiske avskrivningen på flyet 30 mill. kr pr. år. Anta at SAS kunne oppnådd 10 % avkastning hvis pengene hadde blitt investert andre steder. I så fall er kapitalens brukerpris lik 30 mill. kr + 0,1(900 mill. kr – avskrivninger). Etter hvert som flyet avskrives over tid synker verdien av det, og dermed synker også alternativkostnaden på finanskapitalen. På kjøpstidspunktet for eksempel, og når vi skuer ett år frem, er kapitalens brukerpris 30 mill. kr + 0,10 · 900 mill. kr = 120 mill. kroner. I det tiende året vil flyet ha falt med 300 mill. kr i verdi og vil være verdt 600 mill. kroner. Brukerprisen på kapital vil da være 30 mill. kr + 0,10 · 600 mill. kr = 90 mill. kr pr. år.

Vi kan også uttrykke brukerprisen på kapital som en prosentsats pr. krone brukt på kapital:

$$r = \text{depresieringsrate} + \text{rente}$$

I eksemplet ovenfor er avskrivningsraten 1/30 = 3,33 % pr. år. Hvis SAS kunne fått 10 % avkastning hvis pengene hadde vært plassert annerledes ville brukerprisen være 3,33 % + 10 % = 13,33 % pr. år.

Kostnadsminimerende faktorsammensetning

Vi skal nå se på et grunnleggende problem som alle bedrifter står overfor: *Hvilken faktorkombinasjon vil minimere kostnadene for et gitt produksjonsvolum?* For enkelhets skyld vil vi se på tilfellet med to variable innsatsfaktorer: arbeidskraft (målt i antall årsverk) og kapital (målt i antall maskintimer pr. år).

Hvor mye arbeidskraft og kapital som bedriften vil benytte, vil selvfølgelig avhenge av prisene på disse innsatsfaktorene. Vi vil anta bedriften står overfor gitte priser på innsatsfaktorene – prisene på arbeidskraft og kapital påvirkes altså ikke av hvor mye bedriften etterspør av de to faktorene. I dette tilfellet er prisen på arbeidskraft bare lønnen, w. Men hva med prisen på kapital?

Kapitalkostnad

I det lange løp kan bedriften endre bruken av kapitalutstyr. Selv om kapitalutstyr også omfatter spesialiserte maskiner som ikke har noen alternativ bruk, er utgifter til disse ikke ugjendrivelige da man ennå ikke har foretatt investeringene. Disse må derfor tas i betraktning når man skal beslutte hvor mye kapital man skal benytte i fremtiden. For å sammenligne bedriftens kapitalkostnader med løpende lønnskostnader vil vi behandle kapitalkostnader som strømningsvariable – for eksempel i kr pr. år. Vi må derfor amortisere kapitalkostnaden over kapitalens levetid, og vi må også ta hensyn til den avkastningen bedriften kunne ha fått ved å plassere pengene annerledes. Som vi nettopp har sett, er det akkurat dette vi gjør når vi kalkulerer brukerprisen på kapital, altså r = depresieringsrate + rentesats.

leiepris
Kostnad pr. år for å leie en kapitalenhet

Leiepris på kapital

Som nevnt vil mange bedrifter leie kapitalutstyr fremfor å kjøpe det. Et eksempel er kontorlokaler i et kontorbygg. I dette tilfellet er prisen på kapitalen det det koster å leie lokalene i et år.

Betyr dette at vi må skille mellom kapital som er leid og kapital som er kjøpt når vi bestemmer prisen på kapital? Nei, hvis markedet for kapitalutstyr fungerer som et frikonkurransemarked (som vi antar her), skal leieprisen være lik for brukerprisen på kapital, r. Hvorfor? Fordi i et frikonkurransemarked, vil bedrifter som eier kapitalutstyr (for eksempel eiere av store kontorbygg) forvente en konkurransedyktig avkastning når de leier ut, nemlig den avkastning som de kunne ha oppnådd ved å investere pengene sine andre steder, pluss et beløp som kompenserer for kapitalslitet. *Den konkurransedyktige avkastning er lik brukerprisen på kapital.* Kapital som er kjøpt kan altså behandles som om den var leid til en leiepris lik brukerprisen på kapital.

I resten av dette kapitlet, vil vi derfor anta at bedriften leier alle kapitalenhetene til en leiepris, eller "pris", r, akkurat som det leier arbeidskraft til en gitt lønnssats, eller "pris", w. Vi vil også anta at bedriftene behandler eventuelle ugjendrivelige kostnader som faste kostnader som spres ut over tid. Vi trenger derfor ikke trekke inn ugjendrivelige kostnader her.

Isokostlinjer

isokostlinje
En kurve som viser alle mulige kombinasjoner av arbeid og kapital som kan kjøpes for en gitt totalkostnad

Vi begynner med å se på kostnadene ved å benytte de to innsatsfaktorene, kostnader som kan illustreres ved såkalte isokostlinjer. En **isokostlinje** viser alle mulige kombinasjoner av arbeidskraft og kapital som kan kjøpes for en gitt totalkostnad. Jo lenger lenger ut i diagrammet isokostlinjen ligger, jo høyere er kostnadene. Vi tar utgangspunkt i at kostnadene er gitt ved summen av utgiftene til arbeidskraft og kapital:

$$C = wL + rK \qquad \textbf{(6.2)}$$

I og med at vi skal illustrere dette i et diagram med kapitalmengde langs den vertikale aksen, er det hensiktsmessig å omforme ligningen slik at vi få K alene på venstre side av likhetstegnet (slik som vi gjorde da vi så på konsumentens budsjettlinje):

$$K = C/r - (w/r)L$$

Det følger at isokostlinjen har en helning på $\Delta K/\Delta L = -(w/r)$, som er forholdet mellom lønnssatsen og leieprisen på kapital. Helningen forteller oss at dersom bedriften droppet én arbeidskraftsenhet (og sparte w kr) for å kjøpe w/r enheter kapital til en kostnad på r kr pr. enhet, ville produksjonskostnadene forblir de samme. Hvis for eksempel lønnssatsen var 100 kr og leieprisen på kapital var 50 kr, kunne bedriften erstatte én enhet arbeidskraft med to enheter kapital uten at totalkostnadene ble endret.

Valg av innsatsfaktorer

Anta at vi ønsker å produsere et nivå q_1. Hvordan kan vi få til dette til lavest mulige kostnader? Se på isokvanten merket q_1, i figur 6.3. Problemet er å velge det punktet på denne isokvanten som minimerer totalkostnadene.

Figur 6.3 illustrerer løsningen på dette problemet. Anta at bedriften ikke ønsker å bruke mer enn beløpet C_0 på innsatsfaktorer. Dårlige nyheter for bedriften, ingen faktorkombinasjoner kan kjøpes for C_0 gitt at produksjonen skal være q_1. Imidlertid kan produksjonen q_1 oppnås hvis kostnadene er C_2, enten ved å velge kombinasjonen K_2 enheter kapital og L_2 enheter arbeidskraft, eller ved å bruke K_3 enheter kapital og L_3 enheter arbeidskraft. Men C_2 gir ikke kostnadsminimering. q_1 kan produseres til lavere kostnader C_1, ved hjelp av K_1 enheter kapital og L_1 enheter arbeidskraft. Faktisk er isokostlinjen C_1 den laveste isokostlinjen vi kan legge oss på, gitt at det skal produseres q_1 enheter. Tangeringspunktet mellom iskostlinjen C_1 og isokvanten q_1, punkt *A*, gir oss den kostnadsminimerende faktorkombinasjon, L_1 og K_1. I dette punktet har isokvanten samme helning som isokosten.

Når utgiftene til alle innsatsfaktorer øker, vil ikke isokostlinjens helning endres i og med at faktorprisene ikke endres. Skjæringspunktene med aksene vil imidlertid endres. Anta så at prisen på arbeidskraft øker. I så fall vil isokostlinjens helning øke i tallverdi og kurven blir brattere, som illustrert i figur 6.4. I utgangspunktet er isokostlinjen gitt ved C_1 og bedriften minimerer kostnadene for å produsere q_1 ved å bruke L_1 enheter arbeidskraft og K_1 enheter kapital. Når prisen på arbeidskraft øker, blir isokostlinjen brattere, gitt ved C_2. Stilt ovenfor høyere pris på arbeidskraft vil bedriften nå minimere kostnadene for å produsere q_1 ved å benytte L_2 enheter arbeidskraft og K_2 enheter kapital. Bedriften vrir seg altså bort fra bruk av arbeidskraft når den blir relativt dyrere.

Hva karakteriserer så tilpasningspunktene *A* og *B*? I forrige kapittel viste vi at den marginale tekniske substitusjonsrate mellom arbeidskraft og kapital (MRTS) var gitt

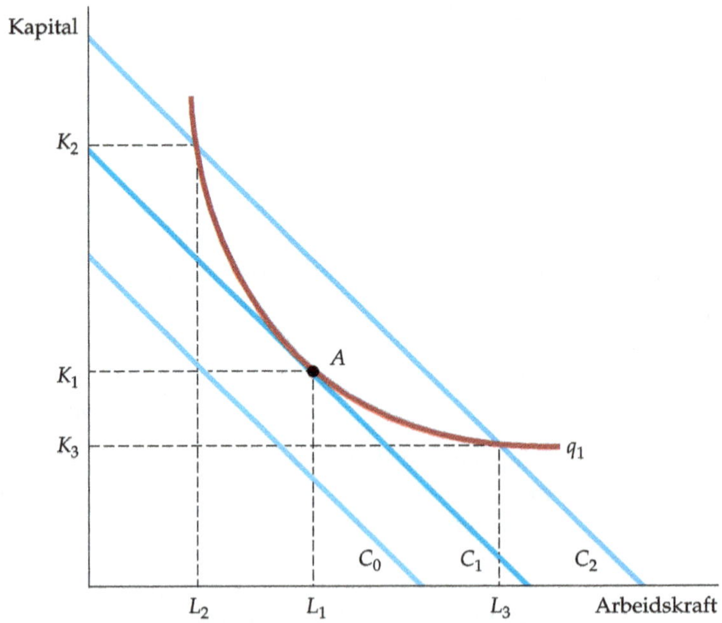

FIGUR 6.3 Kostnadsminimerende faktorsammensetning

Isokostkurver beskriver de faktorkombinasjoner som koster det samme. Isokost-kurven C_1 tangerer isokvanten q_1 i *A* og viser at q_1 kan produseres til lavest mulig kostnad når man velger en arbeidsinnsats L_1 og en kapitalmengde K_1. Andre faktorkombinasjoner – L_2, L_3 og K_2, K_3 – gir samme produksjon men høyere kostnader.

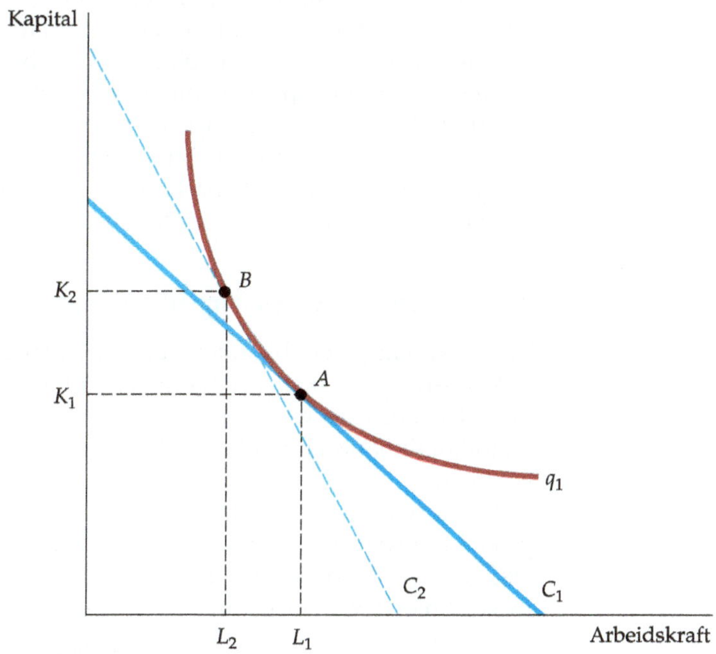

FIGUR 6.4 Faktorsubstitusjon når en faktorpris endres

Når bedriften står overfor isokostkurven C_1, produserer bedriften q_1, i punkt *A*, med L_1 enheter arbeidskraft og K_1 enheter kapital. Når prisen på arbeidskraft øker, blir isokostkurven brattere. q_1 produseres nå ved faktorkombinasjonen K_2 og L_2, gitt ved punkt *B*.

ved isokvantens helning og var lik forholdet mellom grenseproduktiviteten av arbeidskraft og grense produktiviteten av kapital:

$$\text{MRTS} = -\Delta K/\Delta L = \text{MP}_L/\text{MP}_K \qquad \textbf{(6.3)}$$

I avsnitt 5.3 forklarer vi at MRTS uttrykker hvor mye vi kan redusere bruken av kapital hvis vi øker arbeidsinnsatsen med én enhet, gitt at produksjonen skal holdes konstant.

Ovenfor viste vi at isokostens helning er lik $\Delta K/\Delta L = -w/r$. Det følger da at følgende betingelse er oppfylt når bedriften minimerer kostnadene for en gitt produksjonsmengde:

$$\text{MP}_L/\text{MP}_K = w/r$$

Vi kan omskrive denne betingelsen til:

$$\text{MP}_L/w = \text{MP}_K/r \qquad \textbf{(6.4)}$$

MP_L/w er den produksjonsøkning vi får ved å benytte én krone til på arbeidskraft. Anta at timelønnen er 100 kr og at et ekstra timeverk gir en produksjonsøkning på 200 enheter. Produksjonsøkning for én krone ekstra brukt på arbeidskraft blir da 200/100 = 2. Tilsvarende er MP_K/r den ekstra produksjonen som følger at man bruker én krone mer på kapital. Ligning (6.4) viser oss derfor at, for å minimere kostnadene for et gitt produksjonsnivå, skal bedriften velge en faktorkombinasjon *slik at siste krone brukt på arbeidskraft skal gi samme produksjonsøkning som siste krone brukt på kapital.*

Hvorfor må denne betingelsen holde for at kostnadene skal minimeres? Anta at lønnen er 100 kr timen og at leieprisen pr. kapitalenhet er 20 kroner. Anta videre at en ekstra kapitalenhet gir samme produksjonsøkning som et ekstra timeverk,

200 enheter. I så fall vil siste krone brukt på kapital gi en produksjonsøkning på 200/20 = 10 enheter. En krone ekstra brukt på kapital gir altså 5 ganger så stor produksjonsøkning som en ekstra krone brukt på arbeidskraft. Bedriften vil da ønske å bruke mer kapital og mindre arbeidskraft. Dersom bedriften reduserer bruken av arbeidskraft og øker kapitalmengden, vil grenseproduktiviteten av arbeidskraft øke mens grenseproduktiviteten av kapital vil synke. Ved å fortsette denne overflyttingen vil man til slutt nå den faktorsammensetning der siste krone brukt gir samme produksjonsøkning uansett hvilken innsatsfaktor man bruker den på.

Kostnadsminimering for ulike produksjonsnivåer

Vi har så langt sett hvordan bedriften kan minimere kostnaden for et gitt produksjonsnivå. Nå skal vi se nærmere på hvordan bedriftens kostnader varierer med produksjonens størrelse. Dette gjør vi ved å identifisere den kostnadsminimerende faktorkombinasjon for ulike produksjonsnivåer for deretter å kalkulere de tilhørende kostnader.

I figur 6.5 har vi illustrert kostnadsminimerende faktorkombinasjon for ulike produksjonsnivåer. Vi har antatt at timelønnen er 100 kr og at bedriften kan leie en kapitalenhet for 200 kr pr. time. Gitt disse faktorprisene har vi tegnet inn 3 ulike isokostlinjer. Hver isokostlinje er gitt ved følgende ligning:

$$C = 100L + 200K$$

I figur 6.5(a) representerer den innerste kurven en kostnad på 10 000 kr, den midterste 20 000 kr og den ytterste 30 000 kroner.

Som du ser av figur 6.5(a), er punktene *A*, *B* og *C* karakterisert ved at vi har tangering mellom en isokvant og en isokostlinje. Fra punkt *B*, for eksempel, ser vi at den rimeligste måten å produsere 200 enheter på er å bruke 100 enheter arbeidskraft og 50 enheter kapital, som gir en kostnad på 20 000 kroner. Likeledes, den rimeligste måten å produsere 100 enheter på gir en kostnad på 10 000 kr, mens en produksjon på 300 enheter kan man få til for 30 000 kr hvis man benytter 150 enheter arbeidskraft og 75 enheter kapital.

ekspansjonsveien
En kurve som går gjennom tangeringspunktene mellom isokostene og isokvantene og dermed viser kostnadsminimerende faktorkombinasjon for ulike produksjonsnivåer, når faktorprisforholdet er konstant

Kurven som går gjennom tangeringspunktene kalles **ekspansjonsveien** (eller ekspansjonskurven). Ekspansjonsveien viser de kombinasjoner av arbeidskraft og kapital som minimerer kostnadene for ulike produksjonsnivåer. Så lenge bruken av både arbeidskraft og kapital øker med produksjonen, vil kurven være stigende. I vårt tilfelle kan vi enkelt beregne stigningstallet til linjen. Når produksjonen øker fra 100 til 200 enheter, øker kapitalbruken fra 25 til 50 enheter, mens bruken av arbeidskraft øker fra 50 til 100 enheter. For hvert nivå på produksjonen benytter bedriften altså halvparten så mye kapital som arbeidskraft. Derfor er ekspansjonsveien en rett linje med en helning lik:

$$\Delta K/\Delta L = (50 - 25)/(100 - 50) = 0{,}5$$

Ekspansjonsveien og langsiktige kostnader

Ekspansjonsveien inneholder den samme informasjonen som bedriftens langsiktige totalkostnadskurve, $C(q)$. Dette ser vi fra figur 6.5(b). For å komme fra ekspansjonsveien til kostnadskurven følger vi tre steg:

1. Velg et produksjonsnivå representert ved en isokvant i figur 6.5(a). Finn deretter tangeringspunktet til en isokost.
2. Fra isokosten beregner vi så de laveste kostnadene vi kan produsere det valgte produksjonsnivå til.
3. Vi tegner så inn produksjons- kostnadskombinasjonene som vist i figur 6.5(b).

Anta at vi begynner med en produksjon på 100 enheter. I punkt *A* i figur 6.5(a) finner vi tangering med en isokost. Vi får da at i det lange løp vil 100 enheter kunne

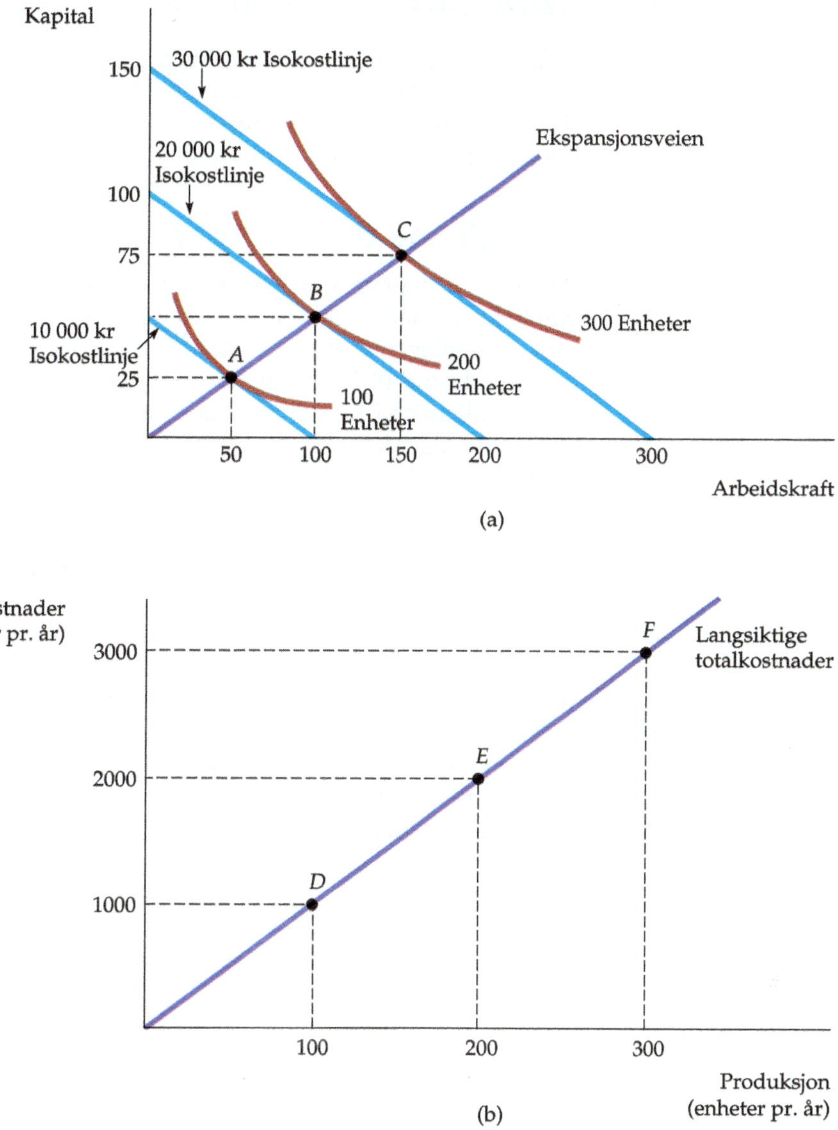

FIGUR 6.5 Ekspansjonsveien og den langsiktige totalkostnadskurven

I **(a)** illustrerer ekspansjonsveien (fra origo gjennom punktene *A*, *B* og *C*) de kostnadsminimerende kombinasjoner av arbeidskraft og kapital som kan benyttes for ulike produksjonsnivåer på lang sikt, det vil si, når begge innsatsfaktorene er variable. I **(b)** viser den tilhørende langsiktige totalkostnadskurven (fra origo gjennom punktene *D*, *E* og *F*) de laveste kostnadene for ulike produksjonsnivåer.

produseres for 10 000 kroner. Vi markerer denne kombinasjonen av 100 enheter og 10 000 kr som punkt *D* i figur 6.5(b). Tilsvarende representerer punkt *E* kostnaden ved å produsere 200 enheter, altså 20 000 kr, som tilsvarer punkt *B* på ekspansjonsveien. Videre viser punkt *F* at 300 enheter ikke kan produseres til lavere kostnader enn 30 000 kroner. Gjør vi dette for alle produksjonsnivåer får vi den *langsiktige kostnadskurven* i figur 6.5(b) – dvs. minimum langsiktige kostnader for ulike produksjonsnivåer.

I dette eksemplet er den langsiktige totalkostnadskurven en rett linje. Hvorfor? Fordi det her er konstant skalautbytte i produksjonen: Når innsatsfaktorene økes prosentvis like mye, øker produksjonen med samme prosentsats.

6.4 LANGSIKTIGE KONTRA KORTSIKTIGE KOSTNADSKURVER

I figur 6.1 tegnet vi den kortsiktige gjennomsnittskostnadskurven som U-formet. Vi skal se at langsiktige gjennomsnittskostnadskurver også kan være U-formede. I dette avsnittet ser vi nærmere på langsiktige grense- og gjennomsnittskostnadskurver og poengterer hva som er forskjellen i forhold til de kortsiktige.

Manglende fleksibilitet på kort sikt

Husk at vi definerte lang sikt som den tiden det tar å gjøre alle innsatsfaktorer variable. På lang sikt er bedriftens planleggingshorisont lang nok til at produksjonsanleggets størrelse kan endres. Denne fleksibiliteten gjør at bedriften kan produsere til lavere gjennomsnittskostnader enn på kort sikt. For å se dette sammenligner vi situasjonen der kapital og arbeidskraft begge er variable med situasjonen der kapitalmengden er konstant – som den er på kort sikt.

Figur 6.6 viser bedriftens isokvanter. Bedriftens langsiktige ekspansjonsvei er gitt ved en rett linje fra origo, som svarer til ekspansjonsveien i figur 6.5. Anta så at kapitalmengden på kort sikt er gitt ved K_1. Gitt at det skal produseres q_1 enheter, vil bedriften minimere kostnaden ved å velge L_1 enheter arbeidskraft – altså slik at isokvanten tangerer isokosten AB.

Mangelen på fleksibilitet ytrer seg nå i at bedriften beslutter å øke produksjonen til q_2, uten å øke bruken av kapital. Dersom kapitalmengden ikke hadde vært konstant, ville bedriften valgt faktorkombinasjonen K_2 og L_2. Produksjonskostnadene ville da blitt reflektert i isokostlinjen CD.

Men det faktum at kapitalmengden er gitt, får bedriften til å velge faktorkombinasjonen K_1 og L_3 i punkt P. Punkt P ligger på isokosten EF, som representerer en høyere kostnad enn isokosten CD. Hvorfor er produksjonskostnaden høyere når

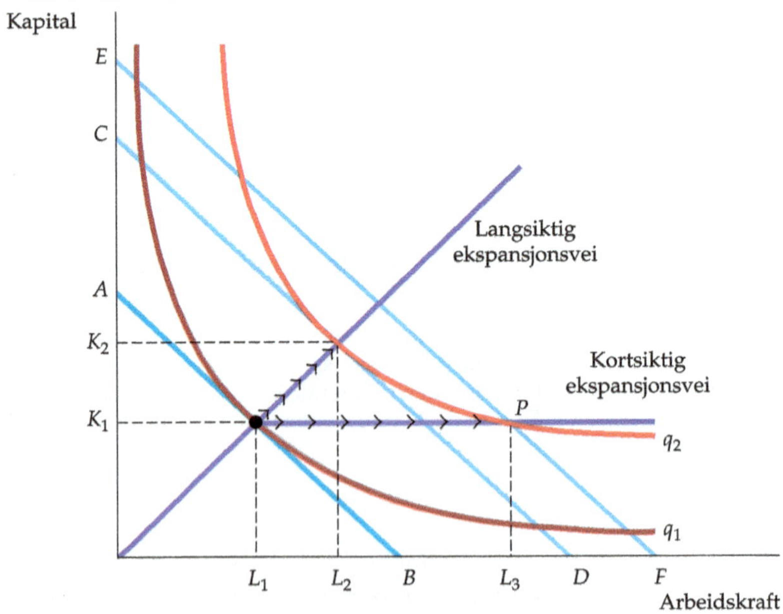

FIGUR 6.6 Mangelfull fleksibilitet på kort sikt

På kort sikt vil tilpasningen kunne bli en annen inn på lang sikt på grunn av manglende fleksibilitet i bruken av kapital. Produksjonen er i utgangspunktet q_1. På kort sikt kan produksjonsnivået q_2 bare bli produsert ved å øke bruken av arbeidskraft fra L_1 til L_3, i og med at kapitalmengden er gitt ved K_1. I det lange løp, kan den samme produksjonen produseres billigere ved å øke bruken av arbeidskraft fra L_1 til L_2 og bruken av kapital fra K_1 til K_2.

kapitalmengden er gitt? Fordi bedriften ikke er i stand til å erstatte den relativt dyre arbeidskraften med relativt billigere kapital. Denne mangel på fleksibilitet gjenspeiles i den kortsiktige ekspansjonsveien, som begynner som en stråle fra origo for deretter å bli en horisontal linje når kapitalmengden når K_1.

Langsiktige gjennomsnittskostnader

I det lange løp vil muligheten for å endre kapitalmengden kunne gi lavere kostnader. For å se hvordan kostnadene varierer når bedriften beveger seg langs ekspansjonsveien, kan vi se nærmere på de langsiktige gjennomsnittskostnads- og grensekostnadskurvene. Det viktigste forholdet for fasongen på disse kostnadskurvene er skalaegenskapene. Anta for eksempel at bedriftens produksjon er karakterisert ved konstant skalautbytte for alle produksjonsnivåer. I dette tilfellet fører en dobling av alle innsatsfaktormengder til en dobling av produksjon. Gitt at faktorprisene holdes konstant vil gjennomsnittskostnaden være den samme for alle produksjonsnivåer.

Anta i stedet at bedriften har tiltagende skalautbytte. En dobling av alle innsatsfaktormengder fører til mer enn en dobling av produksjonen. I så fall synker gjennomsnittskostnaden etter hvert som produksjonen øker. Sagt på en annen måte: en dobling av kostnadene gir mer enn en dobling av produksjonen. Motsatt hvis vi har avtagende skalautbytte – da vil gjennomsnittskostnaden øke når produksjonen øker.

langsiktig gjennomsnittskostnadskurve (LAC)
En kurve som viser sammenhengen mellom gjennomsnittskostnad og produksjon når alle innsatsfaktorer, også kapital, er variable

kortsiktig gjennomsnittskostnadskurve (SAC)
En kurve som viser sammenhengen mellom gjennomsnittskostnad og produksjon når minst én innsatsfaktor holdes konstant

Vi så at den langsiktige totalkostnadskurven knyttet til ekspansjonsveien i figur 6.5(a) var en rett linje fra origo. I dette tilfellet, med konstant skalautbytte, er den langsiktige gjennomsnittskostnaden konstant. For en produksjon på 100 enheter er den langsiktige gjennomsnittskostnaden 10 000 kr/100 enheter = 100 kr pr. enhet. For en produksjon på 200 enheter er den langsiktige gjennomsnittskostnaden 20 000 kr/200 enheter = 100 kr pr. enhet osv. I og med at konstant gjennomsnittskostnad innebærer konstant grensekostnad vil den langsiktige gjennomsnittskostnadskurven og den langsiktige grensekostnadskurven være gitt ved en vannrett linje på 100 kr pr. enhet.

I forrige kapittel så vi på en bedrift som først hadde stigende skalautbytte, så konstant og deretter avtagende skalautbytte. Figur 6.7 viser en **langsiktig gjennomsnitts- kostnadskurve (LAC)** som passer denne beskrivelsen av produksjonsprosessen. Som for den **kortsikte gjennomsnittskostnadskurven (SAC)**, kan den langsiktige gjennomsnittskostnadskurven være U-formet.

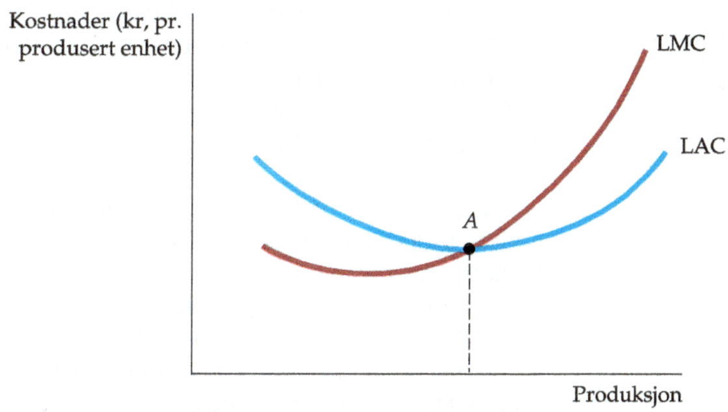

FIGUR 6.7 Langsiktige gjennomsnitts- og grensekostnader

Når en bedrift produserer et kvantum der den langsiktige gjennomsnittskostnaden, LAC, er synkende, er den langsiktige grensekostnaden, LMC, lavere enn LAC. Omvendt, når LAC er økende, er LMC større enn LAC. De to kurvene skjærer hverandre i *A*, der LAC kurven når sitt minimum.

langsiktig grensekostnadskurve (LMC)
En kurve som viser endringen i langsiktige totale kostnader når produksjon økes med én enhet

Det langsiktige grensekostnadskurven (LMC) kan utledes fra den langsiktige kostnadskurven: den uttrykker endringen i de langsiktige totalkostnader når produksjonen økes med én enhet. LMC ligger under den langsiktige gjennomsnittskostnadskurven når LAC er fallende, og over når LAC er stigende. De to kurvene skjærer hverandre i *A*, der den langsiktige gjennomsnittskostnadskurven når sitt minimum. I spesialtilfellet der LAC er konstant vil LAC og LMC være like.

Stordriftfordeler og stordriftsulemper

Når produksjonen øker vil gjennomsnittskostnadene trolig synke, i hvert fall til et visst punkt. Dette kan skje av følgende grunner:

1. Dersom foretaket opererer i større skala, kan arbeiderne spesialisere seg i de aktiviteter hvor de er mest produktive.
2. Bedriften kan fremforhandle lavere priser på noen innsatsfaktorer hvis de kjøper disse i større kvanta. Slike kvantumsrabatter kan også føre til at bedriften endrer faktorsammensetningen når produksjonen øker.

Før eller siden vil imidlertid gjennomsnittskostnadene begynne å øke når produksjonen øker. Det er tre grunner til dette:

1. I hvert fall på kort sikt vil produksjonslokalene og tilgangen på utstyr etter hvert begrense hvor mye mer man klarer å produsere selv om man ansetter fler.
2. Etter hvert som bedriften vokser og antall oppgaver øker, vil administrasjon av bedriften bli mer kompleks, og administrasjonskostnadene vil kunne øke raskt.
3. Fordelene ved å kjøpe innsatsfaktorer i store kvanta kan forsvinne hvis man kommer opp til visse nivåer. Det kan være begrenset tilgang på visse innsatsfaktorer – for eksempel spesialisert arbeidskraft – og man kan bidra til å øke prisen på disse.

stordriftsfordeler
En situasjon der produksjonen kan dobles for mindre enn en dobling av kostnadene

stordriftsulemper
En situasjon der en dobling av produksjonen krever mer enn en dobling av kostnadene

Når vi analyserer forholdet mellom omfanget av bedriftens produksjon og dens kostnader, må vi være oppmerksomme på at når forholdet mellom innsatsfaktorene endres, så vil ikke ekspansjonsveien lenger være en rett linje og begrepet skalautbytte vil ikke lenger være relevant. I stedet sier vi at en bedrift har **stordriftsfordeler** når den kan doble sin produksjon for mindre enn en dobling av kostnadene. Tilsvarende er det **stordriftsulemper** når en dobling av produksjonen fører til at kostnadene mer enn dobles. Begrepet stordriftsfordeler omfatter tiltagende skalautbytte som et spesialtilfelle, men det er mer generelt, fordi det gjenspeiler endringer i sammensetning av faktormengder når produksjonen endres. I dette mer generelle tilfellet vil en U-formet langsiktig gjennomsnittskostnadskurve reflektere at bedriften først har et område med stordriftsfordeler, for deretter å bevege seg over i et område med stordriftsulemper.

La oss for å se på forskjellen mellom skalautbytte (hvor altså alle innsatsfaktorer endres proporsjonalt når produksjonen økes) og stordriftsfordeler (hvor forholdet mellom innsatsfaktormengdene kan variere), se på en gård som driver melkeproduksjon. Produksjonen av melk er en funksjon av arealtilgang, utstyr, antall kyr og for. En gård med 2 kyr vil sannsynligvis hovedsakelig bruke arbeidskraft (dvs. kyrne blir melket for hånd). Hvis man doblet alle innsatsfaktormengder, ville en gård med 4 kyr produsere dobbelt så mye melk. I dette tilfellet, er det altså konstant skalautbytte.

Store melkeprodusenter har imidlertid muligheten til å bruke melkemaskiner. Hvis en gård fortsetter melking for hånd vil det fortsatt være konstant skalautbytte. Men når gården beveger seg fra 5 til 10 kyr, begynner den å ta i bruk melkemaskiner og får derigjennom redusert kostnadene pr. liter melk. I dette tilfellet snakker vi om stordriftsfordeler.

> I avsnitt 5.4 defineres økende skalautbytte som en situasjon der produksjonen mer enn dobles når begge innsatsfaktormengdene dobles.

Dette eksemplet illustrerer at en bedrift kan ha både konstant skalautbytte og stordriftsfordeler. Bedrifter kan selvfølgelig også ha både økende skalautbytte og stordriftsfordeler. Det er nyttig å sammenligne de to:

Økende skalautbytte: Produksjonen mer enn dobles når alle innsatsfaktormengder dobles.

Stordriftsfordeler: En dobling av produksjonen krever mindre enn en dobling av kostnadene.

Stordriftsfordeler måles ofte ved en kostnads produksjonselastisitet E_C. E_C forteller hvor mange prosent produksjonskostnadene øker når produksjonen øker med én prosent:

$$E_C = (\Delta C/C)/(\Delta q/q) \qquad \textbf{(6.5)}$$

For å se hvordan E_C relaterer seg til vårt vanlige kostnadsmål omskriver vi ligning (6.5) som følger:

$$E_C = (\Delta C/\Delta q)/(C/q) = MC/AC \qquad \textbf{(6.6)}$$

E_C vil da være lik 1 når grensekostnaden er lik gjennomsnittskostnaden. I så fall vil kostnadene øke proporsjonalt med produksjonen, og det er verken stordriftsfordeler eller stordriftsulemper. Når det er stordriftsfordeler (når kostnadene øker i en lavere takt enn produksjonen), vil grensekostnaden være lavere enn gjennomsnittskostnaden (begge er synkende) og E_C er mindre enn 1. Avslutningsvis, når det er stordriftsulemper vil grensekostnaden være høyere enn gjennomsnittskostnaden og E_C er større enn 1.

Forholdet mellom kortsiktige og langsiktige kostnader

Figur 6.8 viser forholdet mellom kortsiktige og langsiktige kostnader. Anta at en bedrift er usikker om fremtidig etterspørsel etter sine produkter og vurderer tre alternative anleggsstørrelser. De kortsiktige gjennomsnittskostnadskurvene for de tre anleggene er gitt ved SAC_1, SAC_2, og SAC_3. Beslutningen er viktig i og med at det vil ta tid å endre anleggets størrelse når det først er bygget.

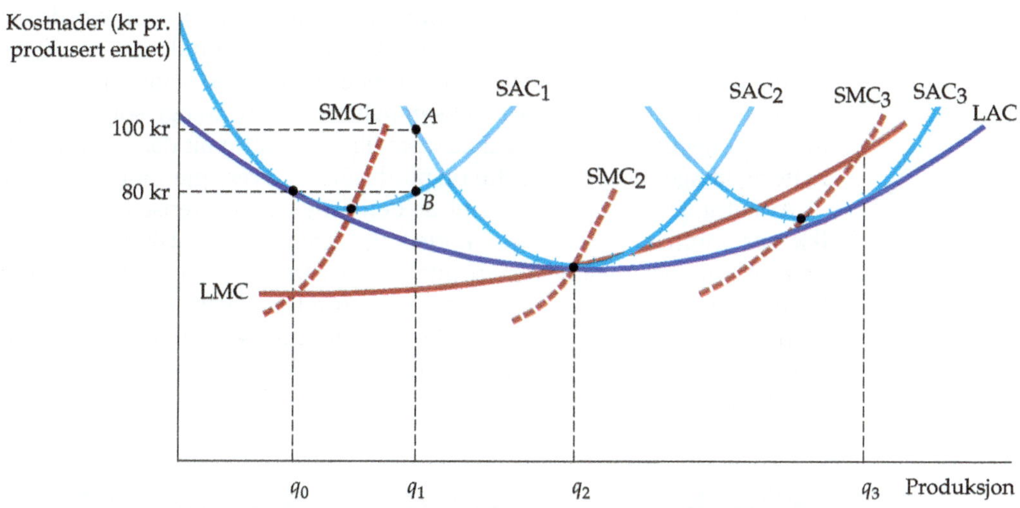

FIGUR 6.8 Langsiktige kostnader ved skalaulemper og skalafordeler

Den langsiktige gjennomsnittskostnadskurven, LAC, er omhyllningen av de kortsiktige gjennomsnittskostnadskurvene SAC_1, SAC_2 og SAC_3. I tilfellet med skalafordeler og skalaulemper, vil minimumspunktene for gjennomsnitts-kostnadskurvene ikke ligge på den langsiktige gjennomsnittskostnadskurven.

Figur 6.8 illustrerer tilfellet der det er tre ulike størrelser på anlegget. Dersom bedriften forventer å produsere q_0 enheter, så bør den bygge det minste anlegget. Gjennomsnittskostnaden vil da være 80 kroner. Dersom den forventer å produsere q_2 enheter vil det mellomstore anlegget være det beste valget, og hvis q_3 forventes bør det største anlegget velges.

Hva er så bedriftens langsiktige gjennomsnittskostnadskurve? I det lange løp kan bedriften endre størrelsen på anlegget. Ved å gjøre det vil den alltid velge det anlegget som minimerer gjennomsnittlige produksjonskostnader.

Den langsiktige gjennomsnittskostnadskurven er gitt ved de tverrstiplede delene av de kortsiktige gjennomsnittskostnadskurvene, i og med at disse viser de laveste kostnadene for et hvert produskjonsnivå. Den langsiktige gjennomsnittskostnadskurven er innhylningen av de kortsiktige gjennomsnittskostnadskurvene – den omslutter de kortsiktige kurvene.

Anta så at man kan velge mellom mange anleggsstørrelser, hver med sin spesifikke kortsiktige gjennomsnittskostnadskurver. Igjen vil den langsiktige gjennomsnittskostnadskurven være innhylningen av de kortsiktige gjennomsnittskostnadskurvene. I figur 6.8 er denne angitt ved kurven LAC. Uansett hvor mye bedriften ønsker å produsere, kan den velge den anleggstørrelsen (og miksen av kapital og arbeidskraft) som gjør at den kan produsere kvantumet til det laveste nivået for gjennomsnittskostnaden. Den langsiktige gjennomsnittskostnadskurven illustrerer først et område med stordriftsfordeler og deretter stordriftsulemper for høyere produksjonsnivåer.

La oss prøve å klargjøre forholdet mellom kortsiktige og langsiktige kostnadskurver ved å se på en bedrift som ønsker å produsere q_1 enheter. Hvis bedriften bygger et lite anlegg, vil det være den kortsiktige gjennomsnittskostnadskurven SAC_1 som er relevant. Gjennomsnittskostnaden er da 80 kr (i *B* på SAC_1). Et lite anlegg er her et bedre valg enn et mellomstort et, da det mellomstore ville gitt en gjennomsnittskostnad på 100 kr (*A* på kurven SAC_2). Punkt *B* vil derfor bli et punkt på den langsiktige kostnadskurven i dette tilfellet med bare tre mulige anleggsstørrelser. Hvis man kunne velge mellom flere størrelser, og minst en av disse ga en gjennomsnittskostnad under 80 kr for produksjonsnivået q_1, ville ikke *B* lenger være et punkt på den langsiktige gjennomsnittskostnadskurven.

I figur 6.8 er den langsiktige gjennomsnittskostnadskurven som fremkommer, hvis man kunne velge en hvilken som helst størrelse på anlegget, U-formet. Legg merke til at LAC-kurven aldri ligger over noen av de kortsiktige gjennomsnittskostnadskurvene. Merk også at siden det er stordriftsfordeler og stordriftsulemper på lang sikt, vil *ikke* minimumspunktene for gjennomsnittskostnaden i det minste og de største anleggene ligge på den langsiktige gjennomsnittskostnadskurven. Eksempelvis vil et lite anlegg som ligger på minimum av gjennomsnittskostnadene ikke være tilpasset optimalt da et større anlegg kan dra nytte av tiltagende skalautbytte og produsere til lavere gjennomsnittskostnader.

Avslutningsvis, legg merke til at den langsiktige grensekostnadskurven, LMC, ikke er innhylningen av de kortsiktige grensekostnadskurvene. De kortsiktige grensekostnader gjelder for en gitt anleggsstørrelse, mens de langsiktige grensekostnadene gjelder for enhver anleggsstørrelse. Hvert punkt på den langsiktige grensekostnadeskurven er den kortsiktige grensekostnad knyttet til det mest kostnadseffektive anlegget. I henhold til denne sammenhengen vil, i figur 6.8, SMC_1 skjære LMC i nivået q_0 der SAC_1 tangerer LAC.

6.5 PRODUKSJON AV TO PRODUKTER – BREDDEFORDELER

Mange bedrifter produserer mer enn ett produkt, og noen ganger kan produktene være nært knyttet til hverandre. En bilprodusent produserer biler og lastebiler, en høyskole produserer undervisning og forskning osv. I andre tilfeller kan produktene være mindre relaterte. I begge tilfeller vil imidlertid bedriften trolig dra produksjonsmessige eller kostnadsmessige gevinster ved å produsere to eller flere produkter. Disse fordelene kan stamme fra felles bruk av innsatsfaktorer eller produksjonsanlegg, felles markedsføring, eller kostnadsbesparelser ved å ha en felles administrasjon. I noen tilfeller gir produksjonen av ett produkt automatisk og uunngåelig et biprodukt som kan ha verdi for bedriften. For eksempel vil produsenter av metallplater også produsere skrapmetall og spon som de kan selge.

Transformasjonskurver

La oss se nærmere på fordelen ved samproduksjon ved å se på en bilprodusent som produserer to produkter, biler og traktorer. Biler og traktorer produseres stort sett ikke i samme anlegg, men produksjonen har felles adminsistrasjon, og begge produksjonsprosesser benytter lignende typer maskiner og arbeidskraft med relativt like kvalifikasjoner. Spørsmålet som reiser seg for ledelsen er hvor mange biler og traktorer de skal produsere. Figur 6.9 viser to **transformasjonskurver** – eller **produksjonsmulighetskurver** om man vil. Hver kurve viser ulike kombinasjoner av biler og traktorer som kan produseres med en *gitt mengde arbeidskraft og kapital*. Kurven O_1 beskriver alle kombinasjoner av de produktene som kan produseres når man benytter relativt lite innsatsfaktorer, mens kurven O_2 viser mulige produktkombinasjoner når man dobler mengden av innsatsfaktorer.

transformasjonskurven/ produksjonsmulighetskurven Kurven viser ulike kombinasjoner av to forskjellige produkter som kan produseres med en gitt mengde innsatsfaktorer

Hvorfor er produksjonsmulighetskurven synkende? Kort og godt fordi produksjonen av traktorer må reduseres hvis man skal klare å produsere flere biler – gitt de innsatsfaktormengdene man har tilgjengelig. I figur 6.9 ligger kurven O_2 dobbelt så langt fra origo som kurven O_1, som viser at denne bedriftens produksjonsprosess er karakterisert ved konstant skalautbytte i produksjonen av begge varer.

Hvis kurven O_1 hadde vært en rett linje, ville det ikke vært noen gevinster (eller tap) ved samproduksjon. Et mindre selskap som spesialiserte seg på biler og en annen på traktorer ville gi samme produksjon som en bedrift som produserte begge deler. Produksjonsmulighetskurven er imidlertid konkav fordi samproduksjon vanligvis innebærer fordeler som gjør at et enkelt selskap kan produsere flere biler og traktorer med de samme ressursene enn det to selskaper som produserer hvert produkt separat kan. Som nevnt over kan dette stamme fra felles bruk av

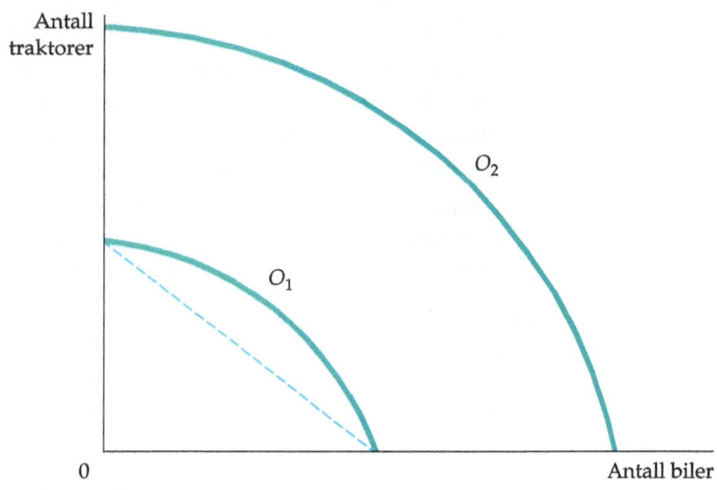

FIGUR 6.9 Transformasjonskurven

Transformasjonskurven beskriver de ulike produktkombinasjoner som kan produseres med en gitt faktortilgang. Transformasjonskurvene O_1 og O_2 er konkave på grunn av breddefordeler.

innsatsfaktorer og felles administrative funksjoner som for eksempel organisering, regnskapsføring, økonomistyring, markedsføring osv.

Breddefordeler og breddeulemper

breddefordeler
En situasjon der en bedrift som produserer to produkter, produserer mer enn det som produseres i to bedrifter som produserer hvert sitt produkt

breddeulemper
En situasjon der en bedrift som produserer to produkter, produserer mindre enn det som produseres i to bedrifter som produserer hvert sitt produkt

Generelt har vi **breddefordeler** når en bedrift som produserer flere produkter til sammen produserer mer enn det separate bedrifter som bare produserer ett produkt hver gjør (gitt samme bruk, og allokering av, innsatsfaktorer). Omvendt vil vi ha **breddeulemper** hvis bedriften som produserer flere produkter produserer mindre enn det de separate bedriftene ville klart.

Det er ingen direkte sammenheng mellom stordriftsfordeler og breddefordeler. En bedrift kan ha breddefordeler, men samtidig også ha avtagende skalautbytte. Anta for eksempel at produksjon av blokk fløyter og piccolofløyter i fellesskap er billigere enn å produsere dem hver for seg. Men produksjonsprosessen krever høykompetent arbeidskraft, og er mest effektivt i liten skala. På den annen side kan en bedrift som produserer flere produkter, ha stordriftsfordeler i produksjon av hvert av produktene, men ikke breddefordeler.

6.6 ENDRINGER I KOSTNADER OVER TID – LÆRINGSKURVEN

Vår diskusjon så langt har antydet en mulig årsak til at store bedrifter kan ha lavere langsiktige gjennomsnittskostnader enn mindre bedrifter: tiltagende skalautbytte i produksjonen. Det er fristende å konkludere med at bedrifter som får lavere gjennomsnittskostnader over tid er voksende bedrifter med tiltagende skalautbytte. Men dette behøver imidlertid ikke være tilfelle. I noen bedrifter kan de langsiktige gjennomsnittskostnadene synke over tid fordi arbeiderne og ledere får mer erfaring med produksjonsprosessen og bedriftens virkemåte. Denne erfaringen kan så omsettes til økt effektivitet og dermed lavere gjennomsnittskostnader.

Etter hvert som arbeidsgivere og arbeidstakere får mer erfaring med produksjonsprosessen, vil bedriftens grensekostnader og gjennomsnittskostnader ved å produsere et gitt nivå synke av fire årsaker:

1. Det tar gjerne tid for arbeidskraften å sette seg inn i arbeidsoppgavene. Etter hvert som de får mer erfaring, vil arbeidstempoet kunne øke.
2. Etter hvert som ledelsen får erfaring med virksomheten, vil de kunne organisere produksjonsprosessen mer effektivt.
3. Ingeniører som i utgangspunktet kanskje er noe forsiktige i sin produktdesign, kan etter hvert som de bygger opp erfaring bli mer tolerante overfor utforminger som reduserer kostnadene uten at defektraten øker. Bedre og mer spesialisert utstyr kan også gi lavere kostnader.
4. Underleverandører kan også lære over tid, og fremstille halvfabrikata mer effektivt. Det kan hende at noe av disse kostnadsbesparelsene også kommer bedriften til gode i form av lavere priser på innsatsfaktorer.

læringskurve
En kurve som viser sammenhengen mellom mengden av innsatsfaktorer som må til for å produsere en enhet og bedriftens samlede produksjon over tid

Følgelig vil bedriften lære over tid ettersom akkumulert produksjon øker. Figur 6.10 illustrerer denne prosessen i form av en **læringskurve** – en kurve som beskriver forholdet mellom en bedrifts akummulerte produksjon og mengden av innsatsfaktorer som må til for å produsere hver enhet.

Konstruksjon av læringskurven

Figur 6.10 viser en læringskurve for produksjon av maskiner. Den horisontale aksen viser det akkumulerte antall maskiner som bedriften har produsert. Den vertikale aksen viser antall arbeidstimer for å produsere *hver maskin*. Jo lavere arbeidsinnsatsen blir pr. produsert enhet, jo lavere blir også gjennomsnittskostnadene.

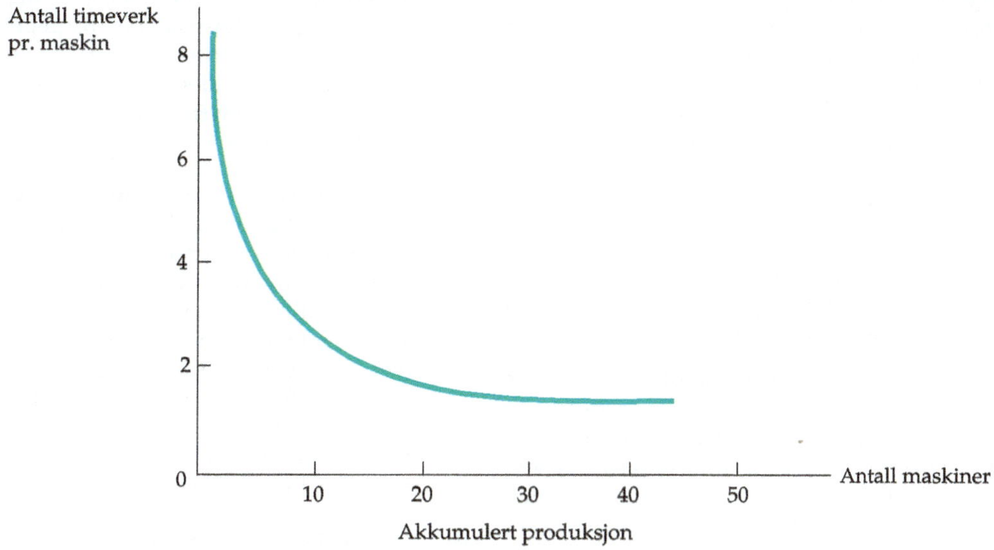

FIGUR 6.10 Læringskurven

Bedriftens produksjonskostnader kan synke over tid etter hvert som ledere og arbeidere får mer erfaring, og dermed utnytter produksjonsanlegget og utstyret mer effektivt. Læringskurven viser hvordan arbeidsinnsatsen pr. produsert enhet synker når den samlede produksjon over tid øker.

Læringskurven i figur 6.10 er basert på følgende funksjon:

$$L = A + BN^{-\beta} \tag{6.8}$$

der N er den akkumulerte produksjon og L er arbeidsinnsatsen pr. produsert enhet. A, B, og β er konstanter, der A og B er større enn 0 og β ligger mellom 0 og 1. Når N er lik 1, er L lik $A + B$, slik at $A + B$ måler arbeidsinnsatsen som kreves for å produsere den første enheten. Når β er lik 0, vil arbeidsinnsatsen pr. enhet produsert være den samme selv om akkumulert produksjon øker – det er ingen læring. Når β er positiv og N blir større og større, vil L nærme seg A. A representerer derfor minimum arbeidsinnsats pr. enhet produsert etter all læring har funnet sted.

Jo større β er, jo viktigere er læringseffekten. Hvis β for eksempel er lik 0,5, faller arbeidsinnsats pr. enhet proporsjonalt med kvadratroten av den akkumulerte produksjonen. Denne graden av læring kan gi en betydelig reduksjon i produksjonskostnadene etter hvert som bedriften får mer erfaring.

OPPSUMMERING

1. Ledere, investorer og økonomer må ta hensyn til *alternativkostnadene* knyttet til bruk av bedriftens ressurser: kostnaden knyttet til hva man går glipp av ved ikke å benytte en ressurs i sin beste alternative anvendelse.

2. *Ugjendrivelig kostnader* (sunk costs) er kostnader som er påløpt og som i sin helhet ikke kan gjendrives. Etter at man har pådratt seg disse kostnadene, skal de ignoreres i fremtidige økonomiske beslutninger.

3. På kort sikt er en eller flere av bedriftens innsatsfaktormengder konstante. Totale kostnader kan deles opp i faste og variable kostnader. En bedrifts *grensekostnad* er økningen i de variable kostnadene som følger av at produksjonen økes med én enhet. De *gjennomsnittlige variable kostnadene* er summen av variable kostnader delt på antall enheter produsert.

4. På kort sikt, når ikke alle innsatsfaktorer er variable, vil egenskapen *avtagende utbytte* reflekteres i formen på kostnadskurven. Det er en invers sammenheng mellom grenseproduktiviteten til en enkelt innsatsfaktor og grensekostnadene. Kurvene for gjennomsnittlige variable kostnader og gjennomsnittlige totale kostnader kan være U-formede. Da vil den kortsiktige grensekostnadskurven begynne å stige etter et gitt punkt og skjærer begge gjennomsnittskostnadskurvene i deres minimum.

5. På lang sikt er alle innsatsfaktorer i produksjonsprosessen variable. Som følge av dette avhenger valget av innsatsfaktorer både av de relative prisene på innsatsfaktorene og i hvilken utstrekning innsatsfaktorene kan substitueres. Valget av kostnadsminimerende faktorkombinasjon finnes i det punktet der isokvanten for ønsket produksjon tangerer en isokostlinje.
6. Bedriftens ekspansjonsvei viser hvordan kostnadsminimerende faktorkombinasjon endres når produksjonen øker. Følgelig gir ekspansjonsveien nyttig informasjon for langsiktig planlegging.
7. Den langsiktige gjennomsnittskostnadskurve er omhylningen av de kortsiktige gjennomsnittskostnadskurver og gjenspeiler skalaegenskapene. Når det først er økende skalaavkastning og så synkende, vil den langsiktige gjennomsnittskostnadskurven være U-formet, og omhylningen inkluderer ikke alle minimumspunktene for de kortsiktige gjennomsnittskostnader.
8. En bedrift har stordriftsfordeler når den kan doble produksjonen til mindre enn en dobling av kostnadene. Tilsvarende er det stordriftsulemper når en dobling av produksjonen krever mer enn en dobling av kostnadene. Begrepene stordriftsfordeler og stordriftsulemper benyttes også når innsatsfaktorforholdet varierer mens begrepet skalautbytte benyttes kun når innsatsfaktorforholdene er faste.
9. Når en bedrift produserer to (eller flere) produkter, er det viktig å merke seg om det kan være *breddefordeler* i produksjonen. Breddefordeler oppstår når bedriften kan produsere en hvilken som helst kombinasjon av de to produkter til lavere kostnader enn om produktene hadde blitt produsert hver for seg hos to uavhengige bedrifter. Graden av breddefordeler måles ved den prosentvise reduksjonen i kostnader ved at en bedrift produserer de to produktene i forhold til om de hadde blitt produsert hver for seg.
10. En bedrifts gjennomsnittlige produksjonskostnader kan synke over tid hvis bedriften "lærer" hvordan man skal produsere mer effektivt. *Læringskurven* viser hvordan mengden av innsatsfaktorer som må til for å produsere en gitt mengde synker etter hver som den akkumulerte produksjonen øker.

SPØRSMÅL

1. En bedrift betaler sin regnskapsfører et årlig honorar på 10 000 kroner. Er dette en kostnad i økonomisk forstand?
2. Eieren av en liten detaljhandel fører regnskapet selv. Hvordan ville du beregne alternativkostnaden av hennes arbeid?
3. Forklar hvorvidt følgende utsagn er riktige eller gale:
   a. Hvis eieren av en bedrift ikke tar ut noen lønn til seg selv, så er den regnskapsmessige kostnaden null, men kostnadene i økonomisk forstand er større enn null.
   b. En bedrift som har regnskapsmessig overskudd, har ikke nødvendigvis overskudd i økonomisk forstand.
   c. Hvis en bedrift ansetter en som var arbeidsledig, er alternativkostnaden ved å benytte arbeideren lik null.
4. Anta at arbeidskraft er den eneste variable innsatsfaktor. Dersom grensekostnaden synker når produksjonen øker, hva kan vi da si om grenseproduktiviteten av arbeidskraft?
5. Anta at en produsent av stoler finner ut at den marginale tekniske substitusjonrate mellom kapital og arbeidskraft er vesentlig større enn forholdet mellom brukerprisen på kapital og lønnssatsen. Hvordan skal hun endre innsatsfaktorbruken for å minimere produksjonskostnadene?
6. Hvorfor er isokostlinjene lineære?
7. Anta at grensekostnadene er stigende. Kan du da fastslå om gjennomsnittlige variable kostnader er stigende eller synkende? Forklar.
8. Anta at grensekostnadene er større enn gjennomsnittlige variable kostnader. Kan du finne ut om gjennomsnittlige variable kostnader stiger eller faller? Forklar.
9. Hvis bedriftens gjennomsnittskostnadskurver er U-formede, hvorfor når gjennomsnittlige variable kostnader sin minumum for et lavere produksjonsnivå enn det de totale gjennomsnittskostnader gjør?
10. Hvis en bedrift har stordriftsfordeler opp til et visst produksjonsnivå, og kostnadene deretter øker proporsjonalt med produksjonen, hva kan du si om formen på den langsiktigle gjennomsnittskostnadskurven?
11. Hvordan vil en endring i prisen på en av innsatsfaktorene endre bedriftens langsiktige ekspansjonsvei?
12. Hva er forskjellen mellom stordriftsfordeler og breddefordeler? Hvorfor kan man ha det ene uten at man har det andre?
13. Er ekspansjonsveien alltid en rett linje?
14. Hva er forskjellen mellom stordriftsfordeler og skalaavkastning?

ØVELSER

1. Jon slutter i jobben som dataprogrammerer, hvor han tjente 400 000 kr i året, for å starte sin egen programvarebedrift i et lokale som han eier og tidligere leide ut for 200 000 kr i året. I løpet av det første året har han følgende utgifter: lønn til seg selv på 350 000 kr, leiekostnader på 0 kr og andre utgifter på 250 000 kroner. Finn de regnskapsmessige kostnadene og de økonomiske kostnadene for Jons virksomhet.

2. a. Fyll inn de tomme feltene i tabellen nedenfor.

   b. Tegn en figur, med pris langs den vertikale aksen og kvantum langs den horisontale aksen, som viser grensekostnader, gjennomsnittlige variable kostnader og gjennomsnittlige totale kostnader.

Antall produserte enheter	Faste kostnader	Variable kostnader	Totale kostnader	Grensekostnader	Gjennomsnittlige faste kostnader	Gjennomsnittlige variable kostnader	Gjennomsnittlige totale kostnader
0			100				
1			125				
2			145				
3			157				
4			177				
5			202				
6			236				
7			270				
8			326				
9			398				
10			490				

3. En bedrift har faste kostnader på 5000 kr og en konstant grensekostnad på 500 kr.

   a. Hvordan ser totalkostnads- og gjennomsnittskostnadsfunksjonen ut?

   b. Hvis bedriften ønsker å minimere gjennomsnittlige totale kostnader, ville den velge å være veldig stor eller veldig liten? Forklar.

4. Anta at en bedrift må betale et gitt skattebeløp pr. år – helt uavhengig av hvor mye den produserer.

   a. Hvordan vil skatten påvirke bedriftens faste kostnader, grensekostnader og gjennomsnittskostnader?

   b. Anta så at bedriften pålegges en skatt som er proporsjonal med produksjonens størrelse. Hvordan vil dette påvirke bedriftens faste kostnader, grensekostnader og gjennomsnittskostnader?

5. Anta at økonomien beveger seg inn i en nedgangskonjunktur, og at lønnskostnadene faller med 50 prosent og forventes å bli på det nivået i lang tid. Vis grafisk hvordan denne endringen i den relative prisen på arbeidskraft og kapital påvirker bedriftens ekspansjonsvei.

6. Du leder et anlegg som produserer maskiner ved hjelp av en rekke arbeidsteam som jobber ved samlebånd. Teknologien er reflektert i følgende produktfunksjon:

$$q = 5KL$$

hvor q er antall produserte maskiner pr. uke, K er antall samlebånd og L er antall arbeidsteam. Leieprisen pr. samlebånd, r, er 50 000 kr pr. uke, og hvert arbeidsteam koster, w, 25 000 kr pr. uke. Produksjonskostnadene er gitt ved arbeids- og kapitalkostnadene pluss 10 000 kr i råvarekostnader pr. maskin. Anlegget har 5 samlebånd.

   a. Hva er kostnadsfunksjonen for ditt anlegg – altså hvor mye vil det koste å produsere q maskiner? Finn grensekostnads- og gjennomsnittskostnadsfunksjonen. Hvordan varierer gjennomsnittskostnaden med produksjonen?

   b. Hvor mange arbeidsteam kreves for å produsere 250 maskiner? Hva er da gjennomsnittskostnaden pr. maskin?

   c. Du blir bedt om å komme med anbefalinger om utformingen av en ny fabrikk. Hvilken kapital/arbeidsrate burde det nye anlegget ha hvis man skal minimere kostnadene for ethvert produksjonsnivå?

7. En bedrifts kortsiktige kostnadsfunksjonen er gitt ved: TC = 200 + 55q, der TC er totale kostnader og q er samlet produksjon, begge målt i 1000.

   a. Hva er bedriftens faste kostnader?

b. Hva er grensekostnaden, gjennomsnittlige variable kostnader og gjennomsnittlige faste kostnader hvis bedriften produserer 100 000 enheter?

c. Anta at selskapet låner penger og utvider fabrikken. De faste kostnadene øker med 50 000 kr, mens de variable kostnadene synker til 45 000 kr pr. 1000 enheter. Rentekostnadene, i, kommer nå også inn i ligningen. For hvert prosentpoeng renten øker, øker kostnadene med 3000 kr. Hvordan bli den nye kostnadsfunksjonen?

8. En produsent av stoler betaler de ansatte 200 kr pr. time og leieprisen på maskiner er 100 kr pr. time. Anta at en stol kan produseres ved hjelp av fire timeverk eller 4 maskintimer, eller enhver kombinasjon av timeverk og maskintimer som summerer seg til 4. Minimerer bedriften sine kostnader hvis den benytter nå 3 timeverk pr. maskintime? I så fall, hvorfor? Hvis ikke, hvordan kan den redusere kostnadene?

9. Kostnadsfunskjonen til en databedrift, der funksjonen viser sammenhengen mellom gjennomsnittlige variable kostnader, AC, og den akkumulerte produksjon av datamaskiner Q (i 1000 enheter) samt anleggsstørrelse målt i antall 1000 datamaskiner produsert pr. år, q, (innenfor en produksjon mellom 10 000 og 50 000 maskiner) er gitt ved:

$$AC = 10 - 0{,}1Q + 0{,}3q$$

a. Er det her en læringskurveeffekt?

b. Er det stordriftsfordeler eller stordriftsulemper?

c. Frem til i dag har bedriften produsert 40 000 datamaskiner og produksjonen i inneværende år blir 10 000 maskiner. Bedriften planlegger å øke produksjonen til 12 000 maskiner til neste år. Vil gjennomsnittskostnadene øke eller synke? Forklar.

10. Anta den langsiktige kostnadsfunksjon for en bransje er gitt ved:

$$TC = a + bq + cq^2 + dq^3.$$

Vis at denne kostnadsfunksjonen er konsistent med en U-formet gjennomsnittskostnadskurve, i hvert fall for noen verdier på a, b, c, og d.

11. En bedrift produserer datamaskiner og programvare i samme produksjonsanlegg. Kostnadsfunksjonen knyttet til produskjon av datamaskiner, H, og programvare, S, er gitt ved:

$$TC = aH + bS - cHS$$

der a, b og c er positive konstanter. Er denne funksjonen karakterisert ved stordriftsfordeler eller stordriftsulemper? Hva med breddefordeler/ulemper?

APPENDIKS

Produksjons- og kostnadsteori – en matematisk tilnærming

Vi skal her gi en matematisk fremstilling av fundamentet innen produksjons- og kostnadsteori. Som i vedlegget i kapittel 4 benytter vi Lagranges metode for å løse bedriftens kostnadsminimeringsproblem.

Kostnadsminimering

Teorien for bedriftens tilpasning hviler på forutsetningen om at bedriftene velger den kombinasjon av innsatsfaktorer som minimerer kostnadene for et gitt produksjonsvolum. I tilfellet med to innsatsfaktorer, kapital K og arbeidskraft L, beskriver produktfunksjonen $F(K,L)$ den maksimale produksjonen som kan produseres for alle mulige kombinasjoner av innsatsfaktorer. Vi antar at hver av innsatsfaktorene har positiv, men avtagende grenseproduktivitet. Når vi da betegner grenseproduktiviteten av kapital og arbeidskraft som henholdsvis $MP_K(K,L)$ og $MP_L(K,L)$, følger det at:

$$MP_K(K, L) = \frac{\partial F(K,L)}{\partial K} > 0, \quad \frac{\partial^2 F(K,L)}{\partial K^2} < 0$$

$$MP_L(K, L) = \frac{\partial F(K,L)}{\partial L} > 0, \quad \frac{\partial^2 F(K,L)}{\partial L^2} < 0$$

Hvis vi antar at bedriften står overfor faste priser på både arbeidskraft, w, og kapital, r, kan kostnadsminimeringsproblemet skrives som:

$$\text{Minimer } C = wL + rK \tag{A6.1}$$

gitt bibetingelsen om at produksjonen skal være q_0:

$$F(K,L) = q_0 \tag{A6.2}$$

For å bestemme bedriftens etterspørsel etter kapital og arbeidskraft velger vi de verdiene for K og L som minimerer (A6.1), hensyn tatt til (A6.2). Vi kan løse dette optimeringsproblemet i tre steg ved hjelp av metoden vi benyttet i vedlegget til kapittel 4:

- **Steg 1:** Sett opp Lagrangefunksjonen, som er summen av to komponenter: produksjonskostnadene (som skal minimeres) og Lagrangemultiplikatoren, λ, multiplisert med produksjonsbeskrankningen som skal være oppfylt:

  C representerer kostnadene ved å produsere q_0.

$$\phi = wL + rK - \lambda[F(K,L) - q_0)] \tag{A6.3}$$

- **Steg 2:** Deriver Langrangefunksjonen mhp. henholdsvis K og L, og sett de deriverte lik 0 for å få de nødvendige betingelsene for minimum.

$$\begin{aligned} \partial\Phi/\partial K &= r - \lambda \mathrm{MP}_K(K,L) = 0 \\ \partial\Phi/\partial L &= w - \lambda \mathrm{MP}_L(K,L) = 0 \\ \partial\Phi/\partial\lambda &= q_0 - F(K,L) = 0 \end{aligned} \tag{A6.4}$$

- **Steg 3:** Vanligvis kan disse ligningene løses for å finne de optimale verdiene for L og K. Det er hensiktsmessig å kombinere de to første betingelsene i (A6.4). Vi får da:

$$\mathrm{MP}_K(K,L)/r = \mathrm{MP}_L(K,L)/w \tag{A6.5}$$

  Ligning (A6.5) forteller oss at dersom bedriften minimerer kostnadene, vil den velge en innsatsfaktorkombinasjon slik at forholdet mellom grenseproduktivitetene blir lik faktorprisforholdet. Dette var det vi også kom frem til i ligning 6.4 på side 139.

  Vi kan da omskrive to første betingelsene i (A6.4) for å gi en tolkning av Lagrangemultiplikatoren:

$$\begin{aligned} r - \lambda \mathrm{MP}_K(K,L) = 0 &\Rightarrow \lambda = \frac{r}{\mathrm{MP}_K(K,L)} \\ w - \lambda \mathrm{MP}_L(K,L) = 0 &\Rightarrow \lambda = \frac{w}{\mathrm{MP}_L(K,L)} \end{aligned} \tag{A6.6}$$

  Anta at produksjonen øker med én enhet. I og med at grenseproduktiviteten av kapital sier hvor mye produksjonen øker når vi øker kapitalmengden med én enhet, vil $1/\mathrm{MP}_K(K,L)$ si hvor mye mer kapital som må til for å øke produksjonen med det én enhet. $r/\mathrm{MP}_K(K,L)$ vil derfor uttrykke hvor mye kostnadene øker når produksjonen skal øke med én enhet, gitt at dette skal skje ved at bare kapitalmengden øker. Tilsvarende vil $w/\mathrm{MP}_L(K,L)$ si hvor mye det koster å produsere en enhet til gitt at dette skal skje ved kun å øke arbeidskraftsmengden. I begge tilfeller er Lagrangemultiplikatoren lik grensekostnaden, i og med at den forteller hvor mye kostnadene øker dersom produksjonen skal øke med én enhet.

Den marginale tekniske substitusjonsrate

I kapittel 5 definerte vi en isokvant som en kurve som viser alle kombinasjoner av innsatsfaktorer som gir samme produksjonsmengde – la oss si q_0. Følgelig vil betingelsen $F(K,L) = q_0$ representere en gitt isokvant. Innsatsfaktormengdene endres når vi beveger oss nedover isokvanten mens det altså ikke er noen endring i produksjon, dvs. at den totalderiverte av $F(K,L)$ er lik 0 ($dq = 0$). Vi har da:

$$\mathrm{MP}_K(K,L)\mathrm{d}K + \mathrm{MP}_L(K,L)\mathrm{d}L = \mathrm{d}q = 0 \qquad \textbf{(A6.7)}$$

som etter litt omrokkering gir:

$$-\mathrm{d}K/\mathrm{d}L = \mathrm{MRTS}_{LK} = \mathrm{MP}_L(K,L)/\mathrm{MP}_K(K,L) \qquad \textbf{(A6.8)}$$

der MRTS_{LK} er bedriftens marginale tekniske substitusjonsrate mellom arbeidskraft og kapital.

Vi omskriver så betingelsen gitt ved (A6.5) og får:

$$\mathrm{MP}_L(K,L)/\mathrm{MP}_K(K,L) = w/r \qquad \textbf{(A6.9)}$$

I og med at venstresiden av (A6.8) representerer isokvantens helning, følger det at tangeringspunktet gir likhet mellom den marginale tekniske substitusjonsrate og forholdet mellom innsatsfaktorprisene.

Vi kan også uttrykke (A6.9) på følgende måte:

$$\mathrm{MP}_L/w = \mathrm{MP}_K/r \qquad \textbf{(A6.10)}$$

Ligning (A6.10) er den samme som (A6.5) og forteller at produksjonsøkningen som følger av én krone mer brukt på arbeidskraft skal være lik den produksjonsøkning som følger av én krone til brukt på kapital.

Dualitet i produksjons- og kostnadsteorien

Som i konsumenteorien har bedrifts valg av faktorsammensetning en dual side. Problemstillingen blir da å finne den faktorkombinasjon som gir høyest produksjon, gitt at man skal holde seg på en en bestemt isokost. Sagt på en annen måte: Hvordan skal man tilpasse seg for å produsere mest mulig innenfor rammen av et gitt budsjett? Vi kan formulere denne problemstillingen på følgende måte:

$$\text{Maksimer } F(K,L) \text{ gitt at } wL + rK = C_0 \qquad \textbf{(A6.11)}$$

Vi kan så løse ved hjelp av Lagranges metode:

- **Steg 1:** Sett opp Lagrangefunksjonen

$$\Phi = F(K,L) - \mu(wL + rK - C_0) \qquad \textbf{(A6.12)}$$

  der μ er Lagrangemultiplikatoren.

- **Steg 2:** Deriver Langrangefunksjonen mhp. henholdsvis K og L og sett de deriverte lik 0 for å få de nødvendige betingelsene for maksimum.

$$\frac{\partial\Phi}{\partial K} = \mathrm{MP}_K(K,L) - \mu r = 0$$
$$\frac{\partial\Phi}{\partial K} = \mathrm{MP}_L(K,L) - \mu w = 0 \qquad \textbf{(A6.13)}$$
$$\frac{\partial\Phi}{\partial K} = wL - rK + C_0 = 0$$

- **Steg 3:** Vanligvis kan disse ligningene løses for å finne de optimale verdiene for L og K. Fra de to første ligningene får vi:

$$\mu = \frac{\mathrm{MP}_K(K,L)}{r}$$
$$\mu = \frac{\mathrm{MP}_L(K,L)}{w} \qquad \textbf{(A6.14)}$$
$$\Rightarrow \frac{\mathrm{MP}_K(K,L)}{r} = \frac{\mathrm{MP}_L(K,L)}{w}$$

Dette er det samme resultatet som A6.5 – som er de nødvendige betingelsene for kostnadsminimering.

Cobb-Douglas kostnads- og produktfunksjoner

Cobb-Douglas produktfunksjon
En produktfunksjon på formen $q = AK^{\alpha}L^{\beta}$, der q er produksjonsnivå, K er kapitalmengde, L er arbeidskraftsmengden og A, α og β er positive konstanter

Gitt at vi har en konkret produktfunksjon, vil betingelsene (A6.13) og (A6.14) kunne benyttes til å utlede kostnadsfunksjonen $C(q)$. La oss se nærmere på dette ved å ta utgangspunkt i en **Cobb-Douglas produktfunksjon**:

$$F(K,L) = AK^{\alpha}L^{\beta}$$

der A, α og β er positive konstanter.

Vi antar at $\alpha < 1$ og $\beta < 1$, slik at grenseproduktivitetene av arbeidskraft og kapital er synkende. Hvis $\alpha + \beta = 1$, har bedriften konstant skalautbytte, hvis $\alpha + \beta > 1$, er det tiltagende skalautbytte, og hvis $\alpha + \beta < 1$, er det avtagende skalautbytte. Cobb-Douglas produktfunksjonen er mye brukt i økonomisk teori og kan benyttes til å modellere mange typer produksjonsprosesser. Endringer i teknologi og produktivitet vil fremkomme ved at parameteret A endres.

For å finne den faktorkombinasjonen som minimerer kostnadene for et gitt produksjonsnivå, q_0, danner vi Lagrangefunksjonen:

$$\phi = wL + rK - \lambda(AK^{\alpha}L^{\beta} - q_0) \quad \textbf{(A6.15)}$$

Vi deriverer så Langrangefunksjonen mhp. henholdsvis K og L og setter de deriverte lik 0:

$$\partial\phi/\partial L = w - \lambda(\beta AK^{\alpha}L^{\beta-1}) = 0 \quad \textbf{(A6.16)}$$

$$\partial\phi/\partial K = r - \lambda(\alpha AK^{\alpha-1}L^{\beta}) = 0 \quad \textbf{(A6.17)}$$

$$\partial\phi/\partial\lambda = AK^{\alpha}L^{\beta} - q_0 = 0 \quad \textbf{(A6.18)}$$

Fra ligning (A6.16) har vi:

$$\lambda = w/\beta AK^{\alpha}L^{\beta-1} \quad \textbf{(A6.19)}$$

Vi setter dette uttrykket inn i ligning (A6.17) og får:

$$r\beta AK^{\alpha}L^{\beta-1} = w\alpha AK^{\alpha-1}L^{\beta} = 0 \quad \textbf{(A6.20)}$$

eller

$$L = \beta r/\alpha w \cdot K \quad \textbf{(A6.21)}$$

A6.21 er ekspansjonsveien. Vi benytter så ligning (A6.21) for å substituere L i ligning (A6.18):

$$AK^{\alpha}\left(\frac{\beta r}{\alpha w}K\right)^{\beta} - q_0 = 0 \quad \textbf{(A6.22)}$$

Vi kan omskrive den nye likningen som:

$$K^{\alpha+\beta} = \left(\frac{\alpha w}{\beta r}\right)^{\beta}\frac{q_0}{A} \quad \textbf{(A6.23)}$$

eller

$$K = \left(\frac{\alpha w}{\beta r}\right)^{\frac{\beta}{\alpha+\beta}}\left(\frac{q_0}{A}\right)^{\frac{1}{\alpha+\beta}} \quad \textbf{(A6.24)}$$

A6.24 uttrykker etterspørselen etter kapital. Vi har altså bestemt den kostnadsminimerende kapitalmengden. For å bestemme den kostnadsminimerende arbeidskraftsmengden setter vi ligning (A6.24) inn i ligning (A6.21):

$$L = \frac{\beta r}{\alpha w}K = \frac{\beta r}{\alpha w}\left[\left(\frac{\alpha w}{\beta r}\right)^{\frac{\beta}{\alpha+\beta}}\left(\frac{q_0}{A}\right)^{\frac{1}{\alpha+\beta}}\right] \quad \textbf{(A6.25)}$$

$$L = \left(\frac{\beta r}{\alpha w}\right)^{\frac{\alpha}{\alpha+\beta}} \left(\frac{q_0}{A}\right)^{\frac{1}{\alpha+\beta}}$$

A6.25 er den betingede etterspørselen etter arbeidskraft. Merk at dersom lønnen w stiger relativt i forhold til prisen på kapital r, vil bedriften bruke mer kapital og mindre arbeidskraft. Anta så at A øker på grunn av teknologiske endringer (slik at bedriften kan produsere mer med samme innsatsfaktorbruk). I så fall vil både K og L synke.

Vi har vist hvordan kostnadsminimering underlagt en produksjons*beskrankning* kan benyttes for å bestemme bedriftens optimale mix av kapital og arbeidskraft. Vi skal nå finne bedriftens kostnadsfunksjon. Totalkostnaden ved å produsere en hvilken som helst produksjonsmengde, q, finner vi ved å sette ligningene (A6.24) og (A6.25) inn i ligningen $C = wL + rK$. Etter noe algebraisk manipulering finner vi at:

$$C = w^{\beta/(\alpha+\beta)} r^{\alpha/(\alpha+\beta)} \left[\left(\frac{\alpha}{\beta}\right)^{\beta/(\alpha+\beta)} + \left(\frac{\alpha}{\beta}\right)^{-\alpha/(\alpha+\beta)}\right] \left(\frac{q}{A}\right)^{1/(\alpha+\beta)} \quad \textbf{(A6.26)}$$

Denne kostnadsfunksjonen forteller oss (1) hvordan de totale kostnadene avhenger av produksjonens størrelse og (2) hvordan kostnadene endres når faktorprisene endres. Når $\alpha + \beta$ er lik 1, forenkles ligning (A6.26) til:

$$C = w^{\beta} r^{\alpha}[(\alpha/\beta)^{\beta} + (\alpha/\beta)^{-\alpha}](1/A)q \quad \textbf{(A6.27)}$$

I dette tilfellet vil derfor kostnadene øke proporsjonalt med produksjonen. Vi har da konstant skalaavkastning.

Bedriftens kostnadsfunksjon inneholder flere ønskelige egenskaper. La oss se på tilfellet med konstant skalaavkastning, (A6.27). Anta at vi ønsker å produsere q_0 enheter og at lønnssatsen så dobles. Hvordan tror du kostnadene blir påvirket av dette? De nye kostnadene er gitt ved:

$$C_1 = (2w)^{\beta} r^{\alpha} \left[\left(\frac{\alpha}{\beta}\right)^{\beta} + \left(\frac{\alpha}{\beta}\right)^{-\alpha}\right] \left(\frac{1}{A}\right) q_0 = \underbrace{2^{\beta} w^{\beta} r^{\alpha} \left[\left(\frac{\alpha}{\beta}\right)^{\beta} + \left(\frac{\alpha}{\beta}\right)^{-\alpha}\right] \left(\frac{1}{A}\right) q_0}_{C_0} = 2^{\beta} C_0$$

Husk at vi antok at $\alpha < 1$ og $\beta < 1$. Følgelig vil $C_1 < 2C_0$. Selv om lønningene dobles, vil ikke kostnadene ved å produser q_0 dobles. Dette er også det vi ville forvente. For det første har ikke kapitalkostnadene økt og for det andre vil bedriften benytte mindre arbeidskraft og mer kapital.

Se nå på det duale problemet: maksimering av produksjon gitt at du ikke skal overskride budsjettet på C_0. Vi overlater til deg å løse dette problemet i tilfellet med Cobb-Douglas produktfunksjonen. Du bør kunne vise at ligningene (A6.24) og (A6.25) beskriver kostnadsminimerende valg av innsatsfaktorer. For at du skal komme i gang, vær oppmerksom på at Lagrangefunksjonen for det duale problemet er gitt ved: $LF = AK^{\alpha}L^{\beta} - \mu(wL + rK - C_0)$.

Exercise

Anta at en bedrifts produktfunksjon er gitt ved $q = 10L^{0,5} K^{0,5}$. Kostnaden ved en enhet arbeidskraft er 20 kr og kostnaden for en enhet kapital er 80 kr.

a. Bedriften produserer nå 100 enheter og funnet at de kostnadsminimerende kvanta av arbeidskraft og kapital er henholdsvis 20 og 5. Illustrer dette grafisk ved å benytte isokvanter og isokostlinjer.

b. Bedriften ønsker nå å øke produksjonen til 140 enheter. Hvis kapitalmengden er gitt på kort sikt hvor mye arbeidskraft vil da bedriften behøve? Illustrer dette grafisk og finn bedriftens nye totalkostnader.

c. Illustrer grafisk det kostnadsminimerende nivå på kapital og arbeidskraft på lang sikt gitt at bedriften ønsker å produsere 140 enheter.

d. Dersom den marginale tekniske substitusjonsrate er K/L, hva blir da den kostnadsminimerende faktorkombinasjon, gitt at det skal produseres 140 enheter?

Profittmaksimering og frikonkurransemarkedet

7

En kostnadskurve viser de lavest mulige kostnadene som ulike produksjonsnivåer kan produseres til. Når vi kjenner bedriftens kostnadskurve, kan vi stille det grunnleggende spørsmål som enhver bedrift står ovenfor: *Hvor mye skal produseres?* I dette kapitlet skal vi se hvordan en bedrift velger det produksjonsnivået som maksimerer bedriftens overskudd.

I og med at diskusjonen rundt produksjon og kostnader i kapittel 5 og 6 er relevant for bedrifter i alle typer markeder, vil vi starte med å forklare valget av profittmaksimerende produksjon i en generell setting. Vi vil så rette fokus mot hovedtemaet i dette kapitlet – *frikonkurransemarkeder,* hvor alle bedrifter produserer samme produkt og hver bedrift er så liten i forhold til hele markedet, at dens produksjonsbeslutninger ikke har noen effekt på markedsprisen. Nye bedrifter kan lett etablere seg i bransjen hvis de ser for seg muligheter for god fortjeneste, og eksisterende bedrifter kan avvikle hvis de begynner å tape penger.

Vi begynner med å forklare hva som menes med et *frikonkurransemarked*. Deretter forklarer vi hvorfor det er rimelig å anta at bedrifter (i et hvert marked) har som målsetting å maksimere overskuddet.

Vi går gjennom en regel for valg av profittmaksimerende produksjon som kan anvendes på bedrifter innenfor alle markedsformer. Deretter ser vi nærmere på hvordan en frikonkurrent foretar sine kortsiktige og langsiktige produksjonsbeslutninger.

Vi analyserer så hvordan bedriftens valg av produksjonsnivå påvirkes av endringer i produktpris eller kostnader, og viser hvordan vi kan *utlede bedriftens tilbudskurve*. Vi summerer så de individuelle tilbudskurvene for å komme frem til *markedets samlede tilbudskurve*. På kort sikt velger bedriftene det produksjonsnivået som maksimerer profitten. På lang sikt er det ikke bare snakk om valg av produksjonsnivå, men også valget om hvorvidt man skal være i et marked eller ikke.

KAPITTELOVERSIKT

7.1 Frikonkurransemarkeder 158

7.2 Profittmaksimering 159

7.3 Grenseinntekter, grensekostnader og profittmaksimering 160

7.4 Valg av produksjonsnivå på kort sikt 163

7.5 Frikonkurrentens kortsiktige tilbudskurve 166

7.6 Markedets kortsiktige tilbudskurve 169

7.7 Valg av produksjonsnivå på lang sikt 173

7.8 Markedets langsiktige tilbudskurve 177

7.1 FRIKONKURRANSEMARKEDER

I kapittel 2 benyttet vi tilbuds-/etterspørselsanalyser for å forklare hvordan endrede markedsforhold påvirket markedsprisen på produkter som hvete og bensin. Vi så at likevektspris og kvantum ble bestemt i skjæringspunktet mellom markedets etterspørsels- og tilbudskurve. I denne analysen forutsatte vi egentlig at markedene fungerte som *frikonkurransemarkeder*. Frikonkurransemodellen er svært nyttig for å studere en rekke markeder, herunder markeder for råvarer, boliger, ulike typer tjenester og finansmarkeder. I og med at denne modellen er så viktig, vil vi bruke noe tid til å gå gjennom de grunnleggende forutsetninger for modellen.

Frikonkurransemodellen hviler på tre grunnleggende forutsetninger: (1) pristaking, (2) produkthomogenitet, og (3) etablerings-/avviklingsfrihet. Du har støtt på disse forutsetningene tidligere i boken, og vi skal her gå litt grundigere inn på dem.

Pristaking

pristaker
En bedrift som ikke har noen innflytelse på markedsprisen og dermed tar prisen for gitt

Markedet består av (uendelig) mange produsenter, og *hver enkelt bedrift selger en så liten andel av samlet produksjon at produksjonsbeslutningen ikke vil ha noen innvirkning på markedsprisen*. Dermed vil den enkelte bedrift *ta markedsprisen for gitt*. Kort sagt, bedrifter i frikonkurransemarkeder er **pristakere**.

Hvis du for eksempel kjøper noen høner og begynner med produksjon av egg, vil du, med mindre du kjøper ekstremt mange høner, ikke ha noen mulighet for å påvirke markedsprisen på egg. Du er pristaker.

Forutsetningen om pristaking gjelder også for *konsumentene*. I et frikonkurransemarked kjøper hver person så lite i forhold til markedets samlede produksjon at hun eller han ikke har noen ingen innvirkning på markedsprisen, og dermed tar prisen for gitt.

En annen måte å uttrykke denne forutsetningen på er at det er mange uavhengige tilbydere og etterspørrere hvor alle antar – helt korrekt – at deres beslutninger ikke vil påvirke markedsprisen.

Homogene produkter

Pristakingsatferd forekommer vanligvis i markeder hvor bedriftene produserer identiske, eller nesten identiske, produkter. Når bedriftene produserer *perfekt substituerbare produkter* – det vil si når de er *homogene* – kan ingen bedrifter sette enn pris høyere enn konkurrentenes uten at man mister det meste av, eller hele, salget. De fleste landbruksprodukter er homogene: I og med at produktenes kvalitet er relativt like fra gård til gård i en region, vil ikke forbrukerne spørre om hvilken gård produktene kommer fra. Olje, bensin og råvarer som kobber, jern, trelast, bomull og stålplater er også ganske homogene produkter.

På den annen side, når produktene er heterogene, har den enkelte bedrift mulighet til å sette prisen høyere enn konkurrentenes priser uten å miste alt salg. Et eksempel her er iskrem fra Haagen-Dazs som har vesentlig høyere pris enn mange andre merker. Dette er fordi Haagen-Dazs benytter andre ingredienser og oppfattes av mange forbrukere som et produkt med høyere kvalitet enn en rekke andre merker.

Forutsetningen om homogenitet er viktig fordi den sikrer at det eksisterer *én enkelt markedspris*.

Etablerings-/avviklingsfrihet

etablerings/ avviklingsfrihet
Tilfellet der det ikke er spesielle kostnader som gjør det vanskelig for en bedrift å gå inn eller ut av en bransje

Denne tredje forutsetningen, **etablerings- og avviklingsfrihet**, betyr at det *ikke er særlige kostnader* ved å etablere seg i markedet, eller å avvikle hvis man ikke tjener penger.

Spesielle kostnader som kan være en barriere mot etablering, er kostnader som en nyetablert bedrift må ta, men som en bedrift som allerede er i markedet, ikke står overfor. Innenfor farmasøytisk industri er det for eksempel ikke perfekt konkurranse i og med at Merck, Pfizer og andre bedrifter har patenter som gir dem unike rettigheter til å produsere legemidler. Enhver nykommer ville enten måtte investere i forskning og utvikling for å produsere sine egne legemidler, eller måtte betale en betydelig lisenskostnader til én eller flere bedrifter som allerede er i markedet. FoU-utgifter eller lisensavgifter vil kunne begrense en bedrifts mulighet til å komme inn på markedet. Tilsvarende er heller ikke flyindustrien karakterisert ved frikonkurranse i og med at etablering fordrer svært store investeringer i anlegg og utstyr som har liten eller ingen annenhåndsverdi.

Forutsetningen om etableringsfrihet er viktig for en effektiv konkurranse. For bedriftene betyr det at man kan etablere seg i en bransje hvis man ser for seg en bra inntjening, og eventuelt bevege seg ut hvis man ikke tjener penger.

Hvis disse tre forutsetningene holder vil markedets etterspørsels- og tilbudskurve kunne benyttes til å analysere prisdannelsen i markedet. Forutsetningene er imidlertid sterke og i praksis vil de ikke fullt ut være oppfylt. Dette betyr imidlertid ikke at frikonkurransemodellen ikke er nyttig. Noen markeder ligger tett opp til å tilfredsstille forutsetningene. Men selv når en eller flere av disse tre forutsetningene ikke er oppfylt, kan også mye læres ved å anvende denne modellen som en tilnærming til konkrete markeder

Når er konkurransen sterk?

Ingen markeder er karakterisert av *perfekt* konkurranse i den forstand at hver bedrift står overfor en helt horisontal etterspørselskurve for et homogent produkt i en bransje hvor man uten spesielle kostnader kan bevege seg inn eller ut av markedet. Mange markeder vil imidlertid være karakterisert ved skarp konkurranse i den forstand at etterspørselen er svært priselastisk og at det er relativt lett å bevege seg inn eller ut av markedet.

I avsnitt 2.4 forklarer vi at etterspørselen er priselastisk når den prosentvise nedgangen i etterspurt kvantum er større enn den prosentvise økningen i pris.

Det hadde vært bekvemt om vi hadde en enkel tommelfingerregel for å beskrive om et marked lå tett opp til ett frikonkurransemarked. Dessverre har vi ingen slik regel, og det er viktig å forstå hvorfor. Tenk på den mest åpenbare kandidaten: en bransje med mange bedrifter (minst 10 til 20). I og med at bedriftene implisitt eller eksplisitt kan samarbeide om prissetting, er ikke forutsetningen om mange bedrifter tilstrekkelig for at bransjen skal ligne et frikonkurransemarked. Motsatt vil eksistensen av bare et fåtall bedrifter ikke utelukke konkurrerende atferd. Anta at det bare er tre bedrifter i markedet, men at etterspørselen er svært elastisk. I dette tilfellet vil etterspørselskurven rettet mot hver bedrift trolig være tilnærmet vannrett, og bedriftene vil oppføre seg *som om* de opererte i et frikonkurransemarked. Selv om markedets etterspørsel ikke er veldig elastisk, kan konkurransen mellom disse tre bedriftene være svært aggressiv. Det er ingen enkel indikator som kan fortelle oss når et marked er karakterisert ved svært sterk konkurranse. Ofte er det nødvendig å analysere både bedriftene selv og deres strategiske interaksjoner, slik vi gjør i kapittel 11 og 12.

7.2 PROFITTMAKSIMERING

Vi skal nå se nærmere på bedriftenes profittmaksimering, men først stiller vi spørsmålet om bedriftene faktisk søker å maksimere profitten. Deretter, i avsnitt 7.3, vil vi beskrive en regel for valg av profittmaksimerende produksjon – uavhengig av hvor mye eller lite konkurranse det er i markedet. Avslutningsvis ser vi på spesialtilfellet med en bedrift som opererer i et frikonkurransemarked. Det er her viktig at vi skiller markedets etterspørselskurve fra etterspørselskurven som retter seg mot den enkelte produsent: Markedets etterspørsel er generelt synkende, mens etterspørselskurven rettet mot den enkelte produsent er horisontal i et frikonkurransemarked.

Er bedriftene profittmaksimerende?

Forutsetningen om profittmaksimering blir ofte lagt til grunn i mikroøkonomisk teori fordi det gir en rimelig tilnærming til en beskrivelse av bedrifters atferd og fordi man unngår unødvendige analytiske komplikasjoner. Men spørsmålet om bedriftene faktisk søker å maksimere profitten har vært kontroversielt.

For mindre bedrifter som styres av eierne, vil profittmotivet sannsynligvis dominere nesten alle beslutninger. I større bedrifter vil imidlertid ledere som foretar de daglige beslutninger vanligvis ha liten kontakt med eierne (dvs. aksjonærene). Følgelig kan ikke eierne kontinuerlig overvåke ledernes atferd og lederne vil kunne ha noe spillerom i måten de styrer bedriften på og har derfor mulighet for, i hvert fall til en viss grad, kunne forfølge andre målsettinger enn profittmaksimering.

Ledere kan være mer opptatt av slike mål som inntektsmaksimering, omsetningsvekst, eller utbetaling av utbytte for å tilfredsstille aksjonærene. De kan også være for mye opptatt av bedriftens kortsiktige profitt (kanskje for bli forfremmet eller motta store bonuser) på bekostning av det langsiktige overskuddet, selv om langsiktig profittmaksimering er mer i tråd med aksjonærenes interesser. I og med at det kan være kostnadskrevende å innhente informasjon om tekniske forhold, markedsmessige forhold osv., kan det hende at ledelsen til tider bruker tommelfingerregler som krever mindre informasjon, noe som kan føre til beslutninger som ikke er konsistente med profittmaksimering. Det kan også tenkes at lederne foretar oppkjøp og investeringer som er vesentlig mer risikable enn det eierne foretrekker.

Når dette er sagt, vil det imidlertid være begrensede muligheter for ledelsen å forfølge andre mål enn langsiktig profittmaksimering. Hvis de systematisk tar beslutninger som ikke er i overensstemmelse med langsiktig profittmaksimering, vil aksjonærene kunne bytte ut ledelsen, eller bedriften kan risikere å bli overtatt av andre. Bedrifter som i det lange løp ikke ligger nær opp mot langsiktig profittmaksimering, vil sannsynligvis ikke overleve. Bedrifter som overlever i konkurranseutsatte bransjer, er bedrifter som har langsiktig profittmaksimering som en av sine høyeste prioriteringer.

7.3 GRENSEINNTEKTER, GRENSEKOSTNADER OG PROFITTMAKSIMERING

profitt
Differansen mellom totale inntekter og totale kostnader

Vi skal nå se nærmere på hvordan bedriften går frem for å maksimere overskuddet – uavhengig av om bedriften opererer i et frikonkurransemarked eller har mulighet for selv å påvirke prisen. **Profitten** er gitt ved differansen mellom (totale) inntekter og (totale) kostnader. Inntekten, R, er gitt ved pris, P, multiplisert med antall solgte enheter, q, altså $R(q) = P(q)q$. Kostnaden, C, avhenger av produksjonens størrelse og er gitt ved $C(q)$. Vi kan da formulere profittfunksjonen:

$$\pi(q) = R(q) - C(q)$$

(Her har vi markert at π, R og C er avhengig av produksjonens størrelse ved å ha q i parentes. Vanligvis dropper vi denne noe omstendelige notasjonen.)

grenseinntekt
Den endring i inntekter som følger av at det selges én enhet til

For å maksimere profitten velger bedriften det produksjonsnivået som maksimerer differansen mellom inntekter og kostnader. Dette prinsippet er illustrert i figur 7.1. Inntektene, $R(q)$, er uttrykt ved en krummet kurve, noe som gjenspeiler det faktum at bedriften må redusere prisen hvis den ønsker å øke salget. Inntektskurvens helning uttrykker **grenseinntekten** – den inntektsøkning som følger av at det selges én enhet til.

I figuren har vi også vist kurven for totale kostnader, $C(q)$. Stigningstallet til denne kurven, som måler den ekstra kostnad som følger av at det produseres én enhet til, er bedriftens *grensekostnad*. Merk at de totale kostnader er større enn 0 selv om produksjonen er lik 0. Dette skyldes de faste kostnadene.

For bedriften illustrert i figur 7.1 er profitten negativ ved lave produksjonsnivåer i og med at inntektene ikke er store nok til å dekke både faste og variable kostnader. Etter hvert som produksjonen øker, vil inntektene øke raskere enn kostnadene, slik

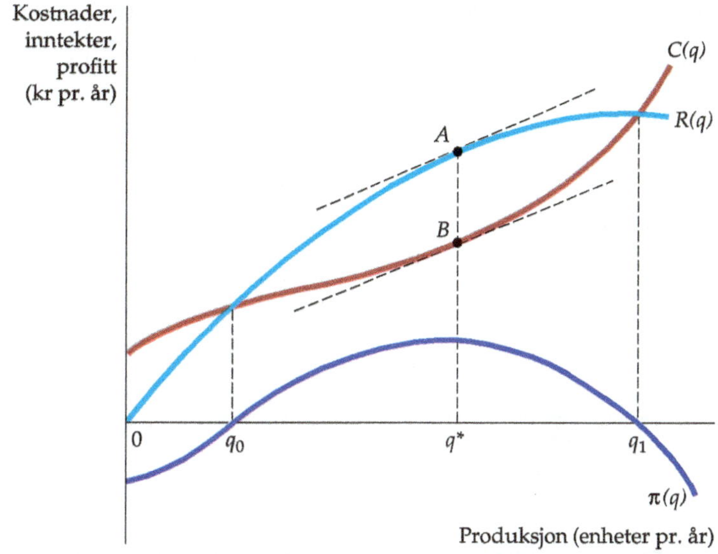

FIGUR 7.1 Profittmaksimering på kort sikt

En bedrift velger å produsere q^* slik at profitten, gitt ved den vertikale avstanden AB mellom inntekter R og kostnader C, maksimeres. For dette produksjonsnivået vil grenseinntekten (helningen på inntektskurven) være lik grensekostnaden (helningen på kostnadskurven).

at resultatet blir positivt. Profitten fortsetter å øke frem til produksjonen når nivået q^*. *I dette punktet er grenseinntekten lik grensekostnaden*, og den vertikale avstanden mellom inntekter og kostnader, AB, er størst. q^* *vil da være det profittmaksimerende produksjonsnivå.* Merk at for produksjonsnivåer utover q^* vil kostnadene øke raskere enn inntektene – dvs. at grenseinntekten vil være lavere enn grensekostnaden. Dermed vil profitten avta etter hvert som vi beveger oss til høyre for q^*.

Regelen om at overskudd er maksimert når grenseinntekt er lik grensekostnad, gjelder for alle bedrifter, uansett grad av konkurranse. Denne sentrale regelen kan også utledes algebraisk. Profitten, $\pi = R - C$, maksimeres i det punktet der en marginal endring i produksjon ikke påvirker profitten (dvs. $\Delta\pi/\Delta q = 0$):

$$\Delta\pi/\Delta q = \Delta R/\Delta q - \Delta C/\Delta q = 0$$

$\Delta R/\Delta q$ er grenseinntekten, MR, og $\Delta C/\Delta q$ er grensekostnaden, MC. Profitten maksimeres altså der grenseinntekten er lik grensekostnaden:

$$\text{MR}(q) = \text{MC}(q)$$

Vi kan også vise dette litt mer formelt ved hjelp av derivasjonsteknikk. For å maksimere profitten deriverer vi profittfunksjonen og setter den deriverte lik 0:

$$\pi'(q) = R'(q) - C'(q) = 0$$

der $R'(q)$ er grenseinntekten og $C'(q)$ er grensekostnaden.

Vi flytter grensekostnaden over på den andre siden av likhetstegnet og skifter fortegn og får at profittmaksimering er gitt der grenseinntekt er lik grensekostnad:

$$R'(q) = C'(q)$$

Etterspørsel og grenseinntekt

Ofte har vi behov for å skille mellom *markedets* etterspørselskurve og etterspørselskurven som *den enkelte bedrift* står overfor. I dette kapitlet vil vi betegne

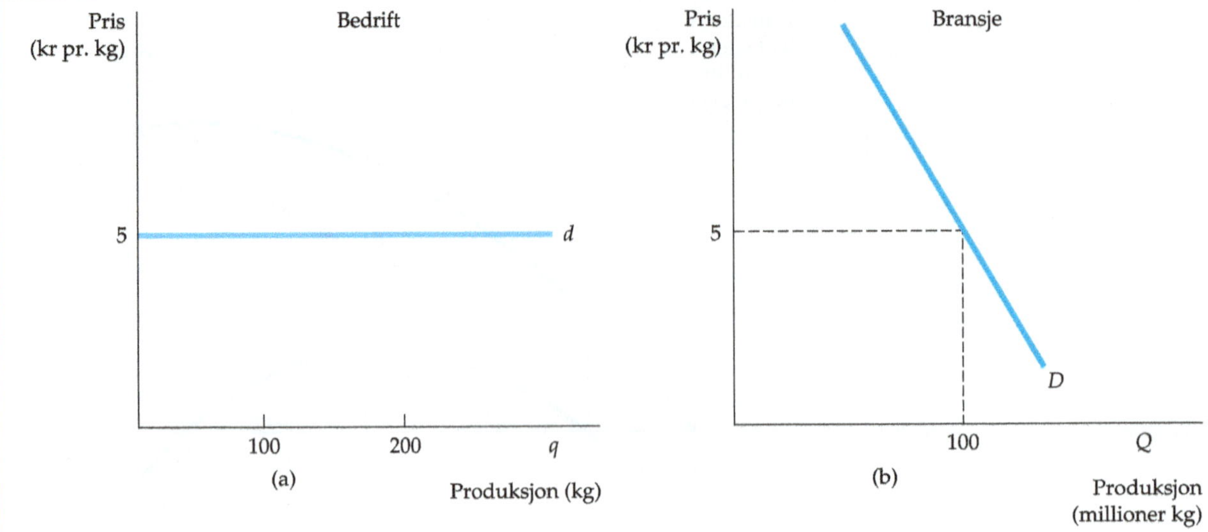

FIGUR 7.2 Etterspørselskurven rettet mot en frikonkurrent

En frikonkurrent tilbyr kun en liten andel av bransjens samlede tilbud. Derfor tar bedriften markedsprisen for gitt og velger sin produksjon under antagelsen om at markedsprisen ikke påvirkes av produksjonsbeslutningen. I **(a)** etterspørselskurven rettet mot bedriften perfekt elastisk, selv om markedets etterspørselskurve i **(b)** er synkende.

I avsnitt 4.1, forklarer vi hvordan etterspørselskurven viser sammenhengen mellom prisen på et gode og konsumentenes etterspørsel etter godet.

markedets produksjon og etterspørsel med store bokstaver (Q og D) og bedriftens produksjon og etterspørsel med små bokstaver (q og d).

I og med at bedriften er pristaker, vil *etterspørselskurven, d, som retter seg mot den enkelte produsent, være gitt ved en horisontal linje*. I figur 7.2(a) har vi illustrert dette for en bonde som kan selge så mye poteter hun måtte ønske til en fast pris på 5 kr pr. kilo.

Sammenlign etterspørselskurven rettet mot bedriften (i dette tilfellet bonden) i figur 7.2(a) med markedets etterspørselskurve D i figur 7.2(b). Markedets etterspørselskurve viser hvor mye poteter *alle forbrukere* vil kjøpe ved ulike priser. Kurven er synkende i og med at forbrukerne kjøper mer jo lavere prisen er. Etterspørselskurven rettet mot bedriften er horisontal i og med at bedriftens salg ikke påvirker markedsprisen.

Når den enkelte bedrift står overfor en horisontal etterspørselskurve, kan den altså selge en ekstra enhet uten å senke prisen. Følgelig vil inntektene øke med et beløp tilsvarende markedsprisen, her 5 kr, når man selger én enhet til. Grenseinntekten er derfor konstant lik 5 kr og det vil også *gjennomsnittsinntekten* være. Derfor:

Etterspørselskurven d rettet mot den enkelte frikonkurrent representerer både gjennomsnittsinntektskurven og grenseinntektskurven. Langs denne kurven er gjennomsnittsinntekt = grenseinntekt = pris.

Profittmaksimering for en frikonkurrent

I og med at etterspørselskurven rettet mot en frikonkurrent er horisontal, slik at MR = P, vil den generelle regelen for profittmaksimering som gjelder for enhver bedrift kunne forenkles. En frikonkurrent skal velge det produksjonsnivå som gir *likhet mellom grensekostnad og pris*:

$$MC(q) = MR = P$$

(I og med at bedriften tar prisen for gitt er dette en regel for fastsetting av produksjon, ikke pris.)

La oss se på et talleksempel. Anta at bedriften står overfor en gitt markedspris på 10 kr pr. enhet. Bedriftens kostnadsfunksjon er gitt ved $C = 2q + 0{,}5q^2$. Vi skal så finne det produksjonsnivå som maksimerer bedriftens profitt. Vi begynner med å formulere profittfunksjonen:

$$\pi = 10q - 2q - 0{,}5q^2 = 8q - 0{,}5q^2$$

Vi deriverer og setter lik 0:

$$\pi' = 8 - q = 0$$

$$q = 8$$

Bedriften skal altså produsere 8 enheter for å maksimere profitten.

Valget av profittmaksimerende produksjon står svært sentralt i faget, så vi vil vie det meste av resten av dette kapittelet til å analysere denne tilpasningsbetingelsen nærmere. Vi begynner med den kortsiktige produksjonsbeslutning for deretter å bevege oss over i den langsiktige.

7.4 VALG AV PRODUKSJONSNIVÅ PÅ KORT SIKT

På kort sikt har bedriften en gitt mengde realkapital og må tilpasse bruken av variable innsatsfaktorer for å maksimere profitten. Figur 7.3 viser bedriftens tilpasning på kort

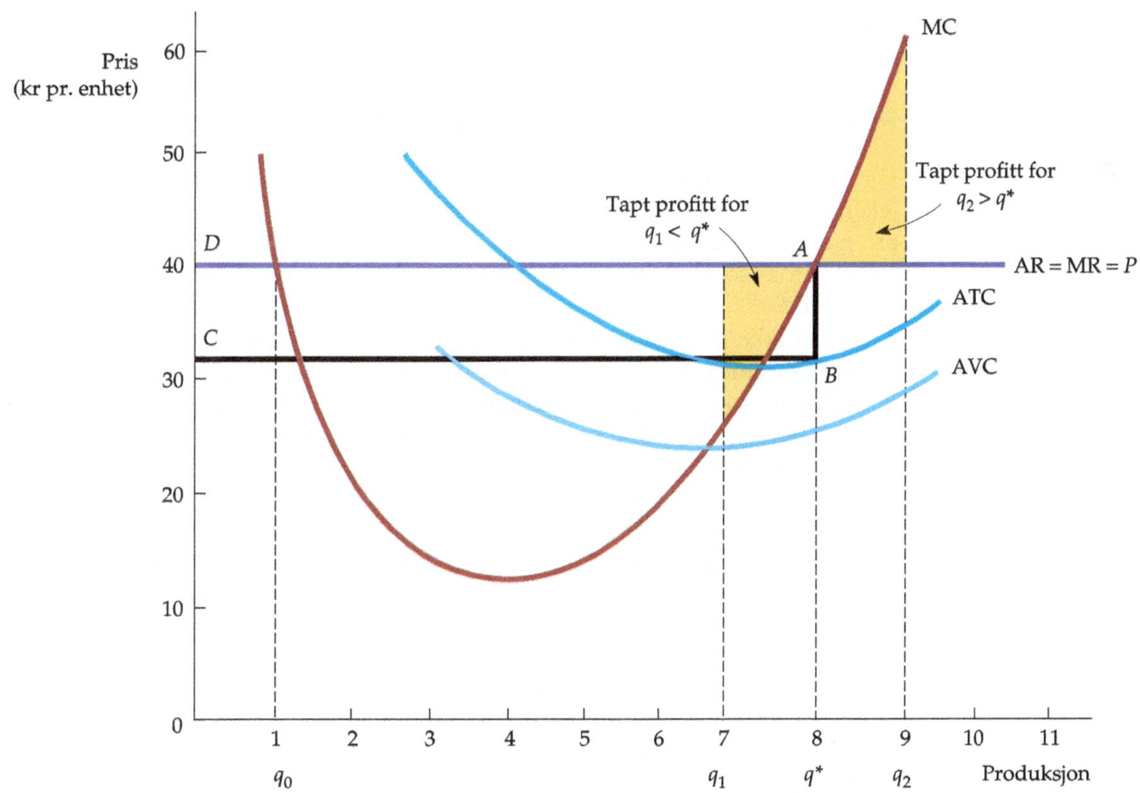

FIGUR 7.3 En frikonkurrent som har positiv profitt

På kort sikt maksimerer frikonkurrenten sitt overskudd ved å produsere et kvantum q* som gir en grensekostnad lik markedsprisen. Bedriftens profitt er gitt ved rektangelet *ABCD*. Et hvert annet produksjonsnivå, for eksempel gir q_1 eller q_2 lavere overskudd.

sikt. Gjennomsnittsinntektskurven og grenseinntektskurven er tegnet som en horisontal linje til en pris lik 40 kroner. Videre har vi føyet inn kurvene for gjennomsnittlige totalkostnader, ATC, gjennomsnittlige variable kostnader, AVC, og grensekostnader, MC.

Profitten maksimeres i punkt *A*, hvor produksjonen er $q^* = 8$. For å overbevise oss om at $q^* = 8$ faktisk maksimerer overskuddet, kan vi teste ut andre produksjonsnivåer. Anta for eksempel at produksjonen er $q_1 = 7$. Her vil grenseinntekten være høyere enn grensekostnaden: Overskuddet vil da kunne øke hvis man øker produksjonen. Det skraverte området mellom $q_1 = 7$ og q^* viser tapt fortjeneste forbundet med en produksjon lik q_1. Hva så med en høyere produksjon, si $q_2 = 9$? Her er grensekostnaden høyere enn grenseinntekten og følgelig vil kostnadsreduksjonen overstige tapte salgsinntekter hvis bedriften reduserer produksjonen. Det skraverte området mellom q^* og $q_2 = 9$ viser tapt fortjeneste forbundet med produksjon lik q_2. Når produksjonen er $q^* = 8$, er profitten gitt ved arealet av rektangelet *ABCD*.

MR- og MC-kurven skjærer hverandre også i q_0. Her vil imidlertid profitten helt klart ikke maksimeres, snarere tvert i mot. Det er først på enhetene utover q_0 at bedriften begynner å tjene penger pr. produsert enhet. Vi kan dermed formulere betingelsen for profittmaksimering som følger: *Grenseinntekten skal være lik grensekostnaden, og vi skal være på den stigende delen av grensekostnadskurven.* Denne betingelsen er svært viktig fordi den gjelder uavhengig av graden av konkurranse i et marked.

Produksjonsregel: Hvis bedriften i det hele tatt skal produsere, skal den velge det produksjonsnivå som gir likhet mellom grenseinntekt og grensekostnad.

Frikonkurrentens profitt på kort sikt

Figur 7.3 viser også frikonkurrentens kortsiktige profitt. Avstanden AB er forskjellen mellom pris og gjennomsnittskostnad når produksjonen er q^*, som altså er gjennomsnittlig overskudd pr. produsert enhet. Linjestykket BC måler antall produserte enheter. Rektangelet *ABCD*, representerer derfor bedriftens overskudd.

Det er ikke gitt at bedriften tjener penger på kort sikt, som vist i figur 7.4. Den største forskjellen fra figur 7.3 er at de faste kostnadene er høyere. De høyere faste kostnadene øker gjennomsnittlige totale kostnader, men endrer verken de gjennomsnittlige variable kostnader eller grensekostnaden. Når produksjonen er q^*, er prisen *P* lavere enn gjennomsnittlige totalkostnader. Linjestykket *AB* viser dermed gjennomsnittlig *tap* pr. produsert enhet. Tilsvarende vil nå rektangelet *ABCD* representere bedriftens samlede tap.

Bedriften har to valg på kort sikt: Den kan fortsette produksjonen eller innføre en midlertidig produksjonsstans. Den vil sammenligne lønnsomheten av å produsere med lønnsomheten av å ikke produsere og så velge det alternativ som minimerer tapet.

Dersom prisen på produktet er høyere enn gjennomsnittlig totalkostnad, er valget enkelt fordi bedriften vil ha positivt overskudd hvis den produserer. Anta så at prisen er lavere enn gjennomsnittlige totalkostnader, men høyere enn gjennomsnittlige variable kostnader, som vist i figur 7.4. Hvis den fortsetter å produsere, minimerer bedriften sitt tap ved å produsere q^*. Hvis den ikke produserer, vil det fortsatt påløpe faste kostnader og tapet blir større enn om den produserer.

I avsnitt 6.1 definerer vi faste kostnader som kostnader som ikke påvirkes av produksjonens størrelse.

Hva om prisen på produktet er lavere enn gjennomsnittlige variable kostnader? I dette tilfellet bør bedriften absolutt slutte å produsere, fordi den taper penger på hver enhet den produserer.

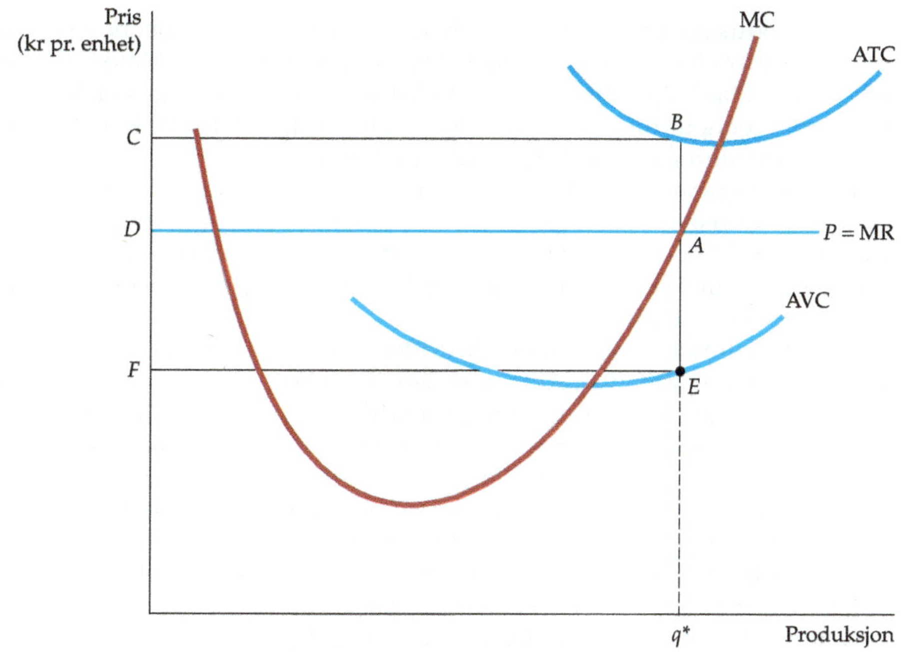

FIGUR 7.4 Produksjon eller ikke produksjon?

En frikonkurrent bør avvikle hvis prisen er lavere enn AVC. Bedriften bør produsere på kort sikt dersom prisen er høyere enn gjennomsnittlige variable kostnader.

Eksempel 7.1

Noen kostnadsvurderinger for ledere

Anvendelsen av regelen om at grenseinntekt skal være lik grensekostnad, avhenger av lederens evne til å estimere grensekostnadene. For å oppnå brukbare kostnadsestimater er det tre retningslinjer som lederen skal ha i bakhodet.

For det første, unntatt i visse tilfeller skal *ikke gjennomsnittlige variable kostnader brukes som en erstatning for grensekostnader.* Når grensekostnadene og gjennomsnittlige variable kostnader er nær konstante, er det liten forskjell mellom dem. Men hvis både grensekostnadene og gjennomsnittskostnadene er sterkt stigende, kan bruk av gjennomsnittlige variable kostnader være villedende når man skal beslutte hvor mye som skal produseres. Anta for eksempel at en bedrift har følgende informasjon om kostnadene:

Nåværende produksjon	100 enheter pr. dag, 80 av dem er produsert i ordinære skift og 20 av disse er produsert ved bruk av overtid.
Materialkostnader	80 kr pr. produsert enhet.
Arbeidskostnad	300 kr pr. produsert enhet for ordinær arbeidstid og 500 kr pr. enhet for overtid.

La oss beregne gjennomsnittlige variable kostnader og grensekostnader for de første 80 enhetene og deretter se hvordan disse to kostnadsmålene endres når vi også inkluderer de 20 enhetene som ble produsert ved bruk av overtidsarbeid. For de første 80 enhetene er gjennomsnittlige variable kostnader ganske enkelt arbeidskraftskostnaden (24 000 kr = 300 kr pr. enhet · 80 enheter) pluss materialkostnader (6 400 kr = 80 kr pr. enhet · 80 enheter) dividert på 80 enheter: (24 000 + 6 400)/80 = 380 kr pr. enhet. Siden gjennomsnittlige variable kostnader er konstante vil også grensekostnaden være konstant lik 380 kroner.

Når produksjonen øker til 100 enheter pr. dag, vil både gjennomsnittlige variable kostnader og grensekostnaden endres. De variable kostnadene har nå økt: Materialkostnadene øker med 1 600 kr (80 kr pr. enhet · 20 enheter) og den ekstra arbeidskraften koster 10 000 kr (500 kr pr. enhet · 20 enheter). Gjennomsnittlige variable kostnader er derfor 42 000 kr (24 000 kr + 10 000 kr + 6 400 kr + 1 600 kr) dividert på 100 enheter = 420 kr pr. enhet.

Hva med grensekostnaden? Mens materialkostnaden pr. enhet har holdt seg uendret på 80 kr, har nå arbeidskraftskostnaden økt til 500 kr pr. enhet, slik at grensekostnaden for enheter produsert på overtid er 58 kroner. I og med at grensekostnaden er høyere enn gjennomsnittlige variable kostnader, vil en leder som baserer produksjonsbeslutningen på gjennomsnittlige variable kostnader ende opp med å produsere for mye.

For det andre kan en enkeltpost i bedriftens regnskaper inneholde to komponenter, hvor kun den ene påvirker grensekostnaden. Anta at en leder forsøker å skjære ned på produksjonen. Hun reduserer arbeidstiden for noen og permitterer andre. Men lønnen til en arbeidstaker som blir permittert behøver ikke være et godt mål på grensekostnaden når produksjonen kuttes. Arbeidskontrakter kan kreve at bedriften betaler de permitterte en andel av lønnen. I dette tilfellet vil ikke grensekostnaden ved å øke produksjonen være den samme som innsparte grensekostnader når produksjonen kuttes. Besparelsene er arbeidskostnadene etter at nødvendige utbetalinger til de permitterte er trukket fra.

For det tredje skal alle *alternativkostnader* inkluderes i fastsettelsen av grensekostnadene. Anta at ledelsen av et kjøpesenter ønsker å starte salg av barnemøbler. I stedet for å bygge nye butikkarealer beslutter ledelsen å bruke en del av tredje etasje hvor det nå selges kjøkkenutstyr. Grensekostnaden for dette arealet er de 1 000 kronene pr. kvadratmeter pr. dag som arealet ville bidratt med til overskuddet hvis man hadde fortsatt å selge kjøkkenutstyr der. Denne alternativkostnaden kan være betydelig høyere enn det kjøpesenteret betaler for å disponere denne delen av bygget.

Disse tre retningslinjene kan hjelpe en leder i å foreta fornuftige estimater på grensekostnaden. Å overse disse forholdene kan gi for lav eller for høy produksjon og dermed lavere profitt.

7.5 FRIKONKURRENTENS KORTSIKTIGE TILBUDSKURVE

En bedrifts *tilbudskurve* forteller oss hvor mye bedriften vil produsere ved ulike nivåer på produktprisen. Vi har sett at bedriften vil produsere opp til det nivå der grensekostnad er lik pris og at den ikke produserer hvis prisen blir lavere enn gjennomsnittlige variable kostnader. Derfor vil bedriftens tilbudskurve være *den delen av grensekostnadskurven som ligger over gjennomsnittlige variable kostnader*.

Figur 7.5 illustrerer den kortsiktig tilbudskurven. Merk at for alle prisnivåer høyere enn minimum AVC kan profittmaksimerende produksjon leses direkte fra grafen. Hvis prisen for eksempel er P_1, vil produksjonen bli q_1, hvis prisen er P_2 blir produksjonen q_2. For et prisnivå lavere enn (eller lik) minimum AVC er profittmaksimerende produksjon lik null. I figur 7.5 vil den kortsiktige tilbudskurven bestå av den tverrstiplede delen av den vertikale aksen pluss den tverrstiplede delen av grensekostnaden – altså den delen av grensekostnadskurven som ligger over minimum for de gjennomsnittlige variable kostnader.

Frikonkurrentens kortsiktige tilbudskurve er stigende av samme grunn som at grensekostnadskurven er stigende – synkende grenseproduktivitet av en eller flere innsatsfaktorer. Følgelig vil en prisøkning føre til at de bedriftene som allerede er i markedet øker sin produksjon.

I avsnitt 5.2 forklarer vi at synkende grenseproduktivitet er en situasjon der hver ekstra innsatsfaktorenhet gir mindre og mindre økning i produksjonen.

Bedriftens respons på en endring i prisen på innsatsfaktorer

Når prisen på produktet endres, endrer bedriften produksjonsnivået for å sikre at grensekostnaden fortsatt er lik prisen. Ofte vil imidlertid både produktprisen og prisene

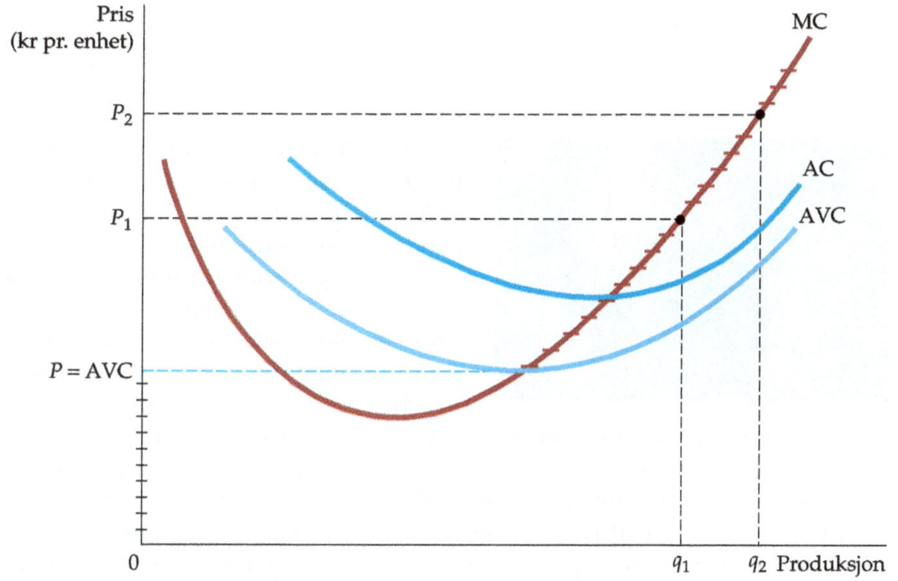

FIGUR 7.5 Frikonkurrentens kortsiktige tilbudskurve

På kort sikt velges et produksjonsnivå slik at grensekostnaden, MC, er lik pris så lenge prisen dekker bedriftens gjennomsnittlige variable kostnader. Den kortsiktige tilbudskurven er gitt ved den tverrstiplede delen av grensekostnadskurven.

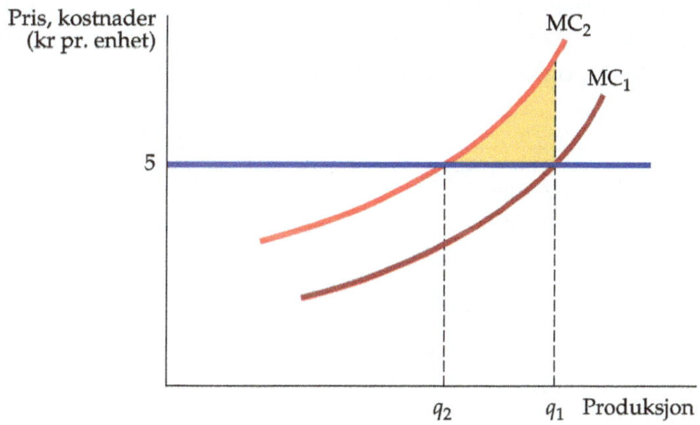

FIGUR 7.6 Bedriftens respons på en økning i innsatsfaktorpriser

Når grensekostnaden i en bedrift øker (fra MC_1 til MC_2), vil det profittmaksimerende produksjonsnivå synke (fra q_1 til q_2).

på innsatsfaktorene endres samtidig. I denne delen skal vi se hvordan bedriftens produksjonsbeslutning endres når prisen på en av innsatsfaktorene endres.

Figur 7.6 viser en situasjon der grensekostnadene i utgangspunktet er gitt ved kurven MC_1, og profittmaksimerende produksjon er gitt ved q_1. Anta så at prisen på arbeidskraft øker. Grensekostnadskurven skifter nå oppover til MC_2. Den nye profittmaksimerende produksjon blir da q_2, Dermed vil prisøkningen på arbeidskraft føre til at produksjonen reduseres. Dette gjelder selvfølgelig også hvis prisen på en annen variabel innsatsfaktor øker.

Dersom bedriften hadde fortsatt å produsere q_1, ville den tapt penger på alle enhetene i intervallet q_2 til q_1. Det skraverte området i figuren viser det tapet (reduksjon i overskudd) bedriften ville pådra seg ved ikke å redusere produksjonen fra q_1 til q_2.

Eksempel 7.2

Den kortsiktige produksjonen av petroleumsprodukter

Anta at du leder et oljeraffineri hvor råolje omdannes til ulike produkter som bensin, flydrivstoff, fyringsolje osv. Hvor mye som raffineres avhenger av kapasiteten på raffineriet og produksjonskostnadene. Hvor mye vil du produsere pr. dag?

Informasjon om raffineriets grensekostnader er avgjørende for denne beslutningen. Figur 7.7 viser den kortsiktige grensekostnadskurven (SMC). Grensekostnaden øker når produksjonen øker, men den øker sprangvis når man når visse produksjonsnivåer. Sprangene skjer når man støter på kapasitetsgrenser i en enhet, og man må ta i bruk mer kostnadskrevende produksjonsenheter. Eksempelvis kan bensin bli produsert relativt rimelig fra lett råolje i en produksjonsenhet, en termisk separator. Når kapasiteten her er nådd kan man fortsatt produsere bensin, men nå til høyere kostnader. I tilfellet illustrert i figur 7.7 støter man på den første kapasitetsbeskrankningen når produksjonen kommer opp i ca. 9 700 fat pr. dag. En annen kapasitetsbegrensning slår inn når produksjonen kommer opp i 10 700 fat pr. dag.

Å bestemme seg for hvor mye man nå skal produsere, er forholdsvis enkelt. Anta at raffinerte produkter kan selges for 200 kr pr. fat. I og med at grensekostnaden for det første fatet er nær 240 kr, bør det ikke raffineres noe i det hele tatt. Hvis prisen imidlertid ligger mellom 240 og 250 kr pr. fat, bør raffineriet produsere 9 700 fat pr. dag. Hvis prisen tipper over 250 kr pr. fat, bør man ta i bruk den mer kostnadskrevende raffineringsenheten og produsere opp mot 10 700 fat pr. dag.

I og med at kostnadene øker sprangvis, vet du at produksjonen ikke behøver å endre seg mye når det kun er små prisendringer. Du vil typisk tilpasse bruken av råolje innenfor raffineringsenheten inntil prisen øker vesentlig. Hvis prisen øker mye, må du regne på om prisøkning gir grunnlag for å ta i bruk en ekstra, og dyrere, raffineringsenhet.

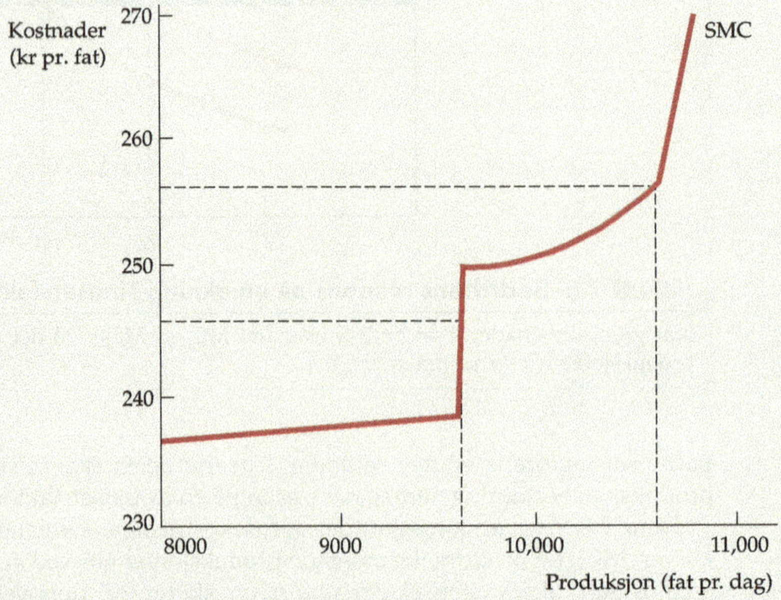

FIGUR 7.7 Kortsiktig produksjon av petroleumsprodukter

Når et raffineri skifter fra én raffineringsenhet til en annen vil grensekostnadene for produksjon av oljeprodukter fra råolje øke kraftig. Følgelig kan tilbudet være lite følsomt overfor visse prisendringer men svært prisfølsomt overfor andre.

7.6 MARKEDETS KORTSIKTIGE TILBUDSKURVE

Markedets *kortsiktige tilbudskurve* viser hvor mye bransjen som helhet produserer for ulike prisnivåer. Markedets samlede produksjon er kort og godt summen av det som produseres av hver enkelt bedrift. Markedets tilbudskurve kan dermed konstrueres ved å summere de individuelle tilbudskurvene horisontalt. I figur 7.8 viser vi dette ved å se på tre bedrifter som har ulike kortsiktige kostnadsstrukturer. Hver grensekostnadskurve består av den delen av kurven som ligger over gjennomsnittlige variable kostnader.

Hvis prisen ligger under P_1, vil det ikke bli produsert noe i det hele tatt. For priser mellom P_1 og P_2 er det kun bedrift 3 som vil produsere. Markedets tilbudskurve vil derfor være identisk med den delen av bedrift 3's grensekostnadskurve som ligger mellom P_1 og P_2. Når prisen kommer opp til P_2 vil de to andre bedriftene også begynne å produsere. Bedrift 1 produserer 2 enheter, bedrift 2 produserer 5 enheter og bedrift 3 produserer 8 enheter. Samlet tilbud blir da 15 enheter. Hvis prisen øker til P_3 vil samlet produksjon bli 21 enheter. Legg merke til at tilbudskurven får en knekk når prisen er P_2. Når det er mange tilbydere blir disse knekkene uvesentlige og vi tegner markedets tilbudskurve som en jevn, stigende kurve.

Elastisiteten i markedets tilbud

Dessverre er det å finne markedets tilbudskurve ikke alltid så enkelt som å summere et sett av individuelle tilbudskurver. Når prisen øker, vil alle bedriftene produsere mer. Den økte produksjonen fører til økt etterspørsel etter innsatsfaktorer, noe som kan presse prisen på disse oppover. Som vi så i figur 7.7 vil økte faktorpriser føre til at grensekostnadskurven skifter oppover. Anta for eksempel at etterspørselen etter kaffe øker. Prisen øker og produsentene ønsker å produsere mer. Dette gir imidlertid også økt etterspørsel etter kaffebønner og presser prisen på disse opp. Kaffeprodusentenes grensekostnadskurver skifter da oppover, noe som isolert sett trekker i retning av lavere produksjon. I slike tilfeller vil markedets tilbud respondere svakere på en prisøkning en i tilfellet der innsatsfaktorprisen ikke endres.

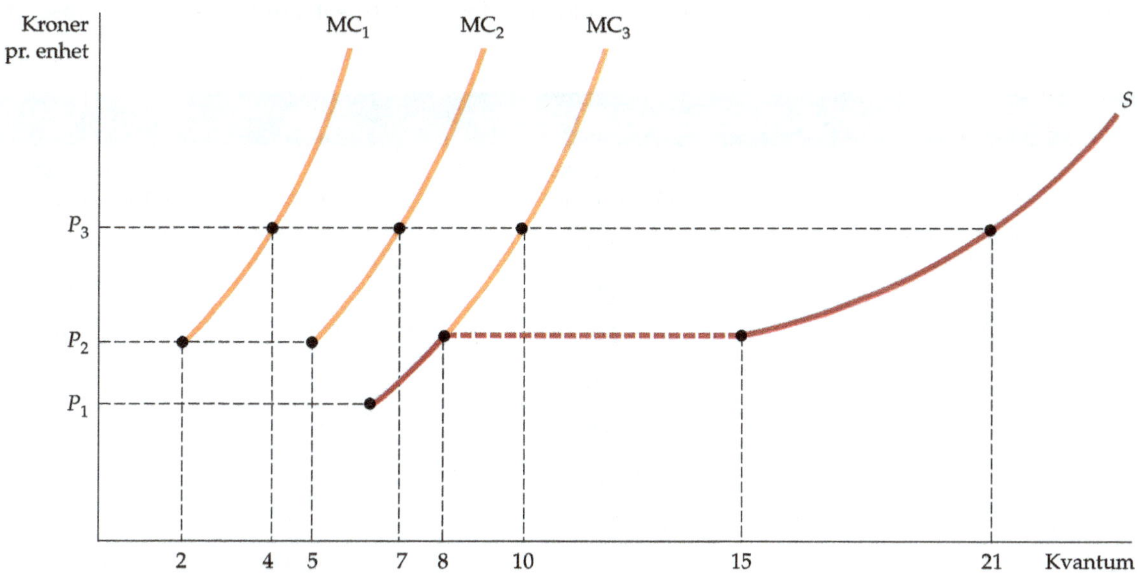

FIGUR 7.8 Markedets kortsiktige tilbud

Markedets kortsiktige tilbudskurve fremkommer ved horisontal summering av de enkelte bedrifters tilbudskurver. I og med at kurven for gjennomsnittlige variable kostnader er lavere for den tredje bedriften enn de to første vil markedets tilbudskurve, S, starte for en pris P_1 og følge den tredje bedriftens grensekostnadskurve opp til P_2 der den får en knekk. For priser lik P_2 og høyere vil alle bedriftene produsere.

I avsnitt 2.4 definerer vi elastisiteten i tilbudet som den prosentvise endringen i tilbudt kvantum som følger av at prisen øker med 1 %.

Priselastisiteten i markedets tilbud, E_S, sier noe om hvor følsom markedets tilbud er overfor prisendringer – eller mer presist: E_S er den prosentvise endring i tilbudt kvantum som følger av at prisen øker med 1 %.

$$E_S = (\Delta Q/Q) / (\Delta P/P)$$

I og med at grensekostnadskurven er stigende, vil den kortsiktige elastisiteten i tilbudet alltid være positiv. Når grensekostnadskurven er bratt vil elastisiteten være lav. Men når grensekostnadene er svakt stigende er tilbudet relativt elastisk – i dette tilfellet vil en liten prisøkning gi en relativt stor økning i tilbudet.

Et yttertilfelle er situasjonen med *perfekt uelastisk tilbud,* som oppstår når kapasitetsutnyttingen er så høy at ytterligere produksjon krever bygging av nye anlegg (noe som tar tid). I den andre enden har vi *perfekt elastisk tilbud,* noe som oppstår når grensekostnaden er konstant.

Eksempel 7.3

Kortsiktig tilbud av kobber

På kort sikt avhenger formen på markedets tilbudskurve for kobber av kostnadsstrukturen hos de store kobberprodusentene. Kostnader knyttet til utvinning, smelting og raffinering, varierer mellom produsentene på grunn av forskjeller i arbeidskraft- og transportkostnader og på grunn av forskjeller i kobberinnholdet av malmen. Tabell 7.1 oppsummerer noen av de relevante kostnadene og produksjonsdataene for de ni største kobberproduserende landene. I og med at kostnadene knyttet til bygging av gruver, smelteverk og raffinerier er ugjendrivelige kostnader vil tallene for grensekostnader i tabell 7.1 reflektere kostnadene ved drift av anlegget (men ikke bygningen).

Disse dataene kan brukes til å plotte den kortsiktige tilbudskurven i verdensmarkedet for kobber. Figur 7.9 viser hvordan kurven er konstruert for de ni landene som er oppført i tabellen. (Kurven er ufullstendig fordi produsenter med lavere og høyere kostnader er utelatt.) Merk at kurven i figur 7.9 er en tilnærming. Tallene for grensekostnadene for hvert land er et gjennomsnitt av

TABELL 7.1 Verdens kobberproduksjon (2006)

Land	Årlig produksjon (1000 tonn)	Grensekostnad (Dollar pr. pund)
Australia	950	1.15
Canada	600	1.30
Chile	5400	0.80
Indonesia	800	0.90
Peru	1050	0.85
Polen	530	1.20
Russland	720	0.65
USA	1220	0.85
Zambia	540	0.75

Kilde for årlige produkjsonsdata: U.S. Geological Survey, Mineral Commodity Summaries, Januar 2007. **http://minerals.usgs.gov/minerals/pubs/mcs/2007/mcs2007.pdf.**
Kilde for grensekostnadsdataene Source for Marginal Cost Data: Charles River Associates' Estimates.

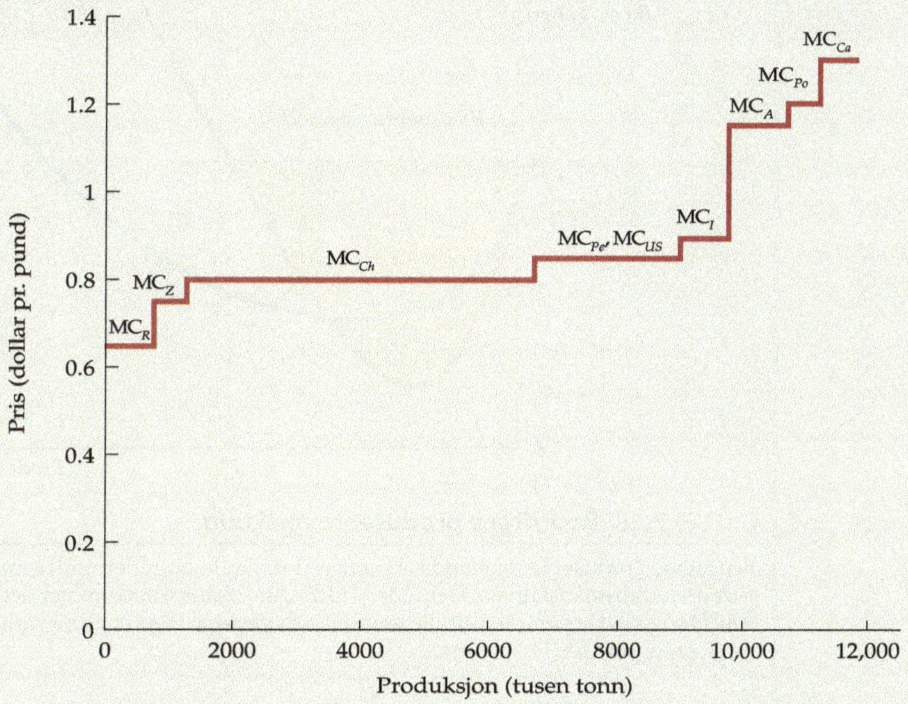

FIGUR 7.9 Verdensmarkedets kortsiktige tilbud av kobber

Verdensmarkedets tilbudskurve for kobber fremkommer ved å summere grensekostnadskurvene for hvert av de store kobberproduserende landene. Tilbudskurven er stigende fordi grensekostnadene spenner fra det laveste nivå på 65 cent i Russland til det høyeste på 1,30 dollar i Canada.

grensekostnadene for alle produsentene i det landet, og vi antar at grensekostnaden og gjennomsnittskostnadene er tilnærmet like.

Russland har de laveste grensekostnadene for raffinert kobber på ca. 65 cent pr. pund. Linjestykket merket MC_R representerer grensekostnaden i Russland. Kurven er horisontal inntil kapasitetsgrensen for utvinning og raffinering av kobber i Russland er nådd. (Dette nås for et produksjonsnivå på 720 tusen tonn pr. år.) Linjestykket MC_Z representerer grensekostnaden i Zambia, linjestykket MC_{Ch} grensekostnaden i Chile, og så videre.

Verdens tilbudskurve fremkommer ved horisontal summering av hvert lands tilbudskurve. Som vi ser av figuren avhenger elastisiteten i tilbudet av prisen på kobber. Ved relativt lave priser, for eksempel 65–90 cent pr. pund, er kurven ganske elastisk fordi små prisøkninger fører til store økninger i tilbudet av kobber. For høyere priser, si over 1,20 dollar pr. pund, er kurven mindre elastisk fordi de fleste produsentene her opererer nær, eller på, kapasitetsgrensen.

Produsentoverskudd på kort sikt

I kapittel 4 definerte vi *konsumentoverskuddet* som differansen mellom det maksimale en person ville betale for en vare og varens markedspris. Et tilsvarende begrep har vi også for bedriftene. Hvis grensekostnaden er strengt stigende, er produktprisen høyere enn grensekostnaden for alle produserte enheter unntatt den siste. Følgelig tjener bedriften penger på alle enhetene unntatt den siste. **Produsentoverskuddet** i en bedrift er summen av differansene mellom markedsprisen og grensekostnader. Grafisk fremkommer produsentoverskuddet som arealet mellom markedspris og tilbudskurven, hvis dette arealet er definert.

produsentoverskudd
Summen av differansene mellom markedspris og grensekostnader

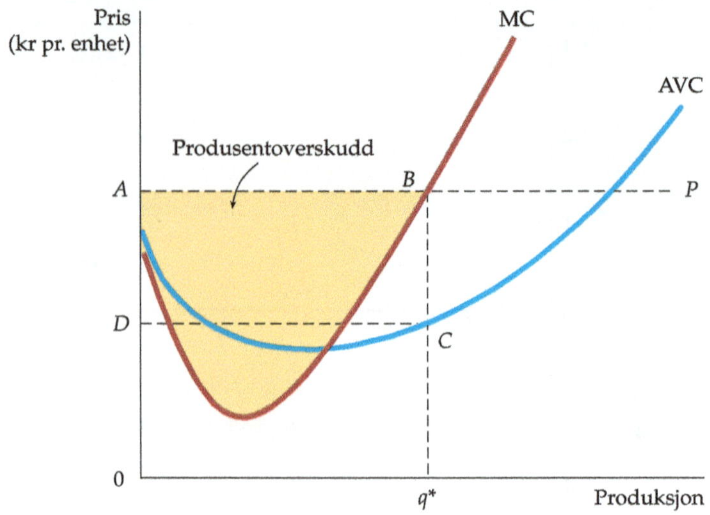

FIGUR 7.10 Bedriftens produsentoverskudd

Bedriftens produsentoverskuddet er gitt ved det gule området under markedsprisen og over grensekostnadskurven, i området 0 til q^*. Alternativt fremkommer det ved rektangelet *ABCD* i og med at summen av alle grensekostnader opp til q^* er lik de variable kostnadene ved å produsere q^*.

Figur 7.10 illustrerer bedriftens kortsiktige produsentoverskudd. Profittmaksimerende produksjon er lik q^*, der P = MC. Overskuddet som produsenten oppnår fra en enkelt enhet er differansen mellom markedsprisen og grensekostnaden for å produsere denne enheten. Produsentoverskuddet blir derfor summen av disse "enhetsoverskuddene" og gitt ved det gule arealet mellom bedriftens horisontale etterspørselskurve og grensekostnadskurven, fra 0 og opp til profittmaksimerende produksjon q^*.

Når vi summerer grensekostnadene opp til q^*, finner vi summen av de variable kostnadene ved å produsere q^*. Grensekostnadene reflekterer kostnadsøkningen knyttet til marginale økninger i produksjon. I og med at faste kostnader ikke endres når produksjonen endres, må summen av grensekostnadene være lik summen av bedriftens variable kostnader. Dermed kan produsentoverskuddet alternativt defineres som *differansen mellom bedriftens inntekter og de samlede variable kostnader.* I figur 7.10 er produsentoverskudd også gitt av rektangelet *ABCD*, som tilsvarer inntekter ($0ABq^*$) minus variable kostnader ($0DCq^*$).

Produsentoverskudd kontra profitt

Produsentoverskudd er nært knyttet til profitt, men det er ikke det samme. På kort sikt er produsentoverskuddet lik inntekter minus *variable kostnader*. Profitt på sin side er lik inntekter minus *alle kostnader*, både variable og faste.

$$\text{Produsentoverskudd} = \text{PS} = R - \text{VC}$$

$$\text{Profitt} = \pi = R - \text{VC} - \text{FC}$$

Det følger at på kort sikt, når de faste kostnadene er større enn null, vil produsentoverskuddet være større enn profitten, og produsentoverskuddet er lik profitt når de faste kostnader er lik 0.

Markedets samlede produsentoverskudd, som illustrert i figur 7.11, finner vi ved å summere produsentoverskuddene til hver enkelt bedrift. Markedets tilbudskurve starter i et punkt på den vertikale aksen som er gitt ved de gjennomsnittlige variable kostnader for den bedriften som har de laveste kostnadene.

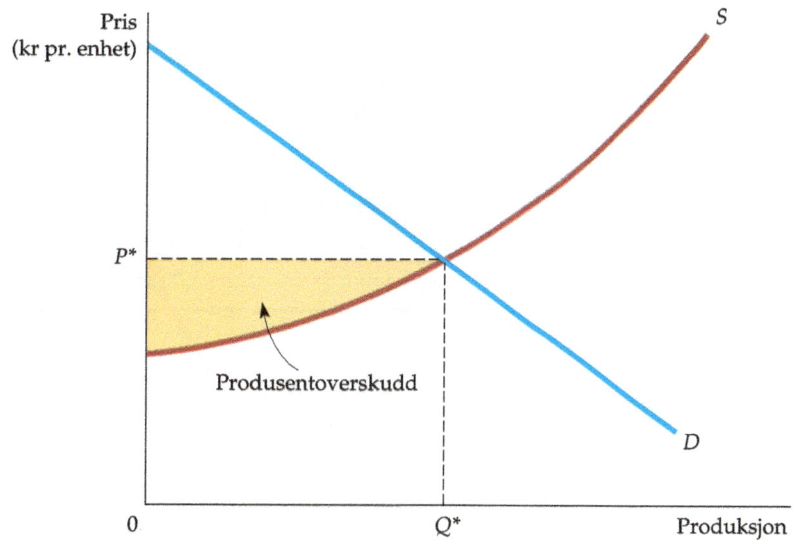

FIGUR 7.11 Markedets produsentoverskudd

Markedets produsentoverskudd består av arealet under markedspris og over markedets tilbudskurve, i intervallet 0 til Q^*.

7.7 VALG AV PRODUKSJONSNIVÅ PÅ LANG SIKT

På lang sikt er alle innsatsfaktorer variable slik at bedriftene kan endre produksjonskapasiteten. Videre er frikonkurransemarkedet karakterisert ved at det ikke er noen juridiske restriksjoner eller spesielle kostnader knyttet til å etablere seg eller å legge ned.

Etter at vi har sett nærmere på den langsiktige produksjonsbeslutningen for en profittmaksimerende frikonkurrent, skal vi se på hva som karakteriserer den langsiktige likevekten i et frikonkurransemarked.

Profittmaksimering på lang sikt

Figur 7.12 viser hvordan en frikonkurrent foretar sin langsiktige, profittmaksimerende produksjonsbeslutning. Som på kort sikt er etterspørselselskurven horisontal. (I figur 7.12 tar bedriften markedsprisen på 40 kr for gitt.) Bedriftens kortsiktige gjennomsnittskostnadskurve SAC og kortsiktige grensekostnadskurve SMC ligger lavt nok til å gi positiv profitt, gitt ved rektangelet *ABCD* (ved en produksjon lik q_1, der SMC = *P* = MR). Den langsiktige gjennomsnittskostnadskurven LAC reflekterer at det er stordriftsfordeler opp til nivået q_2 og stordriftsulemper for høyere volumer. Den langsiktige grensekostnadskurven LMC skjærer den langsiktige gjennomsnittskostnadskurven i q_2 – der LAC når sitt minimum.

Dersom bedriften antar at markedsprisen vil forbli 40 kr, vil den ønske å utvide produksjonsanlegget for å produsere q_3, der den langsiktige grensekostnaden er lik 40 kr. Når bedriften har gjennomført denne utvidelsen, vil profittmarginen øke fra *AB* til *EF*, og samlet profitt øker fra *ABCD* til *EFGD*. Produksjonsnivået q_3 er profittmaksimerende da grenseinntekten er høyere enn grensekostnaden for lavere produksjonsnivåer. For produksjonsnivåer utover q_3 vil imidlertid grensekostnaden overstige grenseinntekten – ikke god butikk. Oppsummert er den langsiktige profittmaksimerende produksjon gitt der den langsiktige grensekostnad er lik produktprisen.

I avsnitt 6.4 forklarer vi at vi har stordriftsfordeler når en bedrift kan doble sin produksjon for mindre enn en dobling av kostnadene.

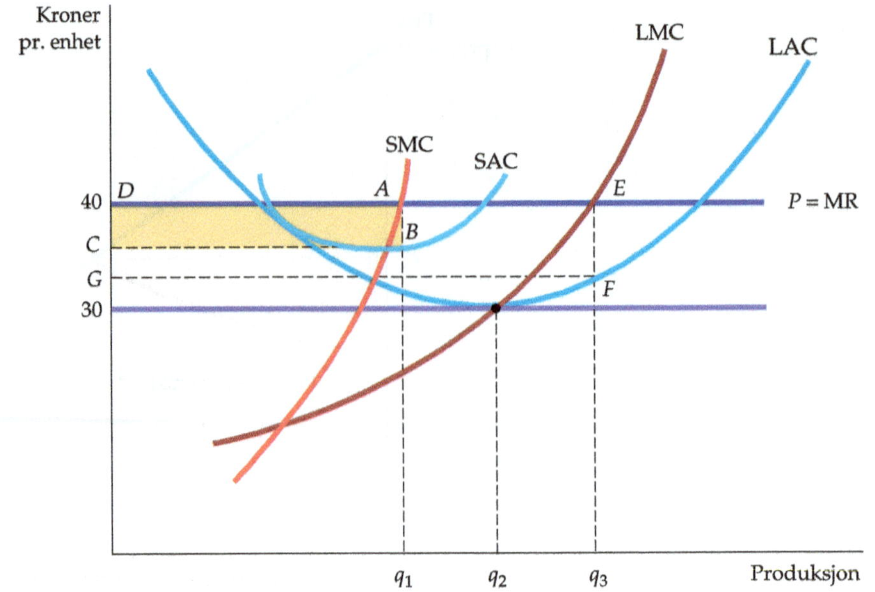

FIGUR 7.12 Valg av produksjonsnivå på lang sikt

Bedriften maksimerer sin profitt ved å velge det produksjonsnivået som gir likhet mellom pris og den langsiktige grensekostnad LMC. I diagrammet, øker bedriften overskuddet fra *ABCD* til *EFGD* ved å øke produksjon i det lange løp.

Ikke overraskende vil profitten synke hvis prisen synker. Hvis prisen faller til 30 kr, vil profittmaksimerende produksjon være q_2. Dette vil være i minimum for de langsiktige gjennomsnittskostnader og bedriften vil ha en profitt lik 0.

Langsiktig frikonkurranselikevekt

For at vi skal være i langsiktig likevekt, er det visse betingelser som må være oppfylt. Bedrifter som er i markedet skal ikke ha noe ønske om å bevege seg ut av markedet, og bedrifter som ikke er i markedet skal ikke ha noe ønske om å etablere seg i det. Men hva er så sammenhengen mellom profitt, etablering og langsiktig frikonkurranselikevekt? Vi kan finne svaret på dette ved å knytte økonomisk overskudd til insentivet til å etablere seg eller gå ut av markedet.

Regnskapsmessig og økonomisk overskudd

Som vi så i kapittel 6 er det viktig å skille mellom regnskapsmessig resultat og økonomisk resultat. Regnskapsmessige resultat måles ved differansen mellom bedriftens inntekter og utgifter til arbeidskraft, råvarer, renter og avskrivninger. Det økonomiske resultatet tar imidlertid også hensyn til alternativkostnader. En av disse alternativkostnadene er den avkastningen som eierne kunne oppnådd på alternative plasseringer av kapitalen. Anta for eksempel at bedriften benytter arbeidskraft og kapital – hvor kapitalutstyret er kjøpt. Regnskapsmessig overskudd vil tilsvare inntekter, R, minus arbeidskraftskostnader, wL. Profitt i økonomisk forstand er lik inntekter minus arbeidskraftkostnader minus kapitalkostnader, rK:

$$\pi = R - wL - rK$$

Som vi forklarte i kapittel 6, er brukerprisen på kapital det riktige målet på kapitalkostnadene. Brukerpriser er den årlige avkastning bedriften kan oppnå ved å investere pengene sine på andre måter enn å kjøpe kapital, pluss den årlige verdiforringelse av kapitalen.

Økonomisk profitt lik 0

null økonomisk profitt
En bedrift som oppnår en normal avkastning på sine investeringer – dvs. at den gjør det like bra som om pengene skulle hvert plassert annerledes

Når en bedrift etablerer seg i en bransje, gjør den det fordi den forventer å få avkastning på investeringene sine. **Null økonomisk profitt** betyr at bedriften oppnår en *normal* – dvs. konkurransedyktig – avkastning på investeringen. Denne normalavkastningen er bedriftens alternativkostnad knyttet til å investere her i stedet for å plassere pengene annerledes. *Dermed vil en bedrift som har null økonomisk profitt, gjøre det like bra ved å foreta investeringen fremfor å plassere annerledes* – de får en konkurransedyktig avkastning på pengene sine. (Hvis bedriften har negativ økonomisk profitt, bør den vurdere å trekke seg ut av bransjen.)

Som vi skal se vil den økonomiske profitt på lang sikt være lik 0 i et frikonkurransemarked. Dette betyr ikke at bedriftene gjør det dårlig, men reflekter høy grad av konkurranse i markedet.

Etablering og avvikling

Figur 7.13 viser hvordan en pris på 40 kr gir bedriften en positiv økonomisk profitt. I og med at alternativkostnaden for innskutt kapital er fratrukket, betyr det positive resultatet en uvanlig høy avkastning på investeringene. Hvis bedriftene i en bransje oppnår en avkastning som ligger over normalavkastningen, vil investorer kanalisere ressurser bort fra andre bransjer og til denne – nye bedrifter etablerer seg. Den samlede produksjon vil derfor øke – tilbudskurven skifter til høyre. Følgelig vil markedsprisen synke. Dette er illustrert i figur 7.13. I del (b) i figuren har tilbudskurven skiftet fra S_1 til S_2, slik at prisen synker fra P_1 (40 kr) til P_2 (30 kr). I del (a), som gjelder for en enkelt bedrift, tangerer den langsiktige gjennomsnittskostnadskurven den horisontale prislinjen når produksjonen er lik q_2.

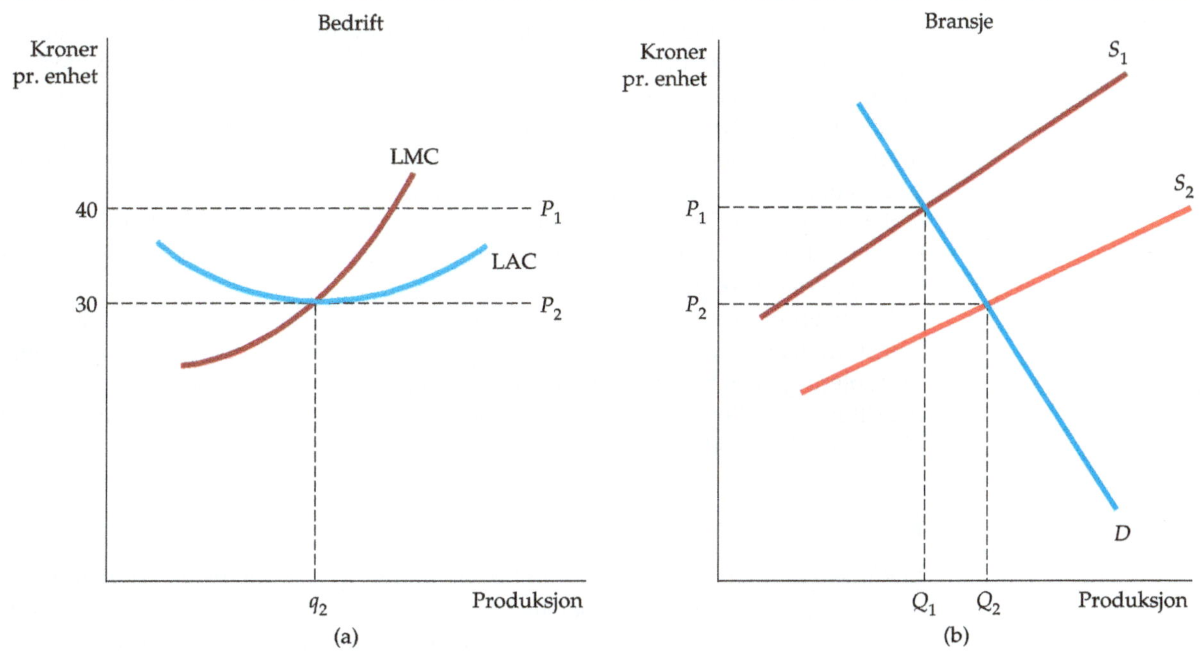

FIGUR 7.13 Langsiktig frikonkurranselikevekt

I utgangspunktet er likevektsprisen 40 kr pr. enhet, som vist i **(b)** i skjæringspunktet mellom etterspørselskurven *D* og tilbudskurven S_1. I **(a)** ser vi at bedriftene har positiv profitt i og med at langsiktige gjennomsnittskostnader når sitt minimum i 30 kr (for q_2). En avkastning høyere enn normalavkastningen fører til nyetablering og tilbudskurven skifter utover til S_2, som vist i **(b)**. Den langsiktige likevektsprisen vil være 30 kr, som vist i **(a)**, der hver bedrift har null profitt, og det er ingen insentiver til å gå inn eller ut av bransjen.

Et tilsvarende tilfelle har vi for avvikling. Anta at minimum for de langsiktige gjennomsnittskostnadene i hver bedrift fortsatt er 30 kr. Markedsprisen faller så til 20 kroner. Bedriftene vil tape penger og bevege seg ut av bransjen. Dette fører til at samlet produksjon synker og at markedsprisen øker inntil ny likevekt nås for en pris lik 30 kr.

Når bedriftens økonomiske profitt er 0, har den ingen insentiver til å gå ut av bransjen. Likeledes har ikke andre bedrifter noen spesielle insentiver til å gå inn. Vi har **langsiktig frikonkurranselikevekt** når følgende tre betingelser er oppfylt:

langsiktig frikonkurranselikevekt
Alle bedrifter i en bransje er profittmaksimere, ingen har insentiver for å gå inn eller ut av markedet, og prisen gir likhet mellom tilbud og etterspørsel

1. Alle bedrifter i bransjen er profittmaksimerende.
2. Ingen bedrifter har insentiv for verken å gå inn eller gå ut av bransjen i og med at alle bedrifter oppnår en normalavkastning.
3. Prisen ligger der samlet tilbud er lik samlet etterspørsel.

Alternativkostnaden av patenter

Anta at en bedrift har en patent som gjør at den produserer til en lavere gjennomsnittskostnad enn alle de andre bedriftene. I så fall vil det være forenlig med langsiktig likevekt at bedriften oppnår et høyere *regnskapsmessig* resultat, og høyere produsentoverskudd enn andre bedrifter. Så lenge andre investorer og bedrifter ikke kan kjøpe patentet som senker kostnadene, har de ingen insentiver til å gå inn i bransjen.

Skillet mellom regnskapsmessig resultat og økonomisk profitt er her viktig. Dersom patentet er lønnsomt, vil andre bedrifter i bransjen betale for å få tilgang på det (eller forsøke å kjøpe hele bedriften for å skaffe seg det). Verdien av patentet representerer således en alternativkostnad for bedriften som har det. Når man inkluderer denne alternativkostnaden i kostnadsbildet, vil den økonomiske profitten bli 0 selv om man har et høyere regnskapsmessig overskudd enn andre.

Alternativkostnaden av areal

Det er også andre tilfeller der bedrifter kan ha høyere regnskapsmessig resultat enn andre uten at den økonomiske profitt er høyere. Anta for eksempel at en klesbutikk ligger i nærheten av et stort kjøpesenter, mens konkurrentene har mindre attraktive lokaliseringer. Den store kundetilstrømningen kan gi et høyt regnskapsmessig overskudd i og med arealkostnadene er basert på historisk kostpris. Ser vi imidlertid på den økonomiske avkastningen, som inkluderer alle relevante alternativkostnader, er det den gjeldende markedspris på areal som skal legges til grunn. Denne bedriften har derfor høyere alternativkostnader enn konkurrentene og dermed ikke nødvendigvis høyere økonomisk profitt.

Forutsetning om null økonomisk profitt er sentral for at markedet skal være i langsiktig likevekt. Pr. definisjon vil et positivt økonomisk resultat gi insentiver for nyetablering. Positive regnskapsmessige resultater kan imidlertid signalisere at bedrifter som allerede er i bransjen besitter verdifulle eiendeler, ferdigheter eller ideer, som ikke nødvendigvis oppmuntrer til nyetablering.

Ressursrente

Vi har sett at noen bedrifter oppnår høyere regnskapsmessig resultat enn andre fordi de har tilgang på knappe innsatsfaktorer. Dette kan omfatte arealer, naturressurser, spesielle ferdigheter med mer. Det som i slike situasjoner gir null økonomisk profitt i det lange løp, er det at andre bedrifter er villig til å betale for å få tilgang til disse ressursene. Det positive regnskapsmessige overskuddet representere derfor en **ressursrente** opptjent gjennom tilgang på knappe innsatsfaktorer. Ressursrenten er det bedriftene er villige til å betale for en innsatsfaktor minus det laveste beløpet som er nødvendig får å få kjøpt den. I konkurranseutsatte markeder vil ressursrenten ofte være positiv både på kort og lang sikt selv om den økonomiske profitten er lik 0.

ressursrente
Det beløpet bedriftene er villige til å betale for en innsatsfaktor fratrukket det laveste beløpet som er nødvendig for å få tilgang på den

Anta for eksempel at to bedrifter begge eier de arealene de har fabrikkene sine på. Det vil si at den laveste kostnaden for å få tilgang på arealer er lik 0. En bedrift ligger ved en elv og har årlige transportkostnader som er 10 000 kr lavere enn konkurrenten, som ligger langt unna elven. I dette tilfellet er de 10 000 kronene ressursrente forbundet med beliggenheten rett ved elven. Den oppstår fordi områdene langs elven er verdifulle og andre bedrifter vil være villige til å betale for tilgang til arealene.

Eksistensen av ressursrente forklarer hvorfor det er noen markeder der bedrifter velger å ikke etablere seg selv om det kan se ut som det er muligheter for å tjene gode penger. I disse markedene er det gitte mengder av en eller flere innsatsfaktorer, en eller flere bedrifter oppnår ressursrente, og alle bedriftene har null økonomisk profitt.

Produsentoverskudd på lang sikt

Anta at en bedrift har et positivt regnskapsmessig resultat, men at ingen andre bedrifter har insentiv for å etablere seg i, eller gå ut av, markedet. Det positive resultatet må da gjenspeile en ressursrente. Hvordan vil da ressursrenten relatere seg til produsentoverskuddet? Først merker vi oss at ressursrenten relaterer seg til innsatsfaktorer, mens produsentoverskudd relaterer seg til produksjon. Merk også at produsentoverskuddet måler forskjellen mellom markedspris og grensekostnader. Følgelig vil, i et frikonkurransemarked, *produsentoverskuddet på lang sikt bestå av den ressursrente bedriften oppnår fra alle de knappe innsatsfaktorer den disponerer*.

7.8 MARKEDETS LANGSIKTIGE TILBUDSKURVE

I analysen av tilbudet på kort sikt utledet vi først den enkelte bedrifts tilbudskurve. Deretter summerte vi alle bedriftenes tilbudskurver for å komme frem til markedets tilbudskurve. Vi kan imidlertid ikke analysere det langsiktige tilbudet på samme måte: I det lange løp vil bedrifter gå inn og ut av markedet når markedsprisen endrer seg. Dette gjør det umulig å summere tilbudskurver – vi vet ikke hvilke bedrifters tilbud vi skal summere.

Formen på den langsiktige tilbudskurven avhenger av i hvilken grad økninger eller reduksjoner i markedets samlede produksjon vil påvirke prisene på de innsatsfaktorene som bedriftene benytter. I tilfeller der det er stordriftsfordeler i produksjon, eller kostnadsbesparelser knyttet til kjøp av store innsatsfaktormengder, vil innsatsfaktorkostnadene synke når produksjonen øker. I tilfellet med stordriftsulemper vil faktorprisene kunne øke når produksjonen øker. Den tredje muligheten er at faktorprisene ikke endres når produksjonen endres. I alle disse tilfellene skal vi, når vi utleder den langsiktige tilbudskurven, anta at alle bedriftene har tilgang til gjeldende produksjonsteknologi. Produksjonen økes ved bruk av mer innsatsfaktorer, ikke ved innovasjoner. Vi antar også at markedene for innsatsfaktorer ikke endres når bransjen ekspanderer eller krymper. Dette innebærer for eksempel at økt etterspørsel etter arbeidskraft ikke styrker fagforeningenes evne til å forhandle frem høyere lønninger for arbeiderne.

I analysen av tilbudet på lang sikt er det hensiktsmessig å skille mellom tre tilfeller: *konstante kostnader, økende kostnader og synkende kostnader.*

Konstante kostnader

bransje med konstante kostnader
En bransje der den langsiktige tilbudskurven er horisontal

Figur 7.14 viser utledningen av den langsiktige tilbudskurven for en **bransje med konstante kostnader**. Bedriftens valg av produksjonsnivå er gitt i (a), mens hele markedets produksjon er vist i (b). Anta at markedslikevekten i utgangspunktet er gitt i skjæringspunktet mellom markedets etterspørselskurve D_1 og den kortsiktige tilbudskurven S_1. Punkt A ligger på den langsiktige tilbudskurven, S_L, fordi det forteller oss at markedet vil produsere Q_1 enheter når den langsiktige likevektsprisen er P_1.

Anta så at etterspørselen etter produktet uventet øker (for eksempel på grunn av en reduksjon i personbeskatningen). En typisk bedrift vil i utgangspunktet produsere

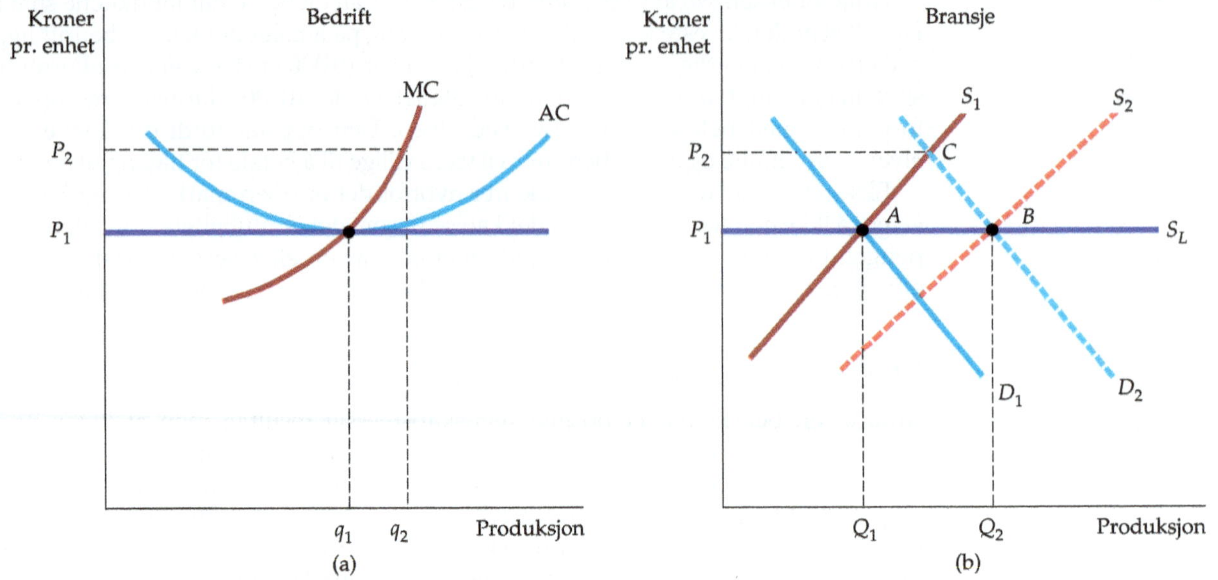

FIGUR 7.14 Langsiktig tilbud i en bransje med konstante kostnader

I **(b)** er den langsiktige tilbudskurven i en bransje med konstante kostnader en horisontal linje S_L. Når etterspørselen øker, som i utgangspunktet fører til en prisøkning (representert ved en overgang fra punkt *A* til punkt *C*), vil bedriftene i utgangspunktet øke sin produksjon fra q_1 til q_2, som vist i **(a)**. Men etablering av nye bedrifter fører til at bransjens tilbudskurve skifter til høyre. I og med at faktorprisene er upåvirket av at den økte produksjonen, vil nyetablering skje inntil man er tilbake til den opprinnelige prisen (i punkt *B* i **(b)**).

et kvantum q_1, der P_1 er lik den langsiktige grensekostnad og den langsiktige gjennomsnittskostnad. Men i og med at bedriften også er i kortsiktig likevekt vil prisen også være lik de kortsiktige grensekostnader. Skatteletten skifter så etterspørselskurven fra D_1 til D_2. Etterspørselskurven D_2 skjærer tilbudskurven S_1 i punkt *C*. Følgelig vil prisen øke fra P_1 til P_2.

Del (a) i figur 7.14 viser hvordan denne prisøkningen påvirker en typisk bedrift i bransjen. Når prisen øker til P_2 vil bedriften, i følge den kortsiktige grensekostnadskurven, øke produksjonen til q_2. Hvis alle bedriftene responderer på denne måten vil alle oppnå positivt resultat på kort sikt. Dette vil føre til at eksisterende bedrifter vil utvide produksjonskapasiteten og at nye bedrifter etablerer seg.

Følgelig vil den kortsiktige tilbudskurven i figur 7.14(b) skifte til høyre, fra S_1 til S_2. Dette skiftet fører til at markedet beveger seg til en ny langsiktig likevekt i skjæringspunktet mellom D_2 og S_2. For at dette skjæringspunktet skal være en langsiktig likevekt, må produksjonen øke så mye at den økonomiske profitt blir lik null, og insentivene for å gå inn i, eller ut av, bransjen forsvinner.

I en bransje med konstante kostnader kan den økte mengden innsatsfaktorer som må til kjøpes uten at prisene på disse øker. Dette kan for eksempel forekomme hvis man benytter mye ufaglært arbeidskraft og at lønnen for de ufaglærte ikke øker selv om etterspørselen etter arbeidskraft øker. I og med at faktorprisene ikke endres, vil bedriftenes kostnadskurver heller ikke endres. Den nye likevekten må være i punkt *B* i figur 7.14(b), hvor prisen er lik P_1.

Den langsiktige tilbudskurven er derfor en horisontal linje ved den pris som er lik minimum for de langsiktige gjennomsnittskostnadene.

bransje med stigende kostnader
En bransje hvor den langsiktige tilbudskurven er stigende

Stigende kostnader

I en **bransje med stigende kostnader** vil prisene på en eller flere innsatsfaktorer øke når etterspørselen etter disse øker. Anta for eksempel at bransjen bruker faglært

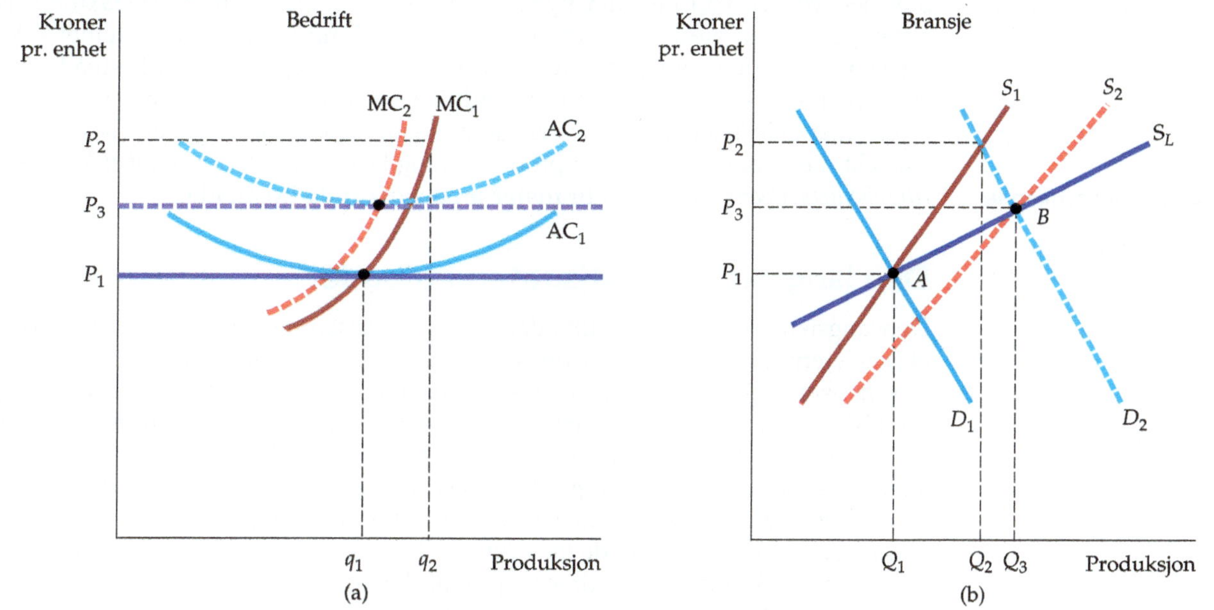

FIGUR 7.15 Langsiktig tilbud i en bransje med stigende kostnader

I **(b)**, er den langsiktige tilbudskurven stigende, S_L, når bransjen har stigende kostnader. Når etterspørselen øker, vil prisen stige og bedriftene øker produksjonen fra q_1 til q_2 i **(a)**. Nyetableringer fører til at tilbudskurven skifter utover, fra S_1 til S_2. I og med at faktorprisene øker vil prisen i den nye langsiktige likevekten være høyere enn i den opprinnelige likevekten.

arbeidskraft, som det er begrenset tilgang på. For å øke produksjonen må bedriftene tilby høyere lønninger for å tiltrekke seg arbeidskraft. Figur 7.15 viser utledningen av den langsiktige tilbudskurven – tilsvarende den utledningen vi hadde i tilfellet med konstante kostnader. Bransjen er i utgangspunktet i likevekt i punkt A i del (b). Når etterspørselskurven uventet skifter fra D_1 til D_2, vil prisen på kort sikt øke til P_2, og samlet produksjon øker fra Q_1 til Q_2. En typisk bedrift, som vist i del (a), vil da øke sin produksjon fra q_1 til q_2. Det økte overskuddet for denne og de andre bedriftene fører til at nye bedrifter etablerer seg.

Når nye bedrifter kommer inn, vil den økte etterspørselen etter innsatsfaktorer føre til at prisene på en eller flere av disse går opp. Markedets kortsiktige tilbudskurve skifter til høyre, som før, men ikke så mye, og den nye likevekten i B resulterer i en pris P_3, som er høyere enn den opprinnelige prisen P_1. I og med at de høyere faktorprisene skifter kortsiktige og langsiktige kostnadskurver oppover, er den høyere markedsprisen nødvendig for å sikre at bedrifter oppnår null økonomisk profitt i langsiktig likevekt. Figur 7.15(a) illustrerer dette. Gjennomsnittskostnadskurven skifter fra AC_1 til AC_2, mens grensekostnadskurven skifter til venstre, fra MC_1 til MC_2. Den nye langsiktige likevektsprisen P_3 er lik det nye minimum for gjennomsnittskostnadene. Som i tilfellet med konstante kostnader forsvinner det høyere kortsiktige overskuddet, forårsaket av den opprinnelige økningen i etterspørselen, på lang sikt fordi bedriftene øker produksjonen og driver faktorprisene oppover.

Den nye likevekten, B, i figur 7.15(b) er derfor på markedets langsiktige tilbudskurve. *I tilfellet med stigende kostnader vil markedets langsiktige tilbudskurve være stigende.* Merk deg at stigende kostnader her refererer til skift oppover i bedriftenes langsiktige gjennomsnittskostnadskurver, ikke til den positive helningen på kostnadskurven.

Synkende kostnader

Bransjens tilbudskurve kan også være synkende. I dette tilfellet fører, som før, en uventet økning i etterspørselen til at samlet produksjon øker. Men etter hvert som bransjen vokser, kan den dra nytte av lavere priser på noen innsatsfaktorer. For eksempel kan en større bransje føre til en forbedring av transportsystemet slik at transportkostnadene synker. I dette tilfellet vil bedriftenes gjennomsnittskostnadskurver skifte nedover (selv om de ikke har stordriftsfordeler), og markedsprisen faller. Den lavere markedsprisen og de lavere gjennomsnittskostnadene gir en ny langsiktig likevekt med flere bedrifter, økt produksjon og lavere pris. *Derfor vil den langsiktige tilbudskurven være synkende i* **bransjer med synkende kostnader**.

bransje med synkende kostnader
En bransje der den langsiktige tilbudskurven er synkende

Den langsiktige elastisiteten i tilbudet

Den langsiktige elastisiteten i tilbudet er definert på samme måte som den kortsiktige elastisiteten: Det er den prosentvise endringen i produksjonen som følger av at prisen øker med 1 %. I tilfellet med konstante kostnader, hvor den langsiktige tilbudskurven er vannrett, vil den langsiktige elastisiteten være "uendelig" høy. (En liten økning i pris vil føre en ekstremt stor økning i produksjonen.) I en bransje med stigende kostnader vil den langsiktige elastisiteten være positiv (men ikke uendelig stor). I og med at bransjer kan vokse over tid, vil vi forvente at de langsiktige elastisitetene er høyere enn de kortsiktige. Hvor elastisk tilbudet vil være, avhenger av hvor mye faktorprisene endres nå produksjonen øker. Eksempelvis vil en bransje som benytter innsatsfaktorer som er lett tilgjengelig, ha en mer elastisk langsiktig tilbudskurve enn en bransje som benytter innsatsfaktorer med mer begrenset tilgjengelighet.

OPPSUMMERING

1. Ledere kan stå overfor et sammensatt sett av målsettinger og operere under ulike rammebetingelser. Vi kan imidlertid forutsette at bedrifter handler som om de maksimerer overskuddet.
2. Mange markeder ligger nær frikonkurranse da en eller flere bedrifter handler som om de stod ovenfor en tilnærmet horisontal etterspørselskurve. Generelt gjelder det at antall bedrifter i en bransje ikke alltid er en god indikator for graden av konkurranse i bransjen.
3. Siden bedrifter i et frikonkurransemarked kun står for en liten andel av den samlede produksjonen, fatter den sine produksjonsbeslutninger under antagelsen om at dens produksjon ikke vil påvirke prisen på produktet. I slike tilfeller vil etterspørselskurven og grenseinntektskurven være like.
4. På kort sikt vil en frikonkurrent maksimere sin profitt ved å velge en produksjonsmengde hvor prisen er lik (den kortsiktige) grensekostnaden. Prisen må imidlertid være større enn eller lik minimum for de variable gjennomsnittskostnadene.
5. Markedets kortsiktige tilbudskurve er den horisontale summen av alle bedrifters tilbudskurver. Den kan karakteriseres ved elastisiteten i tilbudet: den prosentvise endring i tilbudt mengde som følger av at prisen endres med 1 %.
6. Produsentoverskuddet for en bedrift er differansen mellom inntektene og den laveste kostnaden som er nødvendig for å produsere den profittmaksimerende mengden. På både kort og lang sikt er produsentoverskuddet arealet mellom den horisontale prislinjen og grensekostnadskurven.
7. Ressursrente/superprofitt er betaling for en knapp innsatsfaktor minus det laveste beløp som er nødvendig for å leie denne faktoren. På lang sikt vil produsentoverskuddet i et frikonkurransemarked være lik den ressursrenten som genereres fra alle knappe innsatsfaktorer.
8. På lang sikt velger profittmaksimerende frikonkurrenter det produksjonsnivået som gir likhet mellom prisen og den langsiktige grensekostnaden.
9. En langsiktig frikonkurranselikevekt oppstår under følgende betingelser: a) når bedrifter maksimerer overskuddet; b) når alle bedrifter har en normalavkastning, slik at det verken er insentiver for å etablere seg eller bevege seg ut av bransjen; og c) når etterspurt kvantum er lik tilbudt kvantum.
10. Bedriftens langsiktige tilbudskurve er horisontal når bransjen er karakterisert ved konstante kostnader, hvor økt etterspørsel etter innsatsfaktorer (knyttet til økt etterspørsel etter produktet) ikke har noen effekt på markedsprisen på innsatsfaktorene. I en bransje med stigende kostnader er den langsiktige tilbudskurven stigende da økt etterspørsel etter innsatsfaktorer fører til at markedsprisen på noen eller alle innsatsfaktorer øker.

SPØRSMÅL

1. Hvorfor vil en bedrift som driver med tap i noen situasjoner velge å opprettholde produksjonen fremfor å legge ned?
2. Forklar hvorfor tilbudskurven i en bransje ikke er bransjens langsiktige grensekostnadskurve.
3. I langsiktig likevekt vil alle bedrifter i bransjen ha null profitt i økonomisk forstand. Hvorfor er dette tilfellet?
4. Hva er forskjellen mellom profitt i økonomisk forstand og produsentoverskudd?
5. Hvorfor vil bedrifter etablere seg i en bransje når de vet at det økonomiske overskuddet på sikt vil være lik 0?
6. På begynnelsen av 1900-tallet var det en rekke små bilprodusenter i USA. Ved slutten av århundret var det bare tre store bilprodusenter. Anta at dette ikke skyldes svakere konkurranselovgivning eller slappere håndheving av loven. Hvordan vi du forklare den kraftige reduksjonen i antall produsenter?
7. I og med at en bransje X er karakterisert ved frikonkurranse, vil alle bedrifter ha null profitt i økonomisk forstand. Hvis produktprisen faller vil ingen bedrifter overleve. Er du enig eller uenig? Forklar.
8. En økning i etterspørselen etter leiefilmer (DVD-er og leiefilmer tilgjengelige hos nettleverandørene) og økt kinotilstrømning vil føre til at skuespillernes lønninger øker. Er den langsiktige tilbudskurven for filmer sannsynligvis horisontal eller stigende? Forklar.
9. Riktig eller galt: En bedrift bør alltid tilpasse produksjonen slik at langsiktige gjennomsnittskostnader minimeres.
10. Kan det være konstant skalautbytte i en bransje med stigende tilbudskurve? Forklar.
11. Hvilke forutsetninger må være oppfylt for at vi skal ha et frikonkurransemarked? I lys av det du har lært i dette kapitlet, hvorfor er hver av disse forutsetningene viktige?
12. Et bestemt merke støvsugere kan kjøpes i en rekke butikker samt bestilles via internett.
    a. Hvis alle selgere tar den samme prisen, vil alle da ha null økonomisk profitt på lang sikt?
    b. Anta at alle selgere tar den samme prisen. En selger eier lokalene som butikken hennes ligger i, og hun betaler ikke husleie. Vil denne selgeren ha positiv økonomisk profitt?
    c. Vil selgeren som ikke betaler husleie, ha et insentiv for å sette lavere pris på støvsugerne enn de andre tilbyderne?

ØVELSER

1. Dataene i tabellen nedenfor gir informasjon om prisen en bedrift kan få for produktene sine samt totale produksjonskostnader.
    a. Fyll ut de tomme feltene i tabellen.
    b. Vis hva som skjer med bedriftens produksjon og profitt dersom prisen på produktet faller fra 60 til 50 kroner.

q	P	R P = 60	C	π P = 60	MC P = 60	MR P = 60	R P = 50	MR P = 50	π P = 50
0	60		100						
1	60		150						
2	60		178						
3	60		198						
4	60		212						
5	60		230						
6	60		250						
7	60		272						
8	60		310						
9	60		355						
10	60		410						
11	60		475						

2. Vis, ved hjelp av dataene i tabellen, hva som skjer med bedriftens produksjon og profitt hvis de faste kostnadene øker fra 100 kr til 150 kr og deretter til 200 kr. Anta at prisen forblir på 60 kr pr. enhet. Hvilken generell konklusjon kan trekkes om betydningen av faste kostnader på selskapets produksjon?
3. Bruk den samme informasjonen som i oppgave 1.
    a. Utled bedriftens kortsiktige tilbudskurve. (Hint: Det kan være lurt å plotte de relevante kostnadskurvene i et diagram.)
    b. Hvis det var 100 identiske bedrifter i markedet, hvordan blir da bransjens tilbudskurve?
4. Anta at du leder en bedrift som lager klokker og at markedet er karakterisert ved frikonkurranse. Dine produksjonskostnader er gitt ved $C = 200 + 2q^2$ hvor q er produksjonsnivå og C er samlede kostnader (grensekostnaden er $4q$ og de faste kostnadene er 200 kr).
    a. Hvis prisen på klokker er 100 kr, hvor mange klokker må du produsere for å maksimere profitten?
    b. Hva vil profitten bli?
    c. Hva er den laveste prisen bedriften kan tåle for å opprettholde produksjonen?

5. Anta at en frikonkurrents grensekostnader er gitt ved $MC = 3 + 2q$. Anta videre at markedsprisen er 9 kr.
   a. Hvor mye vil bedriften produsere?
   b. Hva er bedriftens produsentoverskudd?
   c. Anta at gjennomsnittlige variable kostnader er gitt ved $AVC = 3 + q$ og at de faste kostnadene er 3 kroner. Hva blir bedriftens profitt på kort sikt?

6. En frikonkurrent har en kostnadsfunksjon gitt ved $C = 50 + 4q + 2q^2$ og en grensekostnadsfunksjon $MC = 4 + 4q$. Markedsprisen er 20 kr, og bedriften produserer 5 enheter. Maksimerer bedriften sin profitt? Hvor mye bør bedriften produsere på lang sikt?

7. En bedrift har følgende kostnadsfunksjon: $C = 4q^2 + 16$.
   a. Finn variable kostnader, faste kostnader, grensekostnader, gjennomsnittlige totale kostnader, gjennomsnittlige variable kostnader og gjennomsnittlige faste kostnader.
   b. Illustrer kurvene for gjennomsnittlige totale kostnader, grensekostnader og gjennomsnittlige variable kostnader i et diagram.
   c. Finn det produksjonsnivå som minimerer gjennomsnittlige totale kostnader.
   d. For hvilket prisintervall vil bedriften velge å produsere?
   e. For hvilket prisintervall vil bedriften ha negativ profitt?
   f. For hvilket prisintervall vil bedriften ha positiv profitt?

*8. En frikonkurrent har følgende kortsiktige kostnadsfunksjon:

$$C = q^3 - 8q^2 + 30q + 5.$$

   a. Finn MC, AC, og AVC og skisser disse i et diagram.
   b. For hvilket prisintervall vil bedriften velge å ikke produsere?
   c. Identifiser bedriftens tilbudskurve i diagrammet.
   d. Til hvilken pris ville bedriften produsere 6 enheter?

*9. Anta at en bedrifts kortsiktige produktfunksjon er gitt ved $q = 9x^{0,5}$ hvor x er en innsatsfaktor som koster 4000 kr pr. enhet. De faste kostnadene er 1000 kroner.
   a. Finn bedriftens kostnadsfunksjon.
   b. Finn bedriftens tilbudsfunksjon.
   c. Hvor mye vil bedriften produsere hvis produktprisen er 1000 kr? Hva blir profitten? Illustrer løsningen grafisk.

*10. Anta at du får følgende informasjon om en bransje:

$Q^D = 6500 - 100P$	(etterspørsel)
$Q^S = 1200P$	(tilbud)
$C(q) = 722 + q^2/200$	(den enkelte bedrifts kostnadsfunksjon)
$MC(q) = 2q/200$	(den enkelte bedrifts grensekostnadsfunksjon)

Anta at alle bedriftene er like, og at markedet er karakterisert ved frikonkurranse.
   a. Finn likevektspris, likevektskvantum, den enkelte bedrifts tilbud og den enkelte bedrifts profitt.
   b. Vil du forvente å se nettoetablering eller nettoavvikling i denne bransjen i det lange løp? Forklar. Hvordan vil dette påvirke markedslikevekten?
   c. Hva er den laveste prisen som den enkelte bedrift vil selge til på lang sikt? Er profitten positiv, negativ eller null for denne prisen? Forklar.
   d. Hva er den laveste prisen som den enkelte bedrift vil selge til på kort sikt? Er profitten positiv, negativ eller null for denne prisen? Forklar.

*11. Anta at en frikonkurrent har en totalkostnadsfunksjon gitt ved $C(q) = 450 + 15q + 2q^2$ og en grensekostnadsfunksjon gitt ved $MC(q) = 15 + 4q$. Hvor mye vil bedriften produsere dersom markedsprisen er $P = 115$ kr pr. enhet?

*12. En rekke fotobutikker tilbyr filmfremkalling. Anta at hver butikk har en kostnadsfunksjon $C(q) = 50 + 0{,}5q + 0{,}08q^2$ og en grensekostnadsfunksjon $MC = 0{,}5 + 0{,}16q$.
   a. Er denne bransjen i en langsiktig likevekt hvis prisen på fremkalling er 8,5 kr pr. filmrull? Hvis ikke, finn den prisen som er forenelig med langsiktig likevekt.
   b. Anta at det utvikles en ny teknologi for fremkalling som fører til at kostnadene reduseres med 25 %. Forutsatt at bransjen er i langsiktig likevekt, hvor mye ville en tilbyder maksimalt være villig til å betale for den nye teknologien?

*13. I en by er det et stort antall kiosker som selger pølser. Anta at hver tilbyder har en grensekostnad på 5 kr pr. pølse og ingen faste kostnader. Anta at hver enkelt tilbyder maksimalt kan selge 100 pølser pr. dag.
   a. Hvor mye vil hver enkelt ønske å selge hvis prisen på en pølse er 10 kr?
   b. Dersom bransjen er karakterisert ved frikonkurranse, vil prisen da bli liggende på 10 kr pr. pølse? Hvis ikke, hva vil prisen bli?
   c. Hvis hver enkelt selger nøyaktig 100 pølser pr. dag, og etterspørselen etter pølser er gitt ved $Q = 14\,000 - 1\,200P$, hvor mange tilbydere vil det da være?

Frikonkurranse og markedsinngrep

8

I kapittel 2 så vi hvordan tilbuds- og etterspørselskurver kunne hjelpe oss å beskrive og forstå hvordan frikonkurransemarkedet fungerer. I kapitlene 3 til 7 så vi hvordan disse ble utledet og hva som bestemmer helningen deres. Basert på dette grunnlaget vender vi tilbake til tilbuds- og etterspørselsanalyse og viser hvordan dette kan anvendes på et mangfold av økonomiske problemstillinger – problemstillinger som kan dreie seg om en konsument som står overfor en kjøpsbeslutning, en bedrift som står overfor et langsiktig planleggingsproblem, eller en offentlig etat som må utforme et tiltak og evaluere dets mulige effekter.

Vi starter med å vise hvordan konsument- og produsentoverskudd kan benyttes for å studere velferdseffektene av offentlige markedsinngrep – med andre ord: hvem tjener og hvem taper på tiltaket, og hvor mye. Vi benytter også konsument- og produsentoverskudd for å vise frikonkurransemarkedets effektivitetsegenskap – hvor likevektspris og kvantum i et frikonkurransemarked, under visse forutsetninger, maksimerer samlet økonomisk velferd for produsenter og konsumenter.

Deretter anvender vi tilbuds- og etterspørselsanalyse på en rekke problemstillinger. I og med at de fleste markeder er berørt av offentlige inngrep på en eller annen måte, vil de fleste problemstillingene vi vil se på dreie seg om effekter av slike inngrep. Vårt mål er ikke bare å foreslå løsninger på disse problemene, men også å vise deg hvordan du benytter det økonomiske analyseverktøyet til å håndtere disse og andre liknende problemstillinger. Vi håper at du ved å arbeide deg gjennom eksemplene vil lære hvordan man beregner hvordan markedet responderer på endrede økonomiske rammebetingelser eller offentlige tiltak, samt å evaluere de tilhørende gevinster og tap for konsumenter og produsenter.

KAPITTELOVERSIKT

8.1	Evaluering av gevinster og tap knyttet til offentlige inngrep – konsument- og produsentoverskudd	184
8.2	Frikonkurransemarkedets effektivitetsegenskaper	187
8.3	Minstepriser	188
8.4	Prisstøtte og produksjonskvoter	190
8.5	Importkvoter og toll	193
8.6	Effektene av avgifter og subsidier	195

8.1 EVALUERING AV GEVINSTER OG TAP KNYTTET TIL OFFENTLIGE INNGREP – KONSUMENT- OG PRODUSENTOVERSKUDD

På slutten av kapittel 2 så vi at innføringen av en maksimalpris førte til økt etterspørsel og lavere tilbud, vi fikk dermed et etterspørselsoverskudd. Selvfølgelig vil de forbrukere som fortsatt kan kjøpe godet, komme bedre ut av det i og med at de nå betaler mindre (noe som trolig også var meningen med innføringen av minsteprisen). Men hvis vi også tar hensyn til de som ikke får kjøpt godet, hvordan kommer da konsumentene ut som helhet? Kan de komme dårligere ut av det? Og hva hvis vi ser på både konsumenter og produsenter under ett, vil samlet overskudd øke eller synke? For å kunne svare på disse spørsmålene trenger vi en metode for å måle gevinstene og tapene av offentlige inngrep.

Måten vi gjør det på er å beregne endringene i konsument- og produsentoverskudd som følger av inngrepet.

Konsument- og produsentoverskudd – igjen.

Når noen forbrukere har en betalingsvillighet for et gode som *overstiger* markedsprisen oppstår det er *konsumentoverskudd*. Konsumentoverskuddet er den samlede gevinst, eller verdi, som forbrukerne oppnår utover det de betaler for et gode.

For en gjennomgang av konsumentoverskuddet se avsnitt 4.4 hvor det defineres som differansen mellom hva forbrukerne er villige til å betale for et gode og hva de faktisk betaler for det.

Anta for eksempel at markedsprisen er 5 kr pr. enhet, som i figur 8.1. Noen konsumenter vil trolig verdsette dette godet høyere og vil være villig til å betale langt mer enn 5 kr. Konsument *A* er for eksempel villig til å betale 10 kr for det. Men i og med at markedsprisen kun er 5 kr, vil hun ha en netto gevinst på 5 kr, ved å kjøpe godet. Konsument *B* verdsetter godet noe lavere og er villig til å betale 7 kr for det, og vil da få en netto gevinst på 2 kroner. Konsument *C* verdsetter godet til 5 kr og vil dermed være likegyldig med hensyn til å kjøpe godet eller ikke og oppnår ingen netto gevinst ved å kjøpe det.

Konsumentoverskuddet er gitt ved arealet mellom etterspørselskurven og markedsprisen (dvs. det gule arealet i figur 8.1). I og med at konsumentoverskuddet uttrykker total netto gevinst for konsumentene, kan vi måle gevinster eller tap for konsumentene som følger av offentlige inngrep ved å se på endringer i konsumentoverskuddet.

For en gjennomgang av produsentoverskudd se avsnitt 7.6, hvor det er definert som summen av differansene mellom markedspris og grensekostnader.

Produsentoverskudd er et tilsvarende mål for produsentene. Noen produsenter produserer enheter til en kostnad akkurat lik markedsprisen. Andre enheter, derimot, kan produseres for kostnader som er lavere enn markedsprisen. Produsentene tjener derfor penger på å selge disse enhetene. For hver enhet er dette overskuddet gitt ved differansen mellom markedsprisen og grensekostnaden for å produsere denne enheten.

For markedet som helhet er produsentoverskudd arealet over tilbudskurven opp til markedspris (angitt ved den grønne trekanten i figur 8.1). I og med at produsentoverskuddet uttrykker total gevinst (før eventuelle faste kostnader) for produsentene kan vi måle gevinster eller tap for produsentene som følger av offentlige inngrep ved å se på endringer i produsentoverskuddet.

Anvendelser av konsument– og produsentoverskudd

velferdseffekter
Gevinster og tap for konsumenter og produsenter

Ved hjelp av konsument- og produsentoverskudd kan vi evaluere **velferdseffektene** av offentlige inngrep. Vi kan fastslå hvem som tjener og hvem som taper på inngrepene, og hvor mye.

I figur 8.2 har vi illustrert effekten av en maksimalpris. La oss gå gjennom disse endringene steg for steg.

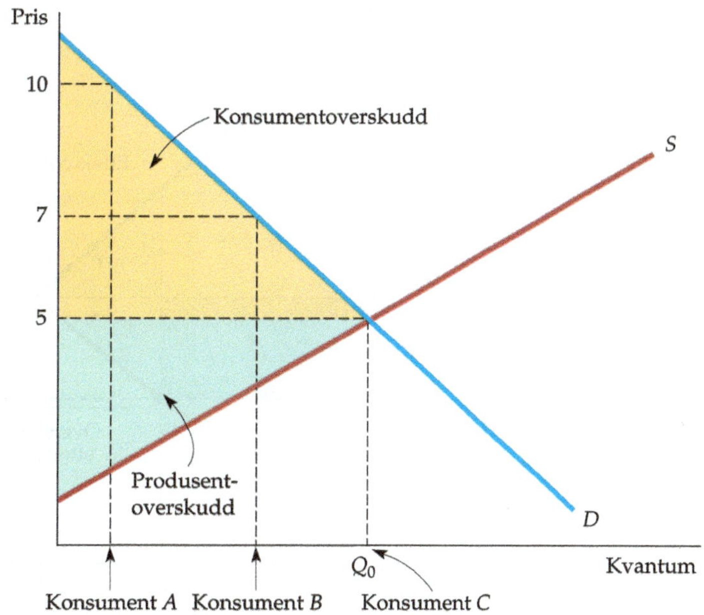

FIGUR 8.1 Konsument- og produsentoverskudd

Konsument *A* er villig til å betale 10 kr for et gode som koster 5 kr og får dermed en gevinst på 5 kr ved å kjøpe det. Konsument *B* får en gevinst på 2 kr mens C ikke får noen gevinst da hun akkurat er villig til å betale det det koster. Konsumentoverskuddet, som måler den samlede gevinsten for alle konsumenter, er gitt ved det gule arealet mellom etterspørselskurven og markedsprisen. Produsentoverskuddet måler produsentenes samlede profitt pluss innsatsfaktorenes ressursrente, gitt ved det grønne arealet mellom markedsprisen og tilbudskurven. Summen av konsument- og produsentoverskuddet viser den samlede velferdsgevinsten i dette markedet.

1. **Endring i konsumentoverskudd:** Noen konsumenter kommer verre ut av det, og andre får det bedre som følge av inngrepet. De som får det er verre, er de som blir rasjonert ut av markedet på grunn av at produksjon har gått ned fra Q_0 til Q_1. Andre konsumenter, derimot, kan fortsatt kjøpe godet (kanskje fordi de er på rett sted til rett tid eller er villige til å stå i kø). Disse konsumentene kommer bedre ut av det fordi de kan kjøpe godet til en lavere pris (P_{max} i stedet for P_0).

   Hvor mye bedre eller verre kommer hver av gruppene ut? Konsumentene som fortsatt kan kjøpe godet får en økning i konsumentoverskuddet gitt ved det blå rektangelet *A*. Dette rektangel måler reduksjon i prisen på hver enhet multiplisert med antall enheter konsumentene kan kjøpe til lavere pris. På den annen side, de forbrukere som ikke lenger kan kjøpe godet mister konsumentoverskuddet, gitt ved den grønne trekanten *B*. Denne trekanten måler verdien av godene for konsumentene minus det de måtte betale. Netto endring i konsumentoverskuddet er derfor *A* – *B*. I figur 8.2 er rektangelet *A* større enn trekanten *B*, og følgelig vil vi få en netto økning i konsumentoverskuddet.

   Det er viktig å understreke at vi har antatt at de konsumentene som kan kjøpe godet er de som verdsetter det høyest – altså de med høyest marginal betalingsvillighet. Hvis det ikke var tilfelle – hvis for eksempel produksjon Q_1 ble delt ut tilfeldig – ville den negative effekten på konsumentoverskuddet vært større enn trekanten *B*. I tillegg har vi sett bort fra eventuelle kostnader ved rasjonering. Hvis de som ønsker godet må stå i kø, er det en kostnad knyttet til dette – alternativkostnaden av deres tid – som da skal inngå som en del av tapt konsumentoverskudd.

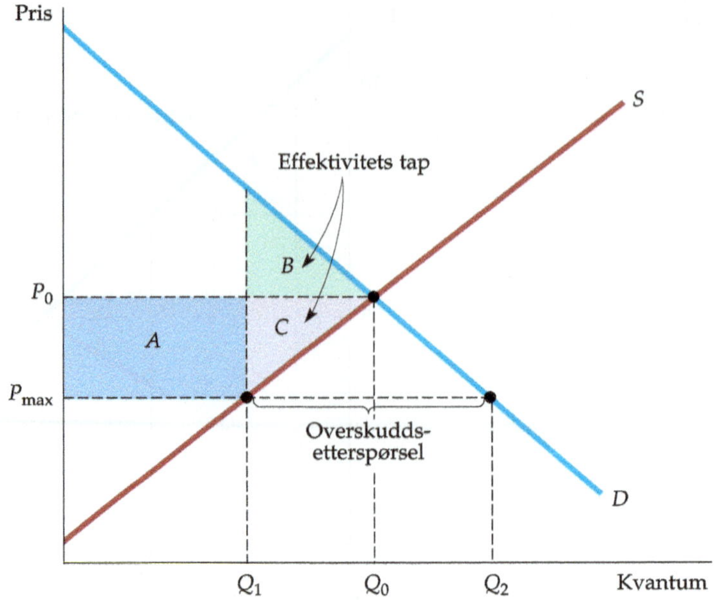

FIGUR 8.2 Effekten av en priseregulering på konsument- og produsentoverskudd

Det innføres en maksimalpris, P_{max}, som ligger under likevektsprisen P_0. Konsumentenes gevinst er gitt ved differansen mellom rektangelet *A* og trekanten *B*. Produsentenes tap er gitt ved summen av tap for produsentene er summen av rektangelet *A* og trekanten *C*. Trekantene *B* og *C* er det samlede effektivitetstap som følge av prisreguleringen.

2. **Endring i produsentoverskudd:** Med prisregulering vil noen produsenter (de med relativt lave kostnader) bli i markedet, men vil få en lavere pris for produktene sine, mens andre produsenter vil forlate markedet. Begge gruppene vil tape produsentoverskudd. De som forblir i markedet og produserer Q_1 får en lavere pris pr. enhet. Deres produsentoverskudd synker, gitt ved rektangel *A*. Samlet produksjon har imidlertid også gått ned. Den lilla trekanten *C* viser reduksjonen i produsentoverskudd for de som har forlatt markedet og de som blir i markedet, men som produserer mindre. Derfor er den totale endringen i produsentoverskudd lik $-A - C$. Produsentene kommer altså entydig dårligere ut av det med prisreguleringen.
3. **Effektivitetstap (dødvektstap):** Oppveies tapet til produsentene av konsumentenes gevinster? Nei! Som figur 8.2 viser, vil prisregulering medføre en netto reduksjon i det samlede overskuddet, noe vi betegner som et **effektivitetstap**. Endringen i konsumentoverskuddet er $A - B$ og endringen i produsentoverskuddet er $- A - C$. Endringen i det samlede overskuddet er derfor $(A - B) + (- A - C) = - B - C$. Vi dermed har et effektivitetstap, gitt ved de to trekantene *B* og *C* i Figur 8.2. Dette effektivitetstapet skyldes prisreguleringen: reduksjonen i produsentoverskuddet overstiger økningen i konsumentoverskuddet.

effektivitetstap (dødvektstap)
Netto reduksjon i samlet (konsument- pluss produsent-) overskudd

Hvis etterspørselskurven er svært bratt, kan prisregulering medføre en netto reduksjon i konsumentoverskuddet, som figur 8.3 viser. I denne figuren er trekanten *B*, som måler tapet for konsumentene som blir rasjonert ut av markedet, større enn rektangel *A*, som måler økningen i konsumentoverskudd for de som fortsatt får tilgang på godet. Her vil, i og med at konsumentene verdsetter godet høyt, de som blir rasjonert bort lide et stort tap.

Etterspørselen etter bensin er meget uelastisk på kort sikt (men mye mer elastisk i det lange løp). I løpet av sommeren 1979 økte oljeprisen kraftig, og noen land innførte maksimumspriser på bensin, noe som hindret oljeprisøkning i å slå fullt ut i

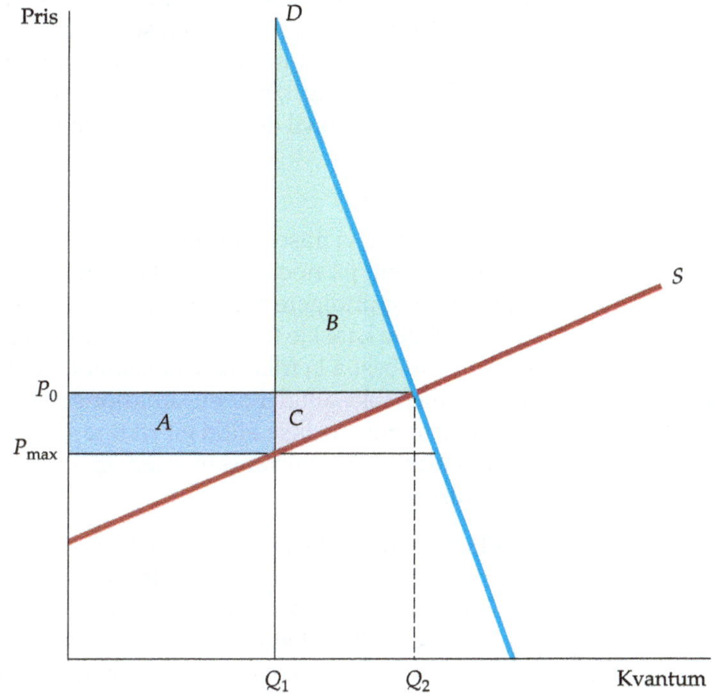

FIGUR 8.3 Effekten av prisregulering når etterspørselen er uelastisk

Hvis etterspørselen er tilstrekkelig uelastisk, kan trekanten *B* være større enn rektangelet *A*. I dette tilfellet vil konsumentene få et netto tap som følge av prisreguleringen.

økte bensinpriser. Dette førte til knapphet på bensin og forbrukerne tilbrakte mange timer i kø for å kjøpe bensin. Dette var et godt eksempel på en prisregulering som førte til at forbrukerne – som tiltaket var ment å beskytte – kom dårligere ut av det.

8.2 FRIKONKURRANSEMARKEDETS EFFEKTIVITETS-EGENSKAPER

økonomisk effektivitet
Maksimering av summen av konsument- og produsentoverskudd

Når vi skal evaluere markeder, stiller vi ofte spørsmålet om vi oppnår et **økonomisk effektivt** utfall – tolket som at summen av konsument- og produsentoverskuddet maksimeres. I tilfellet med prisregulering så vi at vi fikk et effektivitetstap – inngrepet påførte altså økonomien en kostnad. Effektivitetstapet representerte summen av endringene i konsument- og produsentoverskudd. (Dette behøver selvfølgelig ikke bety at markedsinngrepet var en dårlig ide. Det kunne føre til oppfyllelse av andre målsettinger for den økonomiske politikk.)

En glimrende egenskap ved frikonkurranselikevekten er at den, under visse betingelser, maksimerer det samfunnsøkonomiske overskudd. I frikonkurranselikevekten vil *den marginale betalingsvillighet være lik grensekostnaden* – betalingsvilligheten for den siste enheten er nøyaktig lik det det koster å produsere denne enheten. Hvis omsatt kvantum av en eller annen grunn var *lavere* enn frikonkurranselikevekten, ville vi ha et område der den marginale betalingsvillighet var høyere enn grensekostnaden. Dvs. at noen ville være villige til å betale mer for godene enn hva det koster å produsere dem – de burde da vært produsert. Hadde de blitt produsert, ville summen av konsument- og produsentoverskuddet blitt større. Hvis på den annen side omsetningen var *høyere* enn frikonkurranselikevekten, ville vi hatt et område der grensekostnadene lå over marginal betalingsvillighet – dvs. at kostnadene ved å produsere godene overstiger konsumentenes verdsetting av disse godene. Dette ville være en uheldig ressursbruk. Enhetene utover frikonkurransekvantumet burde ikke vært produsert. Du vil altså ikke kunne finne et annet produksjonsnivå hvor summen av konsument- og produsentoverskudd er større enn det vi får i frikonkurranselikevekten. Reguleringer som leder oss bort fra frikonkurranselikevekten vil derfor, under visse betingelser, føre til et effektivitetstap.

Markedssvikt

Ovenfor brukte vi frasen "under visse betingelser"ved et par anledninger. Vi skal her se litt nærmere på noen av disse betingelsene. Vi skal her kun gi en kjapp innføring og kommer grundigere tilbake til emnene i kapittel 14.

Man skulle kanskje tro at hvis det eneste målet er å oppnå økonomisk effektivitet, vil det være best å la frikonkurransemarkedet leve sitt eget liv. Dette er noen ganger tilfellet, men ikke alltid. I noen situasjoner har vi det vi betegner som **markedssvikt**: I og med at prisene ikke alltid gir riktige signaler til konsumenter og produsenter, vil et uregulert frikonkurransemarked gi et ineffektivt utfall. To viktige former for markedssvikt er:

markedssvikt
Situasjoner der en uregulert økonomi ikke maksimerer det samfunnsøkonomiske overskudd fordi prisene ikke gir riktige signaler til konsumenter og produsenter

eksternalitet
Kostnader eller gevinster som konsumenter eller produsenter påfører andre uten at de tar hensyn til at de påvirker andre

1. **Eksternaliteter:** Noen ganger vil konsumentenes eller produsentenes handlinger føre til kostnader eller gevinster som ikke reflekteres i markedsprisen, og som aktørene heller ikke blir konfrontert med på andre måter. Slike kostnader eller gevinster kalles **eksternaliteter** fordi de er "eksterne" for markedet. Et eksempel er den samfunnsøkonomiske kostnaden knyttet til forurensning fra en produsent av kjemikalier. Uten offentlige inngrep vil en slik produsent ikke ha insentiver til å ta hensyn til de samfunnsøkonomiske kostnadene av forurensning. Vi ser nærmere på eksternaliteter og offentlige tiltak i kapittel 14.
2. **Mangel på informasjon:** Markedssvikt kan også oppstå når konsumentene mangler informasjon om kvaliteten på et produkt og dermed ikke kan gjøre nyttemaksimerende kjøpsbeslutninger. Offentlige inngrep (som for eksempel krav til riktig produktmerking) kan da være ønskelig. Betydningen av informasjon er nærmere beskrevet i kapittel 14.

I fravær av eksternaliteter og mangel på informasjon vil et uregulert frikonkurransemarked føre til et økonomisk effektivt produksjonsnivå.

I de neste avsnittene vil vi se nærmere på minstepriser, prisstøtte og andre markedsinngrep. Foruten å vise hvordan markedsdiagrammer kan brukes til å forstå og vurdere disse inngrepene, vil vi også se hvordan avvik fra frikonkurranselikevekten fører til effektivitetstap.

8.3 MINSTEPRISER

La oss så se på effekten av at det innføres en minstepris. Eksempler på områder hvor det eksisterer minstepriser er arbeidsmarkedet (minstelønninger) og markeder for landbruksprodukter. En måte å heve prisen over likevektsprisen på er ved direkte reguleringer – ganske enkelt ved å gjøre det ulovlig å ta en pris lavere enn et bestemt minstenivå.

For at en minstepris skal være effektiv må den settes høyere enn likeveksprisen, P_{min}. Som figur 8.4 viser, selv om produsentene ønsker å produsere mer (Q_2 i stedet for Q_0), vil konsumentene nå kjøpe mindre (Q_3 i stedet for Q_0). Hvis vi antar at produsentene kun produserer det de får solgt, vil markedets produksjonsnivå bli Q_3, noe som gir et effektivitetstap. I figur 8.4 representerer rektangel A en overføring fra konsumenter til produsenter (som nå får en høyere pris), mens trekantene B og C representerer effektivitetstapet. På grunn av høyere pris vil noen konsumenter droppe å kjøpe godet (tapt konsumentoverskudd er gitt ved trekanten B), og noen produsenter produserer dermed ikke disse godene (tapt produsentoverskudd er gitt ved trekanten C).

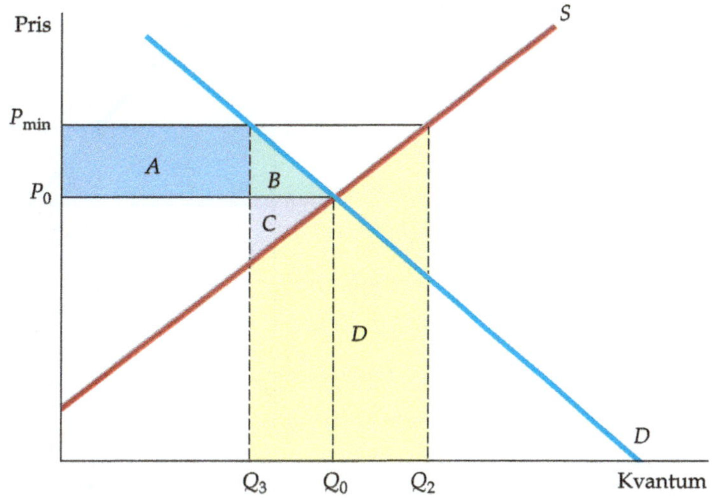

FIGUR 8.4 Minstepris

Det innføres en minstepris P_{min}. Produsentene ønsker å produsere Q_2, men konsumentene vil bare kjøpe Q_3. Dersom produsentene faktisk produserer Q_2, vil de ikke få solgt kvantumet $Q_2 - Q_3$. I dette tilfellet kan produsentene samlet sett komme dårligere ut av det.

De konsumenter som fortsatt kjøper godet, må nå betale en høyere pris slik at konsumentoverskuddet reduseres, gitt ved rektangelet A i figur 8.4. Enkelte konsumenter har også falt fra på grunn av prisøkningen, og deres tap av konsumentoverskudd er gitt ved trekanten B. Den totale endringen i konsumentoverskuddet er derfor:

$$\Delta CS = -A - B$$

Konsumentene kommer altså klart verre ut av det som følge av dette markedsinngrepet.

Hva så med produsentene? De får en høyere pris for de enhetene de selger, noe som resulterer i en økning av produsentoverskudd, gitt ved rektangel A. (Rektangel A er en overføring av penger fra konsumenter til produsenter.) Men reduksjonen i salg fra Q_0 til Q_3 resultater i tapt produsentoverskudd, gitt ved trekant C. Avslutningsvis, se på produsentenes kostnader ved å øke produksjonen fra Q_0 til Q_2. I og med at de bare selger Q_3, er det ingen inntekter til å dekke kostnadene ved å produsere $Q_2 - Q_3$. Hvordan kan vi beregne denne kostnaden? Husk at tilbudskurven er bransjens summerte grensekostnadskurve. Tilbudskurven viser oss dermed den ekstra kostnaden som stammer fra en marginal økning i produksjonen. Dermed er arealet under tilbudskurven fra Q_3 til Q_2 kostnadene ved å produsere mengden $Q_2 - Q_3$.

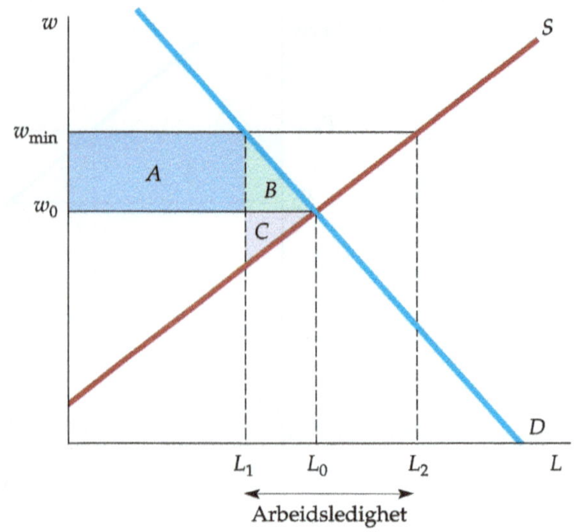

FIGUR 8.5 Minstelønn

Selv om likevektslønnen er w_0, får ikke bedriftene lov til å betale mindre enn w_{min}. Dette resulterer i en arbeidsledighet gitt ved $L_2 - L_1$ og et effektivitetstap gitt ved trekantene B og C.

Denne kostnaden er vist ved det gule trapeset D i figur 8.4. Så med mindre produsentene responderer med å kutte produksjonen, er den totale endringen i produsentoverskudd gitt ved:

$$\Delta PS = A - C - D$$

Gitt at trapeset D kan være stort, kan en minstepris faktisk føre til en netto reduksjon i produsentoverskudd. Denne formen for offentlige inngrep kan altså redusere produsentenes overskudd på grunn av kostnadene ved overflødig produksjon.

I figur 8.5, som viser tilbud og etterspørsel etter arbeidskraft, har vi illustrert effektene av en minstelønn. Minstelønnen er satt til w_{min}, som ligger over den markedsklarerende lønnen w_0. Effektene av dette er at de som fortsatt får jobb, får høyere lønn, men det vil også være en del som ønsker å jobbe, men som ikke får jobb. Inngrepet gir altså arbeidsledighet, gitt ved linjestykket $L_2 - L_1$. Vi kommer nærmere tilbake til mistelønninger i kapittel 13.

8.4 PRISSTØTTE OG PRODUKSJONSKVOTER

Foruten å innføre en minstepris, kan myndighetene øke prisen på et gode på andre måter. I mange land er jordbrukspolitikken basert på et system med prisstøtte, hvor myndighetene setter en markedspris som ligger over frikonkurranseprisen og kjøper opp det kvantum som må til for å opprettholde denne prisen. Myndighetene kan også øke prisene ved å begrense produksjonen, enten direkte eller gjennom insentiver til produsentene. I dette avsnittet skal vi se hvordan slike tiltak påvirker konsumenter, produsenter og det offentliges budsjett.

prisstøtte
Pris satt av myndighetene over den uregulerte markedsprisen og hvor myndighetene kjøper opp et tilstrekkelig kvantum for å opprettholde denne prisen

Prisstøtte

Prisstøtte benyttes for å øke produsentenes inntekter. Myndighetene fastsetter en pris P_S, og bidrar til å opprettholde denne prisen ved en passende etterspørsel etter produktet. I figur 8.6 har vi illustrert dette. La oss se på gevinster og tap for konsumenter, produsenter og myndighetene.

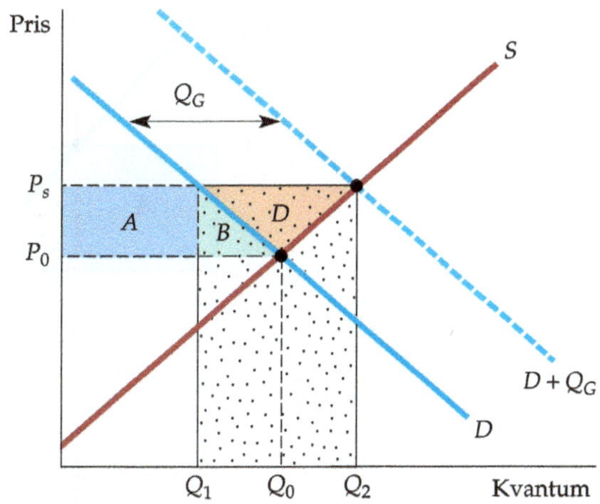

FIGUR 8.6 Prisstøtte

For å opprettholde en pris P_s over likevektsprisen P_0, kjøper myndighetene kvantumet Q_G. Produsentenes gevinst er $A + B + D$. Konsumentenes tap er $A + B$. Myndighetenes kostnad er gitt ved det skraverte rektangelet $P_s \cdot (Q_2 - Q_1)$.

Konsumentene

Til prisen P_S vil etterspørselen være Q_1, mens tilbudet er Q_2. For å opprettholde denne prisen og unngå at varelagrene hoper seg opp hos produsentene, må staten kjøpe kvantumet $Q_G = Q_2 - Q_1$. Dette gjør at produsentene kan selge så mye de vil til prisen P_S.

De konsumentene som fortsatt kjøper godet, får et lavere konsumentoverskudd, gitt ved rektangelet A, i og med at P_S er høyere enn P_0. I og med at prisen har økt er det også noen som velger å ikke kjøpe godet. Disse får en reduksjon i konsumentoverskudd gitt ved trekanten B. Så, som med minsteprisen vi så på ovenfor, vil konsumentene komme dårligere ut av det, i dette tilfellet med et beløp:

$$\Delta \text{CS} = -A - B$$

Produsentene

På den annen side vil produsentene tjene på tiltaket (dette var også meningen fra myndighetenes side). Produsentene selger nå et større kvantum, Q_2 i stedet for Q_0, og til en høyere pris P_S. Fra figur 8.6 ser vi at produsentoverskuddet øker med beløpet:

$$\Delta \text{PS} = A + B + D$$

Myndighetene

Tiltaket medfører en kostnad for myndighetene (som må finansieres av skatter). Kostnaden er $(Q_2 - Q_1) \cdot P_S$, som er det staten må betale for de produktene som kjøpes. Denne kostnaden kan bli redusert hvis myndighetene kan "dumpe" noe av det den kjøper – dvs. selge det i utlandet til en lav pris. Ved å gjøre dette vil man imidlertid redusere produsentenes muligheter for å selge i utlandet.

Hva er den samlede velferdseffekten av dette inngrepet? Dette finner vi ved å summere effektene for de tre gruppene:

$$\begin{aligned} \Delta \text{CS} + \Delta \text{PS} - \text{myndighetenes kostnader} &= -A - B + A + B + D - (Q_2 - Q_1) \cdot P_S \\ &= D - (Q_2 - Q_1) \cdot P_S \end{aligned}$$

Velferdstapet knyttet til slike inngrep kan bli betydelige, og det er faktisk en annen og mer effektiv måte å støtte produsentene på. Hvis målet er å gi produsentene en ekstra inntekt lik $A + B + D$, er det langt mindre kostbart for samfunnet å gi dem

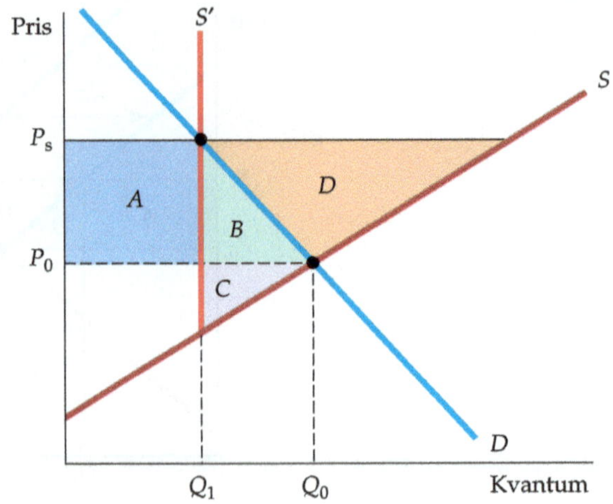

FIGUR 8.7 Produksjonskvoter

For å opprettholde en pris P_s som ligger over likevektsprisen P_0, kan myndighetene begrense produksjonen til Q_1, enten ved å innføre produksjonskvoter eller ved å gi produsentene penger for å redusere produksjonen. For at dette skal fungere, må beløpet være minst like stort som $B + C + D$, som ville være den ekstra profitten man oppnådde ved høyere produksjon, til den høyere prisen P_s. Myndighetenes kostnad vil da minst være $B + C + D$.

disse pengene direkte enn via en prisstøtte. I og med at prisstøtte koster konsumentene $A + B$ likevel, kan man ved å betale produsentene direkte spare samfunnet (netto) et beløp $(Q_2 - Q_1)\cdot P_S$. Så hvorfor gir ikke bare myndighetene penger til produsentene. Kanskje fordi prisstøtte er en mindre opplagt "gavepakke" og derfor politisk mer attraktiv.

Produksjonskvoter

Myndighetene kan også få prisen på et gode til å øke ved å redusere tilbudet gjennom produksjonskvoter. Her tildeles bedriftene en kvote – en øvre grense – for hvor mye de kan produsere. Et eksempel er tildeling av konsesjoner til drosjeselskaper. Ved å begrense tildelingen av konsesjoner holdes prisene høyere enn de ville vært om markedet ikke hadde vært regulert. Et annet eksempel er tildeling av skjenkebevillinger til barer og restauranter.

Velferdseffektene av produksjonskvoter er vist i figur 8.7. Myndighetene begrenser produksjonen til Q_1, mens det markedsklarerende nivået er Q_0. Dermed blir tilbudskurven den vertikale linjen S' i Q_1. Konsumentoverskuddet reduseres med rektangelet A (de som kjøper godet betaler en høyere pris) pluss trekanten B (de som ikke lenger kjøper godet). Produsentoverskuddet får et tilskudd gitt ved rektangel A (i og med at de kan selge til en høyere pris), men produsentene taper også trekanten C (fordi de nå produserer Q_1 stedet for Q_0). Igjen er det et effektivitetstap gitt ved trekantene B og C.

Insentivordninger

Produksjonen kan også reduseres ved bruk av insentivordninger i stedet for kvoter. Man kan for eksempel gi bøndene insentiver til å la noen arealer stå udyrkede. Figur 8.7 viser også velferdseffekter av å redusere tilbudet på denne måten. Hvis insentivene fungerer, vil tilbudskurven igjen blir helt uelastisk i Q_1, og markedsprisen økes fra P_0 til P_S.

Som med direkte produksjonskvoter er endringen i konsumentoverskuddet lik

$$\Delta CS = -A - B$$

Bøndene får nå en høyere pris for produksjon Q_1, noe som tilsvarer et tilskudd til overskuddet lik rektangelet A. Men i og med at produksjonen er redusert fra Q_0 til Q_1, blir det et fradrag i produsentoverskuddet tilsvarende trekanten C. I tillegg vil produsentene motta penger fra myndighetene som et insentiv til å redusere produksjonen. Dermed blir den samlede endringen i produsentoverskudd nå lik

$$\Delta\text{PS} = A - C + \text{Betaling for ikke å produsere}$$

Myndighetenes kostnad er en utbetaling som er tilstrekkelig for å gi bøndene et insentiv til å redusere produksjonen til Q_1. Dette insentivet må være minst like stort som $B + C + D$ i og med at dette området representerer den ekstra profitt man kunne oppnå ved å benytte arealene, gitt den høyere prisen P_S. (Husk at den høyere prisen P_S gir bøndene et insentiv til å produsere mer, selv om myndighetene prøver å få dem til å produsere mindre.) Dermed vil myndighetenes kostnader minst bli $B + C + D$, og den samlede endringen i produsentoverskudd blir

$$\Delta\text{PS} = A - C + B + C + D = A + B + D$$

Dette er den samme endringen i produsentoverskudd som med prisstøtte opprettholdt ved offentlig kjøp. (Se figur 8.6.) Bøndene skulle da være likegyldige mellom de to tiltakene i og med at de ender opp med å få like mye penger. Tilsvarende vil konsumentene tape like mye penger.

Hvilket tiltak koster mest for myndighetene? Svaret avhenger av om summen av trekantene $B + C + D$ i figur 8.7 er større eller mindre enn $(Q_2 - Q_1)\cdot P_S$. Vanligvis vil det bli mindre, slik at et insentivprogram for begrensning i arealutnyttelsen koster mindre for myndighetene (og samfunnet) enn en prisstøtte.

Dette insentivsystemet er imidlertid mer kostbart for samfunnet enn å gi bøndene penger direkte. Den totale velferdsendringen (ΔCS + ΔPS – myndighetenes kostnader) under arealbegrensningen er

$$\Delta\text{Velferd} = -A - B + A + B + D - B - C - D = -B - C$$

Samfunnet ville helt klart komme effektivitetsmessig bedre ut av det om myndighetene ga en kontantoverføring lik $A + B + D$, i stedet for å prøve å påvirke pris eller produksjon. Bøndenes gevinst vil da være $A + B + D$, og myndighetenes kostnad vil være $A + B + D$, slik at samlet velferdsendring er lik null, i stedet for et tap på $B + C$. Det er imidlertid ikke alltid at økonomisk effektivitet er målet for myndighetenes politikk.

8.5 IMPORTKVOTER OG TOLL

importkvoter
Begrensninger på mengden av et gode som kan importeres

toll
Avgift på importerte produkter

Mange land benytter **importkvoter** og **toll** for å holde den innenlandske prisen på et produkt over verdensmarkedsprisen, noe som gir innenlandske produsenter høyere profitt enn de ville hatt i fravær av slike inngrep. Som vi skal se, kan de samfunnsøkonomiske kostnadene fra denne type beskyttelse være høy.

I fravær av kvoter og toll vil et land importere et produkt hvis verdensmarkedsprisen er lavere enn den innenlandske prisen som ville gjelde i fravær av import. Figur 8.8 illustrerer dette prinsippet. S og D er innenlandsk tilbud og etterspørsel. I fravær av import ville innenlandsk pris og kvantum bli P_0 og Q_0. Men i og med at verdensmarkedsprisen P_w er lavere enn P_0, vil innenlandske konsumenter ønske å kjøpe fra utlandet, og vil gjøre det hvis det ikke er noen importrestriksjoner. Hvor mye blir importert? Den innenlandske prisen vil falle til verdensmarkedsprisen P_w. Til denne prisen vil innenlandsk produksjon falle til Q_s, og innenlandsk etterspørsel vil stige til Q_d. Importen er da gitt ved differansen mellom innenlandsk etterspørsel og innenlandsk produksjon, $Q_d - Q_s$.

Anta så at myndighetene, etter påtrykk fra innenlandske produsenter, innfører et importforbud (en importkvote lik null). Hva blir kostnadene og gevinstene av et slikt tiltak?

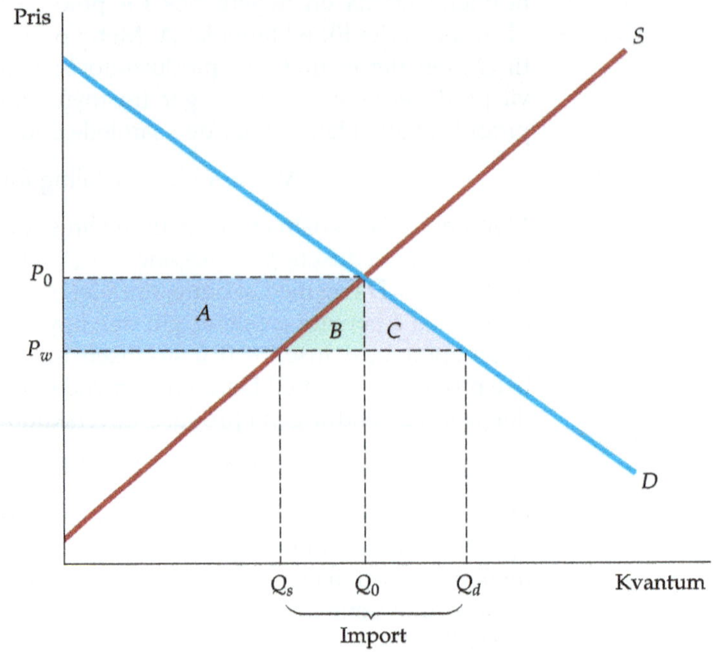

FIGUR 8.8 Toll eller importkvote som eliminerer import

I et uregulert marked vil innenlandsk pris være lik verdensmarkedsprisen P_w. Etterspørselen vil være Q_d, hvorav Q_s produseres innenlands og resten importeres. Når importen fjernes øker prisen til P_0. Produsentenes gevinst er gitt ved trapeset A. Konsumentenes tap er gitt ved $A + B + C$, slik at effektivitetstapet er $B + C$.

Uten import vil den innenlandske prisen stige til P_0. Konsumenter som fortsatt kjøper godet, vil nå betale en høyere pris og vil få en reduksjon i konsumentoverskuddet gitt ved arealene A og B. I tillegg fører en høyere pris til at noen konsumenter dropper å kjøpe godet, noe som gir en ytterligere reduksjon i konsumentoverskuddet, gitt ved arealet C. Den samlede reduksjon i konsumentoverskudd blir derfor:

$$\Delta \text{CS} = -A - B - C$$

Hva med produsentene? Produksjonen er høyere (Q_0 i stedet for Q_s) og selges til en høyere pris (P_0 i stedet for P_w). Produsentoverskudd øker derfor med arealet A:

$$\Delta \text{PS} = A$$

Endringen i samlet overskudd, CS + PS, er derfor $-B - C$. Igjen har vi et effektivitetstap – konsumentenes tap er større enn produsentenes gevinst.

Importen kan også reduseres til null ved å pålegge en tilstrekkelig høy tollsats. Tollen må da være lik eller høyere enn differansen mellom P_0 og P_w. Med en toll på denne størrelsen vil det ikke bli noe import, og dermed ingen tollinntekter til staten. Effektene for konsumenter og produsenter blir derfor de samme som i tilfellet med et importforbud.

Det mer generelle tilfellet er at myndighetene ønsker å begrense importen, ikke eliminere den. Igjen kan dette gjøres med enten en toll eller en kvote, som vist i figur 8.9. Under frihandel, vil den innenlandske prisen være lik verdensmarkedsprisen, P_w, og importen blir $Q_d - Q_s$. Anta så at det legges en toll på T kroner pr. importenhet. Innenlandsprisen vil da stige til P^*, hvor $P^* = P_w + T$ (verdensmarkedsprisen + tollsatsen), innenlandsk produksjon vil stige og innenlandsk etterspørsel vil synke.

I figur 8.9 fører tollen til en endring i konsumentoverskuddet gitt ved

$$\Delta \text{CS} = -A - B - C - D$$

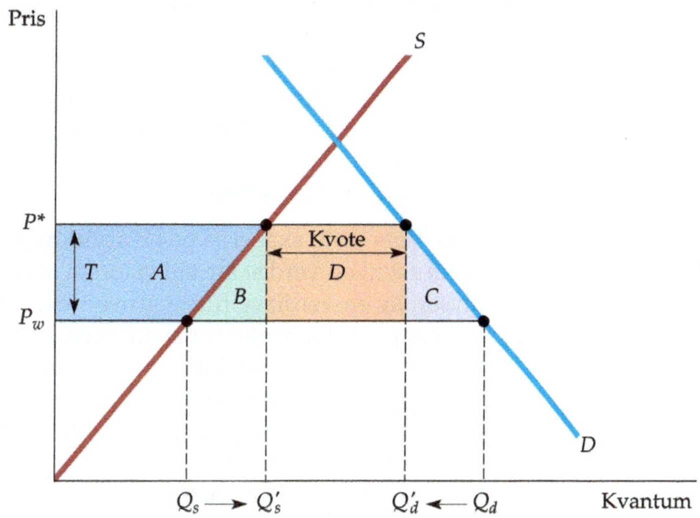

FIGUR 8.9 Toll eller importkvoter (Det generelle tilfellet)

Når importen reduseres øker innenlandsprisen fra P_w til P^*. Dette kan oppnås ved en kvote, eller ved en tollsats $T = P^* - P_w$. Trapes A er igjen gevinsten for innenlandske produsenter. Konsumentenes tap er $A + B + C + D$. Hvis det benyttes en toll vil myndighetene få tollinntekter gitt ved D, slik at netto innenlands tap er $B + C$. Hvis det i stedet benyttes en kvote blir rektangelet D en del av de utenlandske produsentenes profitt slik at netto innenlands tap er $B + C + D$.

Endringen i produsentoverskudd er igjen

$$\Delta PS = A$$

I tillegg vil staten få tollinntekter gitt ved tollsatsen multiplisert med antall importerte enheter, markert ved rektangelet D. Den totale velferdsendringen blir $\Delta CS + \Delta PS +$ inntektene til staten $= -A - B - C - D + A + D = -B - C$. Trekantene B og C representerer effektivitetstapet som følger av tollen. (B representerer tapet fra innenlandsk overproduksjon og C tapet fra for lavt konsum.)

Anta at myndighetene benytter en kvote i stedet for toll for å begrense importen: Det kan bare importeres en gitt mengde ($Q'_d - Q'_s$ i figur 8.9) og prisen vil bli P^*. Endringene i konsument- og produsentoverskudd vil være det samme som ved en toll, men i stedet for at myndighetene får inntekter vil disse pengene gå til utenlandske produsenter i form av høyere fortjeneste. Landet som helhet vil da komme enda dårligere ut enn i tilfellet med en toll, man taper D i tillegg til effektivitetstapet B og C.

8.6 EFFEKTENE AV AVGIFTER OG SUBSIDIER

Hva vil skje med prisen på et produkt dersom myndighetene innfører en avgift på 10 kr pr. solgte enhet? Mange vil kanskje svare at prisen ville øke med 10 kr, men dette svaret er generelt feil.

Anta at myndighetene ønsker å innføre en bensinavgift på 2 kr pr. liter og vurderer to måter å gjøre det på. Metode 1 består i at den som driver bensinstasjonen legger 2 kr i en boks for hver liter bensin som selges, og at en skatteinnkrever kommer innom og tømmer boksen hver måned. Den andre metoden består i at bilistene betaler avgiften direkte til staten. Hvilken metode koster mest for bilistene? Mange vil nok si den andre metoden, men dette svaret er også galt.

Skattebyrden av en avgift (eller gevinsten fra en subsidie) vil generelt deles mellom konsumenter og produsenter. Videre spiller det ingen rolle hvordan avgiftsinntektene samles inn. Som vi skal se, avhenger andelen av en avgift som belastes konsumentene av tilbuds- og etterspørselskurvens helning. Når det gjelder vårt første spørsmål, effekten av en avgift på 10 kr, vil generelt konsumentprisen stige – men mindre enn 10 kr, og noen ganger mye mindre. La oss, ved hjelp av tilbuds- og etterspørselskurver, se nærmere på hvordan konsumenter og produsenter blir påvirket av en avgift.

Effekten av en stykkavgift

stykkavgift
Et gitt avgiftsbeløp pr. solgte enhet

For enkelhets skyld skal vi se på en **stykkavgift** – et gitt beløp pr. solgte enhet. Dette er i kontrast til en verdiskatt (ad valorem skatt), som for eksempel merverdiavgiften. (Analysen av en verdiavgift er i grove trekk lik og gir samme kvalitative resultater.) Eksempler på stykkavgifter er avgifter på bensin, alkohol og sigaretter.

Anta at myndighetene innfører en avgift på t kr pr. enhet. Dette betyr at prisen kjøperen betaler må overstige det selgeren mottar netto med t kroner. Figur 8.10 illustrerer dette enkle regnskapsforholdet og dets implikasjoner. Her representerer P_0 og Q_0 markedspris og kvantum før avgiften pålegges. P_b er prisen som kjøperne betaler, og P_s er netto pris som selgere får etter at avgiften er pålagt. Vær oppmerksom på at $P_b - P_s = t$.

Hvordan finner vi omsatt kvantum etter avgiftspålegget, og hvor mye av skattebyrden bæres av henholdsvis konsumentene og produsentene? For det første, husk at det konsumentene bryr seg om er den prisen som de må betale: P_b. Det kvantum de vil kjøpe til prisen P_b, er gitt ved etterspørselskurven. Tilsvarende vil produsentene være opptatt av den netto pris de mottar, P_s. Gitt P_s, vil det kvantum som produseres leses av tilbudskurven. Til slutt vet vi at antall solgte enheter vil være det samme som antall kjøpte enheter. Løsningen er altså å finne det kvantum som korresponderer med P_b på etterspørselskurven og P_s på tilbudskurven, slik at forskjellen $P_b - P_s$ er lik avgiften t. I figur 8.10 er dette kvantum gitt ved Q_1.

Hvem bærer avgiftsbyrden? I figur 8.10 deles denne byrden omtrent likt mellom kjøpere og selgere. Markedsprisen (den prisen kjøperne betaler) stiger med halvparten av avgiften, og den prisen som selgeren mottar faller med omtrent halvparten av avgiften.

Som figur 8.10 viser, krever markedsklarering at 4 vilkår er oppfylt etter at avgiften er innført:

1. Kvantum solgt og konsumentpris P_b må ligge på etterspørselskurven (i og med at konsumentene bare er interessert i den prisen de må betale).
2. Kvantum solgt og produsentpris P_s må ligge på tilbudskurven (i og med at tilbyderne bare er opptatt av hva de får netto etter avgift).
3. Etterspurt kvantum skal være lik tilbudt kvantum, Q_1.
4. Forskjellen mellom konsumentpris og produsentpris skal være lik avgiftssatsen t.

Disse forholdene kan oppsummeres med følgende fire ligninger:

$$Q^D = Q^D(P_b) \quad \textbf{(8.1a)}$$

$$Q^S = Q^S(P_s) \quad \textbf{(8.1b)}$$

$$Q^D = Q^S \quad \textbf{(8.1c)}$$

$$P_b - P_s = t \quad \textbf{(8.1d)}$$

Hvis vi kjenner etterspørselskurven, tilbudskurven og størrelsen på skatten t, kan vi løse disse ligningene og finne konsumentpris, produsentpris og omsatt kvantum.

Figur 8.10 viser også at avgiften medfører et effektivitetstap. I og med at konsumentene betaler en høyere pris, får vi en endring i konsumentoverskuddet gitt ved

$$\Delta CS = -A - B$$

Produsentoverskuddet er også endret i og med at produsentene får en lavere pris:

$$\Delta PS = -C - D$$

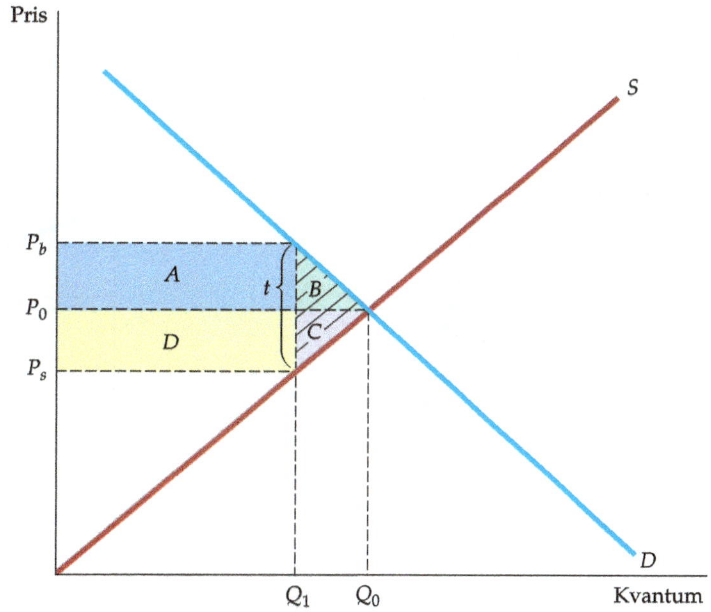

FIGUR 8.10 Effekten av en avgift

P_b er prisen (inkludert avgiften) som kjøperne betaler. P_s er prisen selgerne får, fratrukket avgiften. Her deles avgiftsbyrden likt mellom kjøpere og selgere. Kjøperne taper $A + B$, selgerne taper $D + C$, og myndighetene får $A + D$ i avgiftsinntekter. Effektivitetstapet er $B + C$.

Statens skatteinntekter er tQ_1, summen av rektanglene A og D. Den samlede velferdsendring er da $\Delta CS + \Delta PS$ + inntektene til staten $= -A - B - C - D + A + D = -B - C$. Trekantene B og C representerer effektivitetstapet på grunn av avgiften.

I figur 8.10 er skattebyrden delt nesten jevnt mellom kjøpere og selgere, men dette er ikke alltid tilfelle. Hvis etterspørselskurven er relativt bratt og tilbudskurven er relativt flat, vil konsumentene bære det meste av byrden. Figur 8.11(a) viser hvorfor: Det skal en relativt stor prisøkning til for å redusere etterspørselen, mens bare en liten prisreduksjon er nødvendig for å redusere produksjonen. Eksempelvis: i og med at sigaretter er vanedannende, er etterspørselskurven relativt bratt. Avgiften bæres da hovedsakelig av de som røyker. Figur 8.11(b) viser det motsatte tilfelle: Hvis etterspørselskurven er relativt flat, og tilbudskurven er relativt bratt, vil det meste av skattebyrden falle på selgerne.

Selv om vi bare har estimater for elastisitetene i tilbud og etterspørsel i et punkt, eller for et lite prisintervall, i stedet for hele etterspørsels- og tilbudskurven, kan vi likevel noe grovkalibret fastslå hvem som kommer til å bære den største delen av skattebyrden. Generelt faller det meste av avgiften på kjøperen dersom E_d/E_s er liten, og det meste på selgeren hvis E_d/E_s er stor.

Vi kan benytte følgende formel for å beregne hvor stor andel av avgiften som belastes konsumentene:

$$\text{Konsumentenes andel} = E_s/(E_s - E_d)$$

Denne formelen forteller oss hvilken andel av avgiften som veltes over på konsumentene i form av høyere pris. Hvis for eksempel etterspørselen er fullstendig uelastisk, slik at E_d er null, vil andelen være lik 1 – dvs. at konsumentene bærer hele skattebyrden. Når etterspørselen er perfekt elastisk, vil andelen være lik 0 og produsentene bærer hele skattebyrden. (Andelen av avgiften som belastes produsentene er gitt ved $-E_d/(E_s - E_d)$)

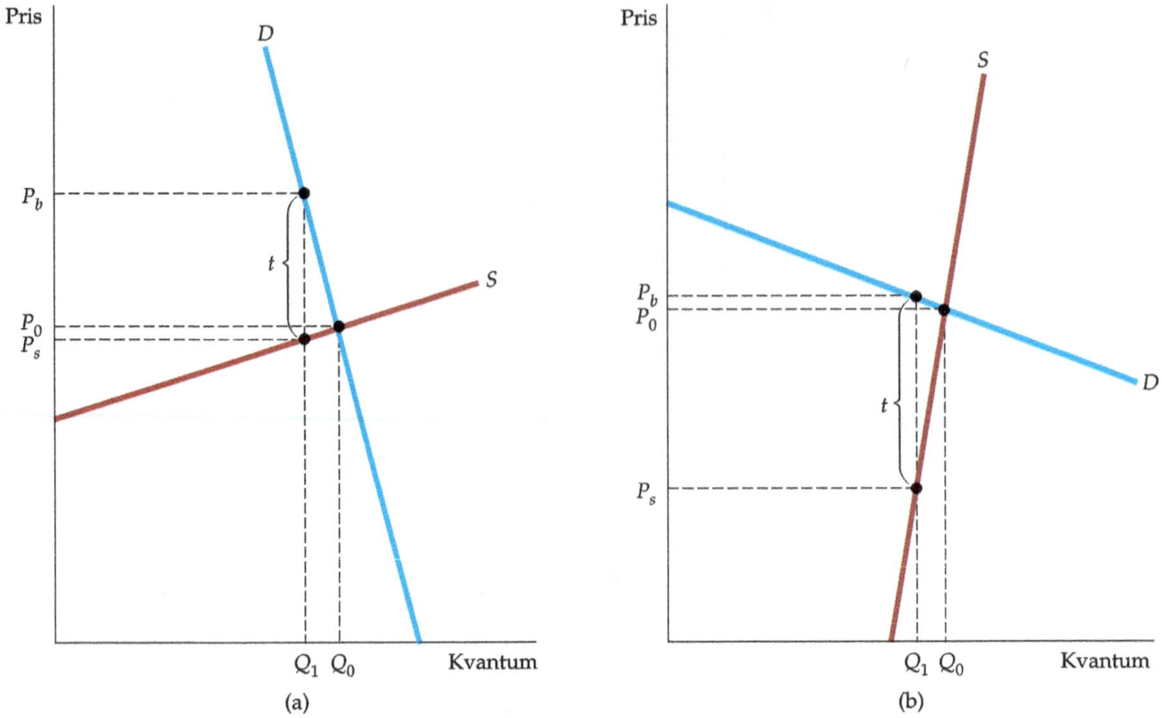

FIGUR 8.11 Effekten av en avgift avhenger av elastisiteten i tilbudet og etterspørselen

(a) Hvis etterspørselen er svært uelastisk i forhold til tilbudet, faller det meste av avgiftsbyrden på konsumentene. **(b)** Hvis etterspørselen er veldig elastisk i forhold til tilbudet, faller det meste på selgerne.

Effektene av en subsidie

subsidie
Et tilskudd fra myndighetene som fører til at konsumentene betaler mindre enn det produsentene mottar, altså en negativ avgift

En **subsidie** kan analyseres på samme måte som en avgift, du kan tenke på en subsidie som en avgift med motsatt fortegn. I tilfellet med en subsidie vil produsentprisen overstige konsumentprisen, og forskjellen mellom de to er størrelsene på subsidien. Som du kanskje forventer, er effektene av en subsidie akkurat det motsatte av effektene av en avgift – konsumentprisen synker og omsetningen øker.

Figur 8.12 illustrerer dette. I markedslikevekten før subsidien innføres er helningen på tilbuds- og etterspørselskurven omtrent like. Følgelig vil gevinsten fra subsidien deles omtrent likt mellom kjøpere og selgere. Som med en avgift, er imidlertid ikke dette alltid tilfelle. Generelt tilfaller det meste av subsidien konsumentene hvis E_d/E_s er liten, og det meste går til produsentene hvis E_d/E_s er stor.

Som i tilfellet med en avgift, når vi kjenner tilbudskurven, etterspørselskurven og størrelsen på subsidien *s*, kan vi finne tilhørende pris og kvantum. De samme fire vilkår er nødvendige for at markedet skal klareres, men nå er forskjellen mellom produsentpris og konsumentpris lik subsidiesatsen. Igjen kan vi skrive disse betingelsene algebraisk:

$$Q^D = Q^D(P_b) \quad \textbf{(8.2a)}$$

$$Q^S = Q^S(Ps) \quad \textbf{(8.2b)}$$

$$Q^D = Q^S \quad \textbf{(8.2c)}$$

$$P_s - P_b = s \quad \textbf{(8.2d)}$$

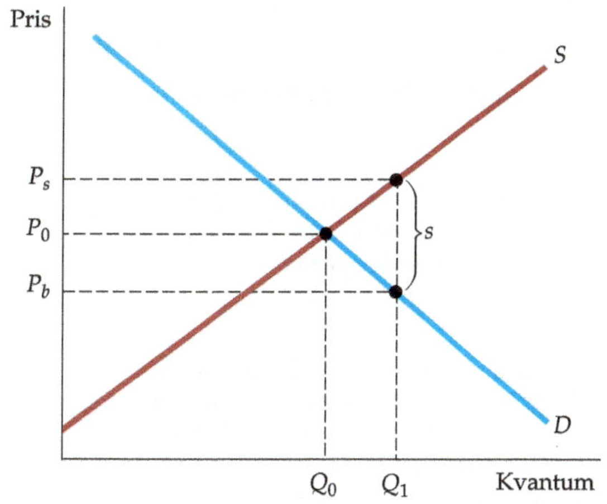

FIGUR 8.12 Effekten av en subsidie

En subsidie kan betraktes som en negativ avgift. Som i tilfellet med en avgift, vil fordelingen av gevinsten fra en subsidie være avhengig av forholdet mellom elastisiteten i tilbudet og etterspørselen.

OPPSUMMERING

1. Enkle tilbuds- og etterspørselsmodeller kan benyttes for å analysere en rekke offentlige inngrep, herunder prisreguleringer, minstepriser, prisstøtteprogrammer, produksjonskvoter, insentivordninger for å begrense produksjonen, toll og importkvoter samt avgifter og subsidier.
2. I hvert tilfelle benyttes produsent- og konsumentoverskuddet for å evaluere gevinster og tap for konsumenter og produsenter.
3. Når myndighetene pålegger en avgift eller en subsidie, vil markedsprisen normalt sett ikke øke eller falle med et like stort beløp som avgiften eller subsidien. I tillegg vil en avgift eller subsidie normalt deles mellom produsenter og konsumenter. Den andelen hver enkelt gruppe ender opp med å betale, avhenger av forholdet mellom tilbudets og etterspørselens priselastisitet.
4. Offentlige inngrep fører generelt til et effektivitetstap: selv om konsument- og produsentoverskudd vektes likt, vil det bli et netto tap som følge av inngrep som flytter overskudd fra en gruppe til en annen. I noen tilfeller vil effektivitetstapet bli lite, mens det i andre tilfeller – for eksempel ved prisstøtte og importkvoter – vil kunne være stort. Dette effektivitetstapet er en form for økonomisk ineffektivitet som det må tas hensyn til når politikken utformes og implementeres.
5. Offentlige inngrep i et frikonkurransemarked er ikke alltid skadelig. Staten – og samfunnet den representerer – kan ha andre målsettinger enn økonomisk effektivitet. Det finnes også tilfeller der offentlige inngrep kan bedre den økonomiske effektiviteten. Eksempler her er eksternaliteter og tilfeller med mangelfull informasjon. Slike tilfeller, og hvordan staten kan håndtere dem, kommer vi nærmere inn på kapittel 14.

SPØRSMÅL

1. Hva menes med effektivitetstap? Hvorfor gir en maksimalpris vanligvis effektivitetstap?
2. Anta at tilbudskurven for et gode er perfekt uelastisk. Vil vi da få et effektivitetstap hvis myndighetene innfører en maksimalpris lavere en likevektsprisen?
3. Anta at myndighetene regulerer prisen på et gode slik at den ikke skal ligge under et gitt nivå. Kan en slik minstepris føre til at produsentene samlet sett kommer dårligere ut av det? Forklar.
4. Hvordan benyttes produksjonsbegrensinger i praksis for å øke prisene på følgende varer og tjenester? a) taxiturer b) alkoholservering på barer og restauranter c) jordbruksprodukter
5. Anta at myndighetene ønsker å øke bøndenes inntekter. Hvorfor vil tiltak som prisstøtte og arealbegrensninger koste samfunnet mer enn om man bare ga penger direkte til bøndene?
6. Anta at myndighetene ønsker å begrense importen av et produkt. Hva er da å fortrekke: importkvoter eller toll? Forklar.
7. Skattebyrden av en avgift deles generelt mellom konsumenter og produsenter. Under hvilke betingelser vil konsumentene betale mest? Under hvilke betingelser vil produsentene betale mest? Hva bestemmer konsumentenes andel av gevinsten fra en subsidie?
8. Hvorfor medfører en avgift et effektivitetstap? Hva bestemmer størrelsen på tapet?

ØVELSER

1. Anta at tilbudet av ufaglært arbeidskraft er gitt ved:

$$L^S = 10w$$

der L^S er tilbudet av arbeidskraft (i millioner timeverk) og w er lønnssats (målt i kr pr. timeverk). Etterspørselen etter arbeidskraft er gitt ved:

$$L^D = 4000 - 10w$$

a. Hva ville lønnssatsen og antall timeverk bli hvis dette markedet fungerte som et frikonkurransemarked? Anta at myndighetene innfører en minstelønn på 300 kr pr. time. Hvor mange timeverk ville da blitt utført?

b. Anta at myndighetene, i stedet for minstelønnen, subsidierte arbeidskraften med 100 kr pr. timeverk. Hva ville bli nivået på sysselsettingen nå? Hva ville likevektslønnen bli?

2. Anta at markedet for et produkt kan beskrives ved følgende funksjoner:

Etterspørsel: $P = 10 - Q$

Tilbud: $P = Q - 4$

Hvor P er prisen i kr pr. enhet og Q er antall enheter (målt i 1000).

a. Hva er likevektspris- og kvantum?

b. Anta at myndighetene innfører en avgift på 1 kr pr. enhet for å redusere forbruket av produktet. Hva blir nytt likevektskvantum? Hvilken pris vil kjøper betale? Hvor mye mottar selger pr. enhet?

c. Anta at myndighetene endrer oppfatning om betydningen av produktet. Avgiften fjernes og det innføres en subsidie til produsentene på 1 kr pr. enhet. Hva blir nytt likevektskvantum? Hvor mye vil kjøperne betale? Hva vil selgerne få pr. enhet (inkludert subsidien)? Hva blir den samlede kostnaden for myndighetene?

3. Japanske risprodusenter har svært høye produksjonskostnader, delvis på grunn av den høye alternativkostnaden av land og deres manglende evne til å dra nytte av skalafordeler produksjon. Analyser følgende to tiltak for å opprettholde japansk risproduksjon: (1) et tilskudd til bøndene for hver kilo ris de produserer, eller (2) en toll pr. kilo importert ris. Illustrer ved hjelp av markedsdiagrammer likevektspris og -kvantum, innenlandsk ris produksjon, statens inntekter eller utgifter og effektivitetstapet ved hvert av tiltakene. Hvilket tiltak ville japanske myndigheter sannsynligvis foretrekke? Hvilket tiltak ville japanske bønder sannsynligvis foretrekke?

4. Anta at etterspørselen etter hvete er gitt ved $Q^D = 28 - 2P$ og at tilbudet er gitt ved $Q^S = 4 + 4P$, der P er pris pr. enhet og Q er antall enheter.

a. Finn frikonkurranselikevekten.

b. Anta nå at myndighetene ønsker å begrense produksjonen av hvete med 25 % ved å betale bøndene for å la noe av arealet stå udyrket. Betalingen skjer imidlertid i form av hvete og ikke penger. Hveten kommer fra oppsamlede reserver hos myndighetene som stammer fra tidligere prisstøtteprogrammer. Mengden hvete bøndene får tilsvarer det kvantum de kunne produsert hvis de ikke hadde latt arealer stå udyrket. Bøndene står fritt til å selge hveten i markedet. Hvor mye hvete vil nå bli produsert? Hvor mye blir nå indirekte tilført markedet fra myndighetene? Hva blir den nye markedsprisen? Hva blir bøndenes gevinst? Vil konsumentene komme bedre eller dårligere ut av det?

c. Hvis myndighetene ikke hadde gitt hveten tilbake til bøndene, ville den blitt lagret eller brent. Vil skattebetalerne tjene på dette programmet? Hvilke potensielle problemer vil et slikt tiltak kunne skape?

5. Vi ser på et jordbruksprodukt som produseres innenlands og som også kan importeres til en gitt verdensmarkedspris på 9 kr pr. enhet. Innenlands tilbud og etterspørsel for ulike prisnivåer er vist i tabellen nedenfor.

Pris	Innenlands produksjon (millioner kg)	Innenlands etterspørsel (millioner kg)
3	2	34
6	4	28
9	6	22
12	8	16
15	10	10
18	12	4

a. Bekreft at etterspørselskurven er gitt ved $Q^D = 40 - 2P$, og at tilbudskurven er gitt ved $Q^S = 2/3P$.

b. Vis at importen ville bli 16 millioner kg dersom det ikke var noen importrestriksjoner.

c. Hva ville innenlandsprisen og importen bli hvis det ble innført en toll på 3 kr pr. kg.? Hva ville statens tollinntekter bli? Hvor stort ville effektivitetstapet bli?

d. Anta at det i stedet ble innført en importkvote på 8 millioner kg. Hva ville innenlandsprisen bli? Hva ville forbrukernes kostnader og produsentenes gevinster bli?

6. Vi ser på et land som ikke produserer kaffe, slik at hele konsumet dekkes av import. Den årlige etterspørselen etter kaffe i landet er gitt ved

$Q = 250 - 10P$, hvor Q er mengde (i millioner kg) og P er markedsprisen pr. kilo kaffe. Kaffeprodusenter kan høste og frakte kaffe til dette landets grossister til en konstant grensekostnad (= gjennomsnittskostnad) lik 10 kr pr. kg. Grossistene kan i sin tur distribuere kaffen videre for 5 kr pr. kg. Myndighetene i landet vurderer å pålegge en toll på 5 kr pr. kg.

a. Hvis det ikke er noen toll, hva ville da forbrukerne betale for en kg kaffe? Hvor stor blir etterspørselen?

b. Hvor mye må forbrukerne betale dersom det pålegges en toll?

c. Beregn reduksjonen i konsumentoverskudd.

d. Beregn statens tollinntekter.

e. Har tollen resultert i en netto gevinst eller et netto tap for samfunnet som helhet?

7. Vi ser på et land hvor det ikke eksisterer avgifter på øl og brennevin. Myndighetene vurderer å innføre en avgift på brennevin, men ikke på øl. Priselastisiteten i tilbudet av brennevin er 4,0 og etterspørselens priselastisitet er 0,2. Krysspriselastisiteten i etterspørselen etter øl med hensyn på brennevin er 0,1.

a. Hvis avgiften blir innført, hvem vil bære den største byrden – brennevinsprodusentene eller konsumentene? Hvorfor?

b. Hvis vi antar at tilbudet av øl er uendelig elastisk, hvordan vil den nye avgiften påvirke markedet for øl?

8. Tilbuds- og etterspørselsfunksjonen i et marked er gitt ved henholdsvis:

Tilbud: $P = Q$
Etterspørsel: $P = 600 - 2Q$

a. Beregn frikonkurranselikevekten.

b. Det innføres en maksimalpris på 100 kr pr. enhet. Beregn effektivitetstapet som følge av dette markedsinngrepet.

9. I USA er innenlandsk tilbud og etterspørsel etter en type bønner gitt ved:

Tilbud: $P = 50 + Q$
Etterspørsel: $P = 200 - 2Q$

Hvor P er pris pr. kg i cent og Q er kvantum i millioner kg. USA er en liten produsent av disse bønnene i forhold til hele verdensmarkedet. Verdensmarkedsprisen er 0,6 dollar pr. kg. Myndighetene i landet vurderer å pålegge en toll på 0,4 dollar pr. kg. Finn prisen i USA etter innføringen av en slik toll. Beregn også gevinsten eller tapet for amerikanske konsumenter og produsenter samt myndighetenes inntekter fra tollen.

10. I et land er de sosiale utgiftene knyttet til arbeidskraft likt fordelt mellom arbeidstakere og arbeidsgivere. Arbeidsgivere må betale en skatt på 6,2 % av lønnen de betaler og arbeidstakerne må betale 6,2 % av lønnen de mottar. Anta at systemet blir endret slik at arbeidsgiver betaler 12,4 % og arbeidstakerne ikke betaler noe. Vil arbeidstakerne komme bedre ut av det?

11. Du vet at hvis det pålegges en avgift på et bestemt produkt, blir skattebyrden av avgiften delt mellom produsenter og konsumenter. Du vet også at etterspørselen etter biler er preget av en tilpasning av beholdningen. Anta at det pålegges en ekstra avgift på 20 % på omsetningen av biler. Vil den konsumentbetalte andelen av avgiften stige, synke eller forbli uendret over tid? Forklar kort. Gjenta øvelsen for en bensinavgift på 3 kr.

DEL • III

Markedsstruktur og konkurransestrategi

Del 3 tar for seg et bredt spekter av markeder og forklarer hvordan pris- og produksjonsbeslutninger avhenger av markedsstruktur og konkurrentenes atferd.

Kapitlene 9 og 10 ser nærmere på *markedsmakt*: evnen til å påvirke prisen, enten for selger eller kjøper. Vi skal diskutere hva som gir opphav til markedsmakt, hvordan den varierer mellom bedrifter, hvordan det påvirker velferden til konsumenter og produsenter og hvordan den kan begrenses av myndighetene. Vi vil også se hvordan bedrifter kan utforme pris- og markedsføringsstrategier for å dra maksimal nytte av sin markedsmakt.

Kapitlene 11 og 12 omhandler markeder hvor antall bedrifter er begrenset. Vi vil undersøke et utvalg av slike markeder, alt fra *monopolistisk konkurranse,* der mange bedrifter selger differensierte produkter, til et *kartell,* hvor en gruppe av bedrifter koordinerer sine beslutninger og opptrer som en monopolist. Vi er spesielt opptatt av markeder der det er bare noen få bedrifter. I slike tilfeller må hver bedrift ta hensyn til hvordan konkurrentene sannsynligvis reagerer når man fatter sine pris-, produksjons- og investeringsbeslutninger. Vi skal redegjøre for, og anvende, prinsipper fra spillteorien til å analysere slike strategier.

Kapittel 13 viser hvordan markeder for innsatsfaktorer, som arbeidskraft og råvarer, fungerer. Vi vil undersøke bedriftens beslutninger om bruk av innsatsfaktorer og vise hvordan disse beslutningene avhenger av strukturen i faktormarkedene.

KAPITLER

9
Markedsmakt: monopol og monopsoni
205

10
Prising med markedsmakt
229

11
Monopolistisk konkurranse og oligopol
251

12
Spillteori og konkurransestrategi
277

13
Faktormarkeder
299

Markedsmakt: monopol og monopsoni

9

KAPITTELOVERSIKT

9.1 Monopol 206

9.2 Markedsmakt 214

9.3 Kilder til markedsmakt 217

9.4 De samfunnsøkonomiske kostnadene ved markedsmakt 218

9.5 Monopsoni 222

9.6 Begrensning av markedsmakt: konkurranseloven 225

I et frikonkurransemarked sørger det store antallet tilbydere og etterspørrere for at ingen enkelt tilbyder eller etterspørrer kan påvirke prisen. Markedskreftene bestemmer priser. Individuelle bedrifter tar markedsprisen for gitt når de velger hvor mye de skal produsere, og konsumentene tar prisen for gitt når de bestemmer seg for hvor mye de skal kjøpe.

Monopol og monopsoni, som er tema for dette kapitlet, er det stikk motsatte av perfekt konkurranse. Et monopol er et marked med kun én tilbyder, men mange etterspørrere. Et monopsoni er det motsatte: et marked med mange tilbydere, men bare én etterspørrer. Monopol og monopsoni er nært relaterte og det er derfor vi dekker dem i det samme kapittelet.

Først diskuterer vi monopolistens atferd. I og med at monopolisten er den eneste produsent, vil etterspørselskurven som monopolisten står ovenfor representere markedets etterspørsel. Markedets etterspørsel relaterer prisen monopolisten tar, til det kvantum som tilbys. Vi vil se hvordan monopolisten kan dra nytte av å ha kontroll over prisen og hvordan den profittmaksimerende priskvantumskombinasjonen avviker fra den som fremkommer i et frikonkurransemarked.

Generelt vil monopolistens kvantum bli lavere og prisen høyere enn under frikonkurranse. Dette påfører samfunnet en kostnad fordi færre konsumenter vil kjøpe produktet og fordi de som kjøper det må betale mer. Dette er årsaken til at vi har konkurranselovgivning som forbyr monopoldannelser i de fleste markeder. Når monopol er ønskelig på grunn av stordriftsfordeler – for eksempel i tilfellet med lokale kraftselskaper – skal vi se hvordan myndighetene kan øke det samfunnsøkonomiske overskudd ved å regulere monopolistens pris.

Rene monopoler er sjeldne, men i mange markeder er det bare noen få bedrifter som konkurrerer med hverandre. Interaksjonen mellom bedrifter i denne type markeder kan være kompliserte og ofte innebære strategiske spillsituasjoner, et emne som dekkes i kapit lene 11 og 12. Uansett vil bedriftene her kunne påvirke prisen og ut fra profittmaksimeringshensyn sette prisen over grensekostnadene. Vi sier at disse bedriftene har markedsmakt. Vi vil diskutere hva som gir opphav til markedsmakt, hvordan den måles og implikasjoner for prissetting.

Deretter ser vi på monopsoni. I motsetning til en kjøper i et frikonkurransemarked vil prisen monopsonisten betaler avhenge av hvor mye den kjøper. Monopsonistens problemstilling vil være å velge det kvantum som maksimerer netto fortjeneste ved kjøpet – gevinsten som stammer fra godet minus prisen på det. Ved å vise hvordan dette valget foretas, får vi klart frem parallellen mellom monopsoni og monopol.

Selv om rent monopsoni også er sjeldent, vil det i mange markeder kun være få kjøpere som kan kjøpe godet til en lavere pris enn det de måtte betale i et frikonkurransemarked. Disse kjøperne har monopsonimakt. Det typiske er at dette forekommer i markeder for innsatsfaktorer. Eksempelvis har General Motors, USAs største bilprodusent, monopsonimakt i markedet for bildekk, batterier og andre deler. Vi vil diskutere hva som gir opphav til monopsonimakt, hvordan den måles og implikasjoner for prissettingen.

Monopolmakt og monopsonimakt er to former for markedsmakt: evnen til – enten for selger eller kjøper – å påvirke prisen på et gode. *I og med at selgere eller kjøpere, ofte i det minste, har en viss grad av markedsmakt* (i de fleste markeder i virkeligheten) har vi behov for å forstå hvordan markedsmakt fungerer og hvordan det påvirker produsenter og konsumenter.

9.1 MONOPOL

Som eneste produsent av et produkt er monopolisten i en unik posisjon. Monopolisten trenger ikke bekymre seg for plagsomme konkurrenter og har full kontroll på hvor mye som tilbys av produktet. Det er ikke dermed sagt at monopolisten kan ta en hvilken som helst pris – man kommer ikke unna at det er en sammenheng mellom pris og etterspørsel. Denne boken er et eksempel på dette. Pearson Prentice Hall eier opphavsretten, og har derfor et monopol på denne boken. Så hvorfor ikke selge den for 3000 kr pr. stk? Fordi få da ville kjøpe boken og Prentice Hall ville tjene mindre på den.

For å maksimere profitten må monopolisten først kartlegge kostnadene og markedets etterspørsel. Monopolisten må deretter avgjøre hvor mye som skal produseres. Prisen pr. enhet som monopolisten får følger så direkte fra markedets etterspørselskurve. Tilsvarende kan monopolisten først fastsette prisen, og så vil etterspurt kvantum følge direkte av markedets etterspørselskurve.

Pris og grenseinntekt

grenseinntekt
Den endring i inntekten som følger av at det produseres/selges én enhet til

Monopolistens prisen pr. solgte enhet er gitt ved markedets etterspørselskurve. For å kunne finne profittmaksimerende produksjon må imidlertid monopolisten også kjenne **grenseinntektene:** den endringen i inntekt som følger av at det selges én enhet til. La oss se på sammenhengen mellom totalinntekt, gjennomsnittsinntekt (pris pr. enhet) og grenseinntekt ved ta utgangspunkt i følgende etterspørselsfunksjon:

$$P = 6 - Q$$

Tabell 9.1 viser forløpet til totalinntekten, prisen og grenseinntekten for denne etterspørselsfunksjonen. Merk at inntekten er lik null når prisen er 6 kroner. Når prisen er 5 kr, selges det 1 enhet og følgelig er totalinntekten og grenseinntekten lik

TABELL 9.1 Pris, totalinntekt og grenseinntekt

Pris (P)	Kvantum (Q)	Totalinntekt (TR)	Grenseinntekt (MR)
6	0	0	—
5	1	5	5
4	2	8	3
3	3	9	1
2	4	8	–1
1	5	5	–3

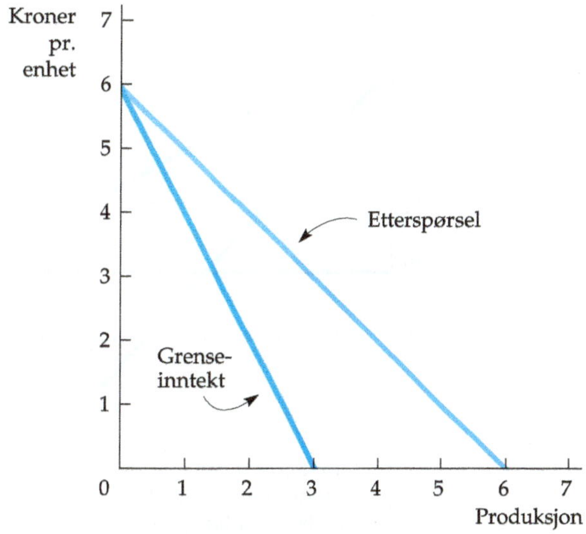

FIGUR 9.1 Gjennomsnittsinntekt (pris) og grenseinntekt

Gjennomsnittsinntekt og grenseinntekt er illustrert for etterspørselfunksjonen $P = 6 - Q$.

5 kr. Når salget øker fra 1 til 2 enheter, øker inntekten fra 5 til 8 kr – grenseinntekten er da 3 kroner. Når kvantum øker fra 2 til 3 enheter, synker grenseinntekten til 1 kr, og når salget øker fra 3 til 4 enheter blir grenseinntekten negativ.

Når etterspørselskurven er synkende, er prisen høyere enn grenseinntekten i og med at alle enheter selges til en og samme pris. Dersom salget skal økes med én enhet, må prisen settes lavere. I så fall vil alle solgte enheter, ikke bare den ekstra enheten, gi lavere inntekter. Merk for eksempel hva som skjer i tabell 9.1 når produksjonen øker fra 1 på 2 og prisen reduseres til 4 kroner. Grenseinntekten er 3 kr: 4 kr (inntekten fra salget av den ekstra enheten) minus 1 kr (tap av inntekter fra å selge den første enheten for 4 kr i stedet for 5 kr). Grenseinntekten (3 kr) er da lavere enn prisen (4 kr).

I figur 9.1 har vi illustrert etterspørselskurven og grenseinntekten basert på tallene i tabell 9.1. Etterspørselskurven er en rett linje og grenseinntektskurven vil da være dobbelt så bratt som etterspørselskuven (og ha samme skjæringspunkt med den vertikale aksen).

Teknisk finner vi grenseinntektsfunksjonen ved å derivere totalinntektsfunksjonen. Når

$P = 6 - Q$ vil totalinntekten være gitt ved:

$$\text{TR} = P \cdot Q = (6 - Q) \cdot Q = 6Q - Q^2$$

Grenseinntekten er da gitt ved:

$$\text{TR}' = \text{MR} = 6 - 2Q$$

og vi ser at stigningstallet på grenseinntektskurven er dobbelt så stort som stigningstallet til etterspørselskurven.

Monopolistens produksjonsbeslutning

Hvor mye bør monopolisten produsere? I kapittel 7 så vi at profitten ble maksimert når grenseinntekten var lik grensekostnaden. Dette er også løsningen på monopolistens problem. I figur 9.2 er kurven D markedets etterspørselskurve. Den viser prisen som en funksjon av produksjonsnivået. Grenseinntektene er gitt ved MR, og grensekostnadene er MC. Grenseinntektene er lik grensekostnadene når kvantum er lik Q^*. Fra etterspørselskurven finner vi så den tilhørende pris P^* – altså den maksimale pris som monopolisten kan ta for å få solgt Q^* enheter.

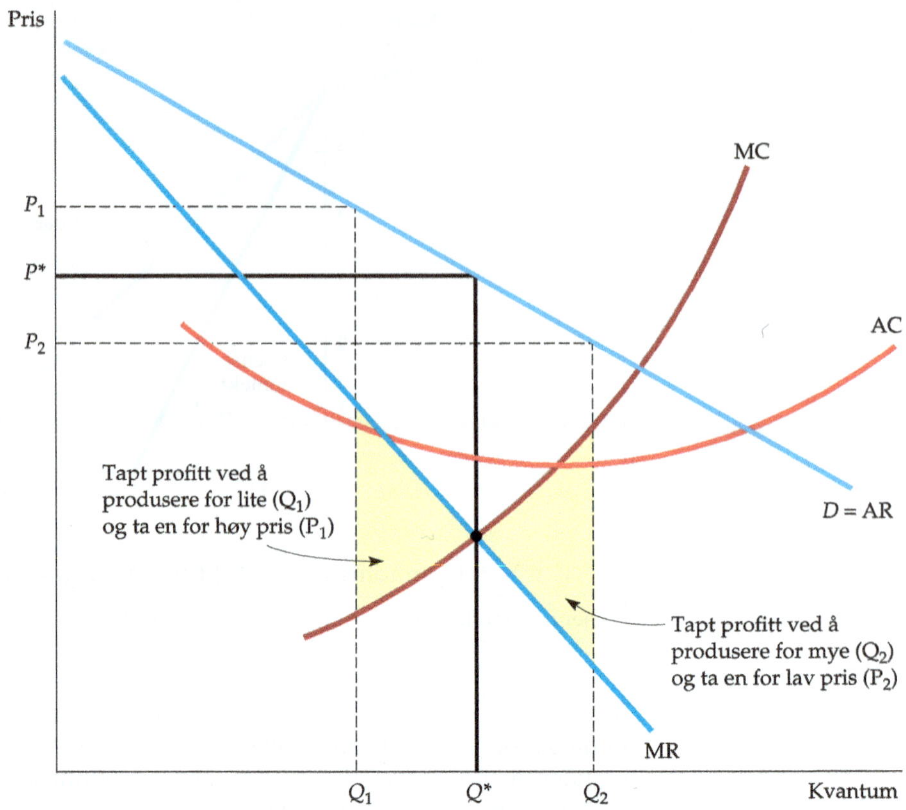

FIGUR 9.2 Profitten maksimeres når grenseinntekt er lik grensekostnad

Produksjonsnivået Q^* gir MR = MC. Hvis bedriften produserer mindre, si Q_1, går den glipp av noe profitt fordi merinntekten er større enn merkostnaden for alle enheter i intervallet Q_1 til Q^*. Tilsvarende vil det å øke produksjonen fra Q^* til Q_2 redusere profitten fordi merkostnadene overstiger merinntektene.

I avsnitt 6.1 forklarer vi at grensekostnaden er kostnadsøkningen som følger av at produksjonen økes med én enhet.

Hvordan kan vi være sikre på at Q^* er profittmaksimerende kvantum? Anta at monopolisten produserer et mindre kvantum, Q_1 til en høyere pris P_1. Som figur 9.2 viser, vil grenseinntekten da overstige grensekostnaden. I så fall, hvis monopolist produserte litt mer enn Q_1, ville den få en økning i profitten på MR – MC. Dette vil gjelde helt opp til Q^*. Så, en lavere produksjon enn Q_1 er ikke profittmaksimerende, selv om monopolisten tar en høyere pris. Hvis monopolisten produserte Q^* i stedet for Q^*, ville man gå glipp av et overskudd gitt ved det gule arealet.

En høyere produksjon enn Q^*, for eksempel Q_2, er heller ikke profittmaksimerende, da vi får et område der grensekostnadene er høyere enn grenseinntektene. Hvis monopolisten produserte litt mindre enn Q_2, ville profitten øke med MC – MR. Det gule arealet mellom Q^* og Q_2 viser hvor mye profitten ville øke hvis bedriften produserte Q^* i stedet for Q_2.

Vi kan også rent teknisk se at Q^* maksimerer profitten. Profitten er gitt ved differansen mellom inntekter og kostnader, som begge er avhengig av Q:

$$\pi(Q) = R(Q) - C(Q)$$

Etter hvert som Q øker fra null, vil overskuddet øke inntil det når sitt maksimum, for deretter å begynne å avta. Profittmaksimering er karakterisert ved at en marginal (uendelig liten) endring i produksjon ikke gir noen endring i profitt (dvs. $\Delta\pi/\Delta Q = 0$). Vi har altså:

$$\Delta\pi/\Delta Q = \Delta R/\Delta Q - \Delta C/\Delta Q = 0 \Rightarrow \Delta R/\Delta Q = \Delta C/\Delta Q$$

hvor altså $\Delta R/\Delta Q$ er grenseinntekt og $\Delta C/\Delta Q$ er grensekostnad. Profittmaksimeringsbetingelsen er altså at MR – MC = 0, eller MR = MC.

Hvis vi tillater oss å benytte derivasjonsteknikk, har vi følgende: Vi deriverer profittfunksjonen og setter den deriverte lik 0:

$$\pi'(Q) = R'(Q) - C'(Q) = 0$$

som gir oss $R'(Q) = C'(Q)$, hvor altså $R'(Q)$ og $C'(Q)$ er henholdsvis grenseinntekt og grensekostnad.

La oss se på et eksempel hvor produksjonskostnadene er gitt ved:

$$C(Q) = 50 + Q^2$$

De faste kostnadene er altså 50 og de variable kostnadene er Q^2. Anta at etterspørselen er gitt ved:

$$P(Q) = 40 - Q$$

Salgsinntektene TR er gitt ved pris multiplisert med kvantum:

$$\text{TR}(Q) = P(Q)\cdot Q = (40 - Q)Q = 40Q - Q^2$$

Vi får da følgende profittfunksjon:

$$\pi(Q) = 40Q - Q^2 - (50 + Q^2) = -2Q^2 + 40Q - 50$$

Vi finner profittmaksimerende kvantum ved å derivere og sette lik 0:

$$\pi'(Q) = -4Q + 40 = 0 \Rightarrow Q = 10$$

Vi finner den tilhørende prisen ved å sette Q = 10 inn i etterspørselsfunksjonen:

$$P(10) = 40 - 10 = 30$$

Når vi først vet at grenseinntekt skal være lik grensekostnad, trenger vi ikke å gå veien om profittfunksjonen. Fra etterspørselsfunksjonen finner vi grenseinntekten og fra kostnadsfunksjonen finner vi grensekostnaden, og så setter vi bare disse lik hverandre:

$$\text{MC} = 2Q$$

$$\text{MR} = 40 - 2Q$$

$$2Q = 40 - 2Q$$

$$4Q = 40$$

$$Q = 10$$

som heldigvis er det samme som når vi gikk den mer omstendelige veien via profittfunksjonen.

Kostnader, inntekter og profitt er illustrert i figur 9.3(a). Når bedriften produserer lite eller ingenting, er profitten negativ på grunn av de faste kostnadene. Profitten øker når Q øker, og når et maksimum på 150 når $Q^* = 10$, og avtar når Q økes ytterligere. I punktet der profitten maksimeres, er helningen på inntekts- og kostnadskurven den samme. (Merk at tangentlinjene rr'og cc'er parallelle.)

Figur 9.3(b) viser de tilhørende kurver for pris, grenseinntekt, gjennomsnittskostnad og grensekostnad. Grenseinntektskurven og grensekostnadskurven skjærer hverandre i $Q^* = 10$. For dette kvantum er gjennomsnittskostnaden 15 kr pr. enhet, og prisen er 30 kr pr. enhet. Dermed er profitt pr. enhet lik 30 – 15 kr = 15 kroner. I og med at det selges 10 enheter, er profitten 10·15 kr = 150 kr, gitt ved gule rektangelet.

En tommelfingerregel for prissetting

Vi vet at pris og produksjon skal velges slik at grenseinntekten er lik grensekostnaden, men hvordan kan bedriften i praksis finne den riktige pris- kvantumskombinasjon?

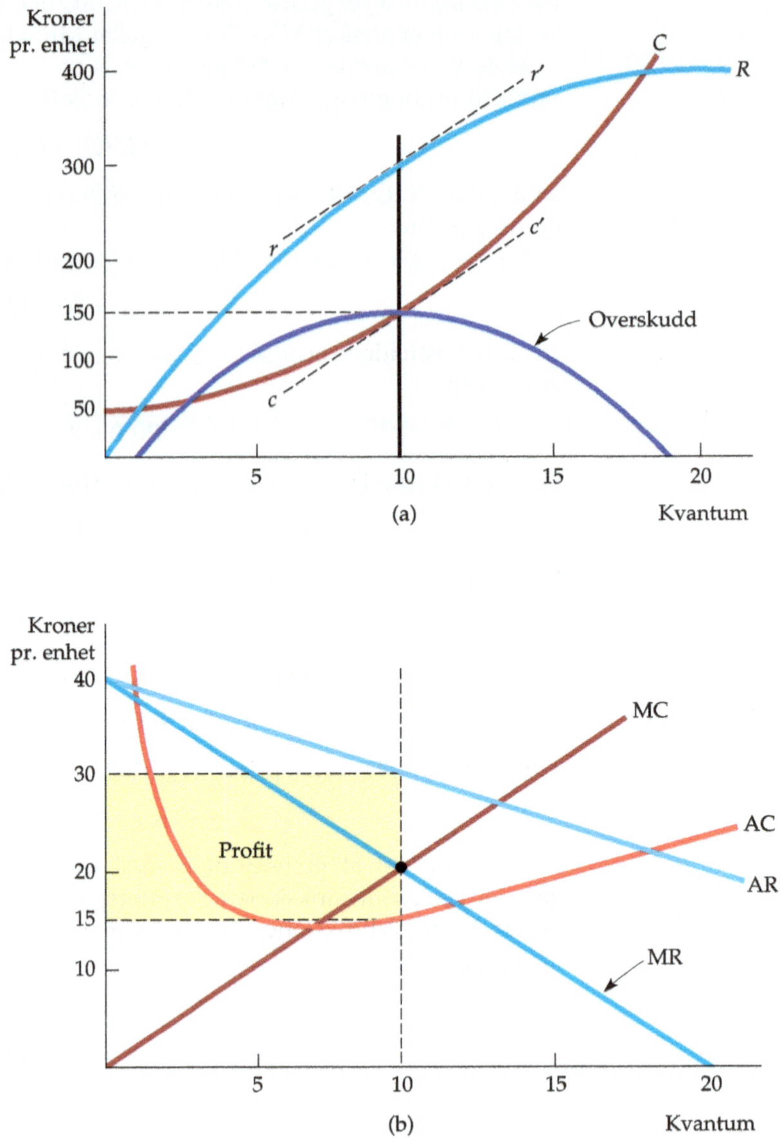

FIGUR 9.3 Eksempel på profittmaksimering

Del **(a)** viser totale inntekter *R*, totale kostnader *C* og profitt. Del **(b)** viser gjennomsnittsinntekt og grenseinntekt samt gjennomsnittskostnad og grensekostnad. Grenseinntektene er gitt ved helningen til totalinntektskurven og grensekostnaden er gitt ved stigningstallet til totalkostnadskurven. Den profittmaksimerende produksjon er $Q^* = 10$, punktet der grenseinntekt er lik grensekostnad. I dette produksjonsnivået er helningen på profittkurven lik 0, og helningen på totalinntektskurven er lik helningen på totalkostnadskurven. Overskuddet per enhet er 15 kr, differansen mellom gjennomsnittsinntekt (prisen) og gjennomsnittskostnad. I og med at det produseres 10 enheter vil profitten være lik 150 kroner.

Bedriften har generelt begrenset kunnskap om etterspørselskurven – og dermed grenseinntektskurven. I tillegg vil den også kanskje bare ha kjennskap til grensekostnadene over et begrenset produksjonsintervall. Vi vil nå omskrive betingelsen om at grenseinntekt skal være lik grensekostnad til en tommelfingerregel som kanskje lettere kan anvendes i praksis.

Vi starter med uttrykket for grenseinntekten:

$$MR = \Delta R/\Delta Q = \Delta(PQ)/\Delta Q$$

Inntektsøkningen fra en marginal endring i kvantum består av 2 komponenter:

1. Å produsere én ekstra enhet, og selge den til en pris P, gir en økning i salgsinntektene på $1 \cdot P = P$.
2. Men i og med at bedriften står overfor en synkende etterspørselskurve, vil det å selge denne ekstra enheten også resultere i en liten nedgang i pris, $\Delta P/\Delta Q$, noe som reduserer inntektene fra alle solgte enheter (dvs. en endring i omsetning $Q \cdot [\Delta P/\Delta Q]$).

Dermed har vi:

$$\text{MR} = P + Q(\Delta P/\Delta Q) = P + P(Q/P)(\Delta P/\Delta Q)$$

Elastisiteten i etterspørselen er omtalt i avsnittene 2.4 og 4.3.

Vi kom frem til uttrykket på høyre side ved å multiplisere og dele uttrykket $Q \cdot [\Delta P/\Delta Q]$ med P. Husk at elastisiteten i etterspørselen er definert som $E_d = (P/Q)(\Delta Q/\Delta P)$. Dermed er $(Q/P)(\Delta P/\Delta Q)$ den inverse av etterspørselselastisiteten, $1/E_d$, målt ved profittmaksimerende produksjon, og:

$$\text{MR} = P + P(1/E_d)$$

I og med at bedriften har som mål å maksimere profitten, setter vi grenseinntekt lik grensekostnad:

$$P + P(1/E_d) = \text{MC}$$

som, ved litt omrokkering, gir oss:

$$(P - \text{MC})/P = -(1/E_d) \qquad \textbf{(9.1)}$$

Dette gir oss en tommelfingerregel for prissetting. Venstresiden, $(P - MC)/P$, er differansen mellom pris og grensekostnad i prosent av prisen. Denne sier at påslaget (mark-up satsen) skal være lik minus den inverse verdien av etterspørselselastisiteten. (Dette tallet vil da være et positivt tall i og med at etterspørselselastisiteten er negativ.) Tilsvarende kan vi omorganisere denne ligningen til å uttrykke pris direkte som en mark-up på grensekostnaden:

$$P = \text{MC}/[1 + (1/E_d)] \qquad \textbf{(9.2)}$$

Hvis for eksempel etterspørselselastisiteten er – 4 og grensekostnaden er 9 kr, bør prisen være 9/(1 – 1/4) = 9/0,75 = 12 kr pr. enhet.

I avsnitt 7.1 forklarer vi at en frikonkurrent velger sin produksjon slik at grensekostnaden er lik prisen.

Hvordan sammenligner vi prisen satt av en monopolist med prisen under frikonkurranse? I kapittel 7 så vi at i et frikonkurransemarked vil prisen være lik grensekostnaden. En monopolist tar en pris som ligger over grensekostnaden, ***hvor påslaget er den inverse av priselastisiteten.*** Av ligning (9.1) ser vi at hvis etterspørselen er svært elastisk, vil E_d være et stort negativt tall, og prisen vil være svært nær grensekostnaden. I så fall vil et monopolmarked ligne et frikonkurransemarked. Når etterspørselen er svært elastisk, er det ikke rare gevinsten i å være monopolist.

Merk også at en monopolist aldri vil produsere et kvantum som er på den uelastiske delen av etterspørselskurven – dvs. der etterspørselselastisiteten er mindre enn 1 i absoluttverdi. For å se hvorfor, anta at monopolisten produserer i et punkt på etterspørselskurven hvor elastisiteten er –0,5. I så fall kunne monopolisten tjene mer penger ved å selge mindre til en høyere pris. (En nedgang i produksjonen på for eksempel 1 % ville åpne for at prisen kunne settes 2 % høyere, og dermed gi en økning i salgsinntektene på 1 %. Hvis grensekostnaden var større enn null, ville profitten øke med mer enn 1 % i og med at kostnadene synker når det produseres

I avsnitt 4.3 og tabell 4.3 forklarer vi at når prisen øker, øker salgsinntektene hvis etterspørselen er uelastisk, avtar hvis etterspørselen er elastisk, og er uendret hvis elastisiteten er lik 1.

mindre.) Når monopolisten reduserer produksjonen og hever prisen, vil den flytte seg oppover etterspørselskurven til et punkt der elastisiteten er større enn 1 i absoluttverdi og mark-up regelen i ligning (9.2) ville bli tilfredsstilt.

Anta nå at grensekostnadene er lik null. I så fall kan vi ikke bruke ligning (9.2) direkte for å bestemme profittmaksimerende pris. Men vi kan se fra ligning (9.1) at for å maksimere profitten, vil bedriften produsere i det punktet der etterspørselselastisiteten akkurat er –1. Hvis grensekostnaden er lik null, vil profittmaksimering tilsvare maksimering av inntektene, og inntektene maksimeres når $E_d = -1$.

Eksempel 9.1

Astra-Mercks prising av Prilosec®

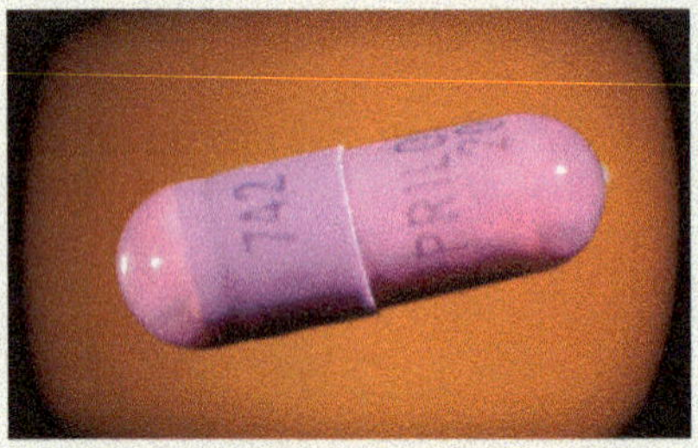

I 1995 ble det utviklet et nytt legemiddel for behandling av magesår. Medisinen, Prilosec, var utviklet av Astra-Merck og representerte en ny generasjon medisinering. Det var allerede andre medisiner på markedet: Tagamet ble tilgjengelig i 1977, Zantac i 1983, Pepcid i 1986 og Axid i 1988. Prilosec var imidlertid basert på en helt annen biokjemisk mekanisme enn de andre medisinene, og var mye mer effektiv. I 1996 var Prilosec den meste solgte medisinen i verden og hadde ingen nære konkurrenter.

I USA i 1995 priset Astra-Merck Prilosec til rundt 3,5 dollar for en daglig dose (til sammenligning var prisene for Tagamet og Zantac på henholdsvis ca. 1,5 dollar og 2,25 dollar). Var denne prisingen forenlig med mark-up formelen (9.1)? Grensekostnaden for å produsere og pakke en daglig dose var ca. 30–40 cent. De lave grensekostnadene skulle indikere at etterspørselselastisiteten burde være i størrelsesorden ca. –1,0 til –1,2. Basert på statistiske studier av etterspørselen etter legemidler er dette faktisk et rimelig anslag for etterspørselselastisiteten. Dermed var det å sette en pris på Prilosec som var over 400 % høyere enn grensekostnadene i tråd med vår tommelfingerregel for prising.

Skift i etterspørselen

I et frikonkurransemarked er det en grei sammenheng mellom pris og tilbudt kvantum. Sammenhengen er gitt ved tilbudskurven – som representerer grensekostnadene for alle bedriftene i markedet. Tilbudskurven forteller oss hvor mye som blir produsert for ulike nivåer på prisen.

Monopolisten har på sin side ingen tilbudskurve. Årsaken til dette er at monopolistens produksjonsbeslutning ikke bare avhenger av grensekostnadene, men også av hvordan etterspørselskurven ser ut. Følgelig kan vi ikke behandle skift i etterspørselen på samme måte i en monopolsetting som i en frikonkurransesetting. I monopoltilfellet kan en endring i etterspørselen føre til en endring i pris, men ingen endring i produksjonen, en endring i produksjon, men ingen endring i pris, eller endringer i både pris og produksjon.

Dette prinsippet er illustrert i figur 9.4(a) og (b). I begge deler av figuren er etterspørselskurven i utgangspunktet D_1, MR_1 er den korresponderende grenseinntektskurven og monopolistens initiale pris- og kvantumskombinasjon er P_1 og Q_1. I figur 9.4(a) har etterspørselskurven skiftet innover og blitt flatere. Den nye etterspørsels- og grenseinntektskurven er gitt ved D_2 og MR_2. Legg merke til at MR_2 skjærer grensekostnads-kurven i samme punkt som MR_1. Følgelig forblir produsert kvantum det samme. Prisen, derimot, synker til P_2.

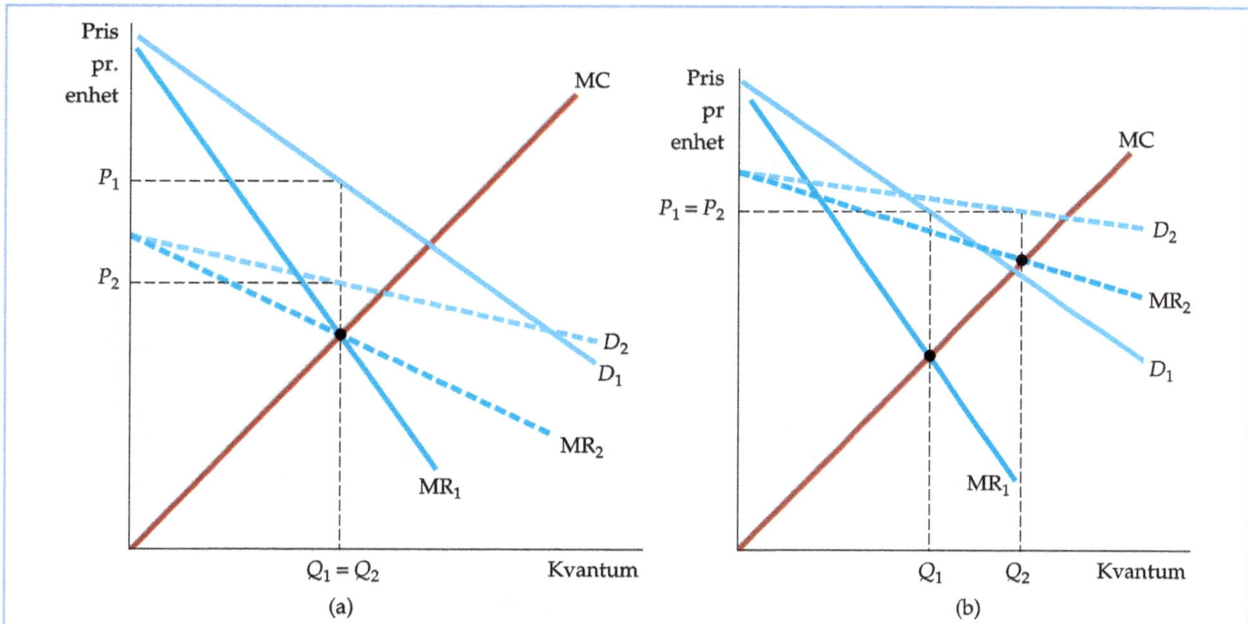

FIGUR 9.4 Skift i etterspørselen

Ved å skifte etterspørselskurven ser vi at monopolisten ikke har noen tilbudskurve. I **(a)**, skifter etterspørselskurven fra D_1 til D_2. Men den nye grenseinntektskurven MR_2 skjærer grensekostnadskurven i det samme punkt som den gamle grenseinntektskurven MR_1. Den profittmaksimerende produksjon forblir derfor den samme, selv om prisen faller fra P_1 til P_2. I **(b)**, skjærer den nye grenseinntektskurven, MR_2, grensekostnadskurven for et høyere produksjonsnivå Q_2. Men, i og med at etterspørselen nå er mer elastisk, er prisen den samme.

I figur 9.4(b) skifter etterspørselskurven oppover og blir flatere. Den nye grenseinntektskurven, MR_2, skjærer grensekostnadskurven ved et høyere kvantum, Q_2 i stedet for Q_1. Men skiftet i etterspørselskurven er slik at prisen forblir den samme som før.

Skift i etterspørselen vil vanligvis føre til endringer i både pris og kvantum. Spesialtilfellene vist i figur 9.4 illustrerer imidlertid en viktig forskjell mellom monopolistens tilbud og tilbudet under frikonkurranse. I et frikonkurransemarked vil det bli tilbudt spesifikke kvanta for ulike prisnivåer. For en monopolist eksisterer det ikke et slikt forhold. Monopolisten kan, avhengig av hvordan etterspørselen skifter, produsere ulike kvanta til samme pris, eller samme kvantum for ulike priser.

Effekten av en avgift

En avgift pr. produsert enhet vil også ha en annen effekt for en monopolist enn i et frikonkurransemarked. I kapittel 8 så vi at en stykkavgift i et frikonkurransemarked generelt førte til at markedsprisen økte mindre enn selve avgiftsbeløpet, og at skattebyrden deles mellom produsenter og konsumenter. I tilfellet med monopol kan imidlertid prisen i noen tilfeller øke mer enn avgiftsatsen.

I avsnitt 8.6 forklarer vi at en stykkavgift er et kronebeløp i skatt pr. solgte enhet og vi viser hvordan en slik avgift påvirker pris og omsatt kvantum.

Det å analysere effekten av en avgift i monopoltilfellet er greit. Anta at det pålegges en avgift på t kr pr. solgte enhet, slik at monopolisten må betale t kroner til staten for hver enhet som selges. Bedriftens grensekostnad (og gjennomsnittskostnad) vil da øke med avgiftens størrelse. Hvis MC var bedriftens opprinnelige grensekostnad, er optimal produksjon nå gitt ved:

$$MR = MC + t$$

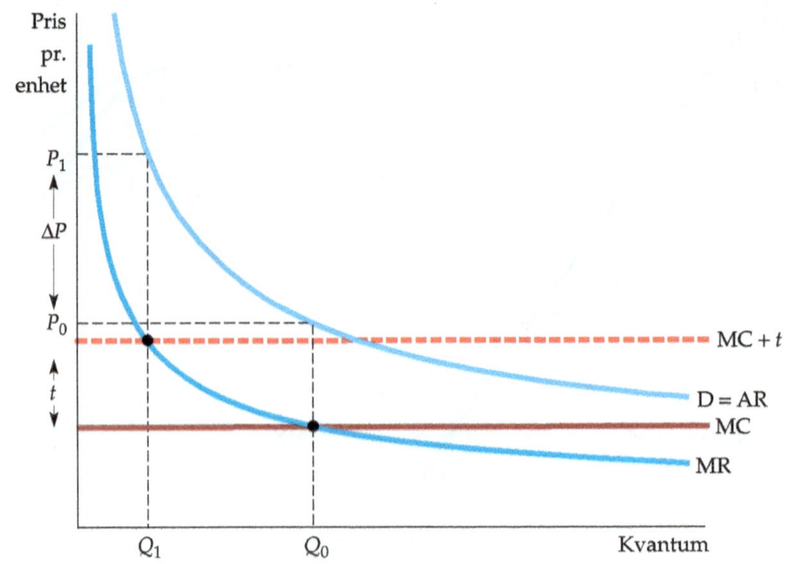

FIGUR 9.5 Effekten en stykkavgift

Med en avgift t per enhet, øker bedriftens effektive grensekostnad med beløpet t til MC + t. I dette eksemplet er prisøkningen større enn avgiften t.

I avsnitt 8.2 forklarer vi at en bedrift maksimerer profitten ved å velge den produksjonen der grenseinntekt er lik grensekostnad.

Grafisk skifter vi grensekostnadskurven oppover med et beløp t, og finner det nye skjæringspunktet med grenseinntektskurven. Dette er illustrert i figur 9.5. Her er Q_0 og P_0 tilpasning før avgiften pålegges og Q_1 og P_1 er tilpasningen etter.

Når grensekostnadskurven skifter oppover, fører dette til lavere kvantum og høyere pris. I noen tilfeller øker prisen mindre enn avgiftens størrelse, mens i andre tilfeller kan prisen øke mer – som illustrert i figur 9.5. Dette ville være umulig i et frikonkurransemarked, men det kan skje i et monopolistisk marked fordi forholdet mellom pris og grensekostnad avhenger av etterspørselens priselastisitet. Anta for eksempel at en monopolist står overfor en etterspørselskurve med konstant elastisitet lik – 2, og at grensekostnadene også er konstante. Ligning (9.2) forteller oss da at prisen vil være dobbelt så høy som grensekostnadene. Med en avgift lik t vil grensekostnadene øke til MC + t og prisen vil øke til $2(MC + t) = 2MC + 2t$, dvs. at prisen øker med det dobbelte av avgiften.

9.2 MARKEDSMAKT

Rene monopoler er sjeldne saker. Det er langt vanligere at markedet består av flere bedrifter som konkurrerer med hverandre. Det er imidlertid mange bedrifter som står overfor synkende etterspørselskurver – noe som tilsier at pris ligger over grensekostnad. Anta for eksempel at fire bedrifter produserer tannbørster og at markedets etterspørselskurve er gitt ved:

$$Q = 500\,000 - 200\,000P$$

som vist i figur 9.6(a). La oss anta at disse fire bedriftene samlet produserer 200 000 tannbørster pr. dag (50 000 hver pr. dag), og selger dem for 15 kr pr. stykk. Merk deg at etterspørselen er relativt uelastisk.

Anta nå at bedrift *A* vurderer å sette ned prisen for å øke salget. I denne vurderingen må den ta hensyn til hvordan etterspørselen reagerer på en prisendring. Med andre ord, den må ha en formening om etterspørselskurven den står overfor – i motsetning

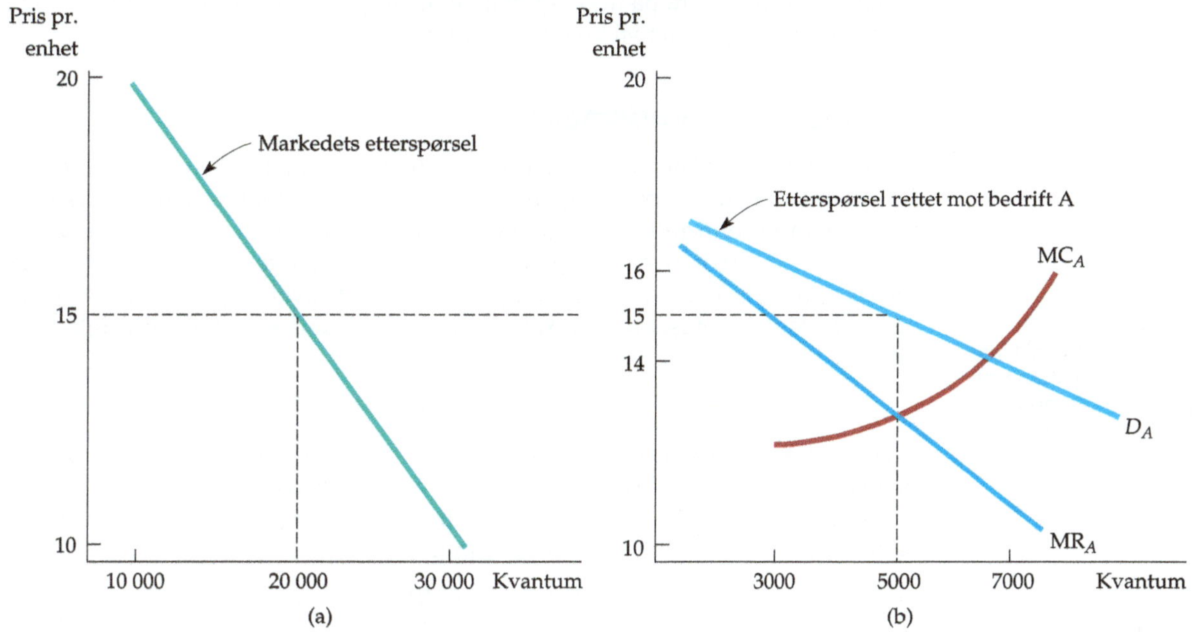

FIGUR 9.6 Etterspørselen etter tannbørster

Del **(a)** viser markedets etterspørsel etter tannbørster. Del **(b)** viser etterspørselen etter tannbørster sett fra bedrift *A*'s ståsted. Til en markedspris på 15 kr er elastisiteten i markedsetterspørselen lik –1,5. Bedrift *A* derimot, ser en mye mer elastisk etterspørselskurve D_A på grunn av konkurranse fra andre bedrifter. Ved en pris på 15 kr er elastisiteten i etterspørselen rettet mot *A* lik –6. Bedrift *A* har likevel noe markedsmakt: Den profittmaksimerende pris er 15 kr, noe som overstiger grensekostnaden.

til markedets etterspørselskurve. En rimelig variant er vist i figur 9.6(b), der bedriftens etterspørselskurve D_A er mye mer elastisk enn markedets etterspørselskurve. (Når prisen er 15 kr, er priseelastisiteten – 6,0.) Bedriften anslår at ved å øke prisen fra 15 til 16 kr vil etterspørselen synke fra 5000 til 3000 tannbørster i og med at en del etterspørrere velger å kjøpe andre merker. (Hvis alle bedriftene øker prisen til 16 kr, vil bedrift A sitt salg bare synke til 4500 stykker.) Det er flere grunner til at salget ikke faller til null, slik som det ville hvis bedriften hadde operert i et frikonkurransemarked. For det første, hvis bedrift As tannbørster er litt forskjellig fra konkurrentenes, vil noen forbrukere betale litt mer for dem. For det andre kan det tenkes at de andre bedrifter også øker prisen.

Dermed vil bedrift AS etterspørselskurve avhenge både av hvor mye produktet skiller seg fra konkurrentenes produkter, og av hvordan de fire bedriftene konkurrerer med hverandre. Vi vil diskutere produktdifferensiering og konkurranse i kapitlene 10 og 11. Men et viktig poeng bør være klart: *Bedrift A står trolig overfor en etterspørselskurve som er mer elastisk enn markedets etterspørselskurve, men som ikke er uendelig elastisk som i tilfellet for en frikonkurrent.*

Gitt informasjonen om etterspørselskurven, hvor mye skal bedrift *A* produsere? Det samme prinsippet gjelder her som før: Profittmaksimerende kvantum finner vi der grenseinntekt er lik grensekostnad. Som illustrert i figur 9.6(b) er det 5000 enheter. Den tilhørende prisen er 15 kr – noe som overstiger grensekostnaden. Dermed, selv om bedrift A ikke er en ren monopolist, *har den markedsmakt* – det kan være lønnsomt å ta en pris som ligger over grensekostnaden.

Dette reiser to spørsmål:

1. Hvordan kan vi *måle* markedsmakt for å kunne sammenligne en bedrift med en annen? (Så langt har vi bare snakket om markedsmakt i kvalitative termer.)
2. Hva er *kildene* til markedsmakt, og hvorfor har noen bedrifter mer markedsmakt enn andre?

Vi skal se litt nærmere på disse spørsmålene nedenfor, mens et mer fullstendig svar på det andre spørsmålet vil bli gitt i kapitlene 10 og 11.

Måling av markedsmakt

Lernerindeksen
Måler markedsmakt ved differansen mellom pris og grensekostnad i prosent av prisen

Husk det viktige skillet mellom en frikonkurrent og en bedrift som har markedsmakt: For frikonkurrenten er pris lik grensekostnad, mens for bedriften med markedsmakt er prisen høyere enn grensekostnaden. Derfor er en naturlig måte å måle markedsmakt på å undersøke hvor mye prisen ligger over grensekostnaden. Vi kan benytte mark-up satsen, differansen mellom pris og grensekostnad dividert på prisen. Dette målet på markedsmakt, presentert av Abba Lerner i 1934, kalles for **Lernerindeksen** og er gitt ved:

$$L = (P - MC)/P$$

Lernerindeksen vil alltid ligge mellom 0 og 1. I frikonkurranse er pris lik grensekostnad og $L = 0$. Jo større L er desto større er graden av markedsmakt.

Denne indeksen for markedsmakt kan også uttrykkes i form av elastisiteten i bedriftens etterspørselkurve. Vi setter inn fra ligning (9.1) og får:

$$L = (P - MC)/P = -(1/E_d) \qquad \textbf{(9.3)}$$

Husk imidlertid at E_d nå er elastisiteten i bedriftens etterspørselskurve, ikke markedets. I eksemplet med tannbørster ovenfor var elastisiteten i etterspørselen etter bedrift As tannbørster lik – 6.0, og graden av monopolmakt ville da bli 1/6 = 0,167.

Merk deg at betydelig markedsmakt ikke nødvendigvis betyr høy fortjeneste. Profitten er avhengig av forholdet mellom pris og gjennomsnittskostnad. Bedrift *A* kan ha mer markedsmakt enn bedrift *B*, men ha lavere profitt på grunn av høyere gjennomsnittskostnader.

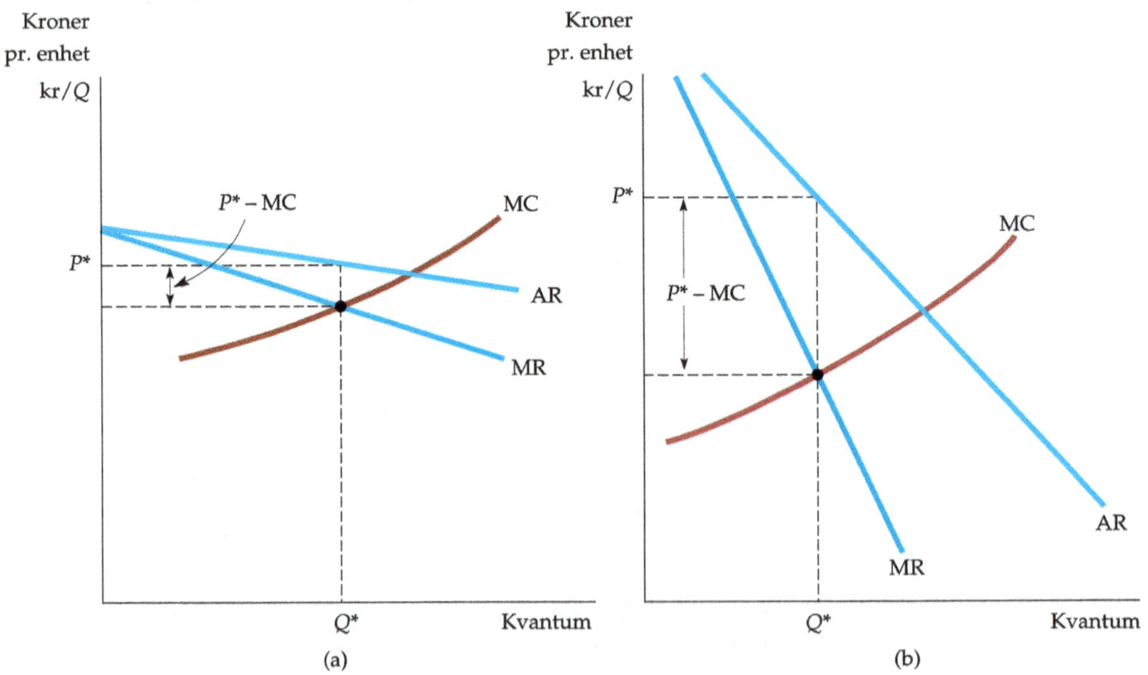

FIGUR 9.7 Etterspørselselastisitet og mark-up

Mark-up satsen $(P - MC)/P$ er lik minus den inverse av etterspørselselastisiteten bedriften står overfor. Hvis bedriftens etterspørsel er elastisk, som i **(a)**, er mark-up faktoren lav og bedriften har liten markedsmakt. Det motsatte gjelder hvis etterspørselen er relativt uelastisk, som i **(b)**.

Tommelfingerregel for prissetting

I forrige avsnitt brukte vi ligning (9.2) som en enkel *mark-up regel* for prissetting:

$$P = MC/[1 + (1/E_d)]$$

Dette forholdet gir en tommelfingerregel for *enhver* bedrift med markedsmakt. Det er imidlertid vanskeligere å anslå elastisiteten i bedriftens etterspørsel enn i markedets, i og med at den avhenger av hvordan konkurrentene vil reagere på prisendringer. Anslagene vil da gjerne være basert på erfaringer og skjønn. Gitt at man har et anslag på elastisiteten kan det beregnes en passende mark-up sats. Hvis elastisiteten er stor, vil mark-up satsen bli liten (og vi kan si at bedriften har svært liten markedsmakt), og omvendt hvis elastisiteten er liten. Figur 9.7(a) og 9.7(b) illustrerer disse to ytterpunktene.

9.3 KILDER TIL MARKEDSMAKT

Hvorfor har noen bedrifter betydelig markedsmakt, mens andre bedrifter har liten eller ingen? Husk at markedsmakt dreier seg om muligheten til å sette pris høyere enn grensekostnad, og at denne differansen avhenger av elastisiteten i etterspørselen rettet mot den enkelte bedrift. Som vi ser av ligning (9.4), vil bedriften ha *mer markedsmakt jo lavere elastisiteten er.* Vi kan derfor reformulere spørsmålet: Hvorfor er etterspørselens priselastisitet større for noen (som for eksempel dagligvarekjeder) enn for andre (som for eksempel tilbydere av designerklær)?

Det er fire faktorer som bestemmer elastisiteten i etterspørselskurven rettet mot den enkelte bedrift:

1. *Elastisiteten i markedets etterspørsel*. I og med at elastisititeten i etterspørselen rettet mot den enkelte bedrift må være minst like elastisk som markedets etterspørsel, vil markedets priselastistitet legge begrensinger på potensialet for markedsmakt.
2. *Antall bedrifter i markedet*. Hvis det er mange bedrifter, er det usannsynlig at den enkelte bedrift er i stand til å påvirke prisen i særlig grad.
3. *Interaksjonen mellom bedriftene*. Selv om det bare er to eller tre bedrifter i markedet, kan konkurransen være aggressiv hvis bedriftene prøver å oppnå så store markedsandeler som mulig.
4. *Graden av produktdifferensiering*. Dette kommer vi nærmere tilbake til når vi skal se markedsformen monopolistisk konkurranse i kapittel 11.

La oss se litt nærmere på hver av disse tre første faktorene bak markedsmakt.

Elastisiteten i markedets etterspørsel

Hvis det bare er én bedrift – et rent monopol – faller bedriftens etterspørselskurve sammen med markedets. I dette tilfellet avhenger bedriftens grad av markedsmakt helt av elastisiteten i markedets etterspørsel. Det er imidlertid vanligere at flere bedrifter konkurrer med hverandre. I så fall vil elastisiteten i markedets etterspørsel sette en nedre grense for elastisiteten i etterspørselen rettet mot den enkelte bedrift. Ta for eksempel tilfellet med produsenter av tannbørster i figur 9.6. Markedets etterspørsel etter tannbørster er kanskje ikke veldig elastisk, men etterspørselen rettet mot den enkelte bedrift er mer elastisk. (I figur 9.6 er elastisiteten i markedets etterspørsel lik –1,5, mens elastisiteten i etterspørselen rettet mot den enkelte bedrift er – 6.) Elastisiteten for den enkelte bedrift avhenger av hvordan bedriftene konkurrerer, men uansett vil ikke elastisiteten bli mindre enn –1,5.

I og med at etterspørselen etter olje er ganske uelastisk (i hvert fall på kort sikt), kunne OPEC sette oljeprisen langt over grensekostnaden på 1970–tallet og tidlig på 80-tallet. I og med at etterspørselen etter produkter som kaffe, kakao, tinn og kobber er mye mer elastisk, har forsøk på å danne karteller for å presse prisen opp stort sett mislyktes. I hvert tilfelle begrenser elastisiteten i markedets etterspørsel den enkelte produsents potensielle markedsmakt.

Antall bedrifter

Den andre faktoren er antall bedrifter i markedet. Hvis alt annet er likt, vil hver enkelt bedrifts markedsmakt synke når antall bedrifter øker: Jo flere bedrifter det er i markedet, jo vanskeligere blir det for de enkelte bedrift å heve prisen uten å miste en betydelig andel av salget.

Det som selvfølgelig også er av betydning er om det er noen bedrifter som har store markedsandeler. Hvis det for eksempel er to store bedrifter som står for 90 prosent av omsetningen i et marked, med ytterligere 20 bedrifter som står for de resterende 10 prosentene, kan de to store bedriftene ha betydelig markedsmakt. Når det kun er noen få store bedrifter som står for mesteparten av salget i et marked, sier vi at markedet er svært *konsentrert*.

Når det er få bedrifter i en bransje er lederne i disse bedriftene gjerne opptatt at det ikke skal komme nye bedrifter inn i bransjen. En økning i antall bedrifter vil redusere markedsmakten til de bedriftene som var i bransjen i utgangspunktet. Et viktig aspekt ved konkurransestrategi (nærmere omtalt i kapittel 12) er nettopp å finne måter å skape **etableringshindringer** på, forhold som avskrekker potensielle konkurrenter fra å etablere seg.

etableringshindringer
Forhold som hindrer nyetablering

> I avsnitt 7.4 forklarer vi at en bedrift har stordriftsfordeler når den kan doble produksjonen for mindre enn en dobling av kostnadene.

Noen ganger er det naturlige etableringshindringer. En bedrift kan for eksempel ha *patent* på teknologien som skal til for å produsere et bestemt produkt. Dette gjør det vanskelig/umulig for andre bedrifter å komme inn på markedet, i hvert fall inntil patentet utløper. Andre lovgitte rettigheter fungerer på samme måte – behovet for konsesjon fra myndighetene kan hindre nye bedrifter i å komme inn i markedene for telefontjenester, radio- og fjernsynssendinger. Stordriftsfordeler kan også gjøre det vanskelig for nye å etablere seg. Eksisterende bedrifter som produserer store kvanta har ofte lave gjennomsnittskostnader og det vil være vanskelig for en som skal etablere seg å konkurrere med disse.

Interaksjonen mellom bedrifter

Måten bedriftene konkurrer på er også en viktig, og ofte den viktigste faktoren bak markedsmakt. Anta at det er fire bedrifter i et marked. De kan konkurrere aggressivt ved å underby hverandre for å prøve å kapre markedsandeler. Dette kan drive prisene ned mot frikonkurranseprisen. Hver enkelt bedrift frykter at hvis den øker prisen så vil den bli utkonkurrert og miste store markedsandeler. Følgelig vil bedriftene se for seg at de har liten markedsmakt.

På den annen side kan det hende at konkurransen mellom bedriftene ikke er særlig sterk. De kan samarbeide og bli enige om å begrense produksjonen og øke prisene. Denne form for samarbeid kan gi betydelig markedsmakt.

Vi skal se nærmere på interaksjonen mellom bedrifter i kapitlene 11 og 12. Vi nøyer oss bare her med å påpeke at alt annet likt, blir markedsmakten lavere jo mer aggressiv konkurransen mellom bedriftene er.

9.4 DE SAMFUNNSØKONOMISKE KOSTNADENE VED MARKEDSMAKT

I et frikonkurransemarked er pris lik grensekostnad. Markedsmakt, derimot, innebærer at prisen settes høyere enn grensekostnaden. I og med at markedsmakt resulterer i høyere priser og lavere produksjon vil vi forvente at konsumentene kommer dårligere ut mens bedriftene gjør det bedre – enn i tilfellet uten markedsmakt. Men gitt at vi verdsetter konsumentenes og produsentenes velferd likt, vil vi da i sum komme bedre eller dårligere ut av det?

Vi kan svare på dette spørsmålet ved å sammenligne konsument- og produsentoverskuddet i henholdsvis frikonkurranse- og monopoltilfellet. (Vi antar at kostnadskurvene er like i de to tilfellene.) I figur 9.8 har vi vist etterspørselskurven, grenseinntektskurven og grensekostnadskurven for monopolisten. Profittmaksimum for monopolisten er gitt ved P_m og Q_m, mens frikonkurranselikevekten er gitt ved P_c og Q_c. La oss så se på hvordan overskuddene endres når vi beveger oss fra frikonkurranselikevekten til monopolløsningen.

I avsnitt 7.1 forklarer vi at konsumentoverskuddet er differansen mellom marginal betalingsvillighet og pris og at produsentoverskuddet er differansen mellom pris og grensekostnad.

På grunn av høyere pris under monopolet vil de konsumentene som fortsatt kjøper godet, miste noe av konsumentoverskuddet, gitt ved rektangelet *A*. De konsumenter som nå velger å ikke kjøpe godet mister også et overskudd, gitt ved trekanten *B*. Den samlede reduksjon i konsumentoverskudd blir da *A* + *B*. Produsentene på sin side, får et tilskudd til overskuddet på grunn av høyere pris, gitt ved *A*. Men de går også glipp av noe, gitt ved trekanten *C*, i og med at kvantumet er lavere. Den samlede økning i produsentoverskudd er derfor *A* – *C*. Summerer vi konsumentenes tap og produsentenes gevinst får vi et netto tap på *B* + *C*. Dette er effektivitetstapet under monopol.

Rent seeking

rent seeking
Bruk av penger på samfunnsøkonomisk uproduktive aktiviteter for å oppnå, vedlikeholde eller utøve markedsmakt

I praksis vil de samfunnsøkonomiske kostnadene av markedsmakt sannsynligvis overstige effektivitetstapet gitt ved *B* og *C* i figur 9.8. Årsaken er at bedriften kan bruke ressurser på såkalt **rent seeking** (tilraning av monopolfordeler), dvs. at den bruker penger på samfunnsøkonomisk sett uproduktive aktiviteter for å oppnå, vedlikeholde eller utøve sin monopolmakt. Denne type aktiviteter kan omfatte

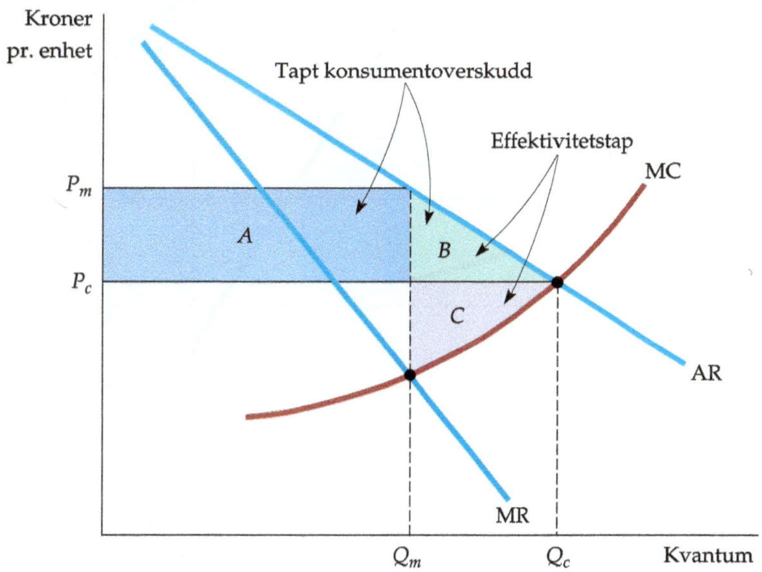

FIGUR 9.8 Markedsmakt og effektivitetstap

Rektanglet og trekantene viser endringer i konsument- og produsentoverskudd når vi beveger oss fra frikonkurranselikevekten, P_c og Q_c, til en monopolpris og -kvantum, P_m og Q_m. På grunn av høyere pris taper konsumentene *A* + *B* og produsenten vinner *A* – *C*. Effektivitetstapet er gitt ved *B* + *C*.

lobbyvirksomhet (og kanskje valgkampbidrag) for å få statlige reguleringer som gjør det vanskeligere for andre å etablere seg. Aktivitetene kan også innebære investeringer i ekstra produksjonskapasitet, men som ikke benyttes, for å prøve å overbevise potensielle konkurrenter om at de ikke kan oppnå et så stort salg at det er lønnsomt å etablere seg. De økonomiske insentivene for å pådra seg rent seeking kostnader er direkte knyttet til størrelsen på gevinstene ved å ha markedsmakt (dvs. rektangelet A minus trekanten C.). Følgelig vil de samfunnsøkonomiske kostnadene ved monopol være høyere jo større overføringen fra konsumenter til produsenter er.

Prisregulering

På grunn av de samfunnsøkonomiske kostnadene knyttet til markedsmakt, har man i de fleste land innført konkurranselovgivning, noe vi kommer tilbake til i slutten av kapittelet. Her skal vi se på en annen metode for å begrense markedsmakt – prisregulering.

I kapittel 8 så vi at en prisregulering i et frikonkurransemarked førte til et effektivitetstap. Dette gjelder imidlertid ikke når bedriftene har markedsmakt. Da kan en prisregulering tvert i mot fjerne effektivitetstap.

I figur 9.9 har vi illustrert en prisregulering. P_m og Q_m er pris og kvantum i tilfellet uten regulering – dvs. det som følger av at grenseinntekt er lik grensekostnad. Anta så at prisen ikke kan settes høyere enn P_1. For å finne bedriftens profittmaksimerende produksjon, må vi finne ut hvordan etterspørsels- og grenseinntektskurven berøres av reguleringen.

I og med at bedriften ikke kan ta en pris høyere enn P_1 opp til Q_1, vil etterspørselskurven bli en horisontal linje i P_1. For produksjonsnivåer høyere enn Q_1

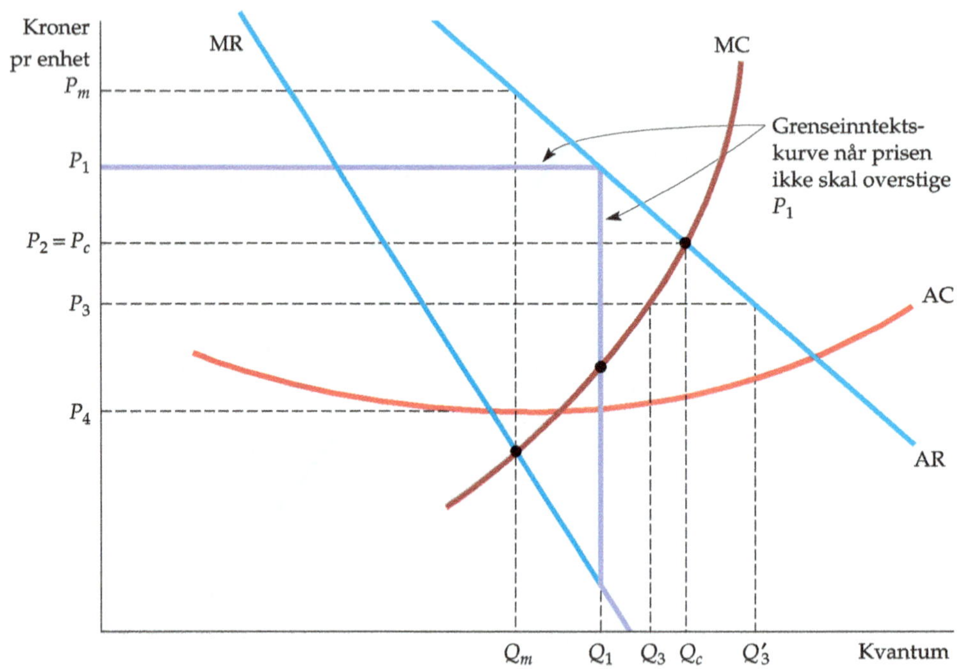

FIGUR 9.9 Prisregulering

Overlatt til seg selv vil monopolisten produsere Q_m og ta en pris P_m. Når myndighetene innfører en maksimalpris på P_1 vil bedriftens gjennomsnittinntekt være konstante lik P_1 for produksjon opp til Q_1. For høyere produksjonsnivåer vil den opprinnelige gjennomsnitts- og grenseinntektskurve gjelde. Den nye grenseinntektskurven er derfor den lilla linjen, som skjærer grensekostnadskurven i Q_1. Når prisen senkes til P_c, i punktet der grensekostnad er lik pris, øker produksjonen til Q_c. Dette er produksjonsnivået under frikonkurranse. Senkes prisen ytterligere, til P_3, reduseres produksjonen til Q_3 og fører til et etterspørselsoverskudd, $Q'_3 - Q_3$.

faller den nye etterspørselskurven sammen med den gamle. For disse produksjonsnivåer vil bedriften ta en pris lavere enn P_1 og vil ikke være berørt av prisreguleringen.

Bedriftens nye grenseinntektskurve korresponderer med den nye etterspørselskurven og er angitt ved den lilla linjen i figur 9.9. For produksjon opp til Q_1 vil grenseinntekten falle sammen med etterspørselkurven. For produksjonsnivåer høyere enn Q_1 er den nye grenseinntektskurven lik den opprinnelige grenseinntektskurven. Dermed vil grenseinntektskurven bestå av tre linjestykker: (1) den horisontale linjen i P_1 for kvantum opp til Q_1, (2) en vertikal linje i Q_1 og (3) den opprinnelige grenseinntektskurven for kvantum større enn Q_1.

For å maksimere profitten skal bedriften produsere Q_1, i og med at vi her har likhet mellom grenseinntekt og grensekostnad. I dette tilfellet vil effektivitetstapet ha blitt redusert. Hvis prisen senkes ytterligere, vil produksjonen øke og effektivitetstapet vil synke ytterligere. Til prisen P_c, der etterspørselskurven skjærer grensekostnadskurven, vil effektivitetstapet være helt eliminert. Settes prisen enda lavere, si P_3, vil produksjonen synke. Dette blir det samme som en maksimalpris i et frikonkurransemarked. Det oppstår et etterspørselsoverskudd, $(Q'_3 - Q_3)$, i tillegg til effektivitetstapet på grunn av reguleringen. Til slutt, hvis prisen settes under P_4, som er laveste nivå på gjennomsnittkostnaden, taper selskapet penger og går ut av bransjen.

Naturlig monopol

naturlig monopol
En bedrift som kan produsere et gitt kvantum til lavere kostnader enn om dette kvantumet skulle vært fordelt på flere bedrifter

Prisregulering benyttes oftest i tilfellet med såkalte naturlige monopoler, som for eksempel kraftselskaper og selskaper innen telekommunikasjon. Et **naturlig monopol** er en bedrift som kan produsere et gitt kvantum til lavere kostnader enn om dette kvantumet skulle bli delt mellom flere bedrifter. Hvis en bedrift er et naturlig monopol, er det mer effektivt å la den betjene hele markedet i stedet for å ha flere konkurrerende bedrifter.

Et naturlig monopol oppstår vanligvis når det er sterke stordriftsfordeler, som illustrert i figur 9.10. Dersom bedriften representert i figuren ble splittet opp i to

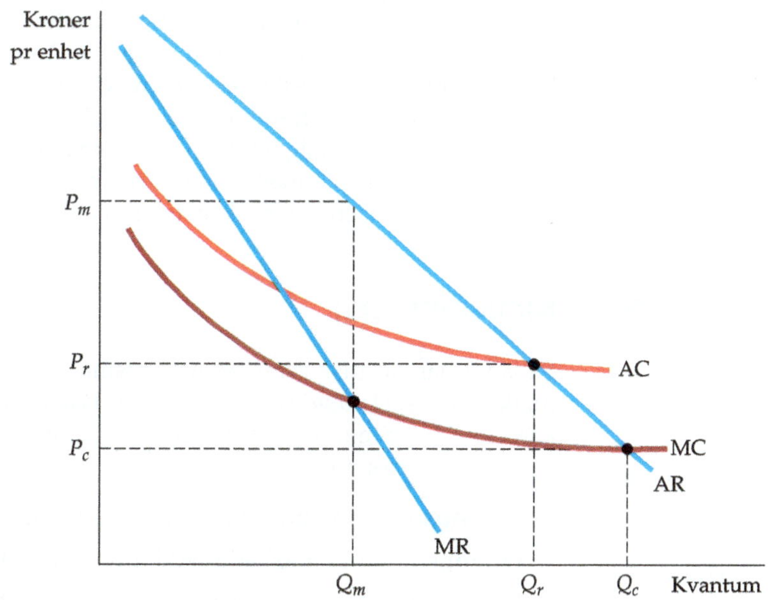

FIGUR 9.10 Prisregulering ved naturlig monopol

En bedrift er et naturlig monopol fordi den har stordriftsfordeler (fallende gjennomsnitts- og grensekostnader) for alle produksjonsnivåer. Hvis prisen var regulert til P_c ville bedriften tape penger og gå ut av markedet. Settes prisen til P_r gir dette størst mulig produksjon, gitt at bedriften ikke skal gå ut av markedet – altså ha en profitt lik 0.

konkurrerende bedrifter, hvor de delte markedet, ville gjennomsnittskostnaden for hver av dem være høyere enn om hele produksjonen fant sted i det opprinnelige monopolet.

I og med at gjennomsnittskostnaden er synkende, vil grensekostnaden ligge under gjennomsnittskostnaden for alle produksjonsnivåer. Dersom bedriften ikke er regulert, vil den produsere Q_m og ta en pris P_m. Ideelt sett ville myndighetene presse prisen ned til frikonkurranseprisen P_c. Her ville imidlertid ikke bedriften få dekket sine gjennomsnittskostnader og ville dermed gått med underskudd. Et alternativ er derfor å regulere prisen til P_r, hvor pris er lik gjennomsnittskostnad. I dette tilfellet vil ikke bedriften oppnå noen monopolprofitt, men den vil ha en normalavkastning og vil kunne overleve i bransjen.

Regulering i praksis

I figur 9.9 så vi at frikonkurranseprisen, P_c, ble bestemt av skjæringspunktet mellom grensekostnadskurven og etterspørselskurven. I tilfellet med naturlig monopol så vi at den lavest mulige pris var gitt ved P_r, der gjennomsnittskostnadskurven skjærer etterspørselskuven (se figur 9.10). Dessverre er det ofte vanskelig å fastslå disse prisene nøyaktig i praksis i og med at etterspørselkurven og kostnadskurvene skifter når markedsforholdene endres.

Følgelig vil regulering av et monopol noen ganger være basert på den kapitalavkastning bedriften har. Myndighetene fastsetter en gitt pris slik at denne avkastningen i en viss forstand er "normal"eller "rimelig". Denne form for regulering betegnes som **avkastningsregulering**.

avkastningsregulering
En maksimalpris fastsatt av myndighetene basert på bedriftens forventede avkastning

Igjen er det en del problemer knyttet til denne type regulering. Det er blant annet vanskelig å estimere verdien av bedriftens kapitalutstyr – en verdi som er hovedelementet i beregning av kapitalavkastningen. Uenighet om hvilke tall som skal legges til grunn i avkastningsberegningen, kan føre til forsinkelser i myndighetenes respons på endrede kostnader eller endrede markedsforhold. (De som profitterer mest på dette er kanskje advokater, revisorer og økonomikonsulenter.) Vi kan ende opp med at det tar et år eller mer før de regulerte prisene endres.

En annen tilnærming til regulering er å sette et pristak basert på bedriftens variable kostnader, historiske priser, og muligens inflasjon og produktivitetsvekst. Et pristak kan gi mer rom for fleksibilitet enn en avkastningsregulering. I tilfellet med et pristak vil for eksempel bedriften kunne få lov til å øke sine priser hvert år (uten behov for godkjenning fra myndighetene) i takt med den faktiske inflasjon fratrukket forventet produktivitetsvekst. I noen land har denne type regulering blant annet blitt benyttet for å regulere prisene på bruk av telefon.

9.5 MONOPSONI

Så langt har vår diskusjon av markedsmakt fokusert utelukkende på tilbudssiden i markedet.Vi skal nå se kort på etterspørselssiden. Hvis det ikke er mange etterspørrere, kan også de ha markedsmakt – uttrykt ved at de kan påvirke prisen på produktet de kjøper. La oss først ta noen begreper:

monopsoni
En marked med kun én kjøper

oligopsoni
Marked med bare noen få kjøpere

monopsonimakt (markedsmakt på etterspørselssiden)
Kjøpers mulighet til å påvirke prisen på et gode

- **Monopsoni** er et marked med kun én kjøper.
- **Oligopsoni** er et marked med bare noen få kjøpere.
- Med kun én eller noen få etterspørrere kan enkelte kjøpere har **monopsonimakt**: en kjøpers mulighet til å påvirke prisen på et gode. Monopsonimakt gjør det mulig for kjøperen å kjøpe et gode til en lavere pris enn prisen i et frikonkurransemarked.

Du skal bestemme deg for hvor mye du skal kjøpe av et gode. Du kan da anvende det grunnleggende prinsippet om at man kjøper opp til det nivå der marginal betalingsvillighet er lik prisen på godet – eller sagt på en annen måte; opp til det nivå der den ekstra verdien, grensenytten målt i kr, av godet er nøyaktig lik prisen på den siste enheten man kjøper.

marginal verdi Den kronemessige nytteøkningen man får ved å konsumere én enhet til av et gode

Vi bruker begrepet **marginal verdi** som betegnelse på den kronemessige nytteøkningen man får ved å konsumere én enhet til av et gode. Hvordan fastlegger vi marginal verdi? Vi husker fra kapittel 4 at en individuell etterspørselskurve reflekterer marginal verdi, eller grensenytte, som en funksjon av hvor mye man kjøper. En persons etterspørselskurve er synkende fordi den marginale verdien av ytterligere én enhet er lavere jo mer man i utgangspunktet har kjøpt.

I avsnitt 4.1 forklarer vi at den verdien en konsument tillegger ytterligere én enhet av et gode synker når vi beveger oss nedover etterspørselskurven.

grenseutlegg De ekstra kostnadene som følger av at man kjøper én enhet til av et gode

gjennomsnittlige utgifter Samlede utgifter delt på antall enheter man kjøper

Den ekstra kostnaden ved å kjøpe en enhet til av et gode betegnes som **grenseutlegg**. Hva grenseutlegget blir avhenger av om du har noen grad av monopsonimakt. I tilfellet der du er en av mange kjøpere vil du ikke ha mulighet for å påvirke prisen – som når du går inn i en matvareforetning, du tar prisen for gitt. I så fall vil kostnaden pr. enhet være uavhengig av hvor mye du kjøper. Figur 9.11(a) illustrerer dette prinsippet. Prisen du betaler pr. enhet er dine **gjennomsnittlige utgifter** pr. enhet, og er den samme for alle enheter. Grenseutlegget er da lik markedsprisen på godet.

Figur 9.11(a) viser også din marginale verdi (dvs. din etterspørselskurve). Hvor mye skal du kjøpe av godet? Som nevnt før, så bør du kjøpe inntil den marginale verdien av den siste enheten er lik grenseutlegget for den enheten. Derfor bør du kjøpe kvantumet Q^* i skjæringspunktet mellom grenseutleggskurven og etterspørselskurven.

Vi introduserte begrepene grenseutlegg og gjennomsnittlige utgifter fordi de vil gjøre det lettere å forstå hva som skjer når kjøperne har monopsonimakt. Men før vi ser på dette tilfellet, skal vi se på analogien mellom frikonkurranse på etterspørselssiden og frikonkurranse på tilbudssiden. Figur 9.11(b) viser hvordan en frikonkurrent tilpasser seg for å maksimere profitten. I og med at produsenten tar markedsprisen for gitt vil både grenseinntekt og gjennomsnittsinntekt være lik prisen. Profitten maksimeres der grenseinntektskurven skjærer grensekostnadskurven.

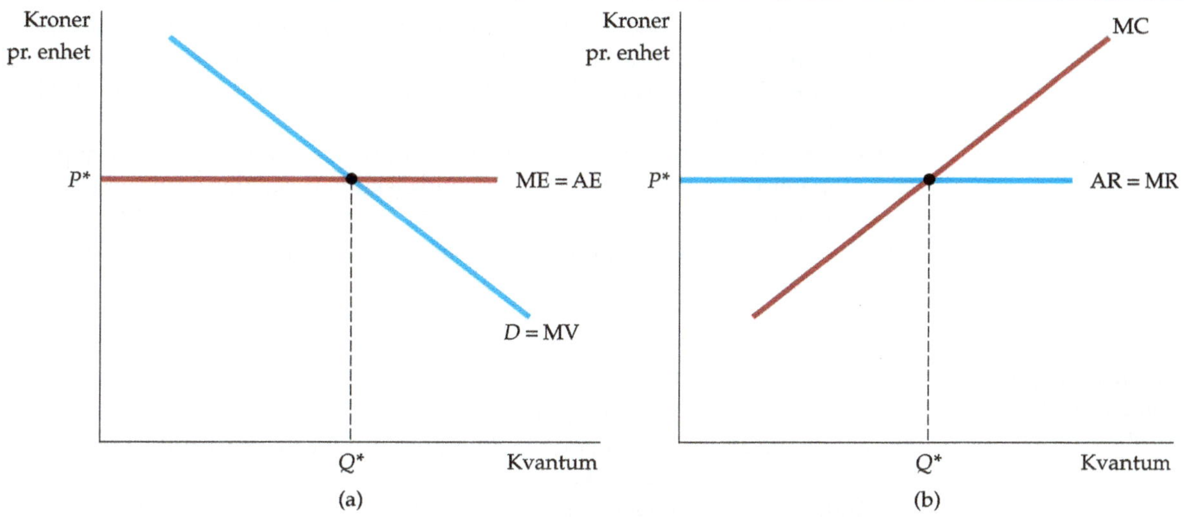

FIGUR 9.11 Kjøper og selger i et frikonkurransemarked

I **(a)**, tar kjøperen markedspris P^* for gitt. Grenseutlegg og gjennomsnittlig utlegg er derfor konstante og like; vi finner etterspurt kvantum der marginal betalingsvillighet er lik pris. I **(b)**, tar en frikonkurrent på tilbudssiden også prisen for gitt. Grenseinntekt og gjennomsnittinntekt er konstante og like; vi finner tilbudet der pris er lik grensekostnad.

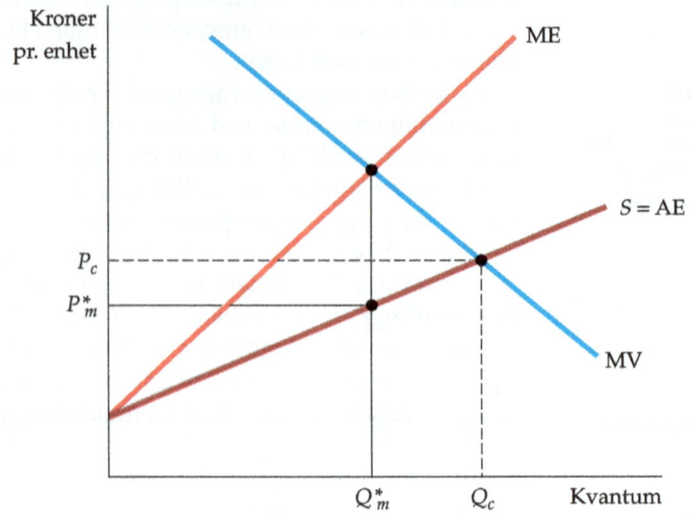

FIGUR 9.12 Monopsoni

Markedets tilbudskurve er monopsonistens gjennomsnittsutleggskurve AE. I og med at gjennomsnittutlegget øker vil grenseutlegget ligge over gjennomsnittsutlegget. Monopsonisten kjøper et kvantum Q_m^*, der grenseutlegg og marginal betalingsvillighet (etterspørsel) er like. Prisen per enhet, P_m^*, finnes da fra gjennomsnittsutleggskurven (tilbudskurven). I et frikonkurransemarked vil både pris og kvantum, P_c og Q_c, være høyere. De finnes i punktet der tilbudskurven skjærer etterspørselskurven.

Anta så at du er den eneste kjøperen av godet. Igjen står du overfor en tilbudskurve som forteller deg hvor mye produsentene er villige til å selge som en funksjon av prisen du betaler. Skal du nå kjøpe opp til det nivå der etterspørselskurven skjærer tilbudskurven? Nei. Hvis du ønsker å maksimere netto nytte av å kjøpe godet, bør du kjøpe et lavere kvantum, som du får til en lavere pris.

For å finne ut hvor mye du skal kjøpe, settes den marginale verdien fra den siste enheten kjøpt lik grenseutlegget for denne enheten. Vær imidlertid oppmerksom på at markedets tilbudskurve ikke er lik grenseutleggskurven. Markedets tilbudskurve viser hvor mye du må betale pr. enhet, som en funksjon av det totale antall enheter du kjøper. Med andre ord er tilbudskurven den *gjennomsnittlige utleggskurven*. I og med at kurven for gjennomsnittsutlegg er stigende må grenseutleggskurven ligge over denne. Det å kjøpe en enhet til øker prisen du betaler for alle enheter, ikke bare den ekstra enheten.

Figur 9.12 illustrerer dette prinsippet. Det optimale kvantum som monopsonisten skal kjøpe er Q_m^*, som finnes der etterspørselskurven skjærer grenseutleggskurven. Prisen som monopsonisten betaler finner vi fra tilbudskurven, P_m^*. Merk deg at Q_m^* og P_m^* er lavere enn den pris- kvantumskombinasjon som ville fremkomme i en frikonkurranselikevekt.

Bilateralt monopol

bilateralt monopol
Et marked med bare én selger og én kjøper

Hva skjer når en monopolist møter en monopsonist? Det er vanskelig å si. Vi kaller et marked med bare én selger og én kjøper et **bilateralt monopol**. Det er vanskelig å si noe om utfallet i et slikt marked i og med at både kjøper og selger er i en forhandlingssituasjon. Dessverre er det ingen enkel regel her som forteller noe om hvem som kommer bra eller dårlig ut av forhandlingene. En part kan ha mer tid og tålmodighet, eller kan være i stand til å overbevise den andre parten om at man vil trekke seg ut hvis prisen er for lav eller for høy.

Bilateralt monopol er også sjeldne saker. Det er vanligere at man har et marked der det er noen få tilbydere som har noe markedsmakt og noen få kjøpere som har noe monopsonimakt. Selv om det her også kan være forhandlinger kan vi benytte et noe grovkalibret prinsipp: *Monopsoni- og monopolmakt vil tendere til å motvirke hverandre*. Med andre ord vil kjøpernes monopsonimakt redusere selgernes monopolmakt og omvendt. Dette betyr imidlertid ikke at vi ender opp i en frikonkurranseløsning. Hvis for eksempel monopolmakten er stor og monopsonimakten er liten, vil den gjenværende monopolmakten fortsatt være betydelig. Men generelt vil vi ha at monopsonimakt vil presse prisen nærmere grensekostnaden og monopolmakten vil presse prisen nærmere marginal verdi.

9.6 BEGRENSNING AV MARKEDSMAKT: KONKURRANSELOVEN

Vi har sett at markedsmakt fører til effektivitetstap. Overdreven markedsmakt reiser også fordelingsmessige spørsmål. Dersom en bedrift har betydelig markedsmakt, vil den profittere på bekostning av forbrukerne. I teorien kan en bedrifts ressursente skattlegges i sin helhet og fordeles ut til kjøperne. En slik omfordeling fremstår imidlertid som noe upraktisk og problematisk. Det er vanskelig å avgjøre hvilken del av bedriftens profitt som skyldes markedsmakt, og det er enda vanskeligere å finne alle kjøpere og refundere penger til dem i forhold til hvor mye de har kjøpt av et produkt.

Hvordan kan så markedsmakt begrenses? For et naturlig monopol er direkte prisregulering svaret. Men mer generelt, er svaret at man må prøve å forhindre at bedrifter får stor markedsmakt i første runde, og å begrense bruken av markedsmakt hvis noen bedrifter allerede har opparbeidet den. I Norge, og i mange andre land, gjøres dette ved hjelp av **konkurranselover**. Dette er et sett av regler og forskrifter utformet for å forhindre konkurransedempende atferd – eller sagt på en annen måte: for å fremme konkurranse. I Norge er det Konkurransetilsynet som håndhever konkurranseloven.

konkurranselov
Regelverk som forbyr samarbeid som begrenser konkurransen og misbruk av dominerende stilling

OPPSUMMERING

1. Markedsmakt eksisterer når selgere eller kjøpere kan påvirke prisen på et produkt.
2. Markedsmakt kan deles i to typer: a) Når tilbydere tar en pris som ligger over grensekostnaden. b) Når etterspørrere oppnår en pris som er under deres marginale verdi for produktet.
3. Markedsmakt på tilbudssiden bestemmes delvis av antall konkurrerende bedrifter i markedet. Hvis det bare er en bedrift – et rent monopol – vil markedsmakten i sin helhet bestemmes av elastisiteten i markedets etterspørsel. Jo mindre elastisk etterspørselen er, jo mer markedsmakt vil bedriften ha. Når det er flere bedrifter avhenger markedsmakten av interaksjonen mellom bedriftene. Jo mer aggressivt de konkurrerer, desto mindre markedsmakt vil hver enkelt bedrift ha.
4. Markedsmakt på etterspørselssiden bestemmes delvis av antall kjøpere i markedet. Hvis det bare er én kjøper – et rent monopsoni – vil markedsmakten avhenge av elastisiteten i markedets tilbud. Når det er flere kjøpere, vil markedsmakten også avhenge av hvor aggressivt de konkurrerer om produktene.
5. Markedsmakt kan påføre samfunnet kostnader. I og med at markedsmakt, det være seg på tilbuds- eller etterspørselssiden, fører til lavere produksjon enn i frikonkurranse, vil det oppstå et effektivitetstap. I tillegg kan det være ytterligere samfunnsøkonomiske kostnader på grunn av rent-seeking.
6. Noen ganger vil stordriftsfordeler innebære at det er ønskelig med rene monpoler. Men myndighetene vil fortsatt ønske å regulere prisen for å maksimere det samfunnsøkonomiske overskudd.
7. Myndighetene benytter ofte konkurranselover for å hindre at bedrifter oppnår overdreven markedsmakt.

SPØRSMÅL

1. En monopolist produserer på et nivå der grensekostnadene overstiger grenseinntektene. Hvordan kan bedriften endre sin produksjon for å øke profitten?
2. Vi skriver den prosentvise mark-up faktoren som $(P - MC)/P$. Hvordan vil denne mark-up faktoren avhenge av elastisiteten i etterspørselen i tilfellet med en profittmaksimerende monopolist?
3. Hvorfor har ikke monopolisten noen tilbudskurve?
4. Hvordan kan en bedrift ha markedsmakt selv om den ikke er den eneste tilbyder i markedet?
5. Nevn noen faktorer som skaper etableringshindringer og som dermed gir opphav til markedsmakt? Gi eksempler på hver av dem.
6. Hvilke faktorer bestemmer størrelsen på markedsmakten for en enkelt bedrift? Beskriv kort hver enkelt.
7. Hvorfor er det en samfunnsøkonomisk kostnad ved markedsmakt? Hvis gevinsten produsentene oppnår ved markedsmakt kunne overføres til konsumentene, ville da den samfunnsøkonomiske kostnaden ved markedsmakt blitt eliminert? Forklar kort.
8. Hvorfor vil monopolistens produksjon øke hvis myndighetene pålegger bedriften å redusere prisen? Hvis myndighetene vil sette en maksimalpris som maksimerer monopolistens produksjon, hvilken pris skal de da sette?
9. Hvor mye skal en monopsonist kjøpe av et produkt? Vil monopsonisten kjøpe mer eller mindre enn en etterspørrer som står overfor en gitt pris?
10. Hva kan være kildene til markedsmakt på etterspørselssiden?

ØVELSER

1. Vil en økning i etterspørselen etter en monopolists produkt alltid resultere i en høyere pris? Forklar. Vil en økning i tilbudet overfor en monopsonist alltid resultere i en lavere pris? Forklar.
2. Caterpillar Tractor, en av verdens største produsenter av landbruksmaskiner, har hyret deg inn for å bistå dem i valg av prisstrategi. En av de tingene de gjerne vil vite, er hvor mye salget sannsynligvis går ned hvis prisen økes med 5 %. Hvilken informasjon må du ha for å hjelpe selskapet med dette problemet? Forklar hvorfor disse forholdene er viktige.
3. En monopolist står ovenfor en etterspørsel med konstant elastisitet på –2,0. Den har en konstant grensekostnad på 20 kr pr. enhet og setter den pris som maksimerer profitten. Hvis grensekostnaden øker med 25 prosent, vil prisen da også øke med 25 prosent?
4. En produsent står ovenfor følgende etterspørselsfunksjon: $P = 120 - 0{,}02Q$ hvor Q er ukentlig produksjon og P er prisen, målt i kr pr. enhet. Produsentens kostnadsfunksjon er gitt ved $C = 60Q + 25\,000$. Anta at produsenten maksimerer profitten.
   a. Hvor mye vil bedriften produsere? Hva blir prisen og profitten pr. uke?
   b. Myndighetene pålegger en avgift på 4 kr pr. produsert enhet. Finn nytt produksjonsnivå, pris og profitt.
5. Følgende tabell viser sammenhengen mellom pris og etterspørsel for en monopolist. Monopolisten har konstante grensekostnader lik 10 kroner.

Pris	Etterspørsel
18	0
16	4
14	8
12	12
10	16
8	20
6	24
4	28
2	32
0	36

   a. Beregn bedriftens grenseinntektsfunksjon.
   b. Beregn bedriftens profittmaksimerende pris-kvantumskombinasjon. Hva blir profitten?
   c. Hvilken pris-kvantumskombinasjon ville vi ende opp med hvis dette var et frikonkurransemarked?
   d. Hvor stor ville den samfunnsøkonomiske gevinsten bli hvis monopolisten ble pålagt å produsere like mye som det ville blitt produsert hvis markedet fungerte som et frikonkurransemarked?

6. Anta at en bransje er karakterisert ved følgende:

$C = 100 + 2q^2$	Hver bedrifts totalkostnadsfunksjon
$MC = 4q$	Bedriftens grensekostnadsfunksjon
$P = 90 - 2Q$	Bransjens etterspørselskurve
$MR = 90 - 4Q$	Bransjens grenseinntektskurve

a. Finn pris, kvantum og profitt hvis det bare er én bedrift i bransjen.

b. Finn pris, kvantum og samlet profitt hvis markedet fungerer som et frikonkurransemarked.

c. Illustrer grafisk etterspørselskurven, grenseinntektskurven, og gjennomsnittskostnadskurven. Identifiser differansen mellom profitt i et monopolistisk marked og i et frikonkurransemarked på to ulike måter. Kontroller at de to størrelsene er like.

7. Anta at en profittmaksimerende monopolist produserer 800 enheter og at prisen er 40 kr pr. enhet.

a. Finn grensekostnaden for den siste produserte enheten når etterspørselens priselastisitet er –2.

b. Hva er bedriftens prosentvise mark-up?

c. Anta at gjennomsnittskostnaden for den siste produserte enhet er 15 kr og bedriftens faste kostnader er 2000 kroner. Hva blir bedriftens profitt?

8. En av de største konkurransesaker i det 20. århundret dreiet seg om AluminumCompany of America (Alcoa) i 1945. På den tiden kontrollerte Alcoa om lag 90 prosent av produksjonen av primæraluminium i USA, og selskapet ble beskyldt for å monopolisere aluminiumsmarkedet. Til sitt forsvar argumenterte Alcoa at selv om de faktisk kontrollerte en stor andel av primærmarkedet, stod sekundærmarkedet (dvs. aluminium produsert fra gjenvinning av skrapmetall) for omtrent 30 prosent av det totale tilbudet av aluminium, og at mange konkurrerende bedrifter drev med resirkulering. Derfor hevdet Alcoa at de ikke hadde mye markedsmakt.

a. Gi et klart argument for Alcoas posisjon.

b. Gi et klart argument mot Alcoas posisjon.

c. Beslutning som ble tatt av dommer Learned Hand i 1945 har blitt kalt "en av de mest berømte juridiske beslutninger i vår tid." Vet du hva Hands kjennelse var?

9. En monopolist står overfor følgende etterspørselsfunksjon: $P = 11 - Q$, der P er kr pr. enhet og Q antall enheter målt i 1 000. Monopolisten har konstante gjennomsnittskostnader på 6 kr pr. enhet.

a. Tegn gjennomsnittskostnadskurven og grensekostnadskurven i et diagram. Hva er monopolistens profittmaksimerende pris og kvantum? Hva er den tilhørende profitt? Beregn bedriftens grad av markedsmakt ved hjelp av Lernerindeksen.

b. Myndighetene setter en maksimalpris på 7 kr pr. enhet. Hvor mye vil da bli produsert og hva blir bedriftens profitt? Hva skjer med graden av markedsmakt?

c. Hvilken maksimalpris gir høyest produksjon, og hvor mye vil da bli produsert?

10. En bedrift har enerett til å selge et visst t-skjortemerke. Etterspørselen etter disse t-skjortene er gitte ved: $Q = 10\,000/P^2$. Bedriftens kortsiktige kostnader er gitt ved SRTC = 2000 + 5Q, og dens langsiktige kostnader er gitt ved LRTC = 6Q.

a. Hvilken pris skal bedriften ta for å maksimere profitten på kort sikt? Hvor mange t-skjorter selges, og hva blir profitten? Ville det være best å legge ned bedriften på kort sikt?

b. Hvilken pris bør bedriften sette på lang sikt? Hvor mye vil den da selge og hva blir profitten?

c. Kan vi anta at bedriften har lavere grensekostnad på kort sikt enn på lang sikt? Forklar hvorfor.

11. Ansettelse av studentassistenter ved universiteter og høyskoler kan betraktes som en situasjon med monopsoni. Anta at etterspørselen etter assistenter er gitt ved: $W = 30\,000 - 125n$, der W er lønnen (månedslønn) og n er antall ansatte.

Tilbudet er gitt ved $W = 1000 + 75n$.

a. Hvis universitetet utnytter sin monopsonistposisjon, hvor mange assistenter vil bli ansatt? Hva blir lønnen?

b. Hvor mange ville bli ansatt hvis universitetet kunne ansette så mange de ønsket for 10 000 kr i måneden?

12. Vi ser på en monopolist med følgende kostnadsfunksjon: $C = 100 - 5Q + Q^2$.

Etterspørselen er gitt ved $P = 55 - 2Q$.

a. Hvilken pris vil maksimere monopolistens profitt? Hvor mye blir produsert? Hva blir profitten og konsumentoverskuddet?

b. Hva ville produksjonen være hvis bedriften tilpasset seg som en frikonkurrent? Hva blir profitt og konsumentoverskudd i dette tilfellet? Hvor stor ville da profitten og konsumentoverskuddet bli?

c. Hva blir effektivitetstapet under monopoltilpasningen i spm. a?

d. Anta at myndighetene setter en maksimalpris på 27 kroner. Hvordan påvirker dette pris, kvantum, konsumentoverskudd og bedriftens resultat? Hvor stort blir effektivitetstapet?

e. Anta i stedet at myndighetene setter maksimalprisen til 23 kroner. Beregn de samme størrelsene som under spm. d.

13. Det er 10 husstander i et område, hver med en etterspørsel etter elektrisitet gitt ved $Q = 50 - P$. Det lokale kraftselskapet har en kostnadsfunksjon gitt ved $TC = 500 + Q$.

   a. Myndighetene pålegger selskapet å ta en pris som ikke gir noe effektivitetstap. Hvilken pris er dette og hva blir produksjonen? Beregn konsumentoverskudd og kraftselskapets profitt.

   b. Hva er den laveste prisen som kan settes, gitt at selskapet ikke skal tape penger? Beregn produksjon, konsumentoverskudd og profitt ved denne prisen. Er det noe effektivitetstap?

   c. Kristin vet at effektivitetstap er noe det lille lokalsamfunnet kan klare seg godt uten. Hun foreslår at hver husholdning bli pålagt å betale et fast beløp for i det hele tatt å få muligheten for å kjøpe strøm, og i tillegg en enhetspris for strøm. Dermed kan kraftselskapet gå i break-even selv om de tar prisen beregnet i spm. a. Hvor stor må den faste avgiften være for at Kristins plan skal fungere?

14. En by får tilført all sin elektrisitet fra ett selskap. Selskapet som har monopol, eies imidlertid av innbyggerne i byen og disse deler overskuddet likt ved på slutten av året. Administrerende direktør i selskapet hevder at i og med at hele beløpet føres tilbake til innbyggerne, er det økonomisk fornuftig å ta monopolpris på strømmen. Er denne påstanden riktig eller feil? Forklar.

15. En monopolist står overfor følgende etterspørselskurve: $Q = 144/P^2$. Bedriftens variable kostnader er gitt ved: $AVC = Q^{0,5}$, og de faste kostnadene er 5 kroner.

   a. Finn monopolistens profittmaksimerende tilpasning. Hva blir profitten?

   b. Anta at myndighetene innfører en maksimalpris på 4 kr pr. enhet. Hvor mye vil monopolisten produsere? Hva blir profitten?

Prising med markedsmakt

10

KAPITTELOVERSIKT

10.1	Overføring av konsumentoverskudd	230
10.2	Prisdiskriminering	231
10.3	Intertemporal prisdiskriminering og peak-load pricing	236
10.4	Todelte tariffer	239
10.5	Bundling	242
10.6	Markedsføring	245

Som vi forklarte i kapittel 9, er markedsmakt ganske vanlig. Mange bransjer har bare noen få produsenter slik at hver produsent har noe markedsmakt. Mange bedrifter har også, som kjøpere av råvarer, arbeidskraft og spesialiserte kapitalvarer, noe monopsonimakt i markedene for disse innsatsfaktorene. Utfordringen for lederne i disse bedriftene er å finne ut hvordan man skal benytte sin markedsmakt optimalt. De må avgjøre hvordan prisene settes, velge innsatsfaktormengder og bestemme produksjonen både på kort og lang sikt for å maksimere overskuddet.

Ledere av bedrifter med markedsmakt har en vanskeligere jobb enn de som leder bedrifter innenfor frikonkurransemarkeder. En bedrift som er frikonkurrent i produktmarkedet, har ingen innflytelse på markedsprisen. Som følge av dette trenger lederne bare å bekymre seg for kostnadssiden ved bedriftens drift, og velge en produksjonsstørrelse slik at pris er lik grensekostnad. Ledere av bedrifter med markedsmakt må i tillegg ta hensyn til etterspørselssiden. Selv om de setter en lik pris for produktene, må de i det minste utarbeide et grovkalibret estimat på etterspørselselastisiteten for å kunne fastsette prisen (og det tilhørende produksjonsnivå). Videre kan bedrifter i mange tilfeller gjøre det mye bedre ved en mer komplisert prisstrategi – for eksempel å ta ulike priser fra forskjellige kunder. For å utforme slike prisstrategier trenger lederne kløkt og ytterligere informasjon om etterspørselssiden.

Dette kapittelet forklarer hvordan bedrifter med markedsmakt fastsetter priser. Vi starter med det grunnleggende målet for enhver prisstrategi: å "kapre" konsumentoverskuddet og omgjøre det til profitt for bedriften. Vi ser deretter på hvordan dette målet kan nås gjennom prisdiskriminering – dvs. å ta ulik pris fra ulike kunder, noen ganger for samme produkt og noen ganger for produkter som er litt ulike. I og med at prisdiskriminering i en eller annen form er utbredt i praksis er det viktig å forstå hvordan det fungerer.

Deretter diskuterer vi todelte tariffer – dvs. å ta en pris fra kunden på forhånd for retten til å kjøpe enheter av godet senere (til en ytterligere pris). Det klassiske eksemplet her er fornøyelsesparker hvor de besøkende betaler en inngangsbillett og i tillegg betaler en pris pr. aktivitet. Selv om fornøyelsesparker kanskje fremstår som et noe spesialisert marked er det mange andre eksempler på todelte tariffer, prisen på en Gillette barberhøvel, som gir kjøperen muligheten for å kjøpe Gillette barberblader; prisen på et Polaroid kamera, som gir eieren muligheten for å kjøpe Polaroid film; eller den månedlige abonnementsavgiften på telefon, som gir kjøperen muligheten til å ringe og betale for antall tellerskritt.

Vi vil også diskutere bundling, dvs. en prisstrategi som innebærer at man knytter ulike produkter sammen og selger dem som en pakke. Eksempler her er PC-er som kommer med diverse programvarepakker, en ukes ferietur der flypris, leiebil og hotell selges samlet til en pakkepris, eller en luksusbil der aircondition, elektriske vinduer og automatgir er "standard"-utstyr.

Avslutningsvis skal vi se nærmere på bruk av markedsføring i bedrifter med markedsmakt. Som vi skal se, fordrer beslutningen om hvor mye som skal brukes på markedsføring informasjon om etterspørselssiden og er nært relatert til bedriftens prissetting. Vi vil utlede en enkel tommelfingerregel for bestemmelse av det profittmaksimerende forholdet mellom markedsføringsutgifter og omsetning.

10.1 OVERFØRING AV KONSUMENTOVERSKUDD

Alle prisstrategier som vi vil se på har en ting til felles: De er måter å "kapre" konsumentoverskuddet på. Dette kan du se av figur 10.1. Anta at bedriften solgte hele produksjonen til én pris. For å maksimere profitten ville den da ta en pris P^* med tilhørende produksjon Q^* (bestemt av skjæringspunktet mellom grenseinntekts- og grensekostnadskurven). Selv om bedriften da går med overskudd, kan det stilles spørsmål om bedriften kan gjøre det enda bedre.

Konsumentoverskuddet er forklart i avsnitt 4.4 og omtalt i avsnitt 8.1.

Produsentene vet at noen konsumenter (i området *A* på etterspørselskurven) er villige til å betale mer enn P^*. Men å øke prisen ville bety at man mister noen kunder og tjener mindre. På samme måte er det andre potensielle kunder som ikke kjøper bedriftens produkt fordi de ikke er villige til å betale P^*. Mange av dem ville imidlertid være villig til å betale mer enn bedriftens grensekostnader. (De i området *B* på etterspørselskurven.) Ved å senke prisen kunne bedriften selge til noen av disse kundene. Men bedriften ville da tjene mindre fra eksisterende kunder, og igjen ville profitten synke.

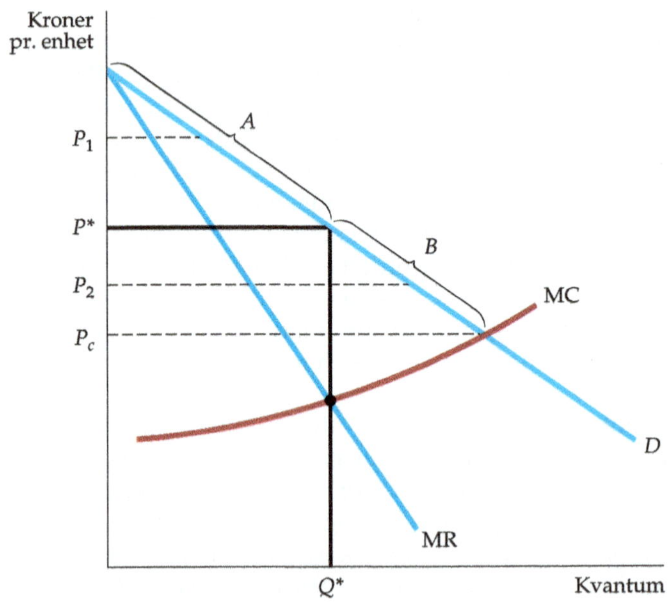

FIGUR 10.1 "Kapring" av konsumentoverskudd

Hvis en bedrift bare kan ta en og samme pris fra alle sine kunder vil prisen bli P^* og kvantum blir Q^*. Ideelt sett ville bedriften gjerne ta en høyere pris fra konsumenter som var villige til å betale mer enn P^*, og dermed fange noe av konsumentoverskuddet under intervallet *A* på etterspørselskurven. Bedriften ville også gjerne selge til konsumenter med en betalingsvillighet lavere enn P^*, men bare hvis dette ikke medfører at prisen til andre konsumenter må senkes. På den måten kunne bedriften også fange noe av overskuddet under intervallet B på etterspørselskurven.

prisdiskriminering
Det å ta ulike priser for like produkter fra ulike kunder

Hvordan kan bedriften trekke inn konsumentoverskuddet (eller i det minste deler av det) fra kjøperne i området *A*, og kanskje også selge med fortjeneste til noen av sine potensielle kunder i området *B*? Det kan tenkes at bedriften kan ta ulike priser fra ulike kunder/kundegrupper, avhengig av hvor på etterspørselsskurven de befinner seg. Man kunne for eksempel sette en pris P_1 for kundene i den øvre enden av etterspørselskurven og en lavere pris P_2 for de som ligger i området *B*. Dette ville i tilfelle være det vi betegner som **prisdiskriminering**; det å sette ulike priser for ulike kunder. Problemet, selvsagt, er å identifisere de ulike kundene, og å få dem til å betale forskjellige priser og å hindre videresalg (arbitrasje). Vi vil se hvordan dette kan gjøres i neste avsnitt.

De andre prisstrategiene som vi vil diskutere i dette kapitlet – todelte tariffer og bundling – utvider også en bedrifts marked til å omfatte flere kunder, og den kan dermed hente inn mer konsumentoverskudd. I begge tilfellene skal vi se nærmere på hvor mye bedriftens profitt kan øke samt effekten på konsumentenes velferd. (Som vi skal se kan disse prisstrategiene noen ganger føre til at både konsumenter og produsenter kommer bedre ut av det.) La oss begynne med å se på prisdiskriminering.

10.2 PRISDISKRIMINERING

Prisdiskriminering deles gjerne inn i tre brede kategorier: 1., 2. og 3. grads prisdiskriminering. La oss se på hver av dem.

1. grads prisdiskriminering

reservasjonspris
Det en konsument maksimalt er villig til å betale for et gode

1. grads prisdiskriminering
Det å ta en pris lik hver enkelt konsuments maksimale betalingsvillighet

I avsnitt 8.3 forklarer vi at en bedrifts profittmaksimerende produksjon finnes der grenseinntekt er lik grensekostnad.

Bedriftene ville helst ønske å ta ulike priser fra hver enkelt kjøper. Hvis den kunne det, ville den sette en pris lik det hver enkelt kjøper maksimalt ville være villig til å betale. Vi kaller denne maksimalprisen for kjøperens **reservasjonspris**. Det å ta en pris lik hver enkelt kjøpers reservasjonspris kalles perfekt **1. grads prisdiskriminering**. La oss se hvordan dette påvirker bedriftens profitt.

Først må vi vite hva bedriftens profitt blir når den setter en og samme pris, P^* i figur 10.2. Dette finner vi ved å summere overskuddet fra hver produserte enhet opp til Q^*. Disse overskuddene finner vi ved å trekke grensekostnaden fra grenseinntekten for hver enhet. I figur 10.2 er grenseinntekten høyest og grensekostnaden lavest for den første enheten. Deretter synker grenseinntekten mens grensekostnaden stiger. Bedriften ender opp med å produsere Q^*, der grenseinntekt er lik grensekostnad.

Hvis vi summerer overskuddene fra hver enhet, får vi bedriftens produsentoverskudd. I figur 10.2 er dette gitt ved det gule arealet. Konsumentoverskuddet, som er området mellom etterspørselskurven og prisen P*, er gitt ved den svarte trekanten.

Perfekt prisdiskriminering

Hva blir utfallet hvis bedriften har muligheten for perfekt prisdiskriminering? I og med at etterspørrerne må ut med det de maksimalt er villig til å betale, er grenseinntektskurven ikke lenger relevant for bedriftens produksjonsbeslutning. I stedet er den ekstra inntekt man får fra salg av en enhet til gitt ved prisen på det godet – og dermed gitt av etterspørselskurven.

Siden prisdiskriminering ikke påvirker bedriftens kostnadsstruktur, er kostnaden for hver ekstra enhet fortsatt gitt ved bedriftens grensekostnadskurve. Derfor er det ekstra overskuddet fra å selge en enhet til nå forskjellen mellom etterspørsel og grensekostnad. Så lenge betalingsvilligheten overstiger grensekostnaden, kan bedriften øke profitten ved å øke produksjonen. Det vil den gjøre opp til nivået Q^{**}. Der er marginal betalingsvillighet lik grensekostnad, å øke produksjonen utover dette nivået vil redusere profitten.

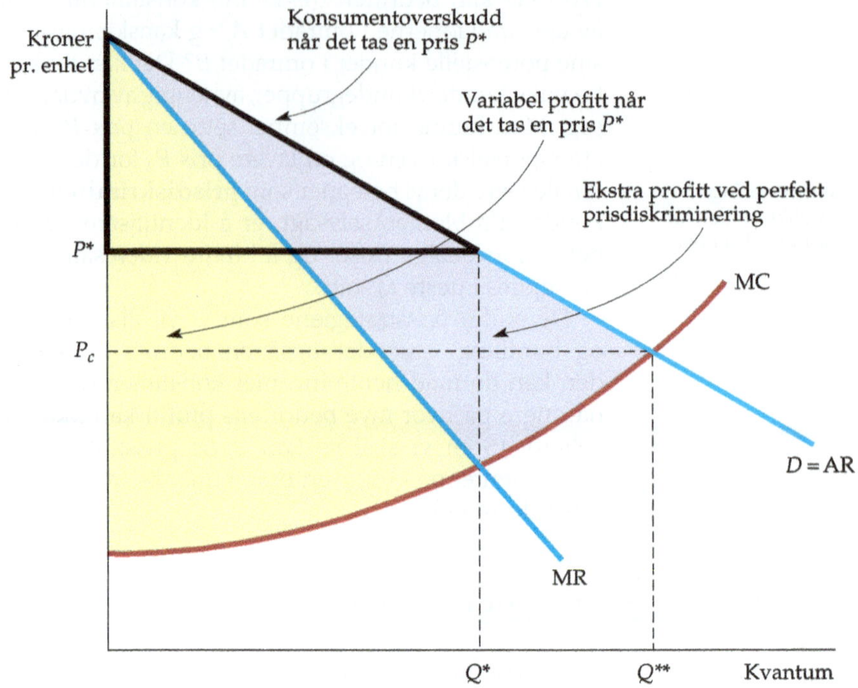

FIGUR 10.2 Profitt ved 1. grads prisdiskriminering

I og med at bedriften kan ta en pris lik den enkelte konsuments reservasjonspris, er det lønnsomt å øke produksjonen til Q^{**}. Når det kun opereres med én pris, P^*, er bedriftens variable profitt gitt ved arealet mellom grenseinntekts- og grensekostnadskurven. Med perfekt prisdiskriminering øker dette overskuddet til området mellom etterspørselskurven og grensekostnadskurven.

Produsentoverskuddet er nå gitt ved arealet mellom etterspørselskurven og grensekostnadskurven. Observer fra figur 10.2 hvordan bedriftens overskudd har økt. (Økningen i overskudd som følge av prisdiskriminering er vist av det lilla arealet.) Merk også at fordi hver kunde blir belastet med det maksimale beløpet som han eller hun er villig til å betale, har hele konsumentoverskuddet blitt overført til bedriften.

Imperfekt prisdiskriminering

I praksis er perfekt 1. grads prisdiskriminering nesten umulig. For det første er det vanligvis upraktisk å ta forskjellige priser fra hver enkelt kjøper (med mindre det finnes bare noen få kjøpere). For det andre kjenner bedriften generelt ikke hver enkelt kjøpers reservasjonspris. Selv om man kunne spørre hvor mye hver enkelt ville være villig til å betale, ville man sannsynligvis ikke få noen ærlige svar. Tross alt er det i kjøpernes interesse å oppgi at de ville betale svært lite.

Noen ganger kan imidlertid bedrifter drive ufullkommen prisdiskriminering gjennom å sette noen få ulike priser basert på estimater av konsumentenes reservasjonspriser. Dette kan i praksis benyttes av en rekke yrkesgrupper, som leger, advokater, regnskapsførere, arkitekter osv., som kjenner kundene sine rimelig godt. I slike tilfeller kan man anslå kundens betalingsvillighet og sette prisen deretter. Hvis det er kun en advokat i et lite lokalsamfunn kan hun ta lavere honorarer fra gruppen med lave inntekter og høyere for de man vet er bedre stilt.

Et annet eksempel er bilselgere som kan gjøre en "deal" med kunden, hvor kunden betaler mindre enn listepris, eller insistere på at kunden skal betale listepris.

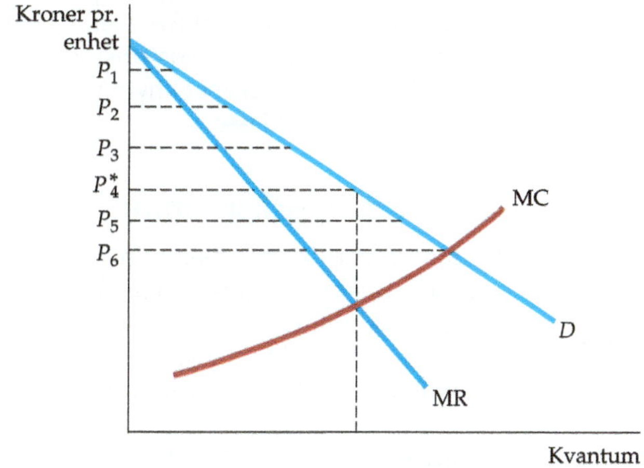

FIGUR 10.3 1. grads prisdiskriminering i praksis

Som regel kjenner ikke bedriften hver enkelt konsuments reservasjonspris, men noen ganger kan man gi et grovkalibret anslag på reservasjonsprisene. Her settes seks forskjellige priser. Bedriften oppnår høyere profitt, men noen konsumenter kan også komme bedre ut av det. Med kun én pris er det færre konsumenter. Konsumentene som nå betaler P_5 eller P_6 får et overskudd.

En god selger vet å vurdere kundene: En kunde som ikke har sterke merkevarepreferanser, og/eller har god tid til å vurdere andre alternativer, vil sannsynligvis få et solid avslag (sett fra selgerens synspunkt er det bedre med et salg med lav fortjeneste enn å ikke få solgt i det hele tatt), mens kunden som har sterk merkelojalitet og/eller har det travelt, tilbys liten eller ingen rabatt. Med andre ord vet en vellykket bilselger hvordan man driver prisdiskriminering.

Figur 10.3 illustrerer imperfekt 1. grads prisdiskriminering. Hvis bedriften kun opererer med én pris, ville den være P_4^*. I stedet operer den med seks forskjellige priser hvor den laveste er P_6, som ligger omtrent i det punktet der grensekostnadskurven skjærer etterspørselskurven. Merk at de som ikke ville vært villige til å betale en pris P_4^* eller høyere, faktisk kommer bedre ut av det i denne situasjonen – de kjøper, og vil i det minste oppnå noe konsumentoverskudd. Det vil faktisk kunne være slik at hvis prisdiskriminering fører til tilstrekkelig mange nye kjøpere så kan kundenes velferd øke opp til det punkt der både produsenter og konsumenter kommer bedre ut av det.

2. grads prisdiskriminering

Konsumentenes reservasjonspris vil generelt synke etter hvert som man kjøper mer og mer av et godet i løpet av en periode. Et eksempel er elektrisitet. Husholdningene kjøper kanskje noen hundre kilowatt-timer strøm i måneden, men deres betalingsvillighet avtar med økende forbruk. De første 100 kilowatt-timer kan være mye verdt i og med disse går med til helt sentrale funksjoner som oppvarming av vann, holde liv i kjøleskapet, sørge for et minstenivå av belysning osv. Det er lettere å kutte ned på strømforbruket utover dette, og verdt bryet, hvis prisen er høy. I en slik situasjon kan bedriften diskriminere med hensyn til forbruk. Dette kalles **2. grads prisdiskriminering** og består i ta forskjellige priser for ulike mengder av samme produkt.

2. grads prisdiskriminering
Det å ta ulike priser pr. enhet for ulike kvanta av samme produkt

Kvantumsrabatter er et eksempel på 2. grads prisdiskriminering. Et glass med barnemat kan for eksempel koste 20 kr mens en pakke med 5 glass koster 80 kr, altså en gjennomsnittspris på 16 kr pr. glass. Tilsvarende kan det koste 45 kr for å leie en DVD, mens det koster 100 kr å leie tre.

Et annet eksempel på 2. grads prisdiskriminering er å differensiere prisene etter kvalitet, som for eksempel flyreiser. Billetter på første klasse er vesentlig dyrere enn billetter på økonomiklasse og prisforskjellen kan ikke bare forklares ved forskjeller i kostnadene for flyselskapet knyttet til transport av en passasjer på henholdsvis første klasse og økonomiklasse.

3. grads prisdiskriminering
Det å dele etterspørrerne inn i to eller flere grupper med separate etterspørselskurver og sette forskjellige priser til hver gruppe

3. grads prisdiskriminering

Denne formen for prisdiskriminering deler forbrukerne inn i to eller flere grupper med separate etterspørselskurver for hver gruppe. Dette er den mest utbredte formen for prisdiskriminering, og eksempler her er lavere billettpriser for barn og eldre på kino og kollektivtransport og bedrifter som priser sine produkter ulikt på hjemmemarkedet og eksportmarkedet.

Gruppering av etterspørrere

I hvert tilfelle benyttes noen karakteristika for å dele etterspørrerne inn i forskjellige grupper. For mange tjenester er gjerne studenter og pensjonister villige til å betale mindre i gjennomsnitt enn resten av befolkningen (fordi deres inntekter er lavere), og gruppene er lette å identifisere (som studentbevis og førerkort). Likeledes, for å skille feriereisende fra forretningsreisende, kan flyselskapene legge restriksjoner på spesielle lavprisbilletter, for eksempel å kreve at billetten bestilles en viss tid i forkant eller at man må ha en overnatting fra lørdag til søndag.

Hvis 3. grads prisdiskriminering er mulig, hvordan skal bedriften fastsette prisen den skal ta fra hver av gruppene? La oss splitte dette opp i to trinn.

1. Uansett hvor mye som produseres, skal den totale produksjonen fordeles mellom gruppene slik at grenseinntektene er like i hver av dem. Hvis ikke vil ikke bedriften maksimere overskuddet. Hvis det for eksempel er to kundegrupper og grenseinntekten fra gruppe 1, MR_1, overstiger grenseinntekten fra gruppe 2, MR_2, vil bedriften øke overskuddet ved å selge mer til gruppe 1 og mindre til gruppe 2. Den ville gjøre dette ved å senke prisen til den første gruppen, og øke prisen til den andre gruppen.
2. Vi vet at total produksjon må være slik at grenseinntekten for hver av gruppene skal være lik bedriftens grensekostnader. Igjen, hvis dette ikke var tilfelle, kunne bedriften øke sin profitt ved å heve eller senke total produksjon (og senke eller heve prisene til begge grupper). Anta for eksempel at grenseinntekten oversteg grensekostnaden. Bedriften ville da kunne øke profitten ved å øke produksjonen. Den ville senke prisene til begge grupper slik at grenseinntekten for hver gruppe (som fortsatt skal være lik hverandre) beveger seg mot grensekostnaden.

La oss se på dette problemet algebraisk. La P_1 og P_2 være prisene som settes for henholdsvis gruppe 1 og 2. $C(Q_T)$ er totale kostnader og $Q_T = Q_1 + Q_2$. Samlet overskudd er da gitt ved:

$$\pi = P_1Q_1 + P_2Q_2 - C(Q_T)$$

For å maksimere profitten skal bedriften øke produksjonen opp til det nivå der overskuddet fra den siste produserte enheten er lik 0. Først setter vi økningen i profitt ved å selge en enhet til til den første gruppen lik 0:

$$\Delta\pi/\Delta Q_1 = \Delta(P_1Q_1)/\Delta Q_1 - \Delta C/\Delta Q_1 = 0$$

Her er $\Delta(P_1Q_1)/\Delta Q_1$ inntekstøkningen som følger av at man selger en enhet til til den første gruppen (dvs. MR_1). Det neste leddet, $\Delta C/\Delta Q_1$, er grensekostnaden, MC. Vi har da:

$$MR_1 = MC$$

Tilsvarende for den andre gruppen må vi ha:

$$MR_2 = MC$$

Setter vi dette sammen, ser vi at produksjon og priser skal fastsettes slik at:

$$MR_1 = MR_2 = MC \qquad \textbf{(10.1)}$$

Hvordan fastsette de relative priser

Bedriftsledere synes kanskje det er enklere å tenke i form av relative priser og koble dette til elastisitetene i etterspørselen. I avsnitt 9.1 viste vi at grenseinntekten kunne uttrykkes ved hjelp av etterspørselens priselastisitet:

$$MR = P(1 + 1/E_d)$$

Følgelig har vi at $MR_1 = P_1(1 + 1/E_1)$ og $MR_2 = P_2(1 + 1/E_2)$, der E_1 og E_2 er elastisitetene i henholdsvis marked 1 og 2. Ved å sette likhet mellom MR_1 og MR_2 som i ligning (10.1) får vi følgende sammenheng mellom prisene:

$$P_1/P_2 = (1 + 1/E_2)(1 + 1/E_1) \qquad \textbf{(10.2)}$$

Som du ser tar man høyest pris der etterspørselselastisiteten er lavest. Hvis for eksempel elastisiteten i gruppe 1 er – 2 og – 4 i gruppe 2, får vi $P_1/P_2 = (1 - 1/4)/(1 - 1/2) = (3/4)/(1/2) = 1{,}5$. Med andre ord bør prisen som settes for gruppe 1 være 1,5 ganger så høy som prisen i gruppe 2.

Figur 10.4 illustrerer 3. grads prisdiskriminering. Merk at etterspørselskurven D_1 for den første gruppen er mindre elastisk enn kurven for den andre gruppen, P_1 skal da være høyere enn P_2. Total produksjon, $Q_T = Q_1 + Q_2$, finnes ved å summere grenseinntektskurvene horisontalt, noe som gir den stiplede kurven MR_T, og så finne

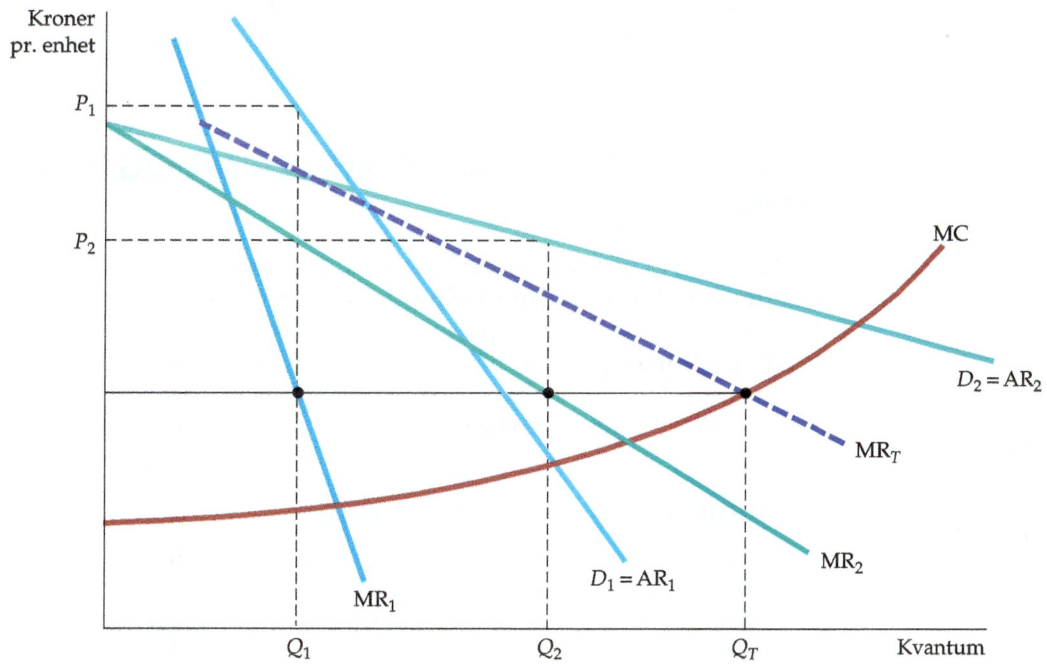

FIGUR 10.4 3. grads prisdiskriminering

Konsumentene deles inn i 2 grupper med separate etterspørselskurver for hver gruppe. De optimale pris-kvantumskombinasjoner finner vi der grenseinntektene fra hver gruppe er like, og lik grensekostnaden. Gruppe 1, med etterspørselskurven D_1, betaler en pris P_1, og gruppe 2, med den mer elastiske etterspørselskurven D_2, betaler en lavere pris P_2. Grensekostnaden avhenger av total produksjon Q_T. Merk at Q_1 og Q_2 er valgt slik at $MR_1 = MR_2 = MC$.

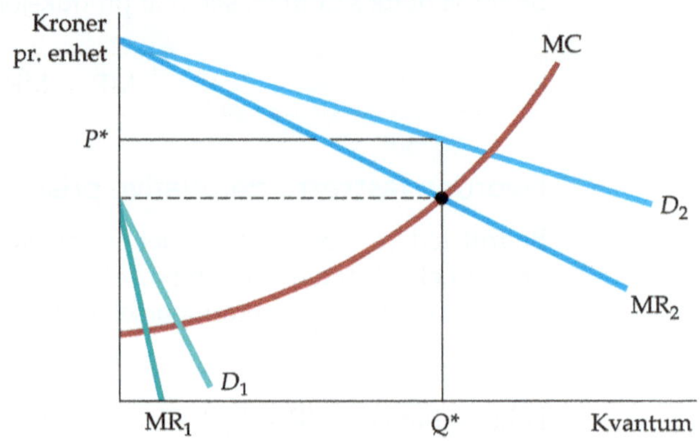

FIGUR 10.5

Selv om 3. grads prisdiskriminering er mulig, kan det tenkes at det ikke er lønnsomt å selge til begge grupper hvis grensekostnaden er stigende. Her er den første gruppen, med etterspørselen D_1, ikke villig til å betale særlig mye for produktet. Det er ulønnsomt å selge til dem fordi prisen blir for lav i forhold til den tilhørende økning i grensekostnad.

skjæringspunktet med grensekostnadskurven. I og med at MC skal være lik MR_1 og MR_2, kan vi trekke en horisontal linje mot venstre fra dette krysset for å finne Q_1 og Q_2.

Selv om man har muligheten for å drive prisdiskriminering, er det ikke alltid at det er lønnsomt å selge til flere ulike kundegrupper. Hvis etterspørselen er lav i den ene gruppen, og grensekostnaden er sterkt stigende, kan kostnadsøkningen ved å produsere og selge til denne gruppen overstige inntektsøkningen. I figur 10.5 kommer bedriften bedre ut av det ved kun å operere med en pris, P^*, og bare selge til den største kundegruppen: Ekstrakostnaden ved å betjene det minste markedet overstiger inntektsøkningen fra salg i dette markedet.

10.3 INTERTEMPORAL PRISDISKRIMINERING OG PEAK-LOAD PRICING

Vi skal nå se på to utbredte, og beslektede, former for prisdiskriminering. Den første er **intertemporal prisdiskriminering**: det å dele forbrukere med ulike etterspørselsfunksjoner inn i forskjellige grupper ved å sette ulike priser på ulike tidspunkter. Den andre er **peak-load pricing**: det å ta en høyere pris når etterspørselen er høy og kapasitetsbegrensninger gir høye grensekostnader. Begge disse strategiene involverer ulike priser til ulike tider, men begrunnelsen for dette er noe forskjellig i hvert tilfelle.

intertemporal prisdiskriminering
Det å skille forbrukere med ulike etterspørselsfunksjoner inn i forskjellige grupper ved å ta ulike priser på ulike tidspunkter

peak-load pricing
Det å ta høyere priser i de travleste periodene da kapasitets begrensninger medfører høye grensekostnader

Intertemporal prisdiskriminering

Målet med intertemporal prisdiskriminering er å dele forbrukerne inn i høyetterspørselsgrupper og lavetterspørselsgrupper ved å sette en høy pris i begynnelsen, for så å sette den ned senere. Det er her nærliggende å tenke på prising av elektronisk utstyr, for eksempel mobiltelefoner og lesebrett. Man setter en høy pris når nye produkter slippes (i begrenset opplag), og de ivrigste kundene – de som bare må ha det med en gang – betaler villig vekk. I figur 10.6 er disse representert ved den uelastiske etterspørselskurven D_1. D_2 er etterspørselskurven for en bredere gruppe forbrukere som ikke er interessert i å kjøpe hvis prisen er for høy. Strategien er altså å i utgangspunktet tilby produktet til den høye prisen P_1, og selge til de som er representert ved etterspørselskurven D_1. Senere, etter at denne første gruppen

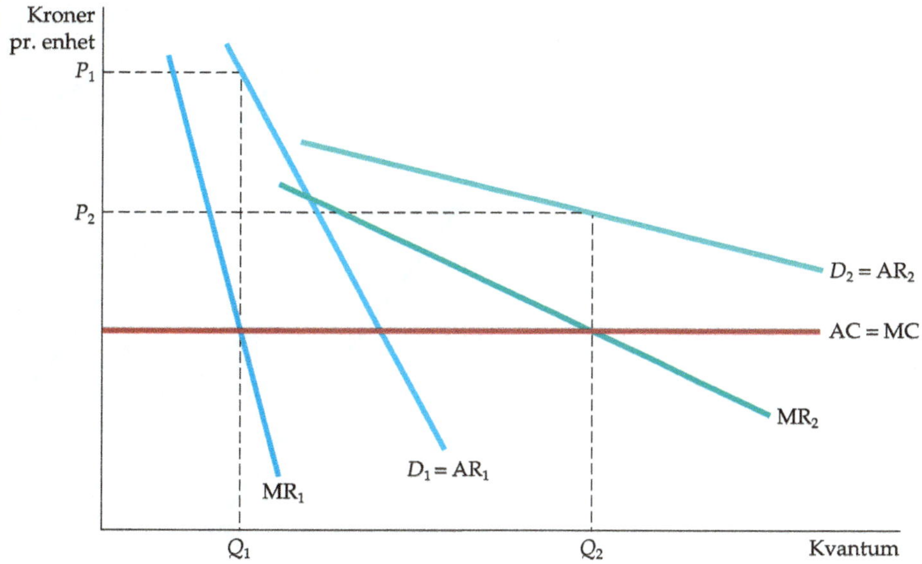

FIGUR 10.6 Intertemporal prisdiskriminering

Konsumentene deles inn i grupper ved å endre prisen over tid. I utgangspunktet er prisen høy. Bedriften fanger konsumentoverskuddet fra konsumenter som har en høy betalingsvillighet for godet og som ikke er villige til å vente med å kjøpe det. Senere reduseres prisen for å tiltrekke seg det bredere markedet.

har kjøpt produktet, senkes prisen til P_2, og det selges til gruppen som er representert ved D_2.

Det er også andre eksempler på intertemporal prisdiskriminering. En variant kan være å sette en høy pris for kinobilletter til nye filmer, for så å senke prisen når filmen har vært ute en stund. En annen, som praktiseres av forlag over alt, er å ta en høy pris for den innbundne utgaven av en bok og deretter å selge paperbackversjonen til en mye lavere pris. Mange tror at den lavere prisen på paperback skyldes mye lavere produksjonskostnader, men dette er ikke tilfelle. Når en bok har blitt redigert og satt, er grensekostnaden ved å trykke ytterligere kopier, enten innbundet eller som paperback, ganske lav. Paperbackversjonen selges mye billigere, ikke fordi den er billigere å produsere, men fordi de med høy betalingsvillighet allerede har kjøpt den innbundne utgaven. De resterende som kjøper paperbackversjonen har generelt en mer elastisk etterspørsel.

Peak-load pricing

Peak-load pricing innebærer også ulike priser på ulike tidspunkter. Men snarere enn å prøve å trekke inn konsumentoverskudd kan målet være å øke den økonomiske effektivitet ved å sette prisen nær grensekostnaden (hvis det er offentlig sektor som tilbyr godet).

For enkelte varer og tjenester vil etterspørselen toppe seg på bestemte tider – for veier og tunneler i rushtiden, for elektrisitet på kalde vinterdager og for skianlegg og fornøyelsesparker i helgene. Grensekostnaden er også høy i løpet av disse periodene på grunn av kapasitetsbegrensninger. Prisene bør derfor også være høyere.

Prisnippet er illustrert i figur 10.7, hvor D_1 er etterspørselskurven i "rushtiden" og D_2 er etterspørselskurven utenom rushtid. Bedriften tilpasser seg slik at grenseinntekten blir lik grensekostnad i hver av periodene. I rushtiden får vi da en høy pris P_1, med tilhørende kvantum Q_1, og en pris P_2 utenom rushtid med kvantum Q_2. Denne strategien gir høyere profitt enn om man satte samme pris for begge

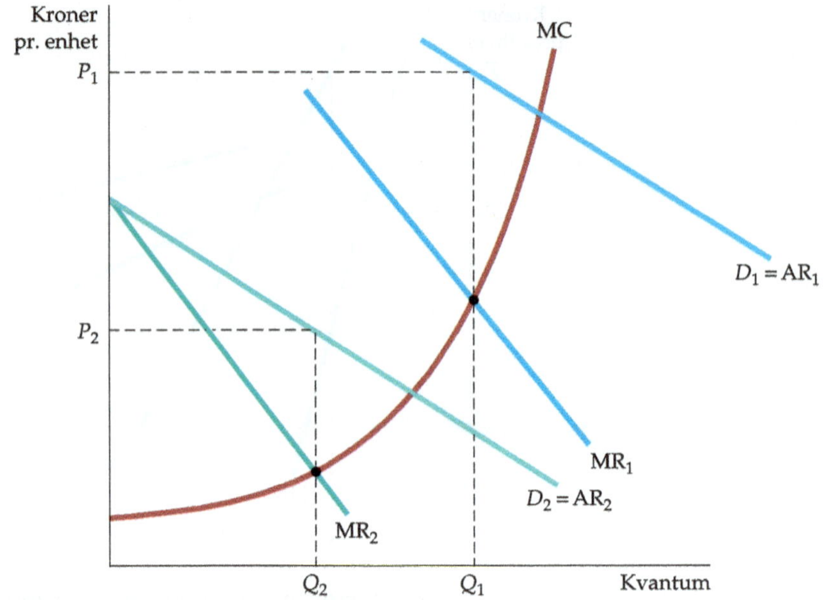

FIGUR 10.7 Peak-load pricing

Etterspørselen etter enkelte goder øker kraftig på bestemte tider av døgnet eller året. Å sette en høyere pris, P_1, når etterspørselen er høy er mer lønnsomt enn å kjøre samme pris i alle perioder. Det er også mer effektivt da grensekostnaden er høyere når etterspørselen er høy.

I avsnitt 9.2 forklarer vi at økonomiske effektivitet betyr at summen av konsument- og produsentoverskudd maksimeres.

periodene. Den er også mer effektiv: Summen av produsent- og konsumentoverskudd er større fordi prisene er nærmere grensekostnaden.

Effektivitetsgevinsten fra peak-load pricing er viktig. Dersom bedriften er et regulert monopol, bør myndighetene sette prisene P_1 og P_2 i de punktene der etterspørselskurvene, D_1 og D_2, krysser grensekostnadskurven, snarere enn der grenseinntektskurvene krysser grensekostnadskurven. I så fall vil hele effektivitetsgevinsten tilfalle konsumentene.

Merk at peak-load pricing er forskjellig fra 3 grad. prisdiskriminering. I tilfelle med 3. grads prisdiskriminering skal grenseinntektene for hver av gruppene være lik grensekostnaden. Hvorfor? Fordi kostnadene ved å betjene de ulike gruppene er koblet sammen. For eksempel i tilfellet med fullflex kontra rabatterte flybilletter vil det å øke antall plasser som selges til redusert pris påvirke kostnaden ved å selge fullflex billetter – grensekostnaden øker raskt når flyet fylles opp. Men dette er ikke tilfelle med peak-load pricing (eller for de fleste tilfeller av intertemporal prisdiskriminering). Det å selge flere billetter til skiheiser eller fornøyelsesparker på en ukedag vil ikke i vesentlig grad øke kostnadene ved å selge billetter i helgen. Tilsvarende vil salg av mer elektrisitet i perioder med lav etterspørsel ikke i vesentlig grad øke kostnadene ved å selge elektrisitet i perioder med høy etterspørsel. Følgelig kan pris og salg i hver periode bestemmes uavhengig av hverandre ved å sette grensekostnad lik grenseinntekt i hver periode.

Eksempel 10.1

Hvordan prise en bestselger?

Som nevnt ovenfor gir publisering av både innbundne og paperbackversjoner av en bok mulighet for å drive prisdiskriminering. Som for de fleste goder er det store forskjeller i hva folk er villige til å betale for bøker. Noen vil kjøpe en bok med en gang den kommer ut selv om den koster 300 kroner. Andre vil imidlertid vente til den kommer som paperback for 100 kroner. Men på hvilket grunnlag kan utgiver si at 300 kr og 100 kr er riktige priser for henholdsvis den innbundne utgaven og for paperbackversjonen? Og hvor lenge bør man vente før man utgir paperbackversjonen?

Nøkkelen er å dele forbrukerne inn i to grupper, slik at de som er villige til å betale en høy pris gjøre det, og *bare* de som ikke villige til å betale en høy pris, venter og kjøper paperbackutgaven. Dette innebærer at man må la det gå en god stund før paperbackversjonen slippes i markedet. Hvis forbrukerne vet at paperbackutgaven vil være tilgjengelig innen få måneder, vil de ha lite insentiv til å kjøpe en innbundet utgave. På den annen side, hvis forlaget venter for lenge med å slippe paperbackutgaven, vil interessen avta og markedet vil tørke opp. Følgelig venter forlagene 12 til 18 måneder før de slipper paperback utgaven.

Hva med pris? Valg av pris for den innbundne utgaven er vanskelig: Med unntak av noen få forfattere, hvis bøker alltid synes å selge, har forlagene begrenset informasjon om betalingsvilligheten for en bok de er i ferd med å publisere. Ofte må de anslå dette bare på grunnlag av tidligere salg av samme type bøker. Men vanligvis er det bare tilgjengelig aggregerte data for hver kategori av bøker. Prisen for nye romaner settes derfor ofte lik prisen på tilsvarende tidligere utgivelser.

10.4 TODELTE TARIFFER

todelte tariffer
Strategi for prising der konsumentene belastes både en engangsavgift og en pris pr. konsumert enhet

En **todelt tariff** er knyttet til prisdiskriminering og representer en annen metode å hente inn konsumentoverskudd på. Metoden går ut på at konsumentene først betaler en avgift for å få retten til å kjøpe et gode, for deretter å betale en pris for hver enhet de konsumerer. Et klassisk eksempel her er fornøyelsesparker. Man betaler en inngangsbillett og så en pris pr. aktivitet. Ledelsen må ta stilling til om de skal sette en høy pris på inngangsbilletten og en lav pris pr. aktivitet eller omvendt. Et spesialtilfelle av det siste er å ta en høy inngangspris og at det ikke koster noe ekstra pr. aktivitet.

Todelte tariffer har blitt benyttet i mange settinger: tennis- og golfklubber (du betaler en årlig medlemsavgift pluss en pris for baneleie eller en runde på golfbanen), utleie av stormaskiner (en fast månedlig avgift pluss en pris pr. time i bruk) og telefontjenester (en månedlig abonnementsavgift pluss en pris pr. minutt ringetid). Strategien kan også benyttes for prising av produkter som barberblader (du betaler for høvelen, som gjør at du kan benytte de bladene som passer denne typen barberhøvel).

Bedriftens utfordring består i å velge engangsavgiften (som vi betegner ved T) og prisen for løpende bruk (som vi betegner med P). Forutsatt at bedriften har noe markedsmakt, skal det da settes en høy inngangsbillett og lav pris for løpende bruk eller omvendt? For å løse dette problemet må vi forstå noen grunnleggende prinsipper.

Tilfellet med én etterspørrer

La oss begynne med et forenklet tilfelle der det kun er én etterspørrer (eller mange med identiske etterspørselskurver), som illustrert i figur 10.8. Anta også at bedriften kjenner etterspørselskurven. Husk nå at bedriften ønsker å legge beslag på så mye av konsumentoverskuddet som mulig. I dette tilfellet er løsningen enkel: Sett pris pr. enhet, P, lik grensekostnad og sett inngangsavgiften, T, lik konsumentoverskuddet

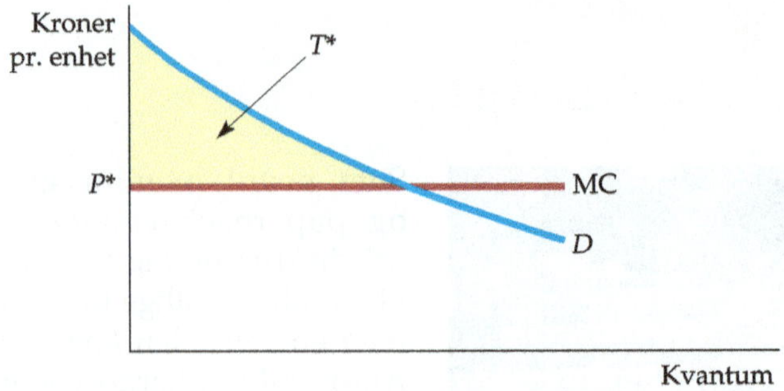

FIGUR 10.8 Todelt tariff i tilfellet med én enkelt konsument

Konsumentens etterspørsel er gitt ved kurven *D*. Bedriften maksimerer profitten ved å sette en pris på løpende bruk, *P*, som er lik grensekostnaden, og en pris for i det hele tatt å benytte godet, T^*, lik hele konsumentoverskuddet.

for hver enkelt konsument. Brukeren betaler altså T^* (eller litt mindre) for å kunne få muligheten for å kjøpe godet og $P^* = \text{MC}$ pr. konsumerte enhet. Med denne prisingen trekker bedriften inn hele konsumentoverskuddet.

To etterspørrere

Vi antar nå at det er to etterspørrere med ulik betalingsvillighet. Bedriften kan imidlertid bare operere med én inngangsavgift og én pris for løpende bruk. Det er dermed ikke lenger optimalt å sette prisen på løpende bruk lik grensekostnaden. Hvis den gjorde det, kunne den ikke gjøre inngangsavgiften større enn konsumentoverskuddet til den med lavest betalingsvillighet (ble den satt høyere ville bedriften miste denne kunden). Bedriften bør i stedet sette prisen for løpende bruk høyere enn grensekostnaden, og deretter sette inngangsavgift lik det gjenværende konsumentoverskudd for den konsumenten med lavest betalingsvillighet.

Figur 10.9 illustrerer dette. Med optimal pris P^* større enn MC, er bedriftens profitt gitt ved $2T^* + (P^* - \text{MC})(Q_1 + Q_2)$. (Det er to konsumenter, og hver betaler

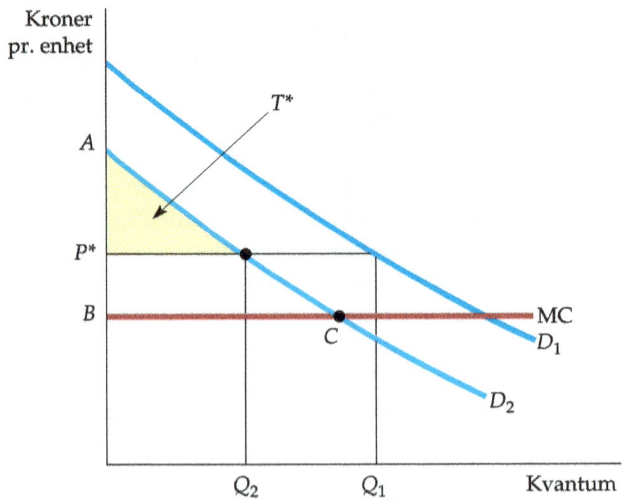

FIGUR 10.9 Todelt tariff i tilfellet med to konsumenter

Den profittmaksimerende pris for løpende bruk, P^*, er høyere enn grensekostnaden. "Inngangsbilletten", T^*, er lik konsumentoverskuddet for den med lav betalingsvillighet. Den tilhørende profitt er $2T^* + (P^* - \text{MC})(Q_1 + Q_2)$. Merk at denne profitten er større enn det dobbelte av arealet av trekanten *ABC*.

T^*.) Dette overskuddet er mer enn dobbelt så stort som arealet av trekanten *ABC*, konsumentoverskuddet for den med lavest betalingsvillighet når P = MC. For å kunne fastslå de eksakte verdiene for P^* og T^* må bedriften kjenne (i tillegg til grensekostnaden) etterspørselskurvene D_1 og D_2. Den kunne da formulere profitten som funksjon av P og T og velge de to prisene som maksimerte denne funksjonen.

Mange etterspørrere

De fleste bedrifter står imidlertid overfor en rekke forbrukere med ulik betalingsvillighet. Det er ingen enkel formel for å beregne optimale todelte tariffer i dette tilfellet, og det kan være nødvendig med litt prøving og feiling. Men det er alltid en trade-off involvert: En lavere inngangavgift betyr flere kunder og dermed økt salg. På den annen side vil inntektene fra inngangsavgiften bli lavere. Problemet er altså å velge inngangsavgift som resulterer i optimalt antall brukere – det vil si den avgiften som maksimerer profitten. I prinsippet kan vi gjøre dette ved å starte med en pris for salg av produktet, P, så finne den optimale inngangsavgiften T, og deretter estimere den tilhørende profitt. Deretter endres P og T, og den tilhørende profitt beregnes igjen. Slik fortsetter man iterativt for å nærme seg den optimale todelte tariffen.

Figur 10.10 illustrerer dette prinsippet. Bedriftens overskudd består av to komponenter, hver er plottet som en funksjon av inngangsavgiften T, forutsatt en gitt pris P. Den første komponenten, π_a, er overskuddet fra inngangsavgiften, lik inntekten $n(T)T$, hvor $n(T)$ er antall brukere. (Merk at en høy T innebærer en liten n.) I utgangspunktet når T øker fra null, stiger inntektene $n(T)T$. Etter hvert vil imidlertid ytterligere økning i T gjøre n så liten at $n(T)T$ synker. Den andre komponenten, π_s, er profitt fra salg av produktet til en pris P, lik $(P - \text{MC})Q$, hvor Q er antall solgte enheter av produktet. Jo større n er, jo større vil Q bli. Dermed faller π_s når T øker fordi en høyere T reduserer n.

Ved å starte med et tall for P, finner vi den optimale T^*. Deretter endrer vi P og finner en ny T^*, og ser om profitten nå er høyere eller lavere. Denne prosedyren gjentas til profitten er maksimert.

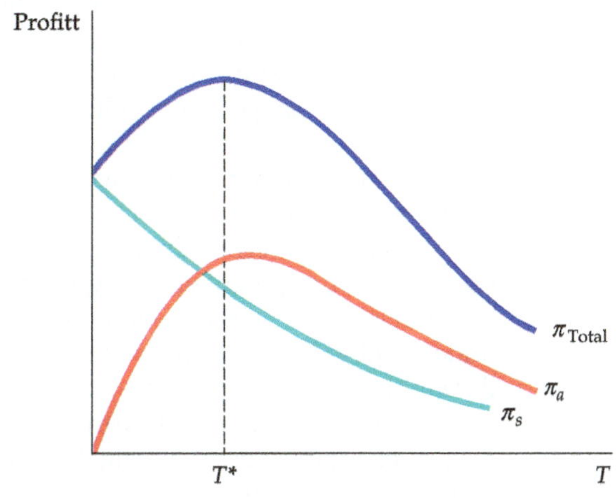

FIGUR 10.10 Todelt tariff i tilfellet med mange konsumenter

Total profitt π er summen av profitt fra engangsavgiften π_a og profitt fra løpende salg π_s. Både π_a og π_s, avhenger av T, engangsavgiften. Vi har da:

$$\pi = \pi_a + \pi_s = n(T)T + (P - \text{MC})Q(n)$$

der n er antall kjøpere, som avhenger av T, og Q er salget, som er større jo større n er. Her er T^* profittmaksimerende engangsavgift, gitt P. For å beregne optimale verdier for P og T kan vi starte med et tall for P, finne den optimale T, og deretter beregne den tilhørende profitten. P endres så og den tilhørende T beregnes på nytt, sammen med den nye profitten.

Det er åpenbart mer informasjon som skal til for å utforme en optimal todelt tariff enn det som må til for å velge en enkelt pris. Å kjenne grensekostnaden og etterspørselskurven er ikke nok. Det er umulig (i de fleste tilfeller) å bestemme etterspørselskurven for enhver forbruker, men man skulle i det minste gjerne vite hvor store forskjeller det var i folks betalingsvillighet. Hvis betalingsvillighetene for produktet er nokså like, ville du ta en pris P som er nær grensekostnaden og sette en høy inngangsavgift. Dette er den ideelle situasjonen fra bedriftens ståsted i og med at man da kunne trekke inn det meste av konsumentoverskuddet. På den annen side, hvis betalingsvillighetene er forskjellige, ville du sannsynligvis sette P godt over grensekostnaden og ta en lavere inngangsavgift. I dette tilfellet er derfor en todelt tariff en mindre effektiv måte å trekke inn konsumentoverskuddet på, én pris kan nesten gjøre det like bra.

10.5 BUNDLING

Bundling vil si at tilbyder selger ett eller flere produkter sammen som en pakke, og kan være en hensiktsmessig prisstrategi hvis konsumentene har ulik betalingsvillighet og når bedriften ikke har mulighet for å drive prisdiskriminering.

bundling
Det å selge to eller flere produkter sammen som en pakke

Bundling er en mye brukt prisstrategi. Når du kjøper en ny bil, kan du kjøpe tilleggsutstyr som elektrisk justerbare seter, takluke og oppgradert høytalersystem separat, eller du kan kjøpe en pakke der disse alternativene inngår. Produsenter av luksusbiler (Jaguar, Porche og Maserati osv.) har en tendens til å inkludere slikt utstyr som standardutstyr. For biler i et mer moderat prissjikt er gjerne denne type utstyr valgfritt, men tilbys vanligvis som del av en pakke. Bilprodusentene må bestemme seg for hvilke elementer som skal inkluderes i slike pakker og hvordan de skal prises.

Et annet eksempel er feriereiser. Hvis du planlegger en ferie til USA, kan du selv bestille hotell, kjøpe flybillett og ordne med leiebil. Alternativt kan du kjøpe en pakketur der flybillett, hotell og kanskje måltider er inkludert.

Nok et eksempel er kabel-TV. Kabeloperatørene tilbyr vanligvis en grunnpakke til en lav månedspris. I tillegg kan man velge mellom en rekke andre kanaler enten ved at man kjøper en og en eller flere sammen i en oppgradert pakke. Bundling av kabelkanaler er lønnsomt fordi etterspørselen etter de ulike kanalene er negativt korrelert. Hvordan vet vi det? Gitt at det kun er 24 timer i døgnet, vil den tiden at en person bruker på å se på Viasat Sport ikke kunne benyttes til å se på Discovery. Dermed vil personer med høy reservasjonspris for noen kanaler ha relativt lav reservasjonspris for andre.

Hvordan skal en bedrift bestemme seg for om den skal pakke produkter sammen eller selge enkeltvis, og hvordan skal eventuelt pakkene prises? De fleste bedrifter kjenner ikke konsumentenes reservasjonspriser. Men gjennom markedsundersøkelser kan de være i stand til å estimere fordelingen av reservasjonspriser, og deretter bruke denne informasjonen til å utforme en prisstrategi.

Dette er illustrert i figur 10.11. Punktene er estimater på reservasjonsprisene, r, eller et representativt utvalg konsumenter (for eksempel fremkommet fra en markedsundersøkelse). Bedriften kan først velge en pris for en pakke, P_B, slik at en rett linje som går gjennom disse prisene plasserer seg mest mulig i senter av punktene. Den kan deretter prøve individuelle priser P_1 og P_2. Gitt P_1, P_2 og P_B, kan vi skille konsumentene i 4 regioner som vist i figuren. De i region 1 vil ikke kjøpe noe i det hele tatt (i og med at $r_1 < P_1$, $r_2 < P_2$, og $r_1 + r_2 < P_B$). De i region II vil kjøpe pakken (fordi $r_1 + r_2 > P_B$). De i region III vil bare kjøpe gode 2 (fordi $r_2 > P_2$ men $r_1 < P_B - P_2$), og tilsvarende vil de i region IV bare kjøpe gode 1. Gitt denne fordelingen kan vi beregne den tilhørende profitten. Vi kan så øke eller senke P_1, P_2, og P_B for å se om dette fører til at profitten øker. Denne prosedyren kan gjentas flere ganger (på en datamaskin) inntil man finner de prisene som (omtrentlig) maksimerer profitten.

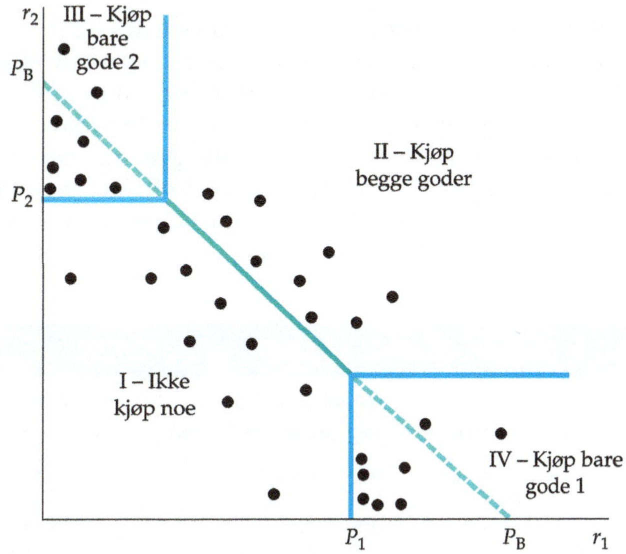

FIGUR 10.11 Mixed bundling i praksis

Punktene i denne figuren er anslag på reservasjonspriser for et representativt utvalg konsumenter. En bedrift kan først velge en pris for pakken, P_B, slik at en diagonal linje som binder disse prisene sammen passerer omtrent i senter av punktene. Bedriften kan så prøve ut separate priser P_1 og P_2. Gitt P_1, P_2 og P_B, kan profitten beregnes for dette utvalget konsumenter. Bedriften kan så heve eller senke P_1, P_2 og P_B, og se om de nye prisene fører til høyere fortjeneste. Denne prosedyren gjentas inntil total profitt omtrentlig er maksimert.

Eksempel 10.2

Meny kontra à la Carte: Restaurantens prisingsproblem

Mange restauranter tilbyr både komplett middag og à la carte menyer. Hvorfor? De fleste som går ut for å spise vet omtrent hvor mye de er villige til å bruke på en middag (og velger restauranten deretter). Folk har imidlertid ulike preferanser for de ulike rettene. Noen setter stor pris på forretten men kan gjerne hoppe over desserten, mens andre ikke er så opptatt av forrett, men bare må ha dessert. Atter andre er hovedsakelig bare opptatt av hovedretten og tillegger både forrett og dessert liten verdi. Hvordan skal restauranten prise for å fange så mye konsumentoverskudd som mulig fra disse ulike kunder? Svaret er det vi betegner som mixed bundling.

For en restaurant betyr mixed bundling at man tilbyr både menyer (forrett, hovedrett og dessert som en pakke) og en à la carte-meny (kunden kjøper forrett, hovedrett og dessert separat). Denne strategien gjør at à la carte menyen kan prises for å hente inn konsumentoverskudd fra kunder som verdsetter noen retter mye sterkere enn andre. Samtidig fanger tilbudet om en meny opp de som har lavere variasjoner i reservasjonsprisene for de ulike rettene (for eksempel kunder som tillegger både forretter og desserter moderat vekt).

Hvis en restaurant for eksempel forventer å tiltrekke seg kunder som er villige til å bruke rundt 300 kr for en middag, kan den prise forretten til 90 kr, hovedretten til 160 kr, og ta 80 kr for desserten. Den kan også tilby en meny som inkluderer forrett, hovedrett og dessert, for 300 kroner. Dermed vil de som elsker dessert, men har lite sans for forrett, bestille kun hovedrett og dessert og bruke 240 kroner. På den annen side vil en som har moderat betalingsvillighet for både forrett og dessert (si henholdsvis 80 kr og 70 kr) velge å kjøpe menyen til 300 kroner.

Du trenger ikke å gå til en dyr restaurant å oppleve mixed bundling. Tabell 10.1 viser prisene på McDonalds for noen enkeltstående produkter, samt prisene på store menyer som inkluderer retter med kjøtt sammen med en stor porsjon pommes frites og en stor brus. Merk at du kan kjøpe en Big Mac, en stor pommes frites og en stor brus separat for totalt 94 kr, eller du kan få det samme i en stor meny som koster 81 kroner. Si at du ikke bryr deg om pommes frites. Da kjøper du bare en Big Mac og en stor brus hver for seg, for totalt 65 kr, som er 16 kr lavere en prisen for en stor meny.

Dessverre for forbrukerne, kanskje, er kreativ prising noen ganger viktigere enn kreativ matlaging for den økonomiske suksessen til en restaurant. Vellykkede restauranteiere vet hva som kjennetegner kundenes etterspørsel og benytter denne kunnskapen til å designe en prisstrategi som henter inn så mye av konsumentoverskuddet som mulig.

TABELL 10.1 Mixed bundling på McDonald's (2012)

Menyelementet	Pris	Meal (med brus og pommes frites)	À la carte pris	Menu (mixed bundle) pris	Besparelser
McChicken	42 kr	McChicken	94 kr	81 kr	13 kr
Big Mac	42 kr	Big Mac	94 kr	81 kr	13 kr
Quarter Pounder	44 kr	Quarter Pounder	96 kr	84 kr	12 kr
9 stk Chicken McNuggets	58 kr	9 stk Chicken McNuggets	110 kr	93 kr	17 kr
MacFries (stor)	29 kr				
Drikke (stor)	23 kr				

Tying (sammenknytting)

tying
Det å kreve at kundene kjøper et gode for å få muligheten til å kjøpe et annet gode

Tying er et generelt begrep som refererer seg til et hvert form for krav om at produktene skal kjøpes eller selges i en eller annen kombinasjon. Ren bundling er en vanlig form for tying, men tying kan også ta andre former. Anta for eksempel at en bedrift selger et produkt (kopimaskiner) som krever forbruk av et annet produkt (papir). For å få kjøpt det første produktet forplikter kunden seg (gjennom en kontrakt) til også å kjøpe det andre produktet fra samme bedrift. Merk at dette er forskjellig fra de eksemplene på bundling diskutert tidligere. I disse eksemplene kunne konsumenten nøye seg med å bare kjøpe det ene produktet. I tilfellet med tying er imidlertid det første produktet ubrukelig uten tilgang til det andre produktet.

Hvorfor vil bedrifter benytte seg av denne prisstrategien? En av hovedfordelene ved tying er at den kan gjøre det mulig for bedriften å måle etterspørselen og dermed kunne drive prisdiskriminering mer effektivt. På 1950-tallet, for eksempel, da Xerox hadde monopol på kopimaskiner, men ikke på papir, måtte kunder som leide Xerox kopimaskiner også kjøpe Xerox papir. Dette gjorde at Xerox kunne måle forbruket (de som brukte maskinen mye kjøpte mer papir), og dermed bruke en todelt tariff til prising av sine maskiner. Tying kan også brukes til å øke en bedrifts markedsmakt. Hvis Xerox ikke hadde benyttet seg av tying, kunne de neppe ha oppnådd en pris på papir som ga mer enn en normalavkastning. Tying kan også benyttes for å ivareta goodwill knyttet til et merkenavn. Dette er årsaken til at franchisetakere ofte må kjøpe innsatsfaktorer fra franchisegiver for å sikre at produktene blir like slik at merkenavnet beskyttes.

10.6 Markedsføring

For bedrifter med markedsmakt står valget av prisstrategi helt sentralt. Men bedriftene står også overfor en annen viktig beslutning: Hvor mye skal brukes på markedsføring? I dette avsnittet skal vi se nærmere på hvordan bedrifter med markedsmakt kan gjøre profittmaksimerende beslutninger med hensyn markedsføring, og hvordan disse beslutningene avhenger av egenskapene til etterspørselen etter bedriftens produkt.

For enkelhets skyld vil vi anta at bedriften kun opererer med én pris på produktet sitt. Vi vil også anta at bedriften har gjennomført tilstrekkelige markedsundersøkelser, slik at den kjenner hvordan etterspørselen avhenger av prisen P, og av hvor mange kroner, A, den har brukt på markedsføring – dvs. at den kjenner $Q(P, A)$. Figur 10.12 viser bedriftens etterspørsels- og kostnadskurver med og uten markedsføring. AR og MR er bedriftens etterspørsels- og grenseinntektskurve i fravær av markedsføring, og AC og MC er gjennomsnittskostnads- og grensekostnadskurven. Produsert kvantum er Q_0, der MR = MC, og prisen er P_0. Profitt pr. enhet er differansen mellom P_0 og gjennomsnittskostnad, slik at samlet profitt er gitt ved det grå rektangelet.

Vi antar så at bedriften begynner å markedsføre produktet. Dette fører til at etterspørselskurven skifter utover. Den nye etterspørsels- og grenseinntektskurven er gitt ved AR′ og MR′. Markedsføring er en fast kostnad, slik at bedriftens gjennomsnittskostnadskurve skifter oppover (til AC′). Grensekostnaden forblir uforandret. I tilfellet med markedsføring produserer bedriften Q_1 (hvor MR′ = MC) og prisen blir P_1. Profitten, gitt ved det lilla rektangelet, er nå mye større.

I avsnitt 6.1 defineres grensekostnaden som den kostnadsøkning som følger av at bedriften øker produksjonen med én enhet, mens gjennomsnittskostnaden er kostnaden pr. produsert enhet.

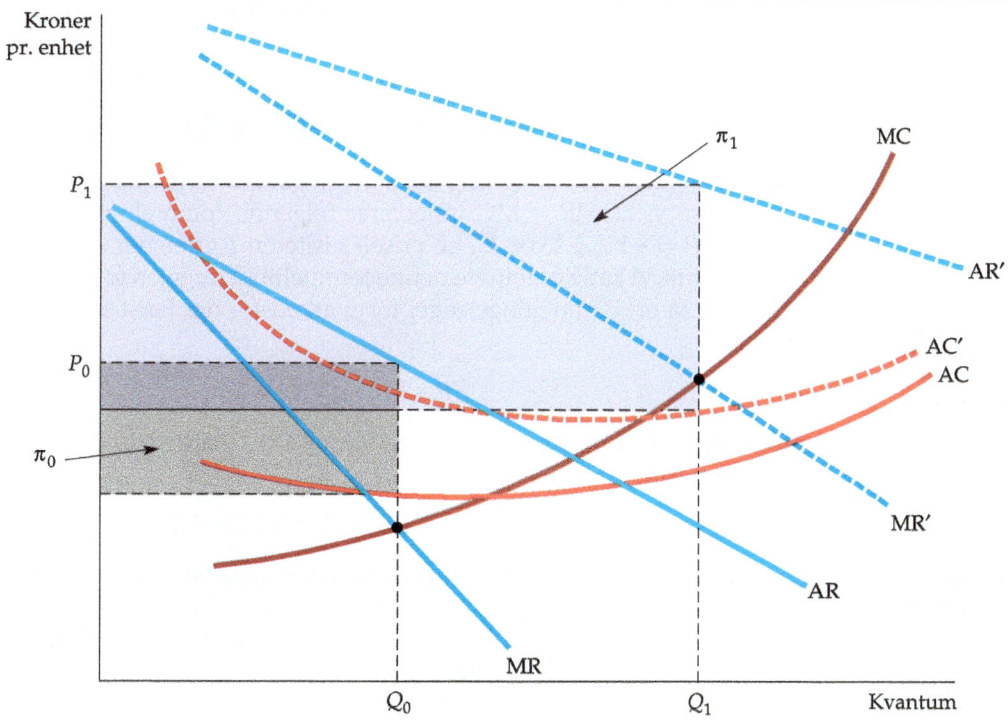

FIGUR 10.12 Effektene av markedsføring

AR og MR er gjennomsnitts- og grenseinntekt når bedriften ikke markedsfører, og AC og MC er gjennomsnitts- og grensekostnad. Bedriften produserer Q_0 og prisen er P_0. Profitten, π_0, er gitt ved det grå rektanglet. Dersom bedriften markedsfører vil etterspørselkurven og grenseinntektskurven skifte til høyre. Gjennomsnittskostnaden stiger (til AC′), men grensekostnaden forblir den samme. Bedriften produserer nå Q_1 (hvor MR′ = MC), til en pris P_1. Profitten, π_0, er nå høyere.

Selv om bedriften i figur 10.12 gjør det klart bedre når den markedsfører produktet, hjelper ikke figuren oss i det å bestemme *hvor mye* som skal benyttes på markedsføring. Bedriften må velge den pris P og de markedsføringsutgifter A som maksimerer profitten, som nå er gitt ved:

$$\pi = PQ(P, A) - C(Q) - A$$

For en gitt pris vil økt markedsføringsinnsats gi økt salg og høyere salgsinntekter. Men hva er bedriftens profittmaksimerende markedsføringsutgifter? Du kan kanskje være fristet til å si at bedriften skal øke sine markedsføringsutgifter inntil den siste krone brukt på markedsføring gir én krone i økte inntekter, det vil si, inntil den marginale inntektsøkningen fra markedsføring, $\Delta(P, Q)/\Delta A$, akkurat er lik 1. Men som figur 10.12 viser, utelater dette resonnementet et viktig element. Husk at markedsføring fører til økt produksjon (i figuren, fra Q_0 til Q_1). Men økt produksjon betyr i sin tur økte produksjonskostnader, og dette må tas i betraktning når man sammenligner kostnadene og gevinstene ved en ekstra krone til markedsføring.

Det riktige er å øke markedsføringen *inntil marginale inntekter fra en ekstra krone brukt på markedsføring, MR_{Ads}, akkurat er lik den totale grensekostnaden ved markedsføring*. Denne totale grensekostnaden er summen av den ene kronen brukt på markedsføring og de økte produksjonskostnader som salgsøkningen medfører, altså opp til det nivå der:

$$\begin{aligned} \mathrm{MR}_{\mathrm{Ads}} &= P(\Delta Q/\Delta A) = 1 + \mathrm{MC}(\Delta Q/\Delta A) \\ &= \text{total grensekostnad ved markedsføring} \end{aligned} \qquad \textbf{(10.3)}$$

Denne regelen blir ofte ignorert av ledere, som rettferdiggjør reklamebudsjetter ved å sammenligne forventet gevinst (dvs. mersalg) kun med markedsføringskostnadene. Men økt salg betyr økte produksjonskostnader som det også må tas hensyn til.

En tommelfingerregel for markedsføring

I ligning (9.1) viser vi en tommelfingerregel for prising for en profittmaksimerende bedrift – mark-up faktoren på toppen av grensekostnaden som en prosentsats av prisen skal være lik den negative verdien av den inverse av priselastisiteten.

Som regelen MR = MC er ligning (10.3) noen ganger vanskelig å anvende i praksis. I kapittel 9 så vi at MR = MC innebærer følgende tommelfingerregel for prising: $(P - \mathrm{MC})/P = -1/E_D$, hvor E_D er priselastisiteten i etterspørselen rettet mot den enkelte bedrift. Vi kan kombinere denne tommelfingerregelen for prising med ligning (10.3) for å få en tommelfingerregel for markedsføring. Først skriver vi om ligning (10.3):

$$(P - \mathrm{MC})\Delta Q/\Delta A = 1$$

Vi multipliserer så på begge sider med A/PQ, altså markedsføringskostnadene som andel av salgsinntektene:

$$(P - \mathrm{MC})/P[(A/Q)(\Delta Q/\Delta A)] = A/PQ$$

etterspørselens markedsføringselastisitet Prosentvis endring i etterspørsel som følge av en 1-prosents økning i markedsføringsutgiftene

Uttrykket $(A/Q)(\Delta Q/\Delta A)$ er **etterspørselens markedsføringselastisitet**, som sier hvor mange prosent etterspørselen endres når markedsføringsutgiftene økes med én prosent. Vi betegner denne elastisiteten som E_A. I og med at $(P - \mathrm{MC})/P$ må være lik $-1/E_P$, kan vi omskrive denne ligningen som følger:

$$A/PQ = -(E_A/E_P) \qquad \textbf{(10.4)}$$

Ligning (10.4) er en tommelfingerregel for markedsføringsinnsats. Den sier at for å maksimere profitten skal bedriftens forhold mellom markedsføringsutgifter og omsetning være lik den negative verdien av forholdet mellom markedsføringselastisiteten og priselastisiteten. Gitt informasjon (fra for eksempel markedsundersøkelser) om disse to elastisitetene, kan bedriften benytte denne regelen til å kontrollere om markedsføringsbudsjettet er for stort eller for lite.

La oss se på et talleksempel. Anta at en bedrift har salgsinntekter på 1 mill. kr pr. år. og at den kun bruker 10 000 kr i året på markedsføring. Bedriften vet at markedsføringselastisiteten er 0,2, slik at en dobling av markedsføringsbudsjettet vil øke salget med 20 %. Bedriften vet også at etterspørselens priselastisitet er – 4. Bør den øke markedsføringsbudsjettet? Svaret er ja. Ligning (10.4) forteller oss at bedriftens forhold mellom markedsføringsutgifter og omsetning skal være – (0,2/–4) = 5 prosent, slik at bedriften skal øke markedsføringsbudsjettet fra 10 000 kr til 50 000 kroner.

Denne regelen virker intuitivt rimelig. Den sier at bedriften bør bruke mye på markedsføring hvis (i) etterspørselen er svært følsom overfor markedsføring (E_A er stor), eller hvis (ii) etterspørselen er ikke veldig priselastisk (E_P er liten). Selv om (i) er åpenbar, hvorfor skal bedriftene bruke mye på markedsføring når priselastisiteten i etterspørselen er liten? En liten priselselastisitet innebærer at prisen ligger langt over grensekostnaden. Dermed er profitten pr. ytterligere solgte enhet stor. I så fall, hvis markedsføring kan bidra til ytterligere salg, vil det være verdt sin pris.

OPPSUMMERING

1. Bedrifter med markedsmakt er i en misunnelsesverdig stilling da de har muligheten for å oppnå høy profitt. Realisering av dette potensialet kan imidlertid være sterkt avhengig av prisstrategien. Selv om bedriften bare opererer med en enkelt pris, trenger den et estimat på etterspørselens priselastisitet. Mer kompliserte strategier som innebærer flere priser krever ytterligere informasjon om etterspørselen.
2. En prisstrategi har som mål å øke bedriftens kundebase samt trekke inn så mye av konsumentoverskuddet som mulig. Det er flere måter å gjøre dette på, og de innebærer vanligvis at en må operere med flere priser.
3. Ideelt sett ønsker bedriften å drive perfekt prisdiskriminering – dvs. å avkreve hver kunde han eller hennes reservasjonspris. I praksis er dette nærmest umulig. På den annen side er ofte ulike former for ufullkommen prisdiskriminering brukt for å øke overskuddet.
4. En todelt tariff er en annen måte å trekke inn konsumentoverskudd på. Kunder må betale en inngangsbillett for å kunne kjøpe en vare til en stykkpris. Todelte tariffer er mest effektive når kundenes betalingsvillighet er relativt like.
5. Når etterspørselen er heterogen og negativt korrelert, kan bundling øke fortjenesten. Ved ren bundling selges to eller flere forskjellige produkter kun som en pakke. Ved mixed bundling kan kunden velge mellom å kjøpe produktet individuelt eller i en pakke. Mixed bundling kan være mer lønnsomt enn ren bundling hvis grensekostnadene er betydelige eller hvis etterspørselen ikke er perfekt negativt korrelert.
6. Bundling er et spesialtilfelle av tying, et krav om at produkter blir kjøpt eller solgt i gitte kombinasjoner. Tying kan brukes til å måle etterspørselen eller for å bevare kundelojaliteten knyttet til et merkenavn.
7. Markedsføring kan øke profitten. Det profittmaksimerende forholdet mellom markedsføringsutgifter og omsetning har samme størrelse som forholdet mellom etterspørselens markedsførings- og priselastisitet.

SPØRSMÅL

1. Anta at en bedrift kan drive perfekt (1. grads) prisdiskriminering. Hva er den laveste pris den vil kunne ta og hva vil samlet produksjon bli?
2. Hvordan driver bilselgere prisdiskriminering i praksis? Hvordan påvirker hennes evne til å drive prisdiskriminering lønnen hennes?
3. Kraftprodusenter benytter ofte 2. grads prisdiskriminering. Hvorfor kan dette øke konsumentenes velferd?
4. Gi noen eksempler på 3. grads prisdiskriminering. Kan 3. grads prisdiskriminering være effektiv hvis de forskjellige grupper av konsumenter har ulike nivå på etterspørselen, men samme priselastisitet?
5. Vis hvorfor optimal 3. grads prisdiskriminering fordrer at grenseinntektene fra hver etterspørselsgruppe er lik grensekostnaden. Bruk denne betingelsen for å forklare hvordan en bedrift bør endre sine priser og produksjonen dersom etterspørselskurven for en av gruppene skifter utover.

6. Når bilprodusenter fastesetter sine priser er det typisk at de tar en betydelig høyere mark-up for "luksusalternativet" (skinninteriør, takluke osv.) enn det de gjør for selve basismodellen av bilen og mer standardpakker som seteoppvarming og elektriske vinduer. Forklar hvorfor.

7. Hvorfor er peak-load pricing en form for prisdiskriminering? Kan det føre til at konsumentene kommer bedre ut av det? Gi et eksempel.

8. Hvordan kan en bedrift bestemme en optimal todelt tariff dersom den har to kunder med ulike etterspørselskurver? (Anta at den kjenner etterspørselskurvene.)

9. Hvorfor er prisingen av en Gillette barberhøvel en form for todelt tariff? Behøver Gillette å være monopolist både på barberblader og barberhøvler for å kjøre en slik prisstrategi? Anta at du skal gi Gillette råd om hvordan de skal fastsette en todelt tariff. Hva vil du foreslå?

10. I en by er det mange tannleger, men bare en øyelege. Hvor er det mest sannsynlig at den eldre befolkningen vil få gode tilbud: på tannlegeundersøkelser eller på øyeundersøkelser? Hvorfor?

11. Hva må kjennetegne etterspørselen for at bundling skal øke profitten?

12. Hvorfor benytter mange restauranter seg av mixed bundling (ved å tilby en komplett middag samt en à la carte-meny) i stedet for ren bundling?

13. Hva er forskjellen mellom tying og bundling? Hvorfor vil noen bedrifter velge tying?

14. Hvorfor er det feil å bruke penger på markedsføring opp til det nivå der siste krone brukt på markedsføring øker salgsinntektene med én krone? Hva er den riktige regelen for hvor mye som skal brukes på markedsføring?

15. Hvordan kan en bedrift sjekke at forholdet mellom markedsføringskostnader og omsetning ikke er for høyt eller for lavt? Hvilken informasjon trenger bedriften?

ØVELSER

1. Prisdiskriminering krever at en har mulighet til å skille kundene fra hverandre og forhindre arbitrasjemuligheter. Forklar hvordan det følgende kan fungere som prisdiskriminering og diskuter både separering og arbitrasje:
   - **a.** Det å kreve at flypassasjerer minst tilbringer en lørdagsnatt borte for å kunne benytte seg av reduserte priser.
   - **b.** Det å basere prisen på sement, levert hos kjøper, på hvor kjøper er lokalisert.
   - **c.** Det å selge kjøkkenmaskiner sammen med en kupong som kan sendes til produsenten for å få 10 % rabatt.
   - **d.** Det å gi midlertidige prisreduksjoner på tørkepapir.
   - **e.** Det å ta høyere pris for plastisk kirurgi fra de med høy inntekt enn fra de med lav inntekt.

2. Om du ikke har vært på det selv, så har du sikkert sett scener fra "drive-in movies" i amerikanske filmer. Biler står linet opp på rekke og rad foran en diger skjerm. Hvis etterspørselen etter drive-in movies er mer elastisk for par enn for single, vil det da være optimalt for filmselskaper å ta en inngangsbillett for bilføreren og en ekstra billett for passasjeren? Riktig eller galt? Forklar.

3. Anta at BMW kan produsere biler til en konstant grensekostnad på 200 000 kr pr. bil, og at de faste kostnadene er 100 mrd. kroner. Du blir bedt om å gi råd til administrerende direktør mht. hvor mange biler som skal tilbys i Europa og i USA, og hvilke priser de skal sette på bilene. Etterspørselen etter BMW-er i de to markedene er gitt ved henholdsvis:

$$Q_E = 4\,000\,000 - 10P_E \qquad \text{(Europa)}$$

og

$$Q_U = 1\,000\,000 - 2P_U \qquad \text{(USA)}$$

Anta at BMW kan begrense salget av biler i USA til autoriserte BMW forhandlere:
   - **a.** Hvor mange biler bør tilbys i hvert av markedene, og hvilken pris bør settes? Hva blir samlet profitt?
   - **b.** Hvis BMW ble tvunget til å ta samme pris i begge markeder, hvor mange biler ville da blitt solgt i hvert av markedene, hva ville likevektsprisen og BMWs profitt være?

4. En monopolist skal bestemme seg for hvordan den skal fordele produksjonen mellom to geografisk atskilte markeder. Etterspørselfunksjonene i de to markedene er gitt ved

$$P_1 = 15 - Q_1$$

og

$$P_2 = 25 - 2Q_2$$

Monopolistens kostnader er gitt ved $C = 5 + 3(Q_1 + Q_2)$. Finn pris, produksjon, profitt, grenseinntekt og effektivitetstap hvis (i) monopolisten kan drive prisdiskriminering, (ii) hvis myndighetene forbyr ulike priser i de to markedene.

5. Et flyselskap flyr kun én rute. Etterspørselen etter en flytur et gitt ved $Q = 500 - 0{,}1P$. Selskapets kostnader pr. flygning er 300 000 kr pluss 1000 kr pr. passasjer.

   a. Hva er profittmaksimerende pris? Hvor mange passasjerer vil de ha? Hva blir selskapets profitt pr. flygning?

   b. Selskapet finner ut at de faste kostnadene pr. flygning faktisk er 410 000 kr i stedet for 300 000 kroner. Vil flyselskapet overleve på lang sikt? Illustrer svaret ditt ved hjelp av en figur med etterspørselskurven som selskapet står overfor, gjennomsnittskostnadskurven når de faste kostnadene er 300 000 kr og gjennomsnittskostnadskurven når de faste kostnadene er 410 000 kroner.

   c. Selskapet finner imidlertid ut at det er to ulike grupper som flyr denne strekningen. Gruppe *A* består av forretningsfolk med en etterspørsel gitt ved $Q_A = 260 - 0{,}04P$. Gruppe *B* består av studenter, hvor etterspørselen er gitt ved $Q_B = 240 - 0{,}06P$. I og med at det er lett å identifisere studentene bestemmer selskapet seg for å ta forskjellige priser. Illustrer hver av etterspørselsfunksjonene, og den horisontale summering av disse kurvene, grafisk. Hva må studentene betale for en flytur? Hva blir prisen for de andre reisende? Hvor mange studenter og andre reisende vil kjøpe billetter?

   d. Hva ville selskapets profitt pr. flygning bli? Ville flyselskapet fortsette i bransjen eller trekke seg ut? Beregn konsumentoverskuddet for hver gruppe, og samlet konsumentoverskudd.

   e. Hvor stort var konsumentoverskuddet for gruppe *A* og *B* før selskapet begynte med prisdiskriminering? Hvorfor ble samlet konsumentoverskudd lavere ved prisdiskriminering selv om samlet kvantum var det samme?

6. En videobutikk tilbyr to alternative leieordninger:

   - En todelt tariff: Man betaler en årlig medlemsavgift (for eksempel 500 kr) og betaler så en lav pris på lei av film (for eksempel 20 kr pr. døgn)
   - En fast leiepris: Man betaler ingen medlemsavgift, men betaler en høyere daglig leie (for eksempel 40 kr pr. film).

   Hva er logikken bak den todelte tariffen i dette tilfellet? Hvorfor tilby kunden dette valget i stedet for bare å operere med en todelt tariff?

7. Et satelittselskap tilbyr abonnement i Oslo og Bergen. Etterspørselsfunksjonene i de to byene er gitt ved:

   $Q_B = 60 - 0{,}25P_B$ (Bergen)

   $Q_O = 100 - 0{,}50P_O$ (Oslo)

   hvor Q er abonnenter (målt i 1000) pr. år og P er abonnementsprisen pr. år. Kostnaden ved å tilby Q enheter av tjenesten er gitt ved: $C = 1000 + 40Q$, der

   $Q = Q_B + Q_O$.

   a. Hva er profittmaksimerende priser og kvanta i Bergen og Oslo?

   b. Et nytt satellittsystem gjør det mulig for folk i Bergen å få inn de samme kanalene som de gjør i Oslo, og omvendt. Følgelig kan abonnentene få tilgang til de samme kanalene uavhengig av hvor de tegner abonnementet. Selskapet kan derfor bare operere med samme pris i de to byene. Finn denne prisen, og hvor mange abonnementer de vil ha i Bergen og Oslo.

   c. I hvilken av de ovennevnte situasjonene, (a) eller (b), kommer selskapet best ut av det? Uttrykt ved konsumentoverskuddet, hvilken situasjon vil folk i henholdsvis Bergen og Oslo foretrekke? Forklar.

8. Som eier av den eneste tennisklubben i en by må du bestemme deg for medlemskontingent og pris på baneleie. Det finnes to typer tennisspillere i området: ivrige spillere, der etterspørselen er gitt ved: $Q_1 = 10 - P$, hvor Q_1 er antall timer pr. uke og P er prisen pr. spiller for å leie en bane i en time. Den andre gruppen er spillere som tar en time i ny og ne. Etterspørselsfunksjonen for denne gruppen er gitt ved: $Q_2 = 4 - 0{,}25P$.

   Anta at det finnes 1000 spillere av hver type. I og med at du har mer enn nok av baner, er grensekostnaden for en banetime lik 0. Du har faste kostnader på 10 000 pr. uke. Ivrige og tilfeldige spillere ser like ut så du må operere med én pris.

   a. For å opprettholde en "profesjonell" atmosfære, ønsker du å begrense medlemskap til de ivrige spillerne. Hvordan bør du sette den årlige medlemskontingenten og timeprisen for baneleie (anta 52 uker pr. år) for å maksimere profitten? Hva ville resultatet bli (pr. uke)?

   b. En venn forteller deg at du kan tjene mer penger ved å få begge typer spillere til å bli medlemmer. Har hun rett? Hvilken medlemsavgift og hvilken pris på baneleie ville maksimere ukentlig profitt? Hva ville profitten bli?

   c. Anta at det i løpet av årene flytter en rekke unge ivrige tennisspillere til byen. Du tror at det nå er 3000 ivrige spillere og 1000 tilfeldige spillere. Ville det fortsatt være lønnsomt å prøve tiltrekke seg de som ikke er ivrige spillere? Hvilken medlemsavgift og hvilken pris på baneleie ville maksimere ukentlig profitt? Hva ville profitten bli?

9. For noen år siden stod det en artikkel om IBMs prisstrategi i New York Times. Dagen før hadde IBM annonsert store prisreduksjoner på de fleste av sine små og mellomstore datamaskiner. I artikkelen stod det blant annet:

   IBM har antagelig ikke noe annet valg enn å kutte prisene med jevne mellomrom for å få flere til å kjøpe og færre til å leie maskiner. Hvis de lykkes, kan dette gjøre livet vanskeligere for IBMs hovedkonkurrenter.

a. Gi et argument til støtte for påstanden om at IBM skulle prøve "å få sine kunder til å kjøpe mer og leie mindre."

b. Gi et argument mot denne påstanden.

c. Hvilke faktorer avgjør om utleie eller salg er å foretrekke for et selskap som IBM? Forklar kort.

10. Et kabel-tv-selskap tilbyr, i tillegg til grunnpakken, to produkter: en sportskanal (Produkt 1) og en filmkanal (Produkt 2). Abonnenter på grunnpakken kan abonnere på disse tilleggstjenestene individuelt til de månedlige prisene P_1 og P_2, eller de kan kjøpe de to som en pakke for prisen P_B, der $P_B < P_1 + P_2$. De kan også velge å nøye seg med grunnpakken. Selskapets grensekostnad for tilleggstjenestene er lik null. Gjennom markedsundersøkelser har kabelselskapet estimert reservasjonsprisene for disse to tjenestene for en representativ gruppe forbrukere i selskapets dekningsområde. Disse reservasjonsprisene er plottet (som x-er) i figur 10.13 sammen med prisene P_1, P_2 og P_B som er de prisene kabelselskapet for tiden operer med. Diagrammet er delt inn i regionene I, II, III og IV.

a. Hvilke produkter, hvis noen, vil bli kjøpt av forbrukere i region I? I region II? I region III? I region IV? Forklar kort.

b. Merk at reservasjonsprisene for sportskanalen og filmkanalen er negativt korrelert. Forklar.

c. Selskapets direktør har uttalt følgende: "I og med at grensekostnaden ved å tilby en ekstra kanal er null, vil vi ikke gjøre det bedre med mixed bundling enn ren bundling. Vår fortjeneste vil være like høy om vi tilbyr sportskanalen og filmkanalen sammen som en pakke, og bare som en pakke." Er du enig eller uenig? Forklar hvorfor.

d. Anta at kabelselskapet fortsetter å bruke mixed bundling ved salg av de to tjenestene. Basert på fordelingen av reservasjonspriser vist i figur 10.13, synes du at kabelselskapet bør endre noen av de prisene det nå tar? I så fall, hvordan?

11. Vi ser på en bedrift med markedsmakt hvor etterspørselen er gitt ved:

$$P = 100 - 3Q + 4A^{0,5}$$

Totale kostnader er gitt ved:

$$C = 4Q^2 + 10Q + A$$

der A er nivået på markedsføringsutgifter, og P og Q er pris og produksjon.

a. Finn verdiene på A, Q og P som maksimerer bedriftens profitt.

b. Beregn Lernerindeksen, $L = (P - MC)/P$, i det profittmaksimerende nivået for A, Q og P.

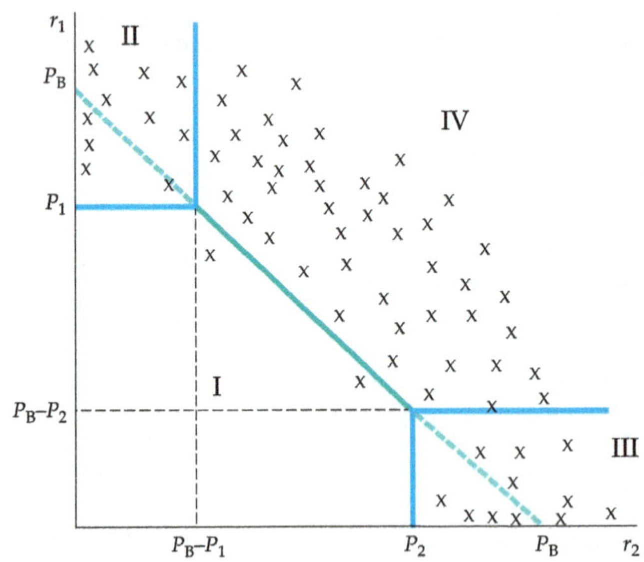

FIGUR 10.13 Figur til oppgave 10

Monopolistisk konkurranse og oligopol

11

KAPITTELOVERSIKT

11.1 Monopolistisk konkurranse 252

11.2 Oligopol 255

11.3 Priskonkurranse 262

11.4 Konkurranse kontra samarbeid: fangens dilemma 264

11.5 Implikasjoner av fangenes dilemma for oligopolisters prissetting 266

11.6 Kartell 269

I de to forrige kapitlene så vi hvordan bedrifter med markedsmakt fastsatte profittmaksimerende priser og produksjon. Vi så også at markedsmakt ikke forutsetter at bedriften er en ren monopolist. I mange sektorer vil, selv om flere bedrifter konkurrerer med hverandre, hver bedrift i det minste ha noe markedsmakt: Den har kontroll over prisen og kan ta en pris som ligger over grensekostnaden.

I dette kapitlet skal vi se på andre markedsstrukturer enn rent monopol, som også kan gi opphav til markedsmakt. Vi starter med **monopolistisk konkurranse**. Et marked karakterisert ved monopolistisk konkurranse har to viktige likhetstrekk med frikonkurranse: Det er mange bedrifter, og det er ikke etableringshindringer. Forskjellen fra frikonkurranse er at produktene er differensierte: Hver bedrift selger et merke eller en produktvariant som er forskjellig fra andre med hensyn til kvalitet, utseende eller omdømme, og hver bedrift er den eneste produsent av sitt eget merke. Graden av markedsmakt en bedrift oppnår, avhenger av hvor vellykket man er i å differensiere sitt produkt fra andre produkter. Eksempler på bransjer med monopolistisk konkurranse omfatter tannpasta, shampo, vaskemidler, kaffe, restauranter med mer.

Den andre markedsstrukturen vi skal studere er **oligopol**: et marked der bare noen få bedrifter konkurrerer og der nyetablering er vanskelig. Produktene kan være differensierte, som for eksempel biler, eller de kan være homogene, som for eksempel stål. Markedsmakt og lønnsomhet innen oligopoler avhenger delvis av interaksjonen mellom bedriftene. Hvis for eksempel interaksjonen bærer mer preg av samarbeid enn konkurranse, kan bedriftene ta priser godt over grensekostnaden og oppnå solide overskudd.

I noen oligopolmarkeder samarbeider bedriftene, mens i andre kan konkurransen være hard selv om dette innebærer lavere overskudd. For å forstå hvorfor det er slik må vi se nærmere på hvordan oligopolistene fastsetter produksjon og priser. Disse beslutningene er komplekse fordi hver bedrift må opptre strategisk – når man tar en beslutning må man overveie mulige reaksjoner hos konkurrentene. For å forstå oligopolmarkeder må vi derfor innføre noen grunnleggende begreper fra spillteori og strategi. Vi går grundigere gjennom dette i kapittel 12.

Den tredje formen for markedsstruktur som vi ser på, er karteller. I et **kartell** vil noen eller alle bedriftene samarbeide: De koordinerer priser og produksjon for å maksimere samlet profitt. Karteller kan oppstå i markeder som alternativt ville vært preget av konkurranse, slik som OPEC's oljekartell, eller i oligopolmarkeder slik som det internasjonale bauksittkartellet. Ved første øyekast kan et kartell minne om et rent monopol. Bedriftene i kartellet ser ut til å opptre som om de var deler av et stort selskap. Men et kartell skiller seg fra monopolet på to viktige måter. For det første vil karteller sjelden kontrollere hele markedet, og må derfor ta hensyn til hvordan deres prissetting påvirker produksjonsnivået til bedrifter utenfor kartellet. For det andre kan medlemmene av kartellet, i og med at de ikke er deler av ett stort selskap, bli fristet til å "jukse" ved å holde lavere priser og grafse til seg større markedsandeler. Et resultat av dette er at mange karteller har en tendens til å være ustabile og ha kort levetid.

monopolistisk konkurranse
Marked der bedriftene produserer sine egne merkevarer eller en versjon av et differensiert produkt

oligopol
Marked hvor bare noen få bedrifter konkurrerer med hverandre, og hvor det eksisterer etableringshindringer

kartell
Et marked der noen eller alle bedrifter eksplisitt samarbeider ved å koordinere priser og produksjonsnivåer for å maksimere felles profitt

11.1 MONOPOLISTISK KONKURRANSE

I mange bransjer er produktene differensierte. Av en eller annen grunn oppfatter konsumentene bedriftenes merkevarer som forskjellig fra hverandre. Eksempelvis vil noen oppfatte tannpasta fra Colgate som annerledes enn Pepsodent og andre tannpastamerker. Forskjellen går delvis på smak, dels på konsistens og dels på forbrukerens oppfatning av hvor effektive de er.

I og med at hver produsent produserer hvert sitt merke, vil de ha noe markedsmakt. Markedsmakten er imidlertid begrenset i og med at forbrukerne lett kan bytte fra et merke til et annet. Selv om noen kanskje er villige til å betale mer for Colgate enn for Pepsodent, er det få som vil betale *mye* mer. En typisk bruker av Colgate vil kanskje betale 1 krone mer for en tube Colgate enn for en tube Pepsodent, men neppe 10 kr mer. For de fleste er tannpasta tannpasta, og det er små forskjeller mellom merkene. Derfor er etterspørselskurven etter Colgate tannpasta ganske elastisk. På grunn av den begrensede markedsmakten kan ikke prisen settes mye høyere enn grensekostnaden.

I avsnitt 9.2 forklarer vi at en tilbyder har noe markedsmakt dersom det er profittmaksimerende å sette prisen høyere enn grensekostnaden.

Hva kjennetegner monopolistisk konkurranse?

Et monopolistisk marked er karakterisert ved følgende:

1. Bedriftene konkurrerer ved å selge differensierte produkter som er nære substitutter, men ikke perfekte substitutter. Med andre ord er krysspriselastisiteten høy, men ikke uendelig stor.
2. Det er mange bedrifter, og pris/kvantumsbeslutninger vil dermed ikke inneholde strategiske avveininger.
3. Det er etablerings- og avviklingsfrihet: Det er relativt enkelt for nye bedrifter å etablere seg med egne merkevarer og enkelt for eksisterende bedrifter å gå ut av markedet hvis man taper penger.

For å få en føling med hvorfor den siste forutsetningen er viktig, kan vi sammenligne markedet for tannpasta og markedet for biler. Markedet for tannpasta er kjennetegnet ved monopolistisk konkurranse, mens markedet for biler er bedre karakterisert som et oligopol. Det er relativt enkelt for nye bedrifter å introdusere nye tannpastamerker, noe som begrenser lønnsomheten for de som er i markedet i utgangspunktet. Dersom eksisterende bedrifter hadde høy profitt, ville andre produsenter komme på banen med nye merker, noe som vil redusere markedsandeler og lønnsomhet for eksisterende bedrifter.

Bilmarkedet er også preget av produktdifferensiering. Betydelige stordriftsfordeler i produksjon gjør det imidlertid vanskelig for nye å etablere seg. Eksempelvis hadde de tre store amerikanske bilprodusentene i stor grad det amerikanske markedet for seg selv frem til midten av 1970-tallet. Først da begynte konkurransen fra japanske produsenter å bli sterkere.

Det finnes mange andre eksempler på monopolistisk konkurranse foruten tannkrem. Såpe, sjampo, deodoranter, barberskum, sykler, sportsartikler, klær med mer omsettes i markeder med monopolistisk konkurranse. Dette gjelder faktisk de fleste produkter vi finner i butikkene. I dagligvarebutikker finner vi mange ulike merker av en rekke produkter. Videre selges relativt like produkter i mange ulike butikker som konkurrerer med hverandre ved å differensiere med hensyn til lokalisering, tilgjengelighet, de butikkansattes kompetanse, markedsføringsinnsats, kredittbetingelser med mer. Det er relativt lett å etablere seg, så hvis fortjenesten er høy i et område med relativt få butikker, vil nye butikker dukke opp.

Likevekt på kort sikt og lang sikt

Som i tilfellet med monopol vil den enkelte bedrift stå overfor en synkende etterspørselskurve. Men dette betyr ikke nødvendigvis at bedriftene vil oppnå en høy profitt. Monopolistisk konkurranse har også likhetstrekk med frikonkurranse. I og med at det er etableringsfrihet, vil utsiktene for å tjene gode penger føre til at nye bedrifter med konkurrerende merker etablerer seg. Denne mekanismen vil på sikt drive avkastningen ned mot en normalavkastning.

La oss se litt nærmere på likevektspris og produksjonsnivå på henholdsvis kort og lang sikt. Figur 11.1(a) viser den kortsiktige likevekten. I og med at bedriftens produkt skiller seg fra konkurrentenes, er etterspørselskurven, D_{SR}, synkende. (Dette er bedriftens etterspørselskurve, ikke markedets etterspørselskurve, som er brattere.) Det profittmaksimerende kvantum Q_{SR} finner vi der grenseinntektskurven skjærer grensekostnadskurven. I og med at den tilhørende prisen P_{SR} er høyere enn gjennomsnittskostnaden, vil bedriften oppnå en positiv profitt, som vist ved det skraverte rektangelet i figuren.

I avsnitt 10.1 forklarer vi at en monopolist maksimerer profitten ved å velge det produksjonsnivå som gir likehet mellom grenseinntekt og grensekostnad.

I det lange løp vil dette overskuddet føre til at nye bedrifter etablerer seg. Dette vil føre til at vår bedrift taper markedsandeler, uttrykt ved at etterspørselskurven skifter

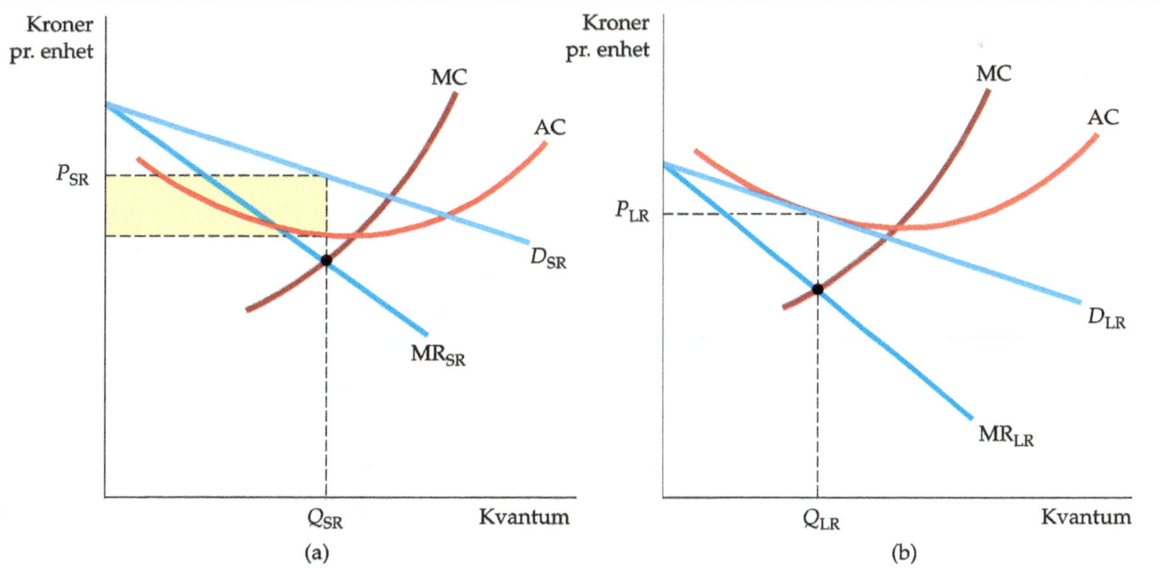

FIGUR 11.1 En monopolistisk konkurrent på kort og lang sikt

I og med at bedriften er den eneste produsent av sitt varemerke, står den overfor en synkende etterspørselskurve. Prisen er høyere enn grensekostnaden og bedriften har markedsmakt. På kort sikt, som illustrert i del **(a)**, er prisen også høyere enn gjennomsnittskostnaden og bedriftens profitt er gitt ved det gule rektanglet. I det lange løp vil denne profitten tiltrekke seg nye bedrifter med konkurrerende merker. Bedriftens markedsandel synker og etterspørselskurven skifter nedover. I langsiktig likevekt, som illustrert i del **(b)**, er pris lik gjennomsnittskostnad, slik at bedriften har null profitt – selv om den har markedsmakt.

innover, som i figur 11.1(b). (For enkelthets skyld har vi her antatt at kostnadene ikke endres på lang sikt.) Den langsiktige etterspørselskurven, D_{LR}, vil akkurat tangere bedriftens gjennomsnittskostnadskurve. Her innebærer profittmaksimering et kvantum Q_{LR} og en pris P_{LR}. Det innebærer null økonomisk profitt i og med at pris er lik gjennomsnittskostnad. Bedriften har fortsatt markedsmakt: Den langsiktige etterspørselskurven er også synkende i og med at bedriften har et unikt produkt, men nyetablering og konkurranse fører til null økonomisk profitt – altså en normalavkastning.

I avsnitt 7.7 forklarte vi at etablerings- og avviklingsfrihet fører til null økonomisk profitt i det lange løp.

Mer generelt kan bedriftene ha ulike kostnader, og enkelte merker vil skille seg mer ut enn andre. I dette tilfellet kan bedriftene ta litt forskjellige priser, og noen vil oppnå en profitt høyere enn null.

Monopolistisk konkurranse og økonomisk effektivitet

Frikonkurranselikevekten har den tiltalende egenskapen at den, under visse forutsetninger, maksimerer det samfunnsøkonomiske overskuddet – likevekten er økonomisk effektiv. Monopolistisk konkurranse ligner frikonkurransemarkedet i noen henseender, men er det en effektiv markedsstruktur? For å besvare dette spørsmålet, la oss sammenligne den langsiktige likevekten under monopolistisk konkurranse med den langsiktige likevekten i et frikonkurransemarked.

I avsnitt 8.2 forklarer vi at frikonkurransemarkeder er effektive fordi de maksimerer summen av konsument- og produsentoverskuddet.

Figur 11.2 viser at det er to kilder til ineffektivitet under monopolistisk konkurranse:

1. I motsetning til frikonkurranse vil likevektsprisen ligge over grensekostnaden. Dette betyr at vi får et område der marginal betalingsvillighet

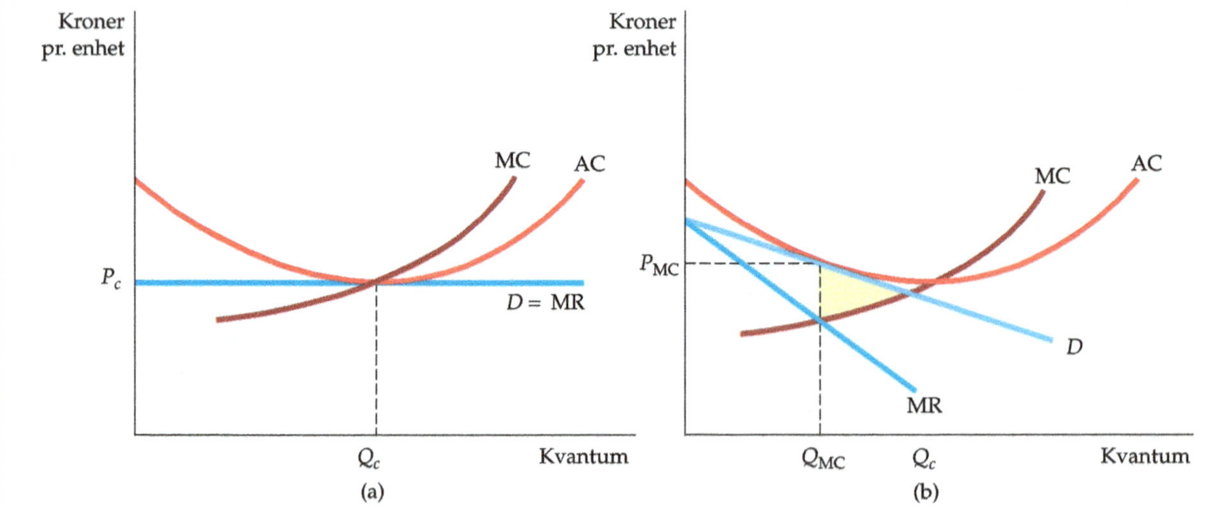

FIGUR 11.2 Sammenligning av likevekt under monopolistisk konkurranse og frikonkurranselikevekten

I tilfellet med frikonkurranse, som i **(a)**, er pris lik grensekostnad, men under monopolistisk konkurranse, er prisen høyere enn grensekostnaden. Dermed får vi et effektivitetstap, som vist ved gule arealet i **(b)**. I begge typer markeder vil nye bedrifter etablere seg inntil profitten er lik 0. Under frikonkurranse er etterspørselskurven rettet mot den enkelte bedrift horisontalt, slik at profitten er lik 0 i minimum for gjennomsnittskostnadene. Under monopolistisk konkurranse er etterspørselskurven synkende slik at punktet der profitten er lik 0 ligger til venstre for gjennomsnittskostnadenes minimumspunkt. Når man skal vurdere den samfunnsøkonomiske lønnsomheten av monopolistisk konkurranse, må denne ineffektiviteten veies opp mot fordelen vi konsumenter får ved et bredt vareutvalg.

overstiger kostnadene ved å produsere disse enhetene – men de blir altså ikke produsert. Hvis produksjonen ble utvidet til det punkt der etterspørselskurven skjærer grensekostnadskurven, kunne samlet overskudd økes med et beløp tilsvarende det gule arealet i figur 11.2(b). Dette bør ikke komme som noen stor overraskelse. I kapittel 9 så vi at markedsmakt gir opphav til effektivitetstap, og markedsmakt eksisterer i markeder karakterisert ved monopolistisk konkurranse.

2. Legg merke til i figur 11.2(b) at under monopolistisk konkurranse vil produksjonen være lavere enn det nivå som minimerer gjennomsnittskostnadene. Etablering av nye bedrifter driver profitten mot null i både frikonkurransemarkeder og tilfeller med monopolistisk konkurranse. Under frikonkurranse står den enkelte bedrift overfor en horisontal etterspørselskurve, slik at det punktet som gir null profitt fremkommer i minimum for gjennomsnittskostnaden, som figur 11.2(a) viser. Under monopolistisk konkurranse derimot, er etterspørselskurven synkende slik at punktet som gir null profitt ligger til venstre for minimum gjennomsnittskostnad. Overskuddskapasitet er ineffektivt i og med at gjennomsnittskostnaden ville blitt lavere hvis det var færre bedrifter.

I avsnitt 9.4 diskuterer vi effektivitetstapet som oppstår ved utøvelse av markedsmakt.

Disse ineffektivitetene fører til at konsumentene kommer dårligere ut av det. Er monopolistisk konkurranse da en uønsket markedsstruktur som bør reguleres? Svaret er – av to grunner – sannsynligvis nei:

1. I de fleste tilfeller er markedsmakten liten. Vanligvis vil det være mange bedrifter som konkurrer med merker som er nære substitutter, slik at ingen bedrift vil ha noe særlig markedsmakt. Eventuelle effektivitetstap vil derfor være små. Og, i og med at etterspørselskurvene er relativt elastiske, vil gjennomsnittskostnaden være nær sitt minimum.
2. Enhver ineffektivitet må balanseres mot en viktig fordel ved monopolistisk konkurranse: *mangfold av produkter*. De fleste forbrukere setter pris på muligheten til å velge blant et bredt utvalg av konkurrerende produkter og merkevarer.

11.2 OLIGOPOL

I oligopolmarkeder kan produktene være like eller differensierte. Det avgjørende er at det bare er noen få bedrifter som står for det meste av, eller hele, produksjonen. I noen oligopolmarkeder vil noen, eller alle bedriftene, kunne oppnå betydelig fortjeneste i det lange løp fordi etableringshindringer gjør det vanskelig eller umulig for nye bedrifter å komme inn på markedet. Oligopol er en utbredt markedsstruktur. Eksempler her omfatter biler, stål, aluminium, petrokjemi, elektrisk utstyr, datamaskiner, hoteller og flyselskaper.

Hvorfor kan det oppstå etableringshindringer? Vi diskuterte noen av grunnene i kapittel 8. Stordriftsfordeler kan gjøre det ulønnsomt for mer enn noen få bedrifter å eksistere i markedet; patenter eller tilgang til en bestemt teknologi kan ekskludere potensielle konkurrenter; og behovet for å bruke mye penger for at produktet skal bli kjent og få et omdømme, kan forhindre etablering av nye bedrifter. Dette var eksempler på "naturlige" etableringshindringer. I tillegg kan eksisterende bedrifter ta ***strategiske grep*** for å avskrekke nyetablering. De kan for eksempel true med å "oversvømme" markedet med produkter og drive prisene ned, og for å gjøre trusselen troverdig kan de investere for å øke produksjonskapasiteten.

Det å lede en oligopolbedrift er komplisert fordi valg av priser, produksjon, markedsføringsinnsats, og investeringsbeslutninger innebærer viktige strategiske hensyn. I og med at det bare er noen få bedrifter som konkurrerer, må hver bedrift nøye vurdere hvordan egne handlinger vil påvirke konkurrentene, og hvordan konkurrentene vil reagere.

Anta at på grunn av tregt salg av PC-er vurderer Apple å kutte prisene med 10 %. De må imidlertid tenke nøye gjennom hvordan konkurrentene vil reagere. Det kan tenkes at de ikke reagerer i det hele tatt, eller de bare kutter prisene litt. Da vil Apple kunne oppnå en betydelig økning i salget, i stor grad på bekostning av sine konkurrenter. Det kan imidlertid også tenkes at konkurrentene kutter prisene like mye. I dette tilfellet vil alle bedriftene selge mer, men tjene mindre fordi prisene er kuttet. En annen mulighet er at noen bedrifter vil kutte sine priser enda mer enn Apple, noe som i sin tur kan føre til priskrig og drastisk fall i overskuddet for hele bransjen. Apple må vurdere disse mulighetene nøye. På samme måte som for nesten alle større økonomiske beslutninger en bedrift gjør – fastsetting av pris, fastsetting av produksjon, utvikling av nye produkter, gjennomføring av en større markedsføringskampanje, eller investeringer i ny produksjonskapasitet – må den prøve å finne ut av den mest sannsynlige responsen til konkurrentene.

Disse strategiske hensynene kan være kompliserte. Når de fatter sine beslutninger, må hver bedrift vurdere konkurrentenes reaksjoner, vel vitende om at konkurrentene også vil vurdere deres reaksjoner på sine beslutninger. Videre er beslutninger, reaksjoner, reaksjoner på reaksjoner og så videre dynamiske – de skjer over tid. Når lederne av en bedrift vurderer potensielle konsekvenser av sine beslutninger, må de forutsette at konkurrentene er like rasjonelle og smarte som de er. Deretter må de sette seg i inn i konkurrentenes situasjon og vurdere hvordan de vil reagere.

Likevekt i et oligopolmarked

Når vi studerer et marked, vil vi vanligvis ønske å identifisere likevektspris og kvantum. Vi så for eksempel at i frikonkurransemarkedet ga likevektsprisen likhet mellom tilbud og etterspørsel. Deretter så vi at i monopoltilfellet var likevekten karakterisert ved at grenseinntekten var lik grensekostnaden. Avslutningsvis så vi hvordan en langsiktig likevekt fremkom der etablering av nye bedrifter drev profitten ned til null under monopolistisk konkurranse.

I disse markedene, kan hver bedrift ta pris eller markedsetterspørselen for gitt og langt på vei ignorere konkurrentene. I et oligopolmarked vil imidlertid bedriftene delvis basere sine pris-/produksjonsbeslutninger på strategiske vurderinger av hvordan konkurrenter opptrer. Samtidig vil konkurrenters beslutninger avhenge av hva den første bedriften gjør. Hvordan kan vi da finne likevektspris og kvantum – eller om det i det hele tatt eksisterer noen likevekt? For å besvare disse spørsmålene trenger vi et grunnleggende prinsipp for å beskrive en likevekt når bedriftene tar beslutninger som eksplisitt tar hensyn til hverandres atferd.

Husk hvordan vi beskrev en likevekt i frikonkurranse og monopoltilfellet: *Når et marked er i likevekt, gjør bedriftene det beste de kan og har ingen grunn til å endre pris eller produksjon.* Dermed vil likevekten i et frikonkurransemarked være der tilbud er lik etterspørsel: Hver bedrift gjør det beste den kan – den selger alt den produserer og maksimerer profitten. Likeledes er en monopolist i likevekt når grenseinntekt er lik grensekostnad. Den gjør det beste den kan og maksimerer profitten.

I avsnitt 7.7 forklarer vi at i et frikonkurransemarked vil den langsiktig likevekt være karakterisert ved at ingen bedrifter har insentiv til å etablere seg eller forlate bransjen fordi bedriftene har null økonomisk profitt og etterspørsel vil være lik tilbud.

Nash-likevekt

Med noen modifikasjoner kan vi benytte det samme prinsippet i et oligopolmarked. Her vil imidlertid hver bedrift ønske å gjøre det beste den kan, *gitt hva konkurrentene gjør*. Hva skal så bedriften anta at konkurrentene gjør? I og med at bedriften vil gjøre det beste den kan, gitt hva konkurrentene gjør, er det naturlig å anta at konkurrentene vil gjøre det beste de kan, gitt hva denne bedriften gjør. Hver bedrift tar hensyn til konkurrentene, og forutsetter at konkurrentene gjør det samme.

Dette kan virke litt abstrakt i begynnelsen, men det er logisk, og som vi vil se, gir det oss et grunnlag for å fastsette en likevekt i et oligopolmarked. Konseptet ble først forklart tydelig av matematikeren John Nash i 1951, så vi kaller likevekten en **Nash-likevekt**. Dette er et viktig begrep som vi vil bruke flere ganger:

Nash-likevekt
Et sett av strategier eller handlinger hvor hver bedrift gjør det beste den kan, gitt konkurrentenes handlinger

Nash-likevekt: Hver bedrift gjør det beste den kan, gitt konkurrentenes handlinger.

Vi diskuterer dette likevektsbegrepet nærmere i kapittel 12, hvor vi viser hvordan det kan brukes til et bredt spekter av strategiske problemstillinger. I dette kapitlet vil vi bruke det i analyse av oligopolmarkeder.

For å holde ting så enkle som mulig vil dette kapitlet hovedsakelig fokusere på markeder med to bedrifter. Vi kaller slike markeder for **duopol**. Her vil bedriften kun ha én konkurrent å ta hensyn til når den fatter sine beslutninger. Selv om vi bare ser på to bedrifter, vil de grunnleggende resultatene også gjelde for markeder med mer enn to bedrifter.

duopol
Et marked der to bedrifter konkurrerer med hverandre

Cournot-modellen

I avsnitt 7.8 forklarer vi at når bedriftene produserer homogene/identiske produkter vil konsumentene kun se på prisen når de foretar sine kjøpsbeslutninger.

Vi begynner med en enkel duopol-modell først introdusert av den franske økonomen Augustin Cournot i 1838. Anta at to bedrifter produserer et homogent gode og kjenner markedets etterspørselskurve. *Hver bedrift må bestemme seg for hvor mye de skal produsere, og de to bedriftene må ta sine produksjonsbeslutninger samtidig.* Når de fatter sine produksjonsbeslutninger må bedriftene ta hensyn til hva konkurrentene foretar seg. Bedriftene vet at konkurrentene også må ta stilling til hvor mye de skal produsere, og at markedsprisen avhenger av hvor mye de to bedriftene produserer til sammen.

Hovedpoenget i **Cournot-modellen** er *at hver enkelt bedrift tar den andre bedriftens produksjon for gitt når den selv bestemmer seg for hvor mye den skal produsere.* La oss se hvordan dette fungerer ved å se på bedrift 1. Anta at bedrift 1 tror at bedrift 2 ikke vil produsere noe i det hele tatt. I dette tilfellet vil etterspørselskurven rettet mot bedrift 1 falle sammen med markedets etterspørselskurve (i hvert fall hvis bedrift 1 sin antagelse er korrekt). I figur 11.3 er dette illustrert ved $D_1(0)$. Figur 11.3 viser også den tilhørende grenseinntektskurven $MR_1(0)$. Vi forutsetter videre at bedrift 1 har konstante grensekostnader, gitt ved MC_1. Bedrift 1 sin profittmaksimerende produksjon vil i dette tilfellet være lik 50 enheter, gitt i punktet der $MR_1(0)$ er lik MC_1.

Cournot-modellen
Duopolmodell hvor bedriftene produserer samme produkt, begge bedriftene tar den andre bedriftens produksjon for gitt og bedriftene tar sine produksjonsbeslutninger samtidig (det vil si at de ikke vet hva den andre faktisk produserer når man selv tar produksjonsbeslutningen)

Anta i stedet at bedrift 1 tror at bedrift 2 vil produsere 50 enheter. Da vil etterspørselskurven rettet mot bedrift 1 skifte til venstre med 50 enheter. I figur 11.3 er denne kurven merket $D_1(50)$, og den tilhørende grenseinntektskurven er merket $MR_1(50)$. Bedrift 1 sin profittmaksimerende produksjon er nå 25 enheter, punktet der $MR_1(50) = MC_1$. Anta så at bedrift 1 antar at bedrift 2 vil produsere 75 enheter. Etterspørselskurven rettet mot bedrift 1 er da gitt ved $D_1(75)$ og den tilhørende grenseinntektskurve er gitt ved $MR_1(75)$. Bedrift 1 sin profittmaksimerende produksjon er nå 12,5 enheter.

Reaksjonskurver

reaksjonskurve
Sammenhengen mellom en bedrifts profittmaksimerende produksjon og hvor mye den antar at den andre bedriften produserer

Fra figurbetraktningen ovenfor ser vi at bedrift 1 sin profittmaksimerende produksjon er lavere jo mer bedrift 2 produserer. Dette kan vi grafisk uttrykke ved en **reaksjonskurve** – en kurve som viser bedriftens beste respons på den andres produksjonsnivå. Vi kan gå gjennom det samme resonnementet for bedrift 2 og finne denne bedriftens profittmaksimerende produksjon, gitt ulike antagelser

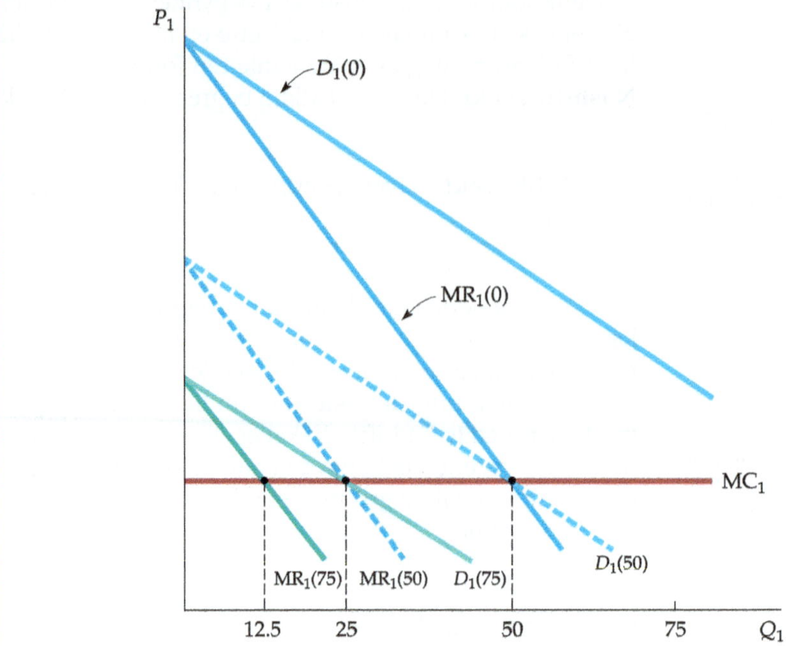

FIGUR 11.3 Bedrift 1 sin produksjonsbeslutning

Bedrifts 1 sin profittmaksimerende produksjon avhenger av hvor mye den tror at bedrift 2 vil produsere. Hvis den tror at bedrift 2 ikke vil produsere i det hele tatt, vil etterspørselskurven rettet mot bedrift 1, $D_1(0)$, være markedes etterspørselskurve. Den tilhørende grenseinntektskurven, $MR_1(0)$, skjærer bedrift 1 sin grensekostnadskurve, MC_1, der produksjonen er 50 enheter. Hvis bedrift 1 tror at bedrift 2 vil produsere 50 enheter, vil etterspørselskurven rettet mot bedrift 1 skifte til venstre med dette antallet – gitt ved $D_1(50)$. Profittmaksimering tilsier nå en produksjon på 25 enheter. Avslutningsvis, hvis bedrift 1 tror at bedrift 2 vil produsere 75 enheter, vil bedrift 1 bare produsere 12,5 enheter.

om hvor mye bedrift 1 vil produsere. I figur 11.4 har vi vist de to bedriftenes reaksjonskurver.

Cournot-likevekten

Cournot-likevekt
Likevekt i Cournot-modellen er der bedriftene korrekt antar hvor mye konkurrenten vil produsere og setter sitt eget produksjonsnivå deretter

Hvor mye vil den enkelte bedrift produsere? Hver bedrifts reaksjonskurve sier hva som er dens beste responsen – altså den som maksimerer profitten – på konkurrentens produksjonsnivå. Likevekten er gitt i skjæringspunktet mellom de to reaksjonskurvene. Vi betegner de tilhørende produksjonskvanta for en **Cournot-likevekt**. I denne likevekten antar hver bedrift korrekt hvor mye konkurrenten vil produsere, og maksimerer overskuddet i henhold til dette.

Merk at denne Cournot-likevekten er et eksempel på en Nash-likevekt (og er derfor noen ganger kalt en Nash-Cournot-likevekt). Husk at i en Nash-likevekt vil bedriften foreta sitt beste valg, gitt forutsetningene om hva konkurrentene foretar seg. Følgelig vil ingen av bedriftene ønske å endre sin atferd. I Cournot-likevekten produserer hver enkelt bedrift et kvantum som maksimerer profitten, gitt den andre bedriftens produksjon, og ingen av dem har noe insentiv til å velge et annet produksjonsnivå.

Anta at to bedrifter i utgangspunktet produserer kvanta som avviker fra Cournot-likevekten. Vil de da justere produksjonen slik at de lander i en Cournot-likevekt? Dessverre sier ikke Cournot-modellen noe om dynamikken i en eventuell justeringsprosess. Vi trenger andre modeller for å forstå dynamikken i en slik tilpasningsprosess, noe vi skal se nærmere på i kapittel 12.

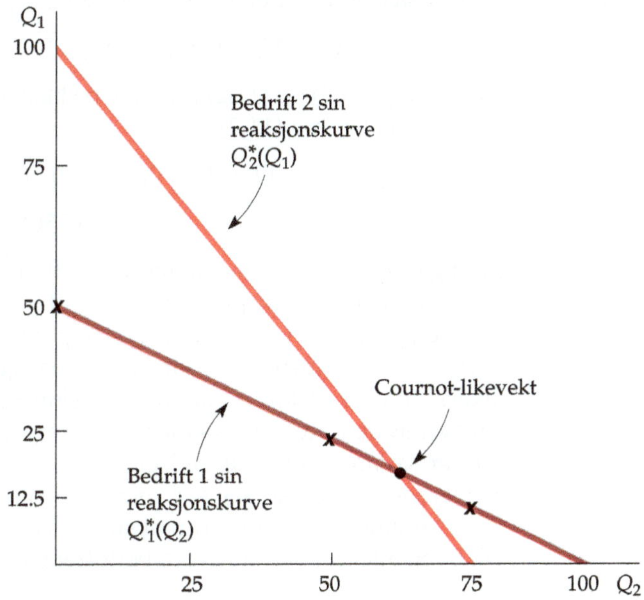

FIGUR 11.4 Reaksjonskurver og Cournot-likevekt

Bedrift 1 sin reaksjonskurve viser hvor mye bedriften vil produsere, som en funksjon av hvor mye den tror at bedrift 2 vil produsere. (x-ene ved $Q_2 = 50$, og 75 tilsvarer eksemplene vist i figur 11.3.) Bedrift 2 sin reaksjonskurve viser denne bedriftens produksjon som en funksjon av hvor mye den tror bedrift 1 vil produsere. I Cournot-likevekten antar hver bedrift korrekt hvor mye den andre bedriften vil produsere og maksimerer dermed sin egen profitt. Derfor vil ingen av bedriftene bevege seg bort fra denne likevekten.

Eksempel

La oss gå gjennom et eksempel med to identiske bedrifter og hvor markedets etterspørselskurve er lineær. Dette vil klargjøre meningen med en Cournot-likevekt og gjør at vi enkelt kan sammenligne likevekten med frikonkurranselikevekten samt den likevekten som oppstår hvis bedriftene samarbeider når de fastlegger sine produksjonsnivåer. Markedets etterspørselskurve er gitt ved:

$$P = 30 - Q$$

hvor Q er samlet produksjon for begge bedrifter (dvs. $Q = Q_1 + Q_2$). Anta videre at grensekostnadene er lik 0 i begge bedrifter:

$$MC_1 = MC_2 = 0$$

Vi konstruerer så bedrift 1 sin reaksjonsfunksjon. Bedriften tilpasser produksjonen slik at grenseinntekt er lik grensekostnad. Bedriftens totale inntekter er gitt ved:

$$\begin{aligned} R_1 = PQ_1 &= (30 - Q)Q_1 \\ &= 30Q_1 - (Q_1 + Q_2)Q_1 \\ &= 30Q_1 - Q_1^2 - Q_1Q_2 \end{aligned}$$

Grenseinntekten, MR_1, er den inntektsendringen, ΔR_1, som følger av en marginal endring i produksjon, ΔQ_1:

$$MR_1 = \Delta R_1/\Delta Q_1 = 30 - 2Q_1 - Q_2$$

Vi setter så grenseinntekten lik 0 (i og med at grensekostnaden er lik 0) og løser mhp. Q_1 og får:

$$Q_1 = 15 - 0{,}5Q_2 \qquad \text{Bedrift 1 sin reaksjonsfunksjon} \qquad \textbf{(11.1)}$$

Vi gjør så samme operasjon for bedrift 2 og får:

$$Q_2 = 15 - 0{,}5Q_1 \qquad \text{Bedrift 1 sin reaksjonsfunksjon} \qquad \textbf{(11.2)}$$

Fra ligning (11.1) og (11.2) finner vi nå likevektsverdiene for Q_1 og Q_2. Vi setter ligning (11.1) inn i ligning (11.2):

$$Q_2 = 15 - 0{,}5(15 - 0{,}5Q_2) = 15 - 7{,}5 + 0{,}25Q_2$$

$$0{,}75Q_2 = 7{,}5$$

som gir $Q_2 = 10$. Vi setter så denne verdien inn i ligning (11.2) og får $Q_1 = 10$.

Den totale produksjonen er derfor $Q = Q_1 + Q_2 = 20$. Vi finner likevektsprisen ved å sette $Q = 20$ inn i etterspørselsfunksjonen: $P = 30 - 20 = 10$.

Figur 11.5 illustrerer bedriftenes reaksjonskurver og den tilhørende Cournot-likevekten. Likevekten er gitt der reaksjonskurvene skjærer hverandre. I dette punktet vil hver av bedriftene maksimere profitten, gitt den andre bedriftens produksjonsnivå. Vi har så langt antatt at bedriftene konkurrerer med hverandre. Hva så hvis de to samarbeidet eller slo seg sammen? De ville da tilpasse seg slik at samlet profitt ble størst mulig. Samlet profitt maksimeres der grenseinntekt er lik grensekostnad (her lik 0). Samlet inntekt for de to bedriftene er gitt ved:

$$R = PQ = (30 - Q)Q = 30Q - Q^2$$

Grenseinntektene er da gitt ved:

$$MR = \Delta R/\Delta Q = 30 - 2Q$$

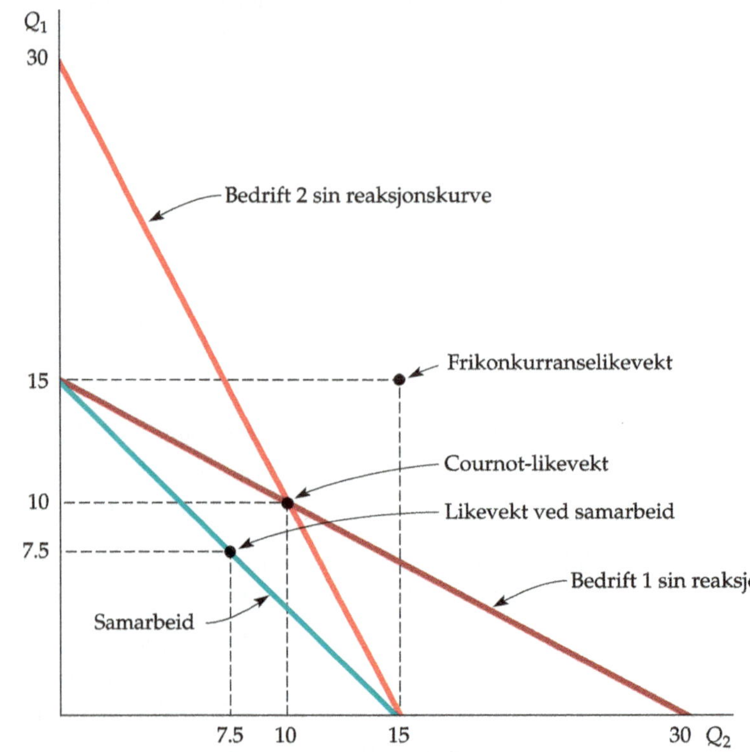

FIGUR 11.5 Duopoleksempel

Etterspørselskurven er gitt ved $P = 30 - Q$, og begge bedrifter har grensekostnader lik 0. I Cournot-likevekt produserer hver bedrift 10 enheter. Kurven som illustrer samarbeid viser de kombinasjoner av Q_1 og Q_2 som maksimerer samlet profitt. Dersom bedriftene samarbeider og deler profitten likt, vil hver produsere 7,5 enheter. Frikonkurranselikevekten er også vist der pris er lik grensekostnad og profitten er lik 0.

Setter vi så $30 - 2Q = 0$ får vi at $Q = 15$. Enhver kombinasjon av Q_1 og Q_2 som summerer seg til 15 vil maksimere samlet profitt. Disse kombinasjonene er gitt ved kurven $Q_1 + Q_2 = 15$. Denne kurven er også vist i figur 11.5. Hvis bedriftene blir enige om å dele profitten likt vil de produsere 7,5 enheter hver.

Som du kanskje ville forvente vil begge bedriftene produsere mindre, og oppnå høyere profitt, enn i Cournot-likevekten. I figur 11.5 har vi illustrert denne likevekten under samarbeid samt samlet produksjon under frikonkurranse (som fremkommer ved å sette pris lik grensekostnad, og gir null profitt for begge bedriftene). Merk deg at Cournot-likevekten er bedre (for bedriftene) enn frikonkurranselikevekten, men ikke så bra som i tilfellet hvor de samarbeider.

Førstetrekksfordel – Stackelberg-modellen

Ovenfor la vi til grunn at våre to duopolister fattet sine produksjonsbeslutninger samtidig. La oss nå se hva som skjer hvis en av bedriftene kan bestemme seg for produksjonsnivå før den andre. Her reiser det seg to spørsmål. For det første, er det en fordel å ha det første trekket? For det andre, hvor mye vil hver bedrift produsere?

Vi fortsetter med vårt eksempel ovenfor og antar at begge bedriftenes grensekostnader er lik 0. Markedets etterspørsel er fortsatt gitt ved $P = 30 - Q$, der Q er total produksjon. *Anta at bedrift 1 fastsetter produksjonen først og at bedrift 2 fastsetter sin produksjon etter at den har sett hvor mye bedrift 1 produserer. Når bedrift 1 bestemmer seg for produksjonsnivå, må den derfor ta hensyn til hvordan bedrift 2 reagerer på dette.* Denne settingen betegnes som **Stackelberg-modellen** og skiller seg fra Cournot-modellen.

Stackelberg-modellen
Oligopolmodell der en av bedriftene fastlegger sin produksjon før den andre

La oss begynne med bedrift 2. I og med at den tar sin beslutning etter bedrift 1 vil den ta bedrift 1 sin produksjon for gitt. Bedrift 2 sin profittmaksimerende produksjon er derfor gitt ved reaksjonsligningen, (11.2) som vi utledet under Cournot-modellen:

$$Q_2 = 15 - 0{,}5Q_1 \tag{11.2}$$

Hva med bedrift 1? For å maksimere profitten velger den Q_1 slik at grenseinntekten er lik grensekostnaden (som er 0). Bedrift 1's inntekter er som før gitt ved:

$$R_1 = PQ_1 = 30Q_1 - Q_1^2 - Q_2Q_1 \tag{11.3}$$

I og med at R_1 avhenger av Q_2, må bedrift 1 gjøre seg opp en mening om hvor mye bedrift 2 vil produsere. Bedrift 1 vet imidlertid at bedrift 2 vil velge sin produksjon i henhold til sin reaksjonsfunksjon. Vi kan derfor sette reaksjonsfunksjonen (11.2) inn i bedrift 1 sin inntektsfunksjon (11.3):

$$R_1 = 30Q_1 - Q_1^2 - Q_1(15 - 0{,}5Q_1) = 15Q_1 - 0{,}5Q_1^2$$

Grenseinntekten er dermed gitt ved:

$$\text{MR}_1 = \Delta R_1/\Delta Q_1 = 15 - Q_1 \tag{11.4}$$

Setter vi grenseinntekten lik, 0 får vi $Q_1 = 15$. Fra bedrift 2 sin reaksjonsfunksjon (11.2) får vi da at $Q_2 = 7{,}5$.

Bedrift 1 produserer altså dobbelt så mye som bedrift 2 og har i dette tilfellet dobbelt så høy profitt. *Bedrift 1 har dermed en førstetrekksfordel.* Dette kan virke noe kontraintuitivt – at det skulle være noen fordel å annonsere sitt produksjonsnivå først. Hvorfor er det da en strategisk fordel å ta produksjonsbeslutningen først?

Årsaken er at den som bestemmer produksjonen først velger et stort kvantum. For å maksimere sin profitt må da den andre bedriften ta hensyn til dette høye produksjonsnivået, og dermed velge et lavt kvantum. Hvis bedrift 2 også valgte å produsere mye ville markedsprisen bli lav og begge ville tape penger. Så med mindre bedrift 2 ser det som viktigere "å ta igjen" på bedrift 1 enn det å tjene penger, vil det være irrasjonelt for bedrift 2 å velge et høyt kvantum. Som vi skal se i kapittel 12 vil denne typen førstetrekksfordeler inntreffe i mange strategiske situasjoner.

Cournot- og Stackelberg-modellen er alternative innfallsvinkler til oligopolistisk atferd. Hvilken modell som er mest relevant, avhenger av bransjen man ser på. I bransjer der bedriftene er relativt like og ingen av bedriftene har en lederposisjon er trolig Cournot-modellen mest passende. På den annen side vil noen bransjer være karakterisert av at det er en stor bedrift som vanligvis ligger i forkant i å introdusere nye produkter eller sette priser. Et eksempel her er Apples posisjon i markedet for mobiltelefoner. I slike tilfeller kan Stackelberg-modellen være mest relevant.

11.3 PRISKONKURRANSE

Vi har så langt lagt til grunn at våre bedrifter konkurrerer ved å sette produksjonskvantum. I mange oligopolmarkeder vil imidlertid konkurransen være i prissettingen. Bilprodusenter og flyselskaper vil for eksempel se på pris som en viktig strategisk variabel, og hver og en har konkurrentenes priser i tankene når man selv bestemmer seg for pris. I dette avsnittet skal vi benytte begrepet Nash-likevekt for å studere priskonkurranse, først i en bransje som produserer et homogent gode, og deretter i en bransje med en viss grad av produktdifferensiering.

Priskonkurranse med homogene produkter – Bertrand-modellen

Bertrand-modellen
En oligopolmodell hvor bedriftene produserer et homogent gode, den enkelte bedrift tar konkurrentenes priser for gitt og alle bedriftene tar sine prisbeslutninger samtidig

Bertrand-modellen ble utviklet i 1883 av en annen fransk økonom, Joseph Bertrand. I likhet med Cournot-modellen, produserer bedriftene like produkter og tar sine beslutninger samtidig. I dette tilfellet bestemmer imidlertid bedriftene seg for pris i stedet for kvantum. Som vi skal se, kan denne forskjellen gi et helt annet utfall enn i tilfellet der bedriftene setter kvantum.

La oss gå tilbake til duopoleksempelet der markedets etterspørsel var gitt ved $P = 30 - Q$, og $Q = Q_1 + Q_2$. Vi antar nå at begge bedriftene har grensekostnad lik 3 kr: $MC_1 = MC_2 = 3$.

(Som en øvelse kan du vise at Cournot-likevekten i dette tilfellet gir $Q_1 = Q_2 = 9$, at markedsprisen er 12 og at hver av bedriftene har en profitt på 81.)

Anta nå at de to bedriftene setter prisen samtidig. Hvilken pris vil hver bedrift velge, og hvor stor blir profitten? I og med at produktene er homogene vil konsumentene kun kjøpe fra den bedrift med lavest pris. Følgelig, hvis bedriftene setter ulike priser, vil den med lavest pris ta hele markedet mens den andre ikke vil selge noe i det hele tatt. Hvis begge bedriftene tok samme pris ville etterspørrerne være likegyldige med hensyn til hvem de kjøpte av og bedriftene ville dele markedet.

Hva er Nash-likevekten i dette tilfellet? Hvis du tygger litt på dette vil du se at på grunn av insentivet til å kutte prisene, vil Nash-likevekten tilsvare frikonkurranselikevekten – det vil si at begge bedrifter setter pris lik grensekostnad: $P_1 = P_2 = 3$. Da vil samlet produksjon bli 27 enheter, hvorav hver bedrift produserer 13,5 enheter. I og med at pris er lik grensekostnad vil begge ha null profitt. For å sjekke at dette utfallet er en Nash-likevekt, stiller vi spørsmålet om hvorvidt noen av bedriftene har noe insentiv til å endre prisen. Anta at bedrift 1 satte prisen høyere. Den ville da miste hele salget til bedrift 2, og dermed ikke komme bedre ut av det. Hva med å sette prisen under 3 kr? Da ville bedriften ta hele markedet men tape penger på hver enhet den produserte, og igjen komme dårligere ut av det. Derfor har ikke bedrift 1 (og likeledes bedrift 2) noe insentiv for å sette en annen pris. Den gjør det beste den kan for å maksimere profitten, gitt hva konkurrenten gjør.

Hvorfor kunne det ikke vært en annen Nash-likevekt der bedriftene tok samme, men en høyere pris (for eksempel 5 kr), slik at begge hadde oppnådd positiv profitt? Fordi den enkelte bedrift da kunne sette prisen litt lavere og ta hele markedet. Bedriftene ville da ha et insentiv til å underby hverandre og kutte prisene helt til prisen når 3 kroner.

Ved å endre strategisk variabel fra produksjon til pris, får vi altså et helt annet utfall. I Cournot-modellen ville markedsprisen bli 12 kr, mens den i Bertrand-modellen blir 3 kroner. I Cournot-modellen oppnådde bedriftene en profitt mens i Bertrand-modellen, hvor pris er lik grensekostnad, blir profitten lik 0.

Bertrand-modellen har blitt kritisert på flere punkter. For det første kan det være mer naturlig å konkurrere på kvantum enn på pris når produktene er homogene. For det andre, selv om bedriftene setter priser, og velger samme pris, er det et spørsmål om hvor store markedsandeler bedriftene får. Ovenfor antok vi at salget ville bli delt likt mellom bedriftene, men det er ingen grunn til at dette må være tilfelle. Til tross for disse svakhetene er Bertrand-modellen nyttig fordi den viser hvordan likevekten i et oligopol avhenger av bedriftenes valg av strategisk variabel.

Priskonkurranse med differensierte produkter

Oligopolmarkeder har ofte en viss grad av produktdifferensiering. Markedsandelene bestemmes ikke bare av prisene, men også av forskjeller i produktenes design, ytelse og holdbarhet. I slike tilfeller er det naturlig for bedriftene å konkurrere på pris i stedet for kvantum.

La oss se på et enkelt eksempel for å se hvordan priskonkurranse med differensierte produkter kan fungere. Anta at hver av de to duopolistene har faste kostnader på 20 kr, men ingen variable kostnader. Anta videre at de står overfor like etterspørselskurver:

$$Q_1 = 12 - 2P_1 + P_2 \quad \textbf{(11.5a)}$$

$$Q_2 = 12 - 2P_2 + P_1 \quad \textbf{(11.5b)}$$

Valg av pris

Vi antar at begge bedriftene setter sine priser samtidig og at hver av bedriftene tar konkurrentens pris for gitt. La oss begynne med bedrift 1. Profitten, π_1, er gitt ved salgsinntektene P_1Q_1 minus de faste kostnadene på 20 kroner. Vi setter inn uttrykket for Q_1 fra ligning (11.5a) og får:

$$\pi_1 = P_1Q_1 - 20 = 12P_1 - 2P_1^2 + P_1P_2 - 20$$

Hvilken pris, P_1, vil maksimere overskuddet? Svaret avhenger av P_2, som bedrift 1 tar for gitt. Men uansett hvilken pris bedrift 2 setter vil bedrift 1 maksimere profitten når endringen i profitt som følge av en marginal endring i pris er lik 0. Gitt P_2 vil bedrift 1s profittmaksimerende pris derfor være gitt ved:

$$\Delta\pi_1/\Delta P_1 = 12 - 4P_1 + P_2 = 0$$

Vi skriver om ligningen slik at vi finner bedrift 1 sin reaksjonsfunksjon:

$$P_1 = 3 + 0{,}25P_2 \qquad \text{Bedrift 1 sin reaksjonsfunksjon}$$

Denne forteller hvilken pris bedrift 1 skal sette, gitt prisen som bedrift 2 setter. Vi kan tilsvarende finne følgende prissettingsregel for bedrift 2:

$$P_2 = 3 + 0{,}25P_1 \qquad \text{Bedrift 2 sin reaksjonsfunksjon}$$

I figur 11.6 har vi illustrert reaksjonskurvene. Nash-likevekten er i det punktet der de to kurvene krysser hverandre. Du kan kontrollere at hver bedrift her setter en pris på 4 kr og at de hver har en profitt på 12 kr. I og med at hver bedrift gjør det beste den kan, gitt konkurrentens pris, vil ingen av bedriftene ha noe insentiv til å endre prisen.

Anta nå at de to bedriftene samarbeider: I stedet for å velge sine priser uavhengig av hverandre, blir de enige om å ta samme pris – den prisen som maksimerer begges profitt. Du kan kontrollere at bedriftene da vil ta en pris på 6 kr og få en profitt på 16 kr hver. I figur 11.6 har vi markert denne likevekten.

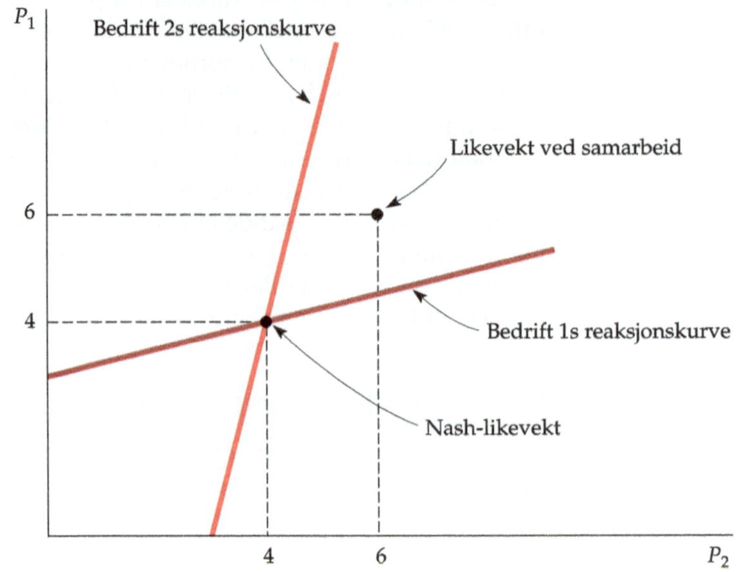

FIGUR 11.6 Nash-likevekt i priser

Her selger to bedrifter differensierte produkter, og hver bedrifts etterspørsel avhenger både av egen pris og konkurrentens pris. Begge bedriftene velger sine priser samtidig, hvor hver tar konkurrentens prisen for gitt. Bedrift 1s reaksjonskurve viser bedriftens profittmaksimerende pris som en funksjon av prisen til bedrift 2, og tilsvarende for bedrift 2. Nash-likevekten finner vi i skjæringspunktet mellom de to reaksjonskurvene: Når hver bedrift setter en pris på 4 kroner, gjør den det beste den kan, gitt den andre bedriftens pris, og ingen har noe insentiv til å endre prisen. Vi har også vist likevekten i tilfellet med samarbeid, hvor de begge setter en pris lik 6 kroner.

Avslutningsvis, anta at bedrift 1 først setter prisen og at bedrift 2 så fastsetter prisen etter at den har sett hva bedrift 1 har gjort. I motsetning til Stackelberg-modellen, hvor bedriftene bestemmer produksjonsnivåer, vil bedrift 1 ha en klar ulempe ved å trekke først. (Hvis du vil se dette kan du beregne bedrift 1 sin profittmaksimerende pris, gitt at den tar bedrift 2 sin reaksjonskurve i betraktning.) Ulempen er ganske opplagt. Når bedrift 1 har satt prisen kan bedrift 2 legge prisen litt lavere og dermed ta markedsandeler.

11.4 KONKURRANSE KONTRA SAMARBEID: FANGENES DILEMMA

En Nash-likevekt er en *ikke-kooperativ* likevekt: Hver bedrift foretar de valg som maksimerer profitten, gitt konkurrentens handlinger. Som vi har sett er profitten høyere enn ved frikonkurranse, men lavere enn om bedriftene samarbeidet.

Eksplisitt samarbeid er imidlertid generelt ulovlig og de fleste ledere ønsker å unngå store bøter, eller i verste fall fengsel. Men hvis samarbeid kan føre til høyere fortjeneste, hvorfor vil ikke bedriftene prøve å samarbeide mer uformelt – uten skrevne avtaler? Konkret: hvis du og din konkurrent kunne finne den prisen dere ville operert med i formelt samarbeid, hvorfor ikke bare sette den prisen og satse på at konkurrenten gjør det samme? Hvis din konkurrent faktisk gjorde dette ville dere begge få høyere profitt.

Problemet er at konkurrenten din trolig ikke vil velge å sette denne prisen. Hvorfor ikke? Fordi konkurrenten ville gjøre det bedre ved å velge en lavere pris. For å forstå dette, la oss gå tilbake til eksempelet med priskonkurranse. Bedriftene hadde der faste kostnader på 20 kr, ingen variable kostnader og sto overfor følgende etterspørselskurver:

$$Q_1 = 12 - 2P_1 + P_2$$

$$Q_2 = 12 - 2P_2 + P_1$$

Vi fant at i Nash-likevekten ville hver bedrift sette prisen til 4 kr og hver bedrift ville ha en profitt på 12 kr. Hvis bedriftene samarbeidet, ville prisen bli 6 kr og profitten bli 16 kroner. Vi antar så at bedriftene ikke samarbeider og at den ene bedriften setter prisen til 6 kr, og håper at den andre bedriften også gjør det. Hvis den gjør det vil de få en profitt på 16 kroner. Men hva hvis den setter prisen til 4 kr? I så fall ville profitten til bedrift 2 bli:

$$\pi_1 = P_2Q_2 - 20 = 4(12 - 2{\cdot}4 + 6) - 20 = 20$$

Bedrift 1 ville på den annen side bare oppnå en profitt på:

$$\pi_1 = P_1Q_1 - 20 = 6(12 - 2{\cdot}6 + 4) - 20 = 4$$

Så, hvis bedrift 1 tar 6 kr og bedrift 2 bare tar 4 kr, vil profitten til bedrift 2 øke til 20 kr, og dette skjer på bekostning av bedrift 1 hvor profitten synker til 4 kr. Følgelig ville bedrift 1 også komme best ut av det ved å velge en pris på 4 kroner.

Pay-off matrise

ikke-kooperativt spill
Spill der forhandlinger og håndhevelse av bindende kontrakter ikke er mulig

pay-off matrise
En tabell som viser bedriftenes profitt (eller pay-off) som et resultat bedriftenes beslutninger

Tabell 11.1 oppsummerer resultatene fra de forskjellige mulighetene. Når bedriftene skal bestemme seg for pris, spiller de et **ikke-kooperativt spill**: Hver bedrift gjør det som er best for seg selv, hensyn tatt til konkurrenten. Tabell 11.3 kalles en **pay-off matrise** for dette spillet fordi den viser profitten (pay-off) til hver bedrift. Eksempelvis forteller den øvre venstre delen i matrisen at hvis begge setter pris lik 4 kr, vil hver av de få en profitt på 12 kr. Det øvre høyre hjørnet forteller oss at dersom bedrift 1 tar en pris på 4 kr og bedrift 2 tar 6 kr, vil bedrift 1 få en profitt på 20 kr og bedrift 2 en profitt på 4 kroner.

Denne pay-off matrisen kan avklare svaret på vårt opprinnelige spørsmål: Hvorfor samarbeider ikke bedriftene for å oppnå høyere profitt, selv om de ikke kan slå seg sammen? I dette tilfellet vil samarbeid innebære at begge setter pris lik 6 kr i stedet for 4 kr, og begge tjener da 16 kr i stedet for 12 kroner. Problemet er at hver bedrift alltid kan oppnå høyere profitt ved å sette prisen lik 4 kr, *uansett hva konkurrenten gjør*. Av matrisen ser vi at hvis bedrift 2 velger 4 kr vil bedrift 1 komme best ut av det ved også å ta 4 kroner. Hvis bedrift 2 velger 6 kr vil bedrift 1 fortsatt komme best ut av det ved å velge 4 kroner. Tilsvarende blir det hvis vi ser det fra bedrift 2 sin side. Følgelig vil, med mindre de to bedriftene kan inngå en bindende avtale om å velge 6 kr, begge derfor velge 4 kroner.

Fangenes dilemma

fangenes dilemma
Spillteoretisk eksempel hvor to tiltalte må bestemme seg for å tilstå eller nekte: Den som tilstår får en mildere straff, og den som ikke tilstår får en strengere. Hvis ingen tilstår vil straffen bli mildere enn om begge tilstår

Et klassisk eksempel i spillteori, som kalles **fangenes dilemma**, illustrerer problemet som oligopolister står overfor. Storyen er som følger: To fengslede har blitt anklaget for å samarbeide om en forbrytelse. De er plassert i separate celler og kan ikke kommunisere med hverandre. Hver har blitt forelagt følgende valgsituasjon:

TABELL 11.1 Pay-off matrise for prissettingsspillet

		Bedrift 2	
		Velger 4 kr	**Velger 6 kr**
Bedrift 1	Velger 4 kr	12 kr, 12 kr	20 kr, 4 kr
	Velger 6 kr	4 kr, 20 kr	16 kr, 16 kr

TABELL 11.2 Pay-off matrise for fangens dilemma spillet

		Fange B	
		Tilstå	**Benekt**
Fange A	Tilstå	5, 5	1, 10
	Benekt	10, 1	2, 2

Hvis begge de tiltalte tilstår, vil de få 5 års fengsel hver. Hvis ingen tilstår, har påtalemyndigheten en vanskelig sak og de tiltalte kan forvente 2 års fengsel. På den annen side, hvis en fange tilstår og den andre ikke, vil den som tilstår få en straff på bare ett år mens den andre får 10 år bak murene. Hvis du var en av disse, ville du tilstå eller nekte?

Pay-off matrisen i tabell 11.2 oppsummerer de mulige utfallene. (Merk deg at det her ikke er om å gjøre å oppnå høyest mulig tall men lavest, i og med at det snakk om antall år i fengsel.) Som tabellen viser, står våre fanger overfor et dilemma. Hvis de begge kunne blitt enige om å ikke tilstå (på en måte som ville være bindende), ville de bare få 2 år i fengsel hver. Men de kan ikke snakke med hverandre. Og selv om de kunne kommunisere, ville de da kunne stole på hverandre? Hvis fange *A* nekter, risikerer han at hans medskyldige benytter seg av dette. Tross alt, uansett hva *A* velger, vil *B* komme best ut av det ved å tilstå. Likeledes vil *A* alltid komme best ut av det ved å tilstå. Derfor vil begge trolig tilstå og få 5 år i fengsel.

Oligopolbedrifter støter ofte på denne type dilemmaer. De må bestemme seg for om de skal konkurrere aggressivt, prøve å ta større markedsandeler på konkurrentenes regning, eller å "samarbeide" og konkurrere mer passivt, bevare sine nåværende markedsandeler, og kanskje også slå seg sammen. Hvis bedriftene konkurrerer passivt, setter en høy pris og begrenser produksjonen, vil de oppnå en høyere profitt enn om de konkurrerte aggressivt.

Som våre fanger har imidlertid hver bedrift et insentiv til å underby sine konkurrenter, og hver bedrift vet at konkurrentene har samme insentiv. Så, hvor ønskelig et samarbeid enn måtte være, vil hver bedrift bekymre seg – med god grunn – for at en passiv konkurranse kan føre til at konkurrentene opptrer aggressivt og tar brorparten av markedet. I prisingsproblemet illustrert i tabell 11.3, vil begge bedrifter gjør det best ved å "samarbeide"og sette en høy pris. Men bedriftene er i en fangenes dilemma situasjon, der det alltid er best å ta en lav pris.

11.5 IMPLIKASJONER AV FANGENES DILEMMA FOR OLIGOPOLISTERS PRISSETTING

Er det da slik at oligopolister alltid konkurrerer aggressivt og får en lav profitt? Ikke nødvendigvis. I tilfellet ovenfor så vi på en situasjon der det kun var én periode. I praksis vil imidlertid bedrifter bestemme seg for produksjon og pris dag etter dag, år etter år, og løpende observere hva konkurrentene gjør – og tilpasse seg dette. Dette gjør at bedriftene kan opparbeide et rykte som kan gi opphav til tillit. Følgelig kan det tenkes at det utvikler seg en form for koordinering og samarbeid.

Ta for eksempel en bransje som består av tre eller fire bedrifter som har eksistert i lang tid. I løpet av disse årene, kan eierne – og ledelsen – av disse bedriftene ha sett seg lei av å tape penger på grunn av priskrig, og en implisitt forståelse kan oppstå der alle bedriftene opprettholder høye priser og ingen bedrifter prøver å ta markedsandeler fra sine konkurrenter. Selv om hver bedrift kan være fristet til å undergrave sine konkurrenter, vet ledelsen at gevinstene ved dette vil være kortvarige. Konkurrentene vil gjengjelde, og resultatet vil bli nye priskriger og lavere profitt i det lange løp.

Denne oppmykingen av fangenes dilemma kan forkomme i noen bransjer, men ikke i andre. Noen ganger er ikke ledelsen fornøyd med en moderat profitt fra implisitt samarbeid og foretrekker å konkurrere aggressivt for å øke markedsandelen. Noen ganger vil det også være vanskelig å komme frem til et implisitt samarbeid. Eksempelvis kan bedrifter med ulike kostnader og ulike vurderinger av markedets etterspørsel være uenige om hva som er den riktige "samarbeidsprisen". Bedrift *A* tror at den riktige prisen er 10 kr, mens bedrift *B* tror den er 9 kroner. Når *B* setter en pris lik 9 kr, kan det tenkes at bedrift *A* ser dette som et forsøk på å underby og svarer på dette ved å sette prisen lik 8 kroner. Utfallet blir en priskrig.

I mange bransjer vil derfor et implisitt samarbeid kunne bli kortvarig. Det er ofte en grunnleggende mistillit mellom bedriftene, slik at en priskrig kan bryte ut så snart en bedrift blir oppfattet som provoserende av sine konkurrenter hvis den endrer prisen eller øker markedsføringsaktivitetene.

Prisstivheter

I og med at implisitt samarbeid har en tendens til å være skjørt, vil oligopolistiske bedrifter ofte ha et sterkt ønske om prisstabilitet. Dette er årsaken til at oligopolistiske bransjer kan være karakterisert av **prisstivheter**. Selv om kostnadene eller etterspørselen endres, er bedriftene motvillige til å endre prisen. Hvis kostnadene synker eller etterspørselen reduseres, frykter de at lavere priser kan sende feil signaler til konkurrentene og at det settes i gang en priskrig. På den annen side, hvis kostnadene eller etterspørselen øker, er de motvillige til å øke prisene fordi de er redde for at deres konkurrenter ikke også øker sine priser.

prisstivhet
Karakteristisk trekk ved oligopolmarkeder der bedrifter er motvillige til å endre priser selv om kostnader eller etterspørsel endres

Prisstivheter er grunnlaget for hypotesen om **den knekkede etterspørselskurve** i oligopolmarkeder. Ifølge denne modellen står hver av bedriftene ovenfor en etterspørselskurve som har en knekk i den gjeldende prisen P^*. (Se figur 11.7.) Til priser over P^* er etterspørselskurven veldig elastisk. Årsaken er at bedrifter tror at dersom den setter prisen opp, vil ikke de andre bedriftene følge etter, og den vil derfor miste mye av sin markedsandel. På den annen side, ser bedriften for seg at hvis den setter prisen ned vil de andre bedriftene også gjøre det, i og med at de ikke ønsker å miste markedsandeler. I så fall vil salget bare øke i den grad en lavere markedspris øker samlet etterspørsel i markedet.

knekket etterspørselskurve
En modell hvor hver bedrift (tror den) står overfor en etterspørselskurve med en knekk i den gjeldende pris: For høyere priser er etterspørselen veldig elastisk, mens for lavere priser er den uelastisk

Siden bedriftens etterspørselskurve har en knekk, vil grenseinntektskurven være diskontinuerlig. (Den nederste delen av grenseinntektskurven korresponderer med den minst elastiske delen av etterspørselskurven.) Følgelig vil bedriftens kostnader kunne endres, uten at det fører til at prisen endres. Som vist i figur 11.7, kan grensekostnaden øke, men fortsatt være lik grenseinntekten i det samme produksjonsnivået slik at prisen forblir uendret.

Merk deg at modellen ikke sier noe om hvordan bedriften kom frem til prisen P^* i første omgang. Modellen er hovedsakelig nyttig som en *beskrivelse* av prisstivheter snarere enn som en *forklaring* på dette fenomenet. Forklaringen på prisstivheter finner vi i fangenes dilemma spillet og fra bedriftenes ønske om å unngå gjensidig ødeleggende priskonkurranse.

Prissignalisering og prislederskap

En stor barriere for implisitt samarbeid om prissetting er at det er vanskelig for bedriftene å bli enige (uten å snakke med hverandre) om hva prisen bør være. Koordinering er spesielt vanskelig når kostnader og etterspørselsforhold – og dermed "riktig" pris – endrer seg. **Prissignalisering** er en form for implisitt samarbeid som noen ganger omgår dette problemet. Eksempelvis kan en bedrift annonsere at den har økt prisen, og håpe at konkurrentene vil ta denne kunngjøringen som et signal om at de også skal øke prisene. Hvis konkurrentene følge etter, vil alle bedriftene oppnå høyere fortjeneste.

prissignalisering
En form for implisitt samarbeid hvor en bedrift annonserer en prisøkning i håp om at andre bedrifter vil følge etter

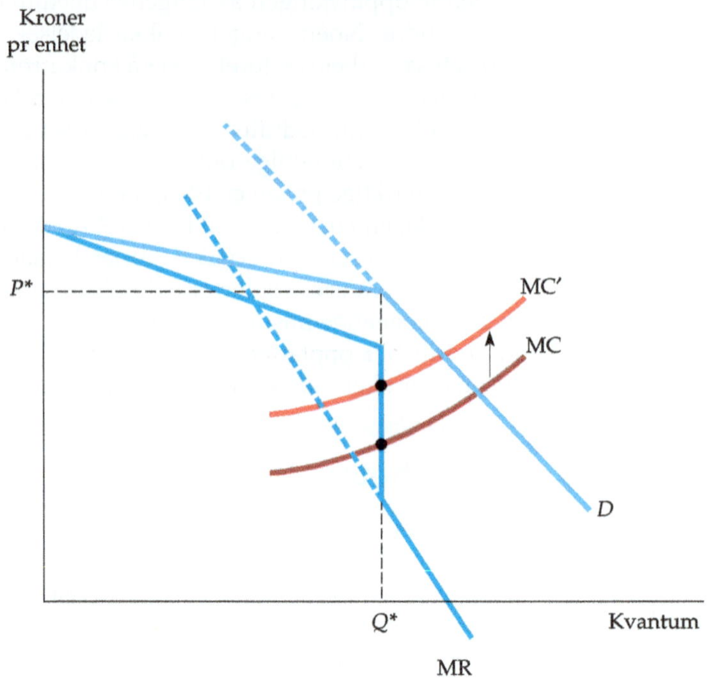

FIGUR 11.7 Den knekkede etterspørselskurve

Hver bedrift tror at ingen av konkurrentene vil følge etter hvis den hever prisen over dagens nivå, P^*, og at den følgelig vil miste mesteparten av sin omsetning. Hver bedrift tror også at hvis den senker prisen, vil alle følge etter, og salget vil øke bare i den grad at markedsetterspørselen øker. Følgelig ser bedriftene for seg at etterspørselskurven har en knekk i P^*, og at grenseinntektskurven derfor er diskontinuerlig i dette punktet. Hvis grensekostnaden øker fra MC til MC′, vil bedriften fortsatt produsere samme mengde Q^* og ta samme pris P^*.

prislederskap
Prisingsmønster der en bedrift regelmessig endrer prisen og de andre bedriftene følger etter

monopol med outsidere
Et marked der en bedrift har en stor markedsandel og setter prisen for å maksimere profitten, hensyn tatt til tilbudet fra de andre, små, bedriftene

Noen ganger kan det etableres et mønster der en bedrift jevnlig annonserer prisendringer og andre bedrifter i bransjen følger etter. Dette mønsteret kalles **prislederskap**: En bedrift er implisitt anerkjent som "leder", mens andre bedrifter, "prisfølgere", matcher lederens priser. Denne atferden løser problemet med å koordinere prisene: Alle tar samme pris som lederen.

Monopol med outsidere

I noen oligopolmarkeder vil det være en stor bedrift som står for en stor andel av samlet salg, mens en gruppe mindre bedrifter betjener resten av markedet. Den store bedriften kan da opptre som en monopolist og tilpasse seg der grenseinntekt er lik grensekostnad. De andre bedriftene (outsiderne), som hver for seg har liten innflytelse over prisen, opptrer som frikonkurrenter. Hvilken pris bør den dominerende bedriften sette? For å maksimere profitten må den ta hensyn til hvordan de andres produksjon avhenger av prisen den setter.

Figur 11.8 viser hvordan den dominerende bedriften setter sin pris. Her er D markedets etterspørselskurve, og S_O er tilbudskurven (dvs. grensekostnadskurven) fra de mindre bedriftene. For å finne profittmaksimerende tilpasning må monopolisten finne sin etterspørselskurve, D_D. Som figuren viser, er denne kurven gitt ved differansen mellom markedets etterspørsel og tilbudet fra outsiderne. Hvis for eksempel prisen er P_1, vil outsidernes tilbud være lik markedets etterspørsel og det vil dermed ikke være noen "restetterspørsel" som retter seg mot monopolisten. Hvis prisen er P_2 eller lavere, vil ikke de andre bedriftene produsere og hele

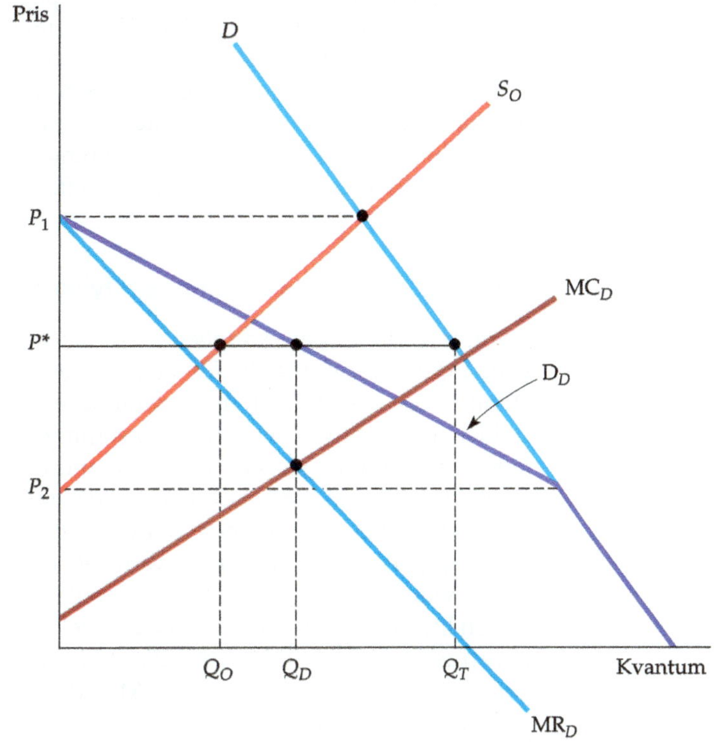

FIGUR 11.8 Monopol med outsidere

Monopolisten fastsetter prisen og de andre bedriftene selger det de måtte ønske til denne prisen. Monopolistens etterspørselskurve, D_D, er differansen mellom markedets etterspørsel D og outsidernes tilbud S_O. Monopolisten produserer et kvantum Q_D, i det punkt der grenseinntekten, MR_D, er lik grensekostnaden MC_D. Den tilhørende prisen er P^*. Til denne prisen vil outsiderne produsere Q_O, slik at samlet produksjon er lik Q_T.

markedsetterspørselen retter seg mot monopolisten. For priser mellom P_1 og P_2 er monopolistens etterspørselskurve gitt ved D_D.

Fra etterspørselskurven D_D avledes så grenseinntektskurven MR_D. MC_D er monopolistens grensekostnadskurve. Profittmaksimum finner vi i skjæringspunktet mellom MR_D og MC_D. Fra etterspørselskurven D_D, finner vi prisen P^*. Til denne prisen vil outsiderne tilby et kvantum Q_O, og dermed er samlet tilbud lik $Q_T = Q_D + Q_O$.

11.6 KARTELL

Produsenter i et *kartell* er eksplisitt enige om å samarbeide om fastsetting av priser og produksjonsvolum. Ikke alle produsentene i en bransje behøver å delta i kartellet, og de fleste karteller består bare av en undergruppe av produsentene. Men hvis et tilstrekkelig antall deltar, og hvis markedets etterspørsel er tilstrekkelig uelastisk, kan kartellet drive prisene godt over frikonkurranseprisen.

Mange land har en lite utviklet og/eller dårlig håndhevet konkurranselovgivning slik at det gis grobunn for kartelldannelser. Videre er det ikke noe som hindrer at ulike land, eller bedrifter som er eiet/kontrollert av myndighetene i et annet land, fra å danne karteller. Eksempelvis er OPEC-kartellet en internasjonal avtale mellom noen oljeproduserende land som har lykkes i å øke verdensmarkedsprisen på olje til nivåer høyere enn frikonkurranseprisen.

Andre internasjonale karteller har også lykkes i å presse prisen opp. På midten av 1970-tallet firedoblet International Bauxite Association (IBA) bauxittprisene, og et internasjonalt urankartell presset opp prisene på uran. Noen karteller hadde suksess over lange perioder: Fra 1928 til tidlig 1970-tallet holdt et kartell, Mercurio Europeo, prisen på kvikksølv nær monopolnivåer, og et internasjonalt kartell monopoliserte markedet for jod fra 1878 til 1939. Imidlertid har de fleste karteller ikke klart å heve prisene. Et internasjonalt kobberkartell som fortsatt eksisterer har aldri hatt en betydelig innvirkning på kobberprisene. Karteller som har forsøkt å drive opp prisene på tinn, kaffe, te og kakao har heller ikke vært noen suksess.

Betingelser for at karteller skal lykkes

Hvorfor lykkes noen karteller mens andre mislykkes? Det er to forutsetninger som må være tilfredsstilt for at karteller skal lykkes. Først må det etableres en stabil organisasjon hvor medlemmene enes om pris og produksjon, og deretter holder seg til denne avtalen. I motsetning til våre fanger i fangenes dilemma, kan kartellmedlemmer snakke med hverandre og formalisere en avtale. Dette betyr imidlertid ikke at det er lett å oppnå enighet. Ulike medlemmer kan ha ulike kostnader, ulike vurderinger av markedets etterspørsel og til og med forskjellige målsettinger. Det vil da kunne være ulike oppfatninger om hvilken pris som skal settes. Videre vil hvert medlem av kartellet kunne bli fristet til å "jukse" ved å senke prisen litt for å ta en større markedsandel enn de var tildelt. I de fleste tilfeller er det bare trusselen om en langsiktig frikonkurranseavkastning (altså en normalavkastning) som forhindrer denne typen juks. Men dersom profitten fra å delta i kartellet er stor nok, kan denne trusselen være tilstrekkelig.

I avsnitt 9.2 redegjorde vi for at markedsmakt refererer seg til tilbyderens mulighet for å sette pris høyere enn grensekostnad.

Den andre betingelsen er potensialet for monopolmakt. Selv om et kartell kan løse sine organisatoriske problemer, vil det være lite rom for å øke prisen hvis det står overfor en svært elastisk etterspørselskurve. Potensiell monopolmakt kan være den viktigste forutsetningen for å lykkes; hvis de potensielle gevinstene fra samarbeid er store, vil kartellmedlemmene ha sterke insentiver for å løse sine organisatoriske problemer.

Analyse av kartellprising

Bare unntaksvis vil alle produsenter slå seg sammen i et kartell. Et kartell utgjør generelt en andel av samlet produksjon, og kartellet må ta hensyn til responsen fra de som ikke er med i kartellet når de fastlegger produksjon og pris. Kartellprising kan derfor analyseres på samme måte som modellen for monopol med outsidere. Vi skal nå benytte denne modellen for å se på oljekartellet OPEC og kobberkartellet CIPEC. Dette vil hjelpe oss å forstå hvorfor OPEC lyktes i å øke prisen, mens CIPEC ikke gjorde det.

OPEC

Figur 11.9 illustrerer tilfellet med OPEC. Samlet etterspørsel, TD, er verdensmarkedets etterspørsel etter råolje, og S_c er tilbudskurven fra produsenter som ikke er medlemmer av OPEC. Etterspørselen etter olje fra OPEC, D_{OPEC}, er differansen mellom samlet etterspørsel og ikke-medlemmenes tilbud, og MR_{OPEC} er den tilhørende grenseinntektskurven. MC_{OPEC} er OPECs grensekostnadskurve, og som du ser har OPEC mye lavere produksjonskostnader enn de andre produsentene. OPECs grenseinntekt og grensekostnad er like når produksjonen er lik Q_{OPEC}, som er den mengden OPEC vil produsere. Vi ser fra OPECs etterspørselskurve at prisen vil være P^*, hvor ikke-medlemmenes tilbud er Q_c.

Anta så at noen av de oljeproduserende landene ikke hadde dannet et kartell, men i stedet hadde tilpasset seg som frikonkurrenter. Pris ville da vært lik grensekostnad. Frikonkurranseprisen finner vi der OPECs etterspørsel skjærer

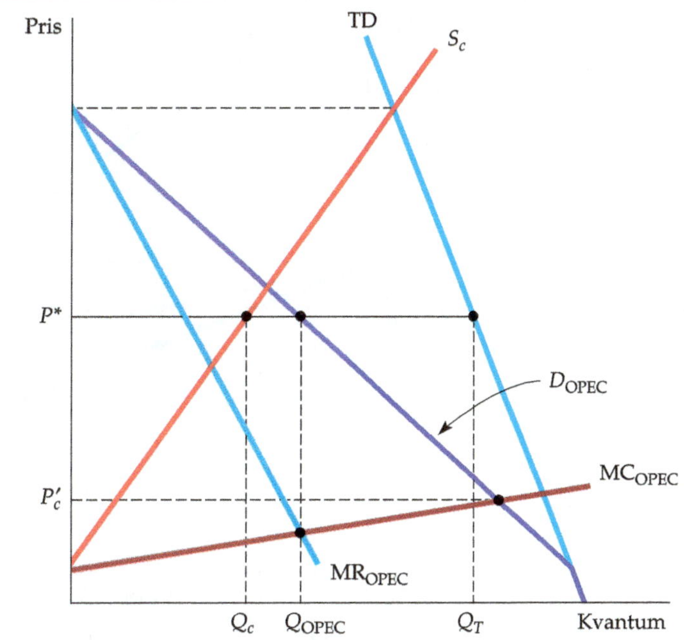

FIGUR 11.9 Monopol med outsidere, OPEC

grensekostnadskurven. Denne prisen, merket P'_c, er mye lavere enn kartellprisen P^*. I og med at både samlet etterspørsel og tilbud utenfor OPEC er uelastisk, er etterspørselen etter OPEC-olje også ganske uelastisk. Dermed har kartellet betydelig markedsmakt, og det har brukt denne makten til å drive prisene godt over frikonkurranseprisen.

I kapittel 2 understreket vi viktigheten av å skille mellom kortsiktig og langsikt tilbud og etterspørsel. Dette skillet er viktig her. Den samlede etterspørsel og tilbudskurven utenfor OPEC i figur 11.9 gjelder for kortsiktige eller mellomlangsiktige analyser. I det lange løp vil både tilbud og etterspørsel være mye mer elastisk, noe som betyr at OPECs etterspørselskurve også være mye mer elastisk. Vi ville derfor forvente at OPEC i det lange løp ikke ville klare å holde en pris som ligger langt over frikonkurranseprisen. Faktisk, i løpet av 1982–1989 falt oljeprisen i reelle termer, hovedsakelig på grunn av den langsiktige tilpasningen i etterspørsel og tilbud utenfor OPEC.

CIPEC

Figur 11.10 gir en tilsvarende analyse av CIPEC, som består av fire kobberproduserende land: Chile, Peru, Zambia, og Kongo (tidligere Zaire), som samlet utgjør mindre enn halvparten av verdens kobberproduksjon. I disse landene, bortsett fra i Chile, er produksjonskostnadene bare litt lavere enn for produsenter utenfor CIPEC. I figur 11.10 ligger CIPECs grensekostnadskurve litt under tilbudskurven for produsenter utenfor CIPEC. CIPECs etterspørselkurve D_{CIPEC} er gitt ved differansen mellom samlet etterspørsel, TD, og tilbudet utenfor CIPEC, S_c. CIPECs grensekostnads- og grenseinntektskurve skjærer hverandre i Q_{CIPEC}, med tilhørende pris P^*. Igjen er frikonkurranseprisen P_c gitt der CIPECs etterspørselskurve skjærer grensekostnadskurven. Merk at denne prisen er svært nær kartellprisen P^*.

Hvorfor kan ikke CIPEC øke kobberprisene så mye? Som figur 11.10 viser, er etterspørselskurven for kobber flatere enn etterspørselkurven for olje. (Andre materialer, som aluminium, kan enkelt erstatte kobber.) I tillegg er tilbudet fra andre mer elastisk. Selv på kort sikt kan de andre produsentene enkelt utvide tilbudet om

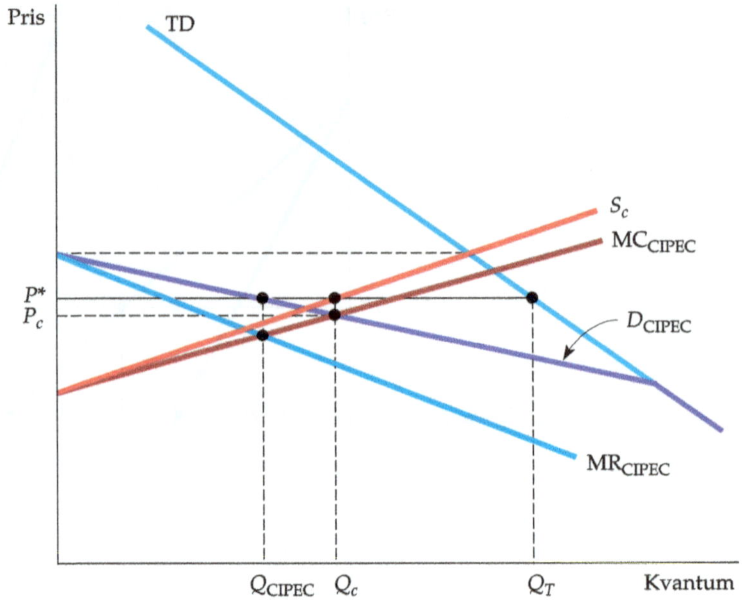

FIGUR 11.10 Monopol med outsidere, CIPEC

prisen skulle stige (delvis på grunn av tilbudet fra skrapmetall). Dermed vil CIPECs potensielle markedsmakt være liten.

Som eksemplene med OPEC og CIPEC illustrerer, krever en vellykket kartelldannelse to ting. For det første må den samlede etterspørselen ikke være veldig priselastisk. For det andre må enten kartellet kontrollere nesten hele verdens tilbud, eller, hvis den ikke gjør det, så må tilbudet fra produsenter utenfor kartellet ikke være særlig priselastisk. De fleste internasjonale råvarekarteller har mislyktes fordi få råvaremarkeder oppfyller begge vilkårene.

OPPSUMMERING

1. I et marked karakterisert ved monopolistisk konkurranse, konkurrerer bedrifter ved å selge differensierte produkter som er nære substitutter. Nye bedrifter kan lett gå inn og ut av markedet. Bedriftene har liten markedsmakt. På lang sikt vil bedrifter etablere seg inntil profitten er lik null. Bedrifter produserer da med overskuddskapasitet (dvs. på produksjonsnivåer som er lavere enn det som minimerer gjennomsnittskostnaden).
2. I et oligopolmarked står bare noen få bedrifter for det meste av eller hele produksjonen. Etableringsbarrierer bidrar til at noen oppnår betydelig fortjeneste, selv i det lange løp. Økonomiske beslutninger involverer strategiske vurderinger – hver bedrift må vurdere hvordan egne handlinger vil påvirke konkurrentene, og hvordan disse sannsynligvis vil reagere.
3. I Cournot-modellen tar bedriftene sine produksjonsbeslutninger samtidig, og hver bedrift tar de andres produksjon for gitt. I likevekt vil hver bedrift maksimere sin profitt, gitt konkurrentenes produksjonsnivå, så ingen vil derfor ha insentiver til å endre egen produksjon. Bedriftene er derfor i en Nash-likevekt. Hver enkelt bedrifts fortjeneste er høyere enn det den ville vært i et frikonkurransemarked, men lavere enn om bedriften hadde samarbeidet.
4. I Stackelberg-modellen er det én bedrift som setter sitt produksjonsnivå først. Denne bedriften har en strategisk fordel og får en høyere profitt. Den vet at den kan velge en høy produksjon og at konkurrentene da må velge en lav produksjon hvis de ønsker å maksimere profitten.
5. Begrepet Nash-likevekt kan også benyttes i markeder der bedrifter produserer substitutter og konkurrerer gjennom prissetting. I likevekt vil hver enkelt bedrift maksimere sin profitt, gitt konkurrentenes pris, og den vil derfor ikke ha noe insentiv for å endre prisen.
6. Bedrifter vil oppnå en høyere fortjeneste dersom de i fellesskap avtaler å øke prisen, men konkur-

ranselover vil normalt forby slikt samarbeid. De kan alle sette høye priser uten å samarbeide og håpe at konkurrentene gjør det samme, men de er i en fangenes dilemma-situasjon, noe som gjør dette lite sannsynlig. Hver enkelt bedrift har et insentiv for å jukse og sette prisen lavere slik at de kan ta markedsandeler fra konkurrentene.

7. Fangenes dilemma-situasjoner danner prisstivheter i et oligopolmarked. Bedrifter er tilbakeholdende med å endre priser i frykt for å starte en priskrig.

8. Prislederskap er en form for stilletiende forståelse som noen ganger omgår fangenes dilemma. En bedrift setter prisen, mens de andre følger etter.

9. I et kartell samarbeider produsentene om prissetting og produksjonsvolum. Vellykkede karteller forutsetter at den totale etterspørselen ikke er særlig priselastisk, og at kartellet enten kontrollerer mesteparten av tilbudet eller at tilbudet fra produsenter utenfor kartellet er uelastisk.

SPØRSMÅL

1. Hva er de karakteristiske trekk ved monopolistisk konkurranse? Hva skjer med likevektspris og -kvantum i et slikt marked hvis en bedrift introduserer et nytt og bedre produkt?
2. Hvorfor er etterspørselskurven rettet mot den enkelte bedrift flatere enn markedets etterspørselskurve i et marked med monopolistisk konkurranse? Anta at en monopolistisk konkurrent tjener gode penger på kort sikt. Hva vil skje med dens etterspørselskurve på lang sikt?
3. Noen eksperter har hevdet at det er for mange frokostblandinger på markedet. Gi et argument som støtter oppunder dette synet. Gi et argument mot det.
4. Hvorfor er Cournot-likevekten stabil? (Dvs.: Hvorfor har ikke bedriftene noe insentiv til å endre sin produksjon når de først er i likevekt?) Hvorfor vil ikke bedriftene velge produksjonsnivåer som maksimerer samlet profitt selv om de ikke kan slå seg sammen?
5. I Stackelberg-modellen har bedriften som velger produksjonsnivå først en fordel. Forklar hvorfor.
6. Hva har Cournot- og Bertrand-modellen til felles? Hva er forskjellen mellom de to modellene?
7. Forklar betydningen av en Nash-likevekt når bedriftene konkurrerer på pris. Hvorfor er likevekten stabil? Hvorfor hever ikke bedriftene prisen til det nivå som maksimerer samlet profitt?
8. Den knekkede etterspørselskurven beskriver prisstivhet. Forklar hvordan modellen fungerer. Hva er dens begrensninger? Hvorfor kan det oppstå prisstivheter i et oligopolmarked?
9. Hvorfor utvikler det seg noen ganger prislederskap i et oligopolmarked? Forklar hvordan prislederen fastsetter profittmaksimerende pris.
10. Hvorfor har OPEC-kartellet lyktes i å øke oljeprisen betydelig mens CIPECs kobberkartell ikke har klart det samme med prisen på kobber? Hvilke betingelser er nødvendige for at en kartelldannelse skal bli vellykket? Hvilke organisatoriske problemer må kartellet overvinne?

ØVELSER

1. Anta at alle bedrifter i et marked karakterisert ved monopolistisk konkurranse slår seg sammen til en stor bedrift. Ville den nye bedriften produsere like mange produktvarianter som før, eller ville den bare produsere ett produkt? Forklar.
2. Vi ser på to bedrifter som står overfor en etterspørselskurve $P = 50 - 5Q$, hvor $Q = Q_1 + Q_2$. Bedriftenes kostnadsfunksjoner er henholdsvis $C_1(Q_1) = 20 + 10Q_1$ og $C_2(Q_2) = 10 + 12Q_2$.
   a. Anta at begge bedriftene allerede er i bransjen. Hvilket produksjonsnivå maksimerer samlet profitt? Hvor mye vil hver bedrift produsere? Hvordan ville svaret ditt endres hvis bedriftene ennå ikke hadde etablert seg i markedet?
   b. Hva er hver bedrifts likevektsproduksjon og profitt hvis de ikke samarbeider? Benytt Cournot-modellen. Illustrer bedriftenes reaksjonskurver og vis likevekten.
   c. Hvor mye vil bedrift 1 være villig til å betale for å kjøpe bedrift 2 hvis samarbeid er ulovlig mens det er greit å kjøpe opp en bedrift?
3. En monopolist kan produsere til en konstant gjennomsnitts- (og grense-) kostnad lik 5. Bedriften står overfor en etterspørselskurve gitt ved: $Q = 53 - P$.
   a. Beregn profittmaksimerende pris- kvantumskombinasjon, og monopolistens profitt.
   b. Anta at det kommer en ny bedrift inn på markedet. Q_1 og Q_2 er nå de respektive bedriftenes produksjon. Markedets etterspørsel kan da uttrykkes som:

$$Q_1 + Q_2 = 53 - P$$

   Finn profitten til hver av bedriftene som funksjon av Q_1 og Q_2, forutsatt at den andre bedriften har samme kostnadsfunksjon som den første.

c. Anta (som i Cournot-modellen) at hver bedrift velger sitt profittmaksimerende produksjonsnivå, gitt den andre bedriftens produksjon. Finn bedriftenes reaksjonsfunksjoner.

d. Finn Cournot-likevekten. Hva blir likevektsprisen og bedriftenes profitt?

e. Anta at det er N bedrifter i bransjen, alle med samme grensekostnad lik 5 kroner. Finn Cournot-likevekten. Hvor mye vil hver bedrift produsere, hva blir markedsprisen, og hva blir profitten til hver enkelt bedrift? Vis også at hvis konkurransen blir sterk, vil markedsprisen bevege seg mot frikonkurranseprisen.

4. Denne oppgaven er en videreføring av oppgave 3, hvor vi har samme etterspørselsfunksjon og samme grensekostnader. Vi skal nå benytte Stackelberg-modellen til å analysere hva som vil skje hvis en av bedriftene foretar sin produksjonsbeslutning før den andre.

a. Anta at bedrift 1 er leder (dvs. at bedrift 1 bestemmer seg for produksjonsnivå før bedrift 2). Finn hver av bedriftenes reaksjonsfunksjoner.

b. Hvor mye vil hver bedrift produsere, og hva blir deres profitt?

5. To bedrifter selger samme produkt og tar sine produksjonsbeslutninger, Q_1 og Q_2, samtidig. Etterspørselen etter produktet er gitt ved:

$$P = 30 - Q$$

der $Q = Q_1 + Q_2$. Inntil nylig hadde begge bedriftene grensekostnader lik 0. Nye miljøforskrifter har imidlertid ført til at bedrift 2 nå har grensekostnader på 15 kroner. Bedrift 1 har fortsatt grensekostnader lik 0. Er følgende utsagn riktig eller galt: Som et resultat vil markedsprisen stige til monopolnivå.

6. To like bedrifter produserer samme produkt, og de er de eneste produsentene i markedet. Kostnadene er gitt ved henholdsvis $C_1 = 60Q_1$ og $C_2 = 60Q_2$. Etterspørselen etter produktet er gitt ved:

$$P = 300 - Q$$

der $Q = Q_1 + Q_2$.

a. Finn Cournot-Nash-likevekten. Beregn bedriftenes profitt.

b. Anta at de to danner et kartell og maksimerer felles profitt. Hvor mange enheter vil nå bli produsert? Beregn bedriftenes profitt.

c. Anta at bedrift 1 var den eneste bedriften i bransjen. Hvordan ville produksjon og profitt avvike fra det du fant i spørsmål b?

d. Vi går tilbake til situasjonen i oppgave b og antar at bedrift 1 holder seg til avtalen, men at bedrift 2 jukser ved å øke produksjonen. Hvor mange enheter vil bedrift 2 produsere, og hva blir bedriftenes profitt?

7. To produsenter, A og B, produserer samme produkt. Begge bedriftene har grensekostnader på 50 kr. Beskriv hva som vil skje med produksjon og pris i hvert av tilfellene hvis bedriftene er i (i) Cournot-likevekt (ii) kooperativ likevekt og (iii) Bertrand-likevekt:

a. I og med at bedrift A må heve lønningene til sine ansatte vil A sine grensekostnader øke til 80 kr.

b. Grensekostnadene øker i begge bedrifter.

c. Etterspørselskurven skifter til høyre.

8. Anta at flybransjen kun besto av to selskaper, SAS og Norwegian. Anta at de to bedriftene har identiske kostnadsfunksjoner, $C(q) = 40q$. Etterspørselen er gitt ved $P = 100 - Q$, og begge bedrifter antar at den andre opptrer som en Cournot-konkurrent.

a. Beregn Cournot-Nash-likevekten forutsatt at begge velger det produksjonsnivå som maksimerer profitten, gitt den andre bedriftens produksjonsnivå. Hva blir bedriftenes profitt?

b. Hva ville være likevektskvantum hvis Norwegian og SAS hadde konstante grense- og gjennomsnittskostnader på henholdsvis 25 og 40?

c. Anta at begge har sine opprinnelige kostnadsfunksjoner $C(q) = 40q$. Hvor mye ville Norwegian være villig til å investere for å få redusert grensekostnadene fra 40 til 25, gitt at SAS ikke gjør det samme? Hvor mye vil SAS være villig til å bruke for å redusere grensekostnadene til 25, gitt at Norwegian har grensekostnader på 25?

9. To bedrifter, A og B, produserer luksuriøse skinntrekk til bilseter. Bedriftene har like kostnadsfunksjoner gitt ved:

$$C(q) = 30q_i + 1{,}5q_i^2 \qquad (i = 1{,}2)$$

Etterspørselsfunksjonen er gitt ved:

$$P = 300 - Q$$

der $Q = q_1 + q_2$.

a. Vi forutsetter at begge bedriftene er profittmaksimerende og tar den andre bedriftens produksjon for gitt. Hvor mye vil hver av dem produsere, hva blir markedsprisen, og hvor stor blir bedriftenes profitt?

b. Lederne i de to bedriftene finner ut at de kan gjøre det langt bedre hvis de samarbeider. Hva blir profittmaksimerende kvantum hvis de samarbeider? Hva blir prisen og hver av bedriftenes produksjon og profitt?

c. Lederne er klar over at eksplisitte samarbeidsavtaler er ulovlig. Hver bedrift må bestemme seg om den skal produsere Cournot-kvantum eller kartell-kvantum. Som et hjelpemiddel i beslutningsprosessen lager lederne i bedrift A følgende pay-off matrise.

		B	
		Cournot-kvantum	Kartell-kvantum
A	Cournot-kvantum		
	Kartell-kvantum		

Fyll inn profitten til *A* og *B* ved de 4 ulike utfallene. Gitt denne matrisen, hvilken strategi vil bedriftene sannsynligvis følge?

d. Anta at *A* kan velge produksjonsnivå før *B*. Hvor mye vil *A* og *B* da produsere? Hva blir markedsprisen og bedriftenes profitt? Har A noen førstetrekksfordel? Forklar hvorfor eller hvorfor ikke.

10. To bedrifter, 1 og 2, konkurrerer på pris. Etterspørselsfunksjonene er gitt ved:

$$Q_1 = 20 - P_1 + P_2$$

$$Q_2 = 20 + P_1 - P_2$$

Begge bedriftene har grensekostnad lik 0.

a. Anta at bedriftene velger priser samtidig. Finn Nash-likevekten. Hvilken pris vil hver bedrift ta, hvor mye vil de selge, og hva blir profitten?

b. Anta at bedrift 1 setter prisen før bedrift 2. Hvilken pris vil hver bedrift ta, hvor mye vil de selge og hva blir profitten?

c. Tenk deg at du leder en av disse bedriftene, og at det er tre måter du kan spille spillet på: (i) begge bedrifter setter prisene samtidig, (ii) du setter prisen først, eller (iii) konkurrenten din setter prisen først. Hvilket av disse alternativene ville du foretrekke? Forklar hvorfor.

11. Anta at markedet for tennissko består av en dominerende bedrift og 5 mindre bedrifter. Markedets etterspørsel er $Q = 400 - 2P$. Den store bedriften har konstante grensekostnader på 20. Hver av de små bedriftene har grensekostnader på $MC = 20 + 5q$.

a. Vis at det totale tilbudet fra de fem små bedriftene er $Q_s = P - 20$.

b. Finn etterspørselskurven for den store bedriften.

c. Finn profittmaksimerende kvantum og pris for den store bedriften samt kvantum og pris for hver av de små bedriftene.

d. Anta at det finnes 10 små bedrifter i stedet for 5. Hvordan vil dette endre resultatene du fant?

e. Anta igjen at det er 5 små bedrifter, men at de nå har lavere grensekostnader: $MC = 20 + 2q$. Hvordan endrer dette resultatene dine?

Spillteori og konkurranse-strategi

12

I kapittel 11 startet vi med å se på noen av de strategiske pris- og produksjonsbeslutningene som bedrifter ofte må ta. Vi så hvordan en bedrift kan ta konkurrentenes sannsynlige respons i betraktning når den tar denne type beslutninger. Det er imidlertid mange spørsmål om markedsstruktur og bedriftsadferd som vi ennå ikke har sett på. Hvorfor er det for eksempel slik at bedrifter har en tendens til å samarbeide i noen markeder og drive aggressiv konkurranse i andre? Hvorfor klarer noen bedrifter å hindre etablering av potensielle konkurrenter? Og hvordan skal bedrifter fatte prisbeslutninger når etterspørsel eller kostnadsforhold endres, eller når nye konkurrenter kommer inn på markedet?

For å besvare disse spørsmålene vil vi benytte spillteori for å utvide vår analyse av strategiske beslutninger. Anvendelsen av spillteori har vært en viktig del av utviklingen innen mikroøkonomisk analyse. Dette kapitlet forklarer noen sentrale aspekter ved spillteori og viser hvordan den kan benyttes for å forstå hvordan markeder fungerer, og hvordan ledere bør tenke når det dreier seg om strategiske beslutninger de fortløpende møter. Vi vil for eksempel se hva som skjer når bedrifter i et oligopol må fastsette og justere prisene over tid slik at fangenes dilemma, som vi diskuterte i kapittel 11, gjentas om og om igjen. Vi vil vise hvordan bedrifter kan gjøre strategiske trekk som gir dem fortrinn overfor konkurrenter eller et fortrinn i en forhandlingssituasjon, og hvordan de kan benytte trusler, løfter eller mer konkrete tiltak for å forhindre nyetablering.

KAPITTELOVERSIKT

12.1	Spill og strategiske beslutninger	278
12.2	Dominante strategier	279
12.3	Nash-likevekten – igjen	280
12.4	Gjentatte spill	284
12.5	Sekvensielle spill	287
12.6	Trusler, forpliktelser og troverdighet	289
12.7	Avskrekkingsstrategier	292

12.1 SPILL OG STRATEGISKE BESLUTNINGER

spill
En situasjon der spillere (deltakere) tar strategiske beslutninger, noe som innebærer at de tar hensyn til hverandres handlinger og reaksjoner

pay-off
Verdi knyttet til et mulig utfall

strategi
Regel eller handlingsplan for å spille et spill

optimal strategi
Strategi som maksimerer spillerens forventede pay-off

Først må vi avklare hva **spill** og strategiske beslutningsprosesser dreier seg om. Et spill er enhver situasjon hvor spillere (deltakerne) gjør strategiske beslutninger, dvs. beslutninger som tar hensyn til motpartens handlinger og reaksjoner. Eksempler på spill inkluderer bedrifter som konkurrerer med hverandre på pris, eller en gruppe av budgivere som byr på en leilighet eller et maleri av Munch. Strategiske beslutninger resulterer i en **pay-off** til spillerne – et ufall. I tilfellet med bedrifter som setter priser vil dette bestå av den profitten de ender opp med, for budgiveren er pay-off det konsumentoverskuddet som "vinneren" av auksjonen oppnår – altså differansen mellom det budgiveren maksimalt var villig til å betale og det hun faktisk ender opp med å betale.

Et viktig formål med spillteori er å bestemme optimal strategi for hver spiller. En **strategi** er en regel, eller en handlingsplan, for å spille spillet. For vår bedrift som skal velge produktpris, kan en strategi være: "Jeg skal holde min pris høy så lenge konkurrentene mine gjør det samme, men når en konkurrent senker sin pris, skal jeg senke min enda mer." For en budgiver på en auksjon kan en strategi være: "Jeg begynner med å gi et høyt bud, si 20 000 kr, for å signalisere at jeg har seriøse planer om å ende opp med objektet. Jeg vil imidlertid hoppe av budgivningen hvis budene kommer over 50 000 kr." Den optimale strategi for en spiller er den strategi som maksimerer hennes forventede pay-off.

Vi vil fokusere på spill med spillere som er rasjonelle, i den forstand at de tenker gjennom konsekvensene av sine handlinger. I hovedsak er vi opptatt av følgende spørsmål: Dersom jeg tror at mine konkurrenter er rasjonelle og handler for å maksimere sin egen pay-off, hvordan skal jeg ta deres atferd i betraktning når jeg fatter mine beslutninger? I det virkelige liv kan du selvfølgelig møte konkurrenter som er irrasjonelle, eller er mindre flinke enn deg til å tenke gjennom konsekvensene av sine handlinger. Likevel er det et godt utgangspunkt å begynne med å anta at dine konkurrenter er like rasjonelle og like smarte som det du er. Som vi skal se, er det å ta konkurrentenes atferd i betraktning ikke så enkelt som det kan virke ved første øyekast. Det å velge optimale strategier kan være vanskelig, selv i situasjoner med perfekt symmetri og perfekt informasjon (dvs. konkurrentene mine og jeg har samme kostnadsstruktur og er fullt informerte om hverandres kostnader, om etterspørselen osv.). Videre vil vi se på mer komplekse situasjoner der bedriftene står overfor ulike kostnader, ulike typer informasjon, og ulike grader av, og former for, komparative fortrinn eller ulemper.

Ikke-kooperative kontra kooperative spill

kooperativt spill
Et spill der deltakerne kan forhandle frem bindende avtaler som tillater dem å planlegge felles strategier

ikke-kooperativt spill
Et spill der det ikke er mulig å fremforhandle og håndheve bindende kontrakter

De økonomiske spill som bedrifter spiller er enten *kooperative* eller *ikke-kooperative*. I et **kooperativt spill** kan spillerne inngå bindende avtaler som tillater dem å planlegge felles strategier. I et **ikke-kooperativt spill** er det ikke mulig å fremforhandle og håndheve bindende kontrakter.

Et eksempel på et kooperativ spill er forhandlingene mellom en kjøper og en selger om prisen på et teppe. Hvis det koster 1 000 kr å produsere teppet og kjøper verdsetter det til 2 000 kr, er det en mulighet for en kooperativ løsning av spillet: En deal om å selge teppet for enhver pris mellom 1 001 og 1 999 kr, vil maksimere summen av konsument- og produsentoverskuddet, og vil føre til at begge får det bedre enn om det ikke ble noen handel. Et annet eksempel er to bedrifter som blir enige om et felles investeringsprosjekt for utvikling av ny teknologi (hvis vi antar at ingen av bedriftene ville ha nok ekspertise til å lykkes på egen hånd). Dersom bedriftene kan inngå en bindende kontrakt om å dele overskuddet, er det mulig at et kooperativt utfall fører til at begge bedriftene kommer bedre ut av det.

Et eksempel på et ikke-kooperativt spill er en situasjon hvor to konkurrerende bedrifter tar hensyn til hverandres atferd når de fastsetter sine priser. Begge bedrifter vet at ved å sette prisen lavere enn konkurrenten så kan man øke sin markedsandel.

Men de vet også at hvis de gjør dette er det en risiko for at det settes i gang en priskrig. Et annet ikke-kooperativt spill er auksjonen nevnt ovenfor: Hver budgiver må gjøre seg opp en oppfatning om de andre budgivernes atferd når de fastlegger en optimal budstrategi.

Merk deg at den grunnleggende forskjellen mellom kooperative og ikke-kooperative spill ligger i muligheten for å inngå kontrakter. I kooperative spill er det mulig å inngå bindende kontrakter, noe det ikke er i ikke-kooperative spill.

Vi skal hovedsakelig fokusere på ikke-kooperative spill. Uansett hva slags spill det er snakk om er det imidlertid viktig å huske på følgende poeng vedrørende strategiske beslutningsprosesser:

Det er helt sentralt å forstå din motspillers oppfatninger og å utlede hans eller hennes sannsynlige respons på dine handlinger.

Dette poenget kan virke innlysende, selvsagt må man forstå motspillerens syn på spillsituasjonen. Men selv i enkle spillsituasjoner ignorerer eller feilvurderer folk motspillernes posisjoner og de rasjonelle responsene som disse posisjonene skulle tilsi.

I resten av dette kapitlet vil vi se nærmere på enkle spill som involverer prising, markedsføring og investeringsbeslutninger. Spillene er enkle i den forstand at når vi gjør noen atferdsmessige forutsetninger, kan vi finne den beste strategien for hver bedrift. Men selv for disse enkle spillene, vil vi se at det ikke alltid er like lett å gjøre korrekte forutsetninger om spillernes atferd. Ofte vil de avhenge av hvordan spillet spilles (for eksempel hvor lenge bedriftene er i markedet, deres omdømme osv.). Derfor skal du, når du leser dette kapitlet, prøve å bygge opp en forståelse for de grunnleggende problemene som er involvert i det å gjøre strategiske beslutninger. Husk også på betydningen av å vurdere motspillerens posisjon og rasjonelle respons på dine handlinger.

12.2 DOMINANTE STRATEGIER

Hvordan kan vi fastlegge den beste strategien i et spill? Hvordan kan vi fastlegge spillets mulige utfall? Vi trenger noe som kan hjelpe oss å fastslå hvordan rasjonell atferd hos hver av spillerne vil føre frem til en likevektsløsning, hvis det i det hele tatt eksisterer noen likevekt. Noen strategier kan være vellykkede hvis konkurrentene gjøre visse valg, men mislykkes hvis de gjør andre valg. Andre strategier kan imidlertid være vellykkede uansett hva konkurrentene gjør. Vi begynner med konseptet **dominant strategi** – *en strategi som er den beste uansett hva motspilleren gjør.*

dominant strategi
En strategi som er den beste uansett hva motspilleren gjør

Følgende eksempel illustrerer dette i en duopolsituasjon. Anta at bedrift *A* og *B* selger konkurrerende produkter og skal bestemme seg for om de skal sette i gang en reklamekampanje eller ikke. Hver av bedriftene vil bli påvirket av konkurrentens avgjørelse. Mulige utfall av spillet er illustrert i pay-off matrisen i tabell 12.1. (Husk at en pay-off matrise oppsummerer alle mulige utfall av spillet, det første tallet i hver rute er pay-off til *A* og det andre er pay-off til *B*.) Legg merke til at dersom begge bedrifter setter i gang en reklamekampanje vil *A* få et overskudd på 10 og *B* får 5.

TABELL 12.1 Markedsføringsspill

		Bedrift B	
		Reklame	**Ikke reklame**
Bedrift A	**Reklame**	10, 5	15, 0
	Ikke reklame	6, 8	10, 2

TABELL 12.2 Modifisert markedsføringsspill

		Bedrift B	
		Reklame	**Ikke reklame**
Bedrift A	**Reklame**	10, 5	15, 0
	Ikke reklame	6, 8	20, 2

I avsnitt 11.4 forklarer vi at en pay-off matrise er en tabell som viser utfallene for hver spiller for ulike kombinasjoner av spillernes handlinger.

Hvis bare *A* setter i gang en kampanje vil *A* tjene 15 og *B* får 0. Tabellen viser også resultatene for de to andre muligheter.

Hvilken strategi bør hver av bedriftene velge? Se først på bedrift *A*. Den bør helt klart sette i gang en reklamekampanje fordi uansett hva bedrift *B* gjør, vil *A* komme best ut av det ved å reklamere. Hvis *B* reklamerer, får *A* en pay-off på 10 hvis den også reklamerer, men bare 6 hvis den ikke gjør det. Hvis *B* ikke reklamerer, tjener *A* 15 hvis den reklamerer, men bare 10 hvis den ikke gjør det. Dermed er iverksetting av reklamekampanjen en dominant strategi for bedrift *A*. Det samme gjelder for bedrift *B*: Uansett hva *A* gjør, kommer *B* best ut av det ved å reklamere. Derfor, forutsatt at begge bedriftene er rasjonelle, vet vi at resultatet i dette spillet er at begge bedriftene vil reklamere. Dette resultatet var lett å finne frem til i og med at begge bedriftene hadde dominante strategier.

likevekt i dominante strategier
Utfallet av et spill hvor hver bedrift har en strategi som gir det beste resultatet uavhengig av hva konkurrentene gjør

Når hver spiller har en dominant strategi, kaller vi utfallet av spillet en ***likevekt i dominante strategier***. Slike spill er enkle å analysere i og med at hver spillers optimale strategi kan avgjøres uten å tenke på handlingene til de andre spillerne.

Det er ikke alle spill som har en dominant strategi for hver av spillerne. La oss så endre litt på eksemplet ovenfor. Pay-off matrisen i tabell 12.2 er den samme som i tabell 12.1 med unntak av nederste høyre hjørne – der ingen av bedriftene driver markedsføring. Bedrift *B* vil fortsatt få en profitt på 2, men *A* vil nå få 20.

Bedrift *A* vil nå ikke noen dominant strategi. A sin optimale beslutning avhenger av hva bedrift *B* gjør. Hvis *B* kjører reklame vil *A* komme best ut av det ved å gjøre det samme, men hvis *B* ikke kjører reklame bør heller ikke *A* gjøre det. Anta nå at bedriftene fatter sine beslutninger samtidig – dvs. uten å vite hva den andre velger. Hva bør bedrift *A* gjøre?

For å svare på dette må bedrift *A* sette seg inn i B sin situasjon. Hvilket valg er best for *B*, og hva vil *B* gjøre? Svaret er klart: Bedrift *B* har en dominant strategi – kjør reklame uansett hva bedrift *A* gjør. (Hvis *A* kjører reklame, vil *B* tjene 5 ved å gjøre det samme og 0 hvis den ikke gjør det. Dersom *A* velger å ikke kjøre reklame, vil *B* tjene 8 hvis de reklamerer og 2 hvis de ikke gjør det.) Derfor kan bedrift *A* konkludere med at *B* vil velge reklame. Dette betyr at bedrift *A* også bør gjøre det (og dermed tjene 10 i stedet for 6). Utfallet av spillet er da at begge bedrifter velger reklame fordi *A* da gjør det beste de kan, gitt det *B* gjør og omvendt.

12.3 NASH-LIKEVEKTEN – IGJEN

For å si noe om utfallet av et spill har vi så langt lett etter "stabile" strategier. Dominante strategier er stabile, men i mange spill vil en eller ingen av spillerne ha dominante strategier. Vi trenger derfor et mer generelt likevektsbegrep. I kapittel 11 introduserte vi begrepet *Nash-likevekt* og så at dette har et bredt nedslagsfelt og er intuitivt tiltalende.

En Nash-likevekt er et sett av strategier (eller handlinger) der *hver av spillerne gjør det beste de kan, gitt handlingene til sine motspillere*. I og med at hver av spillerne ikke har noe insentiv til å avvike fra sin Nash-strategi i likevekt, er strategiene stabile. I eksemplet vist i tabell 12.2, er Nash-likevekten at begge bedriftene kjører reklame: Gitt konkurrentens valg, er begge bedriftene fornøyde med de valg de selv har gjort – ingen har grunn til å angre.

I avsnitt 11.2 forklarer vi at Cournot-likevekten er en Nash-likevekt der ingen bedrift kan oppnå en høyere profitt ved å velge et annet produksjonsnivå.

I kapittel 11 benyttet vi Nash-likevekten for å studere produksjon og prising i et oligopolmarked. I Cournot-modellen, for eksempel, velger hver bedrift sitt produksjonsnivå og tar konkurrentens produksjonsnivå for gitt. Vi så at i Cournot-likevekten ville ingen av bedriftene ha noe insentiv for å endre sitt valg av produksjonsnivå. Følgelig er Cournot-likevekten en Nash-likevekt. Vi så også på modeller hvor bedriftene velger pris, og tar konkurrentenes priser for gitt. Igjen, i Nash-likevekten maksimerer hver enkelt bedrift sin profitt, gitt de prisene konkurrentene setter – og har dermed ikke noe insentiv for å endre prisen.

Det er nyttig å sammenligne begrepet Nash-likevekt med likevekten under dominante strategier:

Dominant strategi: Jeg gjør det beste jeg kan uansett hva du gjør. Du gjør det beste du kan uansett hva jeg gjør.

Nash-likevekt: Jeg gjør det beste jeg kan, gitt hva du gjør. Du gjør det beste du kan, gitt hva jeg gjør.

Merk deg at en likevekt i dominante strategier er et spesialtilfelle av en Nash-likevekt.

I reklamespillet i tabell 12.2 er det kun en Nash-likevekt – begge bedrifter velger å markedsføre. Generelt behøver ikke et spill kun ha en Nash-likevekt. Noen ganger er det ingen Nash-likevekt, og noen ganger er det flere (dvs. at flere sett av strategier er stabile). Et par eksempler vil bidra til å avklare dette.

Produktutvikling

Vurder følgende problem når det gjelder valg av produkt. To produsenter av frokostblandinger står overfor et marked hvor to nye varianter av frokostblandinger kan bli en suksess, forutsatt at hver variant innføres av kun én bedrift. Det er et marked for en ny og mer "crispy" frokostblanding og et marked for en ny, søtere, frokostblanding. Hver av bedriftene har imidlertid ikke tilstrekkelige ressurser til å lansere mer enn ett av produktene. Pay-off matrisen for de to bedriftene er gitt i tabell 12.3.

I dette spillet er hver av bedriftene likegyldige med hensyn til hvilket produkt de skal produsere, så lenge konkurrenten ikke velger å produsere det samme produktet. (Hvis det var mulig å forhandle, ville bedriftene sannsynligvis bli enige om å dele markedet.) Men hva hvis bedriftene er i et ikke-kooperativt spill? Anta at bedrift 1 på en eller annen måte – kanskje gjennom et medieoppslag – indikerer at den er i ferd med å introdusere den søte frokostblandingen, og at bedrift 2 (etter å ha hørt dette) kunngjør sine planer om å introdusere den crispy varianten. Gitt den handlingen som de mener motspilleren tar, vil ingen av bedriftene ha noe insentiv til å avvike fra sine annonserte valg. Hvis de gjør det de har annonsert blir utfallet 10 for begge, men hvis de gjør et annet valg – og motspilleren ikke endrer sitt valg, vil utfallet bli –5.

TABELL 12.3 Produktvalg

		Bedrift 2	
		Crispy	**Søt**
Bedrift 1	**Crispy**	–5, –5	10, 10
	Søt	10, 10	–5, –5

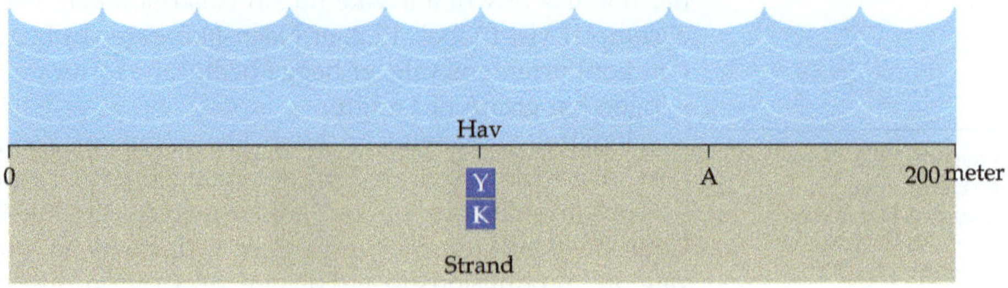

FIGUR 12.1 Lokaliseringsspillet

Du (Y) og en konkurrent (K) har planer om å selge mineralvann på stranden. Hvis badegjestene er fordelt jevnt utover stranden, og vil kjøpe brus hos den nærmeste selgeren, vil dere plassere dere ved siden av hverandre midt på stranden. Dette er den eneste Nash-likevekten. Hvis konkurrenten din plasserte seg i A ville du plassert deg rett til venstre for ham, og dermed kapret $^3/_4$ av hele salget. Konkurrenten din ville da imidlertid velge å bevege seg mot midten, og du ville gjøre det samme.

Derfor vil strategikombinasjonen i nederste venstre hjørne av pay-off-matrisen være stabil og være en Nash-likevekt: Gitt motspillerens strategi, gjør hver bedrift det beste den kan og har ikke noe insentiv for å endre sitt valg.

Merk at øvre høyre hjørne i matrisen også er en Nash-likevekt. Dette ville bli løsningen hvis bedrift 1 indikerte at den var i ferd med å produsere den crispy frokostblandingen. Begge Nash-likevektene er stabile; når strategiene er valgt, vil ingen spillere angre på sitt valg. Men uten mer informasjon kan vi ikke avgjøre hvilken likevekt vi ender i (crispy/søt eller søt/crispy). Begge bedriftene har selvfølgelig et sterkt ønske om å nå en av Nash-likevektene i og med at de begge taper penger hvis de produserer samme variant. Det faktum at de to bedriftene ikke får lov til å samarbeide, betyr ikke at de ikke vil nå en Nash-likevekt. Etter hvert som en bransje utvikler seg kan imidlertid bedriftene, basert på hverandres "signaler", opparbeide seg en formening om hvordan de andre bedriftene vil handle.

Lokaliseringsspillet

Anta at du (Y) og en konkurrent (K) planlegger å selge brus på stranden i sommer. Stranden er 200 meter lang og badegjestene er spredt jevnt utover hele stranden. Du og din konkurrent selger samme type brus til samme pris, slik at kundene vil gå til den nærmeste selgeren. Hvor på stranden vil du plassere deg, og hvor tror du konkurrenten plasserer seg?

Den eneste Nash-likevekten er den hvor du og konkurrenten plasserer dere midt på stranden (se figur 12.1). La oss se hvorfor. Anta at konkurrenten din plasserer seg et annet sted (A), som er 50 meter fra midten av stranden. I så fall ville du ikke lenger ønske å plassere deg i midten. Hvis du plasserer deg litt til venstre for konkurrenten vil du få ca. 75 % av salget, mens konkurrenten da bare får ca. 25 % av salget. Dette utfallet er dermed ingen likevekt i og med at konkurrenten nå vil plassere seg litt til venstre for deg, og så vil du ønske å plassere deg til venstre for henne igjen osv. Slik holder dere på inntil dere begge havner midt på stranden og deler markedet likt.

Dette lokaliseringsspillet hjelper oss til å forstå en rekke fenomener. Har du lagt merke til hvordan bensinstasjoner og bilforretninger gjerne er plassert i nærheten av hverandre? Hva med politiske partier når det nærmer seg valgkamp? De to største partiene på venstre og høyre fløy har da gjerne en tendens til å uttrykke meninger som ligger mer mot sentrum i det politiske miljøet.

Fangenes dilemma

Hva er Nash-likevekten i et fangenes dilemma-spill som vi så på i kapittel 11? Tabell 12.4 viser pay-off matrisen for et fangenes dilemma-spill. Husk at det ideelle

TABELL 12.4 Fangens dilemma

		Fange B	
		Tilstå	Nekt
Fange A	Tilstå	–5, –5	–1, –10
	Nekt	–10, –1	–2, –2

utfallet er der ingen av fangene tilstår, slik at begge får to års fengsel. Å tilstå, derimot, er en *dominant strategi for hver fange*, det gir høyest pay-off (lavest antall år bak murene) uavhengig av strategien til den andre. Derfor er utfallet der begge fangene tilstår en Nash-likevekt. Det er rasjonelt for begge fangene å tilstå.

Blandede strategier

I alle spillene som vi har sett på så langt har vi vurdert strategier der spillerne enten gjør det ene eller det andre: markedsføre eller ikke markedsføre, sette en pris på 4 kr eller en pris på 6 kr, og så videre. Strategier av denne typen kalles **rene strategier**.

å spille en ren strategi
En spiller gjør et spesifikt valg og spiller bare én strategi

Matching Pennies

Et eksempel er spillet "Matching Pennies." I dette spillet velger hver spiller krone eller mynt, og de to spillerne avslører hva de valgte samtidig. Dersom myntene matcher (dvs. begge er krone eller begge er mynt), vinner spiller *A* og får en krone fra spiller *B*. Hvis myntene ikke er like, vinner spiller B og får en krone fra spiller A. Pay-off-matrisen er vist i tabell 12.5.

Merk deg at det ikke er noen Nash-likevekt i dette spillet slikt vi har brukt begrepet til nå. Anta for eksempel at spiller *A* valgte strategien med å spille krone. Da ville spiller *B* ønske å spille mynt. Men hvis spiller *B* spiller mynt, vil spiller *A* også ønske å spille mynt. Ingen kombinasjon av krone eller mynt gjør at begge spillerne er fornøyde – en av spillerne vil alltid ønske å forandre strategi.

Selv om det ikke er Nash-likevekt i rene strategier, er det en Nash-likevekt i såkalte **blandede strategier**: strategier der spillerne gjør tilfeldige (stokastiske) valg mellom to eller flere mulige handlinger, basert på et sett av valgte sannsynligheter. I dette spillet, for eksempel, kan spiller *A* bare knipse mynten, og dermed spille kron med sannsynlighet 1/2 og spille mynt med sannsynlighet 1/2. Faktisk, hvis spiller *A* følger denne strategien, og spiller *B* gjør det samme, vil vi ha en Nash likevekt: Begge spillere vil gjøre det beste de kan, gitt det motspilleren gjør. Legg merke til at selv om utfallet er tilfeldig, er forventet pay-off 0 for hver spiller.

blandet strategi
En strategi hvor en spiller gjør et tilfeldig (stokastisk) valg blant to eller flere mulige handlinger, basert på et sett av valgte sannsynligheter

Det kan virke rart å spille et spill hvor man velger handlinger tilfeldig (stokastisk). Men sett deg selv i situasjonen til spiller *A* og tenk på hva som ville skje hvis du valgte en annen strategi enn bare knipse mynten. Anta at du valgte å spille krone. Hvis spiller *B* vet dette, ville hun spille mynt og du ville tape. Selv om spiller *B* ikke kjente din strategi, ville hun finne ut av den hvis spillet ble gjentatt flere ganger. Selvfølgelig ville du da ønske å endre strategi – som er årsaken til at dette ikke ville være en Nash-likevekt. Bare hvis du og din motstander begge velger

TABELL 12.5 Matching pennies

		Spiller B	
		Krone	Mynt
Spiller A	Krone	1, –1	–1, 1
	Mynt	–1, 1	1, –1

TABELL 12.6 Kjønnskampen-spillet

		Petter	
		Bryting	**Opera**
Siri	**Bryting**	2, 1	0, 0
	Opera	0, 0	1, 2

krone eller mynt med sannsynlighet 1/2, vil ingen av dere har noe insentiv til å endre strategier.

En grunn til å vurdere blandede strategier er at enkelte spill (for eksempel "Matching Pennies") ikke har noen Nash-likevekter i rene strategier. Det kan imidlertid vises at når vi tillater blandede strategier, har *ethvert* spill minst én Nash-likevekt. Blandede strategier gir derfor løsninger på spill hvor rene strategier ikke gjør det. Selvfølgelig, hvorvidt løsninger basert på blandede strategier er rimelige, avhenger av det konkrete spill og av spillerne. Blandede strategier er sannsynligvis nærliggende for "Matching Pennies," poker, og andre slike spill. En bedrift, på sin side, finner det kanskje ikke rimelig å anta at konkurrentene vil sette prisene tilfeldig.

Kjønnskampen spillet

Noen spill har Nash-likevekter i både rene og blandede strategier. Et eksempel er "kjønnskampen-spillet" (The Battle of the Sexes), et spill som du kanskje er kjent med. Spillet er som følger: Petter og Siri ønsker å tilbringe lørdagskvelden sammen, men har forskjellige preferanser med hensyn til underholdning. Petter ønsker å gå i operaen, mens Siri foretrekker gjørmebryting. Som pay-off-matrisen i tabell 12.6 viser, vil Petter helst gå i operaen med Siri, men foretrekker å se på gjørmebryting med Siri fremfor å gå i operaen alene.

Vær oppmerksom på at det er to Nash-likevekter i rene strategier i dette spillet – en der Petter og Siri begge ser på gjørmebryting, og en der de begge går i operaen. Siri foretrekker selvfølgelig det første og Petter det andre, men begge utfallene er likevekter – verken Petter eller Siri ønsker å endre sine valg, gitt den andres beslutning.

Dette spillet har også en likevekt i blandede strategier: Siri velger bryting med sannsynlighet 2/3 og opera med sannsynlighet 1/3, og Petter velger bryting med sannsynlighet 1/3 og opera med sannsynlighet 2/3. Du kan sjekke at hvis Siri benytter denne strategien, kan Siri komme bedre ut av det enn med noen annen strategi, og omvendt. Utfallet er ikke gitt, og Petter og Siri vil hver ha en forventet pay-off på 2/3.

Skal vi forvente at Petter og Siri benytter disse blandede strategiene? Sannsynligvis ikke, med mindre de er svært risikosøkende eller på en eller annen måte et merkelig par. Ved å bli enige om enten den ene eller andre formen for underholdning, vil hver ha en pay-off på minst 1, som overstiger den forventede gevinsten av 2/3. I dette spillet, som i mange andre, gir blandede strategier en annen, men ikke særlig realistisk, løsning. Derfor vil vi i resten av dette kapitlet fokusere på rene strategier.

12.4 GJENTATTE SPILL

I kapittel 11 så vi at bedrifter i oligopolmarkeder ofte befinner seg i en fangenes dilemma-situasjon når de skal bestemme seg for priser og produksjonsnivå. Kan bedriftene finne en vei ut av dette dilemmaet, gjennom koordinering og samarbeid (enten eksplisitt eller implisitt)?

For å besvare dette spørsmålet må vi erkjenne at fangenes dilemma-spillet som vi har sett på så langt har sine begrensninger: Selv om noen tiltalte kan ha bare én anledning i livet til å tilstå eller ikke, velger de fleste bedrifter produksjon og pris om

TABELL 12.7 Valg av priser

		Bedrift 2	
		Lav pris	**Høy pris**
Bedrift 1	**Lav pris**	10, 10	100, –50
	Høy pris	–50, 100	50, 50

gjentatte spill
Det samme spillet som spilles to eller flere ganger

og om igjen. I det virkelige liv spiller bedriftene **gjentatte spill**: Beslutninger tas og pay-off mottas i flere runder. Ved gjentatte spill kan strategiene bli mer komplekse. For eksempel etter gjentatte runder av et fangenes dilemma-spill, kan hver bedrift opparbeide et omdømme om egen atferd, og kan selv studere handlingsmønstre hos konkurrentene.

Hvordan endrer repetisjon det sannsynlige utfallet av et spill? Tenk deg at du er bedrift 1 i fangenes dilemma-spillet illustrert ved pay-off matrisen i tabell 12.7. Hvis du og din konkurrent begge velger høy pris, vil dere få en høyere profitt enn om dere begge satte en lav pris. Du er imidlertid redd for å ta en høy pris, for hvis konkurrenten setter en lav pris, vil du tape penger og konkurrenten blir rik. Anta så at dette spillet spilles gjentatte ganger, hvor for eksempel du og din konkurrent samtidig kunngjør priser den første dagen i hver måned. Ville du da spille spillet annerledes, kanskje endre pris over tid som respons på konkurrentens atferd?

I en interessant studie ba Robert Axelrod noen spillteoretikere komme opp med den beste strategien de kunne tenke seg hvis spillet skulle spilles gjentatte ganger. I en datasimulering, spilte så Axelrod de foreslåtte strategiene for å se hvilken som fungerte best.

Tit-for-tat strategi

tit-for-tat strategi
En strategi ved gjentatte spill der en spiller responderer på motspillerens tidligere trekk ved å spille samarbeidende hvis den andre gjør det, og ikke samarbeidende hvis den andre ikke vil samarbeide

Enhver strategi fungerer bedre mot noen strategier enn den gjør mot andre. Målet var imidlertid å finne den strategien som var mest robust, som ville fungere best i gjennomsnitt mot alle, eller nesten alle, andre strategier. Resultatet fra studien var overraskende. Den strategi som fungerte best var en svært enkel **tit-for-tat strategi**: Jeg starter ut med en høy pris, som jeg opprettholder så lenge du fortsetter å "samarbeide" og også holder en høy pris. Så snart du senker prisen, følger jeg etter og senker min. Hvis du senere bestemmer deg for å samarbeide og øke prisen igjen, vil jeg umiddelbart heve min pris også.

Hvorfor fungerer denne tit-for-tat strategien best? Og kan jeg forvente at bruk av tit-for-tat strategien vil føre til at min konkurrent samarbeider (og setter en høy pris)?

Uendelig antall gjentatte spill

Anta at spillet gjentas uendelig mange ganger. Med andre ord setter konkurrenten min og jeg priser i måned etter måned i all evighet. Kooperativ atferd (dvs. å sette en høy pris) er da den rasjonelle responsen på en tit-for-tat strategi. (Dette forutsetter at min konkurrent vet, eller kan finne ut, at jeg bruker en tit-for-tat strategi.) For å se hvorfor, anta at konkurrenten min en måned setter en lav pris. I den måneden vil han tjene gode penger. Men konkurrenten min vet at jeg vil sette en lav pris i den påfølgende måned, slik at hans fortjeneste vil falle, og vil forbli lav så lenge vi begge fortsetter å holde en lav pris. I og med at spillet gjentas i det uendelige, vil den akkumulerte reduksjon i profitt overstige eventuelle kortsiktige gevinster som han fikk i løpet av den første måneden med lav pris. Det er derfor ikke rasjonelt å prøve å underby hverandre.

Faktisk, ved uendelig antall gjentatte spill trenger ikke konkurrenten min engang å være sikker på at jeg spiller tit-for-tat for å innse at samarbeid er en rasjonell strategi. Selv om konkurrenten min mener at det bare er en viss sannsynlighet for at jeg spiller tit-for-tat, vil han likevel finne det rasjonelt å starte med å sette en høy pris og holde den der så lenge jeg gjør det. Hvorfor? Med uendelig antall repetisjoner av spillet vil den forventede gevinsten fra samarbeidet overstige gevinstene fra å underby. Dette vil være tilfelle selv om sannsynligheten for at jeg spiller tit-for-tat (og vil fortsette å samarbeide), oppfattes som liten.

Endelig antall spill

Vi antar nå at spillet gjentas et endelig antall ganger – si N måneder. Hvis konkurrenten min (bedrift 2) er rasjonell og tror at jeg også er det, vil han resonnere som følger: "I og med at bedrift 1 spiller tit-for-tat, kan ikke jeg underby unntatt i siste måned. Jeg bør sette en lav pris i siste måned, og tjene gode penger. Etter dette er jo spillet over, så da kan ikke bedrift 1 hevne seg. Derfor setter jeg en høy pris inntil den siste måneden, for så å sette en lav pris siste måned."

Men siden jeg (bedrift 1) også har funnet ut dette, har jeg også planer om å sette lav pris den siste måneden. Selvfølgelig kan bedrift 2 også finne ut av dette og vet derfor at jeg tar en lav pris den siste måneden. Men hva så hva med nest siste måneden? I og med at det ikke blir noe samarbeid den siste måneden uansett, vil bedrift 2 finne ut at den også skal sette en lav pris i nest siste måned. Men selvfølgelig har jeg også funnet ut av dette, så jeg planlegger også å ta en lav pris i nest siste måned. I og med at det samme resonnementet gjelder for hver måned før, er det eneste rasjonelle for oss begge å ta lav pris i alle måneder.

Tit-for-tat i praksis

Siden de fleste av oss ikke forventer å leve evig, kan det virke som resonnementet ovenfor gir lite håp for en tit-for-tat strategi, og at vi er dermed overlatt til en fangenes dilemma-situasjon. I praksis kan imidlertid tit-for-tat noen ganger fungere og samarbeid kan oppstå. Det er hovedsakelig to grunner til dette.

For det første vet ikke de fleste ledere hvor lenge de kommer til å konkurrere med de andre bedriftene, og dette trekker i retning av at samarbeid er en god strategi. Hvis sluttpunktet for gjentatte spill er ukjent, vil argument som begynner med en klar forventning om lav pris i den siste måneden ikke lenger gjelde. Som ved uendelig antall gjentatte spill vil det være rasjonelt å spille tit-for-tat.

For det andre kan det tenkes at min konkurrent har sine tvil om hvor rasjonell jeg er. Anta at konkurrenten min tror (og han behøver ikke være sikker på) at jeg spiller tit-for-tat. Han tror kanskje også at jeg spiller tit-for-tat "i blinde", eller med begrenset rasjonalitet, i den forstand at jeg ikke har klart å finne ut den logiske implikasjonen av en endelig tidshorisont som omtalt ovenfor. "*Kanskje*," tenker konkurrenten min, "vil bedrift 1 spille tit-for-tat blindt, og sette en høy pris så lenge jeg setter en høy pris." Da (hvis tidshorisonten er lang nok) er det rasjonelt for konkurrenten min å holde en høy pris inntil den siste måneden (hvor han vil underby meg).

Merk at vi satt satte ordet "kanskje" i kursiv. Konkurrenten min trenger ikke være sikker på at jeg spiller tit-for-tat "i blinde", eller at jeg spiller tit-for-tat i det hele tatt. Bare muligheten for at jeg gjør det, kan innebære at samarbeid er en god strategi (inntil det nærmer seg slutten) hvis tidshorisonten er lang nok. Selv om min konkurrents gjetning om hvordan jeg spiller spillet kan være feil, er samarbeid lønnsomt uttrykt i forventet pay-off. Med en lang tidshorisont kan summen av nåværende og fremtidig profitt, vektet med sannsynligheten for at gjetningen er riktig, overstige den summerte profitt ved priskonkurranse, selv om konkurrenten min er den første til å sette lav pris. Tross alt, hvis jeg tar feil og konkurrenten setter en lav pris, kan jeg endre min strategi bare på bekostning av resultatet i én periode – en liten kostnad i lys av den betydelige profitten jeg kan oppnå hvis vi begge velger å sette en høy pris.

Derfor, ved gjentatte spill, kan fangenes dilemma-spillet ha et kooperativt utfall. I de fleste markeder vil spillet faktisk gjentas over en lang og usikker periode, og lederne er usikre på hvor "perfekt rasjonelle" de og deres konkurrenter er. Følgelig vil det i noen bransjer, spesielt i de hvor det bare er noen få bedrifter som konkurrerer over en lang periode under stabile etterspørsels- og kostnadsforhold, kunne oppstå samarbeid selv om det ikke inngås noen formelle avtaler. I mange andre bransjer er det derimot liten eller ingen samarbeidsvillig atferd.

Noen ganger bryter samarbeidet sammen eller kommer aldri i gang fordi det er for mange bedrifter. Oftere er manglende samarbeid et resultat av hyppige endringer i etterspørsels- eller kostnadsforhold. Usikkerhet om etterspørsel eller kostnader gjør det vanskelig for bedriftene å nå en implisitt forståelse av hva samarbeidet skal innebære. (Husk at en eksplisitt forståelse, fremkommet gjennom møter og diskusjoner, kan føre til brudd på konkurranseloven.) Anta for eksempel at forskjeller i kostnader eller ulike oppfatninger om etterspørselen fører til at en bedrift konkluderer med at samarbeid innebærer en pris på 50 kr, mens en annen bedrift mener det betyr 40 kroner. Hvis den andre bedriftens setter prisen til 40 kr, kan den første bedriften oppfatte dette som et forsøk på å kapre markedsandeler og respondere på en tit-for-tat måte og sette prisen til 35 kroner. Det vil altså kunne utvikle seg en priskrig.

12.5 SEKVENSIELLE SPILL

sekvensielt spill
Spill der spillerne trekker i en gitt trekkrekkefølge

I de fleste av spillene vi har diskutert så langt har spillerne tatt sine beslutninger samtidig. I Cournot-modellen for eksempel, velger begge bedrifter produksjonsnivå samtidig. I **sekvensielle spill** er det en trekkrekkefølge (som i et sjakkspill), beslutningene fattes ikke samtidig. Stackelberg-modellen omtalt i kapittel 11 er et eksempel på et sekvensiellt spill; en bedrift bestemmer produksjonsnivå før den andre. Det er mange andre eksempler: lokalisering av en bedrift, investeringer for å avskrekke inntrengere, produktutvikling og eventuell kopiering osv.

I resten av dette kapitlet skal vi se nærmere på en rekke sekvensielle spill. Som vi skal se, er de ofte lettere å analysere enn spill hvor spillerne trekker samtidig.

La oss gå tilbake til eksemplet i avsnitt 12.3 som dreiet seg om valg av produktvariant. Her er det to bedrifter som står overfor et marked hvor introduksjon av to nye frokostblanding kan bli vellykket, så lenge hver bedrift introduserer kun én variant. La oss nå endre pay-off matrisen litt. Som tabell 12.8 viser, vil den nye søte frokostblandingen selge bedre enn den nye crispy varianten, og generere en profitt på 20 istedenfor 10. Anta at begge bedriftene, i uvitenhet om hverandres intensjoner, må kunngjøre sine beslutninger uavhengig av hverandre og samtidig. I så fall vil begge sannsynligvis introdusere den søte varianten – og begge vil tape penger.

Anta så at bedrift 1 kan speede opp produksjonen og introdusere sin nye frokostblanding først. Vi har nå et sekvensielt spill: Bedrift 1 introduserer en ny variant, og deretter kommer bedrift 2 med sin variant. Hva blir utfallet av dette spillet? Når bedrift 1 skal ta sin beslutning, må den vurdere hva som er rasjonelt å gjøre for konkurrenten. Den vet at uansett hvilken blanding den introduserer, vil bedrift 2 introdusere den andre typen. Dermed vil bedrift 1 innføre den søte frokostblandingen, vel vitende om at bedrift 2 vil introdusere den crispy varianten.

TABELL 12.8 Modifisert produktvalg

		Bedrift 2	
		Crispy	**Søt**
Bedrift 1	**Crispy**	–5, –5	10, 20
	Søt	20, 10	–5, –5

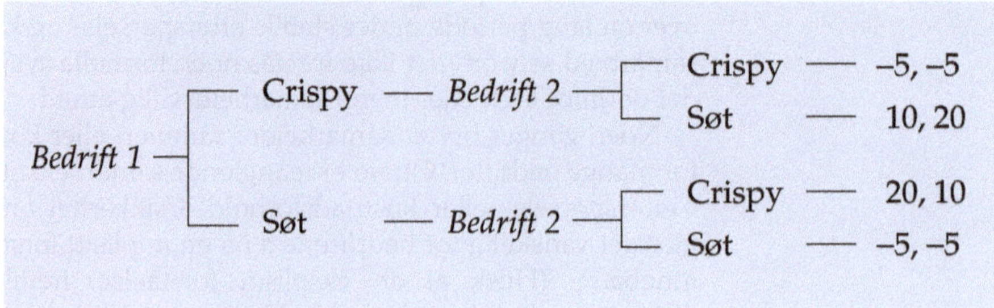

FIGUR 12.2 **Produktvalgspill på ekstensiv form**

Spill på ekstensiv form

spill på ekstensiv form En presentasjon av mulige trekk i et spill i form av et beslutningstre

Selv om dette resultatet kan utledes fra pay-off matrisen i tabell 12.9, er sekvensielle spill noen ganger lettere å visualisere dersom vi representerer mulige trekk i form av et beslutningstre. Denne måten å presentere et spill på betegnes som **ekstensiv form** og er vist i figur 12.2. Figuren viser mulige valg for bedrift 1 (introdusere en crispy eller en søt frokostblanding) og bedrift 2 sine mulige reaksjoner på hvert av disse valgene. Den resulterende pay-off er gitt ved slutten av hver forgrening. Eksempelvis, hvis bedrift 1 produserer den crispy frokostblandingen og bedrift 2 svarer ved også å produsere en crispy variant, vil hver bedrift få en pay-off på –5.

For å finne løsningen til et spill på ekstensiv form jobber vi oss fra slutten og bakover (baklengs induksjon). For bedrift 1 er den beste kombinasjonen av handlinger den hvor bedrift 1 tjener 20 og bedrift 2 tjener 10. Dermed kan den utlede at den skal produsere den søte varianten fordi bedrift 2s beste respons da vil være å produsere den crispy frokostblandingen.

Førstetrekksfordel

I avsnitt 11.2 forklarer vi at Stackelberg-modellen er en oligopolmodell der en bedrift velger sin produksjon før andre bedrifter gjør det.

I dette produktvalgspillet er det en klar fordel å trekke først: Ved å innføre den søte frokostblandingen etterlates bedrift 2 lite annet valg enn å innføre den crispy. Dette minner om førstetrekksfordelen som vi så i Stackelberg-modellen i kapittel 11. I den modellen kan bedriften som har det første trekket velge et høyt produksjonsnivå og dermed har konkurrenten lavt nivå som sitt beste valg.

For å få nærmere innsikt i førstetrekksfordelen kan det være nyttig å gjennomgå Stackelberg-modellen og sammenligne den med Cournot-modellen der begge bedrifter velger produksjonsnivå samtidig. Som i kapittel 11, vil vi bruke eksemplet der to duopolister står overfor en etterspørselskurve:

$$P = 30 - Q$$

I avsnitt 11.2 forklarer vi at i Cournot-modellen tar hver bedrift konkurrentenes produksjon for gitt, og tar sine beslutninger samtidig.

der Q er total produksjon, dvs. $Q = Q_1 + Q_2$. Som tidligere vil vi også anta at begge bedrifter har grensekostnader lik 0. I Cournot-likevekten er da $Q_1 = Q_2 = 10$, slik at $P = 10$ og hver bedrift har en profitt på 100. Hvis de to bedriftene samarbeidet ville de velge $Q_1 = Q_2 = 7{,}5$, slik at $P = 15$ og hver bedrifts profitt ville være 112,50. Fra avsnitt 11.3 har vi at i Stackelberg-modellen, hvor bedrift 1 trekker først, er utfallet $Q_1 = 15$ og $Q_2 = 7{,}5$, slik at $P = 7{,}50$ og bedriftenes profitt er henholdsvis 112,50 og 56,25.

Disse og et par andre mulige utfall er oppsummert i pay-off-matrisen i tabell 12.9. Hvis begge bedriftene trekker samtidig, er Nash-likevekten i spillet at begge produserer 10 og tjener 100. I denne Cournot-likevekten gjør hver bedrift det beste den kan, gitt hva konkurrenten gjør. Hvis bedrift 1 trekker først vet den imidlertid at den

TABELL 12.9 Valg av produksjonsnivå

		Bedrift 2		
		7.5	**10**	**15**
	7,5	112.50, 112.50	93.75, 125	56.25, 112.50
Bedrift 1	**10**	125, 93.75	100, 100	50, 75
	15	112.50, 56.25	75, 50	0, 0

endrer bedrift 2 sin valgsituasjon. Vi ser fra pay-off matrisen at dersom bedrift 1 velger $Q_1 = 7{,}5$, vil bedrift 2 sin beste respons være å sette $Q_2 = 10$. Dette vil gi bedrift 1 et overskudd på 93,75 og bedrift 2 et overskudd på 125. Hvis bedrift 1 setter $Q_1 = 10$, vil bedrift 2 sette $Q_2 = 10$, og begge bedrifter vil tjene 100. Men hvis bedrift 1 setter $Q_1 = 15$, vil bedrift 2 sette $Q_2 = 7{,}5$, slik at bedrift 1 tjener 112,50, og bedrift 2 tjener 56,25. Derfor er det meste bedrift 1 kan tjene være 112,50, og den gjør det ved å sette $Q_1 = 15$. Sammenlignet med Cournot-utfallet vil bedrift 1 gjøre det bedre og bedrift 2 gjøre det mye dårligere når bedrift 1 trekker først.

12.6 TRUSLER, FORPLIKTELSER OG TROVERDIGHET

Produksjonsvalgproblemet og Stackelberg-modellen er to eksempler på hvordan en bedrift som trekker først har et fortrinn fremfor konkurrenten. I dette avsnittet skal vi se nærmere på den fordelen en bedrift kan ha ved å trekke først. Vi vil også diskutere hva som er bestemmende for hvilken bedrift som tar det første trekket. Vi vil fokusere på følgende spørsmål: *Hvilke tiltak kan en bedrift ta for å oppnå konkurransefortrinn?* Hvordan kan for eksempel en bedrift avskrekke potensielle konkurrenter fra å etablere seg, eller å få eksisterende konkurrenter til å øke prisene, redusere produksjonen eller trekke seg ut av markedet?

I Stackelberg-modellen fikk bedriften som hadde det første trekket en fordel ved å forplikte seg til høy produksjon. Det å forpliktel seg – og dermed legge begrensninger på fremtidig atferd – er helt sentralt. For å se hvorfor, anta at den som trekker først (bedrift 1) senere kan ombestemme seg som respons på hva bedrift 2 gjør. Hva ville skje? Åpenbart ville bedrift 2 produsere mye. Hvorfor? Fordi den vet at bedrift 1 vil svare med å redusere produksjonen i forhold til det først annonserte. Den eneste måten bedrift 1 kan få en førstetrekksfordel på er å forplikte seg – binde seg til masten. Følgelig vil bedrift 1 legge bindinger på bedrift 2 sin atferd ved å legge bindinger på seg selv.

Tanken på å legge bånd på egen atferd for å få en fordel kan virke paradoksal, men vi vil snart se at det ikke er det. La oss se på noen eksempler.

La oss først gå tilbake til produktvalgproblemet vist i tabell 12.9 en gang til. Bedriften som introduserer sin nye frokostblanding først, vil gjøre det best. Men hvilken bedrift vil lansere sin variant først? Selv om begge bedrifter har samme produksjonstid, har hver av dem et insentiv til først å forplikte seg til søt frokostblanding. Stikkordet er å forplikte. Hvis bedrift 1 annonserer at den vil produsere den søte frokostblandingen, vil bedrift 2 ha liten grunn til å ta dette på alvor. Tross alt, bedrift 2, vel vitende om insentiver, kan gjøre den samme kunngjøringen enda mer høylydt. Bedrift 1 må på en eller annen måte legge bånd på egen atferd slik at den overbeviser bedrift 2 om at den ikke har noe annet valg enn å produsere den søte frokostblandingen. Bedrift 1 kan sette i gang en kostbar markedsføringskampanje som beskriver den nye søte frokostblandingen lenge før introduksjonen, og dermed opparbeide et rykte. Bedriften kan også signere en kontrakt for fremtidig levering av store mengder sukker (og offentliggjøre kontrakten, eller i det minste sende en kopi til bedrift 2). Tanken for bedrift 1 er å forplikte seg til å produsere den søte frokostblandingen. Å forplikte seg er et strategisk trekk som fører til at bedrift 2 gjør det bedrift 1 ønsker den skal gjøre, å produsere den crispy frokostblandingen.

Hvorfor kan ikke bedrift 1 bare true bedrift 2 – sverge på å produsere den søte frokostblandingen selv om bedrift 2 gjør det samme? Fordi bedrift 2 har liten grunn til å tro på trusselen – og kan gi den samme trusselen selv. En trussel er bare effektiv hvis den er troverdig. Følgende eksempel bør bidra til å klargjøre dette.

Forpliktelser og troverdighet

Noen ganger kan bedrifter gjøre truslene troverdige. La oss se på et eksempel. Racerbil AS produserer biler, og Motor AS produser bilmotorer. Motor AS selger det meste av sine motorer til Racerbil AS og baserer sine produksjonsbeslutninger på produksjonsplanene til Racerbil AS.

Vi har da et sekvensielt spill hvor Racerbil AS er "lederen". Den bestemmer seg for hva slags biler den skal produsere, og Motor AS beslutter så hva slags motorer de skal produsere. Pay-off-matrisen i tabell 12.10(a) viser de mulige utfallene av dette spillet. (Overskudd er i millioner kr.) Racerbil AS vil gjøre det best ved å produsere små biler, og vet at Motor AS da vil respondere ved å produsere små motorer. Følgelig vil Motor AS og Racerbil AS få et overskudd på henholdsvis 3 og 6 millioner.

Motor AS foretrekker imidlertid utfallet i nedre høyre hjørne av pay-off-matrisen. Hvis Racerbil AS produserte store biler, kunne de produsert store motorer og fått en høyere profitt, 8 millioner. Racerbil AS ville imidlertid bare ende opp med 3 millioner i dette tilfellet. Kan Motor AS få Racerbil AS til å produsere store biler i stedet for små?

Anta nå at Motor AS truer med å produsere store motorer uansett hva Racerbil AS gjør. Anta også at ingen andre motorprodusenter kan dekke behovet til Racerbil AS. Hvis Racerbil AS tar trusselen på alvor vil de produsere store biler, ellers ville de få problemer med å få tak i motorer til de små bilene. Trusselen er imidlertid ikke troverdig: Idet Racerbil AS responderer ved å annonsere at de vil produsere små biler, vil ikke Motor AS ha noe insentiv til å realisere trusselen.

Motor AS kan imidlertid gjøre trusselen troverdig ved å foreta irreversible, og synlige, tiltak som begrenser sine egne valg. Konkret må Motor AS redusere profitten fra produksjon av små motorer. Det kan de gjøre ved å stenge eller ødelegge noe av produksjonskapasiteten for små motorer. Dette gir en ny pay-off-matrise som vist i tabell 12.10(b). Racerbil AS vet nå at uansett hva slags bil de produserer, vil Motor AS

TABELL 12.10(a) Produktvalg

		Racerbil AS	
		Små biler	**Store biler**
Motor AS	**Små motorer**	3, 6	3, 0
	Store motorer	1, 1	8, 3

TABELL 12.10(b) Modifisert produktvalg

		Racerbil AS	
		Små biler	**Store biler**
Motor AS	**Små motorer**	0, 6	0, 0
	Store motorer	1, 1	8, 3

produsere store motorer. Hvis Racerbil AS produserer små biler, vil Motor AS selge de store motorene til andre bilprodusenter og få en profitt på 1 million. Dette er bedre enn en profitt lik 0 ved produksjon av små motorer. I og med at Racerbil AS må lete etter motorer andre steder, vil deres profitt også bli lavere (1 million). Det er nå klart i Racerbil sin interesse å produsere store biler.

Selv om denne typen strategiske forpliktelser kan være effektive, er de risikable og avhenger av at man har god kunnskap om bransjen og pay-off-matrisen. Anta for eksempel Motor AS forplikter seg til å produsere store motorer, men blir overrasket når de finner ut at en annen bedrift kan produsere små motorer til lave kostnader. Forpliktelsen kan da føre til konkurs snarere enn fortsatt god fortjeneste.

Betydningen av omdømme

Oppbyggingen av et omdømme kan også gi en strategisk fordel. Anta at ledelsen i Motor AS får et rykte på seg for å være irrasjonelle – eller rett og slett helt gale. De truer med å produsere store motorer uansett hva Racerbil AS gjør (se tabell 12.10a). Nå kan det tenkes at trusselen er troverdig uten ytterligere tiltak fra Motor AS, tross alt kan du ikke være sikker på at irrasjonelle ledere alltid tar profittmaksimerende beslutninger. I spillsituasjoner kan den som er kjent for å være litt gal ha en betydelig fordel.

Å opparbeide et rykte kan være en spesielt viktig strategi ved gjentatte spill. En bedrift kan finne det fordelaktig å oppføre seg "irrasjonelt" i flere runder av spillet. Dette kan gi den et rykte som vil øke den langsiktige profitten betydelig.

Forhandlingsstrategier

Vår diskusjon av forpliktelser og troverdighet gjelder også for forhandlingssituasjoner. Utfallet av en forhandling kan avhenge av forhandlingspartenes mulighet til å foreta en handling som endrer den relative forhandlingsposisjon.

Anta at to bedrifter planlegger å introdusere ett av to komplementære produkter. Som pay-off-matrisen i tabell 12.11 viser, har bedrift 1 et kostnadsfortrinn i forhold til bedrift 2 i produksjon av gode *A*. Følgelig, dersom begge bedriftene produserer *A*, kan bedrift 1 holde en lavere pris og oppnå høyest profitt. Tilsvarende har bedrift 2 et kostnadsfortinn i produksjon av gode B. Hvis bedriftene hadde blitt enige om hvem som skulle produsere hva, ville utfallet bli som i øverste høyre hjørne: Bedrift 1 produserer *A* og bedrift 2 produserer *B*, og begge får en profitt på 50. Selv uten samarbeid vil faktisk dette bli utfallet uansett om en av bedriftene velger først eller om begge bestemmer seg samtidig. Hvorfor? Fordi bedrift 2 har en dominant strategi i å produsere *B*, så (*A*, *B*) er den eneste Nash-likevekten.

Bedrift 1 vil selvfølgelig foretrekke utfallet i nedre venstre hjørne av pay-off matrisen. Men i denne settingen med et begrenset sett av mulige handlinger kan den ikke oppnå dette utfallet. Anta imidlertid at bedriftene også forhandler om en annen sak, om å delta i et forskningssamarbeid – som en tredje bedrift forsøker å etablere. tabell 12.12 viser pay-off-matrisen for dette beslutningsproblemet. Den dominante strategien for begge bedrifter er åpenbart å delta i samarbeidet, og dermed øke fortjenesten til 40.

Anta så at bedrift 1 kobler de to forhandlingsspørsmålene sammen ved å annonsere at de bare vil bli med i forskningssamarbeidet hvis bedrift 2 går med på å

TABELL 12.11 Produksjonsbeslutning

		Bedrift 2	
		Produser A	**Produser B**
Bedrift 1	**Produser A**	40, 5	50, 50
	Produser B	60, 40	5, 45

TABELL 12.12 Beslutningen om samarbeid

		Bedrift 2	
		Ikke delta	**Enter consortium**
Bedrift 1	**Ikke delta**	10, 10	10, 20
	Delta	20, 10	40, 40

produsere *A*. I dette tilfellet er det klart i bedrift 2 sin interesse å produsere *A* (og bedrift 1 produserer *B*), mot at bedrift 1 deltar i samarbeidet. Dette eksemplet illustrerer hvordan det å kombinere ulike saker i en forhandlingssituasjon kan føre til at den ene parten kommer bedre ut av det, på den andres bekostning.

Et annet eksempel er forhandlinger om prisen på et hus. Anta at jeg, som potensiell kjøper, vil prøve å slippe unna med å betale 4 millioner for et hus som faktisk er verdt 5 millioner for meg. Selgeren er villig til selge huset for 3 millioner, men vil selvfølgelig ha så mye som mulig for det. Hvis jeg er den eneste budgiver på huset, hvordan kan jeg få selgeren til å tro at jeg ikke kjøper hvis jeg må betale mer enn 4 millioner?

Jeg kan si at jeg aldri i verden vil betale mer enn 4 millioner for huset. Men er dette utsagnet troverdig? Det kan være det hvis selgeren vet at jeg har et rykte på meg for å være tøff i forhandlinger og at jeg aldri går tilbake på noe jeg har sagt. Men hva hvis jeg ikke har et slikt rykte? Da vet selger at jeg har sterke insentiver for å si det, men kanskje svake insentiver for å holde hva jeg sier. Følgelig vil dette utsagnet i seg selv neppe bedre min forhandlingsposisjon.

Utsagnet kan imidlertid fungere hvis det kombineres med en handling eller et utsagn som styrker troverdigheten av det. En slik handling/utsagn må redusere min fleksibilitet – begrense mitt handlingsrom – slik at jeg ikke har noe annet valg enn å holde hva jeg sier. Et alternativ vil kunne være å si følgende: "Jeg kjøper huset på vegne av min arbeidsgiver, og jeg må ha fullmakt fra styret, som ikke har møte før om 5 måneder, for å betale mer enn 4 millioner for huset." Dette utsagnet kan bli oppfattet som troverdig i og med at jeg reduserer min fleksibilitet.

12.7 AVSKREKKINGSSTRATEGIER

I noen tilfeller er det naturlige etableringshindringer i en bransje, som for eksempel stordriftsfordeler, patenter eller tilgang til viktige innsatsfaktorer. Bedrifter kan imidlertid også skape etableringshindringer for potensielle konkurrenter ved ulike avskrekkingsstrategier.

For å hindre nyetableringer må bedriftene som allerede er i bransjen overbevise potensielle inntrengere om at det vil være ulønnsomt å etablere seg. Tenk deg at du har et monopol og at du står overfor en mulig inntrenger, bedrift *X*. Anta at inntrengeren må investere 80 millioner i et produksjonsanlegg (som vi antar er ugjendrivelige kostnader) for å etablere seg i dette markedet. Du vil selvfølgelig prøve å få bedrift *X* til å holde seg unna. Hvis *X* ikke etablerer seg kan du fortsette som monopolist, ta en høy pris og tjene gode penger. Som vist i øvre høyre hjørne av pay-off matrisen i tabell 12.13(a) vil du ha et overskudd på 200 millioner kroner.

I avsnitt 6.1 forklarer vi at ugjendrivelige kostnader (sunk costs) er kostnader som har påløpt og som ikke kan gjenvinnes.

Hvis bedrift *X* etablerer seg, må du ta et valg. Du kan være "imøtekommende", opprettholde en høy pris i håp om at *X* vil gjøre det samme. I dette tilfellet vil du bare tjene 100 millioner kr i og med at du må dele markedet med bedrift *X*. Bedrift *X* vil

TABELL 12.13(a) Etableringsmuligheter

		Potensiell konkurrent	
		Etabler	**Ikke etabler**
Eksisterende bedrift	**Høy pris**	100, 20	200, 0
	Lav pris	70, –10	130, 0

ha en profitt på 20 millioner (100 mill. – 80 mill.). Dette resultatet er vist i øvre venstre hjørne av pay-off matrisen. Alternativt kan du øke produksjonskapasiteten, produsere mer og sette en lavere pris. Den lavere prisen vil gi deg en stor markedsandel og øker salgsinntektene med 20 millioner. Det koster deg imidlertid 50 millioner å øke produksjonskapasiteten, slik at netto overskudd synker til 70 millioner. I og med at en priskrig også reduserer inntrengerens salgsinntekter med 30 millioner, vil denne ha et netto tap på 10 millioner. (Dette resultatet vises i nedre venstre hjørne av pay-off matrisen.) Avslutningsvis, hvis bedrift *X* ikke etablerer seg og du allikevel utvider kapasiteten og setter prisen ned, vil din profitt synke med 70 millioner (fra 200 millioner til 130 millioner): 50 millioner i kostnader for å utvide kapasiteten og 20 millioner lavere inntekter fra lavere pris. Dette valget, vist i nedre høyre hjørne av matrisen, ville derfor ikke gi mening.

Hvis bedrift *X* tror du vil være samarbeidsvillig og opprettholde en høy pris etter at den har etablert seg, vil den anse det som lønnsomt å etablere seg, og vil gjøre det. Anta at du truer med å øke produksjonen og vil sette i gang en priskrig for å holde bedrift *X* ute. Hvis *X* tar trusselen på alvor, vil den ikke etablere seg fordi den kan forvente å tape 10 millioner. Trusselen er imidlertid ikke troverdig. Som tabell 12.13(a) viser (og som den potensielle konkurrenten kjenner), i det *X* har etablert seg vil det være best for deg å være imøtekommende og holde en høy pris. Det rasjonelle valget for bedrift *X* vil være å etablere seg og utfallet vil bli i øvre venstre hjørne av matrisen.

Men hva hvis du kan gi en ugjenkallelig forpliktelse som endrer dine insentiver i det nyetablering inntreffer – en forpliktelse som vil gi deg lite annet valg enn å sette en lav pris hvis bedrift *X* etablerer seg? Anta at du investerer 50 millioner nå, i stedet for senere, i ekstra produksjonskapasitet for å øke produksjonen og starte en priskrig hvis *X* etablerer seg. Hvis du senere holder en høy pris (uansett om *X* etablerer seg eller ikke), vil selvfølgelig denne ekstrakostnaden redusere din pay-off.

Vi har nå en ny pay-off matrise, som vist i tabell 12.13(b). Som et resultat av din beslutning om å investere i ekstra kapasitet er trusselen om priskrig troverdig. I og med at du allerede har ekstra kapasitet, vil du gjøre det bedre i en priskrig enn om du forsatte å holde en høy pris. I og med at den potensielle konkurrenten nå vet at etablering vil innebære priskrig, er det rasjonelt for den å ikke etablere seg. Du har skremt bort den potensielle inntrengeren, fortsetter å ta en høy pris og tjener 150 millioner.

Kan en monopolist hindre etablering ute å pådra seg kostnaden det er å utvide produksjonskapasitet? Tidligere så vi at et rykte om irrasjonalitet kunne gi en

TABELL 12.13(b) Å avskrekke nyetablering

		Potensiell konkurrent	
		Etabler	**Ikke etabler**
Eksisteren de bedrift	**Høy pris**	50, 20	150, 0
	Lav pris	70, –10	130, 0

strategisk fordel. Anta at monopolisten har et slikt rykte på seg. Anta også at bedriften ved hjelp av priskutt tidligere har drevet andre bedriften ut av bransjen, selv om bedriften pådro seg tap ved å kutte prisene. Bedriftens trusler kan da være troverdige. Monopolistens irrasjonalitet signaliserer til potensielle konkurrenter at det kan være like greit å holde seg borte fra dette markedet.

Selvfølgelig, hvis spillet beskrevet ovenfor ble gjentatt i det uendelige, vil det kunne være rasjonelt for monopolisten å drive priskrig. Hvorfor? Fordi kortsiktige tap fra krigføring kan oppveies av langsiktige gevinster fra å hindre nyetablering. Potensielle konkurrenter vet dette og kan oppfatte monopolistens trusler som troverdige. I dette tilfellet støtter monopolisten seg til et rykte om dens rasjonalitet – og langsiktighet – for å få den troverdigheten som skal til for å hindre nyetablering. Hvor vellykket denne strategien er, vil blant annet avhenge av tidshorisont og kostnader og gevinster knyttet til priskrig.

Hvor attraktivt det vil være å etablere seg er altså i stor grad avhengig av hvordan bedriftene som er i markedet i utgangspunktet kan forventes å reagere. Generelt, når etablering først har skjedd, kan ikke bedriftene som var der i utgangspunktet forvente å kunne opprettholde den produksjonen de hadde før nyetablering. Før eller siden vil de redusere produksjonen og øke prisene. I og med at potensielle konkurrenter vet dette, prøver bedriftene å skape troverdige trusler om langvarig priskrig for å avskrekke nyetablering. Et omdømme som irrasjonell kan hjelpe. En potensiell inntrenger må ta i betraktning at en rasjonell bransjedisiplin kan bryte sammen etter nyetablering. Ved å bidra til et image som irrasjonell og krigersk kan potensielle konkurrenter bli overbevist om at risikoen for priskrig er for høy.

OPPSUMMERING

1. Et spill er kooperativt hvis deltakerne kan kommunisere og inngå bindende kontrakter; hvis ikke er det ikke-kooperativt. Uansett type spill er det å forstå motspillerens posisjon det viktigste aspektet i utformingen av en strategi, og (hvis motspilleren er rasjonell) derigjennom avlede responsen på dine handlinger. Å feilvurdere motspillerens posisjon er en vanlig feil.

2. En Nash-likevekt er et sett av strategier der alle spillere gjør sitt beste, gitt de andre spillernes strategier. En likevekt i dominante strategier er et spesialtilfelle av Nash-likevekten; en dominant strategi er optimal uansett hva de andre spillerne gjør. En Nash-likevekt hviler på hver enkelt spillers rasjonalitet.

3. Noen spill har ingen Nash-likevekt i rene strategier, men har en eller flere likevekter i blandede strategier. En blandet strategi er en strategi der spilleren tar stokastiske valg blant to eller flere mulige handlinger, basert på et sett av valgte sannsynligheter.

4. Strategier som ikke er optimale i et engangsspill, kan være optimale for gjentatte spill. Avhengig av antall repetisjoner, kan en "tit-for-tat" strategi, hvor man spiller kooperativt så lenge ens konkurrenter gjør det samme, være optimal i gjentatte fangenes dilemma-spill.

5. I et sekvensielt spill trekker spillerne etter tur. I noen tilfeller har spilleren som har det første trekket en fordel. Spillerne kan da ha et insentiv for å prøve å forplikte seg til visse handlinger før konkurrentene kan gjøre det samme.

6. En tom trussel er en trussel som man ikke har noe insentiv til å realisere. Hvis ens konkurrenter er rasjonelle, har tomme trusler ingen verdi. For å gjøre en trussel troverdig er det av og til nødvendig å foreta strategiske grep som legger restriksjoner på egen atferd, som så gir et insentiv til å gjennomføre trusselen.

7. Forhandlingssituasjoner er eksempler på kooperative spill. Akkurat som i ikke-kooperative spill, kan spillere noen ganger oppnå en strategisk fordel ved å begrense sin egen fleksibilitet også i forhandlinger.

8. For å hindre nyetablering må bedriften overbevise potensielle konkurrenter at etablering ikke vil være lønnsomt. Dette kan gjøres ved å investere i økt produksjonskapasitet, og på denne måten gi troverdighet til trusselen om at etablering vil bli møtt med priskrig.

SPØRSMÅL

1. Hva er forskjellen mellom et kooperativt spill og et ikke-kooperativt spill? Gi et eksempel på hver.
2. Hva er en dominant strategi? Hvorfor er likevekten stabil når strategiene er dominante?
3. Forklar hva som menes med en Nash-likevekt. Hvordan skiller denne seg fra en likevekt i dominante strategier?
4. Hva er en "tit-for-tat"-strategi? Hvorfor er det en rasjonell strategi i et fangenes dilemma-spill som gjentas uendelig mange ganger?
5. Betrakt et spill der fangenes dilemma er gjentatt 10 ganger, og begge spillerne er rasjonelle og fullt informerte. Er en tit-for-tat-strategi optimal i dette tilfellet? Under hvilke omstendigheter ville en slik strategi være optimal?
6. Tenk deg at du og din konkurrent spiller prisingsspillet vist i tabell 12.8 (side 287). Dere må begge annonsere prisene samtidig. Kan du forbedre ditt utfall ved å love konkurrenten at du setter en høy pris?
7. Hva menes med en førstetrekksfordel? Gi et eksempel på en spillsituasjon med førstetrekksfordel.
8. Hva menes med et "strategisk trekk"? Hvordan kan oppbyggingen av et rykte være et strategisk trekk?
9. Kan trusselen om en priskrig avskrekke nyetablering? Hva kan bedriften gjøre for at trusselen om priskrig skal bli troverdig?
10. Et strategisk trekk begrenser ens fleksibilitet men gir en også en fordel. Hvorfor? Hvordan kan et strategisk trekk gi en fordel i en forhandlingssituasjon?

ØVELSER

1. I mange oligopolmarkeder konkurrerer de samme bedrifter over en lang periode, setter priser og observerer hverandres handlinger om og om igjen. Gitt at spillet gjentas mange ganger, hvorfor er generelt ikke utfallet et kooperativt utfall?
2. Ofte vil det være overkapasitet i en bransje: Bedrifter investerer samtidig i utvidet kapasitet, slik at totalkapasiteten overstiger etterspørselen. Dette skjer ikke bare i bransjer der etterspørselen er svært varierende og uforutsigbar, men også i bransjer der etterspørselen er relativt stabil. Hvilke faktorer leder til overkapasitet? Forklar hvert tilfelle kort.
3. To databedrifter, *A* og *B*, planlegger å lansere nye nettverkssystemer. Hver bedrift kan enten utvikle et raskt system (*R*), eller et system som går noe tregere (*T*). Basert på markedsundersøkelser har vi følgende pay-off matrise:

		Bedrift B	
		Høy (*R*)	Lav (*T*)
Bedrift A	Høy (*R*)	50, 40	60, 45
	Lav (*T*)	55, 55	15, 20

   a. Anta at begge bedrifter prøver å maksimere profitten, men bedrift *A* ligger et hestehode foran i planlegging og kan forplikte seg først. Hva blir utfallet nå? Hva blir resultatet hvis bedrift *B* har et forsprang i planlegging?
   b. Å skaffe seg et forsprang koster penger. (Du må få på plass et stort ingeniørteam.) Se nå på et to-trinns spill der bedriftene først bestemmer hvor mye penger de skal bruke på planleggingsfasen, og deretter annonserer hvilket produkt (*R* eller *T*) som de velger å produsere. Hvilken bedrift vil benytte mest på å få fart i planleggingen? Hvor mye vil den bruke? Bør den andre bedriften bruke noe i det hele tatt på å fremskynde planleggingen? Forklar.
4. To bedrifter er i sjokolademarkedet. Hver av dem kan velge å gå for høy (H) eller lav (L) kvalitet. Den tilhørende profitt er gitt ved følgende pay-off matrise.

		Bedrift 2	
		Lav	Høy
Bedrift 1	Lav	–20, –30	900, 600
	Høy	100, 800	50, 50

   a. Hvilke utfall, om noen, er Nash-likevekter?
   b. Hva er det kooperative utfallet?
   c. Hvilken bedrift har mest å tjene på et samarbeid? Hvor mye må denne bedriften tilby den andre for at den andre skal være villig til å samarbeide?
5. To store TV-selskaper konkurrerer om seertall i perioden 20:00 til 21:00 og 21:00 til 22:00 på onsdager. Hver har to programmer de kan sende i disse periodene. Hver av dem kan velge å sende det beste programmet (det de antar trekker flest seere) enten i den første eller andre perioden. Utfallet av de ulike kombinasjonene er gitt ved følgende pay-off matrise:

		Selskap 2	
		Første	Andre
Selskap 1	Første	20, 30	18, 18
	Andre	15, 15	30, 10

a. Finn Nash-likevekten i dette spillet forutsatt at begge selskapene tar sine beslutninger samtidig.

b. Hva blir likevekten hvis TV-selskap 1 gjør sitt valg først? Hva hvis 2 velger først?

c. Anta at lederne i de to selskapene møtes for å koordinere sendingene og selskap 1 lover å sende sitt beste program først. Er dette løftet troverdig? Hva vil sannsynligvis utfallet bli?

6. To konkurrenter planlegger hver for seg å introdusere et nytt produkt. Hver av dem må bestemme seg for om de skal produsere produkt *A*, *B* eller *C*. De tar sine beslutninger samtidig. Utfallene er gitt nedenfor.

		Bedrift 2		
		A	*B*	*C*
Bedrift 1	*A*	−10, −10	0, 10	10, 20
	B	10, 0	−20, −20	−5, 15
	C	20, 10	15, −5	−30, −30

Er det noen Nash-likevekter i rene strategier? Hvis ja, hva er de?

7. Vi kan se på USAs og Japans handelspolitikk som et fangenes dilemma-spill. De to landene vurderer tiltak for å åpne eller lukke sine importmarkeder. Nedenfor har vi vist pay-off matrisen.

		Japan	
		Åpen	Lukket
USA	Åpen	10, 10	5, 5
	Lukket	−100, 5	1, 1

a. Anta at begge landene kjenner pay-off-matrisen og at de tror at den andre vil handle i sin egeninteresse. Har noen av landene en dominant strategi? Hva blir likevekten hvis begge land handler rasjonelt for å maksimere egen velferd?

b. Anta nå at Japan ikke er sikker på om USA vil handle rasjonelt. Japan er bekymret for at USAs politikere vil straffe Japan selv om dette ikke maksimerer USAs velferd. Hvordan vil dette påvirke Japans strategivalg? Hvordan vil dette endre likevekten?

8. Du er en av to produsenter som produserer samme produkt. Både du og din konkurrent har grensekostnader lik 0. Markedets etterspørselskurve er gitt ved:

$$P = 30 - Q$$

der $Q = Q_1 + Q_2$. Q_1 er ditt produksjonsnivå og Q_2 er konkurrentens. Konkurrenten din har også lest denne boken.

a. Anta at du bare skal spille dette spillet en gang. Hvor mye vil du velge å produsere hvis du og din konkurrent må velge produksjonsnivå samtidig? Hva forventer du at profitten din blir? Forklar.

b. Anta at du må annonsere din produksjon før den andre bedriften. Hvor mye vil du produsere i dette tilfellet, og hvor mye tror du din konkurrent vil produsere? Hva tror du profitten din blir? Er det å velge produksjonsnivå først en fordel eller en ulempe? Gi en kort forklaring. Hvor mye vil du betale for muligheten til å være den første eller den andre som velger produksjonsnivå?

c. Anta i stedet at du skal spille første runde i en serie på 10 runder (mot samme konkurrent). I hver runde må du og din konkurrent annonsere produksjonsnivå samtidig. Du ønsker å maksimere summen av profitt over 10 runder. Hvor mye vil du produsere i første runde? Hvor mye forventer du å produsere i tiende runde? I niende runde? Forklar kort.

d. Igjen skal du spille en serie på 10 runder. Denne gangen, derimot, skal konkurrenten din annonsere sin produksjon før du gjør det. Hvordan vil ditt svar i c. endres i dette tilfellet?

9. Du spiller følgende forhandlingsspill. Spiller *A* trekker først og gir spiller *B* et tilbud om hvordan de skal dele 1 000 kr. (*A* kan for eksempel foreslå at hun tar 600 kr og at *B* får 400 kr.) Spiller *B* kan godta eller forkaste tilbudet. Hvis han avviser tilbudet synker beløpet som skal deles til 900 kr, og han skal da komme med et forslag til fordeling av dette beløpet. Hvis *A* avviser dette tilbudet, synker beløpet til 800 kr, og nå er det hennes tur til å foreslå en fordeling. Hvis spiller *B* avviser dette tilbudet, dropper beløpet til 0. Begge spillerne er rasjonelle og fullt informerte, og ønsker å maksimere sine utbetalinger. Hvilken spiller vil gjøre det best i dette spillet?

10. Bedriften Defendo har besluttet å innføre et nytt revolusjonerende DVD-spill. Som første bedrift i markedet har bedriften en monopolstilling, i det minste for en tid. Bedriften skal bestemme seg for hvordan produksjonsanlegget skal bygges og har valget mellom to teknologier. Teknologi *A* er en offentlig tilgjengelig teknologi og vil resultere i årlige kostnader på

$$C^A(q) = 10 + 8q$$

der q er antall DVD-er produsert av Defendo.

Teknologi *B* er en unik teknologi utviklet i Defendos forskningsavdeling. Den innebærer høyere faste kostnader men lavere grensekostnader:

$$C^B(q) = 60 + 2q$$

Markedets etterspørsel etter det nye produktet er $P = 20 - Q$, der Q er antall DVD-er.

a. Anta at Defendo er sikker på å kunne opprettholde sin monopolstilling over hele produktets levetid (rundt fem år). Hvilken teknologi vil du anbefale Defendo å benytte? Hva ville Defendos profitt bli ved dette valget?

b. Anta at Defendo forventer at erkerivalen, Offendo, vurderer å komme inn på markedet kort tid etter at Defendo har introdusert sitt nye produkt. Offendo vil kun ha tilgang til teknologi *A*. Hvis Offendo kommer inn på markedet, vil de to bedriftene spille et Cournot-spill (i kvantum) og ender opp i Nash-likevekten.

i. Hva vil bedriftenes profitt bli hvis Defendo benytter teknologi *A* og Offendo kommer inn markedet? Ville Offendo velge å gå inn i markedet?

ii. Hva vil bedriftenes profitt bli hvis Defendo benytter teknologi *B* og Offendo kommer inn markedet? Ville Offendo velge å gå inn i markedet?

iii. Hvilken teknologi vil du anbefale Defendo å ta i bruk, gitt trusselen om nyetablering? Hva vil Defendos profitt bli ved dette valget? Hva bli konsumentoverskuddet?

c. Hvordan påvirkes det samfunnsøkonomiske overskuddet (summen av konsumentoverskudd og produsentoverskudd) som følge av etableringstrusselen? Hva skjer med likevektprisen? Hva kan dette tilsi om betydningen av potensiell konkurranse i det å begrense markedsmakt?

Faktormarkeder

13

Så langt har vi konsentrert oss om ferdigvaremarkeder. I dette kapitlet skal vi se nærmere på innsatsfaktormarkeder; markeder for arbeidskraft, råvarer og andre innsatsfaktorer. Mye av stoffet vil være kjent i og med at de samme kreftene som danner tilbud og etterspørsel i ferdigvaremarkedet også påvirker faktormarkedene.

Vi har sett at noen produktmarkeder ligger tett opp til frikonkurransemodellen, mens produsenter i andre markeder har markedsmakt. Det samme gjelder for faktormarkeder. Vi vil se på tre ulike markedsstrukturer for innsatsfaktorer:

1. Frikonkurranse i faktormarkedet
2. Markedet hvor kjøper av innsatsfaktorer har monopsonimakt
3. Markeder hvor selger av innsatsfaktorer har monopolmakt

Vi vil også se på tilfeller hvor likevekt i faktormarkedet avhenger av omfanget av markedsmakt i produktmarkedet.

KAPITTELOVERSIKT

13.1 Frikonkurranse i faktormarkedet 300

13.2 Frikonkurranselikevekt i faktormarkedet 309

13.3 Faktormarkeder med monopsonimakt 311

13.4 Faktormarkeder med monopolmakt 314

13.1 FRIKONKURRANSE I FAKTORMARKEDET

I tilfeller der det er et stort antall tilbydere og etterspørrere, vil faktormarkedet kunne fungere tilnærmet som et frikonkurransemarked, slik som markeder for ulike typer råvarer. I og med at ingen enkelt selger eller kjøper kan påvirke prisen på en gitt innsatsfaktor, er alle aktører pristakere. Hvis for eksempel en bedrift som bygger hus kjøper plank, vil deres kjøp være så lite i forhold til det totale markedet for byggematerialer at det ikke vil påvirke prisen på plank. Likeledes, hvis hver enkelt leverandør av trevarer bare utgjør en liten andel av markedet, vil ingen enkelt leverandør kunne påvirke prisen på trevarer. I stedet vil prisen på trevarer (og samlet produksjon) bestemmes av samlet tilbud og samlet etterspørsel etter trevarer.

Vi begynner med å analysere den enkelte bedrifts etterspørsel etter innsatsfaktorer. Deretter summerer vi for å finne markedets samlede etterspørsel. Så går vi over til å se på tilbudssiden av markedet og viser hvordan markedspris og omsetning av innsatsfaktorer bestemmes.

Etterspørselen etter en innsatsfaktor når kun én innsatsfaktor er variabel

Som i tilfellet med etterspørselskurver for ferdigvarer vil etterspørselskurvene for innsatsfaktorer også være synkende. I motsetning til forbrukernes etterspørsel etter varer og tjenester, er imidlertid bedriftenes etterspørsel etter innsatsfaktorer en **avledet etterspørsel**, den avhenger av, og er avledet fra, bedriftens produksjonsnivå og priser på innsatsfaktorene. Eksempelvis er Microsofts etterspørsel etter programmerere en avledet etterspørsel som ikke bare avhenger av gjeldende lønnsnivå, men også av hvor mye programvare Microsoft forventer å selge.

avledet etterspørsel Etterspørselen etter en innsatsfaktor avhenger av, og er avledet fra, bedriftens produksjonsnivå og priser på innsatsfaktorene

For å analysere etterspørselen etter en innsatsfaktor skal vi støtte oss til det vi lærte i kapittel 6, hvor vi viste hvordan bedriften velger innsatsfaktormengder. Vi antar at bedriften benytter to innsatsfaktorer, kapital K og arbeidskraft L, som kan leies til henholdsvis r (leieprisen på kapital) og w (lønnssatsen). Vi vil også anta at bedriften har produksjonsanlegget og kapitalutstyret på plass og *kun* skal bestemme seg for hvor mye *arbeidskraft* den skal benytte.

Anta at bedriften i utgangspunktet har et gitt antall ansatte og ønsker å finne ut av om det vil være lønnsomt å ansette én til. Dette vil være lønnsomt hvis inntektsøkningen fra produksjonen som denne arbeideren bidrar med overstiger lønnssatsen. Inntektsøkningen fra det å benytte én arbeidskraftsenhet til er **verdien av arbeidskraftens grenseproduktivitet**, som vi forkorter med MRP_L. Det er altså lønnsomt å benytte én arbeidskraftsenhet til hvis MRP_L er minst like stor som lønnssatsen w.

verdien av arbeidskraftens grenseproduktivitet Inntektsøkningen fra det å benytte én arbeidskraftsenhet til

Hva består så MRP_L av? *Det er produksjonsøkningen som stammer fra én arbeidskraftenhet til, multiplisert med den inntektsøkningen bedriften får fra å selge én enhet til.* Produksjonsøkningen er gitt ved grenseproduktiviteten av arbeidskraft, MP_L og inntektsøkningen er gitt ved grenseinntekten, MR.

Formelt er verdien av grenseproduktiviteten gitt ved $\Delta R/\Delta L$, der L er antall enheter arbeidskraft og R er inntekt. Grenseproduktiviteten, MP_L, er gitt ved $\Delta Q/\Delta L$, og grenseinntekten, MR, er lik $\Delta R/\Delta Q$. I og med at $\Delta R/\Delta L = (\Delta R)/(\Delta Q)\cdot(\Delta Q/\Delta L)$, følger det at:

$$MRP_L = MR\cdot MP_L \qquad \textbf{(13.1)}$$

I avsnitt 7.3 definerte vi grenseinntekt som inntektsøkningen fra det å selge én enhet til.

Vi skal nå bli nærmere kjent med dette sentrale resultatet, og vi begynner med å se på tilfellet der det er frikonkurranse både i innsatsfaktor- og ferdigvaremarkedet. I dette tilfellet vil bedriften kunne selge så mye den vil til en fast pris P. Grenseinntekten vil da være lik markedsprisen. Verdien av grenseproduktiviteten blir da lik:

I avsnitt 7.2 forklarer vi at den enkelte frikonkurrent står overfor en perfekt elastisk etterspørselskurve, noe som innebærer at grenseinntekten er lik markedsprisen.

I avsnitt 5.2 forklarer vi loven om avtagende utbytte: når vi øker bruken av en innsatsfaktor og holder de andre innsatsfaktorene konstante, vil grenseproduktiviteten av denne faktoren før eller siden begynne å synke.

$$\text{MRP}_L = P \cdot \text{MP}_L \qquad \textbf{(13.2)}$$

Den øverste av de to kurvene i figur 13.1 representerer MRP_L for en frikonkurrent. Vi antar at grenseproduktiviteten av arbeidskraft er synkende. Kurven som viser verdien av arbeidskraftens grenseproduktivitet vil derfor være synkende, selv om prisen er konstant.

Den nederste kurven i figur 13.1 er MRP_L– kurven for en monopolist i ferdigvaremarkedet. Når bedriften har markedsmakt, står den overfor en synkende etterspørselskurve og må derfor senke prisen på alle enheter for å får solgt mer. Følgelig er grenseinntekten alltid lavere enn prisen ($\text{MR} < P$). Dette forklarer hvorfor monopolistens kurve ligger under kurven for en frikonkurrent og hvorfor grenseinntekten synker når produksjonen øker. I dette tilfellet vil derfor kurven for verdien av grenseproduktiviteten synke, både på grunn av synkende grenseproduktivitet og synkende grenseinntekt.

Merk deg at verdien av grenseproduktiviteten er det bedriften maksimalt er villig til å betale for én arbeidskraftenhet til. Så lenge MRP_L er høyere enn lønnsatsen er det lønnsomt for bedriften å benytte mer arbeidskraft. Dersom den er lavere enn lønnen, bør bedriften redusere bruken av arbeidskraft. Profittmaksimerende tilpasning må derfor være der de er like:

$$\text{MRP}_L = w \qquad \textbf{(13.3)}$$

Figur 13.2 illustrerer denne tilpasningen. Etterspørselen etter arbeidskraft er gitt ved D_L, som altså er MRP_L. Etterspørselen etter arbeidskraft øker altså når lønnen synker.

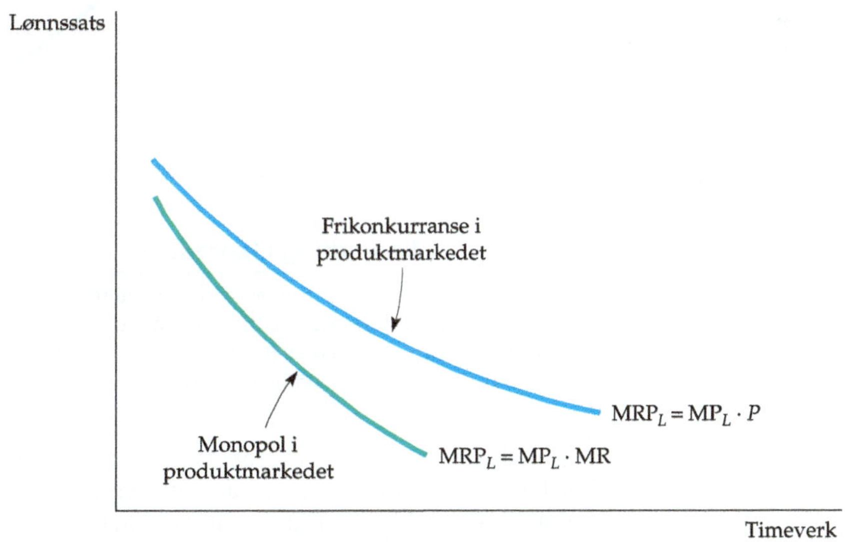

FIGUR 13.1 Verdien av grenseproduktiviteten

I et frikonkurransemarked der produsenten er pristaker, er produsentens etterspørsel etter en innsatsfaktor gitt ved kurven som viser verdien av grenseproduktiviteten. MRP-kurven er synkende fordi grenseproduktiviteten av arbeidskraft synker når antall arbeidstimer øker. Når produsenten av produktet har markedsmakt, er etterspørselen etter innsatsfaktoren også gitt ved MRP-kurven. I dette tilfellet er imidlertid MRP-kurven synkende både fordi grenseproduktiviteten av arbeidskraft og grenseinntekten synker.

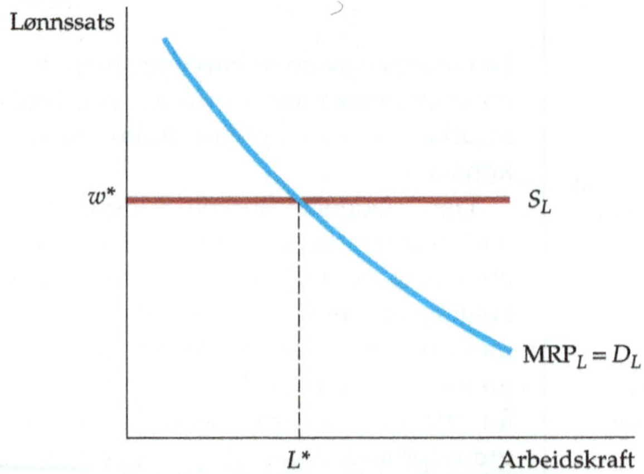

FIGUR 13.2 Bedriftens etterspørsel etter arbeidskraft (med fast kapitalmengde)

Hvis arbeidsmarkedet fungerer som et frikonkurransemarked vil bedriften stå overfor et perfekt elastisk tilbud av arbeidskraft, S_L, og kan ansette så mange den ønsker til en fast lønnssats w^*. Bedriftens etterspørsel etter arbeidskraft, D_L, er gitt verdien av arbeidskraftens grenseproduktivitet, MRP_L. Den profittmaksimerende bedrift vil ansette L^* enheter arbeidskraft, gitt der verdien av grenseproduktiviteten er lik lønnssatsen.

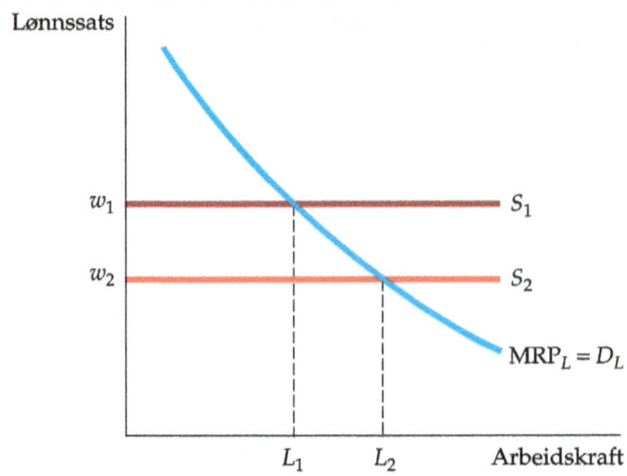

FIGUR 13.3 En endring i lønnsatsen

Når lønnen er w_1 vil bedriften ansette L_1 enheter arbeidskraft. Når lønnen synker til w_2 vil bedriften maksimere sin profitt ved å bevege seg langs etterspørselskurven etter arbeidskraft inntil verdien av grenseproduktiviteten er lik den nye lønnsatsen. Følgelig vil bedriften ansette L_2 enheter arbeidskraft.

I og med at vi har forutsatt at arbeidsmarkedet fungerer som et frikonkurransemarked, kan bedriften ansette så mange den ønsker til en gitt markedslønn w^*. Tilbudskurven for arbeidskraft som bedriften står overfor, er derfor gitt ved den horisontale kurven S_L. Bedriftens profittmaksimerende bruk av arbeidskraft, L^*, finner vi da i skjæringspunktet mellom tilbuds- og etterspørselskurven.

Figur 13.3 viser hvordan etterspørselen etter arbeidskraft endres når lønnssatsen synker fra w_1 til w_2. Et slikt fall i lønningene kan for eksempel stamme fra en økning i arbeidstyrken. Av figuren ser vi at etterspørselen etter arbeidskraft øker fra L_1 til L_2.

Markeder for innsatsfaktorer har mange likhetstrekk med ferdigvaremarkeder. Eksempelvis er tilpasningsbetingelsen om at verdien av grenseproduktiviteten av arbeidskraft skal være lik lønnssatsen analog med tilpasningsbetingelsen om at grenseinntekt skal være lik grensekostnad. For å se dette tar vi utgangspunkt i at

$MRP_L = (MP_L) \cdot (MR)$ og dividerer med grenseproduktiviteten av arbeidskraft på begge sider i ligning (13.3). Vi får da:

$$MR = w/MP_L \tag{13.4}$$

I avsnitt 7.3 forklarer vi at en bedrift maksimerer sin profitt ved å velge det produksjonsnivå som gir likhet mellom grenseinntekt og grensekostnad.

Høyresiden i ligning (13.4) er nettopp kostnaden ved å produserer én enhet til. Hvis for eksempel lønnssatsen er 300 kr pr. time og et ekstra timeverk gir en produksjonsøkning på 2 enheter, vil grensekostnaden være 300/2 = 150 kroner. Ligning (13.4) viser at både ansettelses- og produksjonsbeslutninger følger samme regel: *Innsatsfaktormengder og produksjonsnivå tilpasses slik at grenseinntekten (fra salg av produktet) er lik grensekostnaden (knyttet til kjøp av innsatsfaktorer).*

Dette prinsippet gjelder for alle markedsformer.

Etterspørselen etter en innsatsfaktor når flere innsatsfaktorer er variable

Når bedriften bestemmer seg for to eller flere innsatsfaktorer samtidig, blir problemstillingen noe mer komplisert, i og med at endringer i prisen på én innsatsfaktor vil endre etterspørselen etter andre innsatsfaktorer. Anta for eksempel at både arbeidskraft og kapital er variable innsatsfaktorer i produksjonen av jordbruksmaskiner. Vi ønsker så å finne bedriftens etterspørselskurve etter arbeidskraft. Når lønnssatsen synker vil etterspørselen etter arbeidskraft øke, selv om bedriftens kapitalmengde holdes uendret. Når arbeidskraften blir rimeligere, synker grensekostnaden og det blir derfor lønnsomt for bedriften å øke produksjonen. Følgelig vil bedriften sannsynligvis også investere i mer kapitalutstyr for å øke produksjonskapasiteten. Økt bruk av kapitalutstyr vil så føre til at kurven for verdien av arbeidskraftens grenseproduktivitet skifter til høyre, noe som også bidrar til økt etterspørsel etter arbeidskraft.

Figur 13.4 illustrerer dette. Anta at når lønnen er 200 kr pr. time, vil bedriften benytte 100 timeverk, som vist ved punkt *A* på MRP_{L1}-kurven. Hva skjer så hvis lønnen synker til 150 kr pr. time? I og med at verdien av arbeidskraftens grenseproduktivitet nå er høyere enn lønnssatsen, vil bedriften etterspørre mer arbeidskraft. Men MRP_{L1}-kurven beskriver etterspørselen etter arbeidskraft når kapitalmengden holdes konstant. Økningen i bruk av arbeidskraft fører imidlertid til at grenseproduktiviteten av kapital normalt vil øke, noe som fører til at bedriften også ønsker å benytte mer kapitalutstyr. Den økte kapitalmengden øker så arbeidskraftens grenseproduktivitet. Kurven for verdien av arbeidskraftens grenseproduktivitet skifter derfor til høyre (til MRP_{L2}). Så, etter at lønnen falt vil bedriften nå etterspørre 140 timeverk. Dette er vist ved punkt *C* på etterspørselskurven, snarere enn 120 timer som gis av *B*. *A* og *C* ligger begge på bedriftens etterspørselskurve (gitt at kapitalmengden er variabel) D_L; *B* gjør det ikke.

Markedets etterspørselskurve

Da vi summerte konsumentenes individuelle etterspørselskurver og fikk markedets etterspørselskurve for et produkt, var vi opptatt av en enkelt bransje. En innsatsfaktor, som for eksempel faglært arbeidskraft, etterspørres imidlertid av bedrifter i mange ulike bransjer. Videre, ettersom vi beveger oss fra bransje til bransje, vil vi trolig finne at bedriftenes behov for arbeidskraft (som er avledet delvis fra etterspørselen etter bedriftenes produkter) varierer betydelig. For å finne markedets samlede etterspørsel etter arbeidskraft må vi derfor først finne etterspørselskurvene i hver bransje, for så å summere disse horisontalt. Det andre steget er enkelt. Det å summere bransjenes etterspørselskurver for arbeidskraft for å få markedets etterspørselskurve gjøres på samme måte som når vi summerer individuelle etterspørselskurver for et produkt

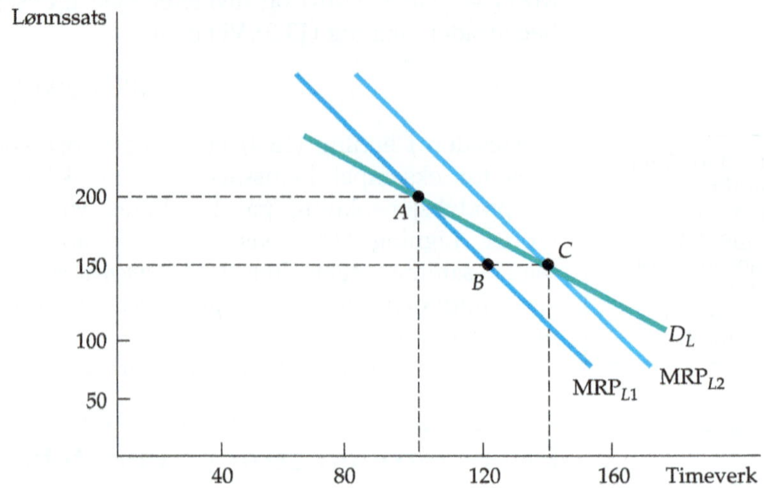

FIGUR 13.4 Bedriftens etterspørsel etter arbeidskraft (når kapitalmengden kan endres)

Når to (eller flere) innsatsfaktorer er variable, avhenger en bedriftens etterspørsel etter en innsatsfaktor av verdien av begge faktorenes grenseproduktivitet. Når lønnssatsen er 200 kr, representerer *A* et punkt på bedriftens etterspørselskurve etter arbeidskraft. Når lønnssatsen synker til 150 kr, øker grenseproduktiviteten av kapital, noe som fører til at bedriften øker bruken av kapital (flere maskiner) og ansetter mer arbeidskraft. Følgelig skifter MRP-kurven fra MRP_{L1} til MRP_{L2}, noe som gir et nytt punkt *C* på bedriftens etterspørselskurve. Dermed ligger *A* og *C* er på etterspørselskurven etter arbeidskraft, mens *B* ikke gjør det.

I avsnitt 4.3 forklarer vi at markedets etterspørselskurve viser hvor mye konsumentene vil kjøpe ved ulike priser på et gode.

for å finne markedets etterspørsel. La oss derfor konsentrere oppmerksomheten rundt det første steget.

Bransjens etterspørsel

Det første steget – det å finne bransjens etterspørsel etter arbeidskraft – tar hensyn til det faktum at både bedriftens produksjonsnivå og produktpris endres når faktorprisene endres. Det er lettest å bestemme etterspørselen i markedet når det kun er én enkelt produsent. I så fall vil kurven som viser verdien av grenseproduktiviteten være bransjens etterspørselskurve for innsatsfaktoren. Når det er mange bedrifter derimot, blir analysen mer komplisert på grunn av den mulige interaksjonen mellom bedriftene. Ta for eksempel etterspørselen etter arbeidskraft når produktet omsettes i et frikonkurransemarked. Da vil verdien av arbeidskraftens grenseproduktivitet være lik produktprisen multiplisert med arbeidskraftens grenseproduktivitet (se ligning 13.2), som vist ved kurven MRP_{L1} i figur 13.5(a).

Anta først at lønnssatsen er 150 kr pr. time og at bedriften da etterspør 100 timeverk. Lønnen synker så til 100 kr pr. time. Hvis ingen andre bedrifter øker sin etterspørsel etter arbeidskraft vil bedriften nå etterspørre 150 timeverk (ved å finne punktet på MRP_{L1}-kurven som svarer til en lønn på 100 kr pr. time). Men hvis lønnen synker for alle bedriftene i en bransje, vil bransjen som helhet ansette mer arbeidskraft. Dette vil føre til økt produksjon, noe som skifter bransjens tilbudskurve til høyre slik at markedsprisen synker.

Når produktprisen synker, vil MRP_L-kurven skifte innover, fra MRP_{L1} til MRP_{L2}, som vist i figur 13.5(a). Dette skiftet fører til en reduksjon i bedriftens etterspørsel etter arbeidskraft, fra 150 til 120 timeverk. Følgelig vil bransjens etterspørselen etter arbeidskraft være lavere enn den ville vært hvis bare én bedrift var i stand til å ansette

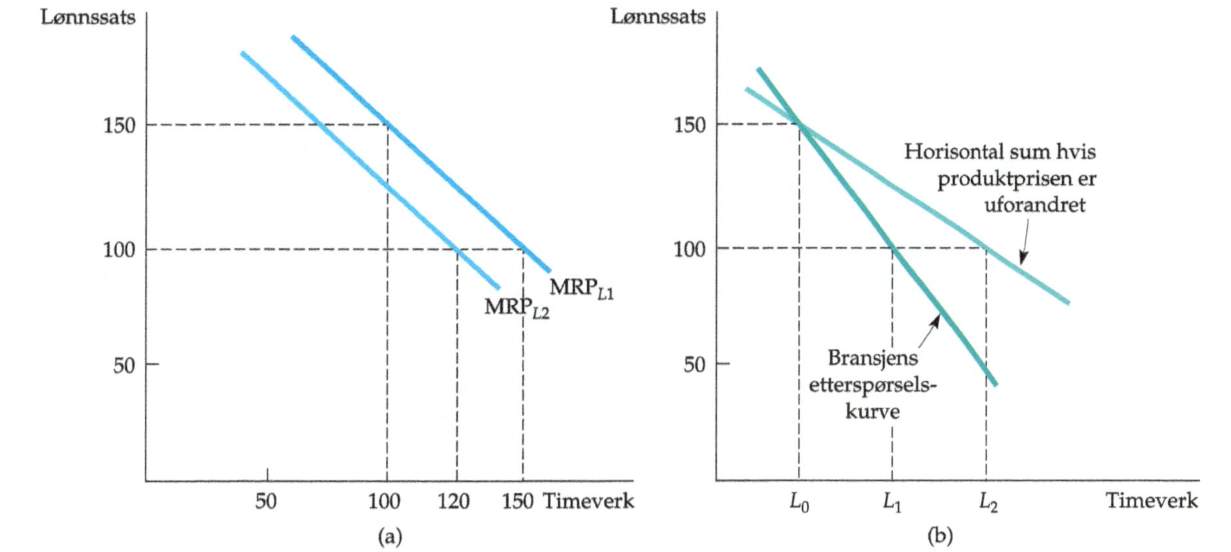

FIGUR 13.5 Bransjens etterspørsel etter arbeidskraft

Frikonkurrentens etterspørselskurve etter arbeidskraft, MRP$_{L1}$ i **(a)**, forutsetter at produktprisen er gitt. Men når lønnen synker fra 150 til 100 kr pr. time synker også produktprisen. Dermed skifter bedriftens etterspørselskurve innover til MRP$_{L2}$. Følgelig er bransjens etterspørselskurve, vist i **(b)**, mer uelastisk enn etterspørselskurven som ville fremkomme dersom produktprisen forble uendret.

folk til lavere lønn. Figur 13.5(b) illustrerer dette. Den lyse kurven viser den horisontale summen av de enkelte bedriftenes etterspørsel etter arbeidskraft som ville gjelde hvis produktprisen ikke endres når lønnen synker. Den mørke kurven viser bransjens etterspørselskurve etter arbeidskraft når vi tar hensyn til det faktum at produktprisen synker som følge av at alle bedriftene øker sin produksjon når lønnen synker. Når lønnen er 150 kr pr. time, er bransjens etterspørsel etter arbeidskraft L_0 timeverk. Når lønnen synker til 100 kr pr. time øker etterspørselen til L_1. Merk at dette er en mindre økning enn L_2, som ville gjelde hvis produktprisen ikke endret seg.

For å finne den aggregerte etterspørselskurven for arbeidskraft gjenstår det da bare å summere de enkelte bransjers etterspørselkurver horisontalt.

Utledningen av markedets etterspørselskurve for arbeidskraft (eller for en hvilken som helst innsatsfaktor) er i hovedsak den samme når produktmarkedet er karakterisert ved imperfekt konkurranse. Den eneste forskjellen er at det er vanskeligere å forutsi endringer i produktprisen som respons på en endring i lønnen i og med at hver bedrift i markedet trolig vil prise strategisk snarere enn å ta prisen for gitt.

Tilbud av innsatsfaktorer

Hvis en innsatsfaktor omsettes i et frikonkurransemarked, kan bedriften kjøpe så mye den vil av den til en gitt markedspris, bestemt i skjæringspunktet mellom tilbuds- og etterspørselskurven, som vist i figur 13.6(a). Den enkelte bedrift står da overfor en horisontal tilbudskurve i faktormarkedet, som vist i figur 13.6(b).

I avsnitt 9.5 forklarte vi at tilbudskurven AE i figur 13.6(b) som bedriften står overfor representerer **gjennomsnittlig utlegg** fordi den viser prisen bedriften må betale pr. enhet. På den annen side representerer **grenseutleggskurven** det bedriften må ut med hvis den kjøper én faktorenhet til. (Grenseutleggskurven er analog til grenseinntektskurven i produktmarkedet.) Grenseutlegget avhenger av om du er en frikonkurrent på etterspørselssiden eller om du har monopsonimakt. Hvis du er en frikonkurrent, er prisen den samme uansett hvor mye du kjøper. Prisen som betales

gjennomsnittsutleggs-kurven
En tilbudskurve som viser hvilken pris bedriften må betale pr. faktorenhet

grenseutleggskurven
En kurve som viser hva bedriften må betale for én faktorenhet til

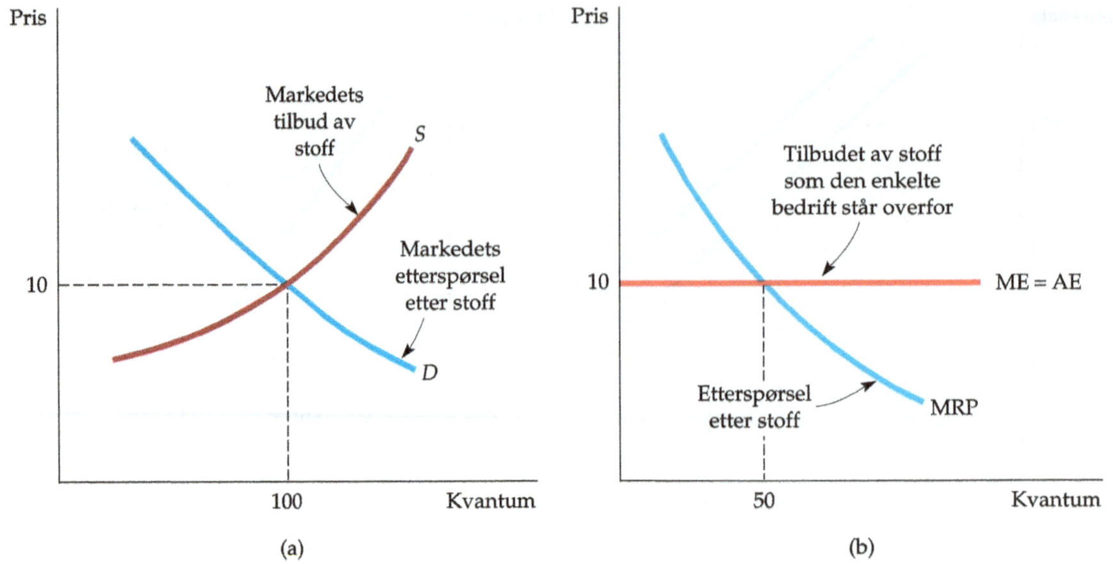

FIGUR 13.6 Bedriftens tilbud av en innsatsfaktor i et frikonkurransemarked

I et frikonkurransemarked kan en bedrift kjøpe så mye den vil av en innsatsfaktor uten at prisen påvirkes. Derfor står bedriften overfor en perfekt elastisk tilbudskurve for innsatsfaktoren. Følgelig er bedriftens kjøp av innsatsfaktoren gitt i skjæringspunktet mellom tilbuds og etterspørselskurven. I **(a)** er bransjens etterspørsel etter stoff lik tilbudet når prisen er 10 kr pr. meter. I **(b)** står bedriften overfor en horisontal grenseutleggskurve til en pris på 10 kr pr. meter stoff og velger å kjøpe 50.

er gjennomsnittlig utlegg pr. enhet og grenseutlegget er lik gjennomsnittlig utlegg. Følgelig, når faktormarkedet er karakterisert ved frikonkurranse, er kurvene for gjennomsnittlig utlegg og grenseutlegg sammenfallende horisontale linjer, akkurat som gjennomsnittsinntekts- og grenseinntektskurven for en frikonkurrent i produktmarkedet.

Hvor mye av en innsatsfaktor skal bedriften kjøpe hvis faktormarkedet fungerer som et frikonkurransemarked? Så lenge kurven for verdien av grenseproduktiviteten (MRP) ligger over grenseutleggskurven (ME), er det lønnsomt å kjøpe mer av innsatsfaktoren – den kaster mer av seg enn det den koster. På den andre siden, hvis kurven for verdien av grenseproduktiviteten ligger under grenseutleggskurven er det noen enheter som kaster mindre av seg enn det de koster. Følgelig er profittmaksimerende tilpasning der *verdien av grenseproduktiviteten er lik grenseutlegget*:

$$ME = MRP \qquad \textbf{(13.5)}$$

Da vi så på spesialtilfellet der faktormarkedet fungerte som et frikonkurransemarked, så vi at bedriften kjøpte innsatsfaktoren, som for eksempel arbeidskraft, opp til det nivå der verdien av grenseproduktiviteten var lik prisen på innsatsfaktoren, w, som i ligning (13.3). I frikonkurransetilfellet har vi da at profittmaksimerende tilpasning er gitt der verdien av grenseproduktiviteten er lik faktorprisen:

$$ME = w \qquad \textbf{(13.6)}$$

I eksemplet i figur 13.6 er likevektsprisen på stoff til klær 10 kr pr. meter. Figur 13.6 viser hvor mye bedriften vil kjøpe – gitt der kurven som viser verdien av grenseproduktiviteten skjærer grenseutleggskurven. Her vil grenseutlegget på 10 kr være lik den merinntekten som kommer fra økt salg av klær (den økning i salg som stammer fra at man kjøper én meter stoff til).

Markedets tilbud av innsatsfaktorer

Markedets tilbudskurve for innsatsfaktorer er normalt stigende. I kapittel 7 så vi at tilbudskurven i et frikonkurransemarkedet vanligvis er stigende fordi grensekostnaden generelt øker når produksjonen øker. Dette er også tilfellet for en rekke innsatsfaktorer.

I avsnitt 7.6 forklarer vi at den kortsiktige tilbudskurven viser hvor mye bedriftene vil produsere for ulike prisnivåer.

Da det er snakk om tilbudet av arbeidskraft, er det imidlertid enkeltpersoner og ikke bedrifter som tar beslutningene om hvor mye som skal tilbys. I dette tilfellet er det da arbeidernes nyttemaksimering som bestemmer tilbudet. I diskusjonen som følger vil vi derfor benytte analysen av inntekts- og substitusjonseffekter som vi så på i kapittel 4. Vi får dermed frem at det ikke er gitt at tilbudskurven er stigende – i hvert fall ikke for alle inntektsnivåer. Dette er illustrert i figur 13.7 der tilbudskurven bøyer bakover, dvs. at høyere lønnssats kan gi lavere arbeidstilbud. La oss se nærmere på dette.

Døgnet består av 24 timer, og vi deler det inn i arbeidstid og fritid. Fritiden benytter vi til å sove og spise, samt hyggelige aktiviteter som sosialt samvær, lese bøker, surfe på nettet, drive idrett osv. Markedsarbeid på sin side gir oss inntekt som gir muligheten for å kjøpe materielle goder. La oss forenkle og anta at arbeideren fritt kan velge hvor mange timer i døgnet hun vil arbeide.

I avsnitt 4.2 forklarer vi at en økning i prisen på et gode har to effekter: Kjøpekraften synker (inntektseffekten) og godet blir relativt dyre (substitusjonseffekten).

Lønnssatsen måler prisen som arbeideren setter på fritiden, i og med at lønnen sier hvor mye arbeideren går glipp av når man unner seg fritid. Når lønnssatsen stiger vil derfor prisen på fritid øke. Denne prisendringen innebærer både en substitusjonseffekt (en endring i den relative pris, gitt at nytten holdes konstant) og en inntektseffekt (en endring i nytte, gitt at relativ pris holdes konstant). Det er en substitusjonseffekt fordi høyere pris på fritid fører til at man isolert sett etterspør mindre fritid – altså tilbyr mer arbeidstid. Inntektseffekten oppstår fordi lønnsøkningen øker arbeidstakerens kjøpekraft. Med høyere inntekt kan arbeideren kjøpe mer

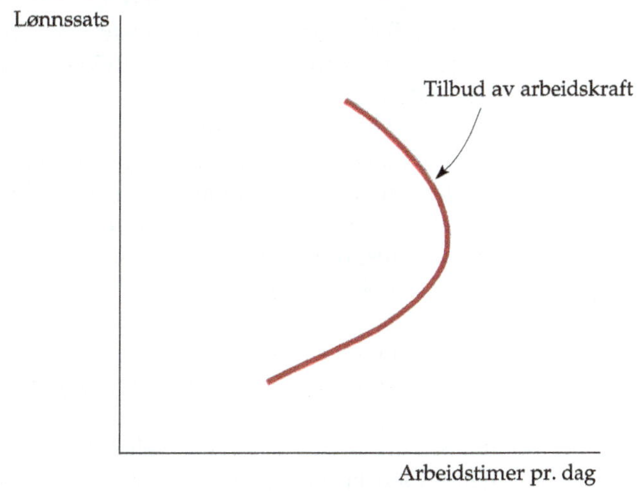

FIGUR 13.7 Bakoverbøyet tilbudskurve for arbeidskraft

Når lønnen øker vil arbeidstilbudet i utgangspunktet øke, men kan etter hvert som lønnen øker synke fordi arbeideren fortrekker mer fritid. Den synkende delen av tilbudskurven skyldes at inntektseffekten av høyere lønn (som trekker i retning av mer fritid) er sterkere enn substitusjonseffekten (som trekker i retning av mer arbeistid).

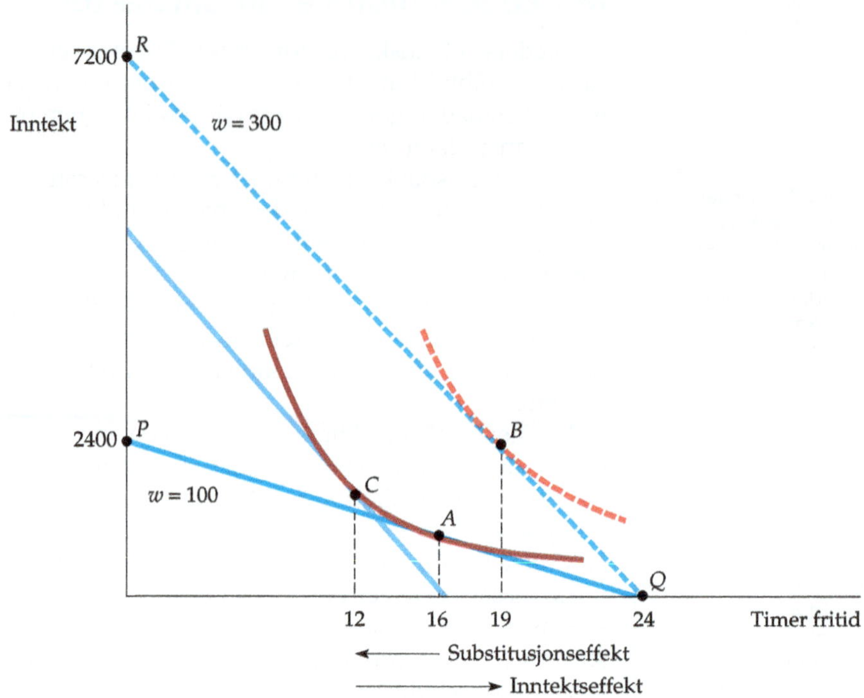

FIGUR 13.8 Substitusjons og inntektseffekten av økt lønn

Når lønnen øker fra 100 til 300 pr. time, skifter arbeidstakerens budsjettlinje fra *PQ* til *RQ*. Arbeideren beveger seg dermed fra *A* til *B* og reduserer arbeidstiden fra 8 til 5 timer. Reduksjonen i arbeidstid oppstår fordi inntektseffekten er sterkere enn substitusjonseffekten. I dette tilfellet krummer tilbudskurven for arbeidskraft bakover.

av mange varer, herunder fritid. Inntektseffekten vil da isolert sett trekke i retning av økt etterspørsel etter fritid – altså mindre tilbud av arbeidstid (man substituerer fritid med arbeid). Inntektseffekten kan være sterk i og med at arbeidsinntekt er hovedkomponenten i de fleste folks disponible inntekt. Når inntektseffekten er sterkere enn substitusjonseffekten, vil vi få en synkende tilbudskurve for arbeidskraft.

Figur 13.8 illustrerer hvordan valget mellom arbeidstid og fritid kan gi opphav til den synkende delen av tilbudskurven. Den horisontale aksen viser timer fritid pr. dag, mens den vertikale aksen viser lønnssatsen som følger av markedsarbeid. (Vi antar at det ikke er noen andre inntektskilder enn arbeidsinntekt.) Lønnssatsen er i utgangspunktet 100 kr pr. time, og budsjettlinjen er gitt ved *PQ*. Punkt *P* viser at inntekten blir 2400 kr hvis man jobber 24 timer i døgnet.

Arbeideren maksimerer nytten ved å velge punkt *A*, og dermed ha 16 timer fritid pr. dag (med 8 timers arbeid) og tjene 800 kroner. Når lønnen øker til 300 kr pr. time blir budsjettlinjen brattere, mens skjæringspunktet med den horisontale aksen selvfølgelig er uendret – det er fortsatt bare 24 timer i døgnet. Nå vil arbeideren maksimere nytten i *B* ved å velge 19 timer fritid pr. dag (med 5 timers arbeid), og tjene 1500 kroner. Hvis bare substitusjonseffekten kom inn i bildet, ville høyere lønnssats føre til at arbeideren arbeidet 12 timer (i *C*) i stedet for 8 timer. Inntektseffekten trekker imidlertid i motsatt retning. Den er her sterkere enn substitusjonseffekten og reduserer arbeidsdagen fra 8 til 5 timer.

Et eksempel på dette kan være en student som jobber om sommeren for å dekke levekostnadene gjennom året. Hvis studenten har som mål å tjene et gitt beløp i løpet av sommeren, vil arbeidstilbudet bli lavere jo høyere lønnssatsen er.

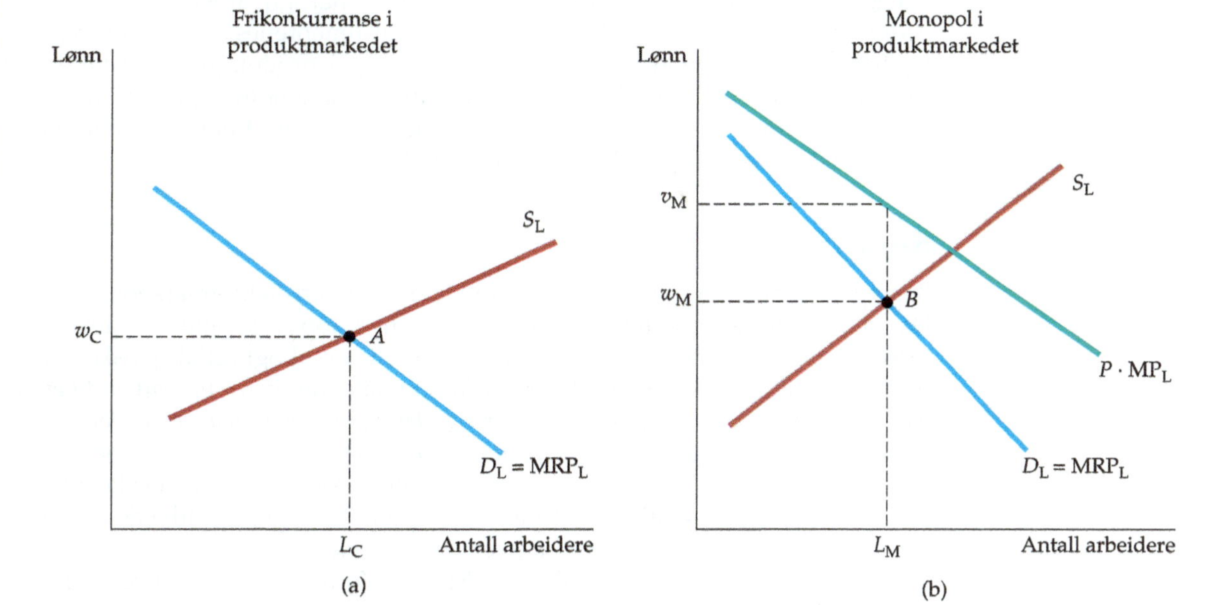

FIGUR 13.9 Likevekt i arbeidsmarkedet

Hvis både arbeidsmarkedet og produktmarkedet er karakterisert ved frikonkurranse, er likevektslønnen lønn, w_c, gitt i skjæringspunktet mellom etterspørselskurven for arbeidskraft (som viser verdien av grenseproduktiviteten) og tilbudskurven for arbeidskraft. Dette er gitt i punkt *A* i del **(a)** i figuren. Del **(b)** viser at når produsenten har markedsmakt, er den marginale verdien av en arbeidstaker v_M større enn lønnen w_M. Dermed blir det ansatt for få arbeidere. (Punkt *B* bestemmer antallet bedriften ansetter og den tilhørende lønn.)

13.2 FRIKONKURRANSELIKEVEKT I FAKTORMARKEDET

Frikonkurranselikevekten i et faktormarked finner vi der tilbud er lik etterspørsel. Figur 13.9(a) viser en slik likevekt for et arbeidsmarkedet. I punkt *A* er likevektslønnen w_c og likevektstilbudet er L_C. I og med at arbeiderne har fullkommen informasjon, vil alle arbeidere få samme lønn og generere den samme verdien av grenseproduktiviteten uansett hvor de er ansatt.

Hvis produktmarkedet også er karakterisert ved frikonkurranse, vil etterspørselkurven for en innsatsfaktor uttrykke den verdien en konsument tillegger bruken av mer innsatsfaktorer i produksjonsprosessen. Lønnssatsen reflekterer også bedriftens og samfunnets kostnader ved å øke bruken av arbeidskraft med én enhet. I punkt *A* i figur 13.9(a) vil derfor den marginale verdien av en enhet arbeidskraft (verdien av grenseproduktiviteten MRP_L) være lik kostnaden ved den (lønnssatsen w).

Når både faktormarkedet og produktmarkedet er karakterisert ved frikonkurranse, har vi en effektiv ressursutnyttelse fordi differansen mellom samlet verdsetting og totale kostnader maksimeres. Effektivitet fordrer at de ekstra inntektene som genereres ved å ansette en ekstra enhet arbeidskraft (verdien av grenseproduktiviteten, MRP_L) er lik konsumentenes gevinst av produksjonsøkningen, som er gitt ved prisen på produktet multiplisert med arbeidskraftens grenseproduktivitet, $P{\cdot}MP_L$.

Hvis produktmarkedet ikke er karakterisert ved frikonkurranse, holder ikke lenger betingelsen $MRP_L = P{\cdot}MP_L$. Merk i figur 13.9(b) at kurven som representerer produktprisen multiplisert med grenseproduktiviteten av arbeidskraft, $[P{\cdot}MP_L]$, ligger over kurven for verdien av grenseproduktiviteten, $MR{\cdot}MP_L$. I punkt *B* er likevektslønn w_M og arbeidstilbudet L_M. Men i og med at produktprisen er et mål på konsumentenes verdi av én produktenhet til, er $P{\cdot}MP_L$ verdien som konsumentene

I avsnitt 8.2 forklarer vi at frikonkurranselikevekten gir et effektivt utfall fordi summen av konsument- og produsentoverskudd maksimeres.

tillegger ytterligere enheter arbeidskraft. Derfor, når L_M arbeidere er ansatt, er bedriftens marginale kostnad, w_M, lavere enn konsumentenes marginale verdsetting v_M. Selv om bedriften er profittmaksimerende ligger produksjonen lavere enn det som er samfunnsøkonomisk optimalt. Det samfunnsøkonomiske overskudd vil øke hvis det ansettes flere arbeidere slik at produksjonen øker. (Konsumentenes gevinst ville overstige bedriftens reduserte overskudd.)

Ressursrente

Begrepet ressursrente bidrar til å forklare hvordan faktormarkeder fungerer. Da vi diskuterte produktmarkeder i det lange løp i kapittel 7, definerte vi ressursrenten som differansen mellom det bedriften mottok og produksjonskostnadene (gitt at bedriften er kostnadseffektiv). I faktormarkedet er *ressursrenten differansen mellom inntektene fra en innsatsfaktor og det man minst må betale for å kunne benytte faktoren*. Figur 13.10 illustrerer begrepet ressursrente anvendt på et arbeidsmarked som fungerer som et frikonkurransemarked. Likevektsprisen på arbeidskraft er w^*, og arbeidstilbudet er L^*. Tilbudskurven for arbeidskraft er den stigende kurven og etterspørselskurven er den synkende kurven for verdien av grenseproduktiviteten. I og med at tilbudskurven forteller oss hvor mye arbeidskraft som blir tilbudt for ulike lønnsnivåer, er de laveste utgifter for å ansette L^* enheter arbeidskraft gitt ved arealet AL^*0B, under tilbudskurven og til venstre for likevektstilbudet L^*.

I avsnitt 7.7 forklarer vi at ressursrente er det beløp bedriftene er villige til å betale for en innsatsfaktor fratrukket det minste beløpet som er nødvendig for å benytte den.

I et frikonkurransemarked får alle arbeiderne lønnen w^*. Denne lønnen er nødvendig for å få den siste "marginale" arbeider for å tilby hans eller hennes arbeidstid, mens alle andre arbeidstakere oppnår en ressursrente fordi lønnen deres er høyere enn den lønnen som ville være nødvendig for å få dem til å jobbe. I og med at samlede lønnsutbetalinger er gitt ved rektangelet $0w^*AL^*$, er samlet ressursrente opptjent av arbeidskraften gitt ved arealet ABw^*.

Merk at dersom tilbudskurven var perfekt elastisk, ville ressursrenten være lik null. Det oppstår kun ressursrente når tilbudskurven er stigende. Når tilbudet er helt

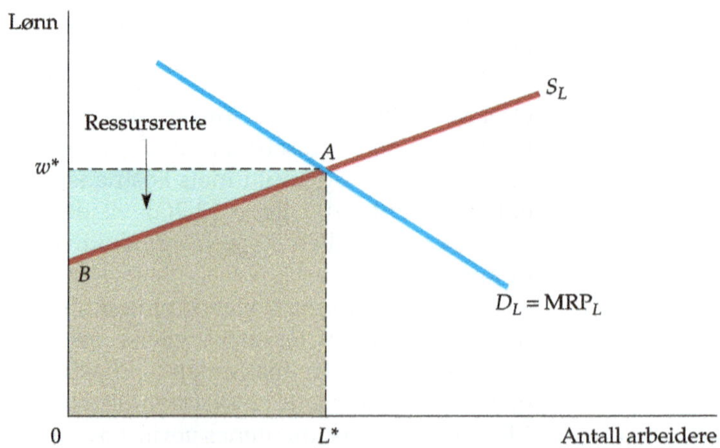

FIGUR 13.10 Ressursrente

Ressursrente knyttet til arbeidskraft er differansen mellom faktisk lønn og den laveste lønnen som må til for å få ansatt arbeidskraft. Likevektslønn er gitt i punkt A, der tilbudet av arbeidskraft er lik etterspørselen. I og med at tilbudskurven er stigende vil noen arbeidere vært villige til å jobbe for en lavere lønn enn w^*. Den grønne arealet ABw^* er ressursrenten som arbeiderne til sammen mottar.

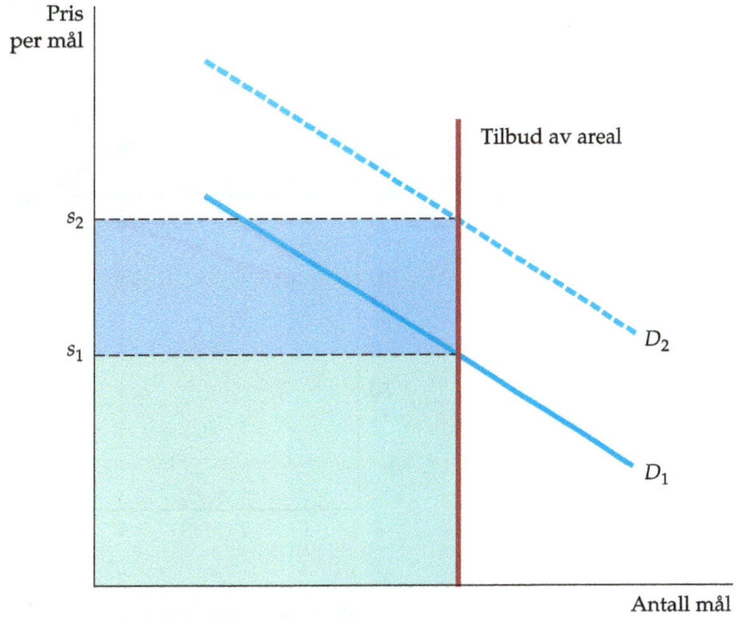

FIGUR 13.11 Ressusrente

Når tilbudet av areal er perfekt uelastisk, er markedsprisen på areal bestemt av skjæringspunktet med etterspørselskurven. Hele verdien av arealet er da en ressusrente. Når etterspørselen er gitt ved D_1, er grunnrenten per mål gitt ved s_1, og når etterspørselen øker til D_2, øker ressusrente per mål til s_2.

uelastisk, vil hele utbetalingen til en innsatsfaktor være ressursrente fordi innsatsfaktoren ville blitt tilbudt uansett pris.

Figur 13.11 viser et eksempel på en helt uelastisk tilbudskurve, i dette tilfellet tilbudet av areal. Tilbudskurven er perfekt uelastisk fordi areal for boliger (eller for landbruk) er gitt, i hvert fall på kort sikt. I dette tilfellet vil prisen bestemmes utelukkende av etterspørselen. Etterspørselen etter areal er gitt ved D_1, og prisen pr. enhet er s_1. Samlet ressursrente er gitt ved det grønne arealet. Hvis etterspørselen etter areal øker til D_2 vil prisen øke til s_2, og ressursrenten vil øke med det blå arealet. Dermed fører en økning i etterspørselen etter areal (et skift til høyre i etterspørselskurven) både til en høyere pris pr. mål og til en høyere ressursrente.

13.3 FAKTORMARKEDER MED MONOPSONIMAKT

I noen faktormarkeder har noen individuelle kjøpere markedsmakt, noe som gjør at de kan påvirke prisen de betaler. Dette kan forekomme når det enten bare er en, eller et fåtall kjøpere. Et eksempel som vi trakk frem i kapittel 9 var bilprodusenter som har markedsmakt som kjøpere av deler. GM og Toyota, for eksempel, kjøper store mengder bremser, radiatorer og andre deler, og kan forhandle frem lavere priser enn de som belastes mindre kjøpere. I andre tilfeller kan det være bare to eller tre selgere av en innsatsfaktor og et dusin eller flere kjøpere, men hvor hver kjøper likevel har *forhandlingsmakt* – de kan forhandle frem lavere priser fordi de kjøper mye og kan sette selgerne opp mot hverandre når det forhandles om pris.

> I avsnitt 9.5 forklarer vi at en kjøper har monopsonimakt (markedsmakt på kjøpersiden) når hans kjøpsbeslutningen kan påvirke prisen på produktet.

Gjennom hele dette avsnittet vil vi anta at produktmarkedet fungerer som et frikonkurransemarked. I tillegg, for å gjøre det enkelt for oss selv, vil vi først begrense vår oppmerksomhet til en ren monopsonist – altså kun én kjøper.

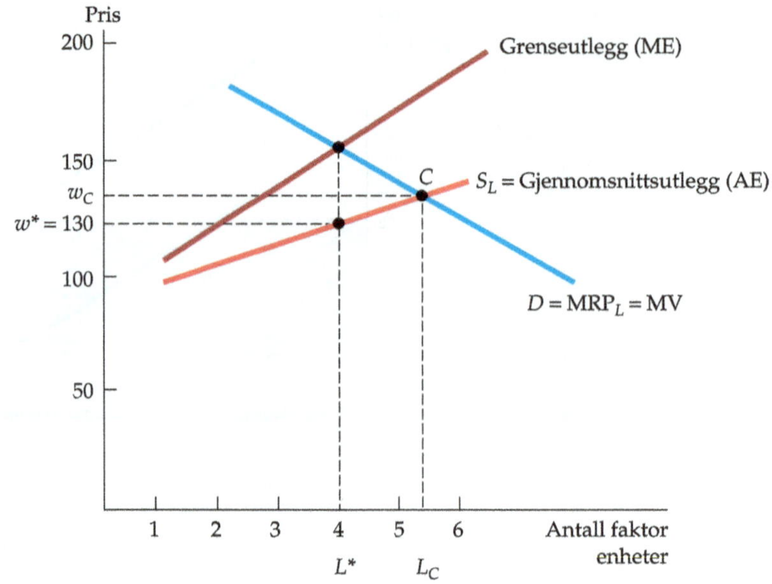

FIGUR 13.12 Grenseutlegg og gjennomsnittsutlegg

Når kjøperen av en innsatsfaktor har monopsonimakt ligger grenseutleggskurven over kurven for gjennomsnittlig utlegg fordi beslutningen om å kjøpe en ekstra enhet øker prisen som må betales for alle enheter, ikke bare for den siste. Antall enheter av innsatsfaktoren som kjøpes er L^*, der verdien av grenseproduktiviteten er lik grenseutlegget. Den tilhørende lønnen, w^*, er lavere enn frikonkurranselønnen w_c.

Monopsonimakt: Grenseutlegg og gjennomsnittsutlegg

Når du skal bestemme deg for hvor mye du skal kjøpe av et gode, kan du tenke deg at du fortsetter å kjøpe godet inntil din marginale betalingsvillighet er lik prisen på godet. Under frikonkurranse er prisen du betaler – det gjennomsnittlige utlegget – lik grenseutlegget. Har du imidlertid monopsonimakt er grenseutlegget større enn det gjennomsnittlige utlegget, som figur 13.12 viser.

I avsnitt 9.5 forklarer vi at grenseutlegg er prisen for én enhet til, og at gjennomsnittsutlegg er gjennomsnittspris pr. enhet.

Tilbudskurven for innsatsfaktoren som monopsonisten står overfor er markedets tilbudskurve. Denne viser hvor mye leverandørene er villig til å selge for ulike prisnivåer. I og med at monopsonisten betaler samme pris for hver enhet, er tilbudskurven bedriftens *gjennomsnittsutleggskurve*. Kurven er stigende fordi beslutningen om å kjøpe én enhet til fører til at prisen på *alle enheter* øker, ikke bare prisen på den siste enheten. For en profittmaksimerende bedrift er imidlertid grenseutleggskurven relevant for å avgjøre hvor mye man skal kjøpe. Grenseutleggskurven ligger over kurven for gjennomsnittlig utlegg: Når bedriften øker prisen på innsatsfaktoren ved å kjøpe mer, må den betale en høyere pris for alle enheter, ikke bare den siste.

Kjøpsbeslutning når bedriften har monopsonimakt

Hvor mye innsatsfaktorer skal bedriften kjøpe? Som vi så tidligere, bør den kjøpe opp til det punkt der grenseutlegget er lik verdien av grenseproduktiviteten. Her vil inntektene fra den siste enheten kjøpt (MRP) akkurat være lik kostnaden (ME). Figur 13.12 illustrerer dette prinsippet i ett arbeidsmarked. Merk deg at monopsonisten ansetter L^* enheter arbeidskraft; her vil ME = MRP_L. Lønnsatsen, w^*, finner vi på gjennomsnittsutleggskurven, som faller sammen med tilbudskurven, hvor det ansettes L^* enheter arbeidskraft.

Som vi viste i kapittel 9, maksimerer en kjøper med monopsonimakt nettogevinst (inntekter fratrukket kostnader) fra et kjøp ved å kjøpe opp til det punktet der marginal verdi (MV) er lik grenseutlegget:

$$MV = ME$$

For en bedrift som kjøper en innsatsfaktor er MV lik verdien av faktorens grenseproduktivitet, MRP. Derfor har vi (som i tilfelle med frikonkurranse i faktormarkedet):

$$ME = MRP \qquad \textbf{(13.7)}$$

Merk deg fra figur 13.12 at monopsonisten ansetter færre enn det en bedrift, eller gruppe bedrifter, uten monopsonimakt ville gjort. I et arbeidsmarked karakterisert ved frikonkurranse ville L_C arbeidere blitt ansatt: Her ville etterspørselen etter arbeidskraft (gitt ved verdien av grenseproduktiviteten) være lik tilbudet av arbeidskraft (gitt ved kurven for gjennomsnittlig utlegg). Legg også merke til at monopsonisten betaler en lavere lønnssats, w^*, enn det som ville gjelde i et frikonkurransemarked, w_C.

Få bedrifter er rene monopsonister, men mange bedrifter (eller individer) har noe monopsonimakt fordi deres kjøp utgjør en stor andel av markedet. Offentlig sektor er monopsonist når den kjøper raketter, fly og annet spesialisert militærutstyr. Et gruveselskap eller andre bedrifter som er den eneste store arbeidsgiver i et lokalsamfunn har også monopsonimakt i det lokale arbeidsmarkedet. Men selv i disse tilfellene kan monopsonimakten være begrenset da offentlig sektor til en viss grad konkurrerer med andre bedrifter som tilbyr lignende jobber. Likeledes konkurrerer gruveselskapet til en viss grad med bedrifter i nærliggende lokalsamfunn.

Forhandlingsmakt

I noen faktormarkeder er det et lite antall selgere og et lite antall kjøpere. I slike tilfeller vil kjøper og selger forhandle med hverandre for å prøve å bli enige om en pris. Prisen kan ende høyt eller lavt, avhengig hvem som har mest forhandlingsmakt.

Hvor mye forhandlingsmakt en kjøper eller selger har, bestemmes delvis av antall konkurrerende kjøpere og konkurrerende selgere. Men det er også bestemt av arten av handel. Hvis hver enkelt kjøper kjøper mye, men sjelden, kan det tenkes at man klarer å sette tilbyderne opp mot hverandre i forhandlinger om pris og dermed oppnå en ikke ubetydelig forhandlingsmakt.

Et eksempel på denne type forhandlingsmakt finner vi i markedet for kommersielle fly. Fly er ikke overraskende en avgjørende innsatsfaktor for flyselskaper, og flyselskapene ønsker å kjøpe flyene så billige som mulig. Det finnes mange flyselskaper, men det er imidlertid bare to store produsenter av kommersielle fly, Boeing og Airbus. Man skulle da tro at Boeing og Airbus ville ha en betydelig fordel når det forhandles om priser. Det motsatte er imidlertid tilfellet og det er viktig å forstå hvorfor.

SAS kjøper ikke fly hver dag, og de kjøper vanligvis ikke ett fly av gangen. SAS vil typisk bestille nye fly bare hvert tredje eller fjerde år, og hver ordre kan være på 20 eller 30 fly, til en kostnad på flere milliarder kroner. Selv om Boeing og Airbus er store produsenter, er ikke dette et lite kjøp, og hver av produsentene vil strekke seg langt for å få denne ordren. SAS vet dette og kan bruke det til sin fordel. Hvis for eksempel SAS skal velge mellom 20 nye Boeing 777s eller 20 nye Airbus A340 (som er relativt like), kan SAS sette de to selskapene opp mot hverandre når det kommer til forhandlinger om pris. Så, hvis Boeing tilbyr en pris på eksempelvis 1 mrd. pr. fly, kan SAS gå til Airbus og be om et bedre tilbud. Uansett hva Airbus tilbyr, vil SAS deretter gå tilbake til Boeing, og hevde (sant eller usant) at Airbus legger opp til en betydelig rabatt, for å prøve å klemme frem et enda bedre tilbud. Så går turen tilbake til Airbus, så til Boeing, og så videre, inntil SAS har lykkes i å få en stor rabatt fra ett av de to selskapene.

13.4 FAKTORMARKEDER MED MONOPOLMAKT

I avsnitt 9.2 forklarer vi at en tilbyder har markedsmakt dersom det er lønnsomt å ta en pris som er høyere enn grensekostnaden.

Akkurat som kjøpere av innsatsfaktorer kan ha monopsonimakt, kan tilbydere av innsatsfaktorer ha monopolmakt. En bedrift kan for eksempel ha patent på produksjon av en databrikke – som dermed ingen andre bedrifter kan kopiere. I og med at det viktigste eksempel på monopolmakt i innsatsfaktormarkedene dreier seg om fagforeninger vil vi konsentrere det meste av vår oppmerksomhet rundt dette. I avsnittene som følger viser vi hvordan en fagforening, som er monopolist på salg av arbeidskraft, kan øke nytten for sine medlemmer og samtidig ha en betydelig effekt på arbeidere som ikke er organiserte.

Monopolmakt ved lønnsfastsettelse

Figur 13.13 viser etterspørselen etter arbeidskraft i et marked uten monopsonimakt: Kurven summerer verdien av grenseproduktivitetene for bedriftene som konkurrerer om arbeidskraften. Tilbudskurven for arbeidskraft viser medlemmenes tilbud av arbeidskraft i tilfellet der fagforeningen ikke har noe markedsmakt – som vil være det samme som om det ikke eksisterte noen fagforening. Da ville utfallet bli som i et frikonkurransemarked: sysselsettingen ville bli L^* og lønnen ville bli w^*.

På grunn av sin monopolmakt kan imidlertid fagforeningen fastsette en hvilken som helst lønnsats og det tilhørende tilbud av arbeidskraft, akkurat som en monopolist i produktmarkedet som velger en bestemt pris- kvantumskombinasjon. Dersom fagforeningen ønsker å maksimere antall ansatte ville den velge frikonkurransetilpasningen i A. Hvis fagforeningen derimot ønsket en lønn over frikonkurranselønnen, kunne den begrense antall medlemmer til L_1 arbeidere.

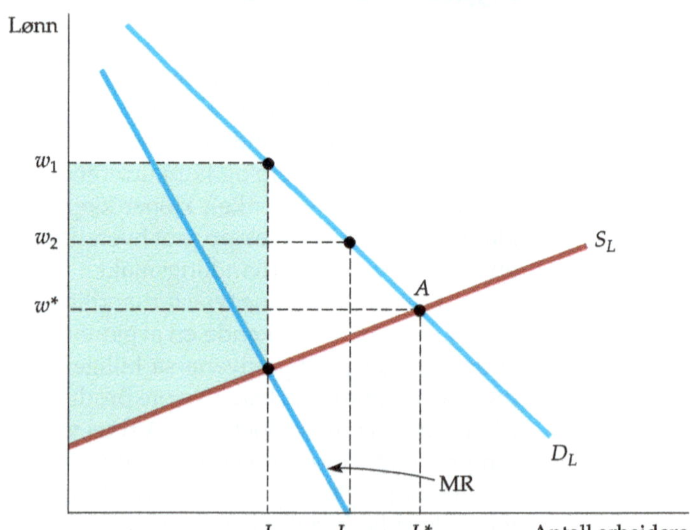

FIGUR 13.13 Markedsmakt for tilbydere av arbeidskraft

Når en fagforening er monopolist, velger den blant punktene på etterspørselskurven etter arbeidskraft, kurve D_L. Tilbyderen kan maksimere antall sysselsatte, L^*, ved å godta at arbeiderne skal få lønnen w^*. Det nivået på sysselsettingen som maksimerer arbeidernes ressursrente, L_1, er bestemt av skjæringspunktet mellom den grenseinntektskurven og tilbudskurven for arbeidskraft; de fagorganiserte vil da få en lønn w_1. Avslutningsvis, hvis fagforeningen ønsker å maksimere samlet lønnsutbetaling til arbeiderne bør sysselsettingen være på L_2, med tilhørende lønn w_2. I dette punktet vil fagforeningens grenseinntekt være lik 0.

Følgelig ville bedriften betale en lønnssats w_1. Fagforeningsmedlemmene som da ville være i arbeid ville komme bedre ut av det, mens de som ikke får jobb kommer dårligere ut av det.

Er en policy fra fagforeningene som begrenser medlemskap verdt det? Dersom fagforeningen ønsker å maksimere ressursrenten som arbeiderne mottar, er svaret ja. Ved å begrense medlemskap, ville fagforeningen opptre som en monopolist, som begrenser produksjonen for å maksimere profitten. For en bedrift er profitten den inntekten den mottar minus dens alternativkostnad. For fagforeningen representerer ressursrenten den lønnen som medlemmene får, fratrukket det offer det er å jobbe i stedet for å ha fritid. For å maksimere ressursrenten må fagforeningen tilpasse arbeidstilbudet slik at grenseinntekten til fagforeningen (de ekstra arbeidsinntektene) er lik ekstrakostnaden knyttet til det å få arbeidere til å arbeide. Denne kostnaden er lik den marginale alternativkostnad, i og med at denne er et mål på hva en arbeidsgiver må tilby en ekstra arbeider for å få han eller henne til å jobbe i bedriften. Den lønnen som må til for å få en ekstra arbeider til å jobbe er imidlertid gitt ved tilbudskurven for arbeidskraft S_L.

I avsnitt 6.1 forklarer vi at alternativkostnaden er kostnaden knyttet til den avkastning bedriften går glipp av ved ikke å benytte ressursene i sin beste alternative anvendelse.

Den kombinasjon av lønn og sysselsetting som maksimerer ressursrenten er gitt ved skjæringspunktet mellom MR- og S_L-kurven. Det grønne arealet under etterspørselskurven, over tilbudskurven og til venstre for L_1, representerer ressursrenten som alle arbeidstakerne mottar.

En policy om maksimering av ressursrente kan også være gunstig for de som ikke er organiserte hvis de kan finne arbeidsplasser for uorganiserte arbeidere. Men hvis slike jobber ikke er tilgjengelige, kan maksimering av ressursrente skape et altfor skarpt skille mellom vinnere og tapere. En alternativ målsetting kan være å maksimere samlet lønn for alle fagorganiserte. Se igjen på eksemplet i figur 13.13. For å oppnå dette målet, økes antall arbeidere fra L_1 opp til det nivå der fagforeningens grenseinntekt er lik 0. I og med at ytterligere sysselsetting reduserer totale lønnsutbetalinger, maksimeres samlet lønn når lønnssatsen er lik w_2 og antallet arbeidere er lik L_2.

Organiserte og ikke-organiserte arbeidere

Når fagforeningen bruker sin monopolmakt til å øke medlemmenes lønn vil færre fagorganiserte arbeidere få jobb. I og med at disse arbeiderne enten flytter til ikke-organiserte sektorer eller i utgangspunktet velger å ikke bli medlemmer, er det viktig å forstå hva som skjer i den ikke-organiserte delen av økonomien.

Anta at den totale tilgangen på fagorganiserte og ikke-organiserte arbeidere er gitt. I figur 13.14 er markedets tilbud av arbeidskraft i begge sektorer gitt av S_L. Etterspørselen etter arbeidskraft fra bedriftene som ansetter fagorganiserte er gitt ved D_U, mens etterspørselen etter ikke-organiserte er gitt ved D_{NU}. Samlet etterspørsel, D_L, er gitt ved den horisontale summen av de to kurvene.

Anta at fagforeningen velger å øke lønnen utover frikonkurranselønnen w^* til w_U. På grunn av den høyere lønnen synker sysselsettingen blant de fagorganiserte med ΔL_U, som vist på den horisontale aksen. Etter hvert som disse arbeiderne får jobb i det ikke-organiserte markedet, vil lønningene her justere seg inntil arbeidsmarkedet er i likevekt. Den nye lønnssatsen for uorganiserte vil være w_{NU}, og sysselsettingen i den uorganiserte sektoren vil øke med ΔL_{NU}, tilsvarende det antall arbeidere som forlot den fagorganiserte sektor.

Figur 13.14 viser en negativ konsekvens av at fagforeningen hever lønningen for de organiserte: Lønningene for de som ikke er organisert synker. Når etterspørselen etter arbeidskraft ikke er helt uelastisk, kommer fagorganiserte bedre ut av det på bekostning av de som ikke er organisert.

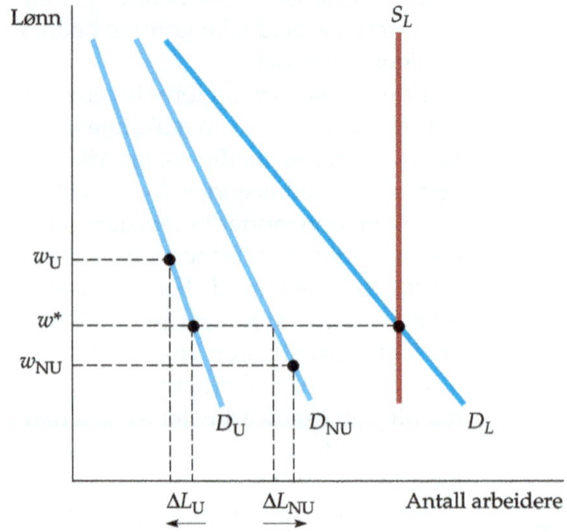

FIGUR 13.14 Lønnsforskjeller mellom organiserte og ikke-organiserte

Når fagforening hever lønnen i den fagorganiserte sektoren fra w^* til w_U, vil sysselsettingen i denne sektoren falle, som vist ved bevegelsen langs etterspørselskurven D_U. For at samlet tilbud av arbeidskraft, S_L, skal forbli uendret, må lønnsnivået i den ikke-organiserte sektoren falle fra w^* til w_{NU}, som vist ved bevegelsen langs etterspørselskurven D_{NU}.

OPPSUMMERING

1. I et faktormarked karakterisert ved frikonkurranse er etterspørselen gitt ved verdien av grenseproduktiviteten: produktet av bedriftens grenseinntekt og faktorens grenseproduktivitet.
2. En bedrift i et arbeidsmarked karakterisert ved frikonkurranse vil ansette arbeidere opp til det punktet der verdien av grenseproduktiviteten er lik lønnssatsen. Dette prinsippet er analogt med betingelsen for profittmaksimerende produksjon hvor man produserer opp til det nivå hvor grenseinntekten er lik grensekostnaden.
3. Markedets etterspørsel etter innsatsfaktorer er den horisontale summen av bransjens etterspørsel etter innsatsfaktorer. Men bransjens etterspørsel er ikke den horisontale summen av etterspørselen fra alle bedrifter i bransjen. For å bestemme bransjens etterspørsel må en huske at produktets markedspris endres som en reaksjon på endringer i prisen på innsatsfaktoren.
4. Når faktormarkeder er karakterisert ved frikonkurranse, vil kjøper av en innsatsfaktor anta at ens kjøp ikke vil påvirke prisen. Følgelig vil både bedriftens grenseutleggs- og gjennomsnittsutleggskurve være perfekt elastiske.
5. Markedets tilbud av en innsatsfaktor, slik som arbeidskraft, trenger ikke å være stigende. En bakoverbøyet tilbudskurve kan forekomme dersom inntekseffekten knyttet til høyere lønnssats (det etterspørres mer fritid fordi det er et normalt gode) er sterkere enn substitusjonseffekten (det etterspørres mindre fritid fordi prisen på fritid har økt).
6. Ressursrente er differansen mellom det en betaler for innsatsfaktorer og det man minimum må ut med for å benytte dem. I arbeidsmarkedet er ressursrente målt ved arealet mellom lønnssatsen og grenseutleggskurven.
7. Når en kjøper av en innsatsfaktor har monopsonimakt, ligger grenseutleggskurven over gjennomsnittsutleggskurven, noe som reflekterer det faktum at monopsonisten må betale en høyere pris for å få tilgang på mer av innsatsfaktorene.
8. Når selger av en innsatsfaktor er monopolist, slik som arbeidstakerorganisasjoner, velger selgeren det punktet på kurven for verdien av grenseproduktiviteten som best passer ens målsetting. Maksimering av henholdsvis sysselsetting, ressursrente og lønn er tre nærliggende målsettinger for arbeidstakerorganisasjoner – men hvor det eksisterer målkonflikter.

SPØRSMÅL

1. Hvorfor er en bedrifts etterspørselskurve etter arbeidskraft mer uelastisk når bedriften har markedsmakt i produktmarkedet enn når bedriften er en frikonkurrent i produktmarkedet?
2. Hvorfor kan tilbudskurven for arbeidskraft være bakoverbøyet?
3. Hva menes med avledet etterspørsel? Gi eksempler.
4. Sammenlign en monopsonists og en frikonkurrents valg av antall ansatte. Hvem ansetter flest, og hvem betaler høyest lønn? Forklar.
5. Popstjerner tjener mange millioner kroner i året. Kan du forklare de høye inntektene med utgangspunkt i begrepet ressursrente?
6. Hva skjer med etterspørselen etter en innsatsfaktor når bruken av en komplementær innsatsfaktor øker?
7. Hvordan er forholdet mellom tilbudet av en innsatsfaktor og marginalt utlegg for den for en monopsonist?
8. En liten bedrift har spesialisert seg på produksjon av sjokoladecookies. Vi antar at arbeidskraft er eneste variable innsatsfaktor. Bedriften har kartlagt at hver arbeider i gjennomsnitt produserer 50 cookies pr. dag, og at gjennomsnittskostnaden pr. arbeider er 1200 kr pr. dag. Prisen på en cookie er 20 kr pr. stykk. Maksimerer bedriften sin profitt? Forklar.
9. En bedrift bruker både arbeidskraft og maskiner i produksjonsprosessen. Forklar hvorfor en økning i gjennomsnittslønn forårsaker både en bevegelse langs etterspørselskurven etter arbeidskraft og et skift i kurven.

ØVELSER

1. Anta at lønnssatsen er 160 kr pr. time og at prisen på produktet er 20 kroner. Tallene for produksjon og arbeidskraft er målt i enheter pr. time.

q	L
0	0
20	1
35	2
47	3
57	4
65	5
70	6

   a. Finn profittmaksimerende mengde arbeidskraft.
   b. Anta at prisen på produktet fortsatt er 20 kr, men at lønnen øker til 210. Finn det nye profittmaksimerende nivå av L.
   c. Anta at prisen på produktet øker til 30 kr og at lønnen forblir 160 kr pr. time. Finn den nye profittmaksimerende L.
   d. Anta at prisen på produktet er 20 kr og at lønnen er 160 kr, men at et teknologisk gjennombrudd øker produksjonen med 25 prosent for et hvert nivå på sysselsettingen. Finn den nye profittmaksimerende L.

2. Anta at arbeidstakere som har inntekt lavere enn 100 000 i utgangspunktet ikke betaler inntektsskatt. Det innføres så en ordning hvor myndighetene garanterer hver arbeider 50 000 kr. uansett om hun eller han tjener noe i det hele tatt. Videre skattlegges all inntekt opp til 100 000 kr med 50 %. Tegn arbeiderens budsjettlinje under dette nye programmet. Hvordan vil programmet sannsynligvis påvirke tilbudskurven for arbeidskraft?
3. Bruk dine kunnskaper om verdien av grenseproduktiviteten til å forklare følgende:
   a. En berømt tennisstjerne får 2 mill kr for å vises i en 30-sekunders TV-reklame. Skuespilleren som spiller hans doublepartner i reklamesnutten får 5 000 kr.
   b. Direktøren i en bedrift får betalt for ikke å bli i jobben de to gjenværende årene av kontrakten.
   c. En jumbojet som tar 400 passasjerer, er priset høyere enn en modell som tar 250 passasjer selv om det koster det samme å produsere begge flyene.
4. Etterspørselen etter innsatsfaktorene listet opp nedenfor har økt. Hva kan du si om endringer i etterspørselen for de relaterte ferdigvarene? Hvilke andre forklaringer kan det være på økningen i den avledede etterspørselen hvis etterspørselen etter ferdigvarer ikke endres?
   a. Minnebrikker til PC
   b. Drivstoff for passasjerfly
   c. Papir benyttet som avispapir
   d. Aluminium benyttet i drikkevarebokser
5. Anta at det er to grupper av arbeidere – fagorganiserte og ikke-organiserte. Myndighetene innfører en lov om at alle arbeidere skal være organiserte. Hva

forventer du vil skje med lønnssatsene til de tidligere ikke-organiserte? Hva med lønnen til de opprinnelig fagorganiserte? Hva har du antatt om fagforeningen atferd?

6. Anta at en bedrifts produktfunksjon er gitt ved $Q = 12L - L^2$, for $L = 0$ til 6, hvor L er antall arbeidere pr. dag og Q er produksjon pr. dag. Utled og illustrer grafisk bedriftens etterspørsel etter arbeidskraft dersom bedriften selger produktet for 100 kr pr. stykk. Hvor mange arbeidere vil bedriften benytte når lønnen er 300 kr pr. dag? 600 kr pr. dag? (Hint: Grenseproduktiviteten av arbeidskraft er $12 - 2L$.)

7. Etterspørselen etter arbeidskraft i en sektor er gitt ved $L = 1200 - 10w$, der L er etterspørsel etter arbeidskraft pr. dag og w er lønnssatsen. Tilbudet av arbeidskraft er gitt ved $L = 20w$. Hva blir likevektslønn og etterspørselen etter arbeidskraft? Hvor stor er arbeidernes ressursrente?

8. Vi benytter samme informasjon som i oppgave 7, men antar nå at all arbeidskraft er organisert og at fagforeningen ønsker å maksimere arbeidernes ressursrente. Hva blir lønnsnivået og hvor mange vil være sysselsatt? Hvordan er svaret ditt sammenlignet med svaret på oppgave 7? Forklar.

***9.** En bedrift benytter en innsatsfaktor, arbeidskraft. Produktfunksjonen er gitt ved $q = 8L^{0,5}$, der q er produsert kvantum og L er antall timeverk. Produktet selges for 150 kr pr. enhet og timelønnen er 75 kroner.

a. Finn profittmaksimerende L.

b. Finn profittmaksimerende q.

c. Hva er maksimal profitt?

d. Anta nå at bedriften pålegges en skatt på 30 kr pr. enhet og at lønnen subsidieres med 15 kr pr. time. Anta at bedriften er pristaker og at produktprisen fortsatt er 150 kroner. Finn det nye profittmaksimerende nivået på L, q og profitten.

e. Anta nå at bedriften pålegges å betale en skatt på 20 % av profitten. Finn det nye profittmaksimerende nivået for L, q og profitten.

DEL • IV

KAPITTEL

14

Generell likevekt, effektivitet og markedssvikt

321

Mye av analysen i de tre første delene av denne boken har fokusert på deskriptive spørsmål – hvordan forbrukere og bedrifter tilpasser seg og hvordan dette påvirker ulike markedsstrukturer. I denne delen tar vi en mer normativ tilnærming. Her vil vi se nærmere på målsettingen om økonomisk effektivitet, vise når markedene gir effektive utfall og forklare når de ikke gir en effektiv ressursallokering, og dermed krever offentlige inngrep.

Kapitlet er delt i to seksjoner. I den første delen begynner vi med å forklare hva som menes med generell likevekt analyse – en analyse der det tas hensyn til samspillet mellom relaterte markeder. Videre skal vi gi en nærmere presisering av hva som menes med en effektiv ressursallokering og viser at frikonkurranselikevekten under visse betingelser gir et effektivt utfall.

I del 2 ser vi nærmere på tilfeller der private uregulerte markeder ikke gjør jobben med å allokere ressursene effektivt. Slike situasjoner betegnes som markedssvikt, og vi skal se på situasjoner med imperfekt informasjon, eksternaliteter og kollektive goder. Vi viser at når noen aktører har bedre informasjon enn andre, kan markeder gi feilallokeringer, eller det kan tenkes at markeder rett og slett ikke oppstår på grunn av mangelfull informasjon. Vi viser også hvordan tilbydere kan unngå problemer med asymmetrisk informasjon ved å gi potensielle kjøpere signaler om produktkvalitet. I tilfellet med eksternaliteter, som er utilsiktede bivirkninger av økonomisk aktivitet – for eksempel forurensing – viser vi at dette i noen tilfeller kan korrigeres gjennom private forhandlinger, mens det i andre tilfeller krever offentlige inngrep som for eksempel avgifter eller utslippstillatelser. Avslutningsvis ser vi på kollektive goder – goder som mange kan ha nytte av samtidig – som et lands forsvar, fyrtårn, fine fasader med mer, og viser at det vil bli produsert for lite av slike goder i en privat uregulert økonomi – noe som kaller på offentlige inngrep.

Generell likevekt, effektivitet og markedssvikt

14

DEL I GENERELL LIKEVEKT OG EFFEKTIVITET

KAPITTELOVERSIKT

Del 1 Generell likevekt og effektivitet	321
14.1 Generell likevekt	321
14.2 Bytteeffektivitet	323
14.3 Produksjonseffektivitet	325
14.4 Effektivitet og rettferdighet	330
14.5 Frikonkurranselikevektens effektivitetsegenskaper – en oversikt	330
Del 2 Markedssvikt	332
14.6 Markedsmakt	332
14.7 Ufullkommen informasjon	332
14.8 Eksternaliteter	341
14.9 Kollektive goder	352

14.1 GENERELL LIKEVEKT

Så langt har våre diskusjoner av markeder i stor grad vært basert på **partiell likevektsanalyse**. I partiell likevektsanalyse antar vi at aktiviteten i ett marked har liten eller ingen effekt på andre markeder.

Ofte er partiell likevektsanalyse tilstrekkelig for å forstå markedets atferd. Imidlertid kan også koblingen mellom ulike markeder være viktig. I kapittel 2, for eksempel, så vi hvordan en endring i prisen på ett gode kan påvirke etterspørselen etter et annet hvis produktene er komplementære eller substitutter. I kapittel 7 så vi at en økning i etterspørselen etter en innsatsfaktor kan føre til at både markedsprisen på innsatsfaktoren og produktprisen stiger.

I motsetning til partiell likevektsanalyse bestemmer **generell likevektsanalyse** *priser og kvantum i alle markeder samtidig*, og det tas eksplisitt hensyn til såkalte feedbackeffekter. En *feedbackeffekt* er en pris eller kvantumsendring i ett marked som følge av pris og kvantumsendringer i relaterte markeder. Anta for eksempel at myndighetene innfører en særavgift på grønne epler. Tilbudskurven for grønne epler skifter oppover og eplene blir dyrere. Men effekten av avgiften ender ikke der. Økt pris på grønne epler vil føre til økt etterspørsel og økte priser på røde epler. Høyere pris på røde epler vil i sin tur øke etterspørselen etter grønne epler og gi ytterlige prisøkning på disse. Interaksjonen mellom markedene vil fortsette slik inntil likevekt etableres i begge markeder.

I praksis er en komplett generell likevektsanalyse, som evaluerer effekten av en endring i ett marked på alle andre markeder, ikke gjennomførbart. I stedet begrenser vi oss til to eller tre markeder som er nært beslektet. Når man for eksempel, ser på en avgift på olje, kan vi også se på markeder for naturgass, kull og elektrisitet.

To realterte markeder – bevegelse til generell likevekt

La oss se på markedet for DVD-utleie og markedet for kinobesøk for å få en smakebit på den gjensidige avhengigheten mellom markeder. De to markedene er nært beslektede fordi DVD-spillere gir de fleste forbrukere mulighet til å se filmer hjemme så vel som på kino. Endringer i prisen i ett marked vil sannsynligvis påvirke det andre markedet, som igjen fører til feedbackeffekter til det første markedet. Vi antar at begge markedene fungerer som frikonkurransemarkeder.

partiell likevektsanalyse Fastsettelse av likevektspris og kvantum i et marked uavhengig av effekter fra andre markeder

generell likevektsanalyse Samtidig fastsettelse av priser og kvantum i alle relevante markeder

Figur 14.1 viser tilbuds- og etterspørselskurvene for DVD-er og kinobilletter. I del (a), er prisen på kinobilletter i utgangspunktet 60 kr, i skjæringspunktet mellom D_M og S_M. I del (b), er DVD-markedet også i likevekt med en pris på 30 kroner.

Anta så at myndighetene pålegger en avgift på 10 kr pr. kinobillett. Effekten av denne avgiften fastsettes ved partiell likevektsanalyse ved å flytte tilbudskurven for kinobilletter oppover med 10 kr, fra S_M til S_M^* i figur 14.1(a). I første omgang fører dette skiftet til at prisene på kinobilletter øker til 63,5 kr, og billettsalget synker fra Q_M til Q'_M. Dette er så langt en partiell likevektsanalyse tar oss. Men vi kan gå videre med en generell likevektsanalyse ved å gjøre to ting: (1) se på effektene av avgiften på DVD-markedet, og (2) se om det er noen feedbackeffekter fra DVD-markedet til kinomarkedet.

Avgiften på kinobilletter påvirker markedet for DVD-er fordi kinobesøk og DVD-er er *substitutter*. En høyere pris på kinobilletter skifter etterspørselen etter DVD-er fra D_V til D'_V i figur 14.1(b). I sin tur fører dette skiftet til at leieprisen for DVD-er øker fra 30 til 35 kroner.

I avsnitt 2.1 forklarer vi at to goder er substitutter når en økning i prisen på det ene godet fører til en økning i etterspørselen etter det andre.

Hva så med kinomarkedet? Den opprinnelige etterspørselskurven for kinobilletter forutsatte at prisen på DVD-er var uendret på 30 kroner. Men, i og med at prisen nå er 35 **kr**, vil etterspørselen etter kinobilletter skifte oppover, fra D_M til D'_M i figur 14.1(a). Den nye likevektsprisen på kinobilletter (i skjæringspunktet mellom S_M^* og D'_M) er 67,5 kr, i stedet for 63,5 kr og antall kjøpte kinobilletter har økt fra D'_M til Q''_M. Dermed vil en partiell likevekstanalyse undervurdere effekten av en avgift på kinobilletter. DVD-markedet er så nært knyttet til kinomarkedet at det å analysere totaleffekten av en avgift fordrer anvendelse av generell likevektsanalyse.

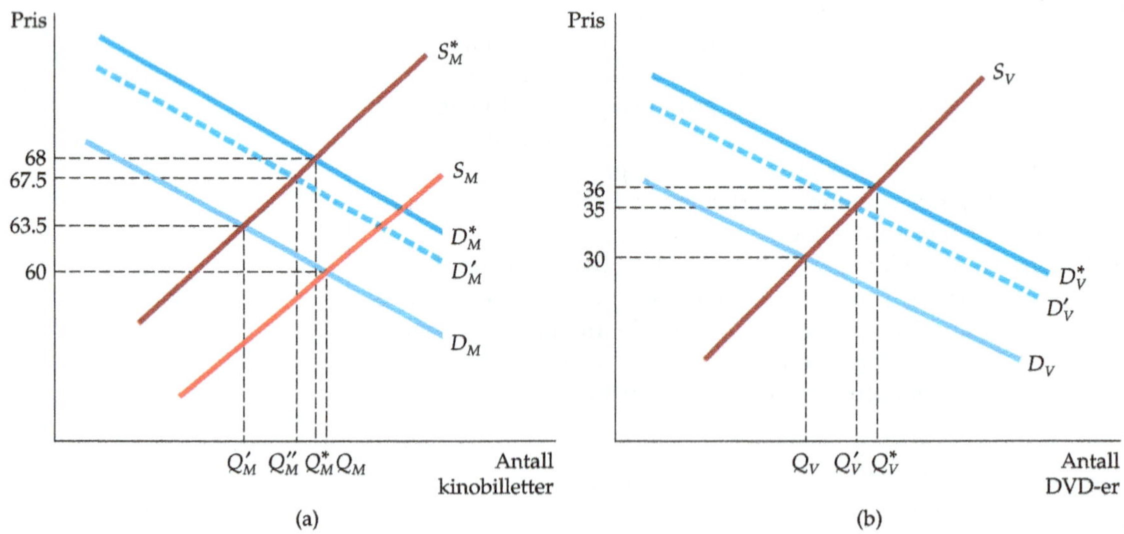

FIGUR 14.1 To relaterte markeder (a) Kinobesøk og (b) DVD-leie

Når markedene er avhengige av hverandre, må prisene på alle produktene bestemmes samtidig. Her vil en avgift på kinobilletter skifte tilbudskurven for kinobilletter av filmer oppover fra S_M til S_M^* som vist i **(a)**. Den høyere prisen på kinobilletter (63,5 kr i stedet for 60 kr) fører til at etterspørselskurven etter DVD-er skifter oppover (fra D_V til D'_V), noe som fører til at prisen på DVD-er stiger (fra 30 til 35 kr), som vist i **(b)**. Prisøkningen på DVD-er virker tilbake på etterspørselen etter kinobilletter og skifter etterspørselskurven oppover fra D_M til D'_M og fører til at prisen på kinobilletter øker fra 63,5 til 67,5 kr. Slik fortsetter det inntil vi når generell likevekt gitt i skjæringspunktet mellom D_M^* og S_M^* i **(a)**, med en billettpris på 68 kr, og i skjæringspunktet mellom D_V^* og S_V i **(b)**, med en DVD-pris på 36 kr.

Vi når frem til generell likevekt

Vår analyse er ennå ikke fullført. Endringen i markedsprisen på kinobilletter vil gi en feedbackeffekt på prisen på DVD-er som i sin tur vil påvirke prisen på kinobilletter og så videre. Til slutt må vi bestemme likevektspriser og kvantum for både kinobilletter og DVD-er *samtidig*. Likevektsprisen for kinobilletter, vist i figur 14.1(a), er 68 kr, og likevektsprisen for pris på DVD-er er 36 kr, som vist i 14.1(b). Dette er likevektsprisen for DVD-er, i og med at tilbuds- og etterspørselkurvene forutsetter at prisen på kinobilletter er 68 kroner. Likeledes er tilbuds- og etterspørselskurven for kinobilletter tegnet inn under forutsetning av at prisen på DVD-er er 36 kroner. Med andre ord, begge sett med kurver er i samsvar med prisene i relaterte markeder, og vi har ingen grunn til å forvente at tilbuds – og etterspørselskurvene i noen av markedene vil skifte ytterligere. For å finne de generelle likevektspriser (og kvantum) i praksis må vi finne de priser som gir samtidig likhet mellom tilbud og etterspørsel i alle relaterte markeder. For våre to markeder må vi finne løsningen for fire ligninger (tilbud av kinobilletter, etterspørsel etter kinobilletter, tilbud av DVD-er og etterspørsel etter DVD-er).

Merk deg at selv om vi bare var interessert i markedet for kinobilletter, er det viktig å gjøre rede for DVD-markedet ved fastlegging av effektene av en avgift på kinobilletter. I dette eksemplet ville en partiell likevektsanalyse lede oss til å konkludere med at avgiften ville øke prisen på kinobilletter fra 60 til 63,5 kroner. En generell likevektsanalyse viser imidlertid at effekten av en avgift på kinobilletter er større: Prisen ville faktisk øke til 68 kr.

I avsnitt 2.1 forklarer vi at to goder er komplementære hvis en økning i prisen på det ene godet fører til at etterspørselen etter det andre godet synker.

Kinobesøk og DVD-er er substitutter. Ved å tegne diagrammer analoge til de du ser i figur 14.1, bør du være i stand til å overbevise deg selv om at dersom varene er komplementære, vil en partiell likevektsanalyse overdrive effektene av en avgift. Ta for eksempel biler og bensin. En avgift på bensin vil føre til at prisen går opp, men denne økningen vil redusere etterspørselen etter biler, som igjen reduserer etterspørselen etter bensin, noe som fører til at prisen går noe ned igjen.

14.2 BYTTEEFFEKTIVITET

bytteøkonomi
Et marked hvor to eller flere konsumenter bytter goder seg imellom

effektiv (eller Paretoeffektiv) allokering
Allokering av goder som innebærer at ingen kan få det bedre uten at andre får det verre

I kapittel 8 så vi at et frikonkurransemarked var effektivt fordi det maksimerer summen av konsument- og produsentoverskuddet. For å undersøke begrepet økonomisk effektivitet i mer detalj begynner vi med en **bytteøkonomi** hvor vi analyserer atferden til to konsumenter som kan bytte varer seg i mellom. (Analysen gjelder også for handel mellom to land.) Anta at de starter med "en kurv" av goder, epler og pærer. Vi kaller deres beholdning av epler og pærer i utgangspunktet for deres initialbeholdninger av godene. Hvis begge kan komme bedre ut av det ved å bytte epler mot pærer seg imellom, vil initialfordelingen ikke være *effektiv*. Kriteriet for at godene skal være fordelt effektivt, er at man *ikke kan gjøre det bedre for den ene uten at den andre kommer dårligere ut av det*. Begrepet *Paretoeffektivitet* brukes noen ganger synonymt med **effektiv allokering**. Konseptet bytteeffektivitet ble utviklet av den italienske økonomen Vilfredo Pareto. I punktene som følger, viser vi hvorfor gjensidig fordelaktige bytter resulterer i en Paretoeffektiv allokering av godene.

Gevinster ved handel

Som regel er frivillig handel mellom to personer eller to land gjensidig fordelaktig. For å se hvorfor, la oss se nærmere på en situasjon med to konsumenter og to goder, hvor vi antar at det ikke er noen kostnader knyttet til selve bytte (ingen transaksjonskostnader).

TABELL 14.1 Gevinster ved bytte

	Initial allokering	Bytte	Endelig allokering
Jan	7M, 1K	–1M, +1K	6M, 2K
Karen	3M, 5K	+1M, –1K	4M, 4K

I avsnitt 3.1 forklarer vi at den marginale substitusjonsrate er den maksimale mengden av et gode konsumenten er villig til å gi opp for å få én enhet til av et annet gode.

Anta at Jan og Karen til sammen har 10 enheter mat og 6 enheter klær. Tabell 14.1 viser at i utgangspunktet har Jan 7 enheter mat og 1 enheter klær, og Karen 3 enheter mat og 5 enheter klær. For å avgjøre om bytte vil være fordelaktig, må vi kjenne deres preferanser for henholdsvis mat og klær. Anta at fordi Karen har mye klær og lite mat, er hennes marginale substitusjonsrate (MRS) av mat for klær 3: For å få en enhet mat til er hun villig til å gi fra seg 3 enheter klær. Imidlertid er Jans MRS av mat for klær kun 1/2: Han vil bare gi opp 1/2 enhet klær for å få én enhet mat til.

Det er dermed rom for gjensidig fordelaktig varebytte i og med at Jan verdsetter klær høyere enn det Karen gjør, mens Karen verdsetter mat høyere enn det Jan gjør. For å få én enhet mat til vil Karen være villig til å ofre inntil 3 enheter klær. Men Jan er villig til å gi fra seg inntil 1 enhet mat for bare en 1/2 enhet klær. Hvordan byttet gjennomføres, avhenger av selve forhandlingsprosessen. Blant de mulige utfallene av et bytte er at Jan gir fra seg 1 enhet mat og får alt mellom 1/2 og 3 enheter klær fra Karen.

Anta at Karen tilbyr Jan 1 enhet klær for en enhet mat, og at Jan er enig. Begge vil da få det bedre. Karen var maksimalt villig til å gi fra seg 3 enheter klær, men gir bare fra seg 1 enhet. Jan kunne klart seg med en 1/2 enhet mer klær, men han får 1 enhet. Når to konsumenters marginale substitusjonsrater er forskjellige, er det altså rom for gjensidig fordelaktig bytte fordi ressursallokeringen i utgangspunktet er ineffektiv; bytte vil være fordelaktig for begge. *Når de marginale substitusjonsrater er like har vi en effektiv ressursallokering.*

Dette sentrale resultatet gjelder også når det er mange goder og mange konsumenter: En allokering av goder er bare effektiv hvis godene fordeles slik at den marginale substitusjonsrate mellom et hvilket som helst par av goder er den samme for alle konsumenter.

Frikonkurranselikevektens effektivitetsegenskaper

La oss nå se hvordan frikonkurransetilpasningen oppfyller kriteriet om bytteeffektivitet. Effektivitetskriteriet er altså at de to personenes marginale substitusjonsrater skal være like:

$$MRS_K = MRS_J$$

I kapittel 4 viste vi hvordan en person tilpasset seg for å maksimere nytten, gitt den budsjettbetingelsen man sto overfor. Vi fant at konsumenten skulle sette sammen sin godekombinasjon slik at den marginale substitusjonsrate var lik forholdet mellom de to gode-prisene:

$$MRS = P_M/P_K$$

Dette gjelder da selvfølgelig også for Jan og Karen. I en frikonkurranseøkonomi vil alle individer stå overfor de samme relative priser – priser som de tar for gitt. Vi vil da ha at:

$$MRS_K = P_M/P_K = MRS_J \qquad \textbf{(14.1)}$$

Følgelig vil effektivitetskriteriet være oppfylt. De relative prisene koordinerer konsumentenes beslutninger slik at deres marginale substitusjonsrater blir like. Dette illustrerer Adam Smiths berømte metafor om den usynlige hånd, fordi det forteller oss at økonomien automatisk vil allokere ressursene effektivt uten behov for offentlige inngrep. Det er de individuelle handlingene til konsumenter og produsenter, som alle tar prisen for gitt, som gjør at markedene fungerer på en økonomisk effektiv måte. Det at frikonkurranselikevekten er økonomisk effektiv beskrives ofte som **velferdsteoriens første hovedteorem** som innebærer normative vurderinger av markeder og økonomisk politikk. Formelt er teoremet som følger:

velferdsteori
Normative evaluering av markeder og økonomisk politikk

> Hvis alle markeder er karakterisert ved frikonkurranse vil alle gjensidig fordelaktige bytter bli gjennomført og ressursallokeringen vil være økonomisk effektiv – under visse forutsetninger.

Å oppnå en effektiv fordeling når det er mange forbrukere (og mange produsenter), er ikke lett. Det kan som sagt oppnås dersom alle markeder fungerer som frikonkurransemarkeder. Et effektivt utfall kan imidlertid også oppnås på andre måter, for eksempel gjennom et sentralisert system der staten allokerer alle varer og tjenester. Frikonkurranseløsningen er imidlertid generelt å foretrekke fordi det allokerer ressursene effektivt med et minimum av informasjonsbehov og bare små administrasjonskostnader. Alle konsumenter må kjenne sine egne preferanser og prisene de står overfor, men de trenger ikke vite hva som blir produsert eller hva andre konsumenters etterspørsel er. Andre allokeringsmekanismer fordrer mer informasjon, og blir følgelig vanskeligere å administrere.

14.3 PRODUKSJONSEFFEKTIVITET

Vi beveger oss nå over til bedriftene og skal se nærmere på hva som karakteriserer effektiv bruk av innsatsfaktorer i produksjonsprosessen. Vi antar at det er en gitt tilgang av to innsatsfaktorer, arbeidskraft og kapital, som er nødvendige for å produsere mat og klær. Vi antar videre at det er mange konsumenter som eier innsatsfaktorene (herunder arbeidskraft), og får inntekt fra salg av disse. Denne inntekten vil i sin tur bli brukt på de to varene.

Dette rammeverket binder sammen de ulike tilbuds- og etterspørselselementene i økonomien. Folk leverer innsatsfaktorer til produksjon og bruker deretter inntektene de tjener til konsum av varer og tjenester. Når prisen på en innsatsfaktor øker, vil enkeltpersoner som tilbyr mye av den innsatsfaktoren tjene mer penger og dermed konsumere mer. I sin tur øker dette etterspørselen etter innsatsfaktorer som skal til for å øke produksjonen, og vi har dermed en feedbackeffekt på prisene på disse innsatsfaktorene. Bare en generell likevektsanalyse kan finne de prisene som gir likhet mellom tilbud og etterspørsel i alle markeder.

Teknisk effektivitet

For å se hvordan innsatsfaktorer kan kombineres effektivt, må vi kartlegge de ulike faktorkombinasjoner som kan benyttes for å produsere de to varene. En spesifikk allokering av innsatsfaktorene er **teknisk effektiv** når det ikke sløses med innsatsfaktorerene. Effektivitet i produksjonen er ikke et nytt konsept for oss. I kapittel 5 så vi at en produktfunksjon representerer den maksimale produksjonen som kan oppnås med et gitt sett av innsatsfaktorer. Her utvider vi konseptet til produksjon av to goder fremfor ett.

teknisk effektivitet
En tilstand der det ikke sløses med innsatsfaktorer

Hvis faktormarkedene er karakterisert ved frikonkurranse, vil produksjonen være teknisk effektiv. La oss se hvorfor. Hvis det er frikonkurranse i arbeidsmarkedet, så vil lønnssatsen w være lik i alle bransjer. Likeledes vil leieprisen på kapital r være den

I avsnitt 6.3 forklarer vi at leieprisen på kapital er kostnaden pr. år for å leie én enhet kapital.

I avsnitt 6.3 forklarer vi at den marginale tekniske substitusjonsrate mellom arbeidskraft og kapital viser hvor mye kapitalbruken kan reduseres når bedriften får tilgang på én arbeidskraftsenhet til, gitt at produksjonen skal være uforandret.

samme uavhengig av om kapitalen benyttes i produksjon av mat eller klær. Vi vet fra kapittel 6 at dersom produsenter av mat og klær minimerer kostnadene for et gitt produksjonsnivå, vil de benytte kombinasjoner av arbeidskraft og kapital, slik at forholdet mellom grenseproduktivitetene er lik faktorprisforholdet:

$$MP_L/MP_K = w/r$$

Men vi viste også at forholdet mellom grenseproduktivitetene er lik den marginale tekniske substitusjonsrate mellom faktorene, $MRTS_{LK}$. Følgelig har vi:

$$MRTS_{LK} = w/r \quad \textbf{(14.2)}$$

MRTS er stigningstallet til bedriftens isokvant. Under frikonkurranse i faktormarkedene vil alle bedrifter stå overfor de samme faktorpriser og dermed samme faktorprisforhold, w/r. Følgelig vil alle bedrifter stå overfor isokostlinjer med samme helning. Bedriftene vil da ha samme marginale tekniske substitusjonsrate og vi har effektivitet i produksjonen.

Produksjonsmulighetskurven

produksjonsmulighetskurve
En kurve som viser hva som maksimalt kan produseres av to goder for en gitt mengde innsatsfaktorer og en gitt teknologi

Produksjonsmulighetskurven viser de forskjellige kombinasjonene av mat og klær som kan produseres med en gitt tilgang på arbeidskraft og kapital, og en gitt teknologi.

Punkt O_M representerer ytterpunktet der det kun produseres klær, og O_K representer det andre ytterpunktet der det kun produseres mat. Punktene *B*, *C* og *D* representer punkter hvor både mat og klær produseres effektivt. Punkt *A* ligger innenfor produksjonsmulighetskurven og representerer en ineffektiv ressursbruk i den forstand at det ved en omallokering av ressursene er mulig å produsere mer av den ene godet uten at det produseres mindre av det andre.

Hvor vi ender opp på produksjonsmulighetskurven, avhenger av konsumentenes etterspørsel etter de to varene. Anta for eksempel at folk har en tendens til å fortrekke mat fremfor klær. Et mulig utfall vil være i punkt *D* i figur 14.2. På den annen side, hvis konsumentene foretrekker klær fremfor mat, vil kanskje økonomien ende i et punkt på produksjonsmulighetskurven nærmere O_M.

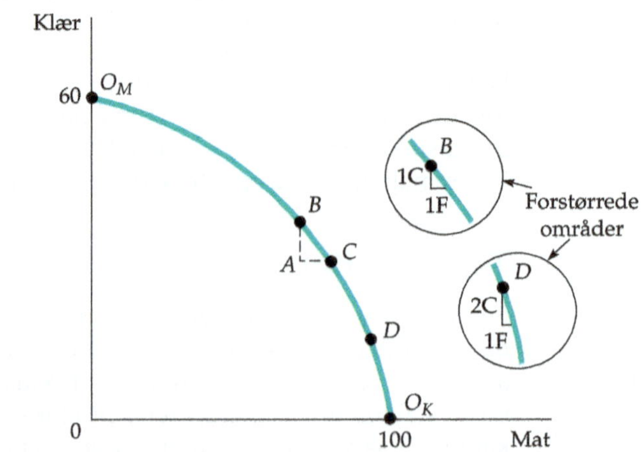

FIGUR 14.2 Produksjonsmulighetskurven

Produksjonsmulighetskurven viser alle effektive produktkombinasjoner. Produksjonsmulighetskurven er konkav fordi helningen (den marginale transformasjonsrate) øker når produksjonen av mat øker.

Hvorfor er produksjonsmulighetskurven synkende? For å produsere mer mat må man trekke innsatsfaktorer bort fra produksjon av klær, noe som senker produksjonen av klær.

Den marginale transformasjonsrate

marginal transformasjonsrate
Mengden av et gode som oppgis for å kunne produsere én enhet til av et annet gode

Produksjonsmulighetskurven er konkav – dvs. at helning øker jo mer mat det blir produsert. Helningen beskrives ved den **marginale transformasjonsrate** (MRT). MRT måler hvor mye produksjonen av klær må reduseres for at produksjonen av mat skal øke med én enhet. Eksempelvis viser det forstørrede området av figur 14.2 at MRT er lik 1 i punkt *B*, i og med at man må oppgi én enhet mat for å øke produksjonen av klær med én enhet. I punkt *D* derimot, er MRT lik 2 i og med at det må oppgis 2 enheter klær for å produsere én enhet mat til.

Merk at MRT øker når vi øker produksjonen av mat. Økningen skjer fordi arbeidskraftens og kapitalens produktivitet er forskjellige, avhengig av om faktorene benyttes til å produsere mer mat eller mer klær. Anta at vi begynner i O_M, hvor det bare produseres klær. Vi flytter så noe arbeidskraft og kapital fra produksjon av klær, hvor deres grenseproduktiviteter er relativet lave, over til produksjon av mat, hvor deres grenseproduktivitet er høy. I dette tilfellet, for å produsere den første enheten mat, er det veldig lite klesproduksjon som går tapt. (MRT er mye mindre enn 1.) Men når vi beveger oss langs produksjonsmulighetskurven og produserer mindre klær, vil grenseproduktiviteten av arbeidskraft og kapital i produksjon av klær øke, mens grenseproduktiviteten i produksjon av mat synker. I *B* er grenseproduktivitetene like og MRT er lik 1. Beveger vi oss enda lenger til høyre på produksjonsmulighetskurven blir MRT større enn 1.

Vi kan også beskrive formen på produksjonsmulighetskurven ved hjelp av produksjonskostnadene. I O_M er grensekostnaden ved produksjon av mat lav i og med at lite klær går tapt: Mye blir produsert med lav innsatsfaktorbruk. Motsatt er grensekostnaden ved produksjon av klær svært høy: Det kreves mye av begge innsatsfaktorer for å produsere ytterligere én enhet klær. Dermed, når MRT er lav, så vil forholdet mellom grensekostnaden ved å produsere mat, MC_M, og grensekostnaden ved å produsere klær, MC_K, også være lav. Produksjonsmulighetskurvens krumning følger direkte fra det faktum at forholdet mellom grensekostnaden ved produksjon av mat og grensekostnaden ved produksjon av klær er stigende. I hvert punkt langs produksjonsmulighetskurven holder følgende betingelse:

$$MRT = MC_M/MC_K \qquad \textbf{(14.3)}$$

I *B* er MRT lik 1. Hvis faktorkostnadene ved å produsere en enhet av det ene eller det andre godet er 100 kr, ville forholdet mellom grensekostnadene være 100 kr/100 kr = 1. Ligning (14.3) holder også i *D* (og på alle andre punkt på produksjonsmulighetskurven). Anta at innsatsfaktorene som skal til for å produsere en enhet mat koster 160 kroner. Grensekostnaden ved produksjon av mat er da 160 kr, mens grensekostnaden ved produksjon av klær bare er 80 kr (160kr/2 enheter). Følgelig er forholdet mellom grensekostnadene lik 2.

Produksjonseffektivitet

For at en økonomi skal være effektiv, må ikke bare produktene produseres til lavest mulig kostnad, det må også produseres godekombinasjoner som samsvarer med folks preferanser. Sagt på en annen måte: vi må produsere det folk vil ha. For å forstå dette prinsippet tenker vi tilbake til kapittel 3, der vi forklarte at den marginale substitusjonsrate mellom mat og klær måler hvor mange enheter klær man er villig til å oppgi for én enhet mat til. Den marginale transformasjonsrate, på sin side, sier hvor mye produksjonen av klær må synke for at vi skal få produsert en enhet mat til. Betingelsen for produksjonseffektivet er gitt ved:

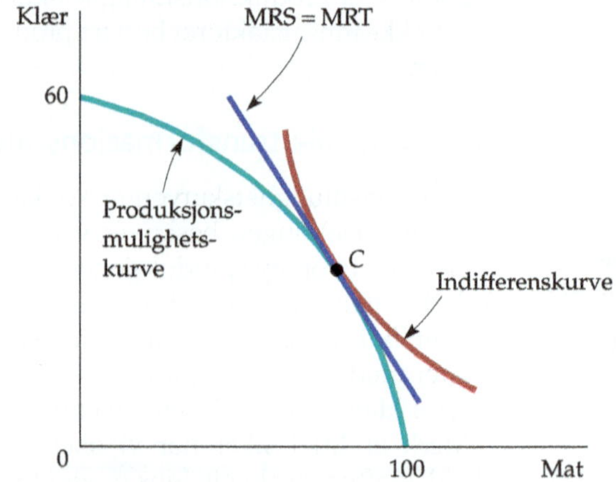

FIGUR 14.3 Produksjonseffektivitet

Den effektive kombinasjonen av produkter finner vi der den marginale transformasjonsrate mellom to goder (som måler kostnaden ved å produsere det ene godet i forhold til det andre) er lik konsumentens marginale substitusjonsrate (som måler grensenytten av det en godet i forhold til det andre).

$$\text{MRS} = \text{MRT} \tag{14.4}$$

For å overbevise oss om dette kan vi anta at betingelsen ikke er oppfylt, for eksempel at MRT er lik 1 og MRS lik 2. I så fall er konsumentene villige til å oppgi 2 enheter klær for å få én enhet mat til, mens kostnaden for å få den ekstra enheten mat bare er én enhet klær. Åpenbart blir det da produsert for lite mat. For å oppnå effektivitet må matproduksjonen økes; MRS vil da synke og MRT vil øke. Resultatet er effektivt bare når MRS = MRT for alle par av varer.

Figur 14.3 illustrerer dette effektivitetskriteriet grafisk. Her har vi lagt inn konsumentens indifferenskurve. Nyttemaksimering tilser at vi skal tilpasse oss på en indifferenskurve lengst mulig ut i diagrammet, gitt at vi fortsatt er på produksjonsmulighetskurven (punkter utenfor produksjonsmulighetskurven er ikke oppnåelige). Følgelig vil nyttemaksimerende produksjonssammensetning være gitt i punkt *C*, der indifferenskurven tangerer produksjonsmulighetskurven. I dette punktet er kurvenes helning like og MRS er lik MRT.

Hvis du hadde ansvaret for å administrere en økonomi: bestemme hvor mye som skulle produseres av ulike goder, hvordan det skulle produseres og hvordan godene skulle fordeles; ville du står overfor betydelige problemer. For å oppnå effektivitet, må du sørge for likhet mellom konsumentenes marginale substitusjonsrater og den marginale transformasjonsrate. Men hva hvis konsumentene har ulike preferanser for mat og klær, hvordan skulle du da avgjøre hvor mye mat og klær som skulle produseres, og hvordan dette skulle fordeles slik at de marginale substitusjonsratene ble like? Informasjons- og logistikkostnadene er enorme. Det er en av grunnene til at planøkonomier, som det tidligere Sovjetunionen, gjorde det så dårlig. Heldigvis kan en velfungerende markedsøkonomi, med langt lavere informasjonskostnader, oppnå samme effektive utfall som en ideell sentralstyrt økonomi.

Effektivitet i produktmarkedene

Når det er frikonkurranse i produktmarkedene, vil alle konsumenter allokere sine budsjetter slik at deres marginale substitusjonsrater er lik prisforholdet mellom godene. For våre to varer, mat og klær har vi:

$$\text{MRS} = P_M/P_K$$

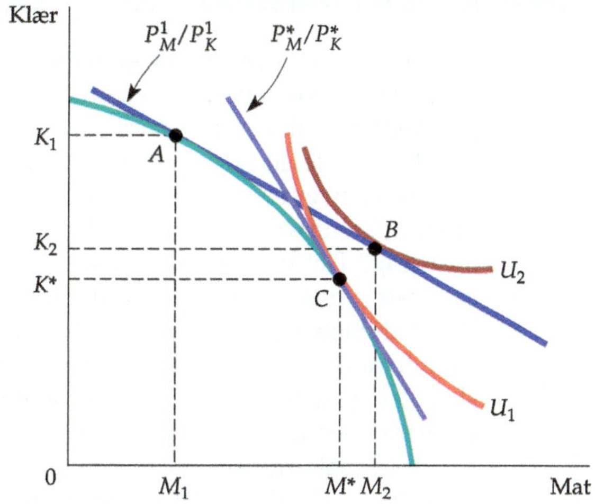

FIGUR 14.4 Frikonkurranse og produksjonseffektivitet

I et frikonkurransemarked vil konsumentene sette sammen sitt konsum slik at den marginale substitusjonsrate er lik prisforholdet. Produsentene vil tilpasse seg slik at den marginale transformasjonsrate er lik det samme prisforholdet. I og med at MRS da blir lik MRT, vil frikonkurranselikevekten gi et effektivt utfall. Ethvert annet prisforholdet vil føre til et etterspørselsoverskudd etter det ene godet og et tilbudsoverskudd av det andre.

I avsnitt 3.3 forklarer vi at nyttemaksimering generelt oppnås når den marginale substitusjonsrate er lik prisforholdet mellom godene.

Samtidig vil hver profittmaksimerende bedrift produsere opp til det nivå der pris er lik grensekostnad. Igjen, for våre to varer har vi:

$$P_M = \text{MC}_M \quad \text{og} \quad P_K = \text{MC}_K$$

I og med at den marginale transformasjonsrate er lik forholdet mellom grensekostnadene, følger det at:

$$\text{MRT} = \text{MC}_M/\text{MC}_K = P_M/P_K = \text{MRS}$$

Når innsatsfaktormarkedet og produktmarkedet er karakterisert ved frikonkurranse, vil vi derfor ha at produksjon er effektiv, MRT er lik MRS.

Figur 14.4 viser hvordan effektivitet oppnås i en frikonkurranseøkonomi. Anta at markedet genererer et prisforhold P_M^1/P_K^1. Dersom produsentene bruker innsatsfaktorene effektivt vil de produsere mat og klær gitt ved punkt *A*, hvor prisforholdet er lik MRT. Når konsumentene står overfor dette prisforholdet, ville de imidlertid ønske å tilpasse seg i punkt *B*, hvor nyttemaksimering finner sted på en indifferenskurve, U_2, som ligger lenger ut i diagrammet. Men til dette prisforholdet vil ikke produsentene produsere kombinasjonen av mat og klær gitt ved *B*. I og med at produsentene ønsker å produsere M_1 enheter mat, mens konsumentene ønsker å kjøpe M_2, vil det være et etterspørselsoverskudd etter mat. Tilsvarende, da konsumentene ønsker å kjøpe K_2 enheter klær mens produsentene ønsker å produsere K_1, vil det være et overskuddstilbud av klær. Markedsprisene vil da justere seg: Prisen på mat vil stige og prisen på klær vil synke. Når prisforholdet P_M/P_K øker, vil linjen som viser prisforholdet bli brattere.

Likevekt oppnås når prisforholdet er P_M^*/P_K^*, som i C. Her ønsker produsentene å produsere M^* enheter mat og K^* enheter klær, og konsumentene ønsker å kjøpe de samme mengdene. I denne likevekten er MRT og MRS like, og frikonkurranselikevekten er derfor effektiv.

14.4 EFFEKTIVITET OG RETTFERDIGHET

Mange ulike allokeringer av goder kan være effektive. Hvis for eksempel Karen sitter med all maten og alle klærne i utgangspunktet, og Jan ikke har noe, vil dette være en paretoeffektiv allokering – hvis Jan skal få det bedre, må Karen få det verre. Tilsvarende hvis Jan hadde alt i utgangspunktet. Her er det ikke rom for gjensidige fordelaktige bytter da den ene ikke har noe å bytte bort. Selv om de er effektive fremstår ikke disse ytterpunktene som rettferdige. Hvordan fastlegger vi hva som er den mest rettferdige fordeling? Det er et vanskelig spørsmål – økonomer og andre er uenige om både hvordan man definerer rettferdighet og hvordan man kan tallfeste det. Rettferdighetsoppfatninger innebærer subjektive sammenligninger av nytte, og fornuftige folk kan være uenige om hvordan disse sammenligningene skal foretas. Vi skal ikke gå nærmere inn på diskusjonen rundt rettferdighet her men nøye oss med å knytte noen kommentarer til forholdet mellom rettferdighet og effektivitet.

En frikonkurranselikevekt gir en effektiv ressursallokering, men utfallet kan være langt fra det som av de fleste oppfattes som rettferdig. Det er en rekke mulige frikonkurranselikevekter – helt avhengig av hvordan initialfordelingen av goder er. Tilfellet der Karen har all maten og alle klærne i utgangspunktet representerer en frikonkurranselikevekt. Det samme gjør utfallet når Jan har alt i utgangspunket.

I og med at en effektiv allokering ikke nødvendigvis er rettferdig, vil myndighetene omfordele inntekt eller goder mellom husholdningene for å oppnå visse mål for rettferdighet. Disse målene kan nås ved hjelp av skattesystemet. Her kan man pålegge en høy skattesats for de med høye inntekter og lave satser for de med lave inntekter, og benytte skatteinntektene til for eksempel gratis helsetjenester og gratis utdanning. Man vil da få en jevnere fordeling av goder enn om man ikke trakk inn skatter og alle måtte betale like mye for helsetjenester og utdanning.

Det at en frikonkurranselikevekt er forenelig med mange ulike fordelinger av goder, er et sentralt resultat innen mikroøkonomi. Det er viktig fordi det antyder et svar på et grunnleggende normativt spørsmål: Er det en trade-off mellom rettferdighet og effektivitet? Er det slik at et samfunn som ønsker å oppnå en mer rettferdig fordeling av godene nødvendigvis fungerer økonomisk ineffektivt? Svaret, som er gitt av velferdsteoriens andre hovedteorem, forteller oss at en omfordeling ikke behøver å komme i konflikt med økonomisk effektivitet. Formelt sier teoremet følgende:

> Dersom individuelle preferanser er konvekse, vil enhver effektiv allokering kunne realiseres gjennom en frikonkurranselikevekt – under visse forutsetninger.

> I avsnitt 3.1 forklarer vi at en indifferenskurve er konveks dersom MRS avtar når man beveger seg langs kurven.

Bokstavelig talt sier dette teoremet at enhver likevekt som kan anses for å være rettferdig, kan oppnås ved en passende fordeling av ressurser mellom individer, og at en slik fordeling ikke behøver å skape ineffektivitet. Dessverre er imidlertid alle systemer som omfordeler inntekt i vårt samfunn økonomisk kostbare. Skatter kan føre til at folk jobber mindre eller får bedrifter til å bruke ressurser på å unngå skatter snarere enn å konsentrere seg om produksjon. Så, i praksis vil det være en avveining mellom målene av rettferdighet og effektivitet, og vanskelige valg må gjøres.

14.5 FRIKONKURRANSELIKEVEKTENS EFFEKTIVITETSEGENSKAPER – EN OVERSIKT

Vi er nå ferdige med vår analyse av generell likevekt og økonomisk effektivitet, og vi har fått frem to bemerkelsesverdige resultater. For det første har vi vist at for en hvilken som helst initial allokering av ressursene vil en frikonkurranseøkonomi gi et effektivt utfall. Velferdsteoriens første hovedteorem forteller oss at et frikonkurransemarked, der både konsumenter og produsenter handler i sin egeninteresse og hvor markedsprisene formidler informasjon til begge parter, vil oppnå en effektiv allokering av ressurser.

For det andre, med konvekse indifferenskurver, kan en hvilken som helst effektiv allokering av ressursene oppnås ved en passende omfordeling av ressursene. Velferdsteoriens andre hovedteorem forteller oss at under visse (riktignok ideelle) forhold kan spørsmål om rettferdighet og effektivitet separeres.

Begge teoremer hviler på antagelsen om at markedene er karakterisert ved frikonkurranse. Dessverre vil ingen av disse resultatene nødvendigvis holde når markedene ikke lenger fungerer som frikonkurransemarkeder. I resten av dette kapitlet skal vi se på tilfeller der markeder ikke gjør jobben med å allokere ressursene effektivt – såkalt markedssvikt – og se hva myndighetene kan gjøre for å bedre ressursallokeringen. Før vi fortsetter er det imidlertid viktig å oppsummere vår forståelse av frikonkurranselikevektenes effektivitetsegenskaper. Nedenfor har vi listet opp de betingelser som skal være oppfylt for at vi skal ha bytteeffektivitet, effektivitet i innsatsfaktormarkedet og effektivitet i produktmarkedet. Disse betingelsene er sentrale, og i hvert av tilfellene bør du gå tilbake til forklaringene i dette kapittelet og de underliggende byggeklossene i tidligere kapitler.

I avsnitt 3.3 viser vi at konsumentene maksimerer nytten når den marginale substitusjonsrate er lik prisforholdet på godene.

1. *Bytteeffektivitet:* Når konsumentenes marginale substitusjonsrater er like, vil det ikke lenger være rom for gjensidige fordelaktige bytter – vi har da bytteeffektivitet:

$$\text{MRS}_K = \text{MRS}_J$$

En frikonkurranseøkonomi vil tilfredsstille dette kriteriet fordi tangering mellom budsjettbetingelsen og konsumentenes indifferenskurve sikrer at:

$$\text{MRS}_K = P_M/P_K = \text{MRS}_J$$

I avsnitt 6.3 viser vi at profittmaksimering fordrer at den marginale tekniske substitusjonsrate er lik forholdet mellom faktorprisene.

2. *Effektivitet i bruken av innsatsfaktorer*: Hver produsents marginale tekniske substitusjonsrate mellom arbeidskraft og kapital skal være like:

$$\text{MRTS}_M = \text{MRTS}_K$$

I en frikonkurranseøkonomi blir utfallet effektivt fordi hver enkelt produsent maksimerer profitten ved å velge en kombinasjon av arbeidskraft og kapital slik at forholdet mellom faktorprisene er lik den marginale tekniske substitusjonsrate:

$$\text{MRTS}_M = w/r = \text{MRTS}_K$$

I avsnitt 7.3 forklarer vi at en frikonkurrent maksimerer profitten ved å velge det produksjonsnivå der grensekostnad er lik pris.

3. *Effektivitet i produktmarkedet:* Sammensetningen av goder skal være slik at den marginale transformasjonsrate er lik konsumentenes marginale substitusjonsrate:

$$\text{MRT} = \text{MRS (for alle konsumenter)}$$

En frikonkurranseøkonomi oppfyller dette kriteriet fordi profittmaksimerende produsenter produserer opp til det nivå der grensekostnad er lik pris:

$$P_M = \text{MC}_M \qquad P_K = \text{MC}_K$$

Vi får da:

$$\text{MRT} = \text{MC}_M/\text{MC}_K = P_M/P_K$$

Konsumentene på sin side maksimerer nytten ved å tilpasse seg slik at:

$$P_M/P_K = \text{MRS}$$

Følgelig har vi:

$$MRS = MRT$$

og effektivitetskriteriet er oppfylt.

DEL 2 MARKEDSSVIKT

Vi har to kommentarer så langt. Den første understreker at frikonkurransemarkeder funger godt. Den forteller oss også at vi burde sørge for at forutsetningene for konkurranse er oppfylt, slik at ressurser blir allokert effektivt. Den andre understreker at forutsetningene for frikonkurranse sannsynligvis ikke er oppfylt. Da burde vi konsentrere oss om måter å håndtere markedssvikt på. Så langt har vi fokusert på den første tolkningen. I resten av kapitlet konsentrerer vi oss om den andre.

Det er fire grunnleggende årsaker til markedssvikt: *markedsmakt, ufullkommen informasjon, eksternaliteter og kollektive goder*. La oss ta dem i tur og orden.

14.6 MARKEDSMAKT

Vi har sett at ineffektivitet oppstår når en produsent eller leverandør av et produkt har markedsmakt. Anta for eksempel at produsenten av mat har monopol. Bedriften vil da velge et produksjonsnivå der grenseinntekt er lik grensekostnad, og produserer dermed mindre enn det som ville blitt produsert i et frikonkurransemarked. Den lavere produksjonen betyr lavere grensekostnad i produksjon av mat. Samtidig vil de frigjorte innsatsfaktorene overføres til produksjonen av klær, hvor grensekostnadene vil øke. Følgelig vil den marginale transformasjonsrate synke i og med at $MRT_{MK} = MC_M/MC_K$. Vi kan for eksempel ende opp i punkt *A* på produksjonsmulighetskurven i figur 14.4. Her produseres det for lite mat og for mye klær.

I avsnitt 9.2 forklarer vi at en produsent har markedsmakt dersom det er profittmaksimerende å ta en pris som ligger over grensekostnaden. Tilsvarende forklarer vi i avsnitt 9.5 at en kjøper har monopsonimakt når kjøpsbeslutningen kan påvirke prisen på et gode.

Et tilsvarende argument vil gjelde for markedsmakt i et innsatsfaktormarked. Anta at fagforeningene ga arbeiderne markedsmakt over tilbudet av arbeidskraft i produksjonen av mat. For lite arbeidskraft ville da bli tilført produksjonen av mat fordi lønnen (w_M) blir for høy, og for mye arbeidskraft går til produksjon av klær, der lønnen er lavere (w_K). I klesbransjen ville kriteriet for effektiv bruk av innsatsfaktorer være oppfylt fordi $MRTS_K = w_K/r$ (der r er brukerprisen pr. kapitalenhet). Men i matbransjen ville lønnen være høyere enn i klesbransjen. Følgelig ville $MRTS_M = w_M/r > w_K/r = MRTS_K$. Resultatet er ineffektivt fordi effektivitet krever at de marginale tekniske substitusjonsrater skal være like.

14.7 UFULLKOMMEN INFORMASJON

I det meste av boken har vi antatt at konsumenter og produsenter har perfekt informasjon om de økonomiske variable som er relevante for de valgene de står ovenfor. Nå skal vi se hva som skjer når noen aktører vet noe som andre ikke vet – dvs. når det er **asymmetrisk informasjon**.

asymmetrisk informasjon Situasjon hvor en kjøper og en selger har ulik informasjon om en transaksjon

Asymmetrisk informasjon er ganske vanlig. Ofte vet selger av et produkt mer om produktets kvalitet enn det kjøperen gjør. Arbeidere vet vanligvis mer om sine egne ferdigheter og evner enn det arbeidsgiver gjør. Bedriftsledere vet mer om bedriftens kostnader, konkurranseposisjon og investeringsmuligheter enn det eierne av bedriften gjør.

Dersom forbrukerne ikke har nøyaktig informasjon om markedspriser eller produktkvalitet, vil ikke markedssystemet fungere effektivt. Denne mangelen på informasjon kan gi produsentene insentiver til å produsere for mye av enkelte produkter og for lite av andre. I andre tilfeller, mens noen forbrukere ikke kjøper et produkt selv om de ville ha nytte av å gjøre det, vil andre kjøpe produkter som fører at de kommer dårligere ut av det. Eksempelvis kan folk kjøpe piller som garanterer vekttap, bare for å oppdage at de ikke har noen medisinsk verdi. Endelig kan mangel på informasjon forhindre at markeder oppstår. Det kan for eksempel være umulig å kjøpe visse typer forsikring fordi forsikringsselskapene mangler tilstrekkelig informasjon om folks risikoeksponering.

Asymmetrisk informasjon forklarer også mange institusjonelle ordninger i samfunnet. Det er en årsak til at bilselgere tilbyr garantier og service på nye biler, hvorfor bedrifter og ansatte skriver kontrakter som definerer insentiver og belønninger, hvorfor aksjonærene i et selskap må overvåke ledernes atferd og hvorfor det er obligatorisk bilforsikring.

Vi starter med å studere en situasjon hvor selger av et produkt har bedre informasjon om produktets kvalitet enn det kjøper har. Vi skal se hvordan denne formen for asymmetrisk informasjon kan føre til markedssvikt. Vi skal også se hvordan selger kan unngå noen av problemene knyttet til asymmetrisk informasjon ved å gi potensielle kjøpere signaler om kvaliteten på sine produkter. Garantier gir en type forsikring som kan være til nytte når kjøper har mindre informasjon enn selger.

Mangelfull informasjon om kvalitet

Anta at du har kjøpt en ny bil for 200 000 kr, kjørt den 1000 km, for så å finne ut at du egentlig ikke vil ha den lenger. Det var ingenting galt med bilen – det fungerte bra og sto til forventningene. Du har bare funnet ut at du kan klare deg like bra uten bilen og heller bruke pengene på noe annet. Så du bestemmer deg for å selge bilen. Hvor mye vil du forvente å få for den? Sannsynligvis ikke mer enn 160 000 – selv om bilen er så god som ny, kun har kjørt 1000 km, og har en garanti som kan overføres til ny eier. Og hvis du var en potensiell kjøper, ville du sannsynligvis heller ikke vært villig til å betale noe særlig mer enn 160 000 kroner.

Hvorfor reduseres verdien så mye når bilen er brukt? For å besvare dette spørsmålet, tenk på dine egne refleksjoner som potensiell kjøper. Du ville lure på hvorfor bilen var til salgs. Hadde eieren virkelig plutselig endret sin oppfatning av bilen, eller er det noe galt med den? Er dette en dårlig bruktbil?

Bruktbiler er mye rimeligere enn nye biler fordi det er *asymmetrisk informasjon om kvaliteten på bruktbiler*: Selgeren av en bruktbil vet mye mer om bilen enn det den potensielle kjøperen gjør. Kjøperen kan få en mekaniker til å sjekke bilen, men selgeren har hatt erfaring med bilen og vil vite mer om den. Videre indikerer det faktum at bilen er til salgs at det kan være en dårlig bil – hvorfor selge en pålitelig bil? Følgelig vil en potensiell kjøper av en bruktbil alltid være skeptisk til dens kvalitet og det med god grunn.

Implikasjonene av asymmetrisk informasjon om kvalitet ble først analysert av George Akerlof og har anvendelser langt utover markedet for bruktbiler. Markedene for forsikring, kreditt, og selv sysselsetting er også preget av asymmetrisk informasjon om produktets kvalitet. For å forstå konsekvensene av asymmetrisk informasjon vil vi starte med markedet for bruktbiler og så se hvordan de samme prinsippene gjelder for andre markeder.

Markedet for bruktbiler

Anta at det er to typer bruktbiler: Biler med henholdsvis høy og lav kvalitet. Anta videre at både selgere og kjøpere kan skille bilene fra hverandre. Det vil da være to markeder som illustrert i figur 14.5. I del (a), er S_H tilbudskurven for biler med høy kvalitet og D_H er etterspørselskurven. Tilsvarende er S_L og D_L i del (b) tilbuds og etterspørselskurver for biler med lav kvalitet. Til enhver pris ligger S_H til venstre for S_L, fordi eierne av biler med høy kvalitet krever en høyere pris for å kvitte seg med bilen. Tilsvarende ligger D_H høyere enn D_L fordi kjøperne er villige til å betale mer for en bil med høy kvalitet. Som figuren viser er markedsprisen for biler med høy kvalitet 100 000 kr, 50 000 kr for de med lav kvalitet, og det omsettes 50 000 biler av hver type.

I virkeligheten vet selgeren av en bruktbil mye mer om kvaliteten enn det en kjøper gjør. Tenk deg så hva som skjer hvis selgerne kjenner kvaliteten på bilene, men kjøperne ikke gjør det. I utgangspunktet kan kjøperne tror at oddsen er 50–50 for at en bil vil ha høy kvalitet. Hvorfor? Fordi det selges 50 000 av hver type når både selgere og kjøpere kjenner kvaliteten. Når du foretar et kjøp oppfatter du det dit hen at alle bilene har "middels kvalitet"i den forstand at det er like stor sjanse for å få en bil med høy kvalitet som en bil med lav kvalitet. (Selvfølgelig, etter å ha kjøpt bilen og kjørt den en stund vil du erfare dens sanne kvalitet.) Etterspørselen etter biler som oppfattes å være av middels kvalitet, betegnet som D_M i figur 14.5, ligger under D_H men over D_L. Som figuren viser, vil disse bilene av middels kvalitet selges for rundt 75 000 kr hver. *Imidlertid vil det nå bli solgt færre biler med høy kvalitet (25 000) og flere biler med lav kvalitet (75 000).*

Når kjøperne begynner å innse at de fleste bilene (om lag tre fjerdedeler av totalen) er av lav kvalitet, vil etterspørselskurven skifte til D_{LM}, noe som betyr at i gjennomsnitt er bilene antatt å være av lav til middels kvalitet. Dette fører til at sammensetningen av biler vris ennå mer i retning biler med lav kvalitet, noe som skifter etterspørselskurven ytterligere til venstre, noe som fører til enda større andel dårlige biler. Disse skiftene fortsetter inntil det bare selges biler med lav kvalitet. Her vil prisen være for lav til at biler med høy kvalitet blir lagt ut for salg, slik at kjøperne, helt korrekt, antar at det bare tilbys biler med lav kvalitet. Følgelig vil den eneste relevante etterspørselskurven være D_L.

Situasjonen i figur 14.5 er ekstrem. Markedet kan ende med en likevektspris som i det minste lokker frem noen biler med høy kvalitet. Men denne andelen vil være

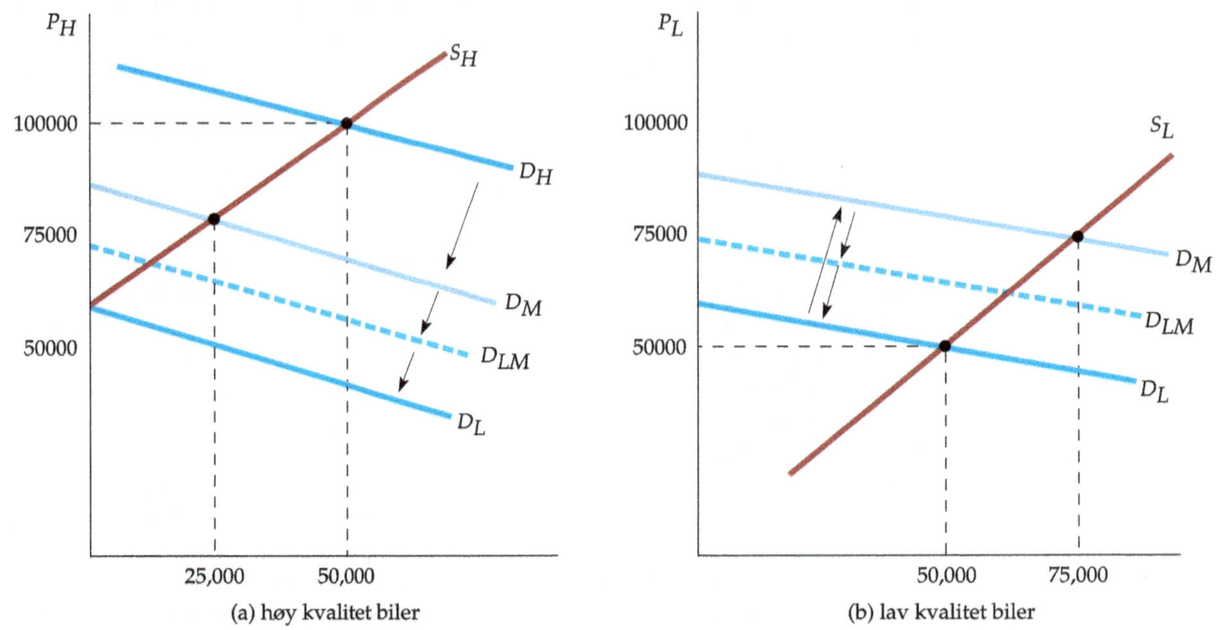

FIGUR 14.5 Bruktbilmarkedet

Når selgerne har bedre informasjon om kvaliteten på et produkt kan "the lemons problem" oppstå; produkter med lav kvalitet driver produkter med høy kvalitet ut av markedet. I **(a)** representerer D_H etterspørselskurven for biler av høy kvalitet. Men, etter hvert som kjøperne senker sine forventninger om den gjennomsnittlige kvaliteten av biler på markedet, skifter deres etterspørselkurve til D_M. Likeledes, i **(b)**, vil etterspørselskurven etter biler med lav kvalitet skifte fra D_L til D_M. Følgelig synker omsetningen av gode biler fra 50 000 til 25 000, og omsetningen av dårlige biler øker fra 50 000 til 75 000. Til slutt vil det bare bli solgt dårlige biler.

mindre enn om kjøperne var i stand til å identifisere kvaliteten før de kjøpte bilene. Det er derfor du bør forvente å selge den splitter nye bilen, som du vet er i perfekt stand, for mye mindre enn du betalte for den. På grunn av asymmetrisk informasjon vil produkter med lav kvalitet drive produkter med høy kvalitet ut av markedet. Dette fenomenet, som noen ganger refereres til som "the lemons problem", er en viktig kilde til markedssvikt og er verdt å understreke:

I tilfeller med asymmetrisk informasjon kan produkter med lav kvalitet fortrenge produkter med høy kvalitet.

Konsekvenser av asymmetrisk informasjon

Bruktbileksemplet viste hvordan asymmetrisk informasjon kan føre til markedssvikt. I en ideell verden med velfungerende markeder vil konsumentene kunne velge mellom gode og dårlige biler. Noen vil velge biler med lav kvalitet fordi de koster mindre, mens andre foretrekker å betale mer for biler med høy kvalitet. Dessverre er det imidlertid ikke så lett for konsumentene å identifisere kvaliteten på en bruktbil før de kjøper den. Følgelig faller prisen på bruktbiler, og gode biler drives ut av markedet.

Markedssvikt oppstår derfor fordi det er noen eiere av gode biler som verdsetter sine biler lavere enn potensielle kjøpere av gode biler. Begge parter kunne oppnå gevinster fra handel, men dessverre hindrer kjøpernes manglende informasjon at gjensidig fordelaktig handel oppstår.

Skjevt utvalg

skjevt utvalg
En form for markedssvikt som stammer fra at produkter med ulik kvalitet selges til én pris på grunn av asymmetrisk informasjon. Det blir da solgt for mange produkter med lav kvalitet og for få produkter med høy kvalitet

Vårt bruktbilscenario er en forenklet illustrasjon av et viktig problem som berører mange markeder – problemet med **skjevt utvalg**. Skjevt utvalg oppstår når produkter med ulik kvalitet selges til én og samme pris fordi kjøpere eller selgere ikke er tilstrekkelig informert til å bestemme den sanne kvalitet på kjøpstidspunktet. Følgelig blir det for mange produkter med lav kvalitet og for få produkter med høy kvalitet i markedet. La oss se på noen andre eksempler på asymmetrisk informasjon og skjevt utvalg.

Forsikringsmarkedet

Hvorfor har folk over 65 år problemer med å kjøpe sykeforsikring? Selvfølgelig fordi eldre mennesker har en mye høyere risiko for alvorlige sykdommer. Men hvorfor vil ikke prisen på forsikringen tilpasse seg på et høyere nivå for å reflektere en høyere risiko? Igjen er årsaken asymmetrisk informasjon. Folk som kjøper forsikring, vet mye mer om sin generelle helse enn noe forsikringsselskap kan håpe å få kjenskap til, selv om forsikringsselskapet insisterer på en helseundersøkelse. Følgelig oppstår problemet med skjevt utvalg, som i markedet for bruktbiler. I og med at de som lever usunt er de som mest sannsynlig ønsker forsikring, vil andelen av usunne mennesker i poolen av forsikrede mennesker øke. Dette tvinger prisen på forsikring oppover, slik at flere friske mennesker, som er klar over sin lave helserisiko, velger å ikke forsikre seg. Dette øker ytterligere andelen av usunne mennesker blant de forsikrede, og presser dermed prisen på forsikringen enda høyere. Prosessen fortsetter til de fleste av dem som ønsker å kjøpe forsikring er usunne. I dette tilfellet blir forsikringen svært dyr, eller i yttertilfellet – forsikringsselskapene slutter å tilby forsikring. Eller kanskje enda mer realistisk: De som leker med tanken om å tilby denne type forsikring gjennomskuer problemet og velger å droppe det – markedet oppstår ikke i det hele tatt.

Skjevt utvalg kan også skape problemer i andre forsikringsmarkeder. Anta at et forsikringsselskap ønsker å tilby en ordning for en bestemt type hendelse, for eksempel en bilulykke som resulterer i skade på eiendom. Selskapet velger en målgruppe – si menn under 25 år – som de planlegger å markedsføre ordningen for, og det anslår at sannsynligheten for en ulykke for folk i denne gruppen er 1 %. Men for noen av disse menneskene er sannsynligheten for en ulykke betydelig mindre enn 1 %, mens den er mye høyere for andre. Hvis forsikringsselskapet ikke kan skille mellom høy- og lavrisiko menn, vil det basere premien på gjennomsnittlig sannsynlighet for ulykke på 1? %. Hva vil skje? De personer med lav sannsynlighet for en ulykke vil velge å ikke forsikre seg, mens de med høy sannsynlighet for en ulykke vil kjøpe forsikringen. Dette i sin tur øker ulykkessannsynligheten blant dem som velger å forsikre seg til over 1 %, noe som tvinger forsikringsselskapet til å heve premien. I ekstremtilfellet vil det bare være de som sannsynligvis vil ende opp i en ulykke som velger å forsikre seg, noe som gjør det lite attraktivt å selge forsikring.

En løsning på problemet med skjevt utvalg er å slå sammen ulike risikogrupper. For helseforsikring kan myndighetene ta på seg denne rollen. Ved å tilby forsikring til alle personer over 65 år eliminerer myndighetene problemet med skjevt utvalg. Likeledes vil forsikringsselskapene forsøke å unngå, eller i det minste redusere problemet med skjevt utvalg, ved å tilby gruppeforsikring i en bedrift. Ved å dekke alle arbeidstakere i en bedrift, enten friske eller syke, sprer forsikringsselskapet risiko og reduserer dermed sannsynligheten for at et stort antall av høyrisikoindivider vil kjøpe forsikring.

Kredittmarkedet

Ved å bruke et kredittkort kan vi låne penger uten å stille sikkerhet. De fleste kredittkort gir innehaveren rett til å låne mange tusen kroner og mange har flere kredittkort. Kredittkort selskapene tjener penger ved å belaste renter på debetsaldo. Men hvordan kan et kredittkort selskap eller en bank skille mellom gode (de som betaler for seg) og dårlige låntakere (de som ikke betaler for seg)? Åpenbart har låntakere bedre informasjon enn långiver, dvs. at de vet mer om evne og vilje til å gjøre opp for seg. Igjen oppstår "the lemons problem". Det er mer sannsynlig at dårlige låntakere enn gode låntakere ønsker lån, noe som presser renten opp og øker antallet dårligere låntakere, noe som tvinger renten ytterligere opp osv.

Kredittkortselskaper og banker har imidlertid utviklet registre for kreditthistorikk, noe som har en viktig funksjon: Det reduserer problemet med asymmetrisk informasjon og skjevt utvalg, et problem som ellers ville hindre kredittmarkedene i å fungere. Uten denne historikken ville selv de kredittverdige finne det svært kostbart å låne penger.

Betydningen av omdømme og standarder

Asymmetrisk informasjon finner vi også i andre markeder. Noen eksempler er:

- **Butikker:** Vil butikken reparere eller tillate deg å returnere et defekt produkt? Butikken vet mer om sin policy rundt dette enn det du gjør.
- **Forhandlere** av sjeldne frimerker, mynter, bøker og malerier: Er objektene ekte eller falske? Forhandlerne vet mye mer om objektet enn det du gjør.
- **Taktekkere, rørleggere og elektrikere:** Klatrer du opp på taket for å sjekke kvaliteten på arbeidet etter at taktekkeren har gjort seg ferdig?
- **Restauranter:** Hvor ofte går du inn på kjøkkenet for å sjekke om kokken bruker ferske råvarer og overholder helseforskriftene?

I alle disse tilfellene vet selger mye mer om kvaliteten på produktet enn kjøperen gjør. Med mindre selgere kan tilføre kjøperne informasjon om kvalitet, vil produkter med lav kvalitet drive produkter med høy kvalitet ut av markedet, og det oppstår markedssvikt. Selgere av produkter med høy kvalitet har derfor sterke insentiver for å overbevise forbrukerne om at kvaliteten faktisk er høy. I eksemplene nevnt ovenfor skjer dette hovedsakelig gjennom omdømme. Du handler i en bestemt butikk fordi den har et rykte på seg for å ha gode serviceordninger på produktene sine; du hyrer inn bestemte elektrikere eller rørleggere fordi de har rykte på seg for å gjøre et godt arbeid; du går på en spesiell restaurant fordi den har et rykte på seg for å bruke ferske råvarer og ingen du kjenner har blitt syke etter å ha spist der.

Men noen ganger er det umulig for en bedrift å utvikle et omdømme. For eksempel vil veikroer og moteller langs motorveier ha små muligheter til å utvikle et omdømme fordi de fleste kundene bare er innom én eller et fåtall ganger. Hvordan kan denne type virksomheter håndtere problemet med asymmetrisk informasjon? En måte er standardisering. Det kan godt tenkes at du ikke foretrekker å spise regelmessig på McDonald's i nærheten av der du bor. Men en McDonald's kan se mer attraktiv ut når du kjører langs en motorvei og ønsker å stoppe for lunsj. Hvorfor? Fordi McDonald's gir et standardisert produkt: De samme ingrediensene blir brukt, og den samme maten serveres i hver eneste McDonald's hvor som helst i landet. Hvem vet? Det kan tenkes at Martins veikro serverer bedre mat, men du vet i det minste nøyaktig hva du får på McDonald's.

Garantier

Tenk på markeder for varige konsumgoder som bil, TV, stereoanlegg, kameraer og kjøleskap. Mange bedrifter produserer dette, men noen merker er bedre enn andre. Dersom forbrukerne ikke kunne identifisere hvilke merker som er gode ville ikke disse kunne bli solgt til høyere priser enn de mindre gode. Bedrifter som produserer produktene med høyere kvalitet, må derfor prøve å gjøre forbrukerne oppmerksomme på denne forskjellen. Men hvordan kan de gjøre det på en overbevisende måte? Svaret er garantier.

Garantier er en effektiv måte å signalisere produktkvalitet på, fordi en omfattende garantiordning er mer kostbar for produsenten av et produkt med lav kvalitet enn for en produsent av produkter med høy kvalitet. Det er mer sannsynlig at produktet med lav kvalitet må ha service i løpet av garantiperioden – som produsenten må betale. I deres egeninteresse vil derfor produsenter av produkter med lav kvalitet ikke tilby omfattende garantier. Dermed kan forbrukere korrekt se på omfattende garantier som signaler om høy kvalitet, og vil betale mer for produkter som tilbyr dem.

Moralsk hasard

Når den ene parten er fullt forsikret, og ikke fullt ut kan overvåkes av forsikringsselskapet, kan den forsikrede part ha en atferd som øker sannsynligheten for en ulykke eller en skade. Hvis for eksempel hjemmet mitt er fullforsikret mot tyveri, kan jeg være mer sleivete med å passe på at døren er låst når jeg går ut, og jeg dropper å installere alarm. Muligheten for at en persons atferd kan endre seg fordi hun har forsikring er et eksempel på et problem som kalles **moralsk hasard**.

moralsk hasard
Når en part, hvis handlinger ikke observeres, kan påvirke sannsynligheten for, eller omfanget av, en utbetaling knyttet til en hendelse

Begrepet moralsk hasard gjelder ikke bare problemer med forsikring, men også problemer knyttet til at arbeidere ikke yter sitt maksimale så lenge arbeidsgiver ikke kan observere deres innsats. Generelt oppstår moralsk hasard når en part kan foreta handlinger som ikke kan observeres, og som påvirker sannsynligheten for, eller omfanget av, en betaling. Hvis jeg for eksempel har en bilforsikring uten egenandel som dekker alle typer skader selv om jeg har skylden, vil jeg sannsynligvis kjøre mer uforsiktig enn i tilfellet hvor jeg ikke hadde en slik forsikring. Dersom forsikringsselskapet imidlertid kunne overvåke forsikringstakernes atferd, kunne det kreve en høyere premie fra rabiate bilsjåfører. Men dersom selskapet ikke kan overvåke folks atferd, kan det vise seg at utbetalingene blir større enn først antatt. I tilfellet med moralsk hasard kan forsikringsselskapene bli tvunget til å øke premiene for alle eller å droppe å tilby forsikring i det hele tatt.

Ta for eksempel beslutningen som eierne av en lagerbygning, som av forsikringsselskapet har blitt verdsatt til 1 mill. kr, står overfor. Anta at hvis de kjører et opplæringsprogram for brannforebyggende tiltak for sine ansatte som koster 500 kr, vil sannsynligheten for brann være 0,005. Uten dette programmet er sannsynligheten for brann 0,01. Forsikringsselskapet, som vet dette, står overfor et dilemma hvis det ikke kan overvåke selskapets beslutning om å gjennomføre programmet eller ikke. Vi antar at polisen som forsikringsselskapet tilbyr ikke kan inneholde en klausul om at utbetalingene kun vil skje dersom det er et brannforebyggende program. Hvis programmet var på plass, kunne selskapet forsikre lageret for en premie lik det forventede tapet fra en brann – et forventet tap lik 0,005 · 1 mill. kr = 5000 kroner. Når forsikringsavtalen er inngått har imidlertid ikke eierne lenger noe insentiv til å kjøre programmet. Hvis det blir en brann vil de bli fullt ut kompensert for sine økonomiske tap. Dermed, hvis forsikringsselskapet selger en polise for 5000 kr, vil det medføre tap fordi det forventede tapet fra brannen vil være 10 000 kr (0,01 · 1 mill. kr).

Moralsk hasard påvirker markedenes evne til å allokere ressursene effektivt. I figur 14.6 viser *D* etterspørselen etter bilkjøring i kilometer pr. uke. Etterspørselskurven, som måler den marginale gevinsten av bilkjøring, er synkende fordi noen vil bytte til alternative transportmidler når det blir dyrere å kjøre bil. Anta i utgangspunktet at kostnaden inkluderer forsikringskostnadene og at forsikringsselskapet kan måle antall kjørte kilometer. I dette tilfellet er det ingen moralsk hasard problemer og grensekostnaden ved bilkjøring er gitt ved MC. Bilisten vet at mer kjøring vil øke forsikringspremien og dermed øke den totale kostnaden for bilkjøring (kostnaden pr. kilometer antas å være konstant). Hvis for eksempel kostnadene er 3 kr pr. kilometer (hvorav 50 øre er forsikringskostnader), vil bilisten kjøre 100 km pr. uke.

Et moralsk hasard problem oppstår når forsikringsselskapene ikke kan overvåke individuelle kjørevaner, slik at forsikringspremiene ikke er avhengig av antall kjørte kilometer. I det tilfellet antar bilførerne at enhver ekstra skadekostnad som de gir opphav til vil bli spredt på en stor gruppe bilister, men hvor kun en ubetydelig andel påføres hver av dem individuelt. I og med at deres forsikringspremier ikke varierer med kjørelengde, vil en ekstra kilometer koste 2,5 kr, som vist ved grensekostnadskurven MC′, snarere enn 3 kroner. Antallet kjørte kilometer vil øke fra 100 til det sosialt ineffektive nivået 140.

Så moralsk hasard endrer ikke bare atferd, det skaper også økonomisk ineffektivitet. Denne ineffektiviteten oppstår fordi den forsikrede oppfatter både kostnadene og

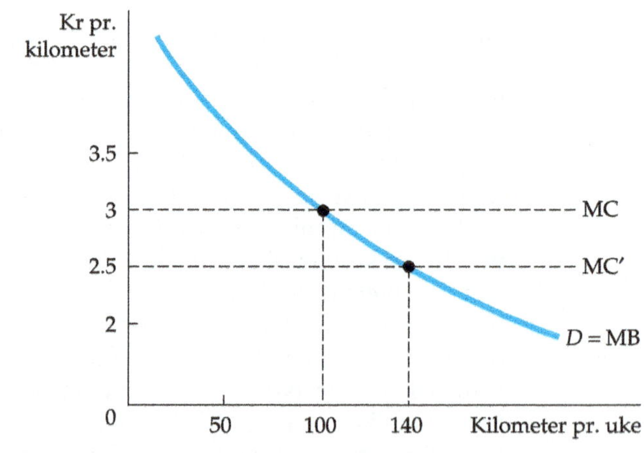

FIGUR 14.6 Effektene av moralsk hasard

Moral hasard fører til en ineffektivt ressursallokering. Kurven *D* viser etterspørselen etter bilkjøring i fravær av moralsk hasard er grensekostnaden 3 kr pr. kilometer, og bilisten kjører 100 km. I tilfellet med moralsk hasard oppfatter bilisten at kostnaden pr. kilometer er 2,5 kr, og kjører 140 km.

gevinstene ved kjøring forskjellig fra de virkelige sosiale kostnader og gevinster. I eksemplet illustrert i figur 14.6, er det effektive nivået på kjøring gitt ved skjæringspunktet mellom kurven for marginale gevinst (MB) og grensekostnadskurven (MC). I tilfellet med moralsk hasard vil imidlertid den enkelte oppfatte grensekostnaden (MC′) som lavere enn de faktiske kostnader, og antall kjørte kilometer pr. uke (140) er høyere enn det effektive nivået der marginal gevinst er lik grensekostnad (100).

Asymmetrisk informasjon i arbeidsmarkedet: effektivitetslønnshypotesen

Hvis arbeidsmarkedet hadde fungert som et frikonkurransemarked, ville alle som ønsket å arbeide finne jobber med en reallønn som var lik deres grenseproduktivitet. Faktum er imidlertid at de fleste land har høy ledighet selv om folk aktivt prøver å få seg en jobb. Mange av de arbeidsledige ville sannsynligvis også jobbe for en lavere lønn enn den de som er sysselsatte får. Hvorfor ser vi ikke da at bedriftene kutter lønnssatsene, øker sysselsettingen og derved øker profitten? Kan frikonkurransemodellen forklare vedvarende arbeidsledighet?

effektivitetslønnshypotesen
En teori som forklarer eksistensen av arbeidsledighet og lønnsforskjeller med utgangspunkt i at arbeidsproduktiviteten kan være påvirket av lønnssatsen

I denne delen viser vi hvordan **effektivitetslønnshypotesen** kan forklare eksistensen av arbeidsledighet og lønnsforskjeller. Vi har så langt sagt at arbeidsproduktivitet påvirkes av arbeidernes ferdigheter og bedriftenes investeringer i kapitalutstyr. Effektivitetslønnshypotesen sier imidlertid at arbeidsproduktiviteten også avhenger av lønnssatsen. Det er ulike forklaringer på dette. Økonomer har antydet at produktiviteten til arbeiderne i utviklingsland avhenger av lønnssatsen av ernæringsmessige grunner: Bedre betalte arbeidere har råd til å kjøpe mer og bedre mat, og er derfor sunnere og kan jobbe mer produktivt. Dette argumentet er imidlertid ikke så relevant i utviklede økonomier.

I avsnitt 13.1 forklarer vi at hvis arbeidsmarkedet er karakterisert ved frikonkurranse, vil bedriftene ansette arbeidskraft opp til det nivå der reallønnen (nominell lønn delt på prisnivå) er lik arbeidskraftens grenseproduktivitet.

I mange tilfeller er det kostbart eller umulig å overvåke arbeidernes innsats. Bedriften har dermed mangelfull informasjon om den enkelte arbeiders produktivitet. Anta at alle arbeidere er like produktive og har samme lønn. I det man er ansatt kan en arbeider yte lav eller høy innsats. Hvis en arbeider blir tatt på fersken i å sluntre unna, risikerer han å få sparken. Men hvis han får sparken i denne jobben, kan han få jobb et annet sted til samme lønn. Å få sparken representerer derfor ikke noen kostnad for arbeideren og han har dermed et insentiv for å yte lav innsats – og komme uthvilt og opplagt hjem fra jobb. For å få arbeideren til å yte høy innsats kan imidlertid bedriften tilby en lønn som ligger over likevektslønnen i markedet.

Årsaken ligger i at det nå vil være en kostnad for arbeideren å få sparken, en kostnad som består av differansen mellom den lønnen som bedriften gir og den lønnen han vil få i en annen bedrift. Det lønnsnivået som må til for å unngå unnasluntring betegnes som **effektivitetslønn**.

effektivitetslønn
Den lønnen en bedrift vil betale for å gi arbeiderne et insentiv til ikke å sluntre unna

Så langt har vi bare sett på en bedrift. Men hva hvis alle bedrifter står overfor problemet med unnasluntring. Alle bedrifter vil da tilby lønn høyere enn markedslønnen, w^*, si w_e (effektivitetslønn). Vil dette fjerne arbeidernes insentiv for ikke å sluntre unna? Nei, i og med at alle bedrifter tilbyr lønn høyere enn w^*, vil etterspørselen etter arbeidskraft være mindre enn tilbudet og følgelig vil det være noe arbeidsledighet. Arbeidere som får sparken vil derfor risikere å ikke få seg jobb et annet sted.

Figur 14.7 illustrerer unnasluntring i arbeidsmarkedet. Etterspørselen etter arbeidskraft er gitt ved D_L. Hvis det ikke var noe unnasluntring, ville likevektslønnen bli w^*, og vi ville hatt full sysselsetting (L^*). I tilfellet med unnasluntring må bedriftene betale en lønn høyere enn w^* for å få arbeiderne til å være mer produktive. Denne lønnen er vist ved NSC-kurven. Denne kurven viser den laveste lønnen som arbeiderne må ha for ikke å sluntre unna. Merk at jo høyere arbeidsledigheten er,

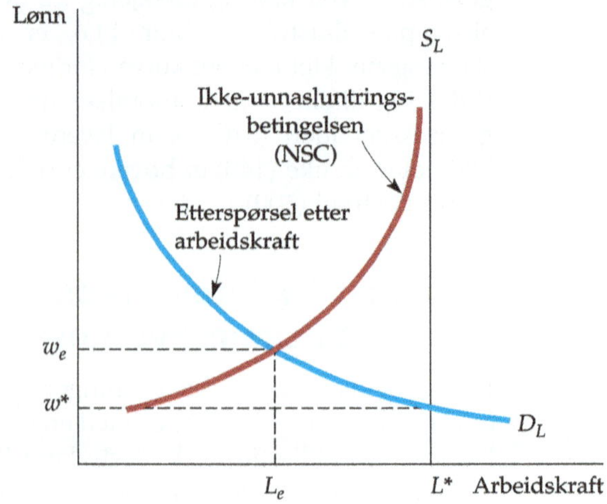

FIGUR 14.7 Arbeidsledighet ved effektivitetslønn

Arbeidsledighet kan oppstå i et marked som ellers fungerer som et frikonkurransemarked hvis arbeidsgiverne ikke fullt ut kan observere arbeidernes innsats (frikonkurranseforutsetningen om fullkommen informasjon er altså ikke oppfylt). Her viser "ikke-unnasluntrings-betingelsen" (NSC) den lønnen som må til for at arbeiderne ikke skal sluntre unna på jobben. Bedriften ansetter L_e arbeidere (til en lønn som er høyere enn lønnen i frikonkurranselikvekt) og skaper gir opphav til arbeidsledighet, $L^* - L_e$. arbeidsledighet.

jo mindre er forskjellen mellom effektivitetslønnen og w^*. Hvorfor er det slik? Når ledigheten er høy vil de som sluntrer unna risikere lange perioder uten jobb, og de trenger derfor ikke sterke insentiver for å være produktive.

I avsnitt 13.2 forklarer vi at likevektslønnen er gitt ved skjæringspunktet mellom tilbuds- og etterspørselselskurven for arbeidskraft.

I figur 14.7 vil likevektslønn være i skjæringspunktet mellom NSC-kurven og D_L-kurven. Sysselsettingen er L_e og lønnen er w_e. Denne likevekten oppstår fordi NSC-kurven gir den laveste lønn som bedriftene kan betale og samtidig demotivere unnasluntring. Bedriftene trenger ikke betale mer enn dette for å få det antall ansatte de trenger, og de vil ikke betale mindre fordi en lavere lønn vil oppmuntre til unnasluntring. Merk at NSC-kurven aldri krysser tilbudskurven for arbeidskraft. Dette betyr at det alltid vil være noe arbeidsledighet i likevekt.

Eksempel 14.1

Effektivitetslønn ved Ford Motor Company

Et av de tidlige eksempler på anvendelse av effektivitetslønn finner vi i historien til Ford Motor Company. Før 1913 var bilproduksjon sterkt avhengig av faglært arbeidskraft. Men innføringen av samlebåndet førte til drastiske endringer på arbeidsplassen. Nå fordret ikke lenger arbeidet samme grad av faglært arbeidskraft. Men etter hvert som bilfabrikkene endret seg, økte frustrasjonen blant arbeiderne. I 1913 var det en turnover i Ford på 380 prosent. Året etter steg det til 1000 prosent, og profitten falt kraftig.

Ford var avhengig av å ha en stabil arbeidsstokk, og Henry Ford (og hans forretningspartner James Couzens) sørget for det.

I 1914, da gjennomsnittlig daglønnen for en industriarbeider lå mellom 2 og 3 dollar, introduserte Ford en lønn på 5 dollar pr. dag. Dette var motivert av ønsket om økt arbeidsproduktivitet, ikke av sjenerøsitet. Målet var å tiltrekke seg bedre arbeidere som ville forbli i jobbene sine – og dermed bidra til økt lønnsomhet.

Selv om Henry Ford ble kritisert for denne lønnspolicyen viste den seg å bli en suksess. Arbeidsstyrken ble mer stabil, og publisiteten bidro til økt salg. I tillegg, i og med at Ford kunne velge mellom mange arbeidere, kunne han ansette en arbeidsstokk som i gjennomsnitt var mer produktive. Ford konstaterte at lønnsøkning faktisk bidro til økt lojalitet og effektivitet blant arbeiderne, noe som også ble støttet av kvantitative estimater. Ifølge beregninger fra Ford økte produktiviteten med 51 prosent. En annen studie fant at fraværet hadde blitt halvert og antall oppsigelser hadde falt kraftig. Dermed økte produktiviteten mer enn det som skulle til for å oppveie lønnsøkningen, noe som førte til at profitten økte fra 30 millioner dollar i 1914 til 60 millioner dollar i 1916.

14.8 EKSTERNALITETER

Vi skal nå se nærmere på eksternaliteter – dvs. effekter av produksjon og konsum som ikke fanges opp i markedsprisen. Eksternaliteter er en viktig kilde til markedssvikt og reiser således viktige spørsmål om offentlige inngrep. Hvor mye avfall, hvis noe, skal bedrifter få lov til å dumpe i elver? Hvor strenge krav skal det settes på utslipp fra biler?

Når vi har eksternaliteter vil prisen på et gode ikke nødvendigvis reflektere godets samfunnsøkonomiske verdi. En følge av dette er at bedriftene kan produsere for mye eller for lite, slik at utfallet ikke er effektivt. Vi begynner med å beskrive eksternaliteter og viser hvordan de gir opphav til ineffektive markeder. Deretter vurderer vi tiltak. Mens noen tiltak innebærer offentlige reguleringer er andre primært basert på forhandlinger mellom individer eller på den juridiske retten for de som blir utsatt for negative effekter til å reise søksmål mot de som skaper eksternaliteten.

eksternalitet
Effekter av konsum eller produksjon på andres konsum- og/eller produksjonsmuligheter som ikke er reflektert i markedsprisen

Eksternaliteter kan oppstå mellom produsenter, mellom konsumenter, eller mellom konsumenter og produsenter. De kan være *negative* – når handlingen til den ene parten påfører den andre parten kostnader – eller *positive* når den ene partens handlinger gir en gevinst for den andre parten.

En *negativ eksternalitet* oppstår for eksempel når et stålverk dumper sitt avfall i en elv og påvirker fangsten til fiskerne lenger ned i elven. Jo mer avfall stålverket dumper i elva, jo dårligere fangst blir det. Bedriften har imidlertid ikke noe insentiv til å ta hensyn til de eksterne kostnadene som den påfører fiskerne når den fatter sin produksjonsbeslutning. Videre er det ikke noe marked hvor disse eksterne kostnadene kan bli reflektert i prisen på stål. En *positiv eksternalitet* oppstår for eksempel når en huseier pusser opp det forfalne huset og anlegger en flott hage. Alle naboene har glede av dette selv om huseierens beslutning om å ruste opp eiendommen neppe tok hensyn til dette.

Negative eksternaliteter og ineffektivitet

I og med at eksternaliteter ikke gjenspeiles i markedspriser, kan de være en kilde til samfunnsøkonomisk ineffektivitet. Når bedriftene ikke tar hensyn til skadene knyttet til negative eksternaliteter, er resultatet for høy produksjon og unødvendige samfunnsøkonomiske kostnader. La oss se nærmere på eksemplet med stålverket for å se hvorfor. Figur 14.8(a) viser produksjonsbeslutningen når stålverket opererer i et frikonkurransemarked. Figur 14.8(b) viser markedets tilbuds- og etterspørselskurve, forutsatt at alle stålverk skaper de samme eksternaliteter. Vi antar at bedriftens produktfunksjon er slik at avfall og andre utslipp bare kan reduseres ved å redusere

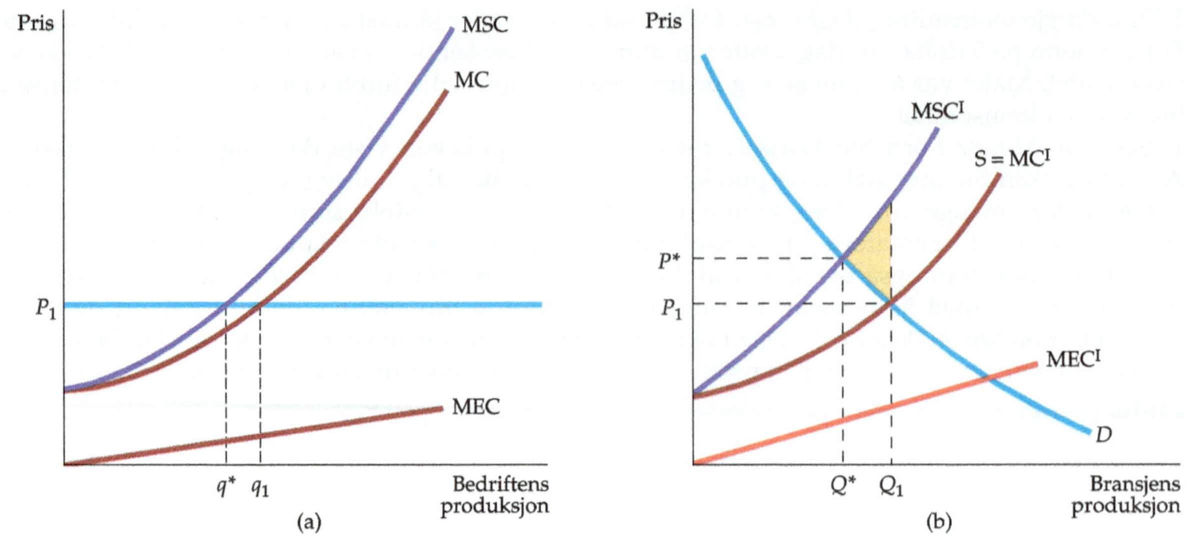

FIGUR 14.8 Eksterne kostnader

Når det er negative eksternaliteter, er den samfunnsøkonomiske grensekostnaden, MSC, høyere enn grensekostnaden MC. Differansen består av den marginale eksterne kostnaden MEC. I **(a)** produserer en profittmaksimerende bedrift q_1, der pris er lik MC. Den effektive produksjonen er imidlertid q^*, der pris er lik MSC. I **(b)** er markedslikevekten, Q_1, gitt der samlet tilbud er lik samlet etterspørsel. Det effektive produksjonsnivået, Q^*, er imidlertid lavere, gitt der etterspørselskurven skjærer kurven for de samfunnsøkonomiske grensekostnader.

produksjonen. Vi vil analysere eksternaliteter under i to situasjoner: først når bare ett stålverk forurenser, og så når alle stålverkene forurenser tilsvarende.

Prisen på stål er P_1 i figur 14.8(b). MC-kurven i (a) viser grensekostnadskurven for et typisk stålverk. Bedriften maksimerer profitten ved en produksjon q_1, der grensekostnad er lik pris. Når bedriften endrer sin produksjon vil også de eksterne kostnadene som påføres fiskerne endres. Denne eksterne kostnaden er gitt ved kurven for de **marginale eksterne kostnader** (MEC) i figur 14.8(a). Det er intuitivt greit å forstå hvorfor samlede eksterne kostnader øker når produksjonen øker – det forurensesmer. Vår analyse fokuserer imidlertid på den *marginale* eksterne kostnaden, som måler økningen i den eksterne kostnaden som følger av at produksjonen øker med en enhet. I praksis er MEC-kurven stigende for de fleste former for forurensing: Når bedriften øker produksjonen og dumper ytterligere spillvann, vil ekstrakostnaden for fiskerne øke.

marginale eksterne kostnadene
Den økning i eksterne kostnader som følger av at det produseres én enhet til

Fra et samfunnsøkonomisk synspunkt produserer bedriften for mye. Det effektive nivået på produksjonen er det nivået der prisen på produktet er lik den **samfunnsøkonomiske grensekostnad** (MSC): bedriftens grensekostnad pluss den marginale eksterne kostnaden ved dumping av spillvann (dvs. MSC = MC + MEC). Den samfunnsøkonomiske grensekostnadskurven, MSC, skjærer prislinjen ved produksjonsnivået q^*. I og med at bare én bedrift forurenser, er markedsprisen på produktet uendret. Bedriften produserer imidlertid for mye (q_1 i stedet for q^*) og genererer for mye spillvann.

samfunnsøkonomiske grensekostnader
Summen av bedriftens grensekostnad og marginale eksterne kostnader

La oss nå se hva som skjer hvis alle stålverkene slipper ut spillvann til elven. I figur 14.8(b) er MC^I bransjens tilbudskurve. Den marginale eksterne kostnaden knyttet til bransjens produksjon, MEC^I, finnes ved å summere de marginale kostnadene for hver person som blir påført en kostnad for et hvert produksjonsnivå. MSC^I-kurven representerer summen av grensekostnaden og de marginale eksterne kostnader for alle stålverkene. Følgelig vil

$$MSC^I = MC^I + MEC^I.$$

Er bransjens produksjonsnivå effektivt når det er eksterne effekter? Som figur 14.8(b) viser, er effektivt produksjonsnivå gitt der den marginale gevinsten av en ekstra enhet produsert er lik den samfunnsøkonomiske grensekostnad. I og med at etterspørselskurven uttrykker konsumentenes marginale gevinst, vil Q^* være det effektive produksjonsnivå – i skjæringspunktet mellom kurven for de samfunnsøkonomiske grensekostnadene, MSC^I, og etterspørselskurven, D. Frikonkurranselikevekten derimot er i Q_1. Åpenbart produseres det for mye i denne bransjen.

I avsnitt 8.2 forklarer vi at i fravær av markedssvikt vil frikonkurranselikevekten gi et samfunnsøkonomisk effektivt produksjonsnivå.

I vårt eksempel ga hver produserte enhet opphav til forurensing. Derfor, enten vi ser på en bedrift eller hele bransjen, vil vi få et effektivitetstap i og med at det produseres, og dermed forurenses for mye. Kilden til effektivitetstapet ligger i feilprising av produktet. Markedsprisen P_1 i figur 14.8(b) er for lav, den reflekterer bedriftenes private grensekostnad, ikke den *samfunnsøkonomiske* grensekostnaden. Kun til en høyere pris, P^*, vil stålverkene produsere et samfunnsøkonomisk optimalt kvantum.

Hva er så den samfunnsøkonomiske kostnaden knyttet til at produksjonen er for høy? For hver enhet produsert utover Q^*, er de samfunnsøkonomiske kostnadene gitt ved differansen mellom den samfunnsøkonomiske grensekostnad og marginal betalingsvillighet (gitt ved etterspørselskurven). Følgelig er den samlede samfunnsøkonomiske kostnaden gitt ved den gule trekanten mellom MSC^I, D, og Q_1 i figur 14.8(b). Når vi beveger oss fra den profittmaksimerende til den samfunnsøkonomisk optimale produksjon, vil bedriftene tjene mindre og kjøperne av stål blir stilt overfor en høyere markedspris. Men disse tapene er mindre enn gevinsten til de som ble påført den negative effekten av dumping av utslipp i elven.

Eksternaliteter genererer både kortsiktige og langsiktige ineffektiviteter. I kapittel 7 så vi at bedrifter etablerer seg i markedet når prisen ligger over gjennomsnittskostnaden, og avvikler hvis prisen kommer under gjennomsnittskostnaden. I langsiktig likevekt er pris lik langsiktig gjennomsnittskostnad. Når det er negative eksternaliteter, er den gjennomsnittlige private produksjonskostnaden lavere enn den gjennomsnittlige samfunnsøkonomiske kostnaden. Følgelig vil noen bedrifter forbli i bransjen, selv om det ville være samfunnsøkonomisk gunstig om de trakk seg ut. Dermed vil negative eksternaliteter oppmuntre for mange bedrifter til å forbli i bransjen.

Positive eksternaliteter og effektivitetstap

Eksternaliteter kan også resultere i for lav produksjon, som eksemplet med oppussing og opparbeiding av hage viser. I figur 14.9 måler den horisontale aksen huseierens investeringer i kroner. Grensekostnadskurven er horisontal da den antas å være upåvirket av hvor mye som gjøres på huset eller i hagen. Etterspørselskurven, D, måler den marginale private gevinsten av oppussing for huseieren. Huseieren vil velge å bruke q_1 på oppussing. Men oppussing gir opphav til positive eksternaliteter for naboene, som kurven **marginal ekstern gevinst**, MEB, viser. Denne kurven er synkende i dette eksempelet fordi den marginale nytten er stor for en liten forbedring, men synker ettersom opprustingen av huset og hagen blir mer og mer omfattende.

marginal ekstern gevinst
Den gevinst som tilfaller andre når en bedrift øker produksjonen med én enhet

marginal samfunnsøkonomisk gevinster
Summen av marginal privat verdsetting og marginal ekstern gevinst

Kurven for **marginal samfunnsøkonomisk gevinst**, MSB, finnes ved å summere den private marginale verdsetting (betalingsvillighet) og den marginale eksterne gevinst for alle produksjonsnivåer Kort sagt; $MSB = D + MEB$. Det effektive produksjonsnivået, q^*, finner vi der den **marginale samfunnsøkonomiske gevinsten** av ytterligere oppussing er lik grensekostnaden ved oppussing, i skjæringspunktet mellom MSB- og MC-kurven. Det oppstår et effektivitetstap fordi huseieren ikke høster alle gevinstene av egne investeringer. Følgelig er prisen P_1 for høy til at huseieren pusser opp i et samfunnsøkonomisk optimalt omfang. En lavere pris P^* ville gitt et samfunnsøkonomisk optimalt nivå, q^*.

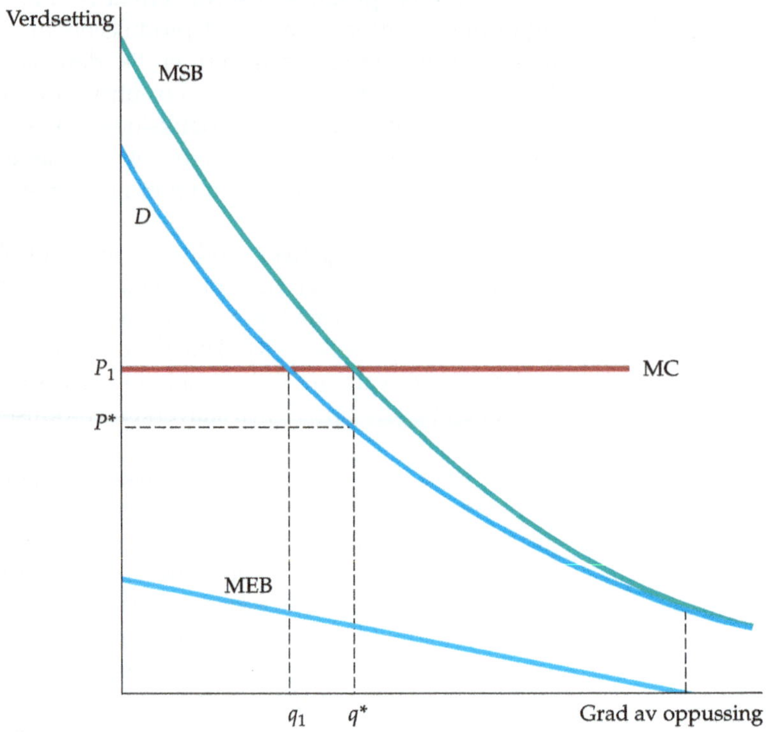

FIGUR 14.9 Eksterne gevinster

Når det er positive eksternaliteter, er samfunnets marginale verdsetting, MSB, høyere enn den marginale betalingsvillighet gitt ved *D*. Differansen består av marginale eksterne gevinster, MEB. En huseier bruker q_1 på oppussing av huset, gitt i skjæringspunktet mellom *D* og MC. Det effektive nivået på oppussing, q^*, er høyere og er gitt ved skjæringspunktet mellom kurven for marginal samfunnsøkonomisk verdsetting og grensekostnadskurven.

Et annet eksempel på en positiv eksternalitet er pengene som bedrifter bruker på forskning og utvikling (FoU). Ofte vil innovasjoner som følger av forskningen ikke kunne beskyttes for andre bedrifter. Anta for eksempel at en bedrift designer et nytt produkt. Hvis produktet kan patentbeskyttes, vil bedriften kunne tjene gode penger på det. Men hvis andre bedrifter kan lage produkter som ligner kan de dra nytte av FoU-kostnadene til bedriften som var først ute – på denne bedriftens bekostning. I og med at FoU kan risikere å kaste lite av seg, pga. kopiering, vil det sannsynligvis bli brukt for lite penger på FoU i en uregulert økonomi.

I kapittel 4 forklarte vi at positive og negative nettverkseksternaliteter kan oppstå dersom en persons etterspørsel avhenger av hvor mange andre det er som har godet. Nettverkseksternaliteter kan også føre til markedssvikt. Anta for eksempel at noen folk hovedsakelig besøker et skianlegg fordi de synes det er det sosialt og hyggelig. Den tilhørende trengsel i anlegget er imidlertid en ulempe for de kjørerne som foretrekker korte heiskøer fremfor sosialt samvær der og da.

I avsnitt 4.5 forklarer vi at når det er nettverkseksternaliteter, avhenger hver persons etterspørsel av hvor mye andre kjøper.

Korrigering av markedssvikt

Hvordan kan effektivitetstapet som følger av en eksternalitet reduseres eller elimineres? Hvis bedriften som genererer eksternaliteten har et fast forhold mellom produksjon og forurensing, kan eksternaliteten bare reduseres ved at

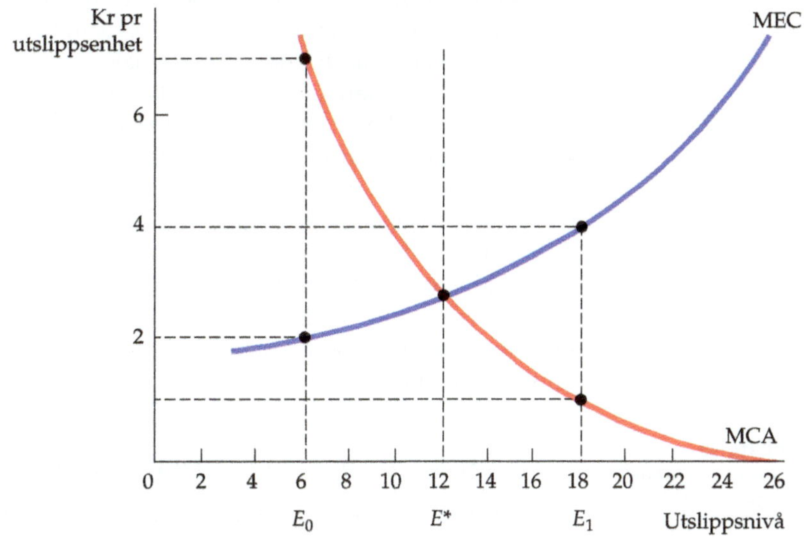

FIGUR 14.10 Effektivt utslippsnivå

Den effektive utslippsnivået er der de marginale eksterne kostnadene, MEC, er lik de marginale rensekostnader. Det effektive utslippsnivået, E^*, er her 12 enheter.

bedriften produserer mindre. Som vi så i kapittel 8 kan dette oppnås ved hjelp av en avgift.

La oss se på en frikonkurrent som har utslipp som reduserer luftkvaliteten i nabolaget. Bedriften kan redusere sine utslipp, men det vil koste penger, som illustrert i figur 14.10. Langs den horisontale aksen har vi bedriftens utslipp av forurensende stoffer, og langs den vertikal aksen har vi kostnaden pr. enhet utslipp. For å forenkle antar vi at bedriftens produksjonsbeslutning og utslippsbeslutningen er uavhengige av hverandre og at bedriften allerede har valgt sitt profittmaksimerende produksjonsnivå. Bedriften er derfor klar til å bestemme seg for utslippsnivå. Kurven merket MEC representerer de marginale forurensingskostnader. Denne samfunnsøkonomiske grensekostnadskurven representerer den økte skaden forbundet med utslippene. Vi vil bruke begrepene marginale eksterne kostnader og samfunnsøkonomiske grensekostnader om hverandre i diskusjonen som følger. (Husk at vi har antatt at bedriftens produksjon er gitt, slik at de private produksjonskostnadene er uendret.) MEC-kurven er stigende fordi den marginale eksterne kostnaden blir høyere jo høyere forurensingen er i utgangspunktet. (Studier av effekten av luft- og vannforurensning antyder at små utslipp gir små skader. Imidlertid øker skaden vesentlig når forurensningsnivået øker.)

I og med at vi legger vekt på utslippsreduksjon, er det hensiktsmessig å lese MEC-kurven fra høyre til venstre. Vi ser da at MEC knyttet til en liten utslippsreduksjon fra et nivå på 26 enheter er større enn 6 kr pr. enhet. Men etter hvert som utslippene reduseres mer og mer synker de samfunnsøkonomiske grensekostnadene (av utslipp) til under 2 kr pr. enhet.

Kurven merket MCA er de marginale rensekostnader – kostnadene ved å redusere utslippet med én enhet. Den viser bedriftens merkostnad ved å få ned utslippet. MCA-kurven er synkende fordi marginalkostnaden ved å redusere utslippene er lave når reduksjonen har vært liten og høye når den har vært betydelig. (En liten utslippsreduksjon koster ikke mye – bedriften kan for eksempel endre produksjonsperioden slik at utslippet er størst om natten, når det er få mennesker ute. Store reduksjoner krever kostbare endringer i produksjonsprosessen.) Som for MEC-kurven er det greiest å lese MCA-kurven fra høyre til venstre. Vi ser da at det koster mer og mer å redusere utslippene ytterligere.

Uten rensing er bedriftens profittmaksimerende utslippsnivå lik 26 enheter, der de marginale rensekostnader er lik 0. Det samfunnsøkonomisk optimale utslippsnivå er 12 enheter, i punkt E^*, der de marginale forurensingskostnader er lik de marginale rensekostnader. Merk at dersom utslippene er lavere enn E^*, for eksempel E_0, er de marginale rensekostnader (7 kr) større enn de marginale forurensingskostnader (2 kr). Utslippet er derfor lavere enn det som er samfunnsøkonomisk optimalt. Men hvis utslippet er E_1 vil de marginale forurensingskostnader (4 kr) være høyere enn de marginale rensekostnader (1 kr). Utslippene er da for høye.

Vi kan få bedriften til å redusere utslippene til E^* på tre måter: (1) ikke-omsettelige utslippstillatelser, (2) avgift på utslipp og (3) omsettelige utslippstillatelser. Vi begynner med å diskutere ikke-omsettelige utslippstillatelser og avgifter og sammenligner fordeler og ulemper ved disse tiltakene. Deretter vil vi se nærmere på omsettelige utslippstillatelser.

utslippstillatelse
En øvre grense for utslipp av forurensende stoffer

Ikke-omsettelige utslippstillatelser

Et **utslippstillatelse** er en fastsatt øvre grense for hvor mye en bedrift kan forurense. Dersom bedriften overskrider grensen vil den kunne få bøter, og i alvorlige tilfeller fengselstraff for den/de ansvarlige. I figur 14.11 er den samfunnsøkonomisk optimale utslippsstandarden 12 enheter, i punkt E^*. Bedriften vil pådra seg en betydelig straff hvis den overstiger dette nivået.

Reguleringen sørger for at bedriften produserer et samfunnsøkonomisk optimalt kvantum. Bedriften oppfyller standarden ved å installere renseutstyr. De økte rensekostnadene vil føre til at bedriftens gjennomsnittskostnadskurve skifter oppover (med en avstand lik gjennomsnittlig rensekostnad). Bedrifter finner det bare lønnsomt å etablere seg i bransjen hvis prisen på produktet er høyere enn gjennomsnittlige produksjonskostnader pluss rensekostnader – bransjens effektivitetsbetingelse.

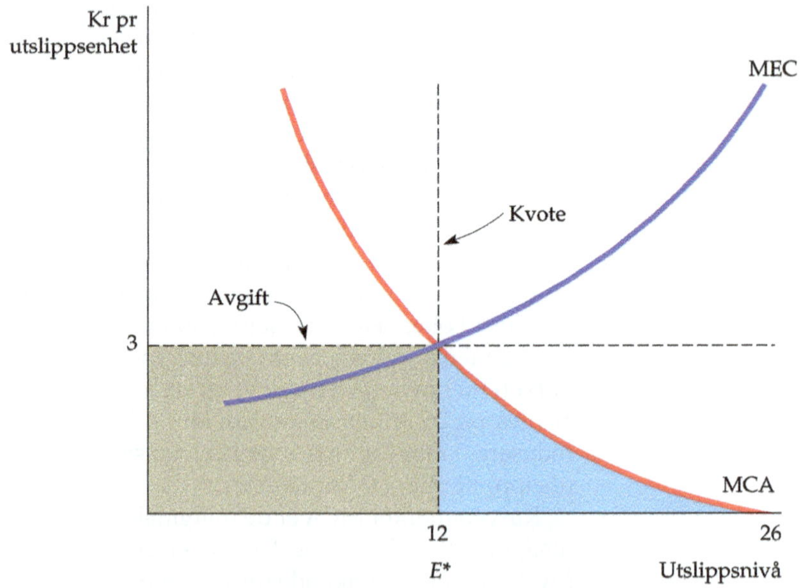

FIGUR 14.11 Kvoter og avgifter

Den effektive utslippsnivået E^* kan oppnås enten ved en avgift på utslipp eller en kvote. Ved en avgift på 3 kroner pr. enhet reduserer bedriften utslippene til det punkt der avgiften er lik de marginale rensekostnader. Det samme nivået på utslippsreduksjoner kan oppnås ved en kvote som begrenser utslippene til 12 enheter.

Avgift på utslipp

En utslippsavgift er en avgift på hver enhet forurensende utslipp. Som figur 14.11 viser, vil en avgift på 3 kr pr. utslippsenhet gi et samfunnsøkonomisk optimalt forurensingsnivå. Stilt overfor denne avgiften vil bedriften minimere kostnadene ved å redusere utslippet fra 26 til 12 enheter. For å se dette, merk deg at den første enheten utslipp kan fjernes til små kostnader (marginale rensekostnader er nær 0). Ved å pådra seg en svært liten kostnad kan bedriften unngå å betale en avgift på 3 kr. Faktisk, for alle utslippsnivåer over 12 enheter, er den marginale rensekostnaden lavere enn avgiften. Derfor lønner det seg å redusere utslippene. Under 12 enheter er imidlertid den marginale rensekostnaden større enn avgiften. I så fall vil bedriften foretrekke å betale avgiften snarere enn å redusere utslippene ytterligere. Den vil derfor betale samlede avgifter gitt ved det grå rektangelet og pådra seg en total rensekostnad gitt ved den blå trekanten under MCA-kurven og til høyre for $E = 12$. Denne kostnaden er mindre enn det avgiftsbeløpet bedriften ville betalt hvis den ikke reduserte utslippene i det hele tatt.

Utslippstillatelser kontra avgifter

Hvilken metode er best – avgifter eller utslippstillatelser? Det avhenger av hvor mye informasjon myndighetene har, og av de faktiske kostnadene ved å kontrollere utslippene. La oss anta at på grunn av administrative kostnader må regulator sette den samme avgift eller gi de samme utslippstillatelser til alle bedrifter.

Fordelen med avgifter

La oss først se på avgifter. Vi ser på to bedrifter som er lokalisert slik at de samfunnsøkonomiske kostnadene fra utslipp er den samme uansett hvilken bedrift som forurenser. I og med at bedriftene har ulike rensekostnader vil deres marginale rensekostnadskurver være forskjellige. Figur 14.12 viser hvorfor avgifter er å

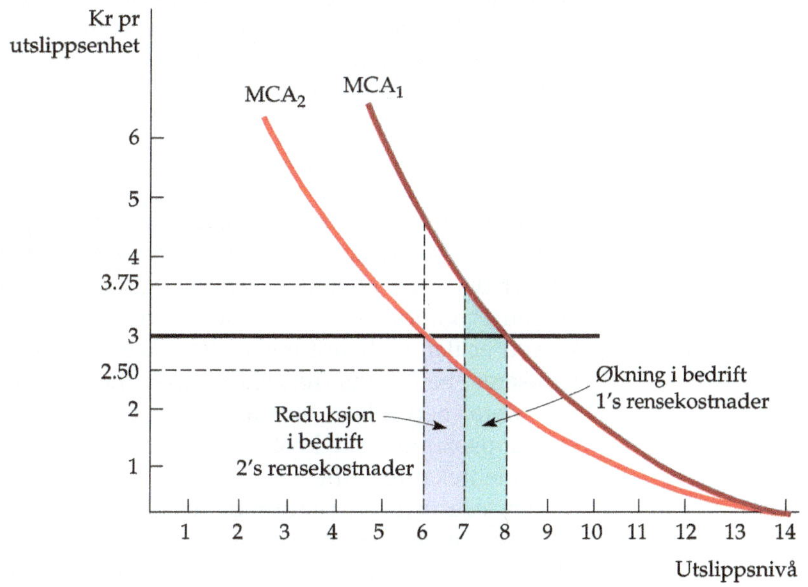

FIGUR 14.12 Avgifter

Med begrenset informasjon kan myndighetene bli stilt overfor valget mellom samme avgift eller samme utslippskvote for alle bedrifter. En avgift på 3 kr gir et utslippsnivå på 14 enheter til lavere kostnader en det en kvote på 7 utslippsenheter pr. bedrift gjør. I tilfellet med avgift vil bedriften med de laveste rensekostnadene (bedrift 2) redusere utslippene mer enn bedriften med de høyeste rensekostnadene (Bedrift 1).

foretrekke fremfor utslippstillatelser i dette tilfellet. MCA_1 og MCA_2 representerer bedriftenes marginale rensekostnadskurver. Hver bedrift genererer i utgangspunktet 14 enheter utslipp. Anta så at vi ønsker å redusere de totale utslippene med 14 enheter. Figur 14.12 viser at den billigste måten å gjøre dette på er at bedrift 1 reduserer utslippene med 6 enheter og bedrift 2 med 8 enheter. Med disse reduksjonene vil begge bedriftene ha marginale rensekostnader på 3 kroner. Men hva skjer hvis regulator ber begge bedrifter redusere utslippene med 7 enheter? I så fall vil bedrift 1 sine marginale rensekostnader øke fra 3 til 3,75 kr, mens de marginale rensekostnader i bedrift 2 reduseres fra 3 til 2,5 kroner. Dette kan ikke være en kostnadseffektiv utslippsreduksjon fordi bedrift 2 kan redusere utslippene til lavere kostnader en bedrift 1. Bare når de marginale rensekostnader er lik for begge bedrifter, vil utslippsreduksjonen på 14 enheter skje til lavest mulige kostnader.

Nå kan vi se hvorfor en avgift (på 3 kr) kan være å foretrekke fremfor en utslippstillatelse (på 7 enheter). Stilt overfor en avgift på 3 kr, vil bedrift 1 redusere utslippene med 6 enheter og bedrift 2 med 8 enheter – det effektive utfallet. I motsetning, i tilfellet med utslippstillatelser, vil bedrift 1 pådra seg ekstra rensekostnader gitt ved det grønne arealet mellom 7 og 8 enheter utslipp. Men bedrift 2 har redusert rensekostnadene – gitt ved det lilla arealet mellom 6 og 7 enheter. Åpenbart øker bedrift 1 sine rensekostnader mer enn kostnadsreduksjonen i bedrift 2. Avgifter på utslipp oppnår dermed samme nivå på utslippet til en lavere kostnad enn de like utslippstillatelsene gjør.

Generelt kan avgifter være å foretrekke av flere grunner. For det første, når alle bedrifter får samme utslippstillatelser, vil avgifter oppnå samme utslippsreduksjon til lavere kostnad. For det andre gir avgifter bedriftene et sterkt insentiv til å installere nytt utstyr som gir muligheter for ytterligere utslippsreduksjoner. Anta at utslippstillatelsene krever at hver bedrift reduserer sine utslipp med 6 enheter, fra 14 til 8. Bedrift 1 vurderer å installere nytt utstyr som vil redusere marginale rensekostnader fra MCA_1 til MCA_2. Hvis utstyret er relativt billig, vil bedriften installere det fordi det vil redusere kostnadene ved å oppfylle utslippsstandarden. Imidlertid vil en avgift på 3 kr gi sterkere insentiv for å redusere utslippene. Med en avgift vil ikke bare bedriftenes rensekostnader være lavere for de første 6 enhetene utslippsreduksjon, men det vil også være billigere å redusere utslippene med ytterligere 2 enheter: Avgiften er høyere enn de marginale rensekostnader for utslippsnivåer mellom 6 og 8.

Fordelen med utslippstillatelser

La oss nå undersøke utslippstillatelser ved å se på figur 14.13. Mens den marginale eksterne kostnadskurven er svært bratt, er kurven for marginale rensekostnader relativt flat. Den effektive utslippsavgiften er 8 kroner. Men anta at på grunn av begrenset informasjon, settes avgiften til 7 kr (12,5 % lavere). I og med at MCA-kurven er flat, vil bedriftens utslipp øke mye, fra 8 til 11 enheter. Denne økningen reduserer bedriftens rensekostnader noe, men da MEC-kurven er bratt, vil det være betydelige ekstra samfunnsøkonomiske kostnader. Økningen i de samfunnsøkonomiske kostnadene, fratrukket reduksjonen i rensekostnader, er gitt ved hele trekanten *ABC*.

Hva skjer hvis en tilsvarende feil gjøres ved utstedelse av utslippstillatelser? Det effektive nivået er 8 enheter utslipp. Men anta at tillatelsene økes med 12,5 %, fra 8 til 9 enheter. Som før, vil denne endringen føre til en økning i de samfunnsøkonomiske kostnader og en reduksjon i rensekostnader. Men netto økning i samfunnsøkonomiske sosiale kostnader, gitt ved den lille trekanten *ADE*, er mye mindre enn før.

Dette eksemplet illustrerer forskjellen mellom utslippstillatelser og avgifter. Når kurven for marginale eksterne kostnader er relativt bratt og kurven for marginale rensekostnader er relativt flat, vil kostnaden ved ikke å redusere utslipp være høy. I slike tilfeller er utslippstillatelser å foretrekke fremfor en avgift. Med ufullkommen informasjon vil utslippstillatelser være mer treffsikre når det gjelder utslippsnivå,

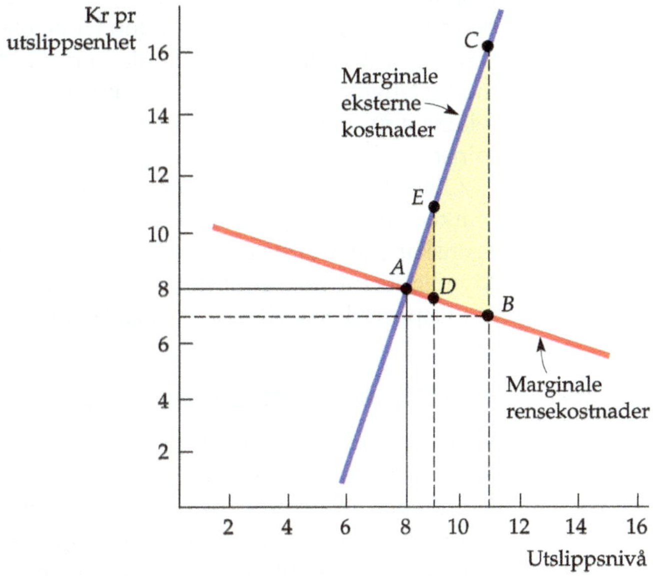

FIGUR 14.13 Utslippskvoter

Når myndighetene har begrenset informasjon om gevinster og kostnader ved redusert forurensing, kan kvoter i noen tilfeller være å foretrekke mens det i andre tilfeller vil være avgifter som har de mest tiltalende egenskaper. Kvoter har et fortrinn når de kurven for marginale eksterne kostnader er bratt og når rensekostnadskurven er relativt flat. I vårt tilfelle vil 12,5 prosent feil i fastlegging av kvoter føre til ekstra samfunnsøkonomiske kostnader gitt ved trekanten *ADE*. Den samme prosentvise feil i fastsetting av avgiften ville føre til kostnader gitt ved *ABC*.

men er mer usikre med hensyn til rensekostnader. Avgifter derimot vil være kostnadseffektive men det er usikkert hvor mye utslippene faktisk reduseres. Hva som er å foretrekke avhenger derfor av arten av usikkerhet og formen på kostnadskurvene.

Omsettelige utslippstillatelser

Hvis vi kjente kostnadene og gevinstene ved utslippsreduksjon, og hvis alle bedriftenes rensekostnader var identiske, kunne vi benytte ikke-omsettelige utslippstillatelser. Alternativt, hvis rensekostnadene varierte mellom bedrifter, ville en avgift fungere. Men når bedriftenes kostnader varierer, og vi ikke kjenner kostnader og gevinster, vil verken en standard eller en avgift generere et effektiv utfall.

omsettelige utslippstillatelser Et system der det utstedes et gitt antall utslippstillatelser som spesifiserer maksimalt samlet utslipp, og hvor disse tillatelsene er omsettelige

Vi kan imidlertid nå målet om effektiv utslippsreduksjon ved hjelp av **omsettelige utslippstillatelser**. Under dette systemet må hver bedrift ha tillatelse til å avgi utslipp. Hver tillatelse angir antall enheter bedriften har lov til å slippe ut. Enhver bedrift som forurenser uten å ha utslippstillatelse er gjenstand for betydelige økonomiske sanksjoner. Tillatelsene deles ut til bedriftene, og det totale antall tillatelser settes slik at man oppnår det ønskede maksimale utslippsnivå. Tillatelsene er omsettelige: De kan kjøpes og selges.

Under dette systemet er det de bedriftene som har minst muligheter for å redusere utslippene som kjøper tillatelser. Anta at de to bedriftene i figur 14.12 ble gitt tillatelser til å slippe ut opp til 7 enheter. Bedrift 1, som står overfor en relativt høy marginal rensekostnad, ville betale opp til 3,75 kr for å kjøpe en tillatelse for å slippe ut en enhet, men verdien av tillatelsen er kun 2,50 kr for bedrift 2. Bedrift 2 bør da selge tillatelsen til bedrift 1 for en pris mellom 2,50 og 3,75 kroner.

Hvis det er mange bedrifter og mange utslippstillatelser, vil det kunne utvikle seg et frikonkurransemarked for utslippstillatelser. I likevekt ville da prisen på en utslippstillatelse være lik marginale rensekostnader for alle bedrifter, ellers vil en bedrift finne det lønnsomt å enten kjøpe eller selge utslippstillatelser. Utslippsnivået fastlagt av myndighetene ville da blitt nådd til lavest mulig kostnader. De bedrifter med relativt lave marginale rensekostnader vil redusere utslippene mest, og de med relativt høye marginale rensekostnader ville kjøpe flere kvoter og redusere utslippene minst.

Omsettelige utslippstillatelser skaper et marked for eksternaliteter. Denne markedstilnærmingen er tiltalende fordi den kombinerer noen av de gunstige egenskapene til et system med standarder og kostnadsfordelene ved et avgiftssystem. Myndighetene fastsetter det totale antall utslippstillatelser, og omsetteligheten gjør at utslippsreduksjonen skjer til lavest mulige kostnader.

Eksternaliteter og eiendomsrettigheter

Vi har sett hvordan myndighetene kan korrigere markedssvikten som oppstår ved eksternaliteter. Avgifter og omsettelige utslippstillatelser fungerer fordi de endrer bedriftenes insentiver, og dermed tvinger dem til å ta hensyn til de eksterne kostnadene. Men offentlige reguleringer er nødvendigvis ikke den eneste måten å håndtere eksternaliteter på. I denne delen viser vi at i noen tilfeller kan ineffektiviteten bli eliminert gjennom private forhandlinger mellom de berørte parter, eller ved et juridisk system hvor partene kan gå til sak for å kompenseres for skadene de påføres.

eiendomsrettighet
Rettsregler som definerer hva folk eller bedrifter kan gjøre med sine eiendeler

Eiendomsrettigheter

En eiendomsrett er en juridisk regel som beskriver hva folk eller bedrifter kan gjøre med sine eiendeler. Hvis du har eiendomsrett til en tomt, kan du for eksempel bygge hus på den eller selge den, og er beskyttet mot innblanding fra andre.

La oss gå tilbake til eksemplet med utslipp til en elv for å se hvorfor eiendomsrettigheter er viktige. Vi antok der at bedriften hadde en rett til å bruke elven for å kvitte seg med avfallet sitt, og at fiskerne ikke har en eiendomsrett til forurensningsfritt vann. Følgelig hadde ikke bedriften noe insentiv til å inkludere forurensningskostnaden i sine produksjonsbeslutninger. Med andre ord eksternaliserte bedriften kostnadene generert av spillvannet. Anta så at fiskerne har en eiendomsrett til rent vann. I så fall kan de kreve at bedriften betaler dem for retten til å dumpe spillvannet. Bedriften vil da enten legge ned eller betale kostnadene forbundet med spillvannet. Kostnadene vil dermed internaliseres og vi oppnår en effektiv ressursallokering.

Forhandlinger og økonomisk effektivitet

Økonomisk effektivitet kan oppnås uten offentlige inngrep når eksternaliteten påvirker relativt få parter og når eiendomsretten er velspesifisert. La oss se på en tallfestet versjon av eksemplet med spillvann. Anta at stålverkets utslipp reduserer fiskernes overskudd. Som tabell 14.2 viser, kan fabrikken installere et filtersystem for å redusere sine utslipp, eller så kan fiskerne etablere et renseanlegg.

Den effektive løsningen er den som maksimerer felles overskudd for bedriften og fiskerne. Samlet overskudd maksimeres når fabrikken installerer et filtersystem og fiskerne ikke bygger et renseanlegg. La oss se hvordan ulike tildelinger av eiendomsrettigheter fører til at de to partene fremforhandler ulike løsninger.

Anta at fabrikken har retten til å dumpe spillvann til elven. I utgangspunktet er fiskernes profitt 100 kr, og fabrikkens profitt er 500 kr. Ved å installere et renseanlegg kan fiskerne øke sin profitt til 200 kr, der samlet profitt, uten samarbeid, er 700 kr (500 kr + 200 kr). Videre er fiskerne villige til å betale fabrikken inntil 300 kr for å installere et filtersystem – forskjellen mellom 500 kr profitt med et filter og 200 kr profitt uten. I og med at stålverkets profitt synker med 200 kr ved å installere et filter, vil bedriften være villig til å gjøre det fordi den er mer enn kompensert for tapet sitt.

TABELL 14.2 Profitt ved ulike utslippsbeslutninger

	Bedriftens profitt (kr)	Fiskernes profitt (kr)	Total profitt (kr)
Ikke filter, ikke renseanlegg	500	100	600
Filter, ikke renseanlegg	300	500	800
Ikke filter, renseanlegg	500	200	700
Både filter og renseanlegg	300	300	600

TABELL 14.3 Forhandlinger under ulike tildelinger av eiendomsrett

Ikke samarbeid	**Rett til å dumpe (kr)**	**Rett til rent vann (kr)**
Profitt bedrift	500	300
Profitt fiskere	200	500
Samarbeid		
Profitt bedrift	550	300
Profit fiskere	250	500

I dette tilfellet blir gevinsten for begge parter ved å samarbeide lik 100 kr: 300 kr i gevinst for fiskerne fratrukket 200 kr for installering av filteret.

Anta at fabrikken og fiskerne er enige om å splitte denne gevinsten likt ved at fiskerne betaler fabrikken 250 kr for å installere filteret. Som tabell 14.3 viser, gir denne forhandlingsløsningen et effektivt utfall. Under kolonnen "Rett til å dumpe" ser vi at uten samarbeid, vil fiskerne få en profitt på 200 kr, mens stålverket får 500 kroner. Med samarbeid øker begges profitt med 50 kroner.

Anta nå at fiskerne gis eiendomsretten til rent vann, og at de krever at fabrikken installerer filtersystemet. Fabrikken har et overskudd på 300 kr og fiskerne på 500 kroner. I og med at ingen av partene kan komme bedre ut av det ved forhandlinger, er dette en effektiv løsning.

Denne analysen gjelder alle situasjoner der eiendomsretten er velspesifisert. *Når parter kan forhandle kostnadsfritt og til deres gjensidige fordel, vil det resulterende utfallet være effektivt, uavhengig av hvordan eiendomsretten er spesifisert.* Dette betegnes som **Coase teorem**, etter Ronald Coase som utviklet det.

Coase teorem
Når partene kan forhandle kostnadsfritt vil det tilhørende utfallet være effektivt, uansett hvordan eiendomsretten er spesifisert

Kostbare forhandlinger – betydningen av strategisk atferd

Forhandlinger kan være tidkrevende og kostbare, spesielt når eiendomsretten ikke er klart spesifisert. I så fall vil ingen av partene være sikre på hvor hardt de må gå ut i forhandlingene for å få den andre til å bli enig om en ordning. I vårt eksempel visste begge parter at forhandlingsprosessen måtte ende opp med en betaling mellom 200 og 300 kroner. Hvis imidlertid partene er usikre på eiendomsretten, kan det tenkes at fiskerne bare er villige til å betale 100 kr, og forhandlingsprosessen ville bryte sammen.

Et problem oppstår når mange parter er involvert. Anta for eksempel at utslippene fra en fabrikk påvirker hundrevis eller tusenvis av husstander. I så fall vil forhandlingskostnadene gjøre det vanskelig for partene å komme frem til en løsning.

En juridisk løsning – søksmål for skader

I mange situasjoner som involverer eksternaliteter har den part som blir påført en ulempe (offeret) en juridisk rett til å saksøke den som gir opphav til ulempen. Hvis de lykkes, kan offeret oppnå økonomisk erstatning tilsvarende den skade man lider. Dette skiller seg fra tilfellene med utslippstillatelser og avgifter da det er offeret, ikke myndighetene, som mottar betalingen.

La oss igjen se på eksemplet med fabrikken og fiskerne for å se hvordan potensialet for et søksmål kan føre til et effektivt utfall. Anta først at fiskerne gis retten til rent vann. Fabrikken er med andre ord ansvarlig for den skade de påfører fiskerne hvis den ikke installerer et filter. Skaden for fiskerne er i dette tilfellet 400 kr; forskjellen mellom overskuddet som fiskerne får når elven ikke forurenses (500 kr) og overskuddet når spillvann slippes ut (100 kr).

Stålverket har følgende alternativer:

1. Ikke installer filter, betal erstatning: Profitt = 100 kr (500 kr – 400 kr)
2. Installer filter, unngå erstatning: Profitt = 300 kr (500 kr – 200 kr)

Bedriften vil finne det lønnsomt å installere et filter, som er vesentlig billigere enn å betale erstatning, og utfallet blir effektivt.

Et effektivt utfall (med en annen fordeling av overskudd) vil også oppnås dersom fabrikken får eiendomsretten til å slippe ut spillvann. I henhold til loven ville fiskerne ha en juridisk rett til å kreve at fabrikken installerer filter, men de måtte betale fabrikken de 200 kronene i tapt fortjeneste. Dette gir fiskerne tre alternativer:

1. Bygg et renseanlegg: Profitt = 200 kr.
2. Få fabrikken til å montere et filter, men betal erstatning: Profitt = 300 kr (500 kr – 200 kr).
3. Ikke bygg renseanlegg eller krev filter: Profitt = 100 kr.

Fiskerne tjener mest i alternativ 2. De vil derfor kreve at fabrikken monterer et filter, men kompenserer 200 kr i tapt fortjeneste. Akkurat som i situasjon der fiskerne hadde rett til rent vann, er dette utfallet effektivt fordi filteret blir installert. Merk imidlertid at en profitt på 300 kr er vesentlig mindre enn 500 kr som fiskerne får når de har retten til rent vann.

Dette eksempelet viser at muligheten for å kompenseres for skade eliminerer behovet for forhandlinger fordi det spesifiserer konsekvensene av partenes valg. Å gi den part som er skadet rett til erstatning fra den parten som påfører skaden sikrer et effektivt utfall. (I tilfellet med ufullkommen informasjon vil imidlertid utfallet kunne bli ineffektivt.)

14.9 KOLLEKTIVE GODER

Når, hvis noen gang, bør myndighetene erstatte private bedrifter som produsent av varer og tjenester? I dette avsnittet skal vi se nærmere på situasjoner der private markeder enten ikke produserer et gode i det hele tatt, eller ikke priser godet riktig (i samfunnsøkonomisk forstand) når det først er tilgjengelig – noe som tilsier at offentlig sektor enten bør subsidiere privat produksjon, eller produsere godet selv.

Ikke-rivaliserende goder

kollektive goder
Goder karakterisert ved ikke-eksklusivitet og ikke-rivalisering: Grensekostnaden ved at én person til får tilgang på godet er lik 0, og ingen kan stenges ute fra å benytte seg av godet

Kollektive goder har to kjennetegn: De er ikke-rivaliserende og ikke-eksklusive. Et gode er ikke-rivaliserende hvis, for et gitt produksjonsnivå, kostnaden ved å gi det til en ekstra person er lik 0. For de fleste varer som produseres i privat sektor, er grensekostnaden større enn 0. Men for noen goder betyr det ikke nødvendigvis at kostnadene øker, selv om det er flere som får tilgang på godet. Tenk på bruken av en motorvei i løpet av en periode med liten trafikk. I og med at veien allerede eksisterer og det ikke er noen trengsel, er ekstrakostnaden knyttet til at du kjører på den lik null. En klassiker er fyrtårn. Når fyret er bygget og i drift er det ingen ekstra kostnader knyttet til at én båt til "benytter" seg av fyrtårnet. Hva med radiosignaler? Merkostnaden ved at én person til hører på radio er lik 0.

De fleste varer er rivaliserende. Kjøper du en hamburger, utelukker du andre fra å kjøpe nettopp denne hamburgeren. Goder som er rivaliserende må fordeles blant individer. Varer som er ikke-rivaliserende kan gjøres tilgjengelig for alle uten å påvirke noen enkeltes mulighet for å konsumere dem.

Ikke-eksklusive goder

ikke-eksklusive goder Goder som folk ikke kan utelukkes fra å benytte, slik at det er vanskelig eller umulig å ta betalt for bruken

Et gode er **ikke-eksklusivt** hvis folk ikke kan utelukkes fra å konsumere det. Følgelig er det vanskelig eller umulig å belaste folk for bruk av ikke-eksklusive goder; godene kan benyttes uten direkte betaling. Et eksempel på et ikke-eksklusivt gode er nasjonalt forsvar. Når et land har etablert et forsvar vil alle borgere dra nytte av det (eller mislike det). Et fyrtårn og radiosignaler er også eksempler på ikke-eksklusive goder.

Ikke-eksklusive goder behøver ikke være av nasjonal karakter. Hvis det offentlige setter i gang et storstilt oppussingsprogram av bygninger i en by, er det primært de som bor i byen som drar nytte av det.

Noen varer er eksklusive, men ikke-rivaliserende. For eksempel i perioder med lav trafikk er kjøring over en bro ikke-rivaliserende fordi en ekstra bil på broen ikke senker hastigheten på andre biler. Men bropasseringen kan gjøres eksklusiv fordi de som administrerer broen kan, via bompenger eller andre ekskluderingsmekanismer, hindre noen i å benytte den. TV-signaler er et annet eksempel. Når et signal sendes ut, vil merkostnaden for å gjøre sendingen tilgjengelig til en ekstra bruker være lik 0, og godet er dermed ikke-rivaliserende. Men TV-signaler kan gjøres eksklusive ved å kode signalene og ta betalt for å dekode dem.

Noen varer er ikke-eksklusive, men rivaliserende. Et hav eller store innsjøer er ikke-eksklusive, mens fiske er rivaliserende fordi den påfører andre en kostnad: Jo mer fisk du fisker, jo færre fisk vil være tilgjengelig for andre. Luft er ikke-eksklusivt og ofte ikke-rivaliserende, men det kan være rivaliserende hvis utslippene fra en bedrift påvirker luftkvaliteten og reduserer folks mulighet for å puste frisk luft.

Kollektive goder må ikke forveksles med goder som det offentlige produserer. Listen over kollektive goder er mye kortere enn listen over goder som offentlig sektor produserer. Mange goder som det offentlige produserer er enten rivaliserende, eksklusive, eller begge deler. For eksempel er utdanning rivaliserende. I og med at andre barn får mindre oppmerksomhet når klassestørrelsen øker, er kostnaden ved å tilby utdanning til ett barn til større enn 0. Likeledes kan skolepenger utelukke noen fra å ta utdanning. Utdanning finansieres gjerne av det offentlige fordi det innebærer positive eksternaliteter, ikke fordi det er et kollektivt gode. Kollektivtransport er heller ikke et kollektivt gode (selv om det kanskje høres slik ut). Det er rivalisering hvis det er trengsel og det koster gjerne penger å kjøre kollektivt.

Kollektive goder og effektivitet

Det samfunnsøkonomisk optimale nivå på produksjon av *private* goder finner vi der marginal betalingsvillighet er lik grensekostnad. Når det gjelder kollektive goder må vi imidlertid ta hensyn til at flere personer vll ha nytte av det samme godet – gjerne samtidig. Vi må derfor spørre hver enkelt person hvor mye de er villige til å betale for en ekstra enhet av godet. Vi summerer så disse marginale betalingsvillighetene og finner samlet marginal betalingsvillighet. Det effektive nivået på omfanget av det kollektive godet er gitt der vi har *likhet mellom samlet marginal betalingsvillighet og grensekostnaden*.

Figur 14.14 illustrerer effektivt nivå på produksjon av et kollektivt gode. D_1 representerer Peders etterspørsel etter et kollektivt gode og D_2 er Marthes etterspørsel. Når det for eksempel er 2 enheter av det kollektive godet er Peders marginale betalingsvillighet 1,5 kr, mens Marthe har en marginal betalingsvillighet på 4 kroner. Summen av de marginale betalingsvilligheter er da 5,5 kroner. Kurven D illustrerer

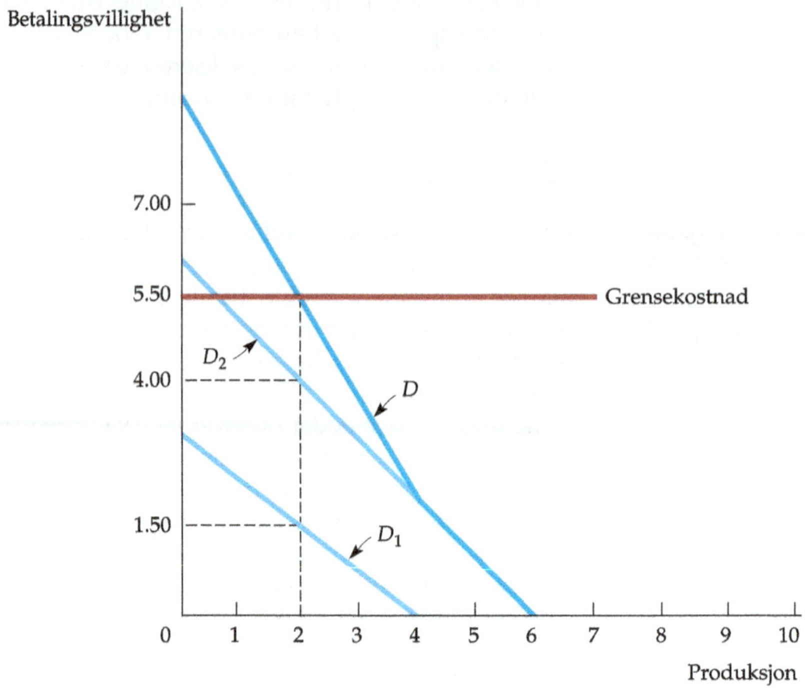

FIGUR 14.14 Effektiv produksjon av kollektive goder

Når et gode er ikke-rivaliserende, finner vi den marginale samfunnsøkonomiske verdsetting, gitt ved etterspørselskurven D, ved vertikalt summering av de individuelle etterspørselskurver for dette godet, D_1 og D_2. Det effektive produksjonsnivå finner vi der marginal samfunnsøkonomisk verdsetting er lik grensekostnaden.

I avsnitt 4.3 viser vi at markedets etterspørselskurve for private goder finnes ved horisontal summering av de individuelle etterspørselskurver.

den *vertikale summen* av Peders og Marthes marginale betalingsvillighet. I dette eksempelet vil da 2 enheter være det samfunnsøkonomisk optimale produksjonsnivå, i og med at det gir likhet mellom samlet marginal betalingsvillighet og grensekostnad.

Kollektive goder og markedssvikt

Anta at du vil tilby et program for fjerning av mygg i det området du bor. Du vet at programmet er verdt mer for folk i området enn de 50 000 kronene det vil koste. Kan du tjene penger på et slikt tiltak? Du ville gå break-even hvis du kunne ta 5 kr fra hver av de 10 000 husstandene som ville nyte godt av mindre mygg. Men du kan ikke tvinge dem til å betale, eller utarbeide et system hvor de husholdninger som verdsetter fjerning av mygg høyest betaler mest.

Dessverre er fjerning av mygg ikke-eksklusivt: Det er ingen måte å tilby dette opplegget på uten at alle drar nytte av det. Følgelig vil ikke husholdningene ha noe insentiv til å betale det programmet egentlig er verdt for dem. Folk kan opptre som **gratispassasjerer**, som underrapporterer verdien av programmet slik at de kan dra nytte av godet uten å betale for det.

gratispassasjer
En konsument eller produsent som ikke betaler for et ikke-eksklusivt gode i forventning om at andre vil betale for det

I tilfellet med kollektive goder vil gratispassasjerproblemet gjøre det vanskelig eller umulig for private markeder å tilby godene i et effektivt omfang. Kanskje, hvis det kun var noen få husstander involvert, og programmet var relativt billig, kunne alle husstandene bli enige om å dele kostnadene. Men når mange husholdninger er involvert, er det vanskelig å komme frem til frivillige private ordninger som sørger for et samfunnsøkonomisk optimalt nivå på kollektive goder. Kollektive goder må derfor subsidieres eller bli produsert av offentlig sektor hvis de skal produseres effektivt.

OPPSUMMERING

1. Partiell likevektsanalyse av markeder antar at relaterte markeder er upåvirket. Generell likevektsanalyse ser på alle markedene samtidig og tar hensyn til tilbakevirkende effekter fra andre markeder på det markedet som studeres.

2. En allokering er effektiv når ingen konsumenter kan få det bedre uten at andre får det verre. Når konsumentene har foretatt alle gjensidige gunstige bytter vil utfallet være Paretooptimalt.

3. I og med at en frikonkurranselikevekt ikke behøver å være rettferdig kan myndighetene ønske å omfordele penger fra rike til fattige. Da slik omfordeling er kostbar kan det være en konflikt mellom likhet og effektivitet.

4. En allokering av innsatsfaktorer er teknisk effektiv hvis produksjonen av det ene godet ikke kan økes uten at produksjonen av det andre godet går ned.

5. En frikonkurranselikevekt i faktormarkedene inntreffer når den marginale tekniske substitusjonsrate mellom to innsatsfaktorer er lik faktorprisforholdet.

6. Produksjonsmulighetskurven angir alle effektive allokeringer uttrykt ved hvor mye som kan produseres med en gitt kombinasjon av innsatsfaktorer. Den marginale transformasjonsrate av vare 1 og vare 2 øker jo mer av vare 1 og jo mindre av vare 2 som produseres. Den marginale transformasjonsrate er lik forholdet mellom grensekostnaden for vare 1 og grensekostnaden for vare 2.

7. En effektiv allokering av goder til konsumentene oppnås bare når den marginale substitusjonsrate (som er lik for alle konsumenter) er lik den marginale transformasjonsrate.

8. Når markedene for innsatsfaktorer og produkter er karakterisert ved frikonkurranse vil den marginale substitusjonsrate (som er lik prisforholdet mellom godene) være lik den marginale transformasjonsrate (som er lik forholdet mellom grensekostnadene).

9. Markeder kan være ineffektive av fire grunner. For det første kan bedrifter eller konsumenter ha markedsmakt i faktor- eller produktmarkeder. For det andre kan konsumenter eller produsenter ha mangelfull informasjon og kan derfor fatte feil konsum- og produksjonsbeslutninger. For det tredje kan det eksistere eksternaliteter. For det fjerde kan produksjonen av samfunnsøkonomisk sett ønskelige kollektive goder bli utelatt.

10. Selger av produktet har ofte bedre informasjon om produktets kvalitet enn det kjøper har. Asymmetrisk informasjon av denne typen skaper en type markedssvikt der dårlige produkter har en tendens til å fortrenge gode produkter fra markedet. Markedssvikten kan elimineres hvis selger tilbyr standardiserte produkter, gir garantier eller finner andre måter for å opprettholde et godt rykte.

11. I forsikringsmarkeder har vi ofte asymmetrisk informasjon fordi forsikringstaker har mer informasjon om risikoen som er involvert enn det forsikringsselskapet har. Dette kan føre til skjevt utvalg, hvor de med høy risiko velger å forsikre seg og de med lav ikke gjør det. Et annet problem i forsikringsmarkedet er moralsk hasard, hvor forsikringstaker bryr seg mindre om å unngå tap etter at man har forsikret seg.

12. Tilbyder kan håndtere problemet med asymmetrisk informasjon ved å gi kjøperen signaler om produktets kvalitet. Arbeidstakere kan for eksempel signalisere høy produktivitet gjennom å ta høyere utdanning.

13. Asymmetrisk informasjon kan forklare hvorfor vi har arbeidsledighet selv om noen aktivt er på jakt etter jobb. I henhold til effektivitetslønnshypotesen vil en høy lønn øke arbeidernes produktivitet ved å motivere arbeiderne til ikke å sluntre unna på jobben.

14. En eksternalitet oppstår når en produsent eller konsument påvirker andres produksjon eller konsum på en måte som ikke direkte reflekteres i markedet. Eksternaliteter skaper ineffektivitet da de hemmer markedsprisenes evne til å reflektere nøyaktig informasjon om hvor mye som skal produseres.

15. Forurensning er et vanlig eksempel på en eksternalitet som fører til markedssvikt. Markedssvikten kan korrigeres ved ikke-omsettelige utslippstillatelser, avgifter på utslipp eller ved omsettelige utslippstillatelser. Ved usikkerhet knyttet til kostnader og gevinster har tiltakene ulike egenskaper.

16. Ineffektivitet grunnet markedssvikt kan elimineres gjennom forhandlinger mellom de berørte parter. I henhold til Coase teorem, kan forhandlingsløsningen være effektiv hvis eiendomsrettigheter er klart definert, transaksjonskostnadene er lik null og det ikke er noen strategisk atferd. Forhandlinger vil allikevel sjelden føre til en optimal løsning da partene stort sett alltid vil oppføre seg strategisk.

17. Goder som det private markedet mest sannsynlig ikke vil produsere i optimalt omfang, er enten ikke-rivaliserende eller ikke-ekskluderende. Et gode er ikke-rivaliserende dersom grensekostnaden ved å tilføre godet til en person er lik 0, for et hvert produksjonsnivå. Et gode er ikke-ekskluderende hvis det er dyrt eller umulig å stenge folk ute fra å konsumere godet. Kollektive goder er både ikke-rivaliserende og ikke-ekskluderende.

18. Et kollektivt gode produseres i et optimalt omfang hvis den vertikale summen av individenes etterspørsel er lik grensekostnaden.

SPØRSMÅL

1. Hvorfor kan feed back effekter gjøre en generell likevektsanalyse vesentlig forskjellig fra en partiell likevektsanalyse?
2. Hva menes med den marginale transformasjonsraten (MRT)? Forklar hvorfor MRT mellom to goder er lik forholdet mellom grensekostnadene i produksjon av de to godene.
3. Hvorfor kan asymmetrisk informasjon mellom kjøper og selger føre til markedssvikt når markedet ellers er velfungerende?
4. Forklar forskjellen mellom skjevt utvalg og moralsk hasard i forsikringsmarkeder. Kan det ene eksistere uten det andre?
5. Hvorfor kan selgere finne det hensiktmessig å signalisere kvaliteten på et produkt? På hvilken måte er garantier en form for signalisering til markedet?
6. Sammenlign følgende tre tiltak mot forurensning når kostnader og gevinster ved utslippsreduksjoner er usikre: a) En avgift på utslipp, b) en ikke-omsettelig utslippstillatelse og c) et system med omsettelige utslippstillatelser.
7. Når krever eksternaliteter offentlige inngrep? Når er slike inngrep sannsynligvis unødvendige?
8. Eksternaliteter oppstår hovedsakelig fordi folk ikke kjenner konsekvensene av sine egne handlinger. Er du enig eller uenig? Hvorfor?
9. Offentlige TV-kanaler er (i USA) delvis finansiert gjennom private donasjoner selv om hvem som helst med et TV-apparat kan se på TV gratis. Kan du forklare dette fenomenet i lys av gratispassasjerproblemet?

ØVELSER

1. Anta at gull (G) og sølv (S) er substitutter fordi begge fungerer som sikring mot inflasjon. Anta også at tilbudet av begge er gitt på kort sikt ($Q_G = 75$ og $Q_S = 300$) og at etterspørselen etter gull og sølv er gitt ved:

   $$P_G = 975 - Q_G + 0{,}5P_S \quad \text{og} \quad P_S = 600 - Q_S + 0{,}5P_G$$

   a. Hva er likevektsprisen på gull og sølv?

   b. Hva hvis et nytt funn dobler mengden av gull til 150? Hvordan vil dette funnet påvirke prisen på gull og sølv?
2. Bruk generell likevektsanalyse og ta hensyn til feedbackeffekter til å analysere følgende:

   a. De sannsynlige effektene av et sykdomsutbrudd på kyllingfarmer på markedet for kylling og svinekjøtt.

   b. Effektene av økte flyskatter på reiser til de største turistdestinasjonene i et land og på antall hotellrom på disse stedene.
3. Jenny og Fredrik konsumerer juice og kaffe. Jennys MRS mellom juice og kaffe er 1 og Fredriks MRS er 3. Hvilket av disse markedene har overskuddsetterspørsel hvis prisen på juice er 10 kr, og prisen på kaffe er 15 kr? Hva forventer du vil skje med prisen på de to godene?
4. En monopsonist kjøper arbeidskraft til en lønn lavere enn likevektslønnen i frikonkurranse. Hvilken type ineffektivitet vil denne bruken av monopsonimakt medføre? Hvordan ville svaret ditt endres hvis monopsonisten i arbeidsmarkedet også var monopolist i produktmarkedet?
5. Mange forbrukere ser på velkjente merkenavn som et signal om kvalitet og vil derfor betale mer for disse enn for mindre kjente merker. Kan et merkenavn gi et nyttig signal om kvalitet? Hvorfor eller hvorfor ikke?
6. Ett halvt år etter at Geir ble ferdig med studiene har han spart seg opp nok penger til å kjøpe sin første bil.

   a. Geir vet svært lite om forskjellen mellom ulike bilmodeller. Hvordan kunne han benytte signalisering, omdømme eller standardisering for å foreta sammenligninger?

   b. Du behandler lånesøknader i en bank. Etter å ha bestemt seg for en bil kommer Geir for å søke om lån. I og med at det ikke er lenge siden han var ferdig med studiene, har han ikke lang kreditthistorikk. Banken har imidlertid lang erfaring med bilfinansiering for nyutdannede. Er denne informasjonen nyttig i Geirs tilfelle? I så fall hvordan?
7. Et stort universitet forbyr å sette karakteren F. De forsvarer vedtaket med at studentene har en tendens til å gjøre det bedre enn gjennomsnittet når de slipper å frykte for å stryke. Universitetet hevder at de vil at alle studentene der skal få A-er og B-er. Er dette en fornuftig policy hvis målet er å heve karakterene til B eller bedre? Diskuter dette tiltaket i lys av problemet med moralsk hasard.
8. Med et rykte for å produsere biler som ofte trenger service, har en rekke amerikanske bilprodusenter tilbudt omfattende garantier (for eksempel syv års

garanti på alle deler og arbeid forbundet med mekaniske problemer).

a. Hvorfor er dette en fornuftig policy?

b. Er det fare for at denne praksisen kan skape moralsk hasard problemer? Forklar.

9. For å fremme konkurranse og konsumentenes velferd krever myndighetene at bedrifter skal ha ærlig markedsføring. Hvordan vil ærlighet i markedsføringen fremme konkurranse? Hvorfor ville markedet hatt mindre konkurranse hvis bedriftene drev villedende markedsføring?

10. Et forsikringsselskap vurderer å tilby tre typer brannforsikringer: i) forsikringer som gir full dekning, ii) Full dekning for skade utover en egenandel på 10 000 kroner, iii) 90 % dekning av alle tap. Hvilke av disse ordningene har størst sannsynlighet for å gi problemer med moralsk hasard?

11. Du har sett hvordan asymmetrisk informasjon kan redusere den gjennomsnittlige kvaliteten på produktene som selges i et marked i og med at produkter med lav kvalitet fortrenger produkter med høy kvalitet. For markeder hvor asymmetrisk informasjon er utbredt, er du enig eller uenig i hvert av de følgende utsagn? Forklar kort:

a. Myndighetene bør subsidiere forbrukerrapporter.

b. Myndighetene bør innføre kvalitetsstandarder – for eksempel at bedriftene ikke får lov til å selge produkter med lav kvalitet.

c. Produsenter av produkter med høy kvalitet vil sannsynligvis tilby omfattende garantier.

d. Myndighetene bør kreve at alle bedrifter tilbyr omfattende garantier.

12. En rekke bedrifter er lokalisert i den vestlige delen av en by etter at boligbebyggelse etter hvert har lagt beslag på den østlige delen. Hver bedrift produserer samme produkt og avgir skadelige gasser i produksjonsprosessen, noe som har en negativ effekt på innbyggerne i lokalsamfunnet.

a. Forklar at bedriftene her skaper en eksternalitet.

b. Tror du at private forhandlinger kan løse problemet? Forklar.

c. Hvordan kan lokalsamfunnet fastlegge det effektive nivået på luftkvaliteten?

13. Anta at vitenskapelige studier gir deg følgende informasjon om gevinster og kostnader ved utslipp av svoveldioksid:

Gevinster ved reduksjon av utslipp:

$$MB = 500 - 20A$$

Rensekostnader:

$$MC = 200 + 5A$$

der A er utslippsreduksjon i millioner tonn og nytte og kostnader er gitt i kroner pr. tonn.

a. Hva er det samfunnsøkonomiske optimale nivået på utslippsreduksjon?

b. Hva er marginal gevinst og marginale rensekostnader i samfunnsøkonomisk optimum?

c. Hva skjer med netto samfunnsøkonomisk gevinst hvis utslippene reduseres ett tonn mer enn det effektive nivået? Hva med ett tonn mindre?

d. Hvorfor er det samfunnsøkonomisk optimalt å sette marginal gevinst lik marginal rensekostnad snarere enn redusere utslippene inntil totale gevinster er lik totale kostnader?

14. En dataprogrammerer driver lobby mot copyright på programvare og hevder at alle skulle få dra nytte av innovative programmer laget for PC-er og at eksponeringen for mange brukere vil inspirere unge programmerere til å lage enda flere innovative programmer. Vurder den marginale samfunnsøkonomiske nytten som kan oppnås ved dette forslaget. Er du enig i forslaget?

15. Medisinsk forskning har vist negative helseeffekter av passiv røyking. Nyere sosiale trender peker på voksende intoleranse for røyking på offentlige steder. Hvis du er røyker og ønsker å fortsette å røyke til tross for tøffere røykelover, hvordan vil du respondere på følgende lovforslag? Hva blir effektene for deg og for samfunnet som helhet av at lovene innføres?

a. Reduksjon av tjære- og nikotininnhold i alle sigaretter.

b. En avgift på hver pakke produsert.

c. En avgift på hver solgte pakke.

d. Røykere blir pålagt å ha med seg statlig utstedte røyketillatelser til enhver tid.

16. I markedet for tørr-rens er den inverse etterspørselsfunksjonen gitt ved $P = 100 - Q$ og de private grensekostnadene aggregert for alle bedrifter er gitt ved $MC = 10 + Q$. Forurensningen som dannes av tørr-rensing skaper en eksternalitet gitt ved den marginale eksterne skadefunksjonen $MEC = Q$.

a. Beregn likevektspris og kvantum i en uregulert frikonkurranse.

b. Finn samfunnsøkonomisk optimal pris og kvantum.

c. Beregn den avgiften som må til for at markedet skal produsere samfunnsøkonomisk optimalt.

d. Beregn pris og kvantum hvis markedet var karakterisert ved et uregulert monopol.

e. Beregn den avgiften som ville føre til at monopolisten produserte et samfunnsøkonomisk optimalt kvantum.

f. Anta at det ikke gjøres noe forsøk på å overvåke eller regulere forurensning. Hvilken markedsform ville da gi høyest samfunnsøkonomisk overskudd? Forklar.

17. Det er tre grupper i et samfunn. Deres etterspørsel etter offentlige TV-sendinger i timer, T, er gitt ved henholdsvis:

$W_1 = 200 - T$

$W_2 = 240 - 2T$

$W_3 = 320 - 2T$

Anta at offentlige sendinger er et rent kollektivt gode som kan produseres til en konstant grensekostnad på 200 kr pr. sendetime.

a. Hva er det samfunnsøkonomisk optimale antall timer med TV-sendinger?

b. Hvor mye sendetid ville vi hatt hvis dette ble fastlagt i en uregulert frikonkurranse?

ORDLISTE

A

alternativkostnad *(side 5)* Det en ressurs er verdt i sin beste alternative anvendelse.

amortisering *(side 128)* Fordeling av en engangskostnad over flere år.

arbeidsproduktivitet *(side 114)* Gjennomsnittsproduksjon pr. arbeider innen en bedrift en hel næring eller økonomien som helhet.

arbitrasje *(side 8)* Det å kjøpe til en lav pris på ett sted og selge til en høyere pris et annet sted.

asymmetrisk informasjon *(side 332)* Situasjon hvor en kjøper og en selger har ulik informasjon om en transaksjon.

avkastningsregulering *(side 222)* En maksimalpris fastsatt av myndighetene basert på bedriftens forventede avkastning.

avledet etterspørsel *(side 300)* Etterspørselen etter en innsatsfaktor avhenger av, og er avledet fra, bedriftens produksjonsnivå og priser på innsatsfaktorene.

avtagende skalautbytte *(side 121)* En situasjon der produksjonen øker prosentvis mindre enn økningen i faktormengdene.

B

bandwagon-effekt *(side 92)* Positive nettverkseksternaliteter der en person ønsker å ha et gode delvis fordi andre har det.

Bertrand-modellen *(side 262)* En oligopolmodell hvor bedriftene produserer et homogent gode, den enkelte bedrift tar konkurrentenes priser for gitt og alle bedriftene tar sine prisbeslutninger samtidig.

bilateralt monopol *(side 224)* Et marked med bare én selger og én kjøper.

blandet strategi *(side 283)* En strategi hvor en spiller gjør et tilfeldig (stokastisk) valg blant to eller flere mulige handlinger, basert på et sett av valgte sannsynligheter.

bransje med konstante kostnader *(side 177)* En bransje der den langsiktige tilbudskurven er horisontal.

bransje med stigende kostnader *(side 178)* En bransje hvor den langsiktige tilbudskurven er stigende.

bransje med synkende kostnader *(side 180)* En bransje der den langsiktige tilbudskurven er synkende.

breddefordeler *(side 148)* En situasjon der en bedrift som produserer to produkter, produserer mer enn det som produseres i to bedrifter som produserer hvert sitt produkt.

breddeulemper *(side 148)* En situasjon der en bedrift som produserer to produkter, produserer mindre enn det som produseres i to bedrifter som produserer hvert sitt produkt.

brukerpris på kapital *(side 136)* Kostnader ved å eie og bruke en kapitalenhet, lik økonomiske avskrivninger pluss tapte renteinntekter, alternativkostnaden ved å leie en kapitalenhet.

budsjettbeskrankninger *(side 58)* Beskrankninger som konsumenten står overfor som følge av begrenset inntekt.

budsjettlinjen *(side 58)* Alle kombinasjoner av goder der samlede utgifter er lik inntekten.

bundling *(side 242)* Det å selge to eller flere produkter sammen som en pakke.

bytteøkonomi *(side 323)* Et marked hvor to eller flere konsumenter bytter goder seg imellom.

C

Coase teorem *(side 351)* Når partene kan forhandle kostnadsfritt vil det tilhørende utfallet være effektivt, uansett hvordan eiendomsretten er spesifisert.

Cobb-Douglas nyttefunksjon *(side 102)* Nyttefunksjonen $U(X, Y) = X^{a}Y^{1-a}$, der X og Y er to goder, og a er en konstant.

Cobb-Douglas produktfunksjon *(side 155)* En produktfunksjon på formen $q = AK^{\alpha}L^{\beta}$, der q er produksjonsnivå, K er kapitalmengde, L er arbeidskraftsmengden og A, α og β er positive konstanter.

Cournot-likevekt *(side 258)* Likevekt i Cournot-modellen er der bedriftene korrekt antar hvor mye konkurrenten vil produsere og setter sitt eget produksjonsnivå deretter.

Cournot-modellen *(side 257)* Duopolmodell hvor bedriftene produserer samme produkt, begge bedriftene tar den andre bedriftens produksjon for gitt og bedriftene tar sine produksjonsbeslutninger samtidig (det vil si at de ikke vet hva den andre faktisk produserer når man selv tar produksjonsbeslutningen).

D

deskriptiv analyse *(side 7)* Analyse som beskriver relasjoner mellom årsak og virkning.

dominant strategi *(side 279)* En strategi som er den beste uansett hva motspilleren gjør.

dualitet *(side 103)* Alternativ innfallsvinkel til nyttemaksimeringsproblemet: I stedet for å velge den høyeste indifferenskurve, gitt budsjettbetingelsen, velger konsumenten den laveste budsjettlinjen som tangerer en gitt indifferenskurve.

duopol *(side 257)* Et marked der to bedrifter konkurrerer med hverandre.

E

effektiv (eller Paretoeffektiv) allokering *(side 323)* Allokering av goder som innebærer at ingen kan få det bedre uten at andre får det verre.

effektivitetslønn *(side 339)* Den lønnen en bedrift vil betale for å gi arbeiderne et insentiv til ikke å sluntre unna.

effektivitetslønnshypotesen *(side 339)* En teori som forklarer eksistensen av arbeidsledighet og lønnsforskjeller med utgangspunkt i at arbeidsproduktiviteten kan være påvirket av lønnssatsen.

effektivitetstap (dødvektstap) *(side 186)* Netto reduksjon i samlet (konsument- pluss produsent-) overskudd.

eiendomsrettighet *(side 350)* Rettsregler som definerer hva folk eller bedrifter kan gjøre med sine eiendeler.

ekspansjonsveien *(side 140)* En kurve som går gjennom tangeringspunktene mellom isokostene og isokvantene og dermed viser kostnadsminimerende faktorkombinasjon for ulike produksjonsnivåer, når faktorprisforholdet er konstant.

eksternalitet *(side 188)* Kostnader eller gevinster som konsumenter eller produsenter påfører andre uten at de tar hensyn til at de påvirker andre.

eksternalitet *(side 341)* Effekter av konsum eller produksjon på andres konsum- og/eller produksjonsmuligheter som ikke er reflektert i markedsprisen.

elastisitet *(side 26)* Prosentvis endring i en variabel som følge av at en annen variabel øker med 1 %.

Engelkurven *(side 81)* Viser sammenhengen mellom etterspørselen etter et gode og konsumentens inntekt.

etablerings/avviklingsfrihet *(side 158)* Tilfellet der det ikke er spesielle kostnader som gjør det vanskelig for en bedrift å gå inn eller ut av en bransje.

etableringshindringer *(side 218)* Forhold som hindrer nyetablering.

etterspørselens inntektselastisitet *(side 28)* Prosentvis endring i etterspørsel som følge av at inntekten øker med 1 %.

etterspørselens markedsføringselastisitet *(side 246)* Prosentvis endring i etterspørsel som følge av en 1-prosents økning i markedsføringsutgiftene.

etterspørselens priselastisitet *(side 26)* Prosentvis endring i etterspørselen etter et gode som følge av at prisen på godet øker med 1 %.

etterspørselskurven *(side 17)* Sammenhengen mellom pris og samlet etterspørsel etter et gode.

etterspørselsoverskudd *(side 20)* En situasjon der etterspørselen overstiger tilbudet.

F

fangenes dilemma *(side 265)* Spillteoretisk eksempel hvor to tiltalte må bestemme seg for å tilstå eller nekte: Den som tilstår får en mildere straff, og den som ikke tilstår får en strengere. Hvis ingen tilstår vil straffen bli mildere enn om begge tilstår.

faste innsatsfaktorer *(side 109)* Innsatsfaktormengder som ikke kan endres.

faste kostnader (FC) *(side 127)* Kostnader som er uavhengige av produksjonsmengden.

frikonkurranse *(side 8)* Et marked med mange kjøpere og selgere der ingen enkelt kjøper eller selger har innvirkning på markedsprisen.

G

generell likevektsanalyse *(side 322)* Samtidig fastsettelse av priser og kvantum i alle relevante markeder.

Giffen-gode *(side 86)* Et gode med stigende etterspørselskurve fordi den negative inntektseffekten er sterkere enn substitusjonseffekten.

gjennomsnittlige faste kostnader (AFC) *(side 131)* Faste kostnader delt på antall produserte enheter.

gjennomsnittlige totale kostnader *(side 131)* Bedriftens totale kostnader dividert med antall produserte enheter.

gjennomsnittlige utgifter *(side 223)* Samlede utgifter delt på antall enheter man kjøper.

gjennomsnittlige variable kostnader (AVC) *(side 131)* Variable kostnader delt på antall produserte enheter.

gjennomsnittsproduktivitet *(side 110)* Produksjon pr. innsatsfaktorenhet.

gjennomsnittsutleggskurven *(side 305)* En tilbudskurve som viser hvilken pris bedriften må betale pr. faktorenhet.

gjentatte spill *(side 285)* Det samme spillet som spilles to eller flere ganger.

1. grads prisdiskriminering *(side 231)* Det å ta en pris lik hver enkelt konsuments maksimale betalingsvillighet.

2. grads prisdiskriminering *(side 233)* Det å ta ulike priser pr. enhet for ulike kvanta av samme produkt.

3. grads prisdiskriminering *(side 234)* Det å dele etterspørrerne inn i to eller flere grupper med separate etterspørselskurver og sette forskjellige priser til hver gruppe.

gratispassasjer *(side 354)* En konsument eller produsent som ikke betaler for et ikke-eksklusivt gode i forventning om at andre vil betale for det.

grenseinntekt *(side 160)* Den endring i inntekter som følger av at det selges én enhet til.

grenseinntekt *(side 206)* Den endring i inntekten som følger av at det produseres/selges én enhet til.

grensekostnad (MC) *(side 130)* Den økning i kostnader som følger av at det produseres én enhet til.

grensenytte *(side 46)* Den nytteøkning man oppnår ved å konsumere én enhet til av et gode.

grenseproduktivitet *(side 111)* Den produksjonsøkning som følger av at man øker bruken av en innsatsfaktor med én enhet.

grenseutlegg *(side 223)* De ekstra kostnadene som følger av at man kjøper én enhet til av et gode.

grenseutleggskurven *(side 305)* En kurve som viser hva bedriften må betale for én faktorenhet til.

H

Hicksiansk substitusjonseffekt *(side 104)* Alternativ til Slutsky-ligningens dekomponering av effektene av en prisendring uten hensvisning til indifferenskurver.

hjørneløsning *(side 64)* En situasjon der den marginale substitusjonsrate i en godekombinasjon ikke er lik budsjettlinjens helning.

I

ideell levekostnadsindeks *(side 69)* Utgiftene for å oppnå et gitt nyttenivå til dagens priser i forhold til utgiftene for å oppnå det samme nyttenivået til basisårets priser.

den individuelle etterspørselskurven *(side 79)* En kurve som viser hvor mye et individ etterspør av et gode for ulike nivåer på prisen på det samme godet.

ikke-eksklusive goder *(side 353)* Goder som folk ikke kan utelukkes fra å benytte, slik at det er vanskelig eller umulig å ta betalt for bruken.

ikke-kooperativt spill *(side 265)* Spill der forhandlinger og håndhevelse av bindende kontrakter ikke er mulig.

ikke-kooperativt spill *(side 278)* Et spill der det ikke er mulig å fremforhandle og håndheve bindende kontrakter.

importkvoter *(side 193)* Begrensninger på mengden av et gode som kan importeres.

indeks med faste vekter *(side 70)* Levekostnadsindeks der mengdene av de forskjellige godene holdes konstant.

indifferenskart *(side 50)* Et sett med indifferenskurver, der hver kurve viser godekombinasjoner som konsumenten er indifferent mellom.

indifferenskurve *(side 48)* En kurve som binder sammen godekombinasjoner som gir konsumenten det samme nyttenivået.

innsatsfaktorer *(side 108)* Input i produksjonsprosessen (for eksempel arbeidskraft, kapitalutstyr og råvarer).

inntektseffekt *(side 85)* Endring i konsumet av et gode som følge av en økning i kjøpekraft, gitt konstante relative priser.

inntekts-konsumkurven *(side 81)* Viser de nyttemaksimerende kombinasjoner av to goder for ulike nivåer på inntekten.

intertemporal prisdiskriminering *(side 236)* Det å skille forbrukere med ulike etterspørselsfunksjoner inn i forskjellige grupper ved å ta ulike priser på ulike tidspunkter.

Intervallelastisitet *(side 30)* Priselastisitet beregnet over et prisintervall.

isoelastisk etterspørselskurve *(side 88)* Etterspørselskurve med konstant priselastisitet.

isokostlinje *(side 137)* En kurve som viser alle mulige kombinasjoner av arbeid og kapital som kan kjøpes for en gitt totalkostnad.

isokvant *(side 115)* En kurve som binder sammen ulike faktorkombinasjoner som gir samme produksjonsnivå.

isokvantkart *(side 115)* Et diagram med en rekke isokvanter som viser hvordan forskjellige produktmengder kan produseres, ved en gitt produktfunksjon.

K

kapitalbeholdning *(side 115)* Samlet realkapitalmengde tilgjengelig for produksjon av varer og tjenester.

kardinal nyttefunksjon *(side 56)* En nyttefunksjonen som beskriver hvor mye bedre en godkombinasjon er i forhold til en annen.

kartell *(side 252)* Et marked der noen eller alle bedrifter eksplisitt samarbeider ved å koordinere priser og produksjonsnivåer for å maksimere felles profitt.

knekket etterspørselskurve *(side 267)* En modell hvor hver bedrift (tror den) står overfor en etterspørselskurve med en knekk i den gjeldende pris: For høyere priser er etterspørselen veldig elastisk, mens for lavere priser er den uelastisk.

kollektive goder *(side 352)* Goder karakterisert ved ikke-eksklusivitet og ikke-rivalisering: Grensekostnaden ved at én person til får tilgang på godet er lik 0, og ingen kan stenges ute fra å benytte seg av godet.

komplementære goder *(side 18)* To goder der en økning i prisen på det ene fører til en lavere etterspørsel etter det andre.

komplementære innsatsfaktorer *(side 118)* Innsatsfaktorene må benyttes i et gitt forhold til hverandre. Dette gir en produktfunksjon med L-formede isokvanter.

konkurranselov *(side 225)* Regelverk som forbyr samarbeid som begrenser konkurransen og misbruk av dominerende stilling.

konstant skalautbytte *(side 121)* En situasjon der produksjonen øker prosentvis like mye som økningen i faktormengdene.

konsumentoverskudd *(side 89)* Forskjellen mellom hva en konsument maksimalt er villig til å betale for et gode og det som faktisk betales.

konsumentteori *(side 46)* Beskrivelse av hvordan konsumentene anvender inntekten på ulike varer og tjenester for å maksimere sin nytte.

konsumprisindeks (KPI) *(side 11)* Et vektet (der vektene er ulike) gjennomsnitt av prisene på et utvalg konsumvarer og tjenester.

kooperativt spill *(side 278)* Et spill der deltakerne kan forhandle frem bindende avtaler som tillater dem å planlegge felles strategier.

kort sikt *(side 109)* Tidsrommet der bruken av en eller flere innsatsfaktorer ikke kan endres.

kortsiktig gjennomsnittskostnadskurve (SAC) *(side 143)* En kurve som viser sammenhengen mellom gjennomsnittskostnad og produksjon når minst én innsatsfaktor holdes konstant.

kostnadsteori *(side 108)* Forklaring på hvordan bedriften foretar kostnadsminimerende valg av innsatsfaktorer, og hvordan kostnadene varierer med produksjonens størrelse.

krysspriselastisitet *(side 29)* Prosentvis endring i etterspørselen etter et gode som følge av at prisen på et annet gode øker med 1 %.

L

læringskurve *(side 148)* En kurve som viser sammenhengen mellom mengden av innsatsfaktorer som som må til for å produsere en enhet og bedriftens samlede produksjon over tid.

lang sikt *(side 109)* Den tiden som skal til for å gjøre alle innsatsfaktormengder variable.

langsiktig frikonkurranselikevekt *(side 176)* Alle bedrifter i en bransje er profittmaksimere, ingen har insentiver for å gå inn eller ut av markedet, og prisen gir likhet mellom tilbud og etterspørsel.

langsiktig gjennomsnittskostnadskurve (LAC) *(side 143)* En kurve som viser sammenhengen mellom gjennomsnittskostnad og produksjon når alle innsatsfaktorer, også kapital, er variable.

langsiktig grensekostnadskurve (LMC) *(side 144)* En kurve som viser endringen i langsiktige totale kostnader når produksjon økes med én enhet.

Laspeyres prisindeks *(side 69)* er et forholdstall mellom det basisårets godekombinasjon koster i beregningsåret og det den kostet i basisåret.

leiepris *(side 137)* Kostnad pr. tidsenhet for å leie en kapitalenhet.

Lernerindeksen *(side 216)* Måler markedsmakt ved differansen mellom pris og grensekostnad i prosent av prisen.

levekostnadsindeks *(side 68)* Et forholdstall mellom gjeldende kostnader for et utvalg varer og tjenester og kostnadene for de sammen godene i et basisår.

likevekt i dominante strategier *(side 280)* Utfallet av et spill hvor hver bedrift har en strategi som gir det beste resultatet uavhengig av hva konkurrentene gjør.

likevektspris (eller **markedsklarerende pris**) *(side 18)* Den pris som gir likhet mellom tilbudt og etterspurt kvantum.

lineær etterspørselskurve *(side 27)* En etterspørselskurve som er gitt ved en rett linje.

loven om avtagende utbytte *(side 113)* Når man øker bruken av en innsatsfaktor og holder andre faktormengder konstant, vil grenseproduktiviteten før eller siden avta.

M

makroøkonomi *(side 4)* er den del av økonomifaget som omhandler aggregerte økonomiske variabler, slik som nivå og vekst i et lands samlede produksjon, rentenivå, arbeidsledighet og inflasjon.

marginal betalingsvillighet *(side 86)* Det man er villig til å betale for én enhet til av et gode.

marginal ekstern gevinst *(side 343)* Den gevinst som tilfaller andre når en bedrift øker produksjonen med én enhet.

marginal transformasjonsrate *(side 327)* Mengden av et gode som oppgis for kunne produsere én enhet til av et annet gode.

marginal verdi *(side 223)* Den kronemessige nytteøkningen man får ved å konsumere én enhet til av et gode.

marginale eksterne kostnadene *(side 342)* Den økning i eksterne kostnader som følger av at det produseres én enhet til.

marginale samfunnsøkonomisk gevinster *(side 343)* Summen av marginal privat verdsetting og marginal ekstern gevinst.

den marginale substitusjonsrate (MRS) *(side 51)* Den maksimale mengden av et gode en forbruker er villig til å gi opp for å få én ekstra enhet av et annet gode.

den marginale tekniske substitusjonsrate (MRTS) *(side 117)* Sier hvor mye man kan redusere bruken av den ene innsatsfaktoren hvis man benytter én enhet mer av den andre, gitt at produksjonen skal holdes konstant.

markedet *(side 8)* En samling av kjøpere og selgere som gjennom deres faktiske eller potensielle interaksjon bestemmer prisen på et produkt eller et sett med produkter.

markedets etterspørselskurve *(side 86)* En kurve som viser sammenhengen mellom prisen på et gode og markedets samlede etterspørsel.

markedsavgrensning *(side 8)* Fastlegging av hvilke kjøpere, selgere, og hvilke produkter som skal inkluderes i et bestemt marked.

markedsmekanismen *(side 18)* Tendensen til at prisen i et fritt uregulert marked endres inntil tilbud er lik etterspørsel.

markedspris *(side 9)* Den gjeldende pris i et frikonkurransemarked.

markedssvikt *(side 188)* Situasjoner der en uregulert økonomi ikke maksimerer det samfunnsøkonomiske overskudd fordi prisene ikke gir riktige signaler til konsumenter og produsenter.

mikroøkonomi *(side 4)* er den del av økonomifaget som omhandler atferden til individuelle økonomiske enheter – konsumenter, bedrifter, arbeidstakere og investorer, samt markedene som disse enhetene utgjør.

monopol med outsidere *(side 268)* Et marked der en bedrift har en stor markedsandel og setter prisen for å maksimere profitten, hensyn tatt til tilbudet fra de andre, små, bedriftene.

monopolistisk konkurranse *(side 252)* Marked der bedriftene produserer sine egne merkevarer eller en versjon av et differensiert produkt.

monopsonimakt (markedsmakt på etterspørselssiden) *(side 222)* Kjøpers mulighet til å påvirke prisen på et gode.

moralsk hasard *(side 337)* Når en part, hvis handlinger ikke observeres, kan påvirke sannsynligheten for, eller omfanget av, en utbetaling knyttet til en hendelse.

N

Nash-likevekt *(side 257)* Et sett av strategier eller handlinger hvor hver bedrift gjør det beste den kan, gitt konkurrentenes handlinger.

naturlig monopol *(side 221)* En bedrift som kan produsere et gitt kvantum til lavere kostnader enn om dette kvantumet skulle vært fordelt på flere bedrifter.

nettverkseksternalitet *(side 92)* Tilfeller der hvert individs etterspørsel avhenger av hvor mange andre det er som etterspør godet.

nominell pris *(side 11)* Absolutt pris på et gode.

normativ analyse *(side 7)* Analyse som går inn på spørsmål om hvordan ting bør være.

null økonomisk profitt *(side 175)* En bedrift som oppnår en normal avkastning på sine investeringer – dvs. at den gjør det like bra som om pengene skulle hvert plassert annerledes.

nyttefunksjon *(side 55)* En funksjon som gir en gitt godekombinasjon en konkret nytteverdi.

O

oligopol *(side 252)* Marked hvor bare noen få bedrifter konkurrerer med hverandre, og hvor det eksisterer etableringshindringer.

oligopsoni *(side 222)* Marked med bare noen få kjøpere.

omfanget av et marked *(side 9)* Grensene for et marked, både hva gjelder produkter og geografisk område.

omsettelige utslippstillatelser *(side 349)* Et system der det utstedes et gitt antall utslippstillatelser som spesifiserer maksimalt samlet utslipp, og hvor disse tillatelsene er omsettelige.

onder *(side 54)* Noe vi foretrekker mindre av fremfor mer.

optimal strategi *(side 278)* Strategi som maksimerer spillerens forventede pay-off.

ordinal nyttefunksjon *(side 56)* En nyttefunksjonen som genererer en rangering av godekombinasjoner fra de minst til de mest foretrukne.

P

Paasches indeks *(side 70)* Et forholdstall mellom prisen på en godekombinasjon valgt i beregningsåret, målt i beregningsårets priser, og prisen på den samme godekombinasjonen målt i basisårets priser.

partiell likevektsanalyse *(side 322)* Fastsettelse av likevektspris og kvantum i et marked uavhengig av effekter fra andre markeder.

pay-off *(side 278)* Verdi knyttet til et mulig utfall.

pay-off matrise *(side 265)* En tabell som viser bedriftenes profitt (eller pay-off) som et resultat bedriftenes beslutninger.

peak-load pricing *(side 236)* Det å ta høyere priser i de travleste periodene da kapasitets begrensninger medfører høye grensekostnader.

perfekt uelastisk etterspørsel *(side 27)* Forbrukerne vil kjøpe en gitt mengde av et gode uavhengig av prisen.

perfekte komplementære goder *(side 53)* To goder hvor MRS er null eller uendelig stor og indifferenskurvene er rettvinklede.

perfekte substitutter *(side 53)* To goder der den marginale substitusjonsrate mellom godene er konstant.

prisdiskriminering *(side 231)* Det å ta ulike priser for like produkter fra ulike kunder.

pris-konsumkurven *(side 79)* viser nyttemaksimerende kombinasjoner av to goder for ulike priser på ett av godene.

prislederskap *(side 268)* Prisingsmønster der en bedrift regelmessig endrer prisen og de andre bedriftene følger etter.

prissignalisering *(side 267)* En form for implisitt samarbeid hvor en bedrift annonserer en prisøkning i håp om at andre bedrifter vil følge etter.

prisstivhet *(side 267)* Karakteristisk trekk ved oligopolmarkeder der bedrifter er motvillige til å endre priser selv om kostnader eller etterspørsel endres.

prisstøtte *(side 190)* Pris satt av myndighetene over den uregulerte markedsprisen og hvor myndighetene kjøper opp et tilstrekkelig kvantum for å opprettholde denne prisen.

pristaker *(side 158)* En bedrift som ikke har noen innflytelse på markedsprisen og dermed tar prisen for gitt.

produksjonsmulighetskurve *(side 326)* En kurve som viser hva som maksimalt kan produseres av to goder for en gitt mengde innsatsfaktorer og en gitt teknologi.

produktfunksjon *(side 109)* En funksjon som viser maksimalt produksjonskvantum for alle spesifiserte kombinasjoner av innsatsfaktorer.

produsentoverskudd *(side 171)* Summen av differansene mellom markedspris og grensekostnader.

produsentprisindeks (PPI) *(side 11)* Et mål på det faktiske prisnivået i produsentleddet.

profitt *(side 160)* Differansen mellom totale inntekter og totale kostnader.

punktelastisitet *(side 29)* Priselastisitet i et bestemt punkt på etterspørselskurven.

R

reaksjonskurve *(side 257)* Sammenhengen mellom en bedrifts profittmaksimerende produksjon og hvor mye den antar at den andre bedriften produserer.

reell pris *(side 11)* Prisen på et gode i forhold til det generelle prisnivået.

regnskapsmessige kostnader *(side 126)* Faktiske utgifter pluss avskrivninger på kapitalutstyret.

rent seeking *(side 219)* Bruk av penger på samfunnsøkonomisk uproduktive aktiviteter for å oppnå, vedlikeholde eller utøve markedsmakt.

reservasjonspris *(side 231)* Det en konsument maksimalt er villig til å betale for et gode.

ressursrente *(side 176)* Det beløpet bedriftene er villige til å betale for en innsatsfaktor fratrukket det laveste beløpet som er nødvendig for å få tilgang på den.

S

samfunnsøkonomiske grensekostnader *(side 342)* Summen av bedriftens grensekostnad og marginale eksterne kostnader.

sekvensielt spill *(side 287)* Spill der spillerne trekker i en gitt trekkrekkefølge.

skalautbytte *(side 121)* Den prosentvise økning i produksjon som følger av at alle innsatsfaktorer øker prosentvis like mye.

skjevt utvalg *(side 335)* En form for markedssvikt som stammer fra at produkter med ulik kvalitet selges til én pris på grunn av asymmetrisk informasjon. Det blir da solgt for mange produkter med lav kvalitet og for få produkter med høy kvalitet.

Slutsky-ligningen *(side 104)* En ligning som dekomponerer effekten av en prisendring i en substitusjons- og en inntektseffekt.

snob-effekt *(side 93)* Negative nettverkseksternaliteter der en person ønsker å eie et eksklusivt eller unikt gode.

spill *(side 278)* En situasjon der spillere (deltakere) tar strategiske beslutninger, noe som innebærer at de tar hensyn til hverandres handlinger og reaksjoner.

spill på ekstensiv form *(side 288)* En presentasjon av mulige trekk i et spill i form av et beslutningstre.

Stackelberg-modellen *(side 261)* Oligopolmodell der en av bedriftene fastlegger sin produksjon før den andre.

stordriftsfordeler *(side 144)* En situasjon der produksjonen kan dobles for mindre enn en dobling av kostnadene.

stordriftsulemper *(side 144)* En situasjon der en dobling av produksjonen krever mer enn en dobling av kostnadene.

strategi *(side 278)* Regel eller handlingsplan for å spille et spill.

stykkavgift *(side 196)* Et gitt avgiftsbeløp pr. solgte enhet.

subsidie *(side 198)* Et tilskudd fra myndighetene som fører til at konsumentene betaler mindre enn det produsentene mottar, altså en negativ avgift.

substitusjonseffekten *(side 84)* Endring i konsum av et gode knyttet til en endring i pris, gitt at nyttenivået holdes konstant.

substitutter *(side 18)* To goder der en økning i prisen på det ene fører til økt etterspørsel etter det andre.

sunk costs se ugjendrivelige kostnader.

sykliske bransjer *(side 32)* Bransjer der salget har en tendens til å følge fluktuasjonene i bruttonasjonalprodukt.

synkende grensenytte *(side 46)* Jo mer man har konsumert av et gode, jo mindre blir nytteøkning av å konsumere én enhet til.

T

teknisk effektivitet *(side 325)* En tilstand der det ikke sløses med innsatsfaktorer.

teknologisk endring *(side 115)* Utvikling av ny teknologi slik at innsatsfaktorene kan benyttes mer effektivt.

tilbudets priselastisitet *(side 29)* Prosentvis endring i tilbudt kvantum som følge av at prisen øker med 1 %.

tilbudskurven *(side 16)* Sammenhengen mellom pris og samlet tilbud av et gode *(side 16)*.

tilbudsoverskudd *(side 19)* En situasjon der tilbudet er høyere enn etterspørselen.

tiltagende skalautbytte *(side 121)* En situasjon der produksjonen øker prosentvis mer enn økningen i faktormengdene.

tit-for-tat strategi *(side 285)* En strategi ved gjentatte spill der en spiller responderer på motspillerens tidligere trekk ved å spille samarbeidende hvis den andre gjør det, og ikke samarbeidende hvis den andre ikke vil samarbeide.

todelte tariffer *(side 239)* Strategi for prising der konsumentene belastes både en engangsavgift og en pris pr. konsumert enhet.

toll *(side 193)* Avgift på importerte produkter.

totale kostnader (TC eller C) *(side 127)* Totale økonomiske kostnader, som består av faste og variable kostnader.

transformasjonskurven/produksjonsmulighetskurven *(side 147)* Kurven viser ulike kombinasjoner av to forskjellige produkter som kan produseres med en gitt mengde innsatsfaktorer.

tying *(side 244)* Det å kreve at kundene kjøper et gode for å få muligheten til å kjøpe et annet gode.

U

uendelig elastisk etterspørsel *(side 27)* Tilfellet der etterspørselen er "uendelig" stor når prisen er P^* eller lavere. For en høyere pris er etterspørselen lik 0.

ugjendrivelige kostnader *(side 126)* Kostnader som har påløpt, og som kan ikke gjenvinnes.

utslippstillatelse *(side 346)* En øvre grense for utslipp av forurensende stoffer.

V

variable kostnader (VC) *(side 127)* Kostnader som varierer med produksjonens størrelse.

velferdseffekter *(side 184)* Gevinster og tap for konsumenter og produsenter.

velferdsteori *(side 325)* Normative evaluering av markeder og økonomisk politikk.

verdien av arbeidskraftens grenseproduktivitet *(side 300)* Inntektsøkningen fra det å benytte én arbeidskraftsenhet til.

Ø

økonomisk effektivitet *(side 187)* Maksimering av summen av Konsument- og produsentoverskudd.

økonomiske kostnader *(side 126)* Kostnader knyttet til anvendelsen av ulike ressurser i produksjonsprosessen, herunder alternativkostnader.

Å

å spille en ren strategi *(side 283)* En spiller gjør et spesifikt valg og spiller bare én strategi.

INDEX

AFC, 131–133
Akerlof, George, 333
allokering
    effektiv, 323–324
    knappe ressurser, 4
alternativkostnad, 59, 126–127, 166, 174–176
    areal, 176
    definisjon, 5, 126
    patent, 176
aluminiumsmelting, kortsiktige produksjonskostnader, 134–135
amortisering, 127
andre grads prisdiskriminering, 233–234
Apple, 256
arbeidsledighet, 339–340
arbeidsmarked, effektivitetslønn, 339–341
arbeidsproduktivitet, 114, 339
arbitrasje, 8, 9
Astra-Merck, 212
asymmetrisk informasjon, 332–341
    arbeidsmarked, 339–341
    bruktbilmarked, 333–335
    definisjon, 332
    garantier, 337
    konsekvenser, 335–336
    kredittmarked, 336
    kvalitet, 333
    moralsk hasard, 337–339
    omdømme, 336–337
    skjevt utvalg, 335–336
    standarder, 336–337
ATC, 131–133
atferdsøkonomi, 46
AVC, 131–133
avkastningsregulering, 222
avledet etterspørsel, 300
avskrekkingsstrategi, 292–294
avskrivning, 126, 136
avskrivningsrate, 136
avslørte preferanser, 74–76
avtagende grenseproduktivitet, 116
avtagende skalautbytte, 121–122
avtagende utbytte, 113–114, 131–132
avviklingsfrihet, 158

bakoverbøyet tilbudskurve for arbeidskraft, 307
bandwagon-effekt, 92–93, 95
bedriftens produksjonsbeslutning, 107–108
Bertrand, Joseph, 262
Bertrand-modellen, 262–264
bilateralt monopol, 224
blandet strategi, 283
bransje
    definisjon, 8
    med konstante kostnader, 177–178
    med stigende kostnader, 178–179
    med synkende kostnader, 179–180
    syklisk, 32
breddefordeler, 146–148
breddeulemper, 148
brukerpris på kapital, 136
budsjettbeskrankninger, 58–61
budsjettlinje, 58–61, 64–65, 74–76
bundling, 241–244
bytteeffektivitet, 323–325, 331
bytteøkonomi, 323

Chow, Gregory, 94–95
Coase teorem, 351
Coase, Ronald, 351
Cobb-Douglas nyttefunksjon, 102–103
Cobb-Douglas produktfunksjon, 155–156
Cournot, Augustin, 257
Cournot-likevekt, 258, 289
Cournot-modellen, 257–262, 281, 288

Dell, 129
depresieringsrate *se* avskrivningsrate
deskriptiv analyse, 7
differensierte produkter
    priskonkurranse, 263–264
dominant strategi, 279–280
    likevekt, 280
dualitet, 102–103
    produksjons- og kostnadsteori, 154–155
duopol, 257, 260
dødvektstap *se* effektivitetstap

effekt av avgifter, 195–198
effekt av subsidier, 198–199
effektiv allokering, 323–324
effektivitet i produktmarkedet, 328–329, 331
effektivitetsegenskaper, 187–188, 324–325, 330–332
effektivitetslønn, 339
effektivitetslønnshypotesen, 339
effektivitetstap, 187, 189, 219–220
    definisjon, 186
    positive eksternaliteter, 343–344
effektivt utslippsnivå, 345–346
eiendomsrettighet, 350
    juridisk løsning, 351–352
ekspansjonsvei, 140–142
eksternalitet *se også* nettverkseksternalitet
    definisjon, 188, 342
    eiendomsrettigheter, 350–352
    negative, 341–343
    positive, 341–344
elastisitet, 26
elastisitet i tilbud og etterspørsel, 26–30, 40, 88–89 *se også* priselastistet
    etterspørsel, 88–89, 198
    intervall-, 30
    kortsiktig, 30–34
    langsiktig, 30–34, 180
    markedets tilbud, 169–171
    punkt-, 29–30
    tilbud, 29, 32–34, 198
endringer i kostnader over tid, 148–149
Engelkurve, 81–82
etablering og avvikling, 175–176
etablerings-/avviklingsfrihet, 158
etableringshindringer, 218, 255
etterspørrere, 8
    gruppering, 234–235
etterspørsel
    elastisk, 88
    isoelastisk, 88–89
    perfekt uelastisk, 27
    uelastisk, 88–89
    uendelig elastisk, 27
etterspørsel og grenseinntekt, 161–162
etterspørselens inntektselastisitet, 28
etterspørselens markedsføringselastisitet, 246–247
etterspørselens priselastistet, 26–27, 88–89
etterspørselsfunksjon, 35–37
etterspørselskurve, 17–26, 31, 86–89
    individuell, 79–81, 86–88
    isoelastisk, 88–89
    kortsiktig, 31–32
    langsiktig, 31–32
    lineær, 27–29
    rettet mot frikonkurrent, 162
etterspørselsoverskudd, 20, 184
etterspørselsteori, 98–105

faktorfleksibilitet, 116
faktormarked
    etterspørsel når én innsatsfaktor er variabel, 300–303
    etterspørsel når flere innsatsfaktor er variable, 303
    forhandlingsmakt, 313

frikonkurranse, 300–309
frikonkurranselikevekt, 309–311
markedets etterspørselskurve, 303–305
monopolmakt, 314–316
monopsonimakt, 311–313
ressursrente, 310–311
tilbud av innsatsfaktorer, 305–309
fangenes dilemma, 264–269, 282–286
oligopolisters prissetting, 266–269
fast kostnad, 127–130
gjennomsnittlig, 131
faste innsatsfaktorer, 109
FC *se* fast kostnad
feedbackeffekt, 321
forbrukere *se* konsumenter
Ford, 12–13, 340–341
fordelningsvirkning *se* velferdseffekt
forhandlinger og økonomisk effektivitet, 350–351
forhandlingskostnader, 351
forhandlingsmakt, 313
forhandlingsstrategi, 291–292, 351
forpliktelser og troverdighet, 289–291
forsikring
moralsk hasard, 337–339
skjevt utvalg, 335–336
forskning og utvikling (FoU), 128, 159, 344
frikonkurranse, 8–9
definisjon, 8
effektivitetsegenskaper, 187–188
faktormarked, 300–309
minstepriser, 188–190
offentlige inngrep, 184–187
frikonkurranselikevekt, 174, 187, 325
effektivitetsegenskaper, 324–325, 330–332
faktormarked, 309–311
langsiktig, 175–176
kontra monopolistisk konkurranse, 254–255
frikonkurransemarked, 157–160, 205
effektivitetsegenskaper, 187–188
frikonkurrent, 162–167
kortsiktig profitt, 164–166
kortsiktig tilbudskurve, 166–168
profittmaksimering, 162–163
første grads prisdiskriminering, 231–233
førstetrekksfordel, 261–262, 288–289

Gateway, 129
General Motors, 64, 206, 311
generell likevektsanalyse, 321–323
Giffen-gode, 86
gjennomsnittlig fast kostnad, 131–133
gjennomsnittlig total kostnad, 131–133
gjennomsnittlig utlegg, 223–224, 305
monopsoni, 312
gjennomsnittlig variabel kostnad, 131–133
gjennomsnittlige utgifter, 223
gjennomsnittsinntekt, 206–207
gjennomsnittskostnad, 130–133
langsiktig, 143–144
gjennomsnittskostnadskurve, 132, 143–146
kortsiktig, 143, 145
langsiktig, 143–146
gjennomsnittsproduktivitet, 110–113
gjennomsnittsutleggskurve, 224, 305, 312
gjentatte spill, 285–287
endelig antall, 286
uendelig antall, 285
godekombinasjon, 47–50, 52, 58, 61–62, 68, 70
goder
ikke-eksklusive, 353
ikke-rivaliserende, 352–353
kollektive, 352–354
komplementære, 18, 83,
mindreverdige, 81–82, 85
normale, 81, 84
perfekt komplementære, 53
gratispassasjer, 354
grenseinntekt, 160–164
monopol, 206–209
grensekostnad, 130–133, 160–178
langsiktig, 143
monopol, 207–209
samfunnsøkonomisk, 342
grensekostnadskurve, 132–133, 143–146
kortsiktig, 146
langsiktig, 143–146
grensenytte, 66–67
definisjon, 46
inntekt, 101–102
lik av siste krone, 100–101
synkende, 46
grenseproduktivitet, 111–113, 119
avtagende, 116
verdien av arbeidskraftens, 300–304
grenseutlegg, 223, 305–306
monopsoni, 312
grenseutleggskurve, 305–306
grunnrente *se* ressursrente

handelsgevinster, 323–324
heterogene produkter, 158
Hewlett-Packard, 129
Hicksiansk substitusjonseffekt, 104–105
hjørneløsning, 64–66
homogene produkter, 158
priskonkurranse, 262–263

IBM, 129
ideell levekostnadsindeks, 68–71
ikke-eksklusive goder, 353
ikke-kooperativt spill, 265, 278–279
ikke-omsettelig utslippstillatelse, 346, 349
ikke-rivaliserende goder, 352–353
imperfekt prisdiskriminering, 232–233
importkvote, 193–195
indeks med faste vekter, 70
indifferenskart, 50
indifferenskurve, 48–56, 61–66, 74–76
definisjon, 48
individets etterspørsel, 78–83 *se også* markedets etterspørsel
Engelkurve, 81–82
Giffen-gode, 86
etterspørselskurve, 79–81, 86–88
inntekts- og substitusjonseffekt, 83–86, 103–105
inntektsendringer, 80–81
kurve, 86–88
normale kontra mindreverdige goder, 81
prisendringer, 78–79
substitutter og komplementære goder, 83
individuell etterspørselskurve, 79–81, 86–88
indre løsninger, 64
ineffektivitet
negative eksternaliteter, 341–343
informasjon, ufullstendig, 188, 332–335
innsatsfaktorer, 107–109
faste, 109
komplementære, 118
endring i pris, 166–168
substitusjon, 116–118, 139
tilbud, 305–309
valg, 138–140
variable, 110–115, 136–137
inntekt og lykke, 57, 67–68
inntektseffekt, 83–86, 103–105, 307–308
inntektselastisitet, 31, 81
inntektsendringer, 59–60, 80–81
inntekts-konsumkurve, 80–82
insentivordninger, 192–193
intertemporal prisdiskriminering, 236–237
intervallelastisitet, 30
isoelastisk etterspørsel, 88–89
isoelastisk etterspørselskurve, 88
isokostlinje, 137
isokvant, 115–120
isokvantkart, 115

juridisk løsning, eiendomsrett, 351–352

kapitalbeholdning, 115
kapitalens brukerkostnad, 136
kapitalens brukerpris, 136
kardinal nyttefunksjon, 56–57
kartell, 9, 269–272
analyse av prising, 270–272
betingelser for å lykkes, 270
CIPEC, 271–272
definisjon, 251–252
OPEC, 270–271
kjønnskampspill, 284
knekket etterspørselskurve, 267
kobber, kortsiktig tilbud, 170–171
kollektive goder, 352–354
effektivitet, 353–354
ikke-eksklusive goder, 353
ikke-rivaliserende goder, 352–353
markedssvikt, 354
komplementære goder, 18, 83
komplementære innsatsfaktorer, 118–119
konkurranse *kontra* samarbeid, 264–266
konkurranselov, 224 *se også* monopol; monopsoni
konstant skalautbytte, 121–122, 144
konstante kostnader, 177–178
konsumentenes atferd, 45–50
konsumentenes preferanser, 45–50, 99
fullstendighet, 47
godekombinasjoner, 47
grunnleggende forutsetninger, 47

indifferenskart, 50–51
indifferenskurve, 48–51
marginal substitusjonsrate, 51–53
mer *kontra* mindre, 48
perfekte substitutter og perfekte komplementære goder, 53
transitivitet, 48
konsumentenes valg, 45–46, 66
påvirkning, 77
konsumenter
budsjettbegrensninger, 54
kjøpsbeslutninger, 43
preferanser, 45–58, 63
pristaking, 158
konsumentoverskudd, 89–91, 184–187, 230–231
endring, 185
konsumentteori, 45–48
konsumprisindeks, 11, 68
kooperativt spill, 278–279
kort sikt, 109–110
kortsiktig elastisitet, 30–34
kortsiktig gjennomsnittskostnadskurve, 143, 145
kortsiktig kostnad, 131–134
forhold til langsiktige kostnader, 145–146
kortsiktig profitt
frikonkurrent, 164–166
kortsiktig tilbudskurve, 169–173
kostnad
kortsiktig, 131–134
kortsiktig *kontra* langsiktig, 145–146
langsiktig, 135–141
regnskapsmessig, 126
stigende, 178–179
økonomisk, 126, 131
kostnadsbeskrankninger, 108
kostnadskurve, 132, 157
langsiktig *kontra* kortsiktig, 142–146
kostnadsminimerende faktorsammensetning, 136–138, 140, 144
kostnadsminimering, 136–137, 140, 152–154
kostnadsteori, 108
KPI, 11, 68
kredittmarked, skjevt utvalg, 336
krysspriselastisitet, 29
kurve for arbeidskraftens gjennomsnittsproduktivitet, 113
kurve for grenseproduktiviteten av arbeidskraft, 113
kvantumsform, 20

LAC, 143–144
Lagrangefunksjonen, 100–103, 153–154
Lagrangemultiplikatoren, 100–103, 153–154
lang sikt, 109–110
langsiktig elastisitet, 30–34, 180
langsiktig frikonkurranselikevekt, 175–176
langsiktig gjennomsnittskostnad, 143–144
langsiktig gjennomsnittskostnadskurve, 143–144
langsiktig grensekostnadskurve, 143–144, 146
langsiktig kostnad, 135–141
forhold til kortsiktige kostnader, 145–146
langsiktig tilbudskurve, 177–180
Laspeyres prisindeks, 69–71
leiepris, 137
lemons problem, 334–335
Leontif produktfunksjon, 118–120
Lernerindeks, 216
levekostnadsindeks, 68–71
ideell, 68–71
Laspeyres, 69–71
Paasches, 70–71
levestandard, 114
likevekt i dominante strategier, 280
likevekt
generell, 321–323
monopolistisk konkurranse, 253–254
partiell, 321–323
likevektsanalyse
generell, 321–323
partiell, 321–323
likevektskvantum, 35
likevektspris, 18–19, 21–23, 35
lineær etterspørselskurve, 27–29
lineære tilbuds- og etterspørselskurver, 19, 27–29, 35–40, 88, 259
LMC, 143–144, 146
lokaliseringsspill, 282
loven om avtagende utbytte, 113
lykke, 57, 67–68
læringskurve, 148–149
lønnsfastsettelse, monopolmakt, 314–316

makroøkonomi, 3, 32, 114
definisjon, 4
manglende fleksibilitet på kort sikt, 142–143
marginal ekstern kostnad, 342, 345
marginal substitusjonsrate, 51–54, 62, 64, 66, 79, 101
marginal teknisk substitusjonsrate, 117–121, 154
marginal transformasjonsrate, 327
marginal verdi, 223
marked
avgrensning, 8–10
definisjon, 8
omfang, 9
klarering, 19
markedets etterspørsel, 86–89 *se også* individets etterspørsel
elastisitet, 88–90
elastisk etterspørsel, 88
isoelastisk etterspørsel, 88
uelastisk etterspørsel, 88
fra individ til marked, 86–88
kurve, 86–89, 303–305
markedets etterspørselskurve, 86–89
faktormarked, 303–305
markedets omfang, 8–10
markedets tilbudskurve, 169–173, 177–180
markedsavgrensning, 8–10
markedsføring
effekter, 245
etterspørselens elastisitet, 246–247
tommelfingerregel, 246–247
markedsføringsspill, 279–280
markedsklarerende pris *se* likevektspris
markedslikevekt, 21
markedsmakt, 20, 251
begrensning, 224
effektivitetstap, 219
etterspørsel, 214–215, 222
kilder, 217–218
konsentrasjon, 218
markedsføring, 245–247
markedssvikt, 332
måling, 216
prissetting, tommelfingerregel, 216
samfunnsøkonomiske kostnader, 218–222
markedsmekanisme, 15, 18, 40
markedspris, 9, 15
markedssvikt, 188–189, 332–354
assymetrisk informasjon, 332–341
eksternalitet, 341–344
kollektive goder, 354
korrigering, 344–350
markedsmakt, 332
mangelfull informasjon, 332–335
mark-up-sats, 211, 216–217
MC *se* grensekostnad
McDonald's, 243, 337
MEC, 342
Merck, 159
Mercurio Europeo, 270
metningskurve, 94
Microsoft, 95, 129, 300
mikroøkonomi, 3–4
definisjon, 4
grunner til å studere, 11–13
nedslagsfelt, 4–8
mindreverdige goder, 81–82, 85
minstelønn, 188, 190
mixed bundling, 243–244
modeller, 6–7
monopol, 205–222 *se også* konkurranselov; monopsoni
antall bedrifter, 218
avgifter, effekt, 213–214
bilateralt, 224
elastisitet i markedets etterspørsel, 217–218
etterspørselsskift, 212–213
interakasjon mellom bedrifter, 218
kilder til markedsmakt, 217–218
markedsmakt, 214–222
kontra monopsoni, 225
naturlig, 221–222
pris og grenseinntekt, 206–207
prisregulering, 220–221
prissetting, tommelfingerregel, 209–212, 216
produksjonsbeslutning, 207–209, 212
regulering, 222
rent seeking, 219–220
samfunnsøkonomiske kostnader, 218–222

monopol med outsidere, 268–269
monopolistisk konkurranse, 252–255
kjennetegn, 252–253
likevekt, 253–254
økonomisk effektivitet, 254–255
monopolmakt
fagforening, 315
faktormarked, 314–316
lønnsfastsettelse, 314–316
monopsoni, 205–206, 222–225, *se også* konkurranselov; monopol
definisjon, 222
monopsonimakt, 222
faktormarked, 311–313
grenseutlegg, 312
kjøpsbeslutning, 312–313
moralsk hasard, 337–339
MRP, 300–303
MRS *se* marginal substitusjonsrate
MRT, 327
MRTS *se* marginal teknisk substitusjonsrate
MSC, 342

Nash, John, 257
Nash-likevekt, 256–258, 264, 280–284
naturlig monopol, 221–222
naturressurser, pris, 23–25
nedleggelse, 127
nettverkseksternalitet, 77, 92–95, 344 *se også* eksternalitet
nominell pris, 11
normale *kontra* mindreverdige goder, 81
normativ analyse, 7
null økonomisk profitt, 175–179
nytte, 46, 57
nyttefunksjon, 55–56
kardinal, 56
ordinal, 56
nyttemaksimering, 62, 66, 99–100

oligopol, 255–262
Cournot-modellen, 257–262
definisjon, 252
førstetrekksfordel, 261–262
likevekt, 256–257
Nash-likevekt, 256–258, 264
Stackelberg-modellen, 262
oligopsoni, 222
omdømme, 291
omfang av et marked, 8–10
omsettelig utslippstillatelse, 349–350
onder, 54
OPEC, 9, 37–40, 217, 251, 270–271
optimal strategi, 278
optimale valg, 4–5
ordinal nyttefunksjon, 56–57
organiserte arbeidere, 315–316
overskudd
regnskapsmessig, 174
økonomisk, 174

Paasches indeks, 70–71
Pareto, Vilfredo, 323
paretoeffektiv allokering, 323
partiell likevektsanalyse, 321–323
pay-off
definisjon, 278
forventet, 283–284, 286
matrise, 265–266, 279–282
pay-off-matrise, 265–266, 279–282
peak-load pricing, 236–239
perfekt elastisk tilbud, 170
perfekt komplementære goder, 53
perfekt konkurranse, 159
perfekt prisdiskriminering, 231–232
perfekt uelastisk etterspørsel, 27
perfekt uelastisk tilbud, 170
perfekte substitutter, 53, 118–119
Pfizer, 159
PPI, 11
preferanser, avslørte, 74–76
prinsippet om lik grensenytte av siste krone, 100–101
pris
reell, 11
nominell, 11
prisdiskriminering, 231
andre grads, 233–234
første grads, 231–233
imperfekt, 232
intertemporal, 236–237
peak-load pricing, 236–239
perfekt, 231–232
relative priser, 235–236
reservasjonspris, 231
tredje grads, 234–236
priselastisitet, 26–27, 29–30, 35, 170 *se også* elastisitet i tilbud og etterspørsel
etterspørsel, 26–27, 88–89
konsumutgifter, 88–89
tilbud, 29
prisendringer, 60, 78–79
prisenes rolle, 6
prisform, 20
priskonkurranse, 262–264
Bertrand-modellen, 262–264
differensierte produkter, 263–264
homogene produkter, 262–263
valg av pris, 263–264
pris-konsumkurve, 78–79, 83
prislederskap, 268
prisnivå, generelt, 11
prisregulering, 186–188, 220–221
prissetting, tommelfingerregel, 209–212, 216
prissignalisering, 267–268
prisstivhet, 267
prisstøtte, 190–192
pristaker, 158, 162
pristaking, 158
produksjon
av to produkter, 146–148
med én variabel innsatsfaktor, 110–115
med to variable innsatsfaktorer, 115–121
produksjons- og kostnadsteori, 152–156
dualitet, 154–155
produksjonsbeslutning, 107–108
monopol, 207–209, 212
produksjonseffektivitet, 325–329
produksjonskostnad, 125, 134
produksjonskvoter, 192–193
produksjonsmulighetskurve, 146, 326–327
produksjonsnivå
valg på kort sikt, 163–166
valg på lang sikt, 173–177
produksjonsregel, 164
produksjonsteknologi, 107–110
produktfunksjon, 108–109, 118–121
produkthomogenitet, 158
produktportefølje, 9
produktvalg, problem, 281–282
produsentoverskudd, 171–173, 184–187
endring, 186
kortsiktig, 171–172
langsiktig, 177
kontra profitt, 172, 176
produsentprisindeks, 11
profitt, 160, 174
kortsiktig, 164–166
kontra produsentoverskudd, 172
super-, 176–177
økonomisk lik null, 175
profittmaksimering, 159–163
langsiktig, 173–174
punktelastisitet, 29–30
påslag *se* mark-up-sats

reaksjonskurve, 257–258
reell pris, 11
regnskapsmessig kostnad, 126
regnskapsmessig overskudd, 174
regulering av monopol, 222
relative priser, fastsetting, 235–236
ren strategi, 283
rent seeking, 219–220
reservasjonspris, 231
ressursrente
definisjon, 176–177
faktormarked, 310–311

SAC, 143, 145
samfunnsøkonomisk grensekostnad, 342, 345
sammenknytting *se* tying
SAS, 136
sekvensielt spill, 287–288
skalafordeler *se* stordriftsfordeler
skalaulemper *se* stordriftsulemper
skalautbytte, 121–122, 144
avtagende, 121–122
konstant, 121–122, 144
tiltagende, 121–122, 145
skjevt utvalg, 335–336
Slutsky-ligningen, 104
Smith, Adam, 325
snob-effekt, 93–95
spill
ekstensiv form, 288
definisjon, 278
gjentatt, 284–287
ikke-kooperativt, 278
kooperativt, 278
sekvensielt, 287–289
spille en ren strategi, 283
spillteori *se også* fangenes dilemma
blandet strategi, 283
dominant strategi, 279–280